La **comptabilité** de **MANAGEMENT**

prise de décision et contrôle

5e ÉDITION

www.hec.ca/mng5

Hugues Boisvert
Marie-Claude Brouillette
Marie-Andrée Caron
Réal Jacques
Claude Laurin
Alexander Mersereau

E RPi éducation · innovation · passion

1611, boul. Crémazie Est, 10e étage, Montréal (Québec) H2M 2P2
TÉLÉPHONE : 514 334-2690   TÉLÉCOPIEUR : 514 334-4720   ▸ erpi.com

Développement de produit
Micheline Laurin

Supervision éditoriale
Liette Beaulieu

Révision linguistique
Emmanuel Dalmenesche
Sylvie Gourde
Simon Hébert
Hélène Matteau
Jocelyne Tétreault
Monique Thouin

Correction d'épreuves
Julie Robert

Indexation
Monique Dumont

Direction artistique
Hélène Cousineau

Supervision de la production
Muriel Normand

Conception graphique et couverture
Martin Tremblay

Infographie
Interscript

*Dans cet ouvrage, le générique masculin est utilisé sans
aucune discrimination et uniquement pour alléger le texte.*

Dépôt légal – Bibliothèque et Archives nationales du Québec, 2011.
Dépôt légal – Bibliothèque et Archives Canada, 2011.

Imprimé au Canada   456789   NB   19 18 17
ISBN 978-2-7613-4004-5   20600   ABCD   SM9

Avant-propos

Nous sommes ravis de vous présenter la cinquième édition de ce manuel de comptabilité primé, enrichi d'un site Web entièrement renouvelé (voir www.hec.ca/mng5). Le projet initial ne cesse d'évoluer, le nombre de collaborateurs augmente, de même que celui des suggestions reçues et leur taux d'adoption. Les professeurs Marie-Andrée Caron, Marie-Claude Brouillette et Réal Jacques se sont greffés à l'équipe d'origine, constituée de Claude Laurin, d'Alexander Mersereau et d'Hugues Boisvert, pour participer à la réécriture complète des chapitres de cette nouvelle édition.

Plusieurs nouveautés caractérisent cet ouvrage. Tout d'abord, les portraits d'entreprises figurant au début de chacun des chapitres ont été actualisés et réécrits. Ensuite, la matière est désormais présentée en 20 chapitres, comparativement aux 18 de la quatrième édition, et l'approche pédagogique a été repensée en fonction de l'expérience acquise de l'enseignement de l'ancienne édition. L'ensemble du matériel du site Web a également été révisé, grâce à une équipe de collaborateurs œuvrant sous la direction de Marie-Claude Brouillette : Réal Jacques, Andrée Lavoie, Johanne Forget et Pierre Desforges, tous des utilisateurs éclairés du site précédent. Parmi les nouveautés de www.hec.ca/mng5 figure une série de capsules vidéo dans lesquelles les gestionnaires rencontrés dans le cadre de la réécriture des portraits d'entreprises répondent à des questions susceptibles d'intéresser le lecteur. De plus, ce site propose des questionnaires permettant d'autoévaluer ses connaissances théoriques. Cette trousse d'apprentissage virtuelle est en constante évolution : au terme de chaque période du calendrier scolaire, nous procédons à un grand nombre d'ajouts inspirés des suggestions que nous font les étudiants et professeurs utilisateurs.

Les 20 chapitres traitent de trois grands thèmes : l'analyse des coûts, le soutien à la prise de décision et le soutien à la gestion grâce à l'information comptable de gestion. Le premier chapitre constitue une introduction : on y présente la comptabilité de management, la fonction finance ainsi que la structure organisationnelle. Les chapitres 2 et 3 présentent les notions de coûts. Les chapitres 4 à 9 traitent du calcul et de l'analyse des coûts. Les chapitres 10 à 12 expliquent l'utilité des marges dans l'analyse de l'information comptable pour la prise de décision. Les chapitres 13 à 16 exposent le processus budgétaire comme approche à la planification et au contrôle. Les chapitres 17 à 20 abordent les pratiques de pointe en matière de gestion de la performance organisationnelle, soit la mesure de la performance financière, les tableaux de bord de gestion, la gestion stratégique des coûts et le développement durable.

Bonne étude !

Remerciements

C'est avec un grand plaisir que j'offre mes remerciements les plus sincères à une équipe de collaborateurs, la plus importante et la plus qualifiée qu'il m'ait été donné de coordonner au fil des ans. Je compte pas moins de six groupes de collaborateurs, soit les auteurs du manuel, les dirigeants d'entreprises qui ont accepté de se prêter au jeu des entrevues et des caméras, les collègues qui se sont investis dans la révision des exercices du site Web, les collègues professeurs qui nous ont fait part de leurs suggestions ou qui ont collaboré aux entrevues en entreprises, l'excellente équipe d'ERPI qui nous a accompagnés avec le plus grand professionnalisme dans la révision et la conception de cet ouvrage, l'équipe de HEC Montréal qui a réalisé les capsules vidéo et conçu le site Web. J'aimerais également souligner l'apport tant apprécié qu'appréciable d'Olga Prin comme point central de communication et de coordination au sein de cette imposante équipe de plus de 50 collaborateurs, ainsi que la contribution méritoire de Denis Paquet, caméraman, à qui nous devons la conception de l'ensemble des vidéos accompagnant cet ouvrage.

Je me permets de nommer les collaborateurs exceptionnels qui ont contribué à faire du présent manuel un outil d'enseignement francophone d'une grande richesse.

Les auteurs: Marie-Claude Brouillette, Marie-Andrée Caron, Réal Jacques, Claude Laurin, Alexander Mersereau.

Les dirigeants d'entreprises: Benoît Huard (Transcontinental), Réal Bélanger (Héroux-Devtek), Serge Tremblay (Biscuits Leclerc), Pierre Tremblay (BRP), Jean Tessier (Industries Lassonde), Bruno Guilbault, James Hogg, Don Raymond, Steven Peters et Gilles Lépine (Uniboard Canada), Martin Pelletier et Michel Lessard (Tembec), Marie-Claude Boisvert et Luc Ménard (Desjardins Capital de risque), Carole Potvin, Josiane Forand et Pascale Samoisette (Olymel), Yvan Joyal (Sobeys Québec), Daniel Pellerin (Venmar), André Rémillard (L'Oréal), Johanne Cassis (AXA Canada), Mario Boisvert (Val Saint-Côme), Pierre Despars (Gaz Métro), Patrick Chaperon (Norampac), Éric Marceau (Cirque du Soleil), Isabelle Plante (TELUS Québec), Guillaume Lavoie (Pratt & Whitney Canada), Ludvick Desjardins (Banque Nationale Groupe financier), Paul Sauvé et Guy Lefebvre (Hydro-Québec), Jacques Fortin (HEC Montréal), Renaud Lachance, vérificateur général du Québec.

Les collaborateurs qui ont participé à la révision des exercices: Marie-Claude Brouillette, Pierre Desforges, Johanne Forget, Réal Jacques, Andrée Lavoie.

Les autres collègues: Paulina Arroyo, Fatou-Safiétou Mbengue, Sophie Tessier, Louis-Philippe Sirois.

L'équipe d'ERPI: Liette Beaulieu, Micheline Laurin, Muriel Normand, Martin Tremblay, Isabelle Zupancic.

L'équipe de HEC Montréal: Vincent Demers, Valérie Doré, Sylvain Langevin.

Hugues Boisvert, Ph. D., FCMA
Professeur titulaire

Table des matières

CHAPITRE 6 LES SYSTÈMES DE CALCUL PAR CENTRES DE COÛTS : LA FABRICATION UNIFORME ET CONTINUE 141

CHAPITRE 7 LA COMPTABILITÉ PAR ACTIVITÉS 167

CHAPITRE 8 — LA PRODUCTION CONJOINTE

CHAPITRE 9 — LES PROCESSUS DE SOUTIEN ET LES SECTIONS AUXILIAIRES

CHAPITRE 17 LA MESURE DE LA PERFORMANCE
ORGANISATIONNELLE 485

CHAPITRE 20 — LE DÉVELOPPEMENT DURABLE 615

CHAPITRE 1

LA COMPTABILITÉ DE MANAGEMENT

OBJECTIFS

1 Définir la comptabilité de management.

2 Décrire les activités comptables en entreprise.

3 Présenter l'entreprise, la structure et les centres de responsabilité.

4 Être sensibilisé aux responsabilités du comptable en entreprise.

5 Établir les défis de la comptabilité de management au XXIe siècle.

6 Cerner l'importance des aspects éthiques en comptabilité de management.

SOMMAIRE

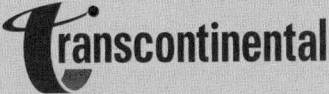

La comptabilité de management a pour mission de fournir de l'information de gestion aux dirigeants dans le but d'éclairer leurs décisions, quel que soit leur poste au sein de l'organisation. L'information à produire alimentera les différentes perspectives du management.

Pour être en mesure de produire une information utile à la gestion, le comptable en management doit tenir compte de la structure organisationnelle qui définit les responsabilités et l'imputabilité des gestionnaires. La portée de son mandat sera elle-même définie par la structure de la fonction finance, la centralisation des activités transactionnelles et la décentralisation des activités des différents partenaires d'affaires. Le leadership qu'il exercera dans la conduite du processus budgétaire en particulier, et de l'évaluation de la performance en général, reposera sur sa position dans l'organisation.

Le cas Transcontinental nous sensibilise au rôle de la structure organisationnelle et à son impact sur la définition de la fonction finance, en particulier en ce qui a trait au processus budgétaire et à l'évaluation de la performance.

■ TRANSCONTINENTAL INC.

Premier imprimeur au Canada et au Mexique, un des plus importants fournisseurs de solutions Web et de communications marketing au Canada, premier éditeur de magazines aux consommateurs au Canada, Transcontinental (TSX : TCL.A, TCL.B, TCL.PR.D) s'impose avec succès dans les secteurs de l'impression, des communications marketing et des médias. Malgré un climat d'inquiétude quant à l'avenir de l'imprimerie engendré par la croissance fulgurante d'Internet, le *Globe and Mail* de Toronto, imprimé par Transcontinental, a été nommé « Meilleur quotidien à grand tirage en Amérique du Nord » par l'International Newspaper Color Quality Club (INCQC). Cette impression se fait la nuit et ne requiert que 25 % du temps de machines ultraperformantes.

L'engagement sociétal est une valeur phare chez Transcontinental, qui soutient diverses causes dans les domaines de la santé, de l'éducation, de la culture et du développement communautaire. Ses pratiques exemplaires ont valu à Transcontinental d'être inscrite à l'indice Jantzi Social Index, un indice pondéré de capitalisation boursière dont les titres sont choisis en fonction de leur responsabilité sociale. Le JSI comprend 60 sociétés canadiennes qui respectent un vaste ensemble de critères environnementaux, sociaux et de régie d'entreprise, y compris le développement durable, les relations avec les employés et l'engagement communautaire. Transcontinental y maintient sa place depuis mars 2004. Pour la septième année consécutive, l'entreprise a été classée parmi les 50 entreprises citoyennes les plus responsables socialement au Canada – troisième dans la catégorie « industrielle » – par l'organisme Corporate Knights, voué à la promotion des pratiques et des investissements socialement responsables. Un an après la diffusion de son premier rapport sur le développement durable, Transcontinental a réitéré en 2010 son engagement à rendre compte de sa performance environnementale, sociale et économique en publiant sa deuxième édition. Le titre du rapport, *Joindre le geste à la parole*, évoque l'appel

à l'action lancé par l'entreprise à tous ses employés et partenaires afin de promouvoir une approche proactive en matière de développement durable.

UNE STRUCTURE ORGANISATIONNELLE EN CONSTANTE MUTATION

Transcontinental a toujours eu une forte culture entrepreneuriale, et son processus de croissance par fusions et acquisitions a engendré une structure décentralisée. Elle est constituée de trois secteurs d'activité divisés en plusieurs groupes d'affaires et de nombreuses entités d'affaires. Une telle structure lui permet de rester à l'affût des besoins de ses clients.

Or, ces besoins sont aujourd'hui en profonde transformation avec la progression exponentielle d'Internet[1]. Si Benoît Huard, vice-président et chef de la direction financière, est convaincu que les documents papiers ne disparaîtront pas complètement, l'offre faite au client connaît des mutations importantes. Par exemple, l'offre de circulaires faite au détaillant Canadian Tire comprenait jusqu'à tout récemment un ou deux services, alors qu'elle se décline aujourd'hui en une douzaine de produits différents afin de tenir compte des possibilités offertes notamment par la communication sans fil, le Web 2.0, le iPod, etc. Pour concrétiser ces offres, Transcontinental a récemment fait l'acquisition de l'entreprise LIPSO, spécialisée dans les solutions mobiles intégrées[2], et a mis sur pied une équipe pluridisciplinaire. Ainsi, on parle

maintenant davantage d'une offre intégrée ; conséquemment, l'ancienne structure par profit, selon laquelle les gestionnaires étaient évalués exclusivement sur la base de profits générés par leur offre, doit être revue. Comme ce sont les besoins du marché qui dictent en quelque sorte les structures de l'entreprise, Transcontinental est amenée à revoir les siennes en profondeur.

Du côté de la chaîne manufacturière, des transformations importantes apparaissent aussi et ont un effet sur la structure de l'entreprise. Auparavant, les équipements d'imprimerie se divisaient en plusieurs catégories, dont les équipements pour l'impression des journaux et d'autres pour l'impression des circulaires, alors qu'une même machine peut aujourd'hui réaliser ces deux opérations. La structure décentralisée en unités d'affaires « journaux » et unités d'affaires « circulaires » fait l'objet d'une révision importante.

En deux ans, Transcontinental a modifié sa structure trois fois.

LA STRUCTURE DE LA FONCTION FINANCE CENTRALISE LES OPÉRATIONS FINANCIÈRES

Devant la difficulté d'accroître ses parts dans un marché en décroissance, Transcontinental effectue un examen en profondeur de ses fonctions administratives : elle cherche à faire des gains de productivité en misant sur l'efficience de ses fonctions. Le chef de la direction financière met bien en évidence le changement profond de mentalité à l'égard de sa propre fonction : « Il y a à peine deux ans, dit Benoît Huard, nous ne savions pas exactement combien de personnes réalisaient des activités de compilation financière (aussi appelées transactionnelles) dans toute l'organisation ; maintenant, nous le savons et nous sommes en train de regrouper plusieurs de ces activités dans un seul centre de services partagé par toute l'entreprise. » L'objectif que se donne le vice-président est de réduire à moins de 20 % les tâches relatives à des activités de compilation de transactions financières dans les usines. Ces tâches sont répétitives et ne créent pas de valeur ajoutée pour le

---

1. Pour plus d'information concernant les inquiétudes sur l'avenir de l'imprimerie, consulter l'allocution de François Olivier, président et chef de la direction de Transcontinental inc., prononcée devant le Cercle Canadien de Montréal en avril 2009 : www.transcontinental.com/fr/5-newscentre/5-2-F.O.cerclecan2009.html.
2. Pour plus d'information concernant cette acquisition récente, consulter le lien suivant : www.lesaffaires.com/secteurs-d-activite/technologies-et-telecommunications/solutions-mobiles-lipso-rachetee-par-transcontinental/513991.

client. De cette façon, il espère que le contrôleur d'usine pourra dans un avenir rapproché jouer davantage son rôle de partenaire d'affaires, c'est-à-dire assister le directeur de l'usine dans la prise de décisions stratégiques. Ce qui invite le contrôleur à acquérir des habiletés de négociation et de communication, en plus d'avoir une connaissance approfondie de l'industrie dans laquelle il travaille.

Les technologies de l'information (TI) ont un rôle très important à jouer dans cette intégration. Les systèmes comptables sont des produits en évolution, dit Benoît Huard. Les TI ont réussi à intégrer les plates-formes financières de l'ensemble des entités d'affaires en un seul plan de comptes ; à titre d'exemple, le système comptable de LIPSO, une des plus récentes acquisitions, a été intégré en trois mois.

La répartition des coûts des centres de services partagés (services de comptabilité financière, des technologies de l'information et de ressources humaines) devrait idéalement suivre le principe de l'utilisateur-payeur. Mais comme l'opérationnalisation de ce principe peut être très lourde, il a été décidé, à la suite d'une analyse de l'utilisation de ces services en comparaison avec les revenus générés par les unités d'affaires, de répartir ces coûts sur la base des revenus générés par les unités d'affaires.

UN PROCESSUS BUDGÉTAIRE TROP MINUTIEUX

Le chef de la direction financière se fixe comme objectif de réduire la durée du processus budgétaire, qui s'échelonne chaque année sur une période d'environ cinq mois. Certaines entreprises y parviennent en deux mois !

Benoît Huard constate le niveau élevé de détail dans le calcul des prévisions budgétaires par les unités d'affaires, ce qu'accentue notamment le contexte décentralisé. « Nous sommes dans une culture du détail. » Cela s'explique, dit-il, par le lien historique important entre les écarts budgétaires et la rémunération, et aussi par le fait que Transcontinental s'est développée par acquisitions d'entités habituées à établir des budgets détaillés pour elles-mêmes. Les employés des entités d'affaires sont amenés à calculer et à négocier tout ce qui apparaît au budget. Le volet opérationnel du budget est à peaufiner : trop de calculs sont encore faits sur Excel. Les hypothèses budgétaires sont dictées par le siège social, ainsi que les autres paramètres uniformisés, comme le taux de change.

Les états financiers présentent aussi un niveau de détail impressionnant, avec des états financiers par produit. Ainsi, des publications paraissant le jeudi et le dimanche auront chacune un état des résultats financiers distinct. Comme ces résultats financiers sont comparés aux prévisions budgétaires, ils sont très importants pour les employés : pour eux, c'est la Bible ! Tout écart, aussi minime soit-il, doit être expliqué. Cependant, avec l'évolution de la formule de l'offre intégrée, la communication des résultats financiers et du processus budgétaire vont nécessairement évoluer.

La volonté de plus en plus présente chez Transcontinental d'intégrer les prévisions financières à la planification stratégique est également appelée à modifier en profondeur le processus budgétaire.

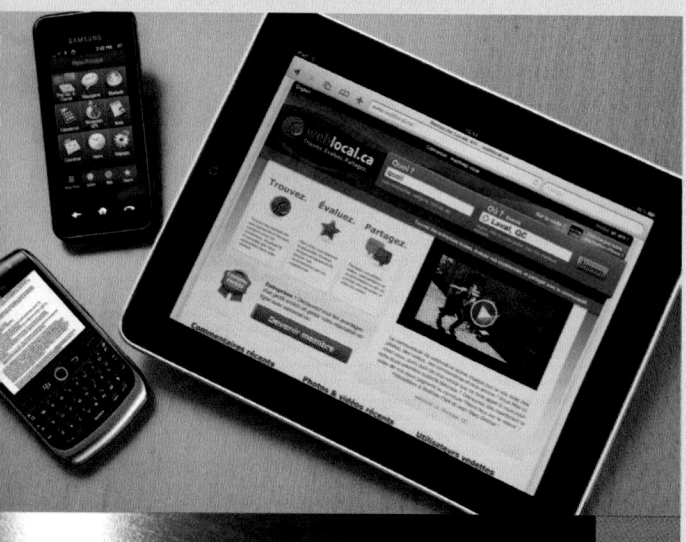

L'ÉVALUATION DE LA PERFORMANCE

Le secteur de l'impression est le segment le plus important tant en matière de revenus que de profitabilité. C'est pourquoi les analyses comparatives (aussi appelées analyses paritaires) le visent principalement. Toute hausse des coûts de main-d'œuvre, par exemple, fait l'objet d'un examen approfondi. La productivité des machines se révèle aussi un indicateur suivi de très près, et la capacité de production est scrutée à la loupe. Par exemple, comme l'impression du *Globe and Mail* ne monopolise que 25 % du temps disponible des machines, surtout le soir et la nuit, on cherche à utiliser le temps de presse libre le jour en imprimant d'autres journaux ou des circulaires. Pour ce faire, il faut, d'une part, investir dans des équipements plus polyvalents et, d'autre part, conclure des compromis avec les clients concernant la date et l'heure de livraison des circulaires. La planification quotidienne de l'utilisation des machines peut générer des économies notables. On doit également prendre en compte des aspects humains très importants liés à la planification des quarts de travail.

LA COMPTABILITÉ DE MANAGEMENT

Le but essentiel de la **comptabilité de management**, également appelée **comptabilité de gestion, comptabilité administrative, comptabilité analytique** ou **comptabilité interne**, est de fournir de l'**information de gestion** aux gestionnaires, c'est-à-dire des données qui éclaireront leurs décisions, quel que soit leur poste dans l'organisation. À ce titre, elle fait partie intégrante du système d'information indispensable à la **gestion** de l'entreprise.

Si chaque manuel de comptabilité de management donne sa propre définition de la comptabilité de management, deux interprétations principales se dégagent. Selon l'IFAC (International Federation of Accountants), elle comprend toutes les activités des comptables en entreprise, sauf celles qui relèvent de la comptabilité financière[3]. Dans cet ouvrage, nous la définirons plutôt comme un système d'information de gestion fondé sur les données financières.

La fonction de comptabilité de management est assumée par le **comptable en management**, un professionnel qui travaille en entreprise et dont c'est la spécialité. Mais, selon le contexte, il n'est pas nécessairement cantonné à la comptabilité de management et peut exercer toutes les activités des comptables en entreprise.

Selon la définition retenue dans cet ouvrage, la comptabilité de management se caractérise par son objectif premier : fournir de l'information à des fins de gestion. Afin de mieux la cerner et de la définir plus précisément, nous l'envisagerons tout d'abord dans le cadre de l'ensemble des **activités comptables** en entreprise. Puis, nous verrons la place qu'elle occupe dans le processus de gestion, ce qui mettra en valeur les exigences auxquelles elle doit répondre en matière d'information, les utilisateurs auxquels elle s'adresse et l'évolution qu'elle est susceptible de suivre au cours des prochaines années.

LES ACTIVITÉS COMPTABLES EN ENTREPRISE

Le tableau[4] de la page suivante dresse une liste des activités dévolues aux comptables en entreprise.

Comme le montre ce tableau, il existe de multiples activités comptables en entreprise, et le temps consacré à chacune d'elles dépend du poste occupé ainsi que de la structure de la **fonction finance**[5]. Les titres des postes sont variés : vice-président aux finances, directeur financier, directeur administratif, trésorier, contrôleur, chef comptable, directeur du coût de revient, vérificateur interne, analyste, etc. La nature du poste diffère aussi selon le secteur d'activité, la taille et la structure de l'entreprise, la culture de gestion, la technologie utilisée, la formation et l'expérience des professionnels comptables au sein de l'entreprise. Précisons que, dans nombre d'entreprises, le personnel de la fonction finance consacre plus de 60 % de son temps aux activités transactionnelles. Afin de réduire le temps qui leur est consacré,

---

3. Notre traduction de « *management accounting encompasses all activities undertaken by accountants in enterprises except those in public practice* ».
4. La liste des activités des comptables en entreprise est tirée d'un projet de recherche de la Chaire internationale CMA (www.hec.ca/cicma). Cette recherche est rapportée dans le cahier de recherche CICMA 10-01, *Le rôle du contrôleur revisité : une perspective nord-américaine,* mars 2010.
5. Nom donné à la fonction qui héberge habituellement la comptabilité en entreprise.

au profit d'autres activités, on peut recourir à la réingénierie de la fonction finance, qui consiste à réviser et à automatiser des processus administratifs tels que l'enregistrement des transactions, la gestion des comptes clients et des comptes fournisseurs, etc. Des entreprises telles que Transcontinental ont recours à un centre de services partagés. Par ailleurs, les activités Analyser les affaires et faire des recommandations et Gérer la performance de l'organisation représentent moins de 5 % du temps des professionnels de la fonction finance dans certaines entreprises, contre plus de 20 %[6] dans d'autres.

Les activités exercées par les comptables en entreprise

1. Préparer les états financiers et les communiquer

    a. Générer les résultats financiers

    b. Valider les résultats financiers et les communiquer

    c. Expliquer les résultats financiers et faire des recommandations

2. Préserver l'intégrité de l'organisation

    a. Assurer le maintien des contrôles internes

    b. Prévenir les fraudes et veiller à la sécurité des systèmes

    c. Gérer le risque financier

3. Administrer les ressources financières

    a. Élaborer des budgets et des prévisions financières

    b. Planifier les besoins en ressources financières, les flux de trésorerie

    c. Évaluer les projets nécessitant un investissement (analyse coûts-bénéfices)

4. Analyser les affaires et faire des recommandations

    a. Calculer les écarts budgétaires, les analyser et les expliquer

    b. Calculer le coût de revient des produits et des services et l'analyser

    c. Calculer la rentabilité des clients, des gammes de produits, des ventes par marché, par magasin, par circuit de distribution, etc., l'analyser et l'expliquer

5. Gérer la performance de l'organisation

    a. Participer à l'élaboration des plans visant à appliquer la stratégie

    b. Participer à des projets d'amélioration continue, d'optimisation des processus et de réingénierie

    c. Créer un modèle de représentation des activités de l'entreprise et des indicateurs de performance (tableaux de bord de gestion)

6. Gérer les transactions

    a. Enregistrer les données et les traiter

    b. Gérer les comptes clients et les comptes fournisseurs

    c. Gérer la paie et les avantages sociaux

7. Exercer d'autres activités

---

6. Selon les statistiques rapportées dans le cahier de recherche CICMA 10-01 déjà cité.

LES DIVERSES MISSIONS DE LA COMPTABILITÉ EN ENTREPRISE

Dans le tableau suivant, les diverses missions de la comptabilité sont regroupées en quatre rôles fondamentaux, à chacun desquels correspond une désignation particulière dans le domaine comptable.

Les rôles fondamentaux[7] de la comptabilité au sein de l'entreprise

Rôles	Désignations
1. Renseigner sur la situation financière de l'entreprise	Comptabilité financière (ou comptabilité générale)
2. Assurer la protection du patrimoine	Contrôle interne
3. Assumer la gestion de la trésorerie	Trésorerie
4. Fournir de l'information à des fins de gestion	Comptabilité de management

Cette nomenclature des rôles et de leurs désignations n'est pas exhaustive. N'y figurent ni la **certification** ou **vérification externe** ni la fiscalité, deux domaines généralement associés à la comptabilité. La vérification externe, effectuée par les experts-comptables, consiste à attester l'exactitude des états financiers d'une entreprise et se situe à la périphérie de la comptabilité financière d'entreprise. Quant à la fiscalité, qui fait appel à des notions de comptabilité, elle relève à la fois de la compétence des avocats et de celle des comptables spécialisés en fiscalité. Le comptable fiscaliste utilisera l'information financière produite par l'entreprise pour la conseiller sur la façon de réduire au minimum les montants à verser en impôts et en taxes.

LA COMPTABILITÉ FINANCIÈRE

La **comptabilité financière** a pour rôle premier de fournir à des tiers (créanciers, investisseurs, clients, fournisseurs, organismes de contrôle, etc.) des données sur la situation financière de l'entreprise. Cette information est présentée sous la forme d'états financiers qui doivent respecter les principes comptables généralement reconnus (PCGR), des règles comptables édictées par l'Institut canadien des comptables agréés (ICCA). L'ICCA a décidé d'adopter les normes internationales d'information financière (IFRS) à titre de PCGR canadiens pour les entreprises ayant une obligation d'information du public, pour les exercices ouverts à compter du 1er janvier 2011. L'objectif est d'uniformiser la méthodologie qui régit l'établissement des états financiers. Les règles comptables exigent du comptable qu'il fasse preuve de neutralité et d'objectivité lors de la collecte des données afin d'assurer la qualité de l'information recueillie, c'est-à-dire sa pertinence, sa fidélité et sa comparabilité. La normalisation des méthodes comptables vise également à faciliter l'interprétation des états financiers et à assurer qu'elle sera identique, quels que soient l'entreprise, son emplacement et son secteur d'activité.

---

7. Il y a d'autres rôles associés à la comptabilité, notamment le contrôle de gestion et la vérification opérationnelle, que nous définissons à la suite de la présentation des rôles fondamentaux de la comptabilité au sein de l'entreprise.

La comptabilité financière comprend donc la préparation des états financiers et leur présentation aux utilisateurs, pour l'essentiel extérieurs à l'entreprise, que sont notamment les investisseurs, les créanciers et les gouvernements. Relève également de la comptabilité financière la mise en place du système de collecte, d'enregistrement et de traitement des données nécessaires à la production des états financiers.

Certains éléments d'information tirés de la comptabilité financière servent à déterminer les obligations financières que la loi impose aux entreprises, entre autres l'impôt sur les bénéfices des sociétés, certaines taxes et cotisations. Ils jouent également un rôle crucial dans l'obtention du financement externe auprès des actionnaires ou des autres bailleurs de fonds. Par ailleurs, ils renseignent les gestionnaires sur le rendement de l'entreprise au cours de l'exercice qui vient de se terminer – dans les limites et selon les règles de cette comptabilité –, ainsi que sur l'état du patrimoine de l'entreprise, c'est-à-dire les ressources dont elle dispose.

LE CONTRÔLE INTERNE

Le Rapport COSO[8] a défini le **contrôle interne** comme un processus appliqué par le conseil d'administration, la direction ou d'autres membres du personnel d'une entité et conçu pour procurer une assurance raisonnable que les objectifs suivants seront atteints :

- réalisation et optimisation des opérations ;
- fiabilité de l'information financière publiée ;
- conformité aux lois et règlements applicables.

Le premier objectif – la réalisation et l'optimisation des opérations, parfois appelés **optimisation des ressources** – relève du contrôle de gestion, tandis que les deux autres objectifs relèvent du contrôle d'exécution.

Le **contrôle d'exécution** consiste à surveiller les opérations et à vérifier minutieusement la collecte, l'enregistrement et le traitement des données. L'objectif est d'assurer l'exactitude et la fidélité de l'information retenue, ainsi que de déceler les fraudes, les cas de non-conformité et les irrégularités éventuelles. Le contrôle d'exécution porte donc sur la méthode d'exploitation du système relatif à ces activités. L'intervenant doit notamment :

- s'assurer que des pièces justificatives adéquates appuient les transactions avant de les enregistrer ;
- réviser les rapports d'exception afin d'assurer la correction des transactions erronées de la base de données (par exemple, doublons de factures dans le journal des ventes) ;
- s'assurer que les heures travaillées sont autorisées par la personne responsable avant de préparer la paie d'un employé, etc.

Le contrôle d'exécution est une procédure fondamentale et essentielle au succès d'une entreprise. S'il ne garantit pas sa prospérité, il la protège contre les pertes découlant d'une exécution déficiente. En effet, nombre d'entreprises éprouvent des difficultés non pas parce qu'elles sont

---

8. Pour plus de détails, consulter le lien suivant : www.coso.org.

improductives, mais parce qu'elles sont victimes de fraudes ou d'irrégularités, égarent ou ne perçoivent pas des comptes clients, paient deux fois des comptes fournisseurs, etc.

Plus récemment, on a défini le contrôle interne comme une composante intégrante de la gestion des risques, dans l'ouvrage coédité par PricewaterhouseCoopers et l'IFACI intitulé *Internal Control – Integrated Framework*[9].

LA TRÉSORERIE

La **trésorerie** comprend essentiellement la gestion des encaissements et des décaissements d'argent. Les principales tâches qui s'y rattachent sont les suivantes :

- administrer les dépôts ;
- percevoir les comptes clients ;
- régler les comptes fournisseurs ;
- payer les salaires et les autres comptes ;
- gérer les placements à court et à long terme ;
- traiter les emprunts à court et à long terme ;
- choisir les assurances.

La gestion de la trésorerie consiste donc à planifier et à contrôler les flux monétaires. Cette activité est essentielle car les liquidités sont aussi vitales pour l'entreprise que le sang pour le corps humain : comme une personne anémique, une entreprise dont les liquidités sont insuffisantes parvient difficilement à accomplir ses activités. Combien d'entreprises se trouvent en difficulté à cause d'un manque de liquidités ! Il arrive ainsi fréquemment que des multinationales dont l'actif est évalué à plusieurs dizaines ou centaines de millions de dollars doivent vendre une partie importante de leurs actifs, à une valeur inférieure à celle qu'indiquent les livres, ou déclarer faillite et fermer boutique à cause d'une gestion déficiente de la trésorerie. La gestion de la trésorerie utilise un outil de planification et de contrôle budgétaire – le budget de caisse – et est donc liée à la comptabilité de management.

LA COMPTABILITÉ DE MANAGEMENT

Le but de la comptabilité de management est d'orienter les gestionnaires afin qu'ils puissent choisir les moyens les plus efficaces de mener à bien la mission de l'entreprise. Pour comprendre parfaitement les tenants et les aboutissants de cette discipline, il est utile de faire un parallèle avec la comptabilité financière.

La comptabilité de management et la comptabilité financière ont plusieurs caractéristiques communes. Tout d'abord, elles donnent toutes deux une représentation des phénomènes économiques à l'œuvre au sein de l'organisation. Ensuite, elles font appel aux mêmes ressources, notamment les données financières (les matières premières de la comptabilité)

---

9. Voir aussi PricewaterhouseCoopers et IFACI (Institut français de l'audit et du contrôle internes), *La pratique du contrôle interne – COSO Report,* Éditions d'Organisation, 2002.

et le personnel directement affecté à la comptabilité (les comptables de l'entreprise). La principale source d'information sur laquelle repose la comptabilité de management est le grand livre (GL). Toutes les transactions financières de l'entreprise y sont enregistrées, et le système de contrôle d'exécution assure la fiabilité et la neutralité des données qu'il contient. Les éléments communs à la comptabilité de management et à la comptabilité financière sont donc les suivants :

- le système de collecte et d'enregistrement des données financières ;

- la base de données, soit le GL.

Les deux disciplines se distinguent surtout par leur finalité. La comptabilité de management a pour objectif d'assurer l'efficacité et l'efficience du management : elle concerne donc la gestion du rendement financier futur de l'entreprise. En revanche, la comptabilité financière a pour objectif de rendre compte des résultats de l'entreprise au moyen de la comptabilisation du rendement financier, obligation qu'ont toutes les entreprises. On peut donc dire que la comptabilité de management est orientée vers l'avenir, tandis que la comptabilité financière est orientée vers le passé. Il existe ainsi des différences essentielles entre ces deux types de comptabilité : outre leurs objectifs différents, elles ne sont pas destinées aux mêmes personnes et leurs destinataires ont, eux aussi, des objectifs fort différents. Enfin, on peut dire que la comptabilité de management est un outil visant à « détailler » les données présentées par la comptabilité financière en vue de faire des comparaisons judicieuses entre les données réelles et les données budgétées. Établir la source des écarts aide les gestionnaires à atteindre de meilleures performances (le gestionnaire à la production est responsable des écarts sur coûts ou sur l'efficience des activités de production, alors que le gestionnaire au marketing est responsable des écarts sur ventes, comme nous le verrons au chapitre 16). Cela implique de disséquer, tel un chirurgien, les chiffres présentés par la comptabilité financière (pour les transposer en coûts unitaires et volumes de production). L'évaluation du coût de revient est également une composante très importante de la comptabilité de management. Elle chapeaute en quelque sorte toutes ces techniques et méthodes, et concerne autant les entreprises de service que de fabrication (sur commande ou fabrication uniforme et continue).

La comptabilité de management est omniprésente dans une organisation. Par ailleurs, elle s'adresse strictement aux gestionnaires de l'entreprise, quels que soient leur niveau hiérarchique ou leur type de poste, d'où sa complexité : elle doit fournir un grand nombre de données utiles à la gestion et les présenter sous des formes adaptées à la fois à différents contextes et à différents utilisateurs. Non seulement l'environnement externe et interne des entreprises est très varié, mais il y a aussi une grande diversité d'entreprises et de stratégies possibles. Utile à la prise de décision, la comptabilité de management permet aussi de rendre compte de l'activité et de la productivité de l'ensemble des unités administratives d'une organisation prises individuellement. Le tableau de la page suivante résume les caractéristiques qui distinguent la comptabilité financière de la comptabilité de management.

La comptabilité financière vise à donner une image fidèle et fiable de la situation financière de l'entreprise. La comptabilité de management, quant à elle, doit fournir des éléments d'information utiles et pertinents qui aident les gestionnaires de tous les échelons de l'entreprise à prendre chaque jour les décisions relevant de leurs responsabilités. La comptabilité de management ne s'exerce donc pas dans un cadre prédéterminé et n'est pas soumise à des exigences d'ordre juridique. La seule contrainte qui pèse sur la production de l'information est le critère coûts-bénéfices. Le système de comptabilité de management doit être adapté à l'organisation, à la situation et, surtout, à la décision à prendre. C'est ce qui distingue la comptabilité de management de la comptabilité financière.

Une bonne partie des données utilisées en comptabilité de management provient du GL, mais elle fait aussi appel à des données prévisionnelles non financières, non vérifiées et subjectives, provenant de diverses sources extérieures à l'entreprise (par exemple le marché). Comme elle doit répondre aux exigences particulières des gestionnaires et orienter leurs décisions, et non offrir une image de la situation économique dans son ensemble, la comptabilité de management produit une information sélective et parfois très détaillée. Il s'agit donc d'une intervention *a priori* (avant l'action), et non d'une intervention *a posteriori*. Enfin, la comptabilité de management n'est pas fermée sur l'entreprise mais, au contraire, ouverte sur l'environnement externe. Elle cherche à refléter le cycle des activités plutôt qu'un exercice financier comportant 12 mois.

La comptabilité de management et la comptabilité financière

	Comptabilité de management	Comptabilité financière
Qualité primordiale	Utilité, pertinence	Fidélité, fiabilité, vérifiabilité
Cadre théorique	Aucun cadre prédéterminé	IFRS (PCGR)
	Adapté à l'organisation	Universel
	Aucune exigence juridique	Exigences juridiques
Données utilisées	Historiques et prévisionnelles, de nature diverse	Historiques
	Financières et non financières	Financières
	Vérifiées et non vérifiées	Vérifiées
	Internes et externes	Internes
	Objectives et subjectives	Objectives
	Quantitatives et qualitatives	Quantitatives
Collecte de données	Sélective	Complète
Moment de l'intervention	*A priori* et *a posteriori*	*A posteriori*
Champ de l'intervention	L'entreprise et son environnement	L'entreprise exclusivement
Temps de cycle	Cycle de vie de l'activité	Calendrier, exercice financier

La comptabilité de management concerne de nombreux professionnels en entreprise. Dans les grandes entreprises, il s'agit du directeur financier, ou vice-président aux finances, principal responsable des opérations financières de l'organisation, ainsi que de professionnels de plusieurs niveaux hiérarchiques occupant des postes de contrôleur, de chef comptable, de directeur du coût de revient, d'analyste, etc. Dans les organisations de plus petite taille, comme les PME, tous ces rôles sont fréquemment assumés par une même personne. Avant de traiter du poste de contrôleur, souvent associé de près à la comptabilité de management, nous définirons brièvement le contrôle de gestion et la vérification opérationnelle, puis nous aborderons les différentes structures de l'organisation, puisqu'elles sont susceptibles d'avoir un effet sur le rôle du contrôleur dans une entreprise.

LE CONTRÔLE DE GESTION

Le **contrôle de gestion** porte simultanément sur l'optimisation des ressources, la **prise de décision** au sens large, la planification et le contrôle des activités de gestion. On l'appelle aussi parfois «gouvernance opérationnelle». Bien qu'il relève surtout de la comptabilité de management[10], il est parfois associé au contrôle interne, mais il s'en distingue de manière importante, notamment par son lien avec la stratégie. Comme nous le verrons au chapitre 19, Simons représente le contrôle de gestion stratégique à partir de quatre leviers: culture, frontières, mécanismes de contrôle diagnostique et de contrôle interactif. Pour Bouquin[11], le contrôle de gestion fait lui-même partie d'un système intégré composé du contrôle invisible, du contrôle stratégique, du contrôle de gestion et du contrôle d'exécution. Pour sa part, Lorino[12] le conçoit comme un système d'apprentissage. Les aspects techniques et humains du contrôle de gestion sont présents dans tous ces modèles.

LA VÉRIFICATION OPÉRATIONNELLE

La **vérification opérationnelle** (aussi appelée «vérification interne» ou «vérification intégrée») est aussi une composante essentielle des activités comptables connexes en organisation, même si elle n'est pas exercée que par des comptables – dans certains cas, les comptables y jouent en fait un rôle très limité. Mais elle constitue une branche de spécialisation de plus en plus populaire auprès des comptables de toute allégeance professionnelle, qui touche les notions de contrôle de gestion et d'efficacité et efficience des activités.

La vérification opérationnelle se définit comme une activité indépendante et objective. Elle donne à une organisation une assurance sur le degré de maîtrise de ses opérations, lui apporte des conseils pour les améliorer et crée de la valeur ajoutée. Elle contribue à l'atteinte des objectifs de cette organisation en évaluant, par une approche systématique et méthodique, ses processus de gestion des risques, de contrôle et de gouvernance d'entreprise, et en faisant des propositions pour renforcer leur efficacité[13].

LA STRUCTURE D'ORGANISATION

Les activités et les rôles reconnus des comptables en entreprise sont adaptés à la structure de l'organisation. Les notions de structure d'organisation et de **centre de responsabilité** permettent de mieux comprendre les variations dans les responsabilités comptables en entreprise.

---

10. La comptabilité de management et le contrôle de gestion sont si intimement liés dans l'entreprise qu'on parle souvent indistinctement de l'un ou de l'autre.

11. Henri BOUQUIN, *Le contrôle de gestion*, PUF, 2008.

12. Philippe LORINO, *Comptes et récits de la performance: essai sur le pilotage de l'entreprise*, Éditions d'Organisation, 1995.

13. Institut des vérificateurs internes de Montréal.

Afin d'assurer une gestion efficace, les organisations doivent mettre en place une structure interne qui favorise la communication, le contrôle de gestion et la prise de décision. On appelle **structure d'organisation** la manière dont on délègue le pouvoir et les responsabilités au sein de l'organisation, soit la façon dont on regroupe et coordonne les ressources humaines, matérielles et financières.

LES STRUCTURES

Il existe plusieurs types de structures : la structure fonctionnelle, la structure par division, la structure par processus, la structure matricielle et le partenariat ou la structure en réseau. Il y a aussi les services partagés et l'**impartition**.

LA STRUCTURE FONCTIONNELLE

Dans une **structure fonctionnelle**, les employés sont regroupés en unités administratives correspondant à des fonctions spécialisées, notamment la production, les ventes, la mise en marché et la finance. La structure fonctionnelle se distingue de la structure par division qui, par ailleurs, est habituellement dotée d'une structure fonctionnelle à l'interne. On distingue habituellement fonction de soutien et fonction de la chaîne de valeur. Les fonctions de soutien courantes dans une organisation sont les suivantes : finance et comptabilité, ressources humaines, qualité totale, système d'information, fonction légale, administration générale. Les fonctions habituelles de la chaîne de valeur sont : recherche et développement, production, vente et service après-vente.

La structure fonctionnelle réunit des personnes de même métier.

LA STRUCTURE PAR PROCESSUS

Dans la **structure par processus**, l'organisation réunit des personnes qui partagent un objectif commun, qui est de servir le client du processus. Par exemple, pour servir un client, il faut souvent réunir des personnes de métiers différents. Le processus est défini comme un ensemble d'activités qui regroupe un ensemble de tâches. Il est toujours défini par un verbe d'action, par exemple « gérer les ressources financières et matérielles », alors que la fonction est un regroupement de professionnels ou d'employés de même métier : par exemple, la fonction finance, qui regroupe habituellement les comptables en entreprise. Une différence majeure entre les expressions *fonction* et *processus* est que le processus peut regrouper des activités qui sont exercées au sein de différentes fonctions.

Moins fréquente que la structure fonctionnelle, la structure par processus émerge des nouveaux modèles de structuration d'entreprise, celui de l'entreprise agile, à structure aplatie, structures susceptibles d'être observées en particulier dans les secteurs utilisant les nouvelles technologies. Dans une faculté d'administration, la structure par processus se rapproche d'une structure par programme, alors que la structure par fonction se rapproche d'une structure par service d'enseignement : comptabilité, finance, administration, gestion des ressources humaines, marketing, système d'information, etc. Souvent, les organisations ont une structure matricielle dans laquelle le pouvoir et les responsabilités sont répartis entre des directeurs de fonctions et des directeurs – parfois appelés « propriétaires » – de processus.

LA STRUCTURE PAR DIVISION

Dans la **structure par division**, l'organisation est divisée en unités et chacune correspond à une famille de produits, à un groupe de clients ou à un territoire géographique. Dans les très grandes entreprises, cette structure présente plusieurs avantages par rapport à la structure fonctionnelle : proximité des centres de décision, réactions et prises de décision plus rapides, gestion des compétences plus judicieuse, simplification du système d'information, plus grandes possibilités de formation pour les cadres divisionnaires et motivation accrue. Ce type de structure permet en général de mieux répondre aux besoins des clients, puisqu'elle est définie en fonction de groupes de clients particuliers. La prise de décision s'en trouve accélérée : on délègue les responsabilités aux gestionnaires chargés des activités, ce qui accroît leur motivation. Enfin, on assure une succession plus harmonieuse à la direction des divisions : avec ce système, l'entreprise compte davantage de gestionnaires ayant une expérience professionnelle d'une grande diversité, qui peuvent mettre en œuvre plus rapidement leur aptitude à diriger. Cependant, la structure par division exige de nombreux gestionnaires de haut niveau, chaque division ne pouvant en effet fonctionner que grâce à une équipe de gestionnaires complète, ce qui entraîne des coûts supplémentaires. De plus, la probabilité d'aboutir à des duplications de tâches et à des ratios d'efficience non optimaux est plus importante avec la structure par division. L'appellation des divisions peut varier d'une entreprise à l'autre. Chez Transcontinental, les divisions s'appellent des « secteurs d'activité ».

LA STRUCTURE MATRICIELLE

La **structure matricielle** est une structure qui combine au moins deux types de structures : par exemple, structure fonctionnelle et par division, ou structure par fonction et par processus, ou encore elle combine les trois types de structures.

Dans la structure matricielle qui combine fonctions et divisions, les unités administratives sont liées à la fois à des produits, comme dans les structures fonctionnelles, et à des territoires géographiques, comme dans les structures par division. L'idée est de combiner les avantages des deux types de structures, c'est-à-dire obtenir la vitesse de réaction, la motivation et l'orientation client caractéristiques de la structure par division, tout en conservant l'efficience de la structure fonctionnelle. Par ailleurs, la structure matricielle a parfois pour effet de ralentir la prise de décision au lieu de l'accélérer, puisqu'elle suppose d'obtenir l'accord de deux directions au lieu d'une.

Dans la structure matricielle qui combine fonctions et processus, les unités administratives regroupent des professionnels de même métier, mais on a aussi des unités administratives liées à des processus de réalisation des produits ou des services principaux de l'organisation. C'est le cas d'une faculté d'administration qui aurait des départements correspondant à des disciplines scolaires, mais aussi des directions de programmes qui réuniraient des professeurs de différents services d'enseignement.

La figure 1.1 présente trois structures d'organisation : par fonction, par processus et matricielle.

Figure 1.1 Trois structures d'entreprise

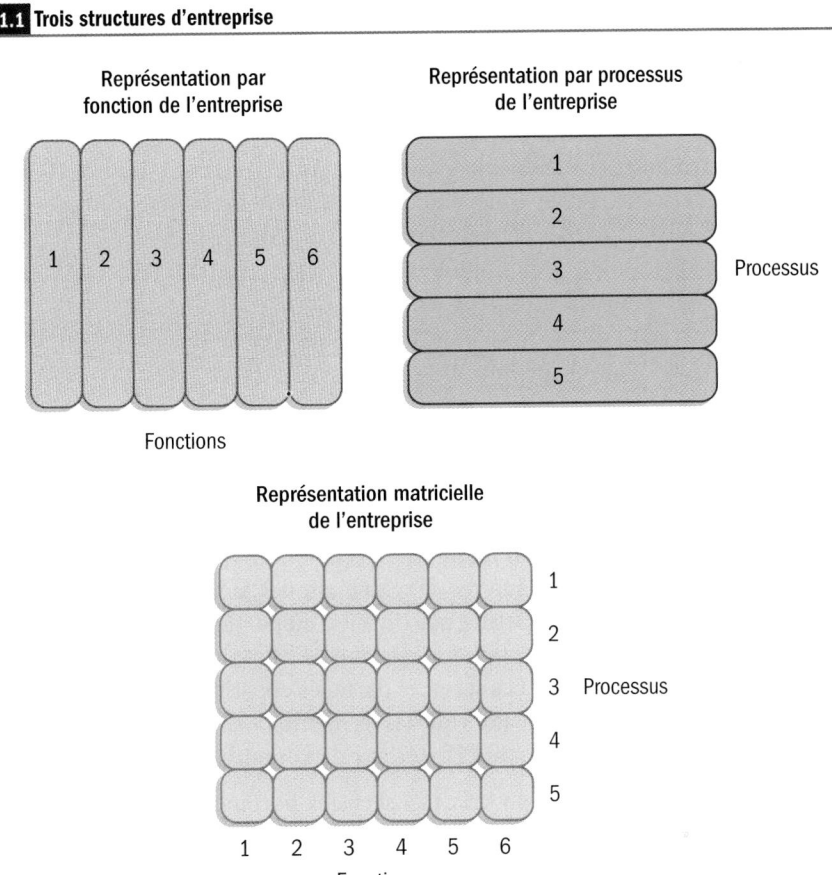

Représentation par
fonction de l'entreprise

Représentation par processus
de l'entreprise

Fonctions

Représentation matricielle
de l'entreprise

Processus

Fonctions

LE PARTENARIAT OU LA STRUCTURE EN RÉSEAU

Le **partenariat**, ou la **structure en réseau**, est l'évolution la plus notable dans le domaine des structures d'organisation. Le partenariat est une forme d'organisation dans laquelle deux entreprises ou plus s'entendent pour mettre en commun leurs ressources et leurs clients dans le but de créer des synergies. Le partenariat a toujours existé. En effet, dans nombre d'industries, on a eu recours à cette forme d'association pour faciliter l'acquisition de ressources qu'on n'aurait pu obtenir autrement. Cependant, en raison de la récente multiplication des regroupements de ce type et de leur diversité, le partenariat soulève des interrogations constantes au sein des entreprises. Dans l'industrie aéronautique par exemple, plusieurs partenariats ont vu le jour ces dernières années. Air Canada fait ainsi partie de la Star Alliance, qui regroupe de nombreuses compagnies aériennes dans le but de mettre en commun ressources, routes et clients.

Diverses raisons peuvent inciter les entreprises à faire partie de tels regroupements. Une entreprise de taille relativement petite peut souhaiter se protéger, en particulier sur les plans du service à la clientèle et des relations avec les fournisseurs. Grâce au partenariat, elle peut acquérir des ressources et des compétences qu'il lui serait difficile d'obtenir autrement, tout en consacrant plus de temps à la mise au point de ses compétences distinctives. Par ailleurs, le partenariat présente un certain nombre de difficultés en matière de contrôle; la mesure de la performance pose souvent problème. Le groupe doit en effet mettre sur pied de nouveaux systèmes d'information ou adapter les systèmes d'information de ses membres afin de répartir entre eux les avantages et les coûts. En outre, comme ce type de structure rassemble plusieurs entreprises indépendantes, les buts et les exigences en matière d'information de chacune d'entre elles peuvent varier. Il arrive que le regroupement présente une performance non satisfaisante, même si tous les partenaires ont atteint leurs buts respectifs. Le partenariat expose aussi l'entreprise à de nouveaux types de risques : parce qu'elle appartient à un groupe, l'entreprise investit parfois dans des éléments d'actif tangibles et intangibles qui ne lui seraient pas utiles dans un autre contexte.

LES CENTRES DE SERVICES PARTAGÉS ET L'IMPARTITION

Les **centres de services partagés** regroupent les services qu'une unité administrative rend à plusieurs unités administratives. Par exemple, les services administratifs accomplissent de nombreuses tâches pour les services d'exploitation; c'est le cas notamment de la comptabilité, qui assure la tenue des livres, le règlement des factures et la vérification des valeurs immobilisées. Dans une structure par division en particulier, on partagera au sein d'une unité de services partagés les fonctions ressources humaines et finance, qui seront logées au siège social de l'entreprise. Les services partagés constituent une impartition de services à l'intérieur de l'organisation, alors que les termes *impartition* ou *sous-traitance* sont utilisés lorsque les services sont impartis à l'extérieur de l'organisation.

La détermination du prix des services partagés est un problème comptable important qui sera traité au chapitre 17. En effet, fixer le prix des services partagés comporte des difficultés et risque d'entraîner une certaine confusion. De plus, il faut consacrer des ressources importantes à la conception et au maintien des systèmes comptables indispensables. Chez Transcontinental, le service de comptabilité financière, des technologies de l'information ainsi que les services des ressources humaines sont définis comme des services partagés par les 3 secteurs d'activité, les 14 groupes d'affaires et les 860 entités d'affaires.

LES CENTRES DE RESPONSABILITÉ

Quelle que soit la structure d'organisation, la responsabilité des décisions et l'obligation de rendre compte des résultats de ces décisions relèvent d'un grand nombre de gestionnaires. Afin d'assurer un meilleur contrôle organisationnel, on regroupe souvent les ressources et les gestionnaires en centres de responsabilité ou unités administratives. Il existe quatre principaux types d'unités administratives, selon la nature des responsabilités déléguées : les centres de revenus, les centres de coûts (deux types), les centres de profit et les centres d'investissement.

LES CENTRES DE REVENUS

Le **centre de revenus** est exclusivement axé sur les revenus. Son objectif est de produire des revenus et de maximiser les marges. Le service des ventes est un centre de revenus. Dans ces unités, les gestionnaires décident des prix facturés par l'entreprise, s'occupent de la mise en marché et calculent les volumes vendus. En revanche, ils influent peu sur les coûts des produits et des services vendus. On mesure donc la performance des gestionnaires des centres de revenus en fonction des revenus des ventes ou du volume, sans tenir compte du coût des produits vendus. Par exemple, les services de mise en marché des sociétés pétrolières fixent les prix de gros de l'essence, qui sont facturés aux distributeurs, et ils mènent des campagnes de mise en marché en vue d'augmenter le volume. Leur performance est évaluée en fonction du volume d'essence vendu, indépendamment du coût d'achat du pétrole brut et de l'essence.

LES CENTRES DE COÛTS

Le **centre de coûts** est une unité administrative qui s'occupe uniquement des coûts. Il influe peu, voire pas du tout, sur les prix et les volumes. Habituellement, c'est le directeur d'une usine qui détermine les coûts de production et qui décide du calendrier de production et de la taille des lots produits. En plus des usines, tous les services de soutien sont structurés en centres de coûts, comme le sont habituellement les services suivants : finance et comptabilité, contrôle de la qualité, service à la clientèle, méthodes et outillages ainsi que gestion des ressources humaines.

On évalue la performance des centres de coûts en fonction des coûts, mais les types de coûts les plus fréquents varient selon les centres. Rappelons que les **coûts conceptualisés** ou **coûts liés à la demande** – *engineered costs* en anglais – sont les coûts des ressources directement utilisées pour les produits, comme les matières premières et la main-d'œuvre directe ; les **coûts discrétionnaires** ou **coûts liés aux décisions** sont des coûts planifiés lors de la préparation de chaque budget. Dans un atelier de production comportant surtout des coûts conceptualisés, on évaluera l'efficience à l'aide de ratios tels que le coût unitaire de la main-d'œuvre directe, le coût unitaire des matières premières, les frais généraux de fabrication par unité, le coût unitaire de l'électricité ou de l'essence, etc. Mais dans un centre consacré à la recherche et au développement, où on trouve principalement des coûts discrétionnaires qui n'ont aucun lien avec les produits fabriqués ou vendus, on évaluera la performance en fonction des objectifs atteints. De même, on évaluera un centre qui soutient les autres unités en fonction des objectifs de coûts, souvent selon des objectifs budgétaires.

LES CENTRES DE PROFIT

Le **centre de profit** est une unité administrative dont le directeur gère les revenus et les coûts, sans prendre de décisions liées à l'investissement. Quand les décisions du centre de revenus aboutissent à des résultats différents de ceux du centre de coûts, il peut y avoir des contradictions entre les objectifs de revenus et les objectifs de coûts. Un moyen de résoudre ce problème consiste à créer un centre de profit, qui sera chargé des revenus et des coûts. En règle générale, un centre de profit chapeaute un ou plusieurs centres de coûts et au moins un centre de revenus. On évalue habituellement la performance des centres de profit en calculant les bénéfices totaux qu'ils génèrent. Mais seuls les éléments de revenus et de coûts qui relèvent du directeur du centre sont pris en compte dans le calcul des bénéfices. Par exemple, on peut considérer que le bénéfice est le bénéfice net après impôts ou le bénéfice net avant intérêts et impôts (connu sous l'acronyme BAII). Dans la réalité, on observe toutes sortes de variantes de ces mesures. Chez Transcontinental, les imprimeries sont actuellement considérées comme des centres de profit. Elles sont évaluées sur la base du bénéfice avant taxes et amortissement. Cependant, considérant l'évolution de l'offre intégrée de services, la structure pourrait amener l'organisation à les considérer comme des centres de coûts. Au Cirque du Soleil[14], l'unité administrative qui fabrique les costumes est un centre de coûts. Les coûts des costumes sont transférés aux spectacles et aux productions qui les utilisent. Par ailleurs, les spectacles sont des centres de profit qui doivent rentabiliser l'investissement qu'ils ont nécessité : en effet, avant de pouvoir être présenté, chaque spectacle demande en moyenne trois ans de préparation.

LES CENTRES D'INVESTISSEMENT

Le **centre d'investissement** est une unité administrative résultant d'une responsabilisation complète, et le directeur du centre bénéficie d'une délégation presque totale des pouvoirs. On mesure la performance d'un centre d'investissement en comparant le bénéfice dégagé par ce centre et la part d'investissement utilisée pour générer ce bénéfice. Cependant, le directeur d'un centre d'investissement ne contrôle jamais de façon absolue la part de l'investissement qui est sous sa responsabilité. Il doit toujours convaincre d'autres personnes que des bénéfices permettront d'obtenir des actifs supplémentaires. Les premières entreprises véritablement décentralisées sont apparues au début du XXe siècle, en même temps que les premiers conglomérats. On peut évaluer la performance d'un centre d'investissement selon une ou plusieurs mesures. La mesure de la performance la plus connue est le rendement du capital investi (RCI), qui permet d'évaluer la performance en fonction non seulement des bénéfices totaux, mais aussi des rapports entre ces bénéfices et les actifs utilisés pour les produire.

LES COMPTABLES EN ENTREPRISE

Les **appellations du comptable en entreprise** sont multiples, nous les avons déjà mentionnées en début de chapitre. De plus, considérant la structure de l'organisation, la même appellation peut signifier un rôle différent selon les unités administratives. Ainsi, le rôle du contrôleur corporatif est différent de celui du contrôleur de division ou encore de celui du contrôleur d'usine. Enfin, il existe différents **profils du comptable** en entreprise, qui varient selon l'expérience du comptable, la structure de la fonction finance, le secteur d'activité de l'entreprise, l'automatisation des processus financiers et l'orientation de sa tâche. Ainsi, il y a des comptables qui présentent une orientation davantage fonctionnelle et d'autres, une orientation davantage opérationnelle[15].

LE POSTE DE CONTRÔLEUR

En pratique, le titre de **contrôleur** est généralement donné à la personne chargée de la comptabilité et du **contrôle** au sein de l'entreprise, bien qu'on puisse lui attribuer d'autres appellations, différentes selon le niveau hiérarchique de cette personne (corporatif, division ou usine). Les responsabilités du contrôleur comprennent la mise sur pied et le maintien du système de collecte, d'enregistrement et de traitement des données financières. Son rôle principal consiste souvent à produire les états financiers et à effectuer toutes les tâches qui

---

14. Voir la présentation du Cirque du Soleil au chapitre 17.
15. Voir le cahier de recherche CICMA 10-01 déjà cité.

s'y rattachent. Il s'agit d'une responsabilité essentielle, car toutes les entreprises doivent joindre une copie de leurs états financiers à leur déclaration de revenus. De plus, les sociétés ouvertes ont l'obligation de se soumettre à une vérification externe ; cette procédure est également souvent exigée par les créanciers des sociétés fermées.

Il revient à la direction de décider de la place que le contrôleur occupera au sein de l'organisation et du rôle particulier qu'il jouera ; on trouve donc ces professionnels à divers niveaux hiérarchiques, et ils exercent divers rôles. Certaines pratiques sont pourtant plus fréquentes que d'autres. Ainsi, le contrôleur est habituellement rattaché au siège social, mais il arrive qu'il travaille dans une division, une unité opérationnelle ou une usine. Les rapports hiérarchiques varient selon les organisations : les contrôleurs divisionnaires peuvent relever du directeur financier du siège social, mais ils peuvent aussi dépendre des unités opérationnelles auxquelles ils appartiennent et n'avoir qu'une relation informelle, « technique », avec la fonction comptable rattachée au siège social. Les rôles du contrôleur varient également : dans certaines organisations, ils se limitent à la comptabilité financière et au contrôle interne ; dans d'autres, ils englobent des activités associées à la comptabilité de management et, dans ce cas, les activités de comptabilité de management relevant du contrôleur peuvent également varier.

Précisons que la structure de la fonction finance suit souvent des tendances qui se manifestent à l'échelle d'un pays. Au Canada, la comptabilité financière et la comptabilité de management (ou contrôle de gestion) sont logées à la même enseigne. D'où la production de rapports financiers conformes aux IFRS, mais dont la pertinence pour la prise de décision a été maintes fois remise en question. Dans d'autres pays, par exemple en France, le contrôle de gestion ne relève pas de la comptabilité, le poste de contrôleur de gestion étant indépendant du service de la comptabilité ; le contrôleur de gestion et le comptable y ont des profils de carrière fort différents, et il est rare qu'une même personne assume ces deux fonctions, ce qui est en revanche fréquent au Canada. Toutefois, ces deux structures se heurtent à une même difficulté : concilier les données tirées de la gestion et les données tirées des rapports financiers. Enfin, il est intéressant de noter qu'on juge sévèrement le système en place, tant au Canada qu'en France, et que les responsables de chacun de ces deux pays proposent actuellement de le faire évoluer dans la direction adoptée par l'autre.

LE CONTRÔLEUR DE GESTION : UN GESTIONNAIRE

Lorsqu'un contrôleur consacre une bonne partie de son temps à analyser les affaires et à appliquer des recommandations ainsi qu'à gérer la performance de l'organisation, il s'agit d'un **contrôleur de gestion au profil analyste**[16]. Le contrôleur de gestion est un gestionnaire, bien qu'il n'exerce pas d'autorité directe sur les activités de production et de mise en marché. L'information comptable revêtant une importance cruciale pour la prise de décision, et donc pour les activités de l'entreprise, les responsabilités du contrôleur de gestion relatives à la production et à l'interprétation de l'information financière de gestion lui confèrent une grande influence. En qualité de cadre supérieur, le contrôleur de gestion est appelé à participer à toutes les tâches de la gestion, soit la planification, le contrôle et la prise de décision.

---

16. Selon la typologie des profils développée dans le cahier de recherche CICMA 10-01 déjà cité.

Pour jouer efficacement ce rôle, il doit faire confiance aux autres gestionnaires de même qu'aux employés, et axer son intervention sur l'orientation et le conseil. Le rôle qu'il joue à titre de contrôleur peut de temps en temps être à l'opposé de son rôle de comptable financier et de vérificateur. Il n'y a pas si longtemps, et c'est encore le cas dans de nombreuses entreprises, on considérait que le contrôleur avait uniquement un rôle de détection et de surveillance. Bien que ce type de contrôle puisse à l'occasion se révéler nécessaire, il faut souligner que les modalités d'action du contrôleur sont désormais plus participatives et moins réglementaires, dans le fond comme dans la forme. Alors qu'il était naguère considéré comme le policier de l'entreprise, son rôle s'est transformé : il est devenu un pourvoyeur de conseils et d'assistance, et même un proche conseiller du directeur de l'unité d'exploitation à laquelle il est associé, mais évidemment ce rôle peut varier considérablement selon le contexte propre à chaque organisation – contexte qui se définit notamment par la structure de l'organisation et de ses centres de responsabilité – et aussi selon sa capacité à intégrer les transformations qui surviennent dans son environnement socioéconomique.

Pour la plupart, les outils qui font depuis toujours partie de l'arsenal des comptables en management conservent leur utilité. Cependant, les entreprises mènent aujourd'hui leurs activités dans des cadres entièrement différents, d'où une modification des systèmes et des méthodes auxquels elles recourent. Cet ouvrage traite, entre autres sujets, de la nécessité d'adapter les outils de la comptabilité de management et le rôle du comptable en entreprise à ces nouveaux cadres. Pour répondre aux exigences de l'environnement économique et technologique contemporain, les contrôleurs de gestion doivent, par exemple, avoir une aptitude au leadership, savoir tirer parti des technologies de l'information et rester au fait des nouvelles pratiques qui voient le jour dans leur discipline.

LA COMPTABILITÉ DE MANAGEMENT AU XXIᵉ SIÈCLE

Pour répondre aux critiques[17] formulées dans les années 1970 et 1980, on a renouvelé depuis 30 ans les méthodes de calcul du coût de revient et adapté les systèmes de comptabilité de management en fonction de ce que permettent ou exigent l'environnement technologique et le contexte économique mondial actuel. En effet, les changements survenus dans l'environnement des organisations au cours des trois dernières décennies, qu'il s'agisse d'entreprises manufacturières ou d'entreprises de services, de même que les nouvelles pratiques en matière de gestion et de comptabilité de management, ont suscité de nouvelles exigences dans le domaine de l'information de gestion. Les gestionnaires ont plus que jamais besoin de données diversifiées, pertinentes et précises.

Les pratiques mises au point en 2010 en comptabilité de management évoluent dans une nouvelle optique : les activités de l'entreprise sont désormais envisagées dans la perspective d'un processus créateur de valeur. Le concept de création de valeur a été diffusé par Porter[18].

---

17. Devant la perte de marchés de plusieurs entreprises nord-américaines et l'émergence de plusieurs entreprises étrangères, notamment japonaises, on s'est vivement interrogé sur la gestion nord-américaine et on a remis en question la gestion et les systèmes d'information financière. Nous recommandons à ce sujet la critique des systèmes de comptabilité de management parue dans Thomas H. JOHNSON, et Robert S. KAPLAN, *Relevance Lost, The Rise and Fall of Management Accounting*, Harvard Business School Press, 1987.

18. Michael PORTER, *L'avantage concurrentiel*, InterÉditions, 1986.

La valeur se définissant comme la somme que le client est prêt à payer pour un produit, ce concept amène l'entreprise à repenser sa contribution pour l'étaler sur l'ensemble du cycle de vie d'un produit, tout le long de la chaîne des fournisseurs et des clients d'une industrie, de l'extraction des matières premières jusqu'au moment où le produit en fin de cycle est jeté au rebut. L'entreprise est donc amenée à considérer aussi l'impact de ses activités sur l'environnement. Dans le même ordre d'idées, les attentes des clients se trouvent au cœur des préoccupations des gestionnaires. On conçoit également les systèmes de comptabilité de management de manière à représenter les interrelations entre les fonctions de l'entreprise. Ces systèmes deviennent donc des outils qui servent à améliorer le rendement des processus, tant sur le plan de la qualité des produits et du temps épargné que sur celui de l'efficience en général.

L'ENVERGURE MONDIALE

La mise en place de marchés communs et la multiplication des accords visant à promouvoir l'intégration économique des États et à favoriser les échanges commerciaux à l'échelle mondiale témoignent d'une tendance qui influe profondément sur la physionomie actuelle du monde des affaires.

De nouvelles réglementations sont adoptées dans les domaines de la fiscalité et des tarifs douaniers, qui font disparaître les entraves à l'importation et à l'exportation, et encouragent les échanges entre les pays. En outre, la création de réseaux de commerce électronique accroît l'accessibilité des marchés à l'échelle internationale.

Pour les entreprises nord-américaines, ces transformations se traduisent par une concurrence encore plus féroce, mais aussi par de nouvelles occasions d'affaires permises par l'élargissement du marché transnational et par des possibilités accrues d'alliances et de partenariats. De nombreuses entreprises canadiennes font des affaires à l'étranger ou sont elles-mêmes des filiales de multinationales étrangères.

Le contexte économique actuel non seulement favorise l'expansion des marchés, mais il entraîne aussi des changements dans la conception, la production et la distribution des biens et des services. Pour survivre et pour assurer sa croissance et sa prospérité, l'organisation doit aujourd'hui disposer de données sur les coûts de toutes les activités du processus : à l'échelle internationale, la concurrence joue en effet sur les plans des coûts, de la qualité et des caractéristiques des produits (entre autres facteurs, leur disponibilité et les délais de livraison).

UNE APPROCHE AXÉE SUR LES PROCESSUS

La comptabilité de management actuelle se caractérise par l'adoption d'une **approche axée sur les processus**, c'est-à-dire orientée vers la gestion des activités en tant que parties intégrantes des processus mis en œuvre pour offrir un produit ou un service répondant aux attentes du client. En analysant les activités de l'entreprise, les gestionnaires évaluent – et améliorent – la contribution de chacune d'entre elles à la création de valeur pour le client et à la rentabilité.

Selon cette vision intégrée, les processus sont représentés comme une **chaîne de valeur**. La chaîne de valeur[19] (voir la figure 1.2) de l'entreprise est l'ensemble des activités de développement, de production et de commercialisation dont la finalité est d'offrir un produit ou un service aux clients.

Figure 1.2 La chaîne de valeur

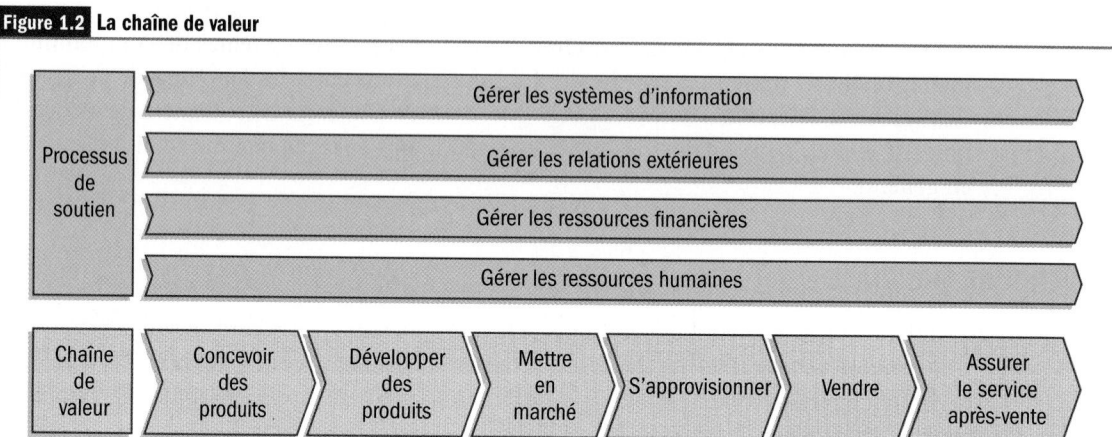

Cette approche axée sur les processus suppose également d'envisager l'entreprise comme partie intégrante d'un système d'activité plus global. La chaîne de valeur de l'entreprise s'intègre ainsi dans la chaîne de valeur du secteur ou de l'industrie auxquels elle appartient, où figurent les rapports entre les entreprises, leurs clients et leurs fournisseurs, des premières étapes d'acquisition des matières premières jusqu'à la mise au rebut du produit, à la fin de sa vie utile. Dans cette chaîne de valeur de l'industrie, l'entreprise et ses partenaires fonctionnent de façon intégrée. Pour les gestionnaires, il est important de comprendre où se situe leur entreprise dans cette chaîne d'activité, autrement dit quels sont les rapports complexes entre les activités menées à l'intérieur et à l'extérieur de l'entreprise : ils peuvent ainsi évaluer l'importance stratégique de leurs activités et prendre des décisions plus pertinentes, tout en améliorant les relations de l'entreprise avec ses clients et ses fournisseurs.

L'analyse des activités et des processus devenant le point de mire des gestionnaires, le système de comptabilité de management doit représenter la chaîne de valeur de l'entreprise en fournissant des données de gestion sur ces processus et activités : Combien l'activité coûte-t-elle ? Comment est-elle réalisée ? Quels sont ses rapports avec les autres activités de la chaîne ? La représentation de ces activités et processus sous la forme d'une chaîne de valeur influe donc sur l'élaboration des systèmes de coût de revient, dans lesquels toutes les étapes – conception des produits et des procédés, production, commercialisation, vente, livraison et service après-vente – devront être prises en compte.

Pour assurer la gestion stratégique des coûts et l'amélioration continue des processus, il est crucial de comprendre comment fonctionnent ces chaînes de valeur : réduire les coûts implique en effet d'augmenter l'efficience des activités et de repérer celles qui créent de la valeur pour le client.

---

19. La figure 1.2 reproduit le modèle de l'APQC (American Productivity and Quality Center) de représentation des activités de l'entreprise. Voir www.apqc.org.

LES EXIGENCES DES CLIENTS

Même si le rendement financier est au cœur de la comptabilité de management, la satisfaction des exigences de la clientèle constitue une préoccupation centrale. Dans cette perspective, on devra orienter la gestion des activités de l'entreprise de manière à la doter de processus adaptés aux exigences des clients.

L'analyse des activités permet également de déterminer les activités de la chaîne qui sont créatrices de valeur pour le client. Tout produit ou service comporte en effet un ensemble d'attributs auxquels le client accorde de la valeur, notamment la qualité, les caractéristiques techniques, le service à la clientèle, la réputation de la marque, etc. Lorsqu'il acquiert un produit ou un service, le client espère en retirer plus que le temps et l'argent qu'il a consacrés à son achat et à son utilisation. Cette différence constitue ce qu'on appelle la valeur pour le client.

Mais, pour ajouter des attributs à un produit ou à un service, l'entreprise doit se livrer à un certain nombre d'activités supplémentaires: adapter la production aux exigences du client, offrir un service après-vente, un service de réparation, etc. C'est par exemple le cas lorsqu'une entreprise qui vend des logiciels ou de l'équipement informatique offre un service de soutien technique à ses clients.

L'entreprise doit ainsi gérer les activités de la chaîne en se plaçant du point de vue du client, afin d'accroître la valeur du produit ou du service à ses yeux. En tenant compte de la satisfaction de ses clients, l'entreprise se positionne aussi par rapport à ses concurrents. Elle cherchera soit à offrir aux clients une valeur supérieure à celle de ses concurrents, mais à des coûts identiques ou inférieurs, soit à égaler la valeur offerte par ses concurrents, mais à des coûts inférieurs. C'est ainsi qu'elle établit son avantage concurrentiel.

L'entreprise peut adopter une stratégie de domination du marché par les coûts: grâce à des coûts de production inférieurs, elle vend son produit ou son service moins cher que ses concurrents, ce qui augmente la valeur de celui-ci pour le client. Elle peut également adopter une stratégie de différenciation du produit, c'est-à-dire offrir un produit qui se distingue de ceux des concurrents en raison de ses attributs, et qui présente donc une plus grande valeur aux yeux des clients.

Tenir compte des attentes des clients a des répercussions directes sur la conception du système de comptabilité de management, qui devra dès lors comporter des indicateurs de satisfaction de la clientèle et refléter le positionnement stratégique de l'entreprise. Cela suppose de comprendre ce qui présente de la valeur aux yeux des clients et donc de recueillir des données provenant de l'extérieur de l'entreprise, d'où la nécessité d'avoir un système de comptabilité de management qui fournit de l'information permettant de contrôler les processus et de déterminer dans quelle mesure les activités de la chaîne de valeur satisfont les attentes de la clientèle. Cependant, évaluer les activités de la chaîne de valeur du point de vue du client ne signifie pas négliger les autres parties prenantes ni les objectifs de l'entreprise: les activités doivent en effet toujours être gérées dans une perspective de rentabilité, mais il est parfois difficile d'évaluer ce qui a un effet sur la rentabilité à long terme.

LA MULTIDISCIPLINARITÉ

Nous avons vu qu'on peut considérer l'entreprise comme une série de processus formant une chaîne de valeur, et ce, dans une perspective axée sur le client. Cette approche se retrouve également dans la façon d'envisager les rapports entre les services ou unités au sein de l'entreprise. Adopter une approche axée sur les processus signifie aussi adopter une vision transversale de l'entreprise : les processus intègrent en effet des activités qui sont liées à différentes fonctions – design, production, marketing, etc. – et qui s'accomplissent dans les différentes unités administratives. Non seulement les différents services apparaissent étroitement interreliés, mais on peut aller jusqu'à qualifier leurs liens de rapports client-fournisseur. Pensons par exemple aux unités où s'effectuent des activités complémentaires du processus de production : le service des pièces approvisionne l'atelier d'assemblage ; les unités de soutien (amélioration des procédés, formation) appuient les unités chargées de l'exploitation ; le service de la comptabilité a pour clients les gestionnaires des autres services, qui utilisent l'information sur la situation financière, les budgets, etc. La gestion de la chaîne de valeur de l'entreprise doit donc aussi s'efforcer de satisfaire les clients à l'interne.

Grâce à la vision multidisciplinaire qui la sous-tend, l'approche axée sur les processus permet de comprendre les répercussions qu'une décision relative à la commercialisation peut avoir sur les activités de production, ou l'effet qu'un changement dans la conception du produit peut entraîner sur les activités de production. En conséquence, la façon d'envisager les coûts se modifie : les systèmes de calcul des coûts et d'évaluation du rendement s'appliquent à l'ensemble des activités, et ils intègrent donc les coûts de toutes les activités qui contribuent à la chaîne de valeur. Le choix d'englober une activité donnée dans le coût du produit dépend toutefois des besoins en matière d'information, du type de décisions à prendre, de leur portée, etc. Il est donc indispensable que les comptables en management connaissent bien toutes les fonctions de l'entreprise et puissent analyser les rapports qu'elles entretiennent, car elles seront intégrées aux systèmes de comptabilité de management.

LA QUALITÉ, LE FACTEUR TEMPS ET L'EFFICIENCE

La mondialisation de l'économie et l'évolution technologique imposent de nouvelles exigences en matière de compétitivité : pour rivaliser avec la concurrence, il faut gérer les dimensions clés que sont la qualité du produit ou du service, le facteur temps et l'efficience.

Les contrôles classiques de la qualité consistaient essentiellement à vérifier des unités de produits finis, l'objectif étant d'atteindre un niveau de non-qualité jugé « acceptable ». Les entreprises nord-américaines ont cependant dû adopter une attitude différente à l'égard de la qualité en raison de la pression considérable exercée par la concurrence internationale et des méthodes de « juste-à-temps » et de « zéro défaut » utilisées dès les années 1980 au Japon. La recherche de la « qualité totale » a ainsi été élevée au rang d'une philosophie de gestion. Pour les entreprises manufacturières, il s'agit désormais d'assurer les conditions d'une fabrication à la fois sans défaut et conforme aux spécifications du client.

La gestion de la qualité entraîne des difficultés particulières pour les entreprises de services, qui sont de plus en plus nombreuses. Les entreprises manufacturières peuvent contrôler la qualité de leurs produits en les vérifiant systématiquement ou en standardisant et en contrôlant directement le procédé de fabrication. Les entreprises de services doivent plutôt mettre en place des programmes de formation destinés à leurs employés ou recourir à la formalisation des procédés. Elles peuvent, par ailleurs, recourir aux technologies de l'information afin de réduire les erreurs dans la collecte ou la transmission de données et de communiquer aux employés l'information nécessaire à la prestation du service.

La gestion de la qualité totale est intimement liée au souci du client. Elle vise en effet à la fois l'amélioration des produits et des procédés, grâce à l'élimination des pertes, des défauts ou du gaspillage, et la satisfaction des clients, grâce à l'élimination des activités qui n'ajoutent pas de valeur. La gestion de la qualité se fait d'ailleurs au niveau de la chaîne tout entière : garantir la qualité signifie étendre les exigences de qualité aux fournisseurs de matières premières ou d'équipements.

Avec l'accélération du rythme des innovations technologiques, qui réduit d'autant la durée de vie des produits, la gestion du temps de travail devient elle aussi un enjeu de compétitivité. Pour pouvoir offrir à ses clients les produits les plus récents, l'entreprise doit réduire la durée du cycle du produit, de sa conception à sa mise en marché. La gestion des activités de la chaîne de valeur doit donc également viser à éliminer les temps morts, car les périodes d'attente n'ajoutent pas de valeur aux produits.

L'approche axée sur les processus implique une vision intégrée de l'organisation, ce qui aide les gestionnaires à travailler en fonction des facteurs clés que sont l'efficience, le facteur temps et la qualité. De plus, cette approche inspire les décisions relatives à la conception de procédés de production plus efficients, à l'amélioration de la qualité des produits ou à la réduction du temps de production.

L'entreprise doit améliorer continuellement ses processus de gestion et de production pour rester compétitive dans un marché dynamique, mais elle ne doit pas le faire au détriment de ses objectifs de rentabilité. L'augmentation de l'efficacité et de l'efficience des activités doit également se traduire par une amélioration du rendement financier.

Les systèmes de comptabilité de management jouent un rôle important à cet égard : ils donnent de l'information sur les coûts et contribuent ainsi à améliorer la qualité, la rapidité et la productivité des activités de l'entreprise. Tout d'abord, en matière de gestion de la qualité, l'évaluation des coûts fournit des données sur les répercussions de la non-qualité, par exemple les coûts de réusinage ou la perte de clients. Ensuite, pour ce qui est du facteur de compétitivité aujourd'hui décisif qu'est le temps, l'information sur les coûts est également précieuse pour les décideurs, qui doivent pouvoir évaluer les répercussions financières de compromis éventuels : par exemple, il peut être judicieux dans certains cas d'augmenter les coûts pour réduire les délais. Enfin, les données sur les coûts constituent aussi une des principales mesures de l'efficience. On peut également effectuer le suivi de certaines décisions liées à l'amélioration continue grâce à d'autres indicateurs non financiers qui renseignent sur les délais, les défauts, le gaspillage, etc.

Produire une information de gestion suppose aussi de mettre en œuvre des mesures de contrôle avant, pendant et après le processus de production. Dans une perspective d'amélioration continue, la surveillance du travail des employés cède la place à d'autres formes de contrôle ; les systèmes fournissent ainsi aux employés des données financières et non financières afin qu'ils puissent eux-mêmes trouver des solutions pour améliorer les procédés.

LE DÉVELOPPEMENT DURABLE ET LA RSE

Le développement durable est une notion qui gagne en popularité dans le milieu des affaires. La commission Brundtland (1987) l'a défini comme la capacité d'une génération à satisfaire ses besoins actuels sans compromettre la capacité des générations futures à satisfaire les leurs. En outre, on définit souvent le développement durable comme un développement qui serait à l'intersection de trois sous-ensembles : 1) l'économie, 2) le social et 3) l'environnement. L'entreprise y répond en assumant ce qu'il est convenu d'appeler une responsabilité sociale des entreprises (RSE).

Le contrôle de gestion peut y jouer un rôle important avec la notion d'écocontrôle. Cette dernière propose d'adapter les outils de contrôle de gestion (par exemple, les indicateurs de performance, le processus budgétaire, la rémunération incitative ou la planification stratégique) pour en faire des instruments de mesure et de gestion de la performance de l'entreprise en matière de développement durable. Un tableau de bord « responsable »[20] permet de regrouper ces indicateurs et de les intégrer à la gestion courante de l'entreprise.

L'ÉTHIQUE EN COMPTABILITÉ DE MANAGEMENT

Alors que l'économie occupe une place toujours plus importante dans toutes les sphères de la société et que les entreprises poursuivent leur quête de profit dans un contexte de concurrence mondiale, on s'interroge de plus en plus – tant dans les universités, les entreprises, les associations professionnelles que dans le grand public – sur la responsabilité sociale des entreprises (RSE). Autrement dit, quelle est la place de l'**éthique** dans la vie des entreprises et quelles en sont les implications dans la pratique (les finalités et les conséquences) ? Les entreprises se trouvent ainsi de plus en plus souvent amenées à rendre des comptes aux groupes de personnes intéressées.

Si l'évaluation du rendement économique est au cœur de l'élaboration des pratiques de la comptabilité de management, la maximisation du profit n'est toutefois pas l'unique objectif des organisations et peut même engendrer des pratiques non éthiques, voire frauduleuses. La quête du rendement doit donc tenir explicitement compte de la dimension éthique des moyens utilisés. Tôt ou tard, tous les comptables en management auront à faire face à l'un ou l'autre des dilemmes moraux suivants : Faut-il divulguer une information cruciale à des concurrents de l'entreprise ? Faut-il dénoncer une fraude dont on a eu connaissance ? Lorsque des pressions sont exercées sur un gestionnaire pour qu'il améliore le rendement financier de sa décision, il peut considérer que tous les moyens sont bons pour parvenir à ses fins : par exemple manipuler certaines données financières pour présenter une image plus favorable de l'entreprise ou tricher sur la qualité des produits sans respecter l'entente établie avec le client.

LES ENJEUX DU COMPORTEMENT ÉTHIQUE EN AFFAIRES

Plusieurs facteurs expliquent l'adoption d'un comportement non éthique dans les organisations, notamment l'émergence de nouvelles pratiques de gestion (les structures horizontales facilitent la prise de décision, mais accroissent les possibilités de fraudes) et les pressions exercées pour améliorer le rendement financier (les mises à pied réduisent les coûts, mais ont des effets néfastes sur le moral des employés).

---

20. Il existe plusieurs versions de tableaux de bord responsables. Pour mieux comprendre le lien avec la stratégie, voir : Frank FIGGE, Tobias HAHN, Stefan SCHALTEGGER et Marcus WAGNER, « The Sustainability Balanced Scorecard – Linking Sustainability Management to Business Strategy », *Business Strategy and the Environment*, 2002, vol. 11, p. 269-284.

Les pratiques contraires à l'éthique (tromperie, vol, etc.) offrent des avantages généralement éphémères, alors que le comportement éthique procure des bienfaits à long terme. Adopter un comportement éthique non seulement donne un sentiment de satisfaction personnelle, mais est également bénéfique pour les affaires – cela peut avoir des répercussions positives sur la loyauté des employés et des clients, sur l'image de l'entreprise, etc.

La réflexion éthique permet de faire la distinction entre ce qui est bon et mauvais, bien et mal, juste et injuste, et ce, dans les pratiques touchant les membres de l'organisation (discrimination à l'embauche ou lors des promotions), les clients (publicité trompeuse), les partenaires (fidélité à l'égard d'un fournisseur) et la société en général (utilisation responsable des ressources naturelles, respect de la collectivité). Cette distinction se complique cependant en raison de la mondialisation des échanges, qui exige de prendre en compte les différences culturelles. À l'inverse, la mondialisation de l'économie contribue à accroître la portée des préoccupations éthiques (exploitation des travailleurs dans les pays en voie de développement, relations d'affaires avec des régimes totalitaires, etc.).

Cette réflexion concerne autant les dirigeants que les gestionnaires et les employés. La nécessité de tenir compte des considérations éthiques impose donc des responsabilités à la fois à l'individu (rapports entre ses intérêts personnels et ceux des autres, ou ceux de l'entreprise) et à l'entreprise (politiques, systèmes d'évaluation, etc.). Adopter un comportement éthique consiste à tenir compte non seulement des effets des décisions prises, mais également de la perception qu'en auront les autres (d'où la nécessité d'éviter tout conflit d'intérêts, ou même l'apparence de conflit d'intérêts). Cela suppose également de consacrer des ressources pour mettre en place ou modifier des pratiques de gestion : programmes de formation, changements dans le processus d'embauche ou dans le système d'évaluation du rendement, par exemple.

Sur le plan organisationnel, la réflexion éthique devrait aboutir à l'établissement d'un « programme d'éthique », c'est-à-dire un ensemble comprenant : 1) les valeurs et les principes qui délimitent les responsabilités des dirigeants et des employés à l'égard de différents groupes de personnes intéressées ; 2) les critères de décision jugés acceptables ; et 3) les règles de comportement fondamentales[21]. Parmi ces valeurs, qui doivent inspirer les actions et les décisions individuelles et collectives, mentionnons l'intégrité, l'équité, l'honnêteté, le respect, la responsabilité et le professionnalisme.

LES NORMES DE COMPORTEMENT ÉTHIQUE DES COMPTABLES EN MANAGEMENT

Le programme d'éthique fait partie intégrante du système de contrôle d'une entreprise. Il concerne donc au premier chef les comptables en management. Parce qu'ils produisent des données de gestion destinées à faciliter la prise de décision et sont responsables des systèmes de contrôle de gestion, les comptables en management contribuent en effet à l'élaboration des systèmes d'information qui soutiendront la gestion de l'éthique en entreprise, ainsi qu'à la mise en place des dispositifs, des règles, des normes et des procédures encadrant la conduite des gestionnaires, des décideurs et des employés.

---

21. « Codes d'éthique, de pratique et de conduite », dans « Enjeux en comptabilité de management », n° 13, *Manuel des pratiques en comptabilité de management de la Société des comptables en management du Canada*, Hamilton, Ontario, 1997.

Les questionnements éthiques ne portent pas seulement sur la responsabilité sociale de l'organisation, mais également sur les pratiques ayant cours dans divers secteurs professionnels, entre autres la comptabilité de management. Les associations professionnelles remplissent ainsi une fonction d'autoréglementation en proposant aux comptables qu'elles représentent un ensemble de normes de conduite professionnelle, soit un code de déontologie. On y trouve les règles écrites qui énoncent les obligations et les devoirs des membres de la profession. Le comptable en management est ainsi interpellé en sa double qualité de membre de l'entreprise et de membre d'une profession.

Des normes de conduite éthique s'appliquent aux comptables en management, tant au Canada qu'aux États-Unis[22]. Le *Manuel* des membres de l'Ordre des comptables en management accrédités du Québec présente le *Code de déontologie des comptables en management accrédités*[23], dont le tableau suivant offre quelques extraits.

Le *Code de déontologie des comptables en management accrédités*, Règlements et règles, extraits

Section II Devoirs et obligations envers le public

Ces règles touchent notamment :
- La qualité et la disponibilité des services rendus
- Les conséquences des travaux et des recherches des professionnels sur la société

Section III Devoirs et obligations envers le client ou l'employeur

Ces règles présentent une série de principes, tels :
- L'intégrité avec laquelle le CMA doit s'acquitter de ses obligations professionnelles
- La disponibilité et la diligence dont il fait preuve dans l'exercice de sa profession
- La responsabilité civile et personnelle à laquelle il ne peut se soustraire
- L'indépendance et le désintéressement du professionnel, qui doit subordonner son intérêt personnel à celui de son employeur ou de son client
- Le respect du secret professionnel
- L'accessibilité, la rectification et la remise des documents à la demande des clients
- La fixation et le paiement d'une rémunération juste et raisonnable

Section IV Devoirs et obligations envers la profession

Cette section concerne les relations du comptable en management avec l'Ordre et avec ses confrères, de même que sa contribution à l'avancement de sa profession.

Section V Restrictions et obligations relatives à la publicité

Le comptable en management ne peut avoir recours à de la publicité fausse, trompeuse ou susceptible d'induire le public en erreur.

---

22. Les membres de l'Institute of Management Accounting doivent se conformer aux normes édictées dans les *Standards of Ethical Conduct for Practitioners of Management Accounting and Financial Management* ; elles touchent la compétence professionnelle, le respect des lois, la confidentialité, l'intégrité, l'objectivité et la résolution des conflits éthiques.
23. En Ontario et au Manitoba, l'association professionnelle rattachée à la Société des comptables en management du Canada propose également un code d'éthique à ses membres.

CAPSULES VIDÉO

Qu'en disent les experts?

CAPSULE VIDÉO 1.1   Structure organisationnelle chez Transcontinental
Monsieur Benoît Huard, vice-président et chef de la direction financière, commente l'évolution de la structure organisationnelle de Transcontinental.

CAPSULE VIDÉO 1.2   Concept des services partagés
Ici, le concept de services partagés en comptabilité financière est expliqué par Monsieur Huard.

CAPSULE VIDÉO 1.3   Contrôleur: un rôle appelé à évoluer
Monsieur Huard précise sur quelles compétences repose l'évolution du rôle des contrôleurs comme partenaires d'affaires.

CAPSULE VIDÉO 1.4   Vérification de gestion au bureau du Vérificateur général
Monsieur Renaud Lachance, vérificateur général du Québec, décrit la vérification de gestion au Vérificateur général du Québec.

OBJECTIFS DE CONNAISSANCES, REVUS

1 Définir la comptabilité de management.

La comptabilité de management consiste à produire une information de gestion à partir notamment des données financières. Mais selon certains auteurs, elle comprend toutes les activités des comptables en entreprise, à l'exception de celles qui sont liées à la comptabilité financière.

2 Décrire les activités comptables en entreprise.

Les activités des comptables en entreprise sont multiples et elles varient selon les entreprises. Elles relèvent notamment de la comptabilité financière, du contrôle interne, de la trésorerie et de la comptabilité de management. En voici une liste à titre d'illustration:

1. Préparer les états financiers et les communiquer
   a. Générer les états financiers
   b. Valider et communiquer les résultats financiers
   c. Expliquer les résultats financiers et faire des recommandations

2. Préserver l'intégrité de l'organisation

   a. Assurer le maintien des contrôles internes

   b. Prévenir les fraudes et veiller à la sécurité des systèmes

   c. Gérer le risque financier

3. Administrer les ressources financières

   a. Élaborer des budgets et des prévisions financières

   b. Planifier les besoins en ressources financières, les flux de trésorerie

   c. Évaluer les projets nécessitant un investissement (analyse coûts-bénéfices)

4. Analyser les affaires et faire des recommandations

   a. Calculer, analyser et expliquer les écarts budgétaires

   b. Calculer, analyser et expliquer la rentabilité des clients, des gammes de produits, des ventes par marché, par magasin, par circuit de distribution, etc.

5. Gérer la performance de l'organisation

   a. Participer à l'élaboration des plans visant à appliquer la stratégie

   b. Participer à des projets d'amélioration continue, d'optimisation des processus et de réingénierie

   c. Créer un modèle de représentation des activités de l'entreprise et des indicateurs de performance (tableaux de bord de gestion)

6. Gérer les transactions

   a. Enregistrer les données et les traiter

   b. Gérer les comptes clients et les comptes fournisseurs

   c. Gérer la paie et les avantages sociaux

7. Exercer d'autres activités

3 **Présenter l'entreprise, la structure et les centres de responsabilité.**

La structure d'organisation décrit la manière dont on délègue le pouvoir et les responsabilités au sein de l'organisation et, de ce fait, la manière dont on regroupe les ressources humaines au sein d'unités administratives. La structure définit ainsi les centres de responsabilité et les responsabilités qui leur incombent. On distingue les structures suivantes :

- fonctionnelle
- par processus
- par division
- matricielle
- en réseau

On définit les centres de responsabilité suivants :

- centre d'investissement
- centre de profit
- centre de revenus
- centre de coûts discrétionnaires
- centre de coûts liés à la demande

4 Être sensibilisé aux responsabilités du comptable en entreprise.

Le comptable en entreprise peut se voir attribuer différentes responsabilités et exercer plusieurs rôles selon la taille de l'entreprise, la structure de l'organisation, le secteur d'activité, l'automatisation des processus financiers et l'orientation de la tâche. On reconnaît ainsi le chef de la direction financière, le vice-président aux finances, le directeur administratif, le contrôleur corporatif, le contrôleur divisionnaire, le contrôleur d'usine, l'analyste et le comptable.

5 Établir les défis de la comptabilité de management au XXIe siècle.

La comptabilité de management au XXIe siècle est marquée par la mondialisation des marchés, l'approche axée sur les processus, les exigences des clients, la multidisciplinarité ainsi que l'importance de la qualité, du facteur temps et de l'efficience.

6 Cerner l'importance des aspects éthiques en comptabilité de management.

La recherche du rendement économique doit se faire en prenant explicitement en compte la dimension éthique des moyens mis en œuvre pour la réaliser. On doit examiner les valeurs et les principes qui déterminent les décisions des dirigeants. Les questionnements éthiques sont au centre de la responsabilité sociale des organisations, mais aussi des associations professionnelles de comptables.

MOTS CLÉS

Activités comptables, p. 7

Appellations du comptable en entreprise, p. 20

Approche axée sur les processus, p. 23

Centre de coûts, p. 19

Centre de profit, p. 19

Centre de responsabilité, p. 14

Centre de revenus, p. 18

Centre d'investissement, p. 20

Centres de services partagés, p. 18

Certification, p. 9

Chaîne de valeur, p. 24

Comptabilité administrative, p. 7

Comptabilité analytique, p. 7

Comptabilité de gestion, p. 7

Comptabilité de management, p. 7

Comptabilité financière, p. 9

Comptabilité interne, p. 7

Comptable en management, p. 7

Contrôle, p. 20

Contrôle de gestion, p. 14

Contrôle d'exécution, p. 10

Contrôle interne, p. 10

Contrôleur, p. 20

Contrôleur de gestion au profil analyste, p. 21

Coûts conceptualisés, p. 19

Coûts discrétionnaires, p. 19

Coûts liés à la demande, p. 19

Coûts liés aux décisions, p. 19

Éthique, p. 28

Fonction finance, p. 7

Gestion, p. 7

Impartition, p. 15

Information de gestion, p. 7

Optimisation des ressources, p. 10

Partenariat, p. 17

Prise de décision, p. 14

Profils du comptable, p. 20

Structure d'organisation, p. 15

Structure en réseau, p. 17

Structure fonctionnelle, p. 15

Structure matricielle, p. 16

Structure par division, p. 16

Structure par processus, p. 15

Trésorerie, p. 11

Vérification externe, p. 9

Vérification opérationnelle, p. 14

LES COÛTS ET LA GESTION

OBJECTIFS

1 Définir ce qu'est un coût et les objets de coût.

2 Expliquer le calcul d'un coût.

3 Exposer les notions fondamentales en matière de coûts.

4 Définir les coûts relatifs à la reddition de comptes.

5 Décrire les coûts dans le temps.

6 Expliquer la variabilité des coûts.

7 Comprendre la contrôlabilité des coûts.

8 Déterminer les coûts afférents à une décision.

SOMMAIRE

À l'origine, le contrôle de gestion s'est développé dans le souci d'optimiser la gestion des coûts. Grâce à cette perspective comptable, nous disposons aujourd'hui de plus d'une cinquantaine d'attributs pour catégoriser les coûts en fonction de leur nature et de leur utilité dans la reddition des comptes, mais aussi en fonction du facteur temps, de leur variabilité, de leur contrôlabilité et de leur pertinence dans le cadre du processus décisionnel, soit de la prise de décisions proprement dite.

Dans le présent chapitre, 29 termes clés liés aux coûts utiles à la gestion viennent se greffer aux définitions abordées au chapitre précédent : coûts conceptualisés ou liés à la demande, coûts discrétionnaires et coûts liés aux décisions. Ici, le cas Héroux-Devtek a été retenu pour sensibiliser le lecteur aux coûts des matières premières, de la main-d'œuvre directe et aux coûts indirects. Entre autres, ce cas décrit une situation particulière de gestion des coûts des contrats à long terme, sur devis ou sur demande.

■ HÉROUX-DEVTEK

Héroux-Devtek est une entreprise spécialisée dans la conception, le développement et la fabrication de produits aérospatiaux – tels les trains d'atterrissage et les composants structuraux des aéronefs – et de produits industriels – tels les composants de turbines, d'éoliennes et de matériel lourd. Elle offre également à ses clients des services d'entretien, de réparation et de remise à neuf. Elle travaille principalement avec les secteurs industriel et aérospatial, concluant la majorité de ses ventes auprès d'un nombre limité de clients parmi lesquels on compte le gouvernement américain, Boeing, Bombardier, Airbus et Lockheed. L'entreprise est inscrite à la Bourse de Toronto (TSX : HRX) et son siège social est situé à Longueuil.

Afin de mener à bien ses activités, Héroux-Devtek compte sur 10 unités d'exploitation implantées au Canada et aux États-Unis, et regroupées en trois secteurs : Trains d'atterrissage, Aérostructure et Industriel. Les activités du secteur Trains d'atterrissage comprennent la conception, la fabrication et l'entretien des trains d'atterrissage ainsi que la fabrication de composants de haute précision destinés aux secteurs de l'aérospatiale civile et militaire. Le secteur Aérostructure fabrique des composants structuraux, également destinés à l'aérospatiale civile et militaire. Enfin, le secteur Industriel fabrique des composants de grande dimension destinés au matériel de production d'énergie ainsi que des composants de précision conçus pour d'autres applications industrielles.

Depuis quelques années, Héroux-Devtek a considérablement mis l'accent sur le volet conception et développement par l'entremise de son équipe d'ingénieurs : on vise à augmenter le nombre de produits propriétaires, c'est-à-dire les produits dont la conception et le développement sont réalisés par l'entreprise. La société investit d'ailleurs plus de 4 % de ses revenus en recherche et développement. Ces efforts soutenus lui ont permis d'obtenir plusieurs contrats dont les retombées se feront sentir pendant de nombreuses années et de mener à bien d'ambitieux projets d'investissement. Parmi ces contrats, soulignons des mandats de conception et de développement pour les trains d'atterrissage des avions d'affaires Learjet 85 de Bombardier et des Legacy 450 et 500 d'Embraer, cette dernière entreprise étant un nouveau client de Héroux-Devtek. Ces importants contrats consolident davantage la place de l'entreprise en tant que fournisseur intégré, capable d'assurer la réalisation de programmes complets de conception et de développement. Ils renforcent également la détermination de l'entreprise à devenir le fournisseur de choix en matière de solutions de trains d'atterrissage destinés aux appareils commerciaux et militaires de moins de 50 000 kg. Héroux-Devtek occupe d'ailleurs le troisième rang mondial des entreprises spécialisées dans la conception et la fabrication de trains d'atterrissage.

« Malgré une année marquée par une récession persistante et des conditions de marché difficiles, principalement dans les marchés des avions régionaux et d'affaires ainsi que dans le secteur industriel, Héroux-Devtek a obtenu de solides résultats et a conservé un bilan sain, affirme Gilles Labbé, président et chef de la direction. Le succès remporté par la société au cours de l'exercice 2010 est attribuable à la diversité de nos produits et de nos services de grande qualité, à nos initiatives de réduction de coûts, de même qu'à la capacité de nos employés d'accroître notre productivité. De plus, nous avons réaffirmé notre position de chef de file dans nos principaux marchés, soit les trains d'atterrissage et l'aérostructure, en obtenant plusieurs contrats pluriannuels liés à des programmes stratégiques comme ceux du Joint Strike Fighter (JSF) F-35 et de l'hélicoptère Chinook CH-47[1]. »

La stratégie commerciale de Héroux-Devtek consiste à devenir le fournisseur clé de sa clientèle des trois principaux secteurs sur lesquels reposent ses activités. Pour y parvenir, la société s'emploie à parfaire son expertise technique et ses compétences en matière de gestion pour être en mesure

d'ajouter de la valeur aux produits à un coût concurrentiel. Concrètement, cela se traduit par une approche s'appuyant sur une gestion allégée de la fabrication dans l'ensemble de ses usines (*lean manufacturing*). Ce faisant, l'entreprise en a profité pour perfectionner son modèle d'optimisation des ressources utilisées par les activités de la chaîne de valeur. Grâce à leur expérience et à leur connaissance de l'aérospatiale, les ingénieurs constructeurs optimisent constamment les techniques de fabrication, dans le respect d'une réglementation très pointue, comme le souligne Réal Bélanger, vice-président exécutif et chef de la direction financière. La contribution des comptables est également requise dans cet exercice d'optimisation des ressources, car toutes les activités, à un moment donné, s'expriment en coûts, eux-mêmes mesurés en dollars ; la mise en place de contrôles s'impose donc afin qu'il y ait une vérification périodique du bon déroulement des activités permettant d'éviter toute spirale ascendante des coûts.

Ces initiatives d'optimisation mises en place ces dernières années ont permis à l'entreprise de maintenir ses résultats de 2010 à un niveau comparable à ceux de 2009 malgré une légère baisse des ventes – 337,6 millions de dollars en 2009 et 320,4 millions de dollars en 2010. Elle a su maintenir sa marge bénéficiaire brute aux alentours de 16 % des ventes (comparativement à 16,9 % en 2009) et son bénéfice net affiche une performance de 5 % de ses ventes (comparativement à 6,3 % en 2009). Enfin, le carnet de commandes demeure bien rempli, avec des commandes fermes s'élevant à plus de 400 millions de dollars.

LES COÛTS CHEZ HÉROUX-DEVTEK

Chez Héroux-Devtek, le développement et la fabrication des produits se font sur demande ou devis des clients et s'appuient sur des contrats à long terme. Les produits offerts étant très complexes et hautement spécialisés, les ventes sont conclues sur la base de la réputation et de l'expertise de l'entreprise. Les frais de vente et d'administration sont par conséquent moindres, ne dépassant pas 10 %

---

1. Voir le communiqué de presse en date du 28 mai 2010 : www.herouxdevtek.com/fr-CA/nouvelles-evenements/ communiques-presse/press-releases-2010.

du chiffre d'affaires. En contrepartie, les coûts de fabrication sont susceptibles d'atteindre 80 à 85 % du chiffre d'affaires. Les matières premières peuvent représenter de 30 à 40 % des coûts totaux, et la main-d'œuvre directe environ 10 %. Héroux-Devtek étant une entreprise fortement automatisée, il n'est pas rare que ses frais indirects atteignent 50 % des coûts totaux de fabrication, la moitié de ce pourcentage étant des frais fixes. La structure de coûts présentée précédemment ne s'applique pas aux activités d'entretien et de réparation, où les matières premières représentent au maximum 10 % des coûts totaux, et la main-d'œuvre 35 %. Par contre, les matières premières dans ce dernier cas peuvent représenter un plus grand pourcentage lorsque toutes les pièces de rechange majeures doivent être fournies par l'entreprise.

LA GESTION CHEZ HÉROUX-DEVTEK

Une grande partie des activités s'appuie sur des contrats à long terme (sur devis ou sur demande) résultant de soumissions. Les contrats sur devis sont plus fréquents dans le domaine de l'aérostructure. Dans ce cas, la compagnie ne conçoit pas le produit, mais utilise plutôt les plans fournis par le client. Héroux-Devtek doit alors développer les technologies qui seront utilisées lors de la fabrication du produit faisant l'objet du contrat ou optimiser celles qui

existent. Les frais connexes sont considérés comme non récurrents et sont, une fois le contrat approuvé, amortis sur le nombre d'unités produites. Le traitement de ces frais ainsi que leur financement sont très différents de ceux des frais considérés comme récurrents, lesquels surviennent une fois la production amorcée. Des coûts importants sont engagés avant même que l'entreprise ait une réponse et un engagement ferme de la part du client. Il se crée donc une pression importante sur les liquidités.

Comme nous l'avons mentionné précédemment, les contrats font l'objet d'un processus de soumission en bonne et due forme. Puisqu'ils s'échelonnent souvent sur plusieurs années, leur préparation est une étape clé qui exige beaucoup de minutie. Il s'agit notamment d'évaluer tous les coûts, directs et indirects, qui seront engagés. Les soumissions doivent donc être rédigées avec la plus grande précision possible puisqu'elles ont un effet direct sur la rentabilité à long terme de l'entreprise. C'est pourquoi tous les niveaux hiérarchiques, y compris la haute direction lorsque les sommes en jeu atteignent un certain seuil, participent à la préparation et l'approbation des soumissions. Il faut également considérer le coût de la soumission. Comme plusieurs personnes participent à l'estimation des soumissions, il est d'autant plus important de remporter une part importante des appels d'offres afin d'éviter que le travail consacré aux soumissions ait été fait en vain. Advenant le refus de plusieurs soumissions, l'entreprise doit absorber des coûts irrécupérables importants. Une très bonne connaissance des coûts est primordiale dans l'élaboration des soumissions.

Au fil des années, la compagnie a mis au point un modèle de soumission qui lui permet d'évaluer les coûts totaux de produits tout à fait nouveaux de manière relativement précise. Ce modèle comprend le développement d'un chemin critique des étapes d'un projet, incluant les délais et les coûts. La soumission s'appuie sur une modélisation du processus de production et sur l'expertise que possède Héroux-Devtek dans les domaines de l'aérospatiale et des produits industriels ; elle comprend un engagement relativement aux délais, aux coûts et aux spécifications techniques du produit.

«Dans le cas d'un nouveau produit, il y a des éléments que l'on connaît par expérience, nous dit M. Bélanger, mais il y a aussi beaucoup d'éléments que l'on ne connaît pas, car il y a beaucoup d'inconnu dans un nouvel avion. Par exemple, l'avion peut être trop lourd et il nous faut recommencer nos devoirs.» Beaucoup d'hypothèses entrent en jeu dans l'estimation d'une soumission: le financement, le taux de change, etc. Il ne faut pas oublier que le produit final doit être commercialement vendable. De plus, comme le produit sera vendu dans le cadre d'un programme qui peut durer une dizaine d'années et même au-delà, il faut estimer la courbe d'apprentissage, sachant que le coût du produit peut être jusqu'à trois fois moins élevé lorsqu'on a atteint un rythme normal de production.

L'estimation des coûts indirects lors de la préparation des soumissions est donc une étape des plus critiques chez Héroux-Devtek puisqu'une erreur à ce niveau peut se traduire par une rentabilité moindre. Par ailleurs, tout au long du processus de conception et de fabrication, l'entreprise doit gérer minutieusement ses coûts afin de s'assurer que les données budgétées sont conformes au contrat et que la marge bénéficiaire prévue sera dégagée. Elle doit en outre innover et mettre en place des mécanismes qui minimiseront ces frais. Les coûts fixes liés à l'infrastructure d'équipement et de services techniques sont lourds de conséquences pour l'entreprise, qui a dû faire des investissements considérables dans le domaine technologique et dans ses systèmes de gestion durant les années 1990 et 2000. Les coûts fixes comprennent notamment les coûts reliés aux installations, aux systèmes d'information et à l'équipement spécialisé. On le sait, ceux-ci doivent être assumés même lorsque la production est nulle. Héroux-Devtek fait donc face à un risque important à ce niveau et doit par conséquent se protéger par des soumissions concurrentielles en vue de maintenir un niveau normal d'activité.

Héroux-Devtek gère également les coûts au moyen du contrôle budgétaire classique et de la répartition des responsabilités budgétaires. À chaque étape de fabrication, on cumule les coûts et on effectue une analyse des écarts, tant pour les coûts directs que pour les coûts indirects. Ce contrôle s'effectue tous les mois dans les usines et tous les trimestres par le siège social. La main-d'œuvre indirecte fait ainsi l'objet d'un suivi par service et par activité. Héroux-Devtek ne doit cependant pas se limiter au suivi et au contrôle des coûts indirects: elle doit tout mettre en œuvre pour les réduire afin d'assurer sa compétitivité.

Ainsi, elle a adopté, à la suite d'un programme pilote effectué en 2009, une méthode de mesure qualifiée de «taux de rendement global» (OEE ou *Overall Equipment Effectiveness*) ayant pour objectif de mesurer le temps d'utilisation des machines et de détecter toute baisse de régime. Cette méthode de mesure s'insère évidemment dans le cadre d'une recherche continue des meilleures pratiques afin d'accroître la productivité et, ultimement, la performance financière.

L'analyse des coûts a également permis d'établir des secteurs de la production jugés non concurrentiels et qui ont été donnés en sous-traitance à des fournisseurs spécialisés. En outre, une attention particulière a été apportée à la gestion des stocks afin d'en réduire le niveau et de minimiser les coûts qui y sont associés. L'utilisation de tableaux de bord a facilité le suivi de tous ces indicateurs de performance et permis aux gestionnaires d'avoir un ensemble de mesures qui leur sert de guide vers la performance financière.

LES COÛTS

Les coûts sont probablement la composante financière qui retient le plus l'attention des gestionnaires. Dans la vie de l'entreprise, il ne se passe en effet guère de jour sans que les coûts fassent l'objet d'une discussion, qu'une difficulté ait entraîné des coûts substantiels, que l'entreprise doive réduire ses coûts durant l'exercice budgétaire à venir, ou encore qu'elle doive analyser les coûts de chacune des options envisagées pour effectuer un choix. En raison de la concurrence mondiale très forte, les entreprises contrôlent moins l'établissement des prix de vente. Il est donc essentiel que les gestionnaires maîtrisent bien leurs coûts afin d'en optimiser la rentabilité, ce qui est dans certains cas déterminant pour la survie de l'entreprise. Cette attention constante prêtée aux coûts et à l'évolution des activités de comptabilité de management (Administrer les ressources financières, Analyser les affaires et faire des recommandations, et Gérer la performance de l'organisation[2]), combinée à l'utilisation de nouvelles pratiques de gestion, débouche sur plusieurs définitions du concept de coût, que nous vous présentons dans ce chapitre.

LA DÉFINITION DU COÛT

Le **coût** est en général « le montant représentant la valeur de la contrepartie nécessaire pour acquérir un bien ou un service[3] ». Cette définition coïncide avec celle du coût d'achat ou du prix coûtant d'une ressource. Ainsi, la somme d'argent qu'un fournisseur exige d'un client en contrepartie d'un bien donné détermine le coût de ce bien pour le client en question ; de même, le salaire versé à un employé et les avantages sociaux dont il bénéficie constituent le coût de cet employé pour l'entreprise. Évidemment, cette définition est générique et il serait faux de croire qu'il n'en existe qu'une seule. Dans les faits, il existe plusieurs types de coûts qui sont utilisés selon les besoins et il importe de bien les connaître dans le but de favoriser une prise de décision optimale. Ce chapitre donne un aperçu des différents types de coûts qui sont susceptibles d'être utilisés par l'ensemble des gestionnaires d'une organisation.

LES RESSOURCES ET LES OBJETS DE COÛT

La direction d'une entreprise – donc la comptabilité de management qui l'alimente en information de gestion – s'intéresse non seulement au coût des ressources utilisées, mais aussi au coût des produits fabriqués ou assemblés, au coût d'un service rendu, au coût lié à la satisfaction des attentes d'un client, au coût d'une activité exercée dans l'entreprise, au coût d'un processus, au coût d'un centre de coûts, d'une unité d'affaires ou d'une division, etc. Plus généralement, on dit qu'elle surveille les **objets de coût**. L'expression *objet de coût* est synonyme d'*objectif de coût* ; elle désigne l'objet dont on veut mesurer le coût : le produit assemblé ou fabriqué, le service rendu, le client satisfait, l'activité exercée ou le processus mis en œuvre, le fonctionnement d'un centre de coûts, d'un segment d'activité ou d'une division.

---

2. Voir la définition de ces trois activités au chapitre 1, page 8.
3. Louis MÉNARD, *Dictionnaire de la comptabilité et de la gestion financière,* ICCA, 2e édition, 2004, p. 294.

Nous adopterons la définition suivante du « coût d'un objet de coût » : le **coût d'un objet de coût** correspond à la valeur totale des ressources engagées pour obtenir cet objet ou le conserver. Si l'objet de coût est un produit ou un service, son coût est la somme des ressources utilisées pour fabriquer le produit ou rendre le service. Si l'objet de coût est une activité ou un processus, son coût est la somme des ressources nécessaires pour mettre en œuvre l'activité ou le processus. Si l'objet de coût est un client, son coût est la somme des ressources nécessaires pour servir le client. Si l'objet de coût est un centre de coûts, une unité d'affaires ou une division de l'entreprise, son coût est la somme des ressources utilisées pour assurer le fonctionnement de l'entité.

Le coût est une notion plus complexe qu'il n'apparaît au premier abord. Qu'un produit coûte 20 $ ne nous donne aucune information sur ce que ce montant représente[4]. Si ce coût résulte d'un calcul, on doit savoir quelle méthode a été utilisée, comment ont été traitées les charges communes à plusieurs produits et celles qui sont liées à l'utilisation des équipements et des immobilisations. On doit également s'interroger sur la nature de ce coût : est-ce un coût historique, un coût du marché ou un coût prévisionnel ? Connaître la typologie des coûts est une chose, mais il importe de maîtriser l'art de les combiner en fonction des besoins et d'en dégager une information fiable, utile et pertinente pour la prise de décision. De fait, il existe plusieurs méthodes de calcul des coûts ; nous les étudierons dans les prochains chapitres.

Nous présenterons tout d'abord le coût des objets de coût, puis nous aborderons les notions fondamentales des coûts, avant de définir plusieurs types de coûts : les coûts relatifs à la reddition des comptes, les coûts selon le temps, les coûts selon leur variabilité, les coûts selon leur contrôlabilité et les coûts selon leur pertinence. Outre les définitions des coûts données dans ce chapitre, on peut utiliser un grand éventail de termes pour préciser ce que mesure véritablement un coût[5]. Nous ajouterons de nouvelles définitions des coûts au fil des chapitres, afin de faciliter la compréhension des techniques et des modèles d'analyse qui y seront étudiés.

LE COÛT DES OBJETS DE COÛT

L'une des premières missions de la comptabilité de management consiste à rattacher les coûts aux produits, aux services, aux clients, aux fournisseurs, aux activités, aux processus, aux centres de coûts, aux segments d'activité ou aux divisions. Historiquement, l'époque de la comptabilité du coût de revient a été caractérisée par le développement de systèmes de coût de revient des produits dans les usines nouvellement construites. Avec l'évolution des techniques de fabrication, de transformation et d'assemblage, ainsi que les technologies de l'information, de même qu'avec la mondialisation des marchés, on doit parfois aujourd'hui employer des méthodes de calcul de coût plus raffinées ou encore davantage adaptées au

---

4. Jerold L. ZIMMERMAN, *Accounting for Decision Making and Control,* Irwin, 1995, p. 24. Lire le chapitre 2, intitulé « The Nature of Costs ».

5. Il y a pas moins de 93 termes définissant les coûts dans la *Terminologie fondamentale de la comptabilité de management : anglais-français,* collection Lexicom, ouvrage publié par la Société des comptables en management du Canada en 1994, sous la direction de Julie Desgagné.

contexte organisationnel. De plus, le développement de pratiques de gestion des coûts amène à examiner plusieurs types de coûts. Du point de vue de la gestion, les coûts ne sont pas seulement historiques, ils ne sont pas tous tangibles et ils ne correspondent pas tous à des débours.

Afin de déterminer le coût d'un objet de coût, il faut faire la somme de toutes les ressources qui ont été mobilisées pour l'obtenir et ajouter la juste part des coûts afférents. Certaines ressources peuvent être affectées directement et sans équivoque à un objet de coût, alors que d'autres contribuent à plusieurs objets de coût. Par exemple, on peut rattacher directement et sans équivoque le coût de matières premières et de pièces à des produits finis. Mais parmi les ressources nécessaires pour obtenir ces produits, il peut également y avoir l'utilisation d'un équipement qui sert aussi à produire d'autres objets de coût. L'amortissement et les coûts d'entretien de cet équipement devront être répartis entre ces différents objets de coût. Nous étudierons dans les prochains chapitres les règles qui s'appliquent alors, mais retenons pour l'instant qu'il existe des relations directes et des relations indirectes entre les ressources et les objets de coût (voir la figure 2.1).

Figure 2.1 Les relations entre les ressources et les objets de coût

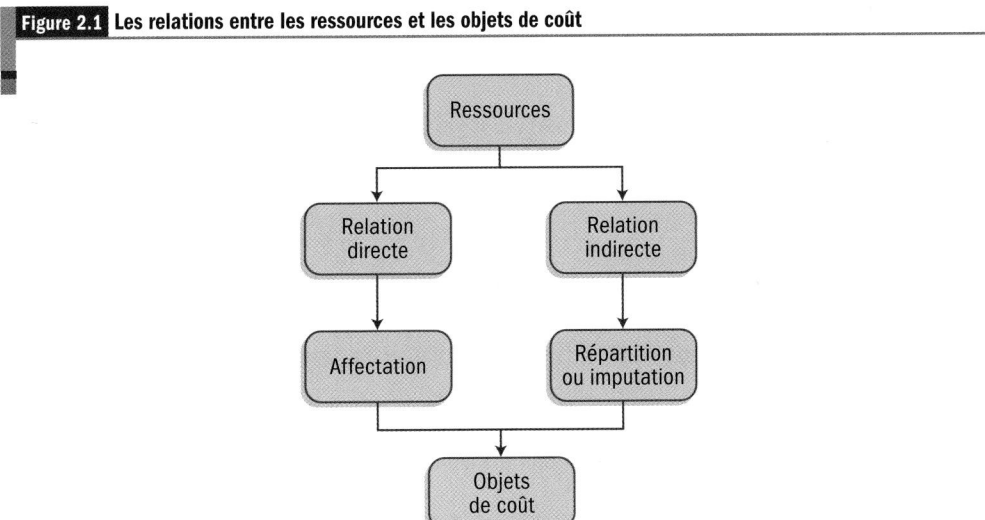

LA RELATION DIRECTE

On dit qu'il y a une **relation directe** entre les ressources et les objets de coût lorsque la relation est sans intermédiaire et que le lien est évident. On parle alors simplement d'*affectation des coûts*. Une relation directe entraîne un **coût direct**. Par exemple, on n'a généralement aucune difficulté à déterminer les matières premières et la main-d'œuvre directe utilisées pour la fabrication des produits. Il en va de même pour les ressources nécessaires à la réalisation d'une activité ou pour les ressources utilisées dans un centre de coûts : on peut d'emblée les affecter à l'entité considérée. Les rapports d'affectation sont faciles à repérer et raisonnablement précis. La qualité du lien de l'affectation des ressources aux objets de coût est très élevée, car le lien est valide et incontestable.

LA RELATION INDIRECTE

On dit qu'il y a une **relation indirecte** quand on ne peut pas établir une relation directe entre les ressources et les objets de coût. On parle alors de **répartition** des coûts des ressources ou encore d'imputation des coûts. Nous aborderons la distinction entre répartition et imputation (qui signifie *porter au compte de*) dans le chapitre 4. Indiquons pour l'instant que, dans une relation indirecte, le coût des ressources est attribué à des objets de coût à l'aide d'une clé de répartition ou d'un taux d'imputation qui découlent d'une relation logique ou implicite. Une relation indirecte entraîne un **coût indirect**. Par exemple, lorsqu'un même équipement a servi à différents objets de coût, on répartit le coût de cet équipement entre ces objets à l'aide d'une clé de répartition. Il existe plusieurs techniques de répartition et d'imputation des coûts. Dans la conception d'un système de coût, on s'efforcera de trouver des relations logiques pour lesquelles il est facile d'obtenir des données.

EXEMPLE

L'ANALYSE DES ÉLÉMENTS DE COÛT D'UN TRAIN D'ATTERRISSAGE

Héroux-Devtek fabrique des trains d'atterrissage sur commande.

Information sur la fabrication d'un train d'atterrissage

Composante du coût de fabrication	Exemples de ressources	Relation au produit fabriqué
Matières premières	Acier, aluminium	Directe
Main-d'œuvre directe	Salaire des employés	Directe
Frais généraux de fabrication	Bâtisse, électricité, amortissement	Indirecte

Les matières premières et la main-d'œuvre directe sont habituellement rattachées au coût du produit par un lien direct établi à l'aide de pièces justificatives, d'un code barres ou d'un autre mécanisme. Par exemple, les employés inscrivent sur des fiches le temps qu'ils ont consacré à la production des trains d'atterrissage et un système informatisé assure le décompte des matières premières qui ont été utilisées. En revanche, il faut recourir à un lien indirect pour allouer aux produits les frais généraux de fabrication[6], qui regroupent le coût de ressources partagées par l'ensemble des produits fabriqués dans cette entreprise. C'est par exemple le cas du coût de l'électricité, dont on devra décider la répartition entre tous les produits fabriqués. Il existe plusieurs mécanismes de liens indirects; nous les étudierons dans les prochains chapitres.

---

6. Les coûts indirects sont souvent identifiés aux frais généraux ou, en anglais, *overhead*. Notamment, on trouve de plus en plus la locution «frais indirects» en remplacement de «frais généraux».

LES NOTIONS FONDAMENTALES EN MATIÈRE DE COÛTS

En matière de coûts, il existe trois notions fondamentales : le coût total, le coût moyen et le coût marginal. Le coût moyen et le coût marginal sont des coûts unitaires et sont définis par rapport au coût total. Il est essentiel de bien comprendre ces concepts pour les utiliser adéquatement.

LE COÛT TOTAL

Le **coût total** est la somme des coûts de toutes les ressources rattachées à un objet de coût ; cette définition complète la définition du coût d'un objet donnée précédemment. En effet, lorsque le coût d'un objet de coût n'est pas précisé, on doit comprendre qu'il s'agit de son coût total. Dans le cas d'un produit ou d'un service, le coût total correspond à la somme de toutes les ressources qui concourent à sa matérialisation. Le coût total est également appelé « coût de revient » du produit ou du service.

Il n'est pas toujours facile de déterminer le coût total. En effet, si les ressources utilisées directement pour obtenir un produit ou un service sont faciles à mettre en évidence, il en va tout autrement des ressources relevant de l'infrastructure, comme les équipements, les bâtiments et les services de soutien technique. Pour répartir les coûts de ces ressources entre les différents produits ou services, on doit définir une clé de répartition décrivant un rapport de cause à effet. Enfin, pour imputer des coûts, on doit souvent se fonder sur des hypothèses qui s'appuient sur une relation implicite.

LE COÛT MOYEN

Le **coût moyen** est le coût total d'un ensemble, divisé par le nombre d'unités constituant cet ensemble. Le coût moyen (d'un produit ou d'un service) représente donc un coût à l'unité. Ainsi, lorsque l'objet de coût est un produit ou un service, il est parfois plus commode de calculer le coût d'un lot, par exemple dans le cas d'un système de fabrication par lots, puis de diviser le coût du lot par le nombre total d'unités que compte le lot. En effet, il serait très difficile de rattacher à chaque unité produite prise individuellement le coût des ressources qu'elle absorbe. De plus, ce serait peu pratique et trop coûteux.

LE COÛT MARGINAL

Le **coût marginal** est le coût entraîné par la dernière unité produite. Il s'agit donc également d'un coût unitaire. Pour le calculer, on doit pouvoir déterminer les ressources consommées par cette dernière unité.

La figure 2.2 montre de quelle façon s'articulent le coût total, le coût moyen et le coût marginal.

Le tableau de la page suivante donne des éléments de réflexion sur les rapports existant entre le coût total, le coût moyen et le coût marginal.

Le coût moyen est le coût total divisé par le nombre d'unités constituant l'ensemble considéré. Il correspond à la moyenne par unité, et il est donc identique pour toutes les unités de l'ensemble lorsque le nombre total d'unités est constant.

Figure 2.2 Les rapports entre le coût total, le coût moyen et le coût marginal

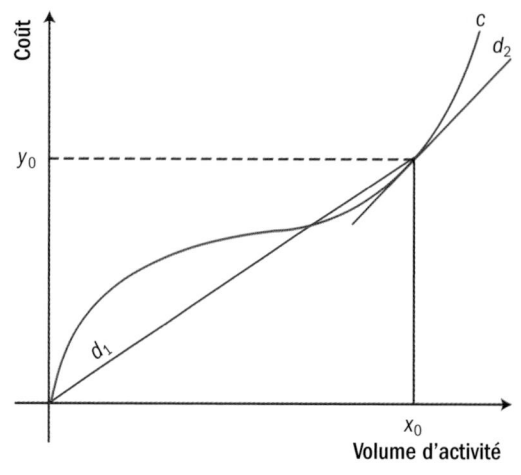

y_0 : Coût au volume d'activité x_0.
d_1 : Droite dont la pente donne le coût moyen d'une unité.
d_2 : Droite tangente à la courbe du coût total dont la pente donne le coût marginal au volume d'activité x_0.
c : Courbe du coût total.

Le coût marginal de la 5 000ᵉ unité correspond à la différence entre le coût total des 5 000 premières unités et le coût total des 4 999 premières unités. C'est le coût particulier de la dernière unité produite.

Quelques données touchant le coût de fabrication

Nombre d'unités	Coût total	Coût moyen	Coût marginal
2 500	102 500 $	41 $	ND
...			
4 999	174 985 $	35,004 $	ND
5 000	175 000 $	35 $	15 $
5 001	175 015 $	34,996 $	15 $
5 002	175 029 $	34,992 $	14 $
...			
10 000	310 000 $	31 $	ND

On peut ainsi donner plusieurs réponses à la question: «Quel est le coût de ce produit?» On peut répondre qu'il est de 41 $ si on s'intéresse au coût moyen des 2 500 premières unités, ou si l'entreprise produit seulement ce nombre d'unités. On peut aussi répondre qu'il est de 35 $ si on calcule le coût moyen des 5 000 premières unités, ou si l'entreprise produit seulement ce nombre d'unités. Mais le coût pourrait être de 31 $ si l'entreprise produisait 10 000 unités. Le coût peut également être de 15 $ si on considère uniquement la 5 000ᵉ unité produite, ou de 14 $ si on considère uniquement la 5 002ᵉ unité produite, et ainsi de suite.

Affirmer qu'un produit coûte 41 $ ne nous apprend donc rien de précis: on doit disposer d'éléments d'information sur la façon dont le coût est mesuré pour savoir ce qu'il représente.

Dans un contexte de prise de décision, le concept de coût marginal est extrêmement intéressant, car une entreprise pourrait être tentée de baisser le prix d'un produit ou d'un service pour vendre des unités supplémentaires. En revanche, si on adopte une perspective à long terme, il apparaît évident que le prix de vente du produit doit être supérieur au coût moyen, afin que les revenus globaux générés par la vente des unités produites couvrent l'ensemble des coûts. Par ailleurs, pour les unités supplémentaires d'un produit que l'entreprise ne pourrait pas vendre autrement, il peut être avantageux de diminuer le prix pour qu'il soit inférieur au coût moyen, tout en restant supérieur au coût marginal. Cependant, le fait de choisir le coût marginal comme point de repère peut influer de manière imprévisible sur le comportement des clients. On doit donc en user avec une extrême prudence.

EXEMPLE

LE COÛT D'UN TRAIN D'ATTERRISSAGE

Le coût combiné de conception et de fabrication d'un train d'atterrissage est de 429 000 $ pour un premier lot de 3 exemplaires. Le montant de 429 000 $ est le coût total. Le coût moyen est de 143 000 $ (429 000 $/3 exemplaires). Le coût de fabrication d'un deuxième lot de 3 exemplaires, qui correspond au coût marginal d'un lot, est évalué à 180 000 $ (609 000 $ – 429 000 $), soit un coût marginal unitaire de 60 000 $ (180 000 $/3 unités) par exemplaire. Un troisième lot de 6 exemplaires est évalué à 351 000 $, soit un coût marginal unitaire de 58 500 $.

Cet exemple montre que le coût moyen est sensible au nombre d'exemplaires : si le premier lot avait compté 6 exemplaires, le coût moyen aurait été de 101 500 $ par exemplaire, ce qui est meilleur marché que 143 000 $, et si on avait eu 12 exemplaires, le coût moyen aurait été de 80 000 $. Toutefois, en regard du coût du douzième exemplaire, l'information recueillie indique un coût de 58 500 $, soit le coût marginal unitaire du troisième lot.

Quelques données touchant le coût de fabrication

Numéro de lot	Nombre d'unités (dans le lot)	Nombre d'unités (cumulatif)	Coût total	Coût moyen (à l'unité)	Coût marginal (du lot)
1	3	3	429 000 $	143 000 $	429 000 $
2	3	6	609 000 $	101 500 $	180 000 $
3	6	12	960 000 $	80 000 $	351 000 $

LES COÛTS RELATIFS À LA REDDITION DE COMPTES

Pour la reddition de comptes, on dresse généralement une liste des ressources utilisées durant une période donnée ainsi que des coûts qui leur sont associés. Puis, on regroupe ces coûts selon leur nature en grandes catégories : celles-ci correspondent aux comptes du **grand livre**

(GL). Les coûts inscrits dans le GL n'ont habituellement donné lieu à aucun traitement, hormis l'enregistrement lors de la transaction et, lorsque c'est exigé, un ajustement (régularisation) de fin de période. Parfois, lorsque les coûts de plusieurs ressources sont minimes, on les regroupe dans un seul compte, par exemple le compte des coûts de fournitures.

Dans un état des résultats, on regroupe dans un seul compte tous les coûts des marchandises vendues, et on procède de la même façon pour les charges relatives aux ventes et pour les charges relatives à l'administration en général. Dans un état de fabrication, on regroupe dans un seul compte le coût des matières premières, de même que le coût de la main-d'œuvre directe et les frais généraux de fabrication (FGF). Le coût des matières premières acquises est la somme des factures reçues durant la période. Le coût de la main-d'œuvre directe est la somme des salaires gagnés par le personnel durant la période. Quant aux FGF, on les obtient en regroupant un ensemble de comptes relatifs à la fabrication, autres que les matières premières et la main-d'œuvre directe. Les FGF incluent des coûts tels que le coût de l'électricité consommée dans l'usine, qui correspond à la somme des factures d'électricité reçues durant la période. En fin de période, on effectue des ajustements, par exemple parce que le coût des matières premières acquises ne correspond pas nécessairement à celui des matières premières utilisées. Mais les ajustements de fin de période ne transforment pas la nature des coûts, contrairement à ce qui se passe dans un système de coût de revient.

EXEMPLE

Voici un extrait des états consolidés des résultats de Héroux-Devtek pour l'exercice se terminant le 31 mars 2009, en milliers de dollars, sans les notes afférentes aux états financiers[7].

(en milliers de dollars)	2010	2009
Ventes	**320 354 $**	**337 635 $**
Coût des ventes incluant l'amortissement	270 012 $	280 716 $
Résultat brut	**50 342 $**	**56 919 $**
Frais de vente et d'administration	23 165 $	22 466 $
Résultat d'exploitation	**27 177 $**	**34 453 $**
Frais financiers, montant net	4 676 $	4 485 $
Résultat avant impôts	**22 501 $**	**29 968 $**
Impôts sur les bénéfices	6 498 $	8 605 $
Résultat net	**16 003 $**	**21 363 $**

Le poste «Coût des ventes incluant l'amortissement» regroupe ici plusieurs comptes du GL, incluant notamment les coûts de fabrication, tels que ceux des matières premières, de la main-d'œuvre et des frais généraux.

---

7. Tiré du rapport annuel 2010 de l'entreprise. Les vérificateurs ont signé les états financiers le 7 mai 2010. La terminologie utilisée par l'entreprise a été conservée pour cet extrait d'état financier.

LES COÛTS DANS LE TEMPS

Dans cette section, nous traiterons des aspects temporels des coûts et aborderons le coût historique, le coût du marché, le coût prévisionnel et le coût actualisé. Ces notions sont d'autant plus utiles à la prise de décision que les coûts évoluent très rapidement : l'inflation les fait monter, tandis que l'innovation technologique et l'apprentissage les font descendre. Les décisions qu'une entreprise prend aujourd'hui influeront sur la valeur des produits, des services et des activités que ces derniers généreront dans l'avenir. Ces décisions doivent donc s'appuyer sur le coût du marché ou sur le coût prévisionnel, c'est-à-dire sur la valeur (en matière de coût) telle qu'on la mesure à l'heure actuelle, telle qu'on l'estime maintenant ou telle qu'on l'estimera au moment où les conséquences de la décision se manifesteront. Dans les cas où les décisions ont des répercussions à long terme, on privilégiera la notion de coût actualisé, qui correspond au coût prévisionnel escompté. Par ailleurs, comme la comptabilité financière recense les coûts historiques, il est important de les connaître pour s'y référer lorsqu'on prend une décision.

LE COÛT HISTORIQUE

Le **coût historique** est le coût enregistré au moment d'une transaction, c'est-à-dire le « coût d'acquisition d'un bien ou d'un service[8] ». Ce coût appartient essentiellement au passé, car il représente les ressources engagées antérieurement.

LE COÛT DU MARCHÉ

Le **coût du marché** correspond à la valeur d'un bien ou d'un service sur le marché, c'est-à-dire la « valeur de la contrepartie nécessaire pour acquérir un bien identique ou équivalent à celui que possède l'entreprise[9] ». Il correspond aux ressources qu'il faudrait aujourd'hui engager pour obtenir l'objet de coût en question. Le coût du marché s'apparente également à la notion de juste valeur[10], cette dernière étant déterminée uniquement par référence au marché.

LE COÛT PRÉVISIONNEL

Le **coût prévisionnel** est un coût qu'on prévoit engager ; il est inscrit au budget. Il correspond essentiellement à l'estimation de la valeur des ressources qu'il faudra engager, dans un avenir plus ou moins rapproché, pour obtenir l'objet de coût visé.

LE COÛT ACTUALISÉ

Le **coût actualisé**, ou la valeur actuelle d'un coût prévisionnel, est égal à la somme qu'il faudrait aujourd'hui débourser pour acquérir un bien ou obtenir un service, compte tenu du taux d'actualisation. La figure 2.3 illustre les rapports existant entre les divers coûts comportant des aspects temporels, à travers la situation suivante. Il y a cinq ans, une entreprise a acheté un élément d'actif qu'elle a payé 50 000 $. Cet élément se vend aujourd'hui 104 000 $ et, selon les prévisions, se vendra 108 000 $ dans un an. Si on tient compte du taux d'actualisation qui est de 8 %, la valeur actualisée de cet élément d'actif est de 100 000 $.

---

8. Julie DESGAGNÉ et la Société des comptables en management du Canada, *Terminologie fondamentale de la comptabilité de management : anglais-français,* 1994, p. 32.

9. Julie DESGAGNÉ et la Société des comptables en management du Canada, *op. cit.,* p. 18.

10. Louis MÉNARD, *Dictionnaire de la comptabilité et de la gestion financière,* ICCA, 2ᵉ édition, 2004, p. 485.

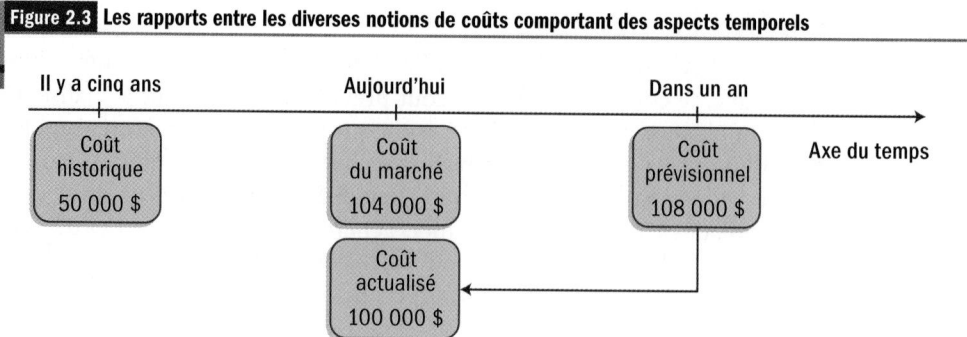

Figure 2.3 Les rapports entre les diverses notions de coûts comportant des aspects temporels

Voici une situation de prise de décision qui éclaire ces notions fondamentales.

EXEMPLE

LE COÛT D'UN TERRAIN

Un terrain a été acquis il y a 5 ans pour la somme de 150 000 $. Mais sa valeur est aujourd'hui de 100 000 $ après qu'on a découvert que le sol du terrain voisin était contaminé. Toutefois, selon un expert en immobilier, cette valeur pourrait augmenter et atteindre 110 000 $ dans un an. Par ailleurs, le rendement moyen des placements est à l'heure actuelle de 5 %. Madame Rousseau aimerait acquérir le terrain en question. Elle pourrait l'acheter maintenant au coût du marché ou attendre un an et le payer éventuellement 110 000 $ s'il est toujours en vente.

Pour prendre cette décision, Madame Rousseau ne peut pas se référer au coût historique parce qu'il n'a plus aucune signification aujourd'hui. Elle a deux choix : soit acheter le terrain au prix du marché et donc débourser aujourd'hui 100 000 $, soit acheter le terrain dans un an et payer 110 000 $. Or, ce dernier montant correspond à un coût prévisionnel actualisé de 104 761,90 $ ($110\ 000\ \$ \times (1 + 0{,}05)^{-1}$). Le choix le plus économique est donc d'acheter le terrain aujourd'hui au coût du marché, c'est-à-dire 100 000 $. Autrement, au taux de rendement moyen actuellement en vigueur (5 %), Madame Rousseau devrait investir aujourd'hui 104 761,90 $ pour obtenir dans un an une valeur équivalente à celle du terrain (110 000 $).

LA VARIABILITÉ DES COÛTS

Par **variabilité des coûts** (ou **comportement des coûts**[11]), on entend l'« analyse de la variation observée dans les coûts lorsque le volume d'activité varie ». Le but de cette analyse est de comprendre les variations de coûts qu'entraînent normalement les variations de volumes

---

11. Louis MÉNARD, *Dictionnaire de la comptabilité et de la gestion financière*, ICCA, 2ᵉ édition, 2004, p. 296.

d'activité. En somme, bien comprendre comment les coûts se comportent dans les organisations permet aux gestionnaires de les analyser correctement et de les utiliser adéquatement pour prendre la décision la plus éclairée possible. Par exemple, comment les coûts évoluent-ils lorsque les ventes augmentent de 20 % au cours d'une année ? Augmentent-ils eux aussi de 20 % ? Et qu'arrivera-t-il si les ventes chutent de 20 % ? Quelles seront les répercussions de ce phénomène sur les coûts et, par conséquent, sur les résultats ? Pour nous pencher sur toutes ces questions pertinentes, nous devons analyser les coûts en les décortiquant. Cet exercice nous amène à définir différents coûts que nous appelons les coûts variables, les coûts fixes, les coûts variables par paliers, les coûts fixes par paliers et les coûts mixtes.

LES COÛTS VARIABLES

De façon générale, on dit que les coûts sont variables lorsqu'ils fluctuent en fonction du volume d'activité. Par définition, les **coûts variables** sont proportionnels au volume d'activité. Plus le volume d'activité augmente, plus les coûts variables augmentent. Inversement, plus le volume diminue, plus les coûts variables baissent. Il s'agit évidemment de coûts variables totaux puisque les coûts variables ont une valeur unitaire constante. En effet, si on observe les coûts variables à l'unité, on constate qu'ils sont constants pour chaque unité fabriquée, alors que, globalement, ils s'accumulent à mesure que le volume d'activité augmente, ou décroissent à mesure que le volume d'activité diminue. Par exemple, si les coûts variables pour fabriquer un produit sont de 10 $ par unité, ces coûts resteront constants pour chaque unité fabriquée, et ce, quel que soit le volume d'activité. Toutefois, les coûts variables totaux varieront en fonction de la quantité d'unités produites : ils seront de 10 000 $ si on fabrique 1 000 unités, de 20 000 $ si on en fabrique 2 000, et ainsi de suite.

La représentation graphique des coûts variables est illustrée à la figure 2.4. Le graphique a) donne une idée générale des coûts variables en affichant une droite linéaire dont la pente est constante pour tout volume compris entre zéro et l'infini. Ainsi, on constate que, pour un volume d'activité nul, les coûts sont également nuls, mais qu'au fur et à mesure que le volume d'activité s'accroît les coûts augmentent, et cela, proportionnellement au volume d'activité.

Figure 2.4 Le comportement des coûts variables

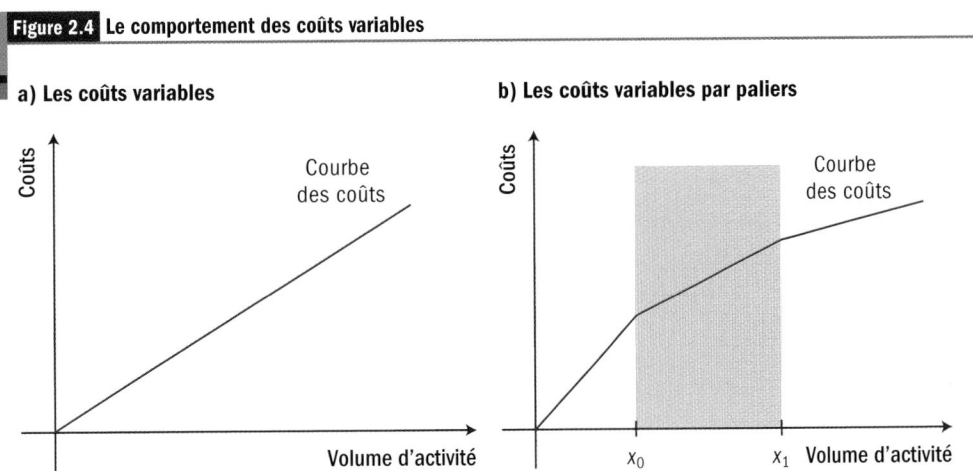

a) Les coûts variables

b) Les coûts variables par paliers

Cette représentation est bien sûr théorique, car, en pratique, il est peu probable qu'une situation affiche les mêmes coûts variables unitaires (ou encore une pente stable) entre zéro et l'infini. Une représentation plus réaliste est illustrée au graphique b). Ce dernier affiche une droite linéaire dont la pente est modifiée par intervalles. On constate que la pente change aux volumes d'activité x_0 et x_1, tout en demeurant constante dans les intervalles $[0, x_0]$, $[x_0, x_1]$ et $[x_1, \infty]$. On dira, dans ce dernier cas, que les coûts sont variables par paliers. Par exemple, les économies d'échelle permettent de bien illustrer ce comportement. Les **coûts variables par paliers** ont un comportement de coûts variables différent à chacun des paliers affichés.

En pratique, on estime que les coûts des matières premières sont pour l'essentiel variables. On considère souvent que les salaires affectés directement à la fabrication des produits (main-d'œuvre directe) sont également des coûts variables, puisqu'ils fluctuent en fonction du volume d'activité. Mais, sous l'influence d'autres facteurs liés aux syndicats ou au milieu dans lequel évolue l'entreprise, il arrive que les coûts de main-d'œuvre directe ne soient pas des coûts purement variables. La commission que touchent les vendeurs est également un exemple de coût variable parce qu'elle est proportionnelle au volume des ventes.

LES COÛTS FIXES

Les **coûts fixes** ne sont généralement pas influencés par le volume d'activité. Par exemple, le montant du loyer est un coût fixe qui doit être versé chaque mois, et ce, indépendamment du volume d'activité. En effet, ce coût doit être assumé même lorsque le volume d'activité est nul. L'amortissement est également un coût (ou une charge) fixe car, le plus souvent, la charge d'amortissement n'est pas influencée par le volume d'activité. Les coûts fixes résultent souvent de décisions d'investissement et ils ne peuvent être modifiés qu'à long terme. À court terme, ces coûts sont identifiés comme étant fixes et immuables.

Les coûts fixes totaux restent inchangés lorsque le volume d'activité augmente, mais il est important de noter qu'ils diminuent quand on les calcule à l'unité. Pour un coût fixe de 1 000 $, le coût à l'unité n'est pas le même selon qu'on produit 100 ou 200 unités : le coût fixe à l'unité est de 10 $ (1 000 $/100) dans le premier cas, et de 5 $ (1 000 $/200) dans le second cas. Le concept de coût fixe à l'unité doit donc être manipulé avec prudence, car il faut mettre la valeur calculée en rapport avec le volume d'activité qui sert de base au calcul. Ainsi, le coût fixe à l'unité de 10 $ n'est valable que si, et seulement si, l'entreprise fabrique ou vend 100 unités.

La représentation graphique des coûts fixes est illustrée à la figure 2.5. Le graphique a) donne également une idée générale des coûts fixes en affichant une droite linéaire dont la pente est nulle. On constate que les coûts sont toujours les mêmes, indépendamment du volume d'activité observé. À l'instar de la représentation des coûts variables, celle-ci est purement théorique. Au graphique b), comme c'était le cas pour les coûts variables, les coûts fixes y sont affichés par paliers ; on parle alors de **coûts fixes par paliers**. Les coûts fixes ne s'appliquent alors que pour un volume d'activité donné ; des coûts fixes supplémentaires doivent être ajoutés dès qu'on quitte l'intervalle de volume considéré. Par exemple, il est fréquent qu'une entreprise doive acquérir de nouvelles machines afin d'accroître son volume d'activité ; dans ce cas, elle doit ajouter un coût fixe élevé, qui résulte de l'amortissement de la machinerie.

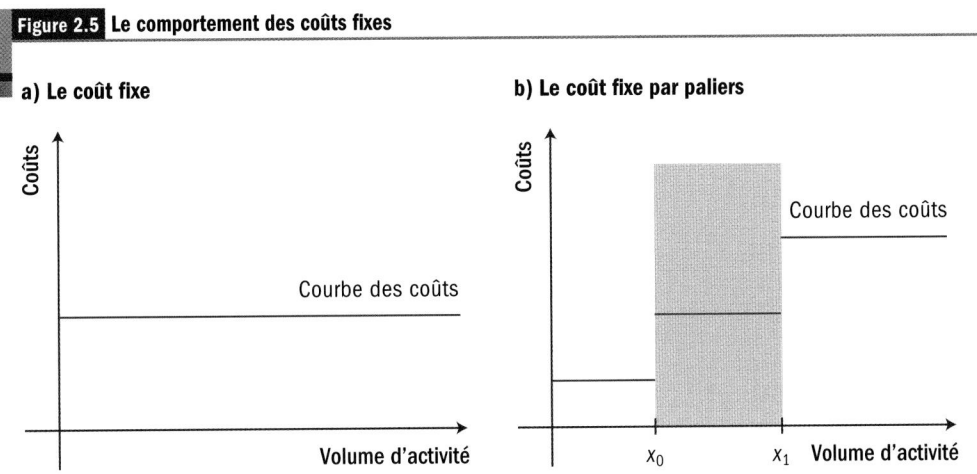

Figure 2.5 Le comportement des coûts fixes

a) Le coût fixe

Coûts

Courbe des coûts

Volume d'activité

b) Le coût fixe par paliers

Coûts

Courbe des coûts

x_0 x_1 Volume d'activité

LES COÛTS MIXTES

Les **coûts mixtes** comportent une partie variable et une partie fixe. Ils peuvent donc se présenter sous plusieurs formes. Ainsi, le salaire d'un vendeur peut comprendre une composante fixe, appelée salaire de base, ainsi qu'une composante variable, appelée commission. Les coûts d'électricité appartiennent aussi à cette catégorie : ils comprennent souvent un tarif de base, fixe, jumelé à une composante, variable, de consommation. Les coûts de téléphonie cellulaire, constitués d'une composante fixe et d'une composante qui varie selon le volume d'activité, sont un autre exemple de coûts mixtes.

Les gestionnaires doivent jouer avec une multitude de coûts mixtes, d'où la nécessité de bien les comprendre afin d'en extraire les composantes utiles à la prise de décision. Il existe des modèles d'analyse qui permettent de séparer la composante fixe et la composante variable des coûts mixtes. Nous verrons cet aspect dans le prochain chapitre.

LA CONTRÔLABILITÉ DES COÛTS

Par **contrôlabilité des coûts**, on entend « la possibilité qu'ont les gestionnaires d'agir sur les coûts ». Tout d'abord, il y a des coûts sur lesquels on peut agir et d'autres sur lesquels il est beaucoup plus difficile d'agir. Ensuite, du point de vue de la gestion, il y a des coûts qu'on subit parce qu'ils sont déterminés de l'extérieur et d'autres qui découlent de décisions prises antérieurement. Enfin, il y a des coûts qui découlent directement des décisions des dirigeants, ou qui pourraient être éliminés ou remis à plus tard s'ils le décidaient. Pour étudier ces questions, nous devons définir les notions de coût engagé, de coût irrécupérable, de coût conceptualisé et de coût discrétionnaire.

La contrôlabilité des coûts dépend aussi de la période considérée. Il y a ainsi des coûts contrôlables à long terme qui sont incontrôlables à court terme, autrement dit des coûts sur lesquels les gestionnaires peuvent agir à long terme mais non à court terme. Il y a aussi des coûts sur lesquels les gestionnaires ne peuvent agir ni à long terme ni à court terme. Par définition, un **coût contrôlable** est un coût sur lequel le gestionnaire peut agir et un **coût incontrôlable** est un coût sur lequel il ne peut pas agir ou beaucoup plus difficilement agir.

LES COÛTS ENGAGÉS

Comme leur nom le suggère, les **coûts engagés**[12] découlent d'engagements antérieurs, donc de décisions passées. Par exemple, les taxes foncières et les amortissements découlent d'investissements antérieurs dans des immeubles et des équipements. Les coûts peuvent aussi avoir été engagés par la signature d'un contrat à long terme : ils ne sont pas contrôlables à court terme, mais, à certaines conditions qui impliqueront elles aussi des coûts, il est possible de modifier ces coûts à plus ou moins long terme. On utilise aussi l'expression de **coûts d'infrastructure** (également **coûts de structure**) pour désigner les coûts engagés quoique les deux termes ont leur signification propre. Les coûts d'infrastructure sont les coûts liés à l'infrastructure d'immobilisations, de services et de personnes d'une entreprise.

Un **coût irrécupérable** est un coût engagé qui est passé et qu'on ne peut récupérer d'aucune façon. Par exemple, lorsqu'une entreprise commande une étude pour analyser un projet, le coût de cette étude est irrécupérable car il est impossible d'annuler l'étude qui a été faite, que l'entreprise décide ou non d'entreprendre le projet. De plus, il est improbable que l'entreprise puisse en retirer un revenu en tentant de revendre l'étude à un tiers. Il en va de même à l'égard de coûts passés destinés à de la publicité. Si une entreprise décide d'abandonner un produit malgré le fait qu'elle vienne d'engager un million de dollars en publicité sur ce produit, il sera impossible de récupérer cette somme.

Habituellement, on considère que les coûts engagés, tels que les taxes, les assurances et l'amortissement, sont des coûts fixes. Mais certains coûts engagés sont variables : il s'agit des coûts conceptualisés. Un **coût conceptualisé** est un coût lié aux ressources directement utilisées pour produire un bien, par exemple des plans comme le devis d'un produit ou la planification de sa fabrication ou de son assemblage. L'expression anglaise *engineered cost* fait du reste référence au travail des ingénieurs qui ont conçu les plans et les devis. Par exemple, les coûts de matières premières et de main-d'œuvre directe sont des coûts conceptualisés. Ils sont variables et découlent des plans. En effet, on ne peut pas réduire la quantité de matières premières ni le nombre de pièces nécessaires à la fabrication d'un produit sans en changer le devis ou la conception, pas plus qu'on ne peut modifier le temps prévu de main-d'œuvre directe sans changer le plan de fabrication ou d'assemblage du produit. Les coûts conceptualisés sont aussi appelés les **coûts liés à la demande** : en effet, ils sont obligatoirement engagés pour répondre à la demande.

---

12. Définition : coûts que l'on devra supporter parce qu'ils ont déjà fait l'objet d'une décision. Selon Louis MÉNARD, *Dictionnaire de la comptabilité et de la gestion financière*, ICCA, 2ᵉ édition, 2004, p. 239.

EXEMPLE

Le service de recherche et développement (R et D) de Héroux-Devtek vient de réaliser une étude de développement visant un nouveau composant structural ainsi qu'un plan de fabrication. L'étude a coûté 300 000 $ et, selon les devis et les plans, le coût unitaire de fabrication du produit est le suivant :

Matières premières	2 000 $
Main-d'œuvre directe	850 $
Frais généraux de fabrication	3 000 $
Coût unitaire de fabrication	**5 850 $**

Lorsqu'il est lancé, le produit est vendu 9 000 $ l'unité, ce qui permet à l'entreprise de récupérer un montant équivalent à ses frais de développement, de couvrir une partie de ses frais de vente et d'administration, et de dégager un bénéfice. Le service des ventes estime que le potentiel de vente de ce nouveau composant est d'au moins 500 unités.

Cependant, un mois plus tard, une entreprise concurrente lance un produit ayant sensiblement les mêmes caractéristiques, mais vendu 7 000 $ l'unité. La haute direction de Héroux-Devtek se réunit donc avec le directeur de l'usine et les ingénieurs afin de discuter de ce qui peut être fait pour récupérer le plus rapidement possible les coûts de développement et réduire le coût unitaire de fabrication. Le contrôleur considère que cette façon d'aborder le problème est inadéquate. Dans les faits, il est impossible d'agir sur les coûts de développement, parce qu'il s'agit de coûts déjà engagés. Il en va de même pour le coût de fabrication unitaire, parce qu'on a obtenu celui-ci en divisant les coûts engagés – sur lesquels il est difficile d'intervenir – par le nombre estimé d'unités fabriquées.

En effet, on ne peut pas agir sur le coût de développement de 300 000 $. Que le produit ait été lancé ou non, cela ne changera rien à ce coût. Tout ce qu'on peut faire est de vendre la plus grande quantité possible du produit, et cela, le plus cher possible, dans le but de tenter de récupérer les 300 000 $ liés au coût de développement. Le coût des matières premières et celui de la main-d'œuvre directe sont des coûts conceptualisés : ils ne peuvent être réduits dans le cadre du devis actuel. Pour réduire ces coûts, l'entreprise devra apporter des modifications à la fois à la conception du produit et à son procédé de fabrication. Ces modifications peuvent toucher l'utilisation d'autres matériaux, définir d'autres spécifications ou utiliser des moyens de fabrication moins coûteux. Quant aux frais généraux de fabrication, la plupart sont habituellement fixes et correspondent à des coûts engagés, tels que l'amortissement des équipements, les coûts d'outillage et l'infrastructure de services dans l'usine.

LES COÛTS DISCRÉTIONNAIRES

Les **coûts discrétionnaires** sont des coûts planifiés lors de la préparation de chaque budget, c'est-à-dire des coûts décidés ou programmés à chaque budget. Alors que les coûts engagés sont qualifiés d'incontrôlables, du moins à court terme, les coûts discrétionnaires sont par définition contrôlables du fait que les gestionnaires peuvent les modifier à leur guise. Les décisions budgétaires, notamment les coupes budgétaires, portent souvent sur les coûts discrétionnaires puisqu'ils sont contrôlables.

Certains coûts fixes sont discrétionnaires, alors que d'autres sont engagés à plus long terme, sur plusieurs années. Les **coûts fixes discrétionnaires**, tels que les dépenses en publicité et les frais de recherche et développement, font l'objet d'une révision à chaque budget. Quant aux **coûts fixes engagés**, tels que l'amortissement ou un bail de plusieurs années, ils découlent de décisions d'investissements ou de la signature de contrats à long terme.

EXEMPLE

La direction d'une entreprise est sur le point d'adopter son budget annuel, qui comprend notamment un budget de 30 millions de dollars pour la R et D et un budget de 80 millions de dollars consacrés à la mise en marché. Le président demande aux directeurs des 2 services concernés de déposer leur programme d'activités de l'année et de le justifier, car il envisage de réduire leurs budgets de 50 %, soit de 15 millions et de 40 millions respectivement, sans que cela influe sur la production et les ventes. De plus, il demande au contrôleur de lui suggérer un moyen de contrôler les dépenses de ces deux services.

Les coûts de R et D et les coûts de mise en marché sont des coûts discrétionnaires. Ils sont tout à fait contrôlables dans le sens où les gestionnaires peuvent agir sur eux, les réduire ou les augmenter à très court terme. On dit que ce sont des coûts planifiés et programmés à chaque budget de façon discrétionnaire. Dans cet exemple, il serait difficile pour le président d'exiger de réduire le coût de la matière première ou de la main-d'œuvre directe de 50 %. Ce sont des coûts conceptualisés qui répondent à des normes et à un devis de fabrication précis. Réduire ces coûts de façon importante à court terme aurait certainement des répercussions sur la viabilité et la qualité du produit, ce qui ne peut être recommandé. Toutefois, les coûts liés à la publicité et à la R et D peuvent faire l'objet de réductions du fait que cela est faisable et que l'impact de ces réductions ne se ferait sentir qu'à long terme. Il est possible de sabrer les dépenses de publicité sans qu'il y ait un impact important à court terme sur l'entreprise. Cette décision est laissée à la discrétion des gestionnaires.

Une saine gestion exige que ces coûts planifiés soient appuyés par un programme d'activités. La demande que le président fait au contrôleur est intéressante et peut être interprétée de deux façons. Selon la première interprétation, dont nous jugeons la portée limitée, il pourrait s'agir de surveiller les dépenses engagées afin qu'elles ne dépassent pas le budget approuvé. Selon la deuxième, de plus en plus fréquente dans les organisations, le but pourrait être d'évaluer la performance ou le rendement du capital investi de ces budgets, autrement dit, d'évaluer ce que rapportent le budget de R et D et celui de mise en marché. Bien qu'il ne soit pas simple d'évaluer la performance de tels budgets, les entreprises adoptent de plus en plus différents modèles d'analyse qui génèrent des informations intéressantes liées à la performance de ces budgets.

LES COÛTS AFFÉRENTS À UNE DÉCISION

Certains coûts interviennent exclusivement dans un contexte décisionnel, c'est-à-dire dans le cadre de l'analyse des décisions de l'entreprise. Ce sont le coût pertinent, le coût de renonciation et le coût différentiel.

LE COÛT PERTINENT

Un coût n'est pas pertinent en tant que tel : cela dépend d'une décision donnée, et ce sont les circonstances qui lui confèrent sa pertinence. Un **coût** est **pertinent** par rapport à une décision donnée s'il est susceptible d'être modifié par celle-ci.

Lorsqu'on doit évaluer des propositions ou des projets, tous les coûts associés à chacune des possibilités sont jugés pertinents. Il en va de même du manque à gagner, c'est-à-dire du revenu qu'on aurait pu toucher si on n'avait pas choisi une proposition donnée.

De façon générale, les coûts irrécupérables ne sont jamais pertinents du fait qu'ils sont déjà engagés.

LE COÛT DE RENONCIATION

Le **coût de renonciation** est le gain (ou revenu) dont on accepte d'être privé en faisant un choix. Il correspond au manque à gagner par rapport à la situation qui prévaudrait si on avait fait un autre choix. Le coût de renonciation représente le gain qu'on aurait pu réaliser grâce à la meilleure des solutions qu'on a rejetées. Il est toujours pertinent, puisqu'il influe sur l'ensemble des décisions.

Le coût de renonciation n'est pas à proprement parler un coût du point de vue de la comptabilité, car il ne résulte d'aucune transaction et n'implique la consommation d'aucune ressource. Il existe un coût de renonciation moyen et un coût de renonciation marginal. De plus, le coût de renonciation peut changer au fil du temps, selon les décisions, les occasions d'affaires et le contexte.

LE COÛT DIFFÉRENTIEL

Le **coût différentiel** repose sur la distinction entre deux propositions, deux produits ou deux projets. Afin de faire les choix financiers les plus appropriés, on doit le calculer dans le cas où il existe plus d'une possibilité.

Le coût différentiel de deux propositions correspond à la différence entre les coûts totaux de chacune d'elles. Par exemple, si le coût total de l'une est de 50 000 $ et celui de l'autre, de 60 000 $, le coût différentiel des deux propositions s'élève à 10 000 $.

Comme il n'est pas toujours simple de faire la distinction entre le coût différentiel et le coût de renonciation, nous donnons ci-après des exemples précisant ces deux notions. Soulignons que, sur le plan des revenus, ces notions ont aussi leurs contreparties : le **revenu différentiel** et le coût de renonciation inversé[13]. Le revenu différentiel est égal à la différence

---

13. À notre connaissance, il n'existe pas d'expression décrivant cette réalité.

entre les revenus touchés selon qu'on choisit l'une ou l'autre des deux propositions. Quant au coût de renonciation inversé, il désigne une perte non subie, et non un manque à gagner. Pour désigner l'écart des contributions (les revenus moins les coûts) entre deux propositions, on peut également parler de **contribution différentielle**. Les contributions et les marges sont définies au chapitre 10.

EXEMPLE

Une entreprise fabrique un produit qu'elle vend 20 $. Les coûts totaux actuels s'élèvent à 56 000 $, dont 16 000 $ de coûts de fabrication fixes. Les ventes actuelles sont de 4 000 unités par mois, ce qui représente 80% de la capacité de production. Un commerçant d'une région éloignée approche l'entreprise : il a un besoin urgent et lui fait l'offre exceptionnelle d'acheter toute sa capacité excédentaire à un prix de 13 $ par unité. Il en coûterait cependant 1 000 $ à l'entreprise pour s'occuper de ce nouveau contrat.

Dans cet exemple, on ne doit pas considérer les coûts de fabrication fixes de l'entreprise pour prendre la décision : ces coûts seraient en effet engagés indépendamment de la décision. Ils sont donc non pertinents dans la décision. On doit plutôt s'intéresser au coût variable supplémentaire par unité, qui est de 10 $ par unité ([56 000 $ – 16 000 $]/4 000 unités), et à la capacité excédentaire, qui est de 1 000 unités ([4 000 unités/80%] – 4 000 unités).

Revenu supplémentaire	1 000 unités × 13 $/unité	13 000 $
Coût marginal	1 000 unités × 10 $/unité	(10 000 $)
Coût spécifique		(1 000 $)
Contribution		**2 000 $**

Quantitativement, il est intéressant pour l'entreprise d'accepter l'offre puisqu'elle permet de générer une contribution additionnelle de 2 000 $. Cependant, pour prendre une décision éclairée, il faut également tenir compte des **facteurs qualitatifs**. L'entreprise pourrait ainsi refuser de louer sa capacité de production si, par exemple, elle estime qu'elle doit conserver un certain surplus de capacité de production dans l'éventualité où un client habituel lui passerait une commande importante.

EXEMPLE

Une entreprise paie un loyer de 1 000 $ par semaine pour un atelier qu'elle n'utilise pas. Cet atelier pourrait être sous-loué moyennant un loyer de 1 600 $ par semaine. L'entreprise envisage également de s'en servir dans le cadre d'un nouveau projet qui rapportera un revenu de 10 000 $, entraînera des coûts de 8 000 $ et, donc, générera un gain de 2 000 $ par semaine. Dans cette situation, le loyer de 1 000 $ n'est pas un coût pertinent, c'est un coût irrécupérable.

Si l'entreprise décide de lancer le nouveau projet, le loyer de 1 600 $ représente un gain dont elle se prive en faisant ce choix. Ainsi, on doit considérer le loyer de 1 600 $ par semaine comme un coût de renonciation, et ce coût doit être pris en compte dans la décision de lancer le nouveau projet. Ce montant de 400 $ devient ainsi la contribution différentielle entre les 2 options. L'option de sous-location rapporte 1 600 $, alors que le nouveau projet rapporte 2 000 $, d'où l'écart de 400 $.

Revenu supplémentaire	10 000 $
Coût marginal	(8 000 $)
Contribution	**2 000 $**
Coût de renonciation	(1 600 $)
Contribution différentielle	**400 $**

Si les revenus étaient de 9 000 $ plutôt que de 10 000 $, la contribution associée au projet serait de 1 000 $. De façon intuitive, on saisit que l'entreprise ne devrait pas entreprendre le projet puisqu'elle pourrait recevoir 1 600 $ simplement en louant l'atelier.

EXEMPLE

LA SOUS-TRAITANCE POUR LA FABRICATION DE COMPOSANTS

La direction d'une entreprise se demande s'il faut fabriquer en interne un lot de 1 000 composants dont le coût total est estimé à 80 000 $, ou s'il faut en confier la production à l'extérieur pour un coût total de 85 000 $.

Dans ce cas, le coût différentiel est de 5 000 $. D'un point de vue strictement économique, l'entreprise aurait avantage à fabriquer elle-même ce lot de composants. Cependant, comme dans toute prise de décision, il est essentiel de tenir compte d'autres éléments, de nature stratégique et de nature qualitative. Ainsi, pour qu'elle décide de fabriquer elle-même les composants, il faudra que l'économie de 5 000 $ soit supérieure à la valeur des facteurs qualitatifs associés à la fabrication des composants à l'extérieur.

CAPSULES VIDÉO

Qu'en disent les experts ?

CAPSULE VIDÉO 2.1   Élaboration des devis

Monsieur Réal Bélanger, vice-président exécutif et chef de la direction financière chez Héroux-Devtek, commente le processus d'élaboration des devis et des spécifications.

CAPSULE VIDÉO 2.2   Réduction de coûts

La société Héroux-Devtek est dotée d'un programme de réduction de coûts. Monsieur Bélanger nous explique en quoi il consiste.

CAPSULE VIDÉO 2.3   Efficacité globale des équipements

Monsieur Bélanger offre une description de l'OEE *(Overall Equipment Effectiveness)*, soit le taux de rendement global calculé en fonction du temps d'utilisation des machines.

CAPSULE VIDÉO 2.4   Une carrière en comptabilité de management

Quels sont les atouts recherchés chez les comptables en management qui envisagent une carrière chez Héroux-Devtek ? Monsieur Bélanger répond à la question.

OBJECTIFS DE CONNAISSANCES, REVUS

1 Définir ce qu'est un coût et les objets de coût.

Le coût d'un objet de coût est la somme des ressources utilisées pour obtenir cet objet, « objet » étant synonyme d'« objectif ». L'objet de coût désigne ce qu'on veut mesurer : produit assemblé, service rendu, client satisfait, activité exercée, fonctionnement d'une unité administrative, etc.

2 Expliquer le calcul d'un coût.

Pour rattacher les ressources aux objets de coût, on utilise des relations directes et des relations indirectes. On utilise une relation directe lorsque l'utilisation des ressources pour obtenir l'objet peut être déterminée de façon évidente et relativement précise. On établit une relation indirecte lorsque la relation directe est impossible ou peu pratique.

3 **Exposer les notions fondamentales en matière de coûts.**

En matière de coûts, il existe trois notions fondamentales : le coût total, le coût moyen et le coût marginal. Le coût total est la somme des coûts de toutes les ressources utilisées pour obtenir un objet de coût. Le coût moyen est le coût total d'un ensemble, divisé par le nombre d'unités constituant cet ensemble. Le coût marginal est le coût de la dernière unité produite.

4 **Définir les coûts relatifs à la reddition de comptes.**

Pour la reddition de comptes, on dresse généralement une liste des ressources utilisées durant une période donnée ainsi que les coûts qui leur sont associés. Pour la présentation des résultats dans les états financiers, on regroupe généralement les comptes selon leur nature.

5 **Décrire les coûts dans le temps.**

Les coûts liés au temps sont le coût historique, le coût du marché, le coût prévisionnel et le coût actualisé. Le coût historique est celui qu'on enregistre au moment de la transaction. Le coût du marché désigne la valeur d'un bien ou d'un service sur le marché à l'heure actuelle. Le coût prévisionnel est un coût qu'on prévoit engager. Le coût actualisé est un coût prévisionnel escompté à l'aide d'un taux d'intérêt de façon à évaluer aujourd'hui un coût futur.

6 **Expliquer la variabilité des coûts.**

Par variabilité des coûts, on entend l'analyse des variations des coûts en fonction du volume d'activité. Pour mener à bien cette analyse, on doit recourir à de nouvelles définitions : coûts variables, coûts fixes, coûts variables et coûts fixes par paliers, coûts mixtes. En pratique, les coûts sont le plus souvent mixtes et varient par paliers. Cependant, à l'intérieur d'un **segment significatif**, on peut modéliser les coûts à l'aide des notions de coûts variables et de coûts fixes. Les coûts variables sont par définition proportionnels au volume d'activité, alors que les coûts fixes sont insensibles à toute variation du volume d'activité.

7 **Comprendre la contrôlabilité des coûts.**

On parle de contrôlabilité des coûts lorsque les gestionnaires peuvent agir sur les coûts. La contrôlabilité dépend aussi de la période considérée. Il existe ainsi des coûts incontrôlables à court terme qui peuvent être contrôlables à long terme. La gestion des coûts implique de distinguer les coûts irrécupérables, les coûts engagés, les coûts conceptualisés et les coûts discrétionnaires.

8 **Déterminer les coûts afférents à une décision.**

Un coût est pertinent par rapport à une décision donnée s'il est susceptible d'être modifié par celle-ci. On parle de coût de renonciation pour désigner le gain dont on accepte d'être privé en faisant un choix. Quant aux coûts, revenu et contribution différentiels, ils permettent de distinguer la valeur de deux propositions, deux produits ou deux projets.

MOTS CLÉS

Comportement des coûts, p. 50

Contribution différentielle, p. 58

Contrôlabilité des coûts, p. 53

Coût, p. 41

Coût actualisé, p. 49

Coût conceptualisé, p. 54

Coût contrôlable, p. 54

Coût de renonciation, p. 57

Coût différentiel, p. 57

Coût direct, p. 43

Coût du marché, p. 49

Coût d'un objet de coût, p. 42

Coût historique, p. 49

Coût incontrôlable, p. 54

Coût indirect, p. 44

Coût irrécupérable, p. 54

Coût marginal, p. 45

Coût moyen, p. 45

Coût pertinent, p. 57

Coût prévisionnel, p. 49

Coûts de structure, p. 54

Coûts d'infrastructure, p. 54

Coûts discrétionnaires, p. 55

Coûts engagés, p. 54

Coûts fixes, p. 52

Coûts fixes discrétionnaires, p. 56

Coûts fixes engagés, p. 56

Coûts fixes par paliers, p. 52

Coûts liés à la demande, p. 54

Coûts mixtes, p. 53

Coûts variables, p. 51

Coûts variables par paliers, p. 52

Coût total, p. 45

Facteurs qualitatifs, p. 58

Grand livre, p. 47

Objets de coût, p. 41

Relation directe, p. 43

Relation indirecte, p. 44

Répartition, p. 44

Revenu différentiel, p. 57

Segment significatif, p. 61

Variabilité des coûts, p. 50

LA VARIABILITÉ DES COÛTS

OBJECTIFS

1 Décrire la variabilité des coûts.

2 Modéliser la variabilité des coûts.

3 Exposer plusieurs méthodes intuitives.

4 Expliquer la méthode des points extrêmes.

5 Décrire la régression linéaire.

6 Mesurer le volume d'activité.

7 Citer d'autres facteurs de variabilité des coûts.

SOMMAIRE

Biscuits Leclerc

La variabilité des coûts

Un modèle linéaire de la variabilité des coûts

Les méthodes intuitives

La méthode des points extrêmes

La régression linéaire

La mesure du volume d'activité

Les autres facteurs de variabilité des coûts

En matière de gestion des coûts, les coûts variables sont souvent associés en simultané à la contrôlabilité des coûts et à la flexibilité de l'organisation. Or, variabilité, contrôlabilité et flexibilité ne sont pas synonymes. La plupart des coûts variables sont liés à la demande, et l'entreprise souhaite augmenter la demande. Ainsi, plusieurs coûts variables ne sont pas contrôlables parce qu'ils sont liés à la demande – le sucre dans les biscuits, par exemple –, alors que d'autres le sont.

Illustration particulièrement représentative de la variabilité des coûts si caractéristique de son industrie, le cas de Biscuits Leclerc facilite l'apprentissage du comportement des coûts. Tandis que les 70 % de coûts variables typiques de ce secteur d'activité servent à sensibiliser le lecteur à la volatilité de certains coûts, le présent chapitre lui permet également d'explorer quelques moyens mis en pratique pour les gérer.

■ BISCUITS LECLERC

L'entreprise Biscuits Leclerc a été fondée en 1905 par François Leclerc, qui fabrique alors ses biscuits dans la résidence familiale, située rue Arago à Québec. Les débuts sont modestes, mais la fraîcheur et la saveur des produits conquièrent rapidement les palais et les cœurs.

Malgré la concurrence féroce dans l'industrie alimentaire, Biscuits Leclerc a su tirer son épingle du jeu pour devenir un chef de file de la confection de biscuits au Canada. L'entreprise fabrique également des gaufrettes, des barres collation, des céréales à déjeuner et des craquelins.

Au Québec, Biscuits Leclerc possède une usine de céréales ainsi qu'une usine de biscuits, dont la production est entièrement exempte d'arachides, ce qui permet de répondre aux besoins d'une partie de la population en ce qui a trait aux allergies alimentaires. Toutes deux sont situées dans le parc industriel de Saint-Augustin-de-Desmaures, près de Québec. Depuis 1994, l'entreprise possède également une usine à Hawkesbury, en Ontario, ainsi que deux usines aux États-Unis, l'une en Pennsylvanie, acquise en 2002, l'autre au Tennessee, acquise en 2008.

À l'avant-garde des technologies et des tendances du marché, l'entreprise exerce l'ensemble de ses activités dans le but d'offrir une satisfaction totale à sa clientèle. Avec le concours de plus de 500 employés, l'entreprise assure un processus de production et de distribution rigoureux afin d'offrir des produits de qualité supérieure. Biscuits Leclerc est par ailleurs considérée comme l'une des entreprises les plus robotisées du secteur agroalimentaire québécois.

Entreprise familiale en pleine croissance, Biscuits Leclerc distribue actuellement ses produits dans une vingtaine de pays répartis sur quatre continents. Son chiffre d'affaires annuel atteint 200 millions de dollars, dont plus de 30 % pour les marchés d'exportation.

Depuis plus de 100 ans et près de 5 générations, Biscuits Leclerc marie innovation, fraîcheur et

bon goût pour la plus grande joie des petits et des grands. Preuve de sa détermination, dans son domaine, elle est désormais la seule entreprise à capitaux entièrement québécois.

LA STRUCTURE DES COÛTS

L'industrie alimentaire est un secteur hautement compétitif; la demande pour certains produits peut varier considérablement d'une saison à l'autre. En général, les clients recherchent des produits de qualité offerts à un prix raisonnable. Chez Biscuits Leclerc, le calcul du coût de revient est une étape cruciale lors de l'établissement du prix de vente. En effet, un prix de vente trop élevé peut se traduire par une diminution du volume de ventes; inversement, un prix de vente trop faible peut entraîner des pertes importantes pour l'entreprise. Bien comprendre le comportement des coûts, qu'ils soient variables ou fixes, constitue donc une étape cruciale afin de réduire les risques de mauvaises décisions de gestion dans cette industrie.

Chez Biscuits Leclerc, le coût des produits vendus représente le poste de coûts le plus important de l'état des résultats. Dans une proportion de 70 %, il s'agit de coûts variables correspondant aux matières premières utilisées pour les produits et l'emballage. Dans l'industrie agroalimentaire, les coûts des matières premières sont de plus en plus volatils : en raison de la rareté de certaines d'entre elles – sucre, fèves de cacao, blé, avoine et maïs, notamment –, les marchés sont très spéculatifs, d'où d'importantes variations des coûts.

La main-d'œuvre directe représente environ 10 % du coût des produits vendus. À cet égard, il est intéressant de noter que Biscuits Leclerc considère, à court terme, sa main-d'œuvre directe comme un coût fixe[1]. L'entreprise estime avoir une certaine responsabilité vis-à-vis de ses employés à temps plein. En outre, comme il est difficile de remplacer certains employés spécialisés qui ont une formation pointue, il y a peu de mises à pied, même lorsque la demande est en baisse.

Les frais généraux de fabrication, 20 % du coût des produits vendus, sont essentiellement composés de coûts fixes. L'entreprise détient plusieurs équipements de haute technologie qui assurent une production très automatisée, ce qui représente une part importante des coûts fixes. Il est important de bien gérer ces coûts fixes afin d'atténuer les effets que les variations des volumes de ventes et de production peuvent avoir sur l'établissement des coûts de fabrication. Cette gestion vise notamment l'utilisation maximale des différentes lignes de production de l'entreprise.

Enfin, les frais de transport liés à la livraison des produits chez les clients entrent pour une part importante dans l'établissement du prix de vente, tout en pesant dans l'analyse de la rentabilité des produits. En effet, lorsque Biscuits Leclerc doit assumer ces frais, le type de produit livré et la distance séparant l'usine du client ont un impact direct sur les profits générés par la vente de ce produit.

---

1. À l'inverse, en raison de la facilité avec laquelle elles peuvent remplacer leurs employés, plusieurs grandes entreprises considèrent que les coûts de main-d'œuvre sont pour l'essentiel variables.

BIEN COMPRENDRE LE COMPORTEMENT DES COÛTS

Pour Biscuits Leclerc, il est primordial de bien connaître les coûts relatifs à chacun des produits afin d'être en mesure d'établir des prix de vente lui permettant d'être compétitive sur le marché. En tant que société privée, Biscuits Leclerc n'a pas de comptes à rendre à cet égard; cependant, elle dispose d'un important processus budgétaire pour suivre l'évolution des différents coûts. Dans un secteur aussi concurrentiel que l'agroalimentaire, où les clients sont très exigeants et les compétiteurs aux aguets, les effets néfastes d'un surplus d'inventaire pour des produits périssables, d'une baisse de la qualité ou d'une hausse des coûts pourraient rapidement menacer la pérennité de l'entreprise. C'est pourquoi il est important pour Biscuits Leclerc de se doter des outils de gestion nécessaires pour assurer sa compétitivité.

Ainsi, même si Biscuits Leclerc cherche à offrir des produits qui répondent aux besoins de la clientèle tout en étant de qualité exceptionnelle, la gestion des coûts est une étape cruciale pour la compétitivité de l'entreprise, et ce, afin de permettre à la nouvelle génération de poursuivre les activités de cette entreprise québécoise florissante.

LA VARIABILITÉ DES COÛTS

Nous avons vu dans le chapitre précédent que l'étude de la variabilité des coûts implique l'analyse de la variation observée dans les coûts lorsque le volume d'activité varie et que le but de cette analyse est de comprendre les variations de coûts qu'entraînent normalement les variations du volume d'activité. Dans l'environnement actuel, le volume d'activité n'est cependant pas le seul facteur qui peut faire varier les coûts. L'objectif de ce chapitre est d'apprendre à modéliser la variabilité des coûts et à appliquer certaines méthodes conçues à cette fin. Ces variations de coûts seraient peu élevées si, une fois installées sur leur marché, toutes les entreprises fonctionnaient selon un ordre établi, stable et immuable. Or, il n'en est rien. Les gestionnaires souhaitent donc disposer de méthodes permettant de suivre l'évolution des coûts et de prévoir les répercussions de tout changement du volume d'activité et des facteurs susceptibles d'influer sur les coûts.

Comment les coûts évoluent-ils, par exemple, lorsque les ventes croissent de 20 % au cours d'une année, lorsqu'on réduit la taille des lots ou lorsqu'on augmente le nombre de composants faits sur mesure ? Quelles seront les répercussions de ces phénomènes sur les coûts et, par conséquent, sur les résultats ? Toutes ces questions sont pertinentes. Pour les aborder, nous introduirons dans ce chapitre certaines notions du modèle coût-volume-résultat (CVR), un modèle linéaire du **coût total** en fonction du volume d'activité, qui sera vu plus en détail au chapitre 11. Dans des chapitres subséquents, nous verrons comment on peut s'inspirer de ce modèle pour étudier la variation des coûts en fonction d'autres facteurs que le volume d'activité.

LA REPRÉSENTATION DU COÛT TOTAL

La **représentation du coût total** en fonction du volume d'activité se présente sous la forme d'une courbe (voir la figure 3.1). Cette représentation prend en compte de nombreux aspects tels que les économies d'échelle, la courbe d'apprentissage des employés et les rendements décroissants des ressources lorsqu'on approche de leur capacité maximale. La notion de **segment significatif** correspond, quant à elle, à la zone où les volumes d'activité sont les plus susceptibles d'être observés au cours d'un exercice. On peut avoir relativement confiance dans l'estimation des coûts à l'intérieur du segment significatif, car cette zone correspond

Figure 3.1 La représentation du coût total

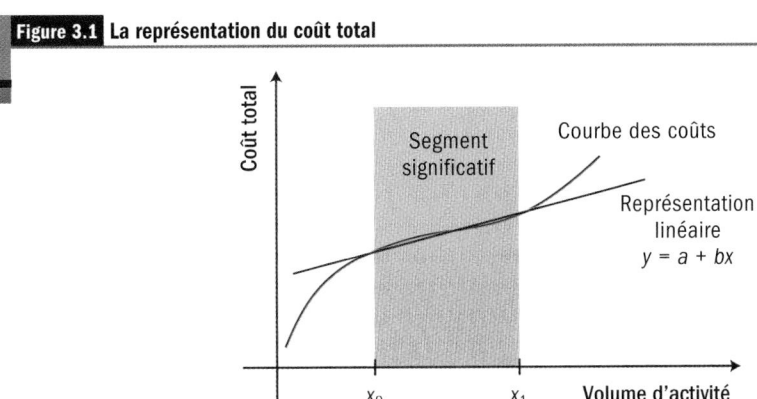

à des volumes d'activité qu'on peut observer. Pour les volumes situés hors du segment significatif, on peut estimer la relation coût-volume, mais on ne pourra pas la valider faute de pouvoir observer suffisamment de volumes dans ces zones.

À l'intérieur des bornes du segment significatif, la courbe des coûts se rapproche beaucoup d'une droite. On peut donc faire une estimation relativement fiable des coûts totaux en fonction du volume d'activité analysé. Pour expliquer la **variabilité des coûts** observés, il est commode d'utiliser comme modèle d'approximation une équation linéaire du premier degré ($y = a + bx$). Précisons toutefois que cette approximation ne vaut que pour les volumes d'activité correspondant au segment significatif. Nous n'avons aucune donnée nous permettant d'estimer la variabilité des coûts à l'extérieur du segment significatif. L'estimation par une droite se justifie aussi par le fait qu'il est beaucoup plus difficile d'estimer une courbe et que cela demande beaucoup plus d'observations (données) que celles dont on dispose normalement.

UN MODÈLE LINÉAIRE DE LA VARIABILITÉ DES COÛTS

En fonction du volume d'activité, on peut décrire les coûts totaux à l'aide d'un **modèle linéaire de la variabilité des coûts** représenté par l'équation $y = a + bx$ (voir la figure 3.2)[2]. Dans ce modèle, les **coûts fixes** (droite orange) sont représentés par a, qui correspond à l'ordonnée à l'origine ainsi qu'au coût total lorsque le volume d'activité est nul (lorsque $x = 0$, $y = a$). Le coût variable à l'unité est représenté par b, qui correspond à la pente de la courbe des coûts. Pour obtenir le montant des **coûts variables** totaux, on doit multiplier b par le volume d'activité (valeur de x). Cette équation permet d'estimer de manière relativement précise les coûts totaux à l'intérieur d'un segment significatif donné.

Figure 3.2 Un modèle linéaire du coût total

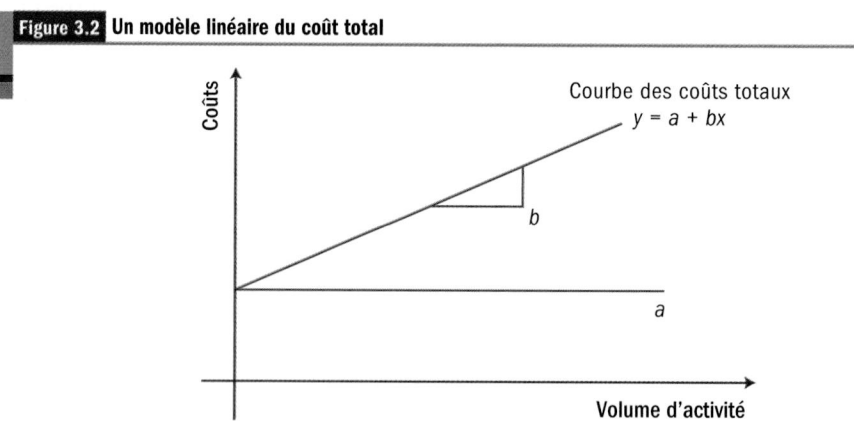

La représentation des coûts apparaissant à la figure 3.1 permet de constater qu'il est tout à fait légitime, dans certains cas, d'utiliser un modèle linéaire pour expliquer le comportement des coûts. Quant au modèle de la figure 3.2, il permet d'extrapoler tous les coûts

---

2. Dans le chapitre 11, nous utiliserons l'équation $C = C_f + C_{vu}x$ plutôt que $y = a + bx$. Cependant, dans ce chapitre, il est plus simple de s'en tenir à la notation qu'on trouve dans les livres de statistiques.

(valeurs de *y*) en fonction du volume d'activité (valeur de *x*). Dans chacun de ces modèles, on distingue une composante variable et une composante fixe, qu'on pourra utiliser, au besoin, lors d'analyses plus détaillées. Rappelons que les calculs des coûts totaux (valeurs de *y*) ne sont fiables qu'à l'intérieur du segment significatif correspondant à la zone d'activité propre à l'entreprise.

S'il est pratique d'expliquer le comportement des coûts à travers deux variables simples – le coût variable unitaire *b* et les coûts fixes totaux *a* –, il n'est pas toujours facile, dans les faits, de déterminer la valeur des paramètres *a* et *b*. En effet, si certains coûts se comportent toujours comme des coûts variables ou comme des coûts fixes, bon nombre de coûts sont mixtes et comprennent une composante fixe et une composante variable parfois difficiles à séparer l'une de l'autre.

La notion de temps influe également sur l'interprétation du comportement des coûts. Les notions de long terme et de court terme prennent ici toute leur importance. En effet, on pourrait dire que tous les coûts sont fixes à très court terme et qu'ils sont tous variables sur une très longue période. Or, à court terme, lorsqu'on a recours à la notion de segment significatif d'exploitation, on peut considérer que presque tous les coûts sont soit fixes, soit variables. Les méthodes servant à décrire la variabilité des coûts que nous exposons ci-après s'appliquent surtout à court terme. Il s'agit des méthodes suivantes :

1. les méthodes intuitives ;

2. la méthode des points extrêmes ;

3. la régression linéaire.

LES MÉTHODES INTUITIVES

Les méthodes intuitives reposent sur l'expérience et sur une analyse informelle des coûts. Elles comportent une grande part de subjectivité et doivent donc être utilisées avec beaucoup de prudence. Les trois principales méthodes intuitives sont les suivantes :

- la méthode de l'ingénierie ;

- l'analyse des comptes ;

- la corrélation visuelle.

LA MÉTHODE DE L'INGÉNIERIE

La **méthode de l'ingénierie** consiste à évaluer les coûts de fabrication. On l'utilise le plus souvent dans le cas d'un nouveau produit. Cette tâche, généralement confiée à des ingénieurs, est réalisée avant le début de la production. L'approche, normative et estimative, est fondée sur l'accumulation systématique de données antérieures pertinentes et représentatives de la technologie utilisée. C'est la seule approche possible lorsqu'on ne dispose pas de données comptables pour les activités concernées, comme dans le cas des nouveaux produits. Grâce à des estimations fondées sur le fonctionnement de la technologie qui sera utilisée, on peut déterminer la répartition de la partie fixe et de la partie variable des coûts de fabrication, et on peut également délimiter les paramètres à respecter en matière de volume de production, de volume de ventes, etc.

EXEMPLE

UNE NOUVELLE RADIO SATELLITE

Une entreprise qui fabrique des appareils de communication met au point une nouvelle radio à usage commercial. Comme elle s'appuie sur la technologie la plus récente, les données antérieures ne sont pas d'une grande utilité. Passer de la technologie analogique à la technologie numérique implique d'employer des procédés d'assemblage et de fabrication tout à fait différents, ainsi que des équipements de production et de contrôle de la qualité plus adaptés. L'entreprise devra donc effectuer une analyse des coûts complète pour ce nouveau produit.

Les ingénieurs chargés de cette analyse s'interrogent notamment sur les spécifications requises pour les pièces, les composants et les matières premières, afin de décider du niveau de qualité des pièces, du nombre de rejets acceptable, du choix des fournisseurs, du prix d'achat, etc. L'estimation portera également sur les nouveaux besoins de main-d'œuvre. En fonction des procédés utilisés, combien d'employés seront nécessaires pour effectuer les tâches? Quelles seront les composantes fixe et variable des coûts de main-d'œuvre? Quel niveau de productivité les employés devront-ils atteindre? Pour ce qui est des frais généraux de fabrication, l'analyse portera sur l'espace utilisé, l'amortissement de la nouvelle machinerie, la force motrice nécessaire, le contrôle de la qualité, etc. Il faudra aussi déterminer la partie fixe et la partie variable de chacun de ces coûts. Malgré ses limites, la méthode de l'ingénierie est la seule qui permette d'évaluer les coûts fixes et les coûts variables liés aux coûts de fabrication lorsqu'il s'agit d'un nouveau produit pour lequel aucune autre information n'est disponible.

Une fois l'analyse terminée, on effectuera des simulations dans le but d'analyser la demande du marché, la sensibilité au prix de vente, la sensibilité aux coûts de fabrication, le seuil de rentabilité, la marge de sécurité[3], etc. Puis, lorsque la fabrication aura débuté, on comparera les prévisions avec les résultats, ce qui permettra d'améliorer l'estimation des coûts.

L'ANALYSE DES COMPTES

L'**analyse des comptes** consiste à examiner systématiquement les comptes du grand livre (GL) afin de déterminer les composantes fixe et variable de chacun des coûts. Lorsqu'ils utilisent cette méthode, les gestionnaires doivent recourir à leur intuition et à leur expérience pour évaluer la structure des coûts de chacun des comptes (établissement des composantes fixe et variable), ce qui suppose une connaissance approfondie de l'entreprise.

EXEMPLE

LE COÛT DE PRODUCTION

Une entreprise fabrique un produit depuis longtemps et doit répondre à une demande qui varie d'un trimestre à l'autre. Elle souhaite disposer d'un budget lui permettant d'évaluer la rentabilité de sa production par trimestre, et demande donc à son contrôleur de concevoir un modèle de la

---

3. Les concepts de point mort et de marge de sécurité sont approfondis au chapitre 11.

variabilité des coûts de production. Se fiant à son expérience, le contrôleur analyse le sous-ensemble des comptes du grand livre qui concerne la production d'un trimestre, et les classe en trois catégories : les comptes qu'il considère comme variables, les comptes qu'il considère comme fixes et les comptes qu'il considère comme mixtes. Puis il estime la partie variable et la partie fixe des coûts mixtes, par exemple 50 % pour la partie variable et 50 % pour la partie fixe.

Pour obtenir un coût variable par unité, il additionne les coûts variables et les divise par le volume total d'activité. Pour obtenir le coût fixe, il additionne les coûts fixes. Il obtient ainsi un modèle linéaire intuitif de la variabilité des coûts de production pour un trimestre donné.

Le total des coûts de fabrication est de 2 000 000 $, ce qui inclut les coûts des matières premières, les coûts de la main-d'œuvre directe et le total des frais généraux de fabrication pour la période analysée. Selon l'analyse effectuée par le contrôleur, la part des coûts variables est de 1 130 000 $, et celle des coûts fixes de 870 000 $.

Comptes du grand livre	Classification	Montant
Matière première – A	Coûts variables	200 000 $
Matière première – B	Coûts variables	100 000
Matière première – C	Coûts variables	25 000
Main-d'œuvre directe – Atelier 1	Coûts variables	325 000
Main-d'œuvre directe – Atelier 2	Coûts variables	250 000
Main-d'œuvre directe – Atelier 3	Coûts variables	75 000
Main-d'œuvre indirecte – Atelier 1	Coûts fixes	145 000
Main-d'œuvre indirecte – Atelier 2	Coûts fixes	75 000
Main-d'œuvre indirecte – Atelier 3	Coûts fixes	55 000
Électricité et gaz naturel – Usine	60 % variables	45 000
Charges sociales – MOD	Coûts variables	97 000
Charges sociales – MOI	Coûts fixes	55 000
Assurances, taxes et permis – Usine	Coûts fixes	25 000
Entretien – Équipement	40 % variables	35 000
Entretien de la bâtisse – Usine	Coûts fixes	26 000
Fournitures d'usine	Coûts variables	17 000
Amortissement – Équipement	Coûts fixes	300 000
Amortissement – Bâtisse (usine)	Coûts fixes	150 000
Total		**2 000 000 $**

Sachant que 40 000 unités ont été fabriquées, il répartit les coûts variables sur cette base et obtient ainsi un coût variable unitaire de 28,25 $. Enfin, en utilisant l'équation $y = a + bx$, il établit, grâce à ces informations, la relation suivante du coût total de fabrication pour la période étudiée :

Coût total de fabrication = 870 000 $ + 28,25 $ × nombre d'unités fabriquées

LA CORRÉLATION VISUELLE

La **corrélation visuelle**[4] consiste à tracer visuellement une droite à partir d'un nuage de points. On ne peut appliquer cette méthode que si on dispose de données fiables sur les coûts, et ce, pour différents volumes d'activité. Les diverses observations sont regroupées dans un graphique se présentant sous la forme d'un nuage de points. On trace une droite à travers le nuage de points de façon que chacun des points soit le plus près possible de la droite.

Cette méthode permet de juger rapidement de la qualité des données recueillies et de la validité de la droite. Ainsi, on peut considérer certaines données comme invalides parce qu'elles faussent de manière disproportionnée l'équation de la droite (voir la figure 3.3b). Comme on le constate, le comportement des coûts n'est pas nécessairement linéaire ; il évolue peut-être par **paliers**. Quoi qu'il en soit, les gestionnaires avisés devraient toujours employer ce type de graphique pour vérifier leurs résultats, tâche que l'utilisation d'un tableur électronique simplifie grandement.

LA MÉTHODE DES POINTS EXTRÊMES

Il est possible de calculer l'équation d'une droite ($y = a + bx$) lorsque l'on connaît les coordonnées de deux points appartenant à cette droite, d'où l'idée de tracer une droite en la faisant passer par ses deux points extrêmes. Dans la **méthode des points extrêmes**[5], on utilise les deux observations limites du **volume d'activité**, ce qui représente d'une part le volume d'activité le plus élevé et, d'autre part, le volume d'activité le plus faible. En se fondant sur ces volumes d'activité minimal et maximal et sur le montant des frais qui s'y rapportent, c'est-à-dire les coordonnées des deux points extrêmes, on estime la relation linéaire qui semble exister entre les coûts et le volume dans l'intervalle d'activité étudié. Cette méthode est valable lorsque les trois conditions suivantes sont réunies :

1. l'intervalle observé peut être considéré comme un segment significatif parce que les volumes d'activité analysés sont représentatifs des niveaux normalement observés ;

2. les deux points extrêmes sont représentatifs de l'ensemble des autres points parce qu'ils se situent à l'intérieur du nuage de points ;

3. les points extrêmes sont suffisamment éloignés l'un de l'autre.

Cette méthode comporte toutefois un certain nombre d'inconvénients. On aura ainsi du mal à tracer une droite si l'intervalle est trop petit au regard du volume d'activité (observations empilées), ou si le nombre d'observations est limité. On doit également analyser attentivement la position des deux points extrêmes dans le nuage de points : si l'un d'eux est trop éloigné du nuage, le risque d'erreur augmente. Les graphiques de la figure 3.3 illustrent les divers pièges à éviter.

Dans la figure 3.3a, la droite bleue traverse les deux points extrêmes du nuage de points. Nous constatons que la pente est quasi nulle (donc il n'y a pas de coût variable) et qu'elle n'est probablement pas représentative de la réalité observée. Il est extrêmement difficile de

---

4. En anglais : *scatterplot method*.
5. En anglais : *high-low method*.

Figure 3.3 Les divers types de nuages de points

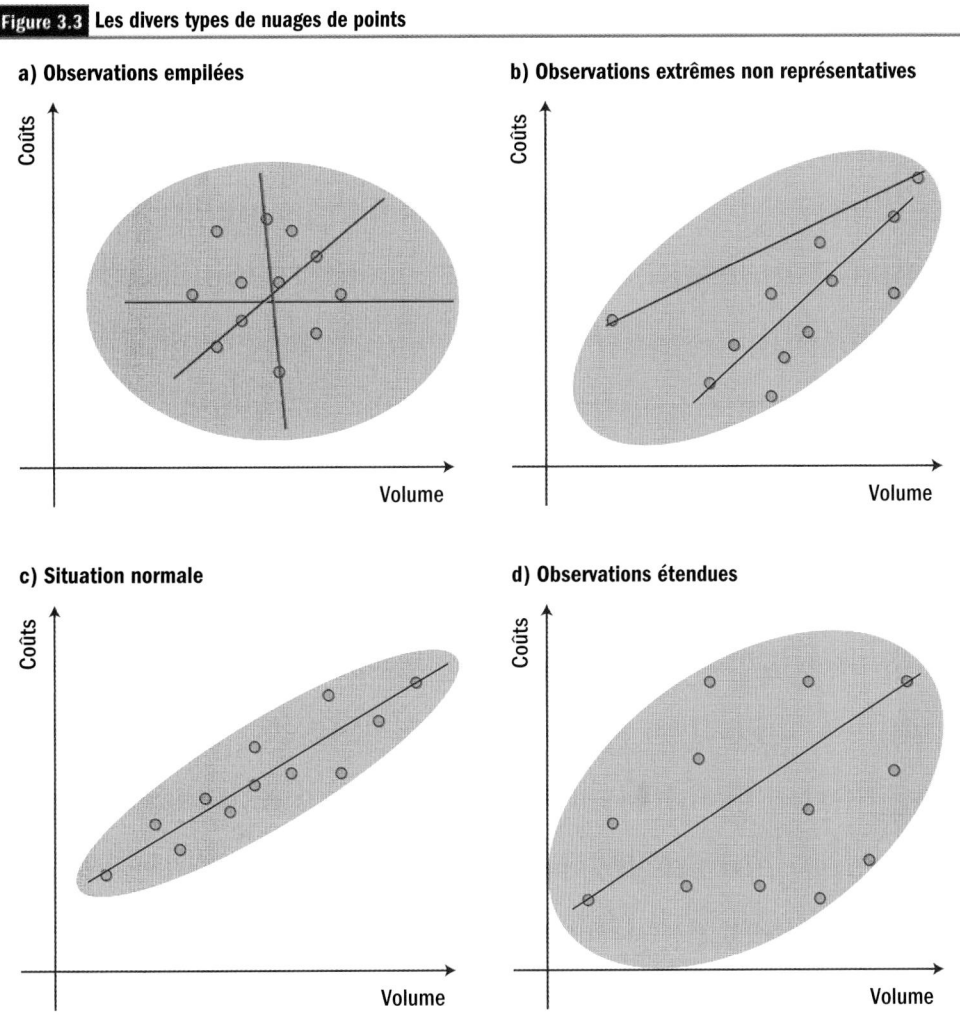

a) Observations empilées

b) Observations extrêmes non représentatives

c) Situation normale

d) Observations étendues

sélectionner deux points représentatifs dans ce nuage. La corrélation visuelle n'est d'aucun secours puisqu'il ne semble pas y avoir de tendance observable. Ce cas de figure peut survenir, par exemple, lorsqu'une entreprise vend de nombreux produits en petits lots et que la demande pour chacun des produits varie beaucoup d'une période à l'autre. Dans cette situation et avec ce type de nuage de points, les droites orange, comme la droite bleue, peuvent constituer un choix raisonnable. Ce graphique montre que le volume d'activité n'est pas le bon facteur à utiliser pour prédire les coûts dans ce cas de figure.

Dans la figure 3.3b, l'un des deux points extrêmes est éloigné du nuage de points. Lorsqu'on trace une droite entre ces deux points, on obtient une droite (orange) différente de la droite bleue, qui semble plus représentative. Le point d'origine de la droite orange correspond probablement à une donnée inhabituelle, voire aberrante, découlant de circonstances exceptionnelles. On ne devrait pas utiliser cette observation pour déterminer analytiquement la relation entre le volume d'activité et les coûts. Les figures 3.3a et 3.3b montrent clairement que la méthode des points extrêmes doit être utilisée avec prudence.

La méthode des points extrêmes n'en demeure pas moins fort intéressante et simple à utiliser quand le nombre de données ne permet pas de faire d'analyses exhaustives. Lorsqu'on l'applique, on doit toutefois s'assurer que les deux points observés sont représentatifs. Dans la figure 3.3c, la droite obtenue est valide, et l'analyste devrait donner intuitivement une bonne estimation des coûts pour un volume d'activité donné. Dans la figure 3.3d, la droite obtenue est valide, mais les observations sont trop éloignées les unes des autres pour que l'analyste puisse donner intuitivement une estimation fiable des coûts pour un volume d'activité donné.

Il est recommandé de représenter graphiquement les divers points observés et d'effectuer une corrélation visuelle à partir du nuage de points obtenu. Ce faisant, on sera en mesure d'évaluer la représentativité des deux points extrêmes. Si l'un des points ne semble pas représentatif, on pourra en choisir un autre, plus représentatif. Ainsi, il sera possible de valider visuellement le choix des points extrêmes et de s'assurer que ce sont les plus représentatifs.

EXEMPLE

LA RELATION ENTRE LES COÛTS DE FABRICATION ET LE VOLUME DE PRODUCTION

Le service de la comptabilité d'une entreprise croit qu'il existe une relation entre les frais généraux de fabrication et les volumes de production. On estime donc que les frais généraux de fabrication dépendent du volume de production, c'est-à-dire qu'ils leur sont proportionnels. Les données historiques de l'entreprise semblent confirmer cette relation.

**La production et les coûts de fabrication
au cours d'une année**

Mois	Nombre d'unités produites	Frais généraux de fabrication
Janvier	100	19 500 $
Février	120	20 000
Mars	160	24 000
Avril	140	21 000
Mai	200	21 000
Juin	180	24 000
Juillet	240	29 000
Août	220	28 000
Septembre	230	27 000
Octobre	300	33 000
Novembre	150	23 000
Décembre	260	29 500
Total	**2 300**	**299 000 $**
Moyenne	191,67 unités	24 917 $

Dans cette entreprise, la variable explicative de la variation mensuelle des frais généraux de fabrication semble être le volume de production. Les deux points extrêmes correspondent aux observations effectuées au cours des mois de janvier (activité minimale) et d'octobre (activité maximale). Rappelons qu'on doit toujours choisir ces deux points en fonction des volumes d'activité observés (axe des x). Voici un résumé des calculs nécessaires pour obtenir la droite ($y = a + bx$) qui passe par les points extrêmes.

1. Détermination de la pente b de la droite (montant des coûts variables unitaires)

Mois	Nombre d'unités produites	Frais généraux de fabrication
Janvier	100	19 500 $
Octobre	300	33 000 $

$$b = \frac{33\,000 - 19\,500}{300 - 100} = 67{,}50\ \$$$

2. Détermination du montant des frais généraux de fabrication variables totaux en janvier

$$bx_{janvier} = 67{,}50 \times 100 = 6\,750\ \$$$

Note : Pour que l'équation soit valide, l'utilisation d'un des deux points extrêmes doit être considérée. Cela signifie que dans l'exemple en cours, les données du mois d'octobre auraient également pu être utilisées, et cela aurait permis d'arriver au même résultat final.

3. Détermination du montant des frais généraux de fabrication fixes (a = ordonnée à l'origine)

$$a = 19\,500 - 6\,750 = 12\,750\ \$$$

L'équation des frais généraux de fabrication mensuels y établie en fonction du volume de production x est la suivante :

$$y = 12\,750 + 67{,}50x$$

Cette équation sera utile afin d'estimer les frais généraux de fabrication totaux tout en permettant à l'entreprise de dégager le total des frais généraux de fabrication variables. Ces informations seront précieuses pour la prise de décision.

LA RÉGRESSION LINÉAIRE

On utilise la **régression linéaire** pour établir l'équation reliant une variable dite dépendante (qu'on veut expliquer) et une ou plusieurs variables dites indépendantes (variables explicatives). Lorsqu'on prend en compte une seule variable explicative, on parle de régression linéaire simple. Lorsqu'on incorpore plusieurs variables explicatives au modèle, on parle de régression linéaire multiple. Pour estimer le coût en fonction du volume d'activité, il convient d'utiliser la régression linéaire simple, car elle renvoie à l'équation $y = a + bx$, que nous connaissons déjà. Cette méthode comporte les avantages suivants : elle permet de tracer une droite à la lumière de toutes les observations et, contrairement à la méthode des points extrêmes, elle donne des informations sur la valeur statistique de l'estimation.

La droite obtenue à l'aide de la régression linéaire réduit au minimum la somme des distances qui peuvent exister entre chacune des observations et la droite exprimant la régression. De nombreux logiciels spécialisés (dont les tableurs électroniques) comportent des fonctions programmées qui permettent de calculer ces valeurs. On peut également les obtenir à l'aide des formules suivantes.

Des formules statistiques utiles pour calculer une régression linéaire simple, pour une droite $y = a + bx$

$$b = \frac{\Sigma_i[(x_i - \overline{x})(y_i - \overline{y})]}{\Sigma_i(x_i - \overline{x})^2} \qquad a = \overline{y} - b\overline{x}$$

$$S_e^2 = \frac{\Sigma_i(y_i - \hat{y}_i)^2}{n - 2} \qquad S_b^2 = \frac{S_e^2}{\Sigma_i(x_i - \overline{x})^2} \qquad S_a^2 = \left[\frac{\Sigma_i x_i^2}{n\Sigma_i(x_i - \overline{x})^2}\right]S_e^2$$

$$R^2 = \frac{\Sigma_i(\hat{y}_i - \overline{y})^2}{\Sigma_i(y_i - \overline{y})^2} = 1 - \frac{\Sigma_i(y_i - \hat{y}_i)^2}{\Sigma_i(y_i - \overline{y})^2}$$

Intervalle de prévisibilité au seuil α

$$y_i \pm t_{\frac{\alpha}{2}, n-2} S_e \sqrt{1 + \frac{1}{n} + \frac{(x_i - \overline{x})^2}{\Sigma_i(x_i - \overline{x})^2}}$$

Note : $\overline{y}, \overline{x}$ = moyenne arithmétique

$\hat{y}_i$ = valeur de y prédite par la régression pour x_i

n = nombre d'observations

α = seuil de tolérance

EXEMPLE

LA RELATION ENTRE LES FRAIS GÉNÉRAUX DE FABRICATION ET LE NOMBRE D'UNITÉS PRODUITES

Reprenons les données mensuelles de l'exemple précédent. Nous pouvons estimer une droite de régression à l'aide des 12 observations (données mensuelles). Une fois les calculs effectués, la droite correspondant à la régression linéaire simple qui détermine la relation entre les frais généraux de fabrication (variable dépendante) et le nombre d'unités fabriquées (variable explicative) s'exprime sous les formes suivantes :

■ $y = 12\ 073 + 67,86x$ (droite obtenue au moyen de la régression)

■ $y = 12\ 750 + 67,50x$ (droite estimée à l'aide des points extrêmes)

Nous remarquons que les deux droites sont sensiblement les mêmes. Dans cet exemple, les deux points extrêmes sont représentatifs du nuage de points observé. Dans la figure 3.4, ces deux droites sont représentées par rapport aux observations.

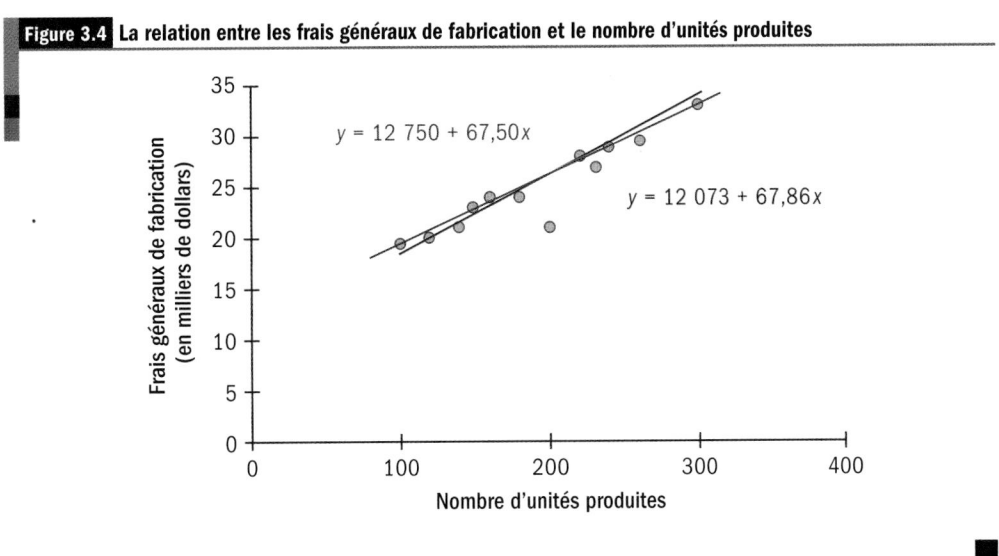

Figure 3.4 La relation entre les frais généraux de fabrication et le nombre d'unités produites

$y = 12\ 750 + 67,50x$

$y = 12\ 073 + 67,86x$

L'ÉVALUATION DE LA RÉGRESSION ET LA VALIDATION STATISTIQUE

Pour évaluer une régression, on peut recourir à trois types de critères :

1. la vraisemblance de l'équation posée ;

2. la concordance des hypothèses du modèle avec la situation étudiée ;

3. les informations supplémentaires.

LA VRAISEMBLANCE DE L'ÉQUATION POSÉE

Le véritable objectif de la régression est de mesurer la **corrélation**, c'est-à-dire le degré d'association, entre une variable indépendante (ou plusieurs variables indépendantes, dans le cas de la régression multiple) et une autre variable, dite variable dépendante. Or, le fait que des variables x et y soient associées, c'est-à-dire qu'elles varient dans le même sens ou dans un sens inverse, ne prouve nullement que l'une influe sur l'autre. Une corrélation élevée peut en effet résulter des conditions suivantes :

- la valeur de x influe sur la valeur de y ;

- la valeur de y influe sur la valeur de x ;

- les valeurs de x et de y sont influencées par une troisième variable ;

- l'effet du hasard.

Si elle montre qu'il y a une corrélation entre les variables utilisées, la régression ne permet toutefois pas d'établir qu'il existe une relation de cause à effet entre ces variables. Par exemple, si la consommation annuelle de bière et la consommation annuelle d'oranges sont en corré-lation positive dans les différentes villes du Québec, ce n'est pas parce que l'une est la cause de l'autre, mais parce qu'elles progressent toutes deux en fonction de la croissance de la population. Ainsi, il peut exister une corrélation élevée entre le coût total de fabrication et le nombre d'heures de main-d'œuvre directe, ainsi qu'entre le coût de fabrication et le coût de la publicité. Dans le premier cas, le bon sens incite à conclure qu'il y a une relation de cause à effet : il est vraisemblable d'expliquer les coûts de fabrication en fonction des heures de main-d'œuvre directe. Dans le deuxième cas, en revanche, le bon sens incite à douter de la pertinence d'une telle relation : le coût de la publicité n'influe certainement pas sur le coût de fabrication, ni le coût de fabrication sur le coût de la publicité ; ces deux coûts sont sans doute influencés par une même variable, le nombre d'unités fabriquées, qui détermine le nombre d'unités à vendre.

En conclusion, les résultats statistiques doivent concorder avec l'intuition de l'analyste. La régression ne permet pas d'établir une relation de cause à effet, mais simplement de confirmer ou d'infirmer, en raison de l'objectivité des résultats statistiques obtenus, l'existence d'une ou de plusieurs relations déduites de l'expérience et de l'intuition, ou encore de préciser la nature de ces relations.

Dans l'exemple précédent, l'expérience et le bon sens nous incitent à expliquer les frais généraux de fabrication par le nombre d'unités fabriquées. La régression linéaire simple permet de préciser les paramètres de cette relation et de confirmer sa validité statistique.

LA CONCORDANCE DES HYPOTHÈSES DU MODÈLE AVEC LA SITUATION ÉTUDIÉE

Pour que la validité statistique de la relation estimée soit reconnue, il faut vérifier les hypothèses du modèle. Cinq hypothèses sont liées à la régression linéaire[6] :

1. la variance résiduelle constante ;

2. l'indépendance des erreurs les unes par rapport aux autres ;

3. la normalité des erreurs ;

4. la linéarité, dans le cas de la régression linéaire ;

5. l'absence de multicolinéarité, dans le cas de la régression multiple.

LES INFORMATIONS SUPPLÉMENTAIRES

L'analyse de la régression permet de dégager des paramètres statistiques qui aident à déterminer la validité du modèle. Nous traiterons, dans l'ordre, des paramètres suivants :

1. le coefficient de détermination R^2 ;

2. les tests classiques effectués sur les paramètres du modèle.

Le coefficient de détermination R^2

Le **coefficient de détermination** R^2 désigne la fraction de la quantité $\sum_i (y_i - \overline{y})^2$ qui est expliquée par la régression. Cette quantité est appelée somme totale des carrés, où y_i décrit la valeur prise par une des observations et où $\overline{y}$ décrit la moyenne des valeurs observées. Le

---

6. Ces hypothèses sont étudiées en détail dans les ouvrages de statistiques.

coefficient de détermination peut se traduire par n'importe quelle valeur comprise entre 0 et 1. Il est évidemment souhaitable d'obtenir une valeur élevée, c'est-à-dire voisine de 1. À la limite, $R^2 = 1$ signifierait que la régression explique entièrement le comportement de la variable dépendante. Cette quantité $(y_i - \bar{y})$ est illustrée dans la figure 3.5.

Autrement dit, plus les écarts inexpliqués (ou la somme des carrés due à l'erreur) entre les points observés et la droite de régression sont faibles, meilleure est l'estimation de la relation entre les variables x et y. La figure 3.5 illustre un cas où on trouve à la fois un écart expliqué par la régression et un écart inexpliqué. Plus la somme des carrés de ces écarts inexpliqués est faible, plus le coefficient de détermination se rapproche de 1[7].

Figure 3.5 L'écart total, l'écart expliqué et l'écart résiduel

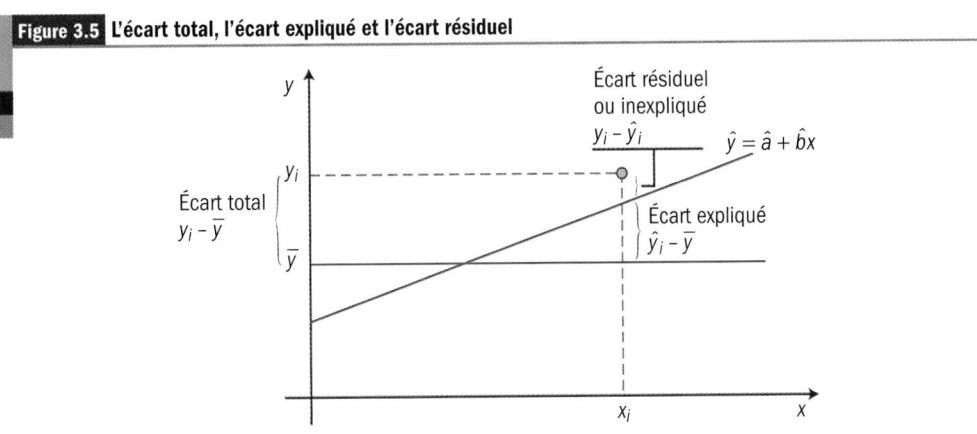

Les tests statistiques classiques

Les tests statistiques classiques portant sur les paramètres du modèle, soit a, l'ordonnée à l'origine, et b, la pente, renseignent sur la précision avec laquelle ces paramètres ont été évalués. Ces tests indiquent si on doit rejeter l'hypothèse nulle selon laquelle la valeur du paramètre estimé serait égale à 0. Ces tests assurent donc que les valeurs de a et de b dans la droite de régression ne sont pas égales à 0, ou qu'elles s'éloignent suffisamment de 0 pour qu'on puisse dire que les valeurs estimées de a et de b sont statistiquement différentes de 0. On peut effectuer ces tests avec différents niveaux de confiance. Lorsque les tests sont concluants, on rejette les hypothèses nulles, selon un niveau de confiance préétabli (souvent de 95 %).

S'ils ne permettent pas de rejeter l'hypothèse nulle, ces tests n'en sont pas moins importants dans la mesure où ils indiquent qu'on ne peut pas établir de rapport entre x et y. Autrement dit, quelle que soit la valeur de x, la valeur de y restera inchangée, ce qui revient à dire que le comportement qui nous intéresse ne renvoie qu'aux frais fixes (voir la figure 3.6b). On applique un raisonnement similaire si l'ordonnée à l'origine est nulle ($a = 0$). Un tel

---

7. Une analyse indépendante des variables utilisées est nécessaire afin d'établir une relation de cause à effet entre ces variables. Si cette relation de cause à effet n'est pas démontrée, le calcul du coefficient de détermination R^2 devient moins pertinent.

résultat signifierait que la relation existant entre x et y s'explique uniquement par la pente, ce qui revient à dire qu'il n'y a pas de frais fixes et que la relation entre x et y ne peut s'expliquer que par la présence de frais variables (figure 3.6a).

On peut effectuer ces tests en calculant les coefficients t_a et t_b.

$$t_a = a/s_a \qquad t_b = b/s_b$$

Ensuite, il ne reste qu'à comparer ces coefficients avec une valeur établie à partir de la table de **distribution de Student**. Cette valeur sera déterminée selon le niveau de confiance désiré et le nombre de degrés de liberté ($n - 2$) mesurés. Le tableau suivant illustre les valeurs de t selon deux niveaux de confiance (%) et plusieurs degrés de liberté (d.l.).

Figure 3.6 Les hypothèses de nullité des paramètres *a* et *b* de l'équation

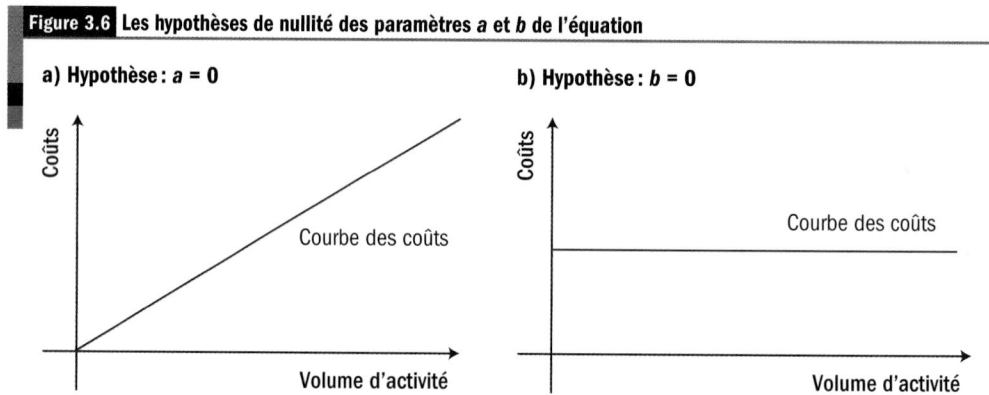

a) Hypothèse : $a = 0$

b) Hypothèse : $b = 0$

La table de distribution de Student

	90%	95%
5 d.l.	2,015	2,571
10 d.l.	1,812	2,228
30 d.l.	1,697	2,042
120 d.l.	1,658	1,98

Ainsi, lorsqu'on dispose de 12 observations mensuelles, il est possible de comparer les résultats de t_a et de t_b avec la valeur établie à partir de la table de distribution de Student. Selon un niveau de confiance de 95 % et en accordant 10 degrés de liberté ($n - 2 = 10$), on peut comparer t_a et t_b avec 2,228. Si on désire s'en tenir à un niveau de confiance de 90 %, on comparera les résultats avec 1,812.

Si la valeur du coefficient t_b est plus élevée que la valeur extraite de la table de distribution de Student, on rejettera l'hypothèse que la valeur est nulle et on décidera par défaut que la valeur du paramètre b n'est pas nulle. Plus la valeur de t_b sera élevée, plus cette conviction en sera renforcée. Dans le cas contraire, c'est-à-dire si la valeur du coefficient t_b est inférieure à la valeur extraite de la table de Student, on ne pourra pas rejeter l'hypothèse d'une pente nulle, ce qui aura pour conséquence d'invalider la régression, car la variable x ne peut expliquer la variable y, cette dernière correspondant dans ce cas particulier aux frais fixes.

De la même façon, si la valeur du coefficient t_a est supérieure à la valeur extraite de la table de distribution de Student, on rejettera l'hypothèse d'une valeur nulle et on décidera par défaut que la valeur du paramètre a n'est pas nulle. Plus cette valeur sera élevée, plus cette conviction en sera renforcée. Dans le cas contraire, c'est-à-dire si la valeur de t_a est inférieure à la valeur extraite de la table de distribution de Student, cela n'invalidera pas nécessairement la régression. En effet, la régression est valable uniquement à l'intérieur d'un certain segment significatif, et l'estimation du paramètre a ne peut s'expliquer qu'à l'intérieur de ce segment. Or, l'ordonnée à l'origine se situe normalement à l'extérieur du segment significatif (voir la figure 3.6a). La droite de régression, lorsqu'elle est extrapolée à l'origine, n'est probablement pas représentative des coûts à ce volume d'activité nul. Le fait que la droite estimée passe par l'origine n'invalide donc pas pour autant la régression.

EXEMPLE

M. Morin est le propriétaire de Vision Future, une entreprise fabriquant des scooters hybrides qui permettent de circuler en ville en consommant peu d'essence. Voici certaines données relatives au mois qui vient de s'achever :

Nombre d'unités vendues	400
Chiffre d'affaires	1 710 000 $
Coût des matériaux	400 000 $
Coût de la main-d'œuvre directe	480 000 $
Frais généraux de fabrication	432 000 $
Nombre d'heures-machines	40 000 heures

M. Morin est préoccupé par la préparation de son budget pour l'an prochain ; il en discute avec son frère statisticien, qui lui propose de l'aider dans l'analyse de ses frais généraux de fabrication. Deux semaines plus tard, son frère lui remet deux équations concernant les données des 12 derniers mois, développées à l'aide de la régression linéaire. La première équation est $y = 132\,000\,\$ + 0,75\,\$ \times x_1$, où y correspond au total mensuel des frais généraux de fabrication et où x_1 correspond au coût de la main-d'œuvre directe. La deuxième équation est $y = 162\,000\,\$ + 7\,\$ \times x_2$, où y correspond toujours au total mensuel des frais généraux de fabrication et où x_2 correspond au nombre d'heures-machines.

Paramètres	Équation 1	Équation 2
R^2	0,52	0,87
s_a	16 397,52	21 628,84
s_b	0,49	0,84
t_a	132 000/16 397,52 = 8,05	162 000/21 628,84 = 7,49
t_b	0,75/0,49 = 1,52	7/0,84 = 8,33

À la suite des conseils de son frère, M. Morin choisit l'équation 2 pour préparer son budget de frais généraux de fabrication. Les raisons de son choix sont les suivantes. L'entreprise étant très automatisée, il semble logique de choisir une régression fondée sur les heures-machines, ce que semblent corroborer les valeurs de R^2. En fait, la variable heures-machines (x_2) explique 87 % de la variation des frais généraux de fabrication (variable y), ce qui est considéré comme un excellent résultat. En revanche, l'équation utilisant la variable coût de la main-d'œuvre directe (x_1) n'explique que 52 % de la variation des frais généraux de fabrication. De plus, l'équation 2 donne des valeurs de t_a et de t_b bien plus élevées que les valeurs extraites de la table de distribution du t de Student (pour un niveau de confiance de 95 % et pour 10 degrés de liberté, soit 12 − 2).

$$t_a \ 7,49 > t_{student} \ 2,228 \quad \text{et} \quad t_b \ 8,33 > t_{student} \ 2,228$$

Pour l'équation 1, la valeur de t_b (1,52) est inférieure aux valeurs extraites de la table de distribution du t de Student pour un niveau de confiance de 95 %. Il semble donc que la relation entre le coût de la main-d'œuvre directe et les frais généraux de fabrication ne soit pas statistiquement significative.

$$t_a \ 8,05 > t_{student} \ 2,228 \quad \text{et} \quad t_b \ 1,52 < t_{student} \ 2,228$$

En somme, les informations recueillies permettent de confirmer la validité de la régression fondée sur les heures-machines et d'en préconiser l'utilisation. Il faut toutefois rappeler que la valeur de t_a ne fait pas nécessairement partie de cette validation, et ce, pour les raisons expliquées plus haut. Si on se fonde sur l'équation 2 et sur une activité normale de 40 000 heures-machines, la prévision des dépenses en frais généraux de fabrication pour les mois à venir est donc la suivante :

$$Y = 162\ 000 + (7\ \$ \times 40\ 000 \text{ heures-machines}) = 442\ 000\ \$$$

LA MESURE DU VOLUME D'ACTIVITÉ

Dans la présentation d'un modèle linéaire de la variabilité des coûts, nous avons mesuré le volume d'activité en nombre d'unités produites. Or, dans le contexte manufacturier actuel, il est rare qu'on puisse mesurer ainsi adéquatement le volume d'activité. En effet, la plupart des entreprises manufacturières proposent non pas un produit, mais une gamme de produits qui, sur une base individuelle, requiert des quantités différentes de matières premières et un temps de main-d'œuvre directe qui varie d'un type de produit à un autre. De plus, les entreprises peuvent vouloir substituer un produit à un autre pour atteindre un objectif de volume d'activité donné. Il est donc utile de recourir à une mesure du volume d'activité par facteur de production, telle que les heures-machines ou les heures de main-d'œuvre directe, qui soit indépendante d'un produit en particulier.

EXEMPLE

La PME Produits Maska assemble cinq produits. Voici les statistiques sur le nombre total de produits assemblés pour les deux derniers mois.

Mois	Nombre total de produits	Coût mensuel total
Septembre	10 000	1 092 500 $
Octobre	10 000	1 125 000 $

Le président ne comprend pas comment le coût a pu augmenter entre septembre et octobre alors que le nombre total de produits est resté inchangé. Il demande au directeur financier et au directeur de l'usine de lui expliquer pourquoi le coût mensuel total a augmenté de 32 500 $. Le directeur de l'usine lui répond que la combinaison des produits assemblés a changé : la part des produits qui prennent du temps à assembler a augmenté, alors que celle des produits qui prennent peu de temps a diminué. Autrement dit, on a utilisé 325 heures-machines de plus en octobre qu'en septembre. Le directeur financier explique alors que le volume d'activité doit être mesuré en heures-machines utilisées, et non en nombre de produits assemblés.

Le directeur leur fournit alors les tableaux du nombre d'heures travaillées en septembre et en octobre.

Mois de septembre

Produits	Nombre d'unités	Heures-machines par unité	Heures-machines utilisées
P1	500	0,25	125
P2	3 000	0,4	1 200
P3	2 000	0,8	1 600
P4	2 000	1	2 000
P5	2 500	2	5 000
Total	**10 000**		**9 925**

Mois d'octobre

Produits	Nombre d'unités	Heures-machines par unité	Heures-machines utilisées
P1	1 000	0,25	250
P2	2 000	0,4	800
P3	1 500	0,8	1 200
P4	3 000	1	3 000
P5	2 500	2	5 000
Total	**10 000**		**10 250**

En utilisant la méthode des points extrêmes, on constate que l'entreprise a utilisé 325 heures-machines de plus en octobre qu'en septembre, pour un coût supplémentaire de 32 500 $, soit une moyenne de 100 $ par heure-machine. Le montant de 100 $ par heure-machine est un coût variable, et les heures-machines constituent une mesure appropriée du volume d'activité.

En septembre, avec un taux de 100 $ par heure-machine, les coûts variables totaux ont été de 992 500 $ (9 925 unités × 100 $ par unité), et les coûts fixes de 100 000 $ (1 092 500 $ – 992 500 $). En octobre, toujours avec un taux de 100 $ par heure-machine, les coûts variables totaux ont été de 1 025 000 $ (10 250 unités × 100 $ par unité), et les coûts fixes de 100 000 $ (1 125 000 $ – 1 025 000 $).

Ainsi, nous constatons que les coûts fixes sont demeurés constants entre septembre et octobre et que les coûts variables totaux ont augmenté de 100 $ par heure-machine supplémentaire.

LES AUTRES FACTEURS DE VARIABILITÉ DES COÛTS

Jusqu'à présent, nous avons seulement utilisé le volume d'activité pour expliquer la variabilité des coûts. Mais d'autres facteurs peuvent influer sur les coûts, notamment les coûts spécifiques à des lots, les coûts spécifiques à des commandes et les coûts spécifiques à des produits. Les coûts spécifiques à des lots varient selon le nombre de lots ; les coûts spécifiques à des commandes varient selon le nombre de commandes ; et les coûts spécifiques à des produits varient notamment selon le nombre de modèles de produits.

Le fait de reconnaître que d'autres facteurs que le volume d'activité influent sur la variabilité des coûts est une indication que le modèle présenté dans ce chapitre a des limites et qu'il nous faudra aborder d'autres méthodes d'analyse des coûts dans les chapitres suivants.

CAPSULES VIDÉO

Qu'en disent les experts ?

CAPSULE VIDÉO 3.1   Coût de revient
Monsieur Serge Tremblay, directeur financier chez Groupe Biscuits Leclerc ltée, parle de l'importance, dans l'industrie de la transformation des aliments, de faire une distinction entre les coûts variables et les coûts fixes dans la composition du coût de revient.

CAPSULE VIDÉO 3.2   Établissement des coûts standards
Monsieur Tremblay explique la manière dont Biscuits Leclerc fixe ses coûts standards et l'utilisation qui en est faite.

CAPSULE VIDÉO 3.3   Mesure du volume de production

La mesure du volume de production se complique lorsqu'il s'agit de composer avec trois types de produits – biscuits, barres tendres et céréales. Monsieur Tremblay aborde la question.

CAPSULE VIDÉO 3.4   Coûts de revient à la sortie

Monsieur Tremblay expose les détails de l'établissement des coûts de revient des produits à la sortie de l'usine et une fois arrivés dans les mains des consommateurs.

OBJECTIFS DE CONNAISSANCES, REVUS

1 Décrire la variabilité des coûts.

La variabilité des coûts consiste en l'analyse de la variation observée dans les coûts lorsque le volume d'activité varie. Le but de cette analyse est de comprendre les variations de coûts qu'entraînent normalement les variations du volume d'activité. Ainsi, en comprenant le comportement des coûts, il est possible d'évaluer quel impact une décision peut avoir sur celui-ci.

2 Modéliser la variabilité des coûts.

Le coût total peut être modélisé à l'aide de l'équation $y = a + bx$, où le paramètre a est associé au montant des coûts fixes et où le paramètre b est associé aux coûts variables par unité.

À l'intérieur d'un segment significatif :

- le coût total représente la somme des coûts fixes et des coûts variables ;
- les coûts variables totaux varient proportionnellement au volume d'activité ;
- les coûts variables unitaires demeurent constants, peu importe les changements dans le volume d'activité ;
- les coûts fixes totaux demeurent constants, peu importe les changements dans le volume d'activité ;
- les coûts fixes unitaires sont inversement proportionnels au volume d'activité.

3 Exposer plusieurs méthodes intuitives.

Trois méthodes intuitives sont fréquemment utilisées pour analyser la variabilité des coûts : la méthode de l'ingénierie, la méthode de l'analyse des comptes et la corrélation visuelle. La méthode de l'ingénierie convient particulièrement lorsqu'il faut estimer les coûts de fabrication d'un nouveau produit. L'estimation est alors fondée sur les données rassemblées par les ingénieurs sur les procédés de fabrication et la technologie utilisée. L'analyse des comptes consiste à analyser systématiquement les comptes du grand livre. Quant à la corrélation visuelle, elle permet de porter un jugement rapide sur la qualité des données recueillies.

4 Expliquer la méthode des points extrêmes.

La méthode des points extrêmes permet de calculer l'équation d'une droite ($y = a + bx$) à partir des coordonnées de deux observations limites. Il s'agit de résoudre algébriquement un système de deux équations comprenant deux inconnues, et comportant donc une solution unique. Lorsqu'on dispose d'un ensemble d'observations, il est approprié d'utiliser les observations extrêmes, à condition qu'elles soient représentatives.

5 Décrire la régression linéaire.

Non seulement la régression linéaire permet d'utiliser toutes les observations pour établir une relation linéaire entre le coût total et le volume d'activité, mais elle fournit aussi des informations sur la validité statistique de l'équation estimée. On peut ainsi savoir jusqu'à quel point la droite explique le comportement des coûts, et même dégager un intervalle de confiance qui permet de développer des modèles de prévision pouvant être utilisés dans la prise de décision. Cette méthode permet d'évaluer de façon précise et objective le degré de relation entre les variables.

6 Mesurer le volume d'activité.

Dans le contexte manufacturier actuel, il est rare qu'on puisse mesurer adéquatement le volume d'activité en se fondant sur le nombre d'unités fabriquées. Il est donc utile de recourir à une mesure du volume d'activité (facteur de production), telle que les heures-machines ou les heures de main-d'œuvre directe, qui soit indépendante d'un produit en particulier.

7 Citer d'autres facteurs de la variabilité des coûts.

Outre le volume d'activité, d'autres facteurs peuvent influer sur les coûts. Par exemple, il y a des coûts spécifiques à des lots, des coûts spécifiques à des commandes et des coûts spécifiques à des produits.

MOTS CLÉS

LE COÛT DE FABRICATION

OBJECTIFS

1 Définir le coût de fabrication.

2 Comprendre le cheminement des ressources utilisées.

3 Déterminer les besoins d'information comptable.

4 Dresser un état du coût de fabrication.

5 Calculer le coût des produits fabriqués.

6 Expliquer en quoi consistent la répartition et l'imputation des charges indirectes.

7 Définir et calculer le coût de revient rationnel.

8 Saisir les limites du seul coût de fabrication pour la prise de décision.

SOMMAIRE

BRP (Bombardier Produits Récréatifs inc.)

Le coût de fabrication

Le cheminement des ressources utilisées

Les besoins d'information comptable

L'état du coût de fabrication

Le coût de revient des produits fabriqués

La répartition et l'imputation des coûts indirects

Le coût de revient rationnel

Les limites du seul coût de fabrication pour
la prise de décision

Étudier le coût de fabrication, c'est s'intéresser à la manière de le calculer, notamment à ce que représente chacun des éléments entrant dans le calcul : pièces, main-d'œuvre, outillage, frais de soutien administratif, etc. L'exercice amène également à se pencher sur les facteurs à l'origine des éléments de coût, la décision des gestionnaires de s'approvisionner à l'externe et le choix des fournisseurs. Au-delà des volets calcul et gestion, il est tout aussi intéressant de connaître les motifs qui poussent une entreprise à vouloir détailler son coût de fabrication.

Pour aborder le présent chapitre, il est difficile de trouver meilleur exemple que BRP Canada, dont près de 70 % du coût de fabrication est constitué d'achats de pièces provenant de tous les coins du monde. Entre autres, cette étude de cas permet au lecteur de mieux saisir comment BRP calcule et gère son coût de fabrication et dans quelle mesure ses données résultantes lui servent dans la conception de nouveaux produits.

■ BOMBARDIER PRODUITS RÉCRÉATIFS INC. (BRP)

Bombardier Produits Récréatifs inc. (BRP) est née en 2003 à la suite de la privatisation de la division des produits récréatifs de Bombardier inc. L'histoire de BRP remonte donc à la fondation de Bombardier, à Valcourt, en 1942. Au fil des années, celle-ci a été marquée par l'innovation et l'avant-gardisme de ses produits, comme en témoignent la commercialisation des motoneiges Ski-Doo en 1959 et l'introduction de la motomarine Sea-Doo moins de 10 ans plus tard. Trop en avance sur son temps, la production de la motomarine cesse cependant quelques années plus tard, avant d'être relancée en 1988. En 1972, Bombardier continue d'élargir sa gamme de produits en créant la division de motos Can-Am, qu'elle produira jusqu'en 1987. En 1990, l'entreprise lance la première motomarine triplace de l'industrie et, en 1994, le premier bateau sport à propulsion par jet Sea-Doo pour quatre passagers. Puis, en 1998, Bombardier lance le modèle Traxter, un véhicule tout-terrain novateur.

Durant ces années, la croissance de Bombardier dans les produits récréatifs s'effectue aussi par l'acquisition d'entreprises stratégiques pour ces activités. En 1970, elle acquiert l'entreprise autrichienne Lohnerwerke GmbH et sa filiale, Rotax-Werk, fabricant des moteurs Rotax, qui propulsent alors les motoneiges Ski-Doo. Plus tard, elle fait l'acquisition de Nordtrac Oy, seul fabricant de motoneiges en Finlande, pour accroître sa présence sur ce marché. En 2001, Bombardier acquiert les actifs de la compagnie en faillite Outboard Marine Corporation et reprend la commercialisation des moteurs hors-bord Johnson et Evinrude.

L'année 2002 est particulièrement faste en innovations avec la mise en marché de trois nouveaux produits. Cette année-là, l'entreprise homologue le premier et unique quad pouvant transporter deux personnes, ce qui crée un tout nouveau segment dans le marché des VTT. Les nouveaux modèles de motoneige Ski-Doo, bâtis sur la plate-forme REV, constituent l'évolution la plus marquante dans le monde de la motoneige depuis 40 ans, avec la centralisation des masses, qui rend le véhicule beaucoup plus maniable et réduit significativement son poids. Enfin, toujours en 2002, Bombardier lance le révolutionnaire kart Rotax RM1. L'année suivante, elle commercialise les premiers moteurs Evinrude E-TEC, moteurs marins à injection directe que l'agence américaine de protection de l'environnement (EPA) reconnaît dès 2004 comme utilisant une technologie propre.

À sa création, en 2003, BRP se donne pour mission de transmettre sa passion pour l'innovation, afin de transformer le monde des sports motorisés sur la neige, sur l'eau, dans les sentiers, sur la route et dans les airs.

Depuis 2006, les véhicules tout-terrains qui étaient jusque-là commercialisés sous la marque Bombardier portent le nom de Can-Am. Cette marque désigne tous les véhicules roulants produits par BRP et ouvre la porte au premier véhicule routier lancé par la compagnie en 2007, le roadster Can-Am Spyder. Enfin, en juin 2010, BRP introduit le véhicule côte à côte Commander, qui se démarque de ses concurrents par sa grande puissance couplée à une faible consommation de carburant.

LA POSITION DE MARCHÉ DE BRP

Grâce à ces innovations constantes, BRP demeure un chef de file dans tous les secteurs où elle est active. Elle vend ses produits dans plus de 100 pays, où elle redéfinit constamment les règles du marché en proposant aux consommateurs une expérience récréative des plus excitantes et novatrices, tant sur la neige, sur l'eau, dans les sentiers, dans les airs que sur la route.

LES INSTALLATIONS DE L'ENTREPRISE

Le siège social de l'entreprise est situé à Valcourt, au Québec, où se trouve également l'usine d'assemblage des motomarines Sea-Doo, des motoneiges Ski-Doo et des roadsters Can-Am Spyder. BRP a

aussi des installations d'assemblage en Autriche (moteurs Rotax), en Finlande (motoneiges Lynx), au Mexique (véhicules tout-terrains et côte à côte Can-Am) et aux États-Unis (moteurs Evinrude).

Pour garantir l'efficience de sa production et en maximiser la capacité, BRP investit constamment dans l'amélioration de ses installations de production. Depuis 2003, elle a investi plusieurs millions de dollars dans ses installations de fabrication, plus particulièrement celles de Finlande, d'Autriche et du Mexique, ainsi qu'à Valcourt. Exemple d'amélioration, on a automatisé et rendu plus flexible la chaîne de montage de Valcourt sur laquelle sont désormais assemblées aussi bien des motoneiges Ski-Doo que des motomarines Sea-Doo. Auparavant, chacun de ces produits était assemblé sur une chaîne de montage différente, et ce, pendant environ cinq mois. Aujourd'hui, on peut utiliser la même chaîne de montage à différentes périodes de l'année, ce qui est beaucoup plus économique pour l'entreprise.

Afin de rester à la pointe de l'innovation, BRP s'est associée à l'Université de Sherbrooke pour créer, en juin 2008, un centre de recherche axé sur le développement de nouvelles technologies avancées pour l'industrie des véhicules récréatifs motorisés. En septembre 2008, elle a inauguré à

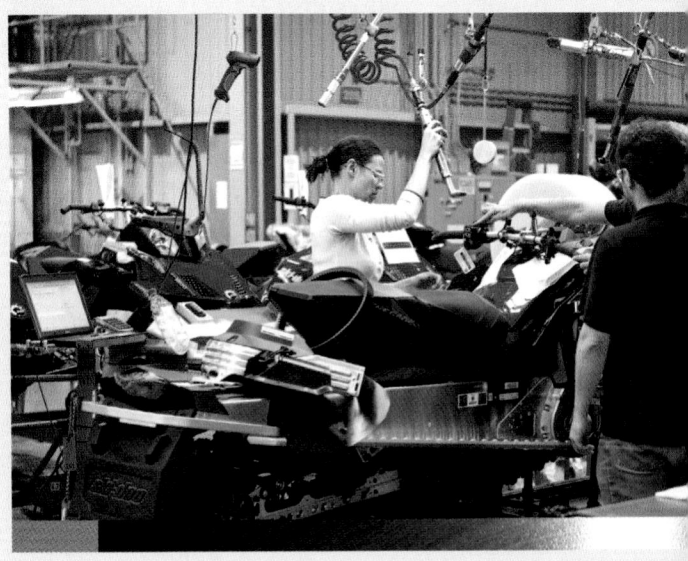

Valcourt un établissement accueillant un centre de design et d'innovation de l'entreprise, dont la mission est de développer de nouveaux produits afin de conforter sa position sur le marché. En mai 2010, pour compléter sa stratégie de recherche et développement, BRP a inauguré en Autriche un centre de recherche (RIC) qui a pour mandat de développer de nouvelles technologies liées aux moteurs et de former les techniciens de demain.

L'IMPORTANCE DU COÛT DE FABRICATION

Chez BRP, le coût de fabrication doit être méticuleusement estimé afin de déterminer le prix de vente du produit, lequel sera annoncé avant même sa mise en fabrication. L'entreprise doit déterminer la rentabilité prévue d'un nouveau modèle ou d'un nouveau produit pour s'assurer que sa production sera rentable. Il est donc essentiel d'avoir une bonne compréhension du coût de fabrication historique d'un modèle ou produit similaire.

Les coûts estimés sont cruciaux pour déterminer la rentabilité future d'un produit, mais les coûts actuels sont également importants. En effet, les prévisions de coûts pour les nouvelles plates-formes et les nouveaux modèles sont établies sur la base des données historiques. La bonne compréhension des coûts actuels est utile afin de contrôler le coût actuel de fabrication et, tout autant, sinon davantage, pour estimer les coûts des nouveaux produits. C'est pourquoi il faut non seulement calculer les coûts, mais déterminer les facteurs sous-jacents et modéliser leur comportement.

À l'usine de Valcourt, le processus de fabrication consiste à assembler des pièces provenant d'une multitude de fournisseurs. Dans tous les véhicules fabriqués par BRP, on retrouve un moteur Rotax ; ces moteurs sont fabriqués dans l'usine autrichienne de BRP. La valeur ajoutée à l'usine de Valcourt correspond à approximativement 30 % du coût de fabrication et peut varier en fonction des produits introduits, ce qui signifie que les pièces assemblées en représentent 70 %. BRP doit ainsi miser sur des liens étroits et fiables avec son réseau de fournisseurs pour s'assurer de la qualité du produit final. La valeur ajoutée aux produits de BRP réside dans la conception et l'assemblage des différentes pièces, dont l'entreprise améliore sans cesse la qualité, ce qui constitue sa compétence distinctive. Pour ce qui est des coûts, cette valeur ajoutée correspond à la main-d'œuvre directe et aux frais généraux de fabrication.

Le coût d'un produit comprend des coûts directs, comme les matières premières et la main-d'œuvre directe, et des coûts indirects, comme les frais généraux de fabrication. S'il est facile de rattacher les coûts directs à un produit donné, c'est parfois beaucoup plus difficile pour les coûts indirects, notamment lorsque l'appareil de production est utilisé pour plusieurs produits. C'est par exemple le cas pour la répartition des coûts liés aux plates-formes de montage, constitués principalement de l'amortissement des frais d'équipement, et la répartition des coûts liés à l'amortissement de l'achat d'outillage propre au produit et, souvent, au modèle à assembler.

L'outillage propre à un modèle est un investissement important qui comprend non seulement des outils, mais aussi des gabarits et des pièces d'équipement faits sur mesure. Cet investissement est amorti sur la durée de vie d'un modèle. L'investissement dans les plates-formes et l'outillage se fait donc au rythme du cycle de vie des produits et des modifications apportées à l'équipement. Ces investissements représentant plusieurs millions de dollars, il faut s'assurer de la rentabilité des nouveaux produits avant de prendre la décision de les lancer et d'effectuer l'investissement.

Dans ce chapitre, nous définirons le coût de fabrication et son mode de calcul ; nous verrons comment il est présenté aux gestionnaires et comment ceux-ci l'utilisent pour prendre des décisions. Tout gestionnaire avisé doit avoir une parfaite connaissance des différentes composantes entrant dans le calcul du coût de fabrication ; il doit maîtriser ces concepts de base afin de prendre des décisions éclairées et d'exercer un contrôle judicieux.

LE COÛT DE FABRICATION

Par **coût de fabrication**, il faut entendre le coût des produits fabriqués. Il s'agit du coût de toutes les **unités fabriquées** durant une période donnée. Le coût de fabrication unitaire s'applique à un produit unique. On obtient le coût de fabrication moyen d'un produit en divisant le coût de fabrication total du produit par le nombre d'unités fabriquées durant une période donnée.

Selon la définition donnée dans le chapitre 2, le coût d'un objet de coût est la somme des ressources utilisées pour obtenir cet objet ou le conserver. Le coût des produits fabriqués durant une période est donc la somme des ressources utilisées pour le fabriquer au cours de cette période. Dès l'apparition des premiers systèmes de coût de revient, au début de l'ère industrielle, on a regroupé en trois sous-ensembles les ressources utilisées pour la fabrication : les matières premières, la main-d'œuvre directe et les frais généraux de fabrication.

Les **matières premières** comprennent la majeure partie des matériaux, des pièces et des composants utilisés dans la fabrication et l'assemblage d'un produit. La **main-d'œuvre directe** est le personnel directement affecté à la fabrication et à l'assemblage d'un produit, notamment les opérateurs de machines et d'équipements utilisés pour l'activité. Les **frais généraux de fabrication** comprennent toutes les autres ressources utilisées pour la fabrication : fournitures, huiles et graisses, gaz et électricité servant de source d'énergie, machines et équipements, atelier ou usine, ainsi que les frais afférents tels que les taxes et les assurances. Les frais généraux de fabrication sont répartis, souvent au cours de plusieurs périodes, sur l'ensemble des produits fabriqués, mais la diversité et la particularité de ceux-ci font en sorte qu'il est difficile d'affecter ces coûts à chacun d'eux. En effet, l'affectation des frais généraux de fabrication constitue la principale difficulté liée au calcul du coût des produits fabriqués. Il est quasi impossible de mettre en place un mécanisme visant à déterminer la portion exacte des frais généraux de fabrication s'appliquant à un produit durant une période donnée. Ainsi, comme les frais généraux de fabrication ont une relation indirecte, au sens donné au chapitre 2 (voir la figure 2.1), avec les coûts, on les rattache aux produits fabriqués en utilisant des techniques variées de répartition ou d'imputation des charges indirectes.

EXEMPLE

BRP

Voici une liste non exhaustive des ressources utilisées par BRP pour la fabrication des motoneiges au cours d'une période donnée :

1. divers matériaux entrant directement dans la fabrication des motoneiges : acier, aluminium, vinyle, caoutchouc, plastiques, etc. ;

2. des pièces, composants et produits entrant aussi dans l'assemblage des motoneiges : moteur, transmission, châssis, courroies, câbles, etc. ;

3. du personnel directement employé dans les opérations d'assemblage des motoneiges ;

4. du personnel de gestion des opérations, comme les contremaîtres ;

5. du personnel de maintenance des équipements et des machines ;

6. des équipements et des machines servant aux opérations d'assemblage ;

7. des fournitures liées à certaines opérations, comme des graisses et des huiles ;

8. des ateliers divers ;

9. des ressources servant à l'éclairage, au chauffage et à la climatisation ainsi qu'au fonctionnement des équipements et des machines ;

10. des taxes liées aux immobilisations ;

11. des assurances liées aux immobilisations ainsi qu'à la responsabilité.

Les matières premières comprennent les ressources 1 et 2, c'est-à-dire les matériaux et les pièces directement utilisés dans l'assemblage des produits. La main-d'œuvre directe correspond à la ressource 3, le personnel directement affecté aux opérations d'assemblage. Les frais généraux de fabrication comprennent toutes les ressources 4 à 11 ; on dit qu'elles entrent indirectement dans la fabrication, car il est difficile de déterminer quelle portion de ces ressources est utilisée pour la fabrication d'un produit particulier durant une période donnée. La simple affectation des coûts d'éclairage de l'usine à chacun des produits démontre bien la difficulté, voire l'impossibilité de la tâche.

LE CHEMINEMENT DES RESSOURCES UTILISÉES

Comme nous l'avons vu, le coût de fabrication vise trois ressources : les matières premières, la main-d'œuvre directe et les frais généraux de fabrication. Il importe donc de faire le suivi de ces trois ressources pour établir le coût de fabrication des unités fabriquées de même que le coût des marchandises vendues. Le schéma suivant montre comment s'inscrivent ces trois ressources à l'intérieur d'un processus de fabrication.

Figure 4.1 Le cheminement des ressources dans un processus de fabrication

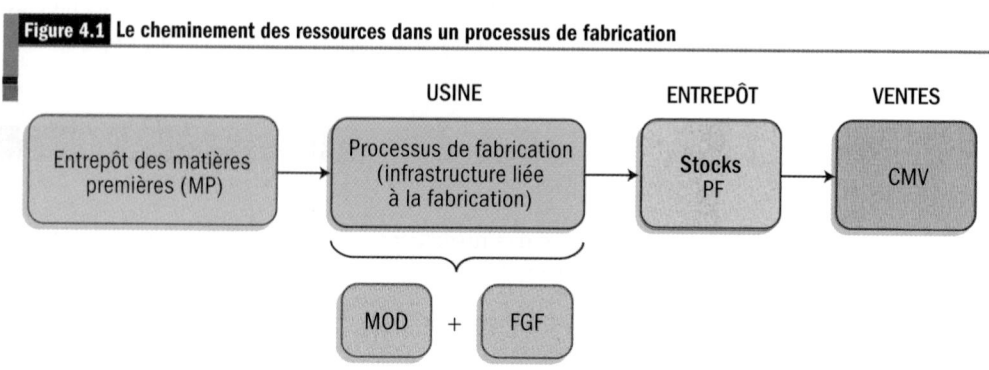

L'entrepôt des matières premières (MP) figure en premier, du fait que les entreprises qui participent à la fabrication doivent la plupart du temps maintenir un certain niveau de stocks de MP pour pouvoir opérer efficacement et démarrer la fabrication sans avoir à attendre les livraisons des fournisseurs. Dans un contexte de fabrication, l'entreprise n'utilisera que les matières premières dont elle a besoin et laissera un certain niveau de stocks inutilisés, qui ne doit pas être inclus dans le coût de fabrication. Pour ce qui est des coûts associés à la main-d'œuvre directe et des frais généraux de fabrication, ils sont inclus dans le coût de fabrication.

Pour calculer le coût de fabrication, il suffit de faire la somme du coût de chacune des trois ressources utilisées à l'usine. Au fur et à mesure que les unités sont produites, les coûts qui y sont associés sont additionnés jusqu'à ce que les unités soient terminées et transférées à l'entrepôt. On obtient ainsi le coût final des unités fabriquées, puisque aucune ressource supplémentaire de fabrication n'y sera ajoutée. Par la suite, les unités vendues sont retirées de l'entrepôt des produits finis et leur coût de fabrication est comptabilisé dans le coût des produits vendus.

Autre particularité du processus de fabrication : il reste presque toujours des unités dont la fabrication n'est pas terminée au terme d'une période donnée. Comme ces unités ont nécessairement entraîné des coûts, ces derniers sont ajoutés au total des coûts de fabrication de cette période, mais doivent en être retranchés puisque le coût de fabrication ne représente que le coût des unités fabriquées et transférées dans l'entrepôt pour la période visée. Il en résulte ce qu'on appelle des stocks de produits en cours, qui doivent être répertoriés au terme de chaque période au même titre que les stocks de matières premières et de produits finis.

Ainsi, alors que les entreprises commerciales n'ont comme inventaire que les stocks de marchandises disponibles pour la revente, les entreprises manufacturières, de leur côté, doivent gérer trois types de stocks : les matières premières, les produits en cours et les produits finis. Il importe de bien les distinguer afin de pouvoir les évaluer et les comptabiliser correctement.

LES BESOINS D'INFORMATION COMPTABLE

En général, le coût de fabrication sert à évaluer les stocks de produits finis et à déterminer le coût des produits vendus pour une période donnée. Bon nombre d'entreprises utilisent également le coût de fabrication comme information de base pour prendre des décisions, comme établir un prix de vente, fabriquer ou non un produit, impartir sa fabrication ou y renoncer. Certains besoins relèvent donc de la comptabilité financière (évaluation des stocks) et d'autres de la comptabilité de management (aide à la prise de décision).

Afin de préparer les états financiers, il faut distinguer les ressources disponibles à la fin de la période des ressources utilisées durant la période. Pour ce qui est des ressources disponibles, on doit évaluer les stocks de produits finis, les stocks de produits en cours et les stocks de matières premières. Pour ce qui est des ressources utilisées, on doit établir le coût des produits vendus, en respectant les normes comptables internationales (IFRS). L'objectif est de renseigner les tiers sur l'état des ressources disponibles à un point donné dans le temps et de les informer précisément sur les ressources qui ont été utilisées pour fabriquer les produits vendus au cours d'une période donnée.

Quant aux besoins d'information liés à la prise de décision, il s'agit d'éclairer les gestionnaires sur la rentabilité estimative à court et à long terme de différents choix offerts à l'entreprise : composition des produits, activités de production, stratégies de mise en marché, de logistique et de production, etc.

BRP

BRP utilise l'information comptable à diverses fins. Elle doit établir le coût des ressources utilisées durant une période donnée, soit le coût des motoneiges vendues et celui des stocks non vendus, pour préparer ses états financiers. Elle doit aussi connaître en tout temps le coût des matières premières entrant dans la fabrication. Avant de prendre des décisions, elle doit estimer la rentabilité relative des produits, ce qui l'amènera soit à améliorer la conception, soit à la modifier de façon à offrir davantage au client à un moindre coût. Elle doit aussi estimer la rentabilité relative des opérations afin de décider si elle devra ou non recourir à l'impartition de certaines activités ; cette décision dépend également du degré d'utilisation de la capacité des équipements et des machines. Au total, l'entreprise a besoin d'information pour déterminer ce qu'elle doit faire, quand elle doit le faire et comment elle doit le faire en vue d'offrir le meilleur rapport qualité-prix.

De manière générale, les ressources considérées pour déterminer le coût de fabrication n'incluent que les ressources qui sont consommées jusqu'au moment où les unités fabriquées seront disponibles à la vente.[1] Ces ressources incluent principalement la matière première, la main-d'œuvre directe et les frais généraux de fabrication. Certains coûts se situent toutefois à la frontière des activités de fabrication et des activités de vente ou des activités administratives. Par exemple, certains gestionnaires considèrent que les coûts servant à transporter les produits finis de l'usine au point de vente devraient être inclus dans le coût de fabrication des produits. On pourrait aussi vouloir associer une partie des coûts de soutien administratif, par exemple une portion du salaire d'un vice-président responsable des opérations, à titre de frais généraux de fabrication devant être inclus dans le coût de fabrication des produits. Puisqu'il n'existe pas de règle comptable précise encadrant ce type de choix, le contrôleur peut exercer son jugement quant à la décision d'inclure ou non le coût de ces activités dans le calcul du coût de fabrication.

Afin de refléter ce choix, on désignera par le terme **coûts incorporables** l'ensemble des coûts qui sont associés aux unités produites par l'entreprise et qui seront passés en charge au moment de la vente des unités au lieu d'être passés en charge au moment où ils sont encourus. Logiquement, les coûts restants, soit notamment les frais de vente, les frais d'administration ainsi que toute autre dépense de nature financière ou fiscale, ne sont pas associés aux unités produites et passés en charge au moment où ils sont encourus. On désigne souvent l'ensemble de ces coûts restants par le terme **coûts de période**.

L'ÉTAT DU COÛT DE FABRICATION

Étant donné la complexité du traitement de l'information financière des entreprises manufacturières, notamment en ce qui a trait à l'établissement du coût de fabrication, on a dû mettre au point une façon systématique de calculer le coût de fabrication, ce qui a donné lieu à un état financier complémentaire appelé **état du coût de fabrication**. Ce dernier présente les éléments constitutifs du coût des produits fabriqués durant la période visée. Fondé sur le

---

1. Inspiré de l'IAS 2, paragraphe 15.

modèle générique de présentation de l'état des résultats, il complète l'information de celui-ci. L'état du coût de fabrication n'est pas obligatoire aux fins de la présentation des états financiers aux utilisateurs externes. Il est toutefois essentiel à l'établissement des résultats et constitue un document important pour les utilisateurs internes de l'information financière.

Y est présentée la composition détaillée du coût de fabrication des produits, ce qui inclut, dans l'ordre, les éléments suivants :

- le stock de produits en cours au début de la période ;

- les matières premières utilisées, dont les stocks de matières premières en début et en fin de période, ainsi que les achats de matières premières ;

- la main-d'œuvre directe ;

- les frais généraux de fabrication ;

- le stock de produits en cours à la fin de la période ;

- le coût de fabrication à la fin de la période.

La figure 4.2 illustre comment l'état du coût de fabrication est lié aux autres états financiers, et l'exemple qui suit met en contexte l'état du coût de fabrication.

Figure 4.2 La relation entre l'état du coût de fabrication et l'état des résultats

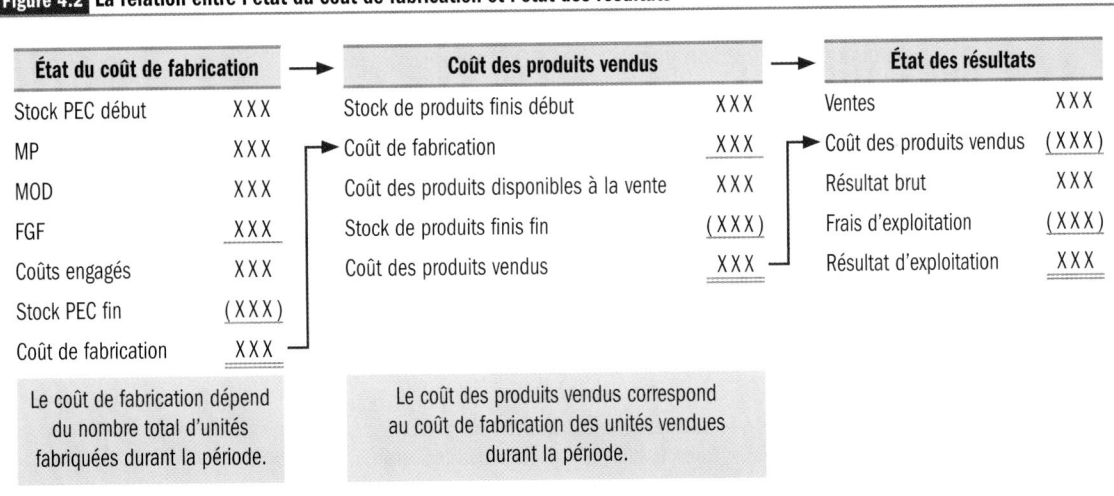

EXEMPLE

CANIBOUFFE

L'entreprise Canibouffe, fondée le 1er mai 2005, est spécialisée dans la production de nourriture pour chiens. Au cours de l'exercice 2009-2010, elle a effectué des investissements importants et a vu ses ventes s'accroître considérablement. Le président vous demande de dresser l'état du coût de fabrication à partir des renseignements suivants :

1. Au cours de l'exercice s'achevant le 30 avril 2010, le coût de fabrication a été de 3 $ par kilogramme. Le prix de vente a été fixé à 5 $ par kilogramme pour permettre la réalisation d'un résultat brut de 40 %.

2. Les stocks au début et à la fin de l'exercice s'achevant le 30 avril 2010 étaient les suivants :

	1er mai 2009	30 avril 2010
Stock de matières premières	6 600 $	9 920 $
Stock de produits en cours	3 200 $	3 080 $
Stock de produits finis	11 000 kg	12 000 kg

3. L'entreprise a vendu 350 000 kg au cours de l'exercice s'achevant le 30 avril 2010.

4. Les stocks de produits finis au 1er mai 2009 ont été produits au cours de l'exercice s'achevant le 30 avril 2009 et ont été vendus au cours de l'exercice s'achevant le 30 avril 2010.

5. Le registre des salaires fournit notamment les renseignements suivants :

   a. Le directeur de la comptabilité est également responsable du contrôle de la qualité dans l'usine ; il partage son temps également entre les deux responsabilités et gagne 136 000 $ par an.

   b. Le directeur de l'usine gagne 140 000 $ par an.

   c. Cinq employés de l'usine ont un salaire annuel de 32 400 $.

6. L'usine a été achetée 780 000 $ le 1er mai 2005, et on compte pouvoir l'utiliser pendant 15 ans. On estime que sa valeur de revente est nulle. Le service des ventes et l'administration occupent 10 % de la superficie de l'usine.

7. L'entreprise a fait un investissement important en remplaçant l'équipement de l'usine le 1er avril 2009. L'amortissement annuel estimé du nouvel équipement est de 47 400 $.

8. Voici le solde d'autres comptes du GL (grand livre) :

Taxes, assurances et autres frais de l'usine	56 000 $
Publicité	20 800 $
Frais de livraison	19 000 $
Administration générale	58 000 $
Impôts sur les bénéfices	42 000 $
Achat de matières premières	560 000 $
Fret à l'achat	23 600 $
Fournitures de fabrication	17 000 $

En se fondant sur ces données, on peut dresser l'état du coût de fabrication suivant:

Entreprise Canibouffe
État du coût de fabrication
pour l'exercice s'achevant le 30 avril 2010

Stock de produits en cours le 1er mai 2009		3 200 $
Matières premières utilisées		
Stock de matières premières le 1er mai 2009	6 600 $	
Achat de matières premières	560 000 $	
Fret à l'achat	23 600 $	
Stock de matières premières le 30 avril 2010	(9 920 $)	580 280 $
Main-d'œuvre directe[1]		162 000 $
Frais généraux de fabrication[2]		
MOI – Contrôle de la qualité[3]	68 000 $	
MOI – Directeur d'usine	140 000 $	
Amortissement – Usine[4]	46 800 $	
Amortissement – Équipement	47 400 $	
Taxes, assurances et autres frais d'usine[5]	50 400 $	
Fournitures de fabrication	17 000 $	369 600 $
Total des coûts de fabrication engagés		**1 115 080 $**
Stock de produits en cours le 30 avril 2010		(3 080 $)
Coût de fabrication		**1 112 000 $**
Nombre de kilogrammes transférés au stock de produits finis[6]		351 000
Coût par kilogramme		3,17 $

Notes explicatives

1. La main-d'œuvre directe correspond à la somme des salaires des cinq employés de l'usine (5 × 32 400 $ = 162 000 $).

2. Les frais généraux de fabrication n'incluent pas les dépenses de publicité, les frais de livraison, l'administration générale et les impôts sur les bénéfices: ces dépenses ne constituent pas des coûts de fabrication et ne sont donc pas incluses dans le coût des marchandises vendues.

3. La dépense de contrôle de la qualité est directement liée à la fabrication. Il s'agit en fait de la moitié du salaire du directeur de la comptabilité (50% × 136 000 $); l'autre moitié de son salaire fait partie des frais d'administration et n'est pas incluse dans l'état du coût de fabrication.

4. Le coût de l'usine est amorti sur 15 ans de manière linéaire (780 000 $/15 = 52 000 $). Comme 90% de la superficie totale de l'usine est consacré à la fabrication, le montant qui figure à l'état du coût de fabrication est de 46 800 $ (90% × 52 000 $).

5. Comme 90% de la superficie totale de l'usine est consacré à la fabrication, le montant englobant les taxes, les assurances et les autres frais d'usine qui figurent à l'état du coût de fabrication est de 50 400 $ (90% × 56 000 $).

6. Le nombre de kilogrammes transférés au stock de produits finis a été établi de la façon suivante :

Kilogrammes vendus + Kilogrammes en stock à la fin − Kilogrammes en stock au début
    350 000 kg   +   12 000 kg   −   11 000 kg

Le schéma suivant illustre ce calcul.

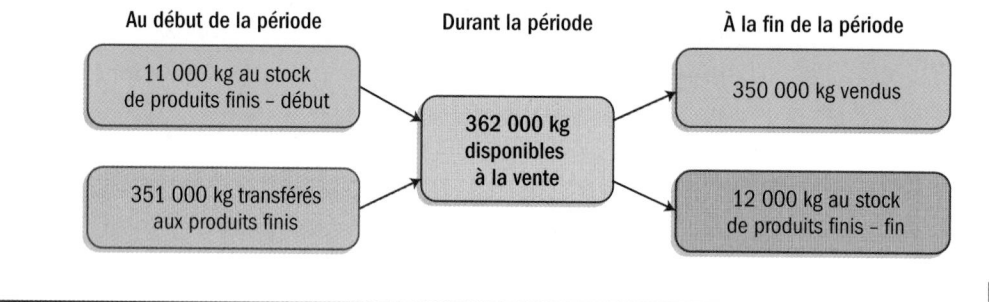

LE COÛT DE REVIENT DES PRODUITS FABRIQUÉS

Calculer le coût de revient consiste à calculer le coût total de fabrication d'un produit ou le coût total lié à la prestation d'un service. Pour calculer le **coût des produits fabriqués**, on dresse la liste de toutes les ressources utilisées pour les obtenir, puis on fait la somme de ce que chacune de ces ressources a coûté. Les ressources directes sont affectées aux produits, tandis que les frais généraux de fabrication sont répartis ou imputés entre les produits (voir la figure 4.3).

Figure 4.3 Le calcul du coût de fabrication

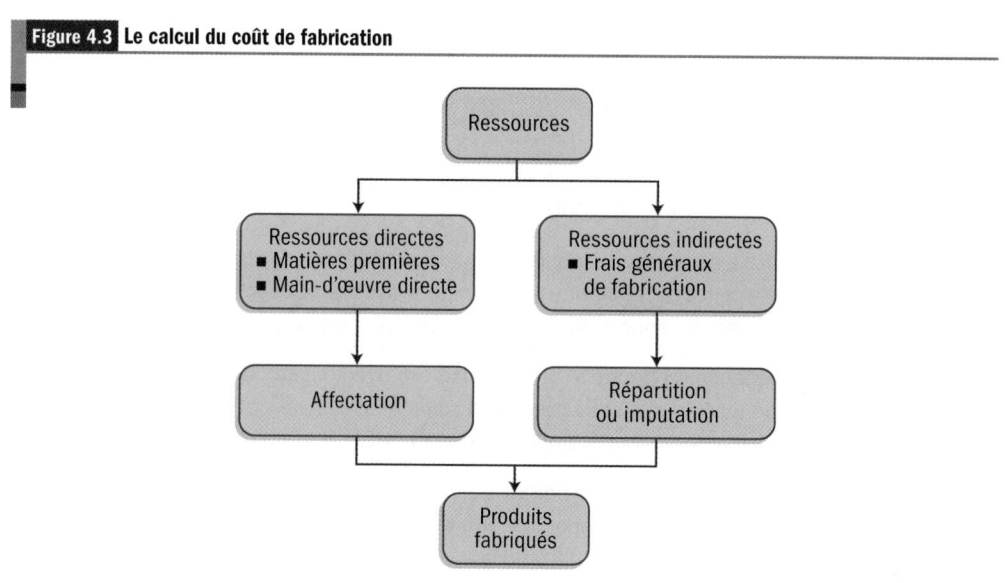

Pour déterminer le coût de revient d'un produit, on doit d'abord affecter les coûts directs, soit la main-d'œuvre directe et les matières premières, à l'objet de coût, soit le produit fabriqué. Affecter des ressources consiste à les rattacher directement aux objets de coût ; on le fait lorsqu'il existe un lien indiscutable entre les ressources utilisées et les objets de coût. Pour affecter les coûts directs, l'entreprise doit recourir à un mécanisme d'identification et d'enregistrement des matières premières utilisées et de la main-d'œuvre directe employée, qui rattache de manière indiscutable les ressources aux produits. Les matières premières proviennent habituellement soit d'un stock de matières premières, soit directement de fournisseurs. On enregistre l'utilisation des matières premières au moyen de pièces justificatives ou à l'aide d'un moyen technique comme un code à barres. On inscrit l'utilisation de toutes les matières premières dans un registre auxiliaire et dans un compte du grand livre (GL) servant à cette fin. De manière similaire, on détermine le temps de main-d'œuvre directe à l'aide d'un mécanisme tel que des feuilles de temps ou un enregistrement électronique, puis on l'enregistre dans un compte du GL prévu à cet effet.

Les ressources incluses dans les frais généraux de fabrication comprennent toutes les ressources nécessaires à la fabrication des produits, à l'exception des matières premières et de la main-d'œuvre directe. Les frais généraux de fabrication sont des coûts indispensables à la fabrication ; il s'agit notamment des fournitures d'usine, de la main-d'œuvre indirecte, de l'électricité et du chauffage, des assurances, de l'amortissement et des frais d'entretien et de réparation. À moins de circonstances particulières, les frais généraux de fabrication sont considérés comme des coûts indirects du fait qu'il est difficile, voire impossible de les affecter directement aux objets de coût. On parle alors de répartition ou d'imputation des coûts.

Dans le cas d'une entreprise qui ne fabrique qu'un produit, le problème ne se pose pas puisque tous les coûts de fabrication y sont affectés. Les frais généraux de fabrication sont alors considérés comme des coûts directs du fait qu'ils ne peuvent être associés à aucun autre produit. L'établissement du coût de revient est simplifié puisqu'il consiste à diviser le total des matières premières utilisées, de la main-d'œuvre directe et des frais généraux de fabrication par le nombre total d'unités fabriquées.

EXEMPLE

DUMAS & FRÈRES

Dumas & Frères est une entreprise manufacturière de sacs à main. Selon son registre auxiliaire des matières premières, elle a acheté et réceptionné pour 1 178 000 $ de matières premières durant une période donnée. Elle avait déjà 523 000 $ de matières premières en stock au début de cette période. Au cours de celle-ci, elle a transféré et utilisé en usine des matières premières représentant 1 399 000 $. Selon le registre de la main-d'œuvre directe, les 60 employés de l'usine ont travaillé 96 400 heures à un taux horaire moyen de 22 $, pour un total de 2 120 800 $. Selon le registre des frais généraux de fabrication, les ressources diverses incluses dans les frais généraux de fabrication représentent 2 892 000 $. L'entreprise a fabriqué 83 000 sacs à main au cours de cette période.

Pour cette période, le coût de fabrication est de 6 411 800 $, et le coût unitaire de fabrication, de 77,25 $. Le coût de fabrication, ou coût de revient réel, se calcule de la façon suivante :

Matières premières	1 399 000 $
Main-d'œuvre directe	2 120 800 $
Frais généraux de fabrication	2 892 000 $
Coût de fabrication	**6 411 800 $**
Nombre d'unités fabriquées	83 000
Coût unitaire de fabrication	**77,25 $**

La fiche de coût de revient du produit fabriqué s'établit comme suit :

La fiche de coût de revient

Matières premières (1 399 000 $/83 000 unités)	16,86 $
Main-d'œuvre directe (2 120 800 $/83 000 unités)	25,55 $
FGF réels (2 892 000 $/83 000 unités)	34,84 $
Coût de revient unitaire (6 411 800 $/83 000 unités)	77,25 $

Cet exemple relativement simple illustre bien le calcul du coût de revient réel d'un produit. Toutefois, il est très rare qu'une entreprise fabrique un seul produit, et l'approche est plus complexe lorsque plusieurs produits sont fabriqués. Dans ce dernier cas, il est très probable que les divers produits fabriqués absorberont les frais généraux de fabrication dans des proportions différentes. Dans un atelier de travail manuel, par exemple, un produit nécessitant 2 heures de main-d'œuvre n'absorbera pas les mêmes frais généraux qu'un produit exigeant 10 minutes de main-d'œuvre. Voici un exemple d'entreprise fabriquant plusieurs produits.

EXEMPLE

DUMAS & FRÈRES (SUITE)

Reprenons l'exemple de Dumas & Frères, mais supposons que l'entreprise a fabriqué trois produits durant la période : 27 000 sacs en toile, 41 000 sacs en similicuir et 15 000 sacs en cuir véritable, pour un total de 83 000 sacs. Pour calculer le coût de fabrication de chacun de ces produits, l'entreprise doit utiliser un mécanisme d'affectation des ressources utilisées directement par chacun des produits – matières premières et main-d'œuvre directe – ainsi qu'un mécanisme de répartition des frais généraux de fabrication.

Selon le registre auxiliaire des matières premières, nous savons que des matières premières représentant 1 399 000 $ ont été transférées et utilisées en usine. On doit également savoir quelle est la valeur des matières premières utilisées par chacun des produits. Le registre des matières premières indique les chiffres suivants : 405 000 $ pour les sacs en toile, 682 000 $ pour les sacs en similicuir et 312 000 $ pour les sacs en cuir véritable. Selon le registre de la main-d'œuvre directe, nous savons que les 60 employés de l'usine ont travaillé 96 400 heures à un taux horaire moyen de 22 $, pour un total de 2 120 800 $. On doit également savoir combien d'heures ont été consacrées à chacun des produits. Le registre de la main-d'œuvre directe indique les chiffres suivants : 13 500 heures pour les sacs en toile, 57 400 heures pour les sacs en similicuir et 25 500 heures pour les sacs en cuir véritable.

Le registre des frais généraux de fabrication indique que les diverses ressources incluses dans les frais généraux de fabrication représentent 2 892 000 $. On doit utiliser un mécanisme pour répartir ces frais généraux entre les produits ; en effet, aucun mécanisme de recensement de ces ressources ne permet de savoir combien ont été utilisées pour chacun des produits. Supposons, après analyse, que les frais généraux de fabrication répartis sont de 405 000 $ pour les sacs en toile, de 1 722 000 $ pour les sacs en similicuir et de 765 000 $ pour les sacs en cuir véritable. Le calcul du coût de fabrication est présenté dans le tableau suivant :

	Sacs en toile	Sacs en similicuir	Sacs en cuir véritable	Total
Matières premières	405 000 $	682 000 $	312 000 $	1 399 000 $
Main-d'œuvre directe	297 000 $	1 262 800 $	561 000 $	2 120 800 $
Frais généraux de fabrication	405 000 $	1 722 000 $	765 000 $	2 892 000 $
Coût de fabrication	**1 107 000 $**	**3 666 800 $**	**1 638 000 $**	**6 411 800 $**
Nombre d'unités	27 000	41 000	15 000	83 000
Coût unitaire des unités fabriquées	**41,00 $**	**89,43 $**	**109,20 $**	

Comme le montre cet exemple, pour déterminer le coût de revient lorsque l'entreprise fabrique plus d'un produit, il est nécessaire de se doter de moyens permettant de répartir les frais généraux de fabrication. De manière générale, la répartition de ces coûts repose en grande partie sur les méthodes traditionnelles élaborées au début du siècle dernier. Si celles-ci ont su résister au passage du temps, c'est sans doute qu'elles continuent à répondre aux impératifs liés à l'établissement du coût de revient, malgré certaines faiblesses qui leur ont été attribuées au cours des 25 dernières années. Ces faiblesses seront abordées au chapitre 7. La prochaine section traite des méthodes traditionnelles permettant de répartir les frais généraux de fabrication.

LA RÉPARTITION ET L'IMPUTATION DES COÛTS INDIRECTS

De façon générale, s'il n'y avait pas d'objets de coût, aucune ressource ne serait utilisée. L'utilisation des ressources est donc liée aux objets de coût. Nous avons vu que les coûts liés aux matières premières et à la main-d'œuvre directe sont affectés directement aux produits. À l'opposé, les frais généraux de fabrication ne peuvent être affectés directement aux objets de coût du fait qu'ils ont un lien indirect avec ces derniers. Face à ce problème, les entreprises ont mis au point une façon de répartir ces frais généraux de fabrication, qualifiés de coûts indirects.

La **répartition des coûts indirects** consiste à attribuer une portion des frais généraux de fabrication aux produits à l'aide d'un facteur – la **clé de répartition** – traduisant un rapport de cause à effet entre l'utilisation des ressources et les produits. Il importe de choisir la clé de répartition selon une relation logique permettant d'affecter proportionnellement les coûts indirects générés par les différents produits. Ainsi, la clé de répartition devrait permettre d'attribuer une part importante des coûts indirects aux produits qui en ont généré beaucoup et, à l'inverse, une part plus faible aux produits qui en ont généré moins.

Si on reprend l'exemple de BRP, présenté au début du chapitre, on s'aperçoit que les coûts indirects sont très variés. Les ressources incluses dans les frais généraux de fabrication sont notamment les suivantes :

- du personnel de gestion des opérations, comme les contremaîtres ;

- du personnel de maintenance des équipements et des machines ;

- des équipements et des machines servant aux opérations d'assemblage ;

- des fournitures d'usine liées à certaines opérations, comme des graisses et des huiles ;

- des ateliers divers ;

- des ressources servant à l'éclairage, au chauffage et à la climatisation ainsi qu'au fonctionnement des équipements et des machines ;

- des taxes liées aux immobilisations ;

- des assurances liées aux immobilisations ainsi qu'à la responsabilité.

On dit de ces ressources qu'elles sont utilisées indirectement dans la fabrication, car il est difficile ou peu commode de déterminer dans quelles proportions elles servent à la fabrication d'un produit particulier durant une période donnée. Par exemple, les contremaîtres peuvent superviser la fabrication de plusieurs produits, tandis que les machines, les équipements et les autres immobilisations sont souvent utilisés au cours de plusieurs périodes pour plusieurs produits. Cette disparité des coûts indirects constitue un obstacle du fait que beaucoup d'entre eux ont des comportements différents ; ils peuvent être fixes, variables ou mixtes. De plus, comme l'affectation de ces ressources aux produits se fait souvent dans des proportions variées, il est très difficile de répartir ces coûts. On pourrait traiter ceux-ci individuellement, mais cette façon de faire serait longue, fastidieuse et coûteuse.

Devant ces difficultés, les entreprises ont cherché des façons simples et économiques de répartir les coûts indirects de façon relativement précise. Elles ont donc adopté des clés de répartition faciles à mesurer et liées au volume de fabrication, telles que le volume de production, la quantité de matières premières, le coût des matières premières, les heures de main-d'œuvre directe, le coût de la main-d'œuvre directe, les heures-machines, etc. Ces clés de répartition sont de nature volumétrique. Leur utilisation repose sur la logique voulant que la répartition des frais généraux de fabrication devrait être proportionnelle au volume de produits fabriqués. Cette façon de faire repose sur l'hypothèse que les produits à faible volume génèrent peu de coûts alors que les produits à volume élevé en génèrent davantage. Suivant cette logique, il s'agit simplement de déterminer quelle sera la clé de répartition – heures de main-d'œuvre directe, heures de fonctionnement des machines, unités fabriquées, etc. – qui reflétera le mieux cette proportionnalité.

Les entreprises fortement mécanisées choisiront les heures-machines comme base de répartition des coûts indirects, du fait que les frais généraux de fabrication sont intimement liés à l'utilisation de la machinerie. À l'opposé, les entreprises artisanales choisiront de répartir les frais généraux de fabrication selon les heures de main-d'œuvre, parce que la majeure partie du travail est effectuée manuellement. Les produits nécessitant beaucoup de main-d'œuvre se verront attribuer une part plus importante des coûts indirects.

EXEMPLE

DUMAS & FRÈRES (SUITE)

Expliquons comment les frais généraux de fabrication ont été répartis chez Dumas & Frères. Afin d'obtenir 405 000 $ pour les sacs en toile, 1 722 000 $ pour les sacs en similicuir et 765 000 $ pour les sacs en cuir véritable, on a réparti les frais généraux de la période au prorata des heures travaillées durant la période. Il est facile de vérifier ces calculs. Pour la fabrication des trois produits, l'entreprise a utilisé 96 400 heures de main-d'œuvre directe. Elle a donc engagé une moyenne de 30 $ de frais généraux de fabrication par heure de main-d'œuvre directe travaillée (2 892 000 $/96 400 heures). On a ensuite réparti les frais généraux de fabrication entre les trois produits à l'aide de ce taux, qui sert de clé de répartition.

- Sacs en toile : 13 500 heures × 30 $/heure = 405 000 $

- Sacs en similicuir : 57 400 heures × 30 $/heure = 1 722 000 $

- Sacs en cuir véritable : 25 500 heures × 30 $/heure = 765 000 $

On peut se demander s'il s'agit de la meilleure clé de répartition possible et s'il existe d'autres clés permettant d'obtenir une répartition plus précise des coûts indirects, c'est-à-dire reflétant mieux l'utilisation des ressources indirectes à l'égard de chacun des produits. Dans la pratique, ce choix est dicté par le bon sens. Dans le cas de Dumas & Frères, la plupart des sacs sont fabriqués à la main par des employés spécialisés. Le choix des heures de main-d'œuvre comme clé de répartition semble donc tout à fait approprié.

LE COÛT DE REVIENT RATIONNEL

L'échelonnement des coûts dans le temps pose problème lorsqu'il s'agit de calculer le coût de revient d'un produit. En effet, comment calculer au début de janvier le coût de revient d'un produit si ce n'est qu'à la fin de décembre que l'on connaît les montants réels des frais généraux de fabrication à répartir ? On risque fort de se retrouver dans une situation où, connaissant le coût de revient de nos produits à la fin de l'année, on arrive à la conclusion que certains d'entre eux ont été vendus toute l'année à un prix inférieur au coût de revient calculé. Cette façon de faire n'est pas très pratique, l'information sur le coût de revient arrivant trop tard. Il est préférable d'avoir cette information bien plus tôt dans l'année. On pourra ainsi réagir rapidement et ajuster certains prix de vente à la hausse.

Pour surmonter ce problème, on peut fixer des périodes plus courtes. Par exemple, l'entreprise pourra calculer le coût de revient réel de ses produits tous les mois ou tous les trimestres au lieu de le faire à la fin de l'année. Si cette méthode est valable, elle comporte toutefois un inconvénient majeur. En effet, les coûts indirects mensuels sont instables et ne varient pas nécessairement en fonction du volume d'activité. Les coûts mensuels d'une usine comprennent des coûts saisonniers ou sensibles aux effets du hasard, de sorte qu'ils ne sont pas proportionnels d'une période à l'autre. Par exemple, les frais de chauffage sont importants durant l'hiver alors qu'ils sont nuls durant l'été. Il se pourrait également que les coûts d'entretien de la machinerie soient très importants pour un mois et négligeables le reste de l'année. Bref, il existe une multitude de situations où les variations des coûts indirects mensuels ne découlent aucunement du niveau d'activité observé. Ainsi, des coûts indirects mensuels différents d'un mois à l'autre et répartis sur un volume d'activité semblable affecteront le coût de revient unitaire mensuel de façon importante et rendront l'exercice de comparaison futile.

Devant cette nouvelle impasse, les entreprises ont opté pour une technique qui consiste à lisser les coûts indirects annuels sur toute l'année. Par exemple, les coûts de chauffage de l'usine, qui sont plus élevés durant les mois d'hiver, seront répartis uniformément sur toute l'année en fonction d'une clé de répartition choisie. Cette façon de faire, qui a pour effet de limiter les variations de coûts mensuels et de stabiliser le coût de revient d'un mois à l'autre, s'appelle **coût de revient rationnel**, par opposition au **coût de revient réel**, qui utilise le total des frais généraux de fabrication réels. Le terme *rationnel* découle du fait qu'on rationalise les coûts indirects pour les répartir proportionnellement sur toute l'année. On prendra alors soin d'imputer à chaque produit une part des coûts indirects en fonction de la clé de répartition choisie.

La **technique de l'imputation** consiste à attribuer une portion des frais généraux de fabrication aux produits en utilisant un taux d'imputation établi en début d'année sur la base de données prévisionnelles pour l'année à venir. Ce taux doit reposer sur des données prévisionnelles puisqu'on ne connaît pas les coûts indirects réels de l'année à venir. Même si elle repose sur des prévisions, cette technique a l'avantage de stabiliser le coût de revient tout au long de l'année et de permettre de connaître le coût de revient des produits dès le début de l'année.

Il faut être prudent lorsqu'on s'appuie sur l'imputation des coûts indirects en fonction d'un taux préétabli pour prendre une décision, car cette technique repose sur des hypothèses. Par ailleurs, l'imputation des coûts est conforme au principe comptable selon lequel tous les produits et toutes les charges doivent être rattachés à la période visée. De plus, cette technique est peu coûteuse et relativement simple d'application.

Pour effectuer une **imputation des coûts indirects**, on doit disposer d'un taux d'imputation. Ce dernier est fixé d'après des données prévisionnelles, à savoir :

1. le budget des frais généraux de fabrication de la période ;

2. une clé de répartition, le plus souvent une mesure volumétrique liée au volume de production ;

3. l'estimation du volume de production à traiter durant la période, exprimé en fonction de la clé de répartition choisie.

Le **taux d'imputation** correspond au rapport budget-volume. En se fondant sur le budget annuel et l'estimation du volume annuel de production, on peut utiliser un taux uniforme annuel pour refléter les frais généraux de fabrication estimatifs au cours de l'année. Le budget est présenté en unités monétaires, alors que le volume annuel de production est exprimé en unités physiques liées au choix de la clé de répartition, par exemple en heures de main-d'œuvre directe, en quantité de matières premières consommées ou en heures-machines utilisées. Ce volume de production prévu est appelé communément **base d'imputation**.

EXEMPLE

MANUFA

Voici le budget d'une entreprise manufacturière, Manufa, pour le prochain exercice financier annuel.

Les données budgétaires de Manufa

Frais généraux de fabrication	102 400 $
Main-d'œuvre directe (10 000 heures × 12,80 $/heure)	128 000 $
Matières premières (3 200 kg × 16 $/kg)	51 200 $
Production en unités	6 400
Heures de fonctionnement des machines	2 000

On détermine le taux d'imputation en utilisant la formule générique suivante :

$$\text{Taux d'imputation} = \frac{\text{FGF prévus (annuels)}}{\text{Volume prévu de la base d'imputation}}$$

Les taux d'imputation différeront selon la base d'imputation choisie et estimée :

- Unités physiques : 102 400 $/6 400 unités = **16 $/unité**

- Coût de la main-d'œuvre directe : 102 400 $/128 000 $ = **0,80 $/1 $-MOD**

- Heures de main-d'œuvre directe : 102 400 $/10 000 heures = **10,24 $/heure-MOD**

- Coût des matières premières : 102 400 $/51 200 $ = **2 $/1 $-MP**

- Quantité de matières premières : 102 400 $/3 200 kg = **32 $/kilogramme-MP**

- Heures-machines : 102 400 $/2 000 heures-machines = **51,20 $/heure-machine**

D'un point de vue pratique, la technique de l'imputation nécessite l'ajout d'un nouveau compte de frais généraux de fabrication au système comptable. Dans les livres comptables, le compte « frais généraux de fabrication imputés » cumule les coûts indirects imputés de manière parallèle au compte « frais généraux de fabrication réels ». À la fin de l'année, les deux comptes de frais généraux de fabrication (réels et imputés) sont conciliés pour déterminer l'écart entre les coûts imputés et les coûts réels. Des ajustements de fin de période sont effectués pour refléter les coûts réels. Toutefois, le montant de ces ajustements devrait être faible dans des circonstances normales d'exploitation. Ces aspects sont abordés de façon plus détaillée dans le prochain chapitre.

Comme nous l'avons indiqué, la technique de l'imputation date des premiers systèmes de calcul mis au point au début de l'ère industrielle. À cette époque, les frais généraux de fabrication ne représentaient qu'une faible part des coûts totaux de fabrication, alors que les matières premières et la main-d'œuvre directe formaient la majeure partie de ceux-ci. Aujourd'hui, ces proportions sont souvent inversées, en particulier dans le cas des entreprises fortement automatisées. Les coûts indirects représentent donc un pourcentage souvent élevé – plus de 50 % – de l'ensemble des coûts totaux de fabrication. Étant donné cette augmentation, il est plus pertinent de recourir à des systèmes de calcul évolués, permettant de mieux répartir les coûts indirects et de déterminer avec plus de précision le coût de revient par produit. Le chapitre 7 traite de ces nouveaux systèmes de calcul, fondés sur une approche par activités plutôt que par ressources.

LES LIMITES DU SEUL COÛT DE FABRICATION POUR LA PRISE DE DÉCISION

Les gestionnaires ont besoin de connaître le coût de fabrication pour prendre des décisions en matière de composition des produits, d'activités de production et de stratégies de mise en marché, de logistique et de production. L'entreprise a besoin de rassembler de l'information pour déterminer ce qu'elle doit faire, quand elle doit le faire et comment elle doit le faire, et ce, afin d'offrir le meilleur rapport qualité-prix à ses clients. Dans cette perspective, les gestionnaires doivent obtenir des données non seulement sur le coût de fabrication, mais aussi sur les éléments qui le composent, à savoir les matériaux et les activités permettant de fabriquer les produits. L'information concernant les frais généraux de fabrication est également cruciale, car ceux-ci représentent souvent une proportion importante du coût de fabrication.

Les décisions suivantes reposent souvent, en tout ou en partie, sur des données relatives au coût de fabrication :

- établissement du prix de vente ;
- abandon d'un produit ;
- lancement d'un produit ;
- élaboration d'une stratégie de mise en marché ;

- impartition des opérations;

- conception d'un plan de production;

- agrandissement d'une usine;

- achat d'une machine.

Il est toutefois important de garder en mémoire que le coût de fabrication n'est qu'une information pertinente parmi d'autres lorsqu'on prend des décisions qui, souvent, ont une importance stratégique pour l'entreprise. Lorsqu'on établit un prix de vente, on a ainsi besoin de renseignements sur la concurrence et les conditions du marché en général. Lorsqu'on décide d'abandonner un produit, on doit au préalable estimer que les conditions de marché se sont détériorées ou savoir que la compétitivité de l'entreprise est menacée, autrement dit qu'on ne peut plus produire à un coût inférieur au prix de vente en vigueur sur le marché. Lorsqu'on lance un produit, on doit savoir qu'il existe une croissance de la demande et que la rentabilité à moyen et à long terme du produit en question est prometteuse. Lorsqu'on élabore une stratégie de mise en marché, on doit connaître non seulement le coût de fabrication, mais aussi le coût de toutes les activités connexes liées à la logistique de distribution et de service après-vente. Lorsqu'on prend des décisions d'impartition et de sous-traitance d'activités de production, on doit avoir une connaissance approfondie du coût de ces activités et de ce qu'elles représentent dans le coût de fabrication. Lorsqu'on élabore un plan de production, on doit connaître les divers moyens de production et la performance des machines et des équipements. Enfin, lorsqu'on veut agrandir une usine ou acheter des machines et des équipements, on doit effectuer une analyse de la capacité de production et des répercussions de ces choix sur le coût de fabrication des divers produits.

Ces exemples de décisions seront repris plus loin, notamment dans le chapitre 12, mais on comprend déjà que, dans bien des cas, la prise de décision ne peut pas reposer uniquement sur la connaissance du coût de fabrication d'un produit. En effet, il ne suffit pas de connaître le coût global de fabrication pour prendre certaines des décisions évoquées ci-dessus: il faut également connaître en détail les éléments qui le composent et les facteurs qui influent sur ceux-ci.

Au-delà de la prise de décision, la question des coûts renvoie plus généralement aux fonctions de planification et de contrôle. De fait, les systèmes de coûts sont intégrés à un système comptable qui permet de planifier la production et d'en faire le suivi. Nous aborderons ces points lorsque nous traiterons des budgets (chapitre 13), de la gestion de la trésorerie (chapitre 14) et du contrôle budgétaire (chapitre 16). Pour conclure, il faut toujours garder à l'esprit que les coûts engagés dans un système de collecte, d'enregistrement et de traitement des données doivent être inférieurs à la valeur de l'information produite.

CAPSULES VIDÉO

Qu'en disent les experts ?

CAPSULE VIDÉO 4.1   Estimation des coûts

Monsieur Pierre Tremblay, vice-président de la planification financière et des opérations pour l'Amérique du Nord chez Bombardier Produits Récréatifs inc., traite de l'estimation des coûts de revient et de l'utilisation qui en est faite chez BRP, en particulier pour le développement de produits.

CAPSULE VIDÉO 4.2   Composition du coût de revient

Monsieur Tremblay offre une description de la composition du coût de revient dans le contexte d'une entreprise qui assemble des pièces fabriquées à l'externe.

CAPSULE VIDÉO 4.3   Tableau de bord de gestion opérationnel

Ici, monsieur Tremblay explique la gestion quotidienne à l'aide du tableau de bord de gestion opérationnel chez BRP.

OBJECTIFS DE CONNAISSANCES, REVUS

1 Définir le coût de fabrication.

Le coût de fabrication comprend le coût de toutes les unités fabriquées durant une période donnée. C'est la somme de toutes les ressources utilisées pour les fabriquer. On obtient le coût unitaire en divisant le coût de fabrication durant une période par le nombre d'unités fabriquées au cours de celle-ci.

2 Comprendre le cheminement des ressources utilisées.

Différentes ressources sont recensées, suivies et comptabilisées tout au long du processus de fabrication; il s'agit des matières premières, de la main-d'œuvre directe et des frais généraux de fabrication. Le cumul des coûts liés à ces ressources sert à déterminer le coût de fabrication. Tout au long du processus de fabrication, on établit également le niveau des différents stocks, à savoir les matières premières, les produits en cours et les produits finis. Il importe de bien comprendre l'ensemble de ces éléments pour les comptabiliser correctement.

3 Déterminer les besoins d'information comptable.

Le coût de fabrication comble des besoins d'information en matière de comptabilité financière (coût des stocks), mais aussi en matière de comptabilité de management (informer les gestionnaires sur les moyens de rentabiliser l'entreprise en général).

4 Dresser un état du coût de fabrication.

L'état du coût de fabrication comprend les éléments suivants: le stock de produits en cours au début de la période, les matières premières utilisées, la main-d'œuvre directe, les frais généraux de fabrication, les coûts engagés dans la production, le stock de produits en cours à la fin de la période, ainsi que le coût de fabrication à la fin de la période.

5 Calculer le coût des produits fabriqués.

Le coût des produits fabriqués comprend le coût des matières premières, auquel s'ajoutent le coût de la main-d'œuvre directe et le coût de toutes les autres ressources utilisées pour la fabrication, qui sont regroupées dans les frais généraux de fabrication.

6 Expliquer en quoi consistent la répartition et l'imputation des charges indirectes.

La répartition consiste à attribuer une portion des frais généraux de fabrication aux produits en utilisant un facteur – la clé de répartition – qui traduit un rapport de cause à effet entre les produits et l'utilisation de ressources. L'imputation consiste à attribuer une portion des frais généraux de fabrication aux produits en utilisant un taux établi à l'aide de données estimatives qui traduisent le plus souvent un volume de production.

7 Définir et calculer le coût de revient rationnel.

Pour calculer le coût de revient rationnel, on incorpore les frais généraux de fabrication dans le calcul du coût de revient des produits en recourant à l'imputation. On peut ainsi déterminer le coût de revient avant même de connaître les frais généraux réels de fabrication. De plus, comme ces derniers sont estimés sur une base annuelle, cela évite les fluctuations mensuelles et saisonnières auxquelles ils sont souvent sujets.

8 Saisir les limites du seul coût de fabrication pour la prise de décision.

Pour prendre des décisions, les gestionnaires ont besoin de connaître le coût de fabrication. Mais nombre de décisions doivent s'appuyer sur d'autres données, qui portent notamment sur la concurrence et les conditions du marché.

MOTS CLÉS

Base d'imputation, p. 105

Clé de répartition, p. 102

Coût de fabrication, p. 91

Coût de revient rationnel, p. 104

Coût de revient réel, p. 104

Coût des produits fabriqués, p. 98

Coûts de période, p. 94

Coûts incorporables, p. 94

État du coût de fabrication, p. 94

Frais généraux de fabrication, p. 91

Imputation des coûts indirects, p. 104

Main-d'œuvre directe, p. 91

Matières premières, p. 91

Répartition des coûts indirects, p. 102

Taux d'imputation, p. 104

Technique de l'imputation, p. 104

Unités fabriquées, p. 91

LES SYSTÈMES DE CALCUL PAR CENTRES DE COÛTS : LA FABRICATION SUR COMMANDE, PAR LOTS ET PAR PROJETS OU MANDATS

OBJECTIFS

1 Définir les systèmes de calcul par centres de coûts.

2 Expliquer en quoi consistent les centres de coûts.

3 Décrire les procédés d'affectation et d'imputation du coût des ressources.

4 Comprendre quelles informations sont indispensables pour mener à bien la fabrication sur commande, par lots et par projets ou mandats.

5 Présenter et expliquer la méthode de calcul du coût de revient sur commande.

6 Analyser l'écart d'imputation.

7 Démontrer l'utilité des systèmes de calcul par centres de coûts.

SOMMAIRE

Industries Lassonde inc.

Pour aborder le calcul par centres de coûts sous un angle différent, ce chapitre initie le lecteur à la fabrication sur commande et par lots. Ici, les centres de coûts définis au premier chapitre se retrouvent intégrés à la méthode de calcul. La fabrication sur commande et par lots exige qu'un nombre donné de produits soit fabriqué dans un délai relativement court, au cours d'un quart de travail, par exemple. Dans un tel contexte, les installations de production doivent chaque fois être préparées en fonction des besoins exclusifs de chacun des lots fabriqués.

Industries Lassonde constitue l'exemple parfait pour illustrer le concept de fabrication par lots. En effet, chaque variété de jus fait l'objet d'un lot différent ; même l'approvisionnement en ingrédients, les recettes et les emballages de chacune diffèrent. Comme nous le verrons dans ces pages, la mise en course d'un lot obéit à des règles strictes de nettoyage et de préparation des équipements, et tous ces coûts doivent être savamment calculés.

INDUSTRIES LASSONDE

Fondée en 1918, Industries Lassonde est à l'heure actuelle un leader canadien dans le domaine des produits alimentaires. L'entreprise développe, fabrique et commercialise une gamme innovatrice et distinctive de jus et de boissons de fruits et de légumes, de sauces et de bouillons à fondue. Elle commercialise également certains produits alimentaires spécialisés. En 2009, l'entreprise affichait des ventes excédant 524 millions de dollars et enregistrait un résultat net de plus de 30 millions de dollars. Industries Lassonde comprend trois filiales : A. Lassonde, Spécialités Lassonde et Vins Arista. La plus importante, A. Lassonde, s'impose dans le secteur des jus et des boissons de fruits en Amérique du Nord ; elle possède des installations de transformation, de conditionnement et d'emballage en Alberta (Calgary), en Ontario (Ruthven, Toronto et Thornbury), en Nouvelle-Écosse (Port Williams) et au Québec (Rougemont). La deuxième, Spécialités Lassonde, située à Saint-Damase au Québec, développe, fabrique et commercialise des produits alimentaires destinés à certains créneaux de marché. Elle possède également une division à Boisbriand – sous la dénomination sociale Mondiv – qui est spécialisée dans la fabrication de produits alimentaires haut de gamme de marque maison. Enfin, Vins Arista s'intéresse au conditionnement et à la commercialisation de vins.

L'entreprise fut principalement une conserverie de légumes jusqu'en 1959, année où Willie Lassonde – père de Pierre-Paul Lassonde, aujourd'hui président du conseil d'administration de Lassonde – décida de diversifier ses activités en ajoutant la fabrication de jus de pomme. Cet ajout marqua un tournant dans l'histoire de l'entreprise, car c'est ainsi que, d'abord simple conserverie, elle devint le chef de file canadien en matière de fabrication de jus purs et de boissons de fruits de même que le plus important fabricant et distributeur de jus de pomme de l'est du Canada. Par l'entremise de ses filiales, Industries Lassonde, dont le siège social est situé à Rougemont, est présente dans la transformation, le conditionnement, l'emballage et la commercialisation de produits alimentaires tels les jus purs et les boissons de fruits. Elle commercialise également certains produits alimentaires spécialisés tels que le maïs en épis en conserve, les marinades pour viandes, les sauces à grillades, les sauces pour pâtes, les sauces spécialisées, l'huile d'olive et, plus récemment, le vin. Ses produits sont vendus sous de nombreuses marques de commerce, telles que Oasis, Rougemont, Fruité, Orange Maison, Allen's, Everfresh, Fairlee, Canton, Antico, Sunlike, Tropical Grove, Bistro Mundo, etc. Certains jus purs et boissons de fruits sont aussi vendus au détail sous les marques maison de la plupart des plus importants grossistes en alimentation. Les activités de la société sont réparties dans 9 usines, bureaux et entrepôts où travaillent environ 1 300 personnes.

L'entreprise commercialise ses produits au Canada ; elle exporte également de nombreux produits dans les États de la Nouvelle-Angleterre et au Texas ainsi que vers plusieurs pays d'Amérique centrale et d'Europe. Les détaillants et les grossistes en alimentation constituent ses principaux clients, suivis par des restaurants, des hôpitaux, des hôtels, des écoles, etc. Ses ventes augmentent constamment et elle entend maintenir sa croissance dans tous ses marchés. Attentive aux attentes de sa clientèle, l'entreprise cherche continuellement à lui offrir des produits novateurs et adaptés à ses goûts.

Chez Lassonde, on prête une attention toute particulière à l'environnement, notamment en ce qui concerne la promotion de la récupération, du recyclage des cartons et autres contenants ainsi que du traitement des eaux usées. À cet égard, elle traite chaque année plus de 235 000 mètres cubes d'eaux usées et recycle 390 tonnes métriques de carton, 70 tonnes métriques de plastique et 478 tonnes métriques de métal. Un effort particulier est apporté de façon continue à la réduction du poids des emballages utilisés dans les usines et à l'augmentation de l'efficacité du transport des produits. L'entreprise a

d'ailleurs obtenu, en 2009, la plus haute distinction du programme de réduction à la source, de réemploi, de recyclage et de valorisation des matières résiduelles de la société d'État Recyc-Québec.

L'entreprise s'engage aussi dans son milieu en soutenant de nombreuses causes. Plus de 450 organismes bénéficient de ses contributions, tant en argent qu'en biens et services.

L'IMPORTANCE DU COÛT DE REVIENT

Interrogé sur l'importance du coût de revient, M. Jean Tessier, vice-président à la trésorerie des Industries Lassonde, a décrit les différentes utilisations du coût de revient. De prime abord, il est important de comprendre que les produits sont fabriqués par lots dans le but de faciliter le suivi des coûts, lesquels sont ventilés selon les produits, les saveurs ou les formats. Cette manière de procéder rend plus aisé le contrôle de la qualité quand vient le moment de décider du maintien ou du retrait d'un produit dans un lot.

Une fois le coût de revient connu, on le compare au coût normal, ce qui permet de mesurer l'écart entre les deux. Un rapport de contrôle est préparé quotidiennement ; les responsables de la production doivent alors expliquer l'anomalie et

la corriger. Cette façon de faire permet aux gestionnaires et aux employés concernés de bien comprendre leur environnement de travail et de mieux contrôler les procédés de fabrication.

Lorsque l'on connaît le coût de revient par lots, il est plus facile, en fin de période, de calculer la valeur des stocks. On peut alors plus aisément effectuer les décomptes physiques de stocks puisqu'on sait combien il y a d'unités dans chacun des lots et qu'il ne reste qu'à valider l'information. Le système de coût de revient fournit donc une valeur informative importante, tant en ce qui concerne le volume (quantité) des stocks que leur valeur.

LE CALCUL DU COÛT DE REVIENT

En général, les ressources utilisées sont comptabilisées par lots. Le coût des matières premières est cumulé en fonction des ingrédients (eau, concentré de jus, sucre, acide ascorbique, etc.) qui entrent dans un lot, tandis que les contenants (carton, plastique, verre, aluminium, boîtes de conserve, etc.) sont cumulés par lots. Le coût de la main-d'œuvre

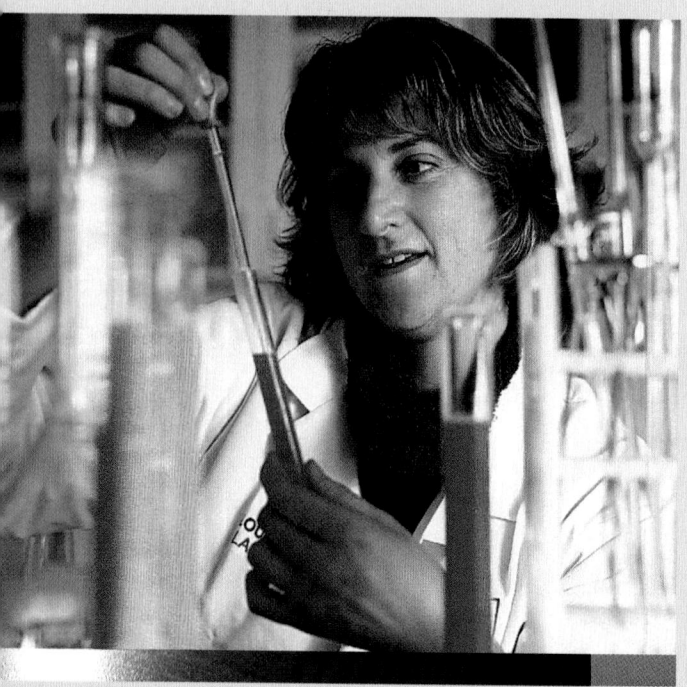

directe est calculé en fonction du temps que les employés (ouvriers et autres) consacrent à chaque lot. Enfin, les frais généraux de fabrication (FGF) sont imputés le plus souvent proportionnellement aux unités produites (notamment le nombre de caisses) en prenant soin d'inclure un facteur de perte dans le taux d'imputation. Une fois établi le coût d'un lot en particulier, il ne reste qu'à diviser ce montant par le nombre d'unités fabriquées pour obtenir le coût unitaire.

Un analyste du coût de revient, qui relève du contrôleur de l'usine, est assigné à cette tâche. Selon M. Tessier, l'analyste du coût de revient doit avoir une connaissance approfondie du processus de fabrication pour être en mesure d'expliquer les écarts et, le cas échéant, de suggérer des solutions. Sa présence dans l'usine se justifie donc parfaitement et il est indispensable qu'il collabore avec les responsables de la fabrication.

La technologie est grandement mise à contribution, car plus de 90 % du processus de collecte, d'enregistrement et de traitement de l'information est informatisé. Un système de code à barres est intégré au système informatique et assure la fiabilité des données recueillies. Toutefois, il arrive que les ouvriers soient obligés d'intervenir pour régler le mélange des ingrédients entrant dans la fabrication des jus de fruits. L'analyste du coût de revient peut aussi être appelé à modifier le calcul du rendement d'un lot après avoir cerné les causes des anomalies.

LE COÛT DE REVIENT ET LA GESTION

Considérant la nature de la fabrication, la méthode du coût de revient par lots est la plus appropriée. L'information fournie par le système de coût de revient remplit plusieurs fonctions. Elle simplifie l'analyse des résultats et incite les gestionnaires à suggérer des moyens de les améliorer. L'utilisation de normes (standards) aide à déceler les anomalies et oriente en quelque sorte la recherche de solutions. De façon générale, les écarts qui représentent de 2 % à 3 % (ou plus) du coût total d'un lot sont répertoriés et analysés dans le but d'en connaître les causes. L'analyse des écarts constitue ainsi un volet important du contrôle du coût de revient. Le calcul du coût de revient des différents lots et l'établissement des normes qui s'y réfèrent représentent les éléments clés d'un contrôle efficace. L'analyse des écarts serait inutile et dénuée de sens si l'information sur les coûts et les normes restait imprécise ou incomplète.

Il importe donc que les normes soient mises à jour régulièrement. Chez Lassonde, elles sont révisées tous les mois en fonction de divers éléments, notamment la variation des taux de change, qui peut influer sur le coût de certains ingrédients comme le concentré de jus d'orange importé des États-Unis et du Brésil, ainsi que l'évolution de la technologie et des procédés de fabrication. Des facteurs externes et internes peuvent modifier le coût de revient d'un lot, d'où la nécessité de connaître la composition des coûts d'un lot et de modifier les normes au besoin. Selon M. Tessier, le travail de l'analyste du coût de revient fait appel au jugement : « Il faut aller au-delà des chiffres, aller voir ce qui se passe sur le terrain. Les standards, c'est une chose, mais on se rend vite compte qu'il est difficile de respecter à la lettre ces standards. » De fait, une multitude de raisons peuvent expliquer les écarts et il importe d'y apporter une attention particulière tout en favorisant les échanges avec les employés et les équipes de travail.

Au-delà du coût de revient de fabrication, la société doit également porter une attention particulière aux coûts de l'ensemble de la chaîne de valeur, allant des fournisseurs aux détaillants en passant par le circuit de distribution. Pour les différents produits offerts, le coût des matières premières peut fluctuer selon la quantité et la qualité des récoltes, le coût du transport (point d'approvisionnement) et les devises monétaires, si applicable. Étant donné le caractère saisonnier des récoltes, il importe d'entreposer ces dernières dans des conditions permettant de les maintenir fraîches toute l'année (salles à atmosphère contrôlée, etc.), ce qui occasionne des coûts supplémentaires. Les coûts d'emballage sont eux aussi suivis de près, car il va de soi qu'on cherche à les maintenir le plus bas possible. Si les contenants de carton et de plastique en sont venus à remplacer les contenants de verre et de métal, c'est par souci de réduire les coûts mais également le poids des produits finaux, qui compte pour beaucoup dans les frais de transport.

En ce qui concerne la distribution, il faut compter les coûts associés au transport, mais également ceux associés à la place qu'occupe le produit sur les rayons d'un détaillant (communément appelée « espace tablette[1] »). L'étalement géographique du marché canadien oblige la société à se pourvoir de plusieurs usines réparties sur l'ensemble du territoire afin de minimiser les coûts de transport de ses produits. Pour ce qui est des coûts associés à la place qu'ils occupent sur les rayons des détaillants, ils constituent des frais non négligeables. Les grandes chaînes d'alimentation jouissent d'un important pouvoir de négociation. Elles savent que l'espace occupé par les produits sur leurs rayons peut avoir un impact important sur les ventes de ces produits et ne manquent jamais de valoriser cet aspect dans leurs négociations avec les fournisseurs.

Tous ces aspects créent une pression importante sur les coûts, et la société doit gérer l'ensemble de ces derniers de façon à maintenir une marge moyenne de profit acceptable sur l'ensemble de ses produits. Comme le mentionne M. Tessier : « Alors que le prix de vente de nos produits n'a presque pas changé depuis plusieurs années, les coûts, eux, n'ont cessé de croître, ce qui fait que, pour continuer à contrôler nos marges de profit, nous devons nous appliquer à bien gérer nos coûts et à augmenter le volume de produits vendus pour répartir nos frais fixes et ainsi garder un coût de revient unitaire compétitif. »

---

1. L'expression « espace tablette » est un calque de l'anglais *shelf space*.

LES SYSTÈMES DE CALCUL PAR CENTRES DE COÛTS

Un **système de calcul par centres de coûts** comprend trois blocs : les ressources utilisées, les centres de coûts et les objets de coût. En bref, les coûts des ressources cheminent à travers les différents centres de coûts, et ces derniers mobilisent également leurs propres coûts, lesquels doivent à leur tour être répartis entre les objets de coût. Ces systèmes de calcul se sont développés de manière intuitive, car il apparaissait normal pour les gestionnaires de suivre les coûts selon le flux physique des unités à travers le processus de fabrication. Ainsi, on peut aussi bien affecter les coûts des ressources que les répartir, selon les besoins, de façon à déterminer le coût des objets de coût. Dans le cas de la fabrication sur commande et de la fabrication par lots, les objets de coût sont respectivement les commandes et les lots. Un tel système de calcul vise à mesurer le coût de fabrication, qui inclut les coûts directs affectés et les coûts indirects imputés aux commandes ou aux lots.

LES CENTRES DE COÛTS

Le **centre de coûts** est habituellement le lieu physique où se déroulent les activités, par exemple une activité de service de soutien ou un atelier. Les centres de coûts ont vu le jour au début de l'ère industrielle, tout comme les systèmes de calcul par centres de coûts. Pendant longtemps, on a effectué ces calculs sans ordinateur, à l'aide des registres comptables de chaque centre de coûts, dans lesquels on inscrivait toutes les transactions. On comptabilisait les ressources utilisées par un centre, ainsi que les produits en cours de fabrication qui seraient bientôt transférés dans un autre centre ou dans l'entrepôt de produits finis.

De nos jours, il n'est plus nécessaire de tenir un registre comptable pour chaque centre de coûts. Cependant, la structure des systèmes comptables par centres de coûts est le fruit de cet héritage et comprend encore des comptes répartis selon les centres de coûts. Les systèmes d'information modernes permettent d'obtenir le même type d'information qu'autrefois, notamment de déterminer les coûts d'une commande ou d'un lot et de ses principaux éléments constitutifs, puisqu'ils proviennent des centres de coûts. De plus, si l'exécution de la commande exige plusieurs jours, on peut en être informé en cours de route.

L'AFFECTATION ET L'IMPUTATION DU COÛT DES RESSOURCES

Comme dans tous les systèmes de coûts, on rattache directement aux objets de coût tous les coûts qui peuvent leur être rattachés, par exemple les matières premières et la main-d'œuvre directe. Quant aux autres coûts, les frais généraux de fabrication, qui sont le plus souvent des coûts indirects, on doit d'abord les affecter à des centres de coûts, qui correspondent aux lieux physiques où les produits sont fabriqués (figure 5.1). Ensuite, on utilise la technique de l'imputation pour répartir les coûts des centres de coûts entre les objets de coût selon une base d'imputation logique.

Avant l'avènement de la comptabilité par activités (voir le chapitre 7), on établissait le coût de revient sans vraiment se préoccuper du fonctionnement de ces centres. Toutefois, on s'efforçait de raffiner l'analyse des ressources utilisées dans un centre de coûts afin de rendre compte plus fidèlement de l'imputation des coûts accumulés dans un centre, et de la

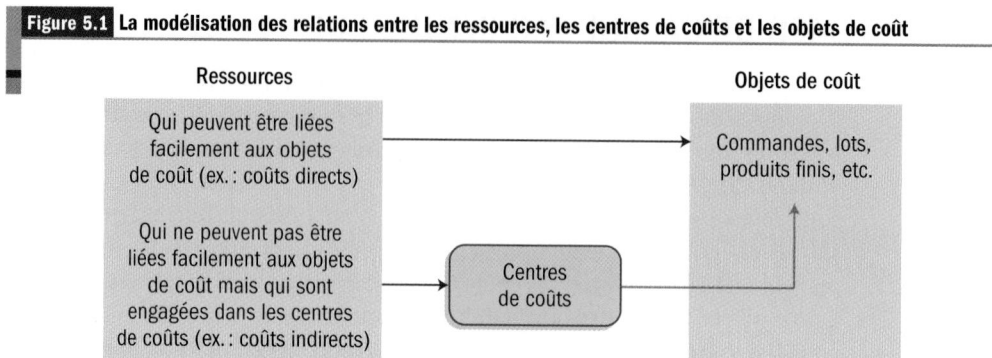

Figure 5.1 La modélisation des relations entre les ressources, les centres de coûts et les objets de coût

faire coïncider autant que possible avec la consommation des ressources accumulées dans ce centre par les commandes ou par les lots qui y sont produits. Dans l'étude consacrée à Siemens[2], on dénombre plus de 600 centres de coûts. Ce cas illustre parfaitement le fonctionnement des grandes entreprises manufacturières qui sont restées fidèles à leur approche fondée sur les centres de coûts.

LES INFORMATIONS INDISPENSABLES SELON LES MÉTHODES DE FABRICATION

LA FABRICATION SUR COMMANDE

Comme son nom l'indique, la **fabrication sur commande** consiste à n'entreprendre la fabrication d'un produit que sur réception d'une commande. Cette fabrication répond à des exigences précises des clients – spécifications du produit, garanties, livraison, prix, etc. – qui sont parfois toutes précisées dans la transaction conclue avec l'entreprise. Une fois cette transaction conclue, la fabrication du produit est mise en route. Notons que certains produits sont fabriqués «sur mesure» parce qu'il est impossible de faire autrement. Dans la fabrication sur commande, le produit est unique : il est mis au point selon les spécifications techniques du client et fait l'objet d'un devis spécifique ; il est souvent vendu grâce à un contrat obtenu par soumission ; il est livré dès qu'il est terminé et n'a donc pas à être entreposé.

Avant de se lancer dans la fabrication sur commande, on doit disposer de deux types d'information.

1. Avant de mettre la commande en route, on doit en estimer le coût de revient pour être en mesure de fixer le prix de vente et de préparer la soumission.

2. On doit bien connaître les coûts afférents à une commande, savoir à tout moment quels coûts sont engagés et lesquels devront l'être, et enfin déterminer le bénéfice que rapportera la commande.

---

2. Karen Hopper Wruck et Robin Cooper, *Siemens Electric Motor Works (A) and (B) Combined*, n° 9-190-052, Harvard Business School Case, 1989.

La réception d'une commande déclenche une série d'activités : approvisionnement en matières premières, en fournitures et en pièces nécessaires à la fabrication du produit, afin de réduire les coûts de stockage ; planification et consignation dans le calendrier de production de l'utilisation des machines, afin de diminuer les temps morts – du personnel et des machines – et de respecter les délais de livraison.

LA FABRICATION PAR LOTS

La **fabrication par lots** vise à réduire au minimum les coûts de production. Par exemple, le modèle du lot économique[3] permet de déterminer la taille optimale d'un lot en fonction des coûts de mise en course, d'une part, et des coûts de stockage, d'autre part.

Deux types d'information sont particulièrement intéressants dans le cas de la fabrication par lots.

1. Tout d'abord, il est utile d'estimer le coût de fabrication d'un lot avant de le produire, car la mise en marché et la publicité d'un produit précèdent de plus en plus souvent le début de la production.

2. Ensuite, il est utile d'analyser les coûts afférents à un lot et, le cas échéant, de déterminer comment améliorer le rendement de la production.

Tout comme dans la fabrication sur commande, l'ordre de commencer la production d'un lot déclenche l'approvisionnement en matières premières, en fournitures et en pièces, etc., ainsi que la planification de l'utilisation des machines et du personnel.

LA FABRICATION PAR PROJETS OU MANDATS

Les projets et les mandats ont les mêmes caractéristiques que les commandes. On décroche les contrats le plus souvent en présentant une soumission ; les projets, qui sont par nature uniques, engagent souvent des coûts importants mais qui deviennent spécifiques à chacun des projets. De manière générale, on estime le coût d'un projet ou d'un mandat en évaluant les ressources spécifiques engagées, notamment les fournitures, les composantes, le nombre d'heures travaillées sur le projet et, évidemment, une juste part des frais généraux qu'on peut y associer.

ASSOCIATION DES MÉTHODES DE FABRICATION AVEC LA MESURE DU COÛT DE REVIENT

En raison de leurs points communs, la mesure du coût de revient est semblable pour toutes les méthodes de fabrication que nous venons de mentionner. Dans les faits, qu'il s'agisse d'une commande spécifique, d'un lot particulier ou d'un projet, c'est principalement leur coût de revient qui nous intéresse. Lorsqu'un client passe une commande, il est facturé en fonction de l'entente initiale convenue avec son fournisseur. Il est donc essentiel de connaître

---

3. Défini comme la quantité optimale qu'il convient de commander lorsque le stock est réduit à un niveau minimal appelé seuil de réapprovisionnement. Louis MÉNARD, *Dictionnaire de la comptabilité et de la gestion financière*, ICCA, 2e éd., 2004, p. 426.

le coût de cette commande pour savoir si elle est rentable (évaluation de la performance) et pour associer le prix de vente avec le coût des marchandises vendues (évaluation de la valeur des stocks et du coût des marchandises vendues) au niveau des écritures comptables. Il en va de même pour un lot répétitif ou un projet spécifique dont on veut connaître les coûts.

En général, on regroupe ces méthodes de fabrication dans la catégorie « Fabrication sur commande », à laquelle on associe un système de calcul du coût de revient appelé « Coût de revient par commande ». C'est le mode de fabrication qui dicte la méthode de calcul et non l'inverse. Le système comptable ne fait que s'adapter à la réalité technique et économique de l'entreprise. C'est la méthode de calcul privilégiée dans les situations particulières présentant les caractéristiques suivantes :

1. Les produits sont uniques et fabriqués sur mesure selon le devis du client.

2. L'entreprise fabrique simultanément des produits différents au sein des mêmes centres de coûts.

3. On peut facilement isoler le coût des ressources engagées et les allouer aux objets de coût.

4. Il est possible de calculer le coût de chaque unité ou lot facturé au client.

LA MÉTHODE DE CALCUL DU COÛT DE REVIENT PAR COMMANDE

LE COÛT DE REVIENT RATIONNEL DES COMMANDES ET L'ÉCART D'IMPUTATION

Les systèmes de calcul par centres de coûts aident à déterminer le coût d'une commande ou d'un lot en cours d'exercice. Pour ce faire, on compte les matières premières réelles et la main-d'œuvre directe réelle, auxquelles on ajoute un montant de frais généraux de fabrication imputés. Puis, on calcule l'équivalent du coût de revient rationnel.

EXEMPLE

FABRICATION D'UN LOT DE JUS DE POMME CHEZ LASSONDE

Prenons un exemple simple et tentons de déterminer le coût de revient d'un lot de jus de pomme en particulier. Les données recueillies pour cette commande sont les suivantes :

Données pour le lot 129

Matières premières utilisées	45 000 $
Main-d'œuvre directe (850 heures × 12,80 $/heure)	10 880 $
Quantité fabriquée	100 200 unités
Heures de fonctionnement des machines	300 heures

Puisque le procédé est largement mécanisé, notamment pour l'embouteillage, il utilise surtout des heures-machines. L'entreprise impute les frais généraux de fabrication (FGF) en utilisant les heures-machines comme base d'imputation. Sachant que le taux d'imputation pour la période courante a été établi à 50 $/heure-machine et que la quantité fabriquée est de 100 200 unités, quel devrait être le coût du lot 129 ?

La fiche de coût de revient

Matières premières réelles	45 000 $
Main-d'œuvre directe réelle (850 heures × 12,80 $/heure)	10 880 $
FGF imputés (300 heures × 50 $/heure-machine)	15 000 $
Coût de revient global du lot	**70 880 $**

Le coût rationnel unitaire du lot 129 pour une quantité de 100 200 unités, comprenant les coûts réels de matières premières et de main-d'œuvre directe, ainsi que les coûts imputés des FGF, est donc de 0,71 $.

Les frais imputés correspondent à un montant estimé de frais généraux de fabrication (FGF). En effet, on les établit à partir d'un budget des FGF et d'une prévision du volume d'activité. Si les FGF budgétés ne correspondent pas aux FGF réels constatés en fin de période ou si le volume d'activité prévu pour la période ne correspond pas au volume d'activité réel, il y a de fortes chances qu'on constate, en fin de période, un écart entre les FGF imputés et les FGF réels. À la fin d'une période, par exemple l'exercice financier annuel, on doit expliquer d'où provient l'écart d'imputation, c'est-à-dire la différence entre les FGF réels et les FGF imputés.

EXEMPLE

ACIERS PM

Voici le budget des FGF d'une PME manufacturière, Aciers PM.

Le budget des frais généraux de fabrication

	Montant
FGF fixes	50 000 000 $
FGF variables	30 000 000 $
	80 000 000 $

L'entreprise prévoit consommer 1 000 000 d'heures de main-d'œuvre directe, ce qui équivaut à 625 employés travaillant chacun pendant 1 600 heures en moyenne. On utilisera donc au cours de l'exercice un **taux d'imputation** de 80 $/heure, soit 50 $/heure pour les FGF fixes et 30 $/heure pour les FGF variables.

Au cours de l'exercice, on a accumulé 990 000 heures de main-d'œuvre directe (990 000 heures × 80 $/heure), 79 200 000 $ ont été imputés et l'entreprise a engagé 81 477 000 $ en FGF. On constate donc en fin de période une sous-imputation de 2 277 000 $ (81 477 000 $ – 79 200 000 $).

LE SUIVI DES COÛTS PAR L'ENTREMISE DES ÉCRITURES COMPTABLES

Les **écritures comptables** rendent intelligible le fonctionnement du modèle comptable, notamment les comptes du grand livre (GL). On enregistre les transactions soit sous forme de crédit, soit sous forme de débit. Du point de vue du modèle comptable, tout débit est consigné dans la colonne de gauche et indique la disponibilité d'une ressource, tandis que tout crédit est consigné dans la colonne de droite et indique la provenance d'une ressource. En revanche, lorsqu'on inscrit dans la colonne de droite un compte ayant normalement un solde débiteur, cela correspond à une diminution des ressources disponibles; inversement, lorsqu'on inscrit dans la colonne de gauche un compte présentant un solde créditeur, cela correspond à une diminution des ressources dont l'origine est notée au compte. Pour interpréter les données provenant du système comptable, il est important de comprendre comment on effectue les inscriptions dans les comptes, et ce, même si toutes les transactions sont de nos jours enregistrées automatiquement par un logiciel.

L'invention des écritures comptables précède de quelques siècles celle de l'ordinateur. Chaque écriture correspondait alors à une transaction, toujours accompagnée d'une pièce justificative. On décrivait ainsi toutes les ressources consommées dans un centre de coûts, et on les justifiait par un bon de réception de matières premières, par la feuille de temps d'un employé, par une facture relative à des fournitures, etc. De même, on inscrivait sur un bon de transfert tous les produits transférés d'un centre de coûts vers un autre centre de coûts ou vers un entrepôt de produits finis. Grâce aux écritures comptables, le responsable d'un centre de coûts était donc en tout temps en mesure d'effectuer, preuves à l'appui, l'inventaire des ressources utilisées et des produits transformés et transférés par la suite vers un autre centre.

EXEMPLE

L'IMPRIMERIE GUTENBERG

L'imprimerie Gutenberg s'est engagée à honorer une commande de 3 000 formulaires et de 5 000 enveloppes, sur lesquels figure le logo de l'entreprise cliente. Le montant de la soumission est de 275,00 $, soit 156,75 $ pour les formulaires et 118,25 $ pour les enveloppes, taxes en sus. On émet des bons de travail portant les numéros BT-34568 et BT-34569. Une fois la commande livrée, on compile les données relatives aux transactions.

Le coût de revient total, une fois la commande exécutée, est donc de 238,05 $, montant inférieur à la soumission et qui représente un résultat brut de 36,95 $, soit 13,4 % du prix demandé au client. Quant aux coûts unitaires, on les obtient en divisant le coût total de chacun des bons de travail par la quantité fabriquée.

Les données comptables relatives aux commandes

Ressources	BT-34568	BT-34569	Total
Matières premières	45,70 $	30,35 $	76,05 $
Main-d'œuvre directe (MOD)			
1,5 heure × 20 $	30,00 $		30,00 $
1,2 heure × 20 $		24,00 $	24,00 $
FGF imputés			
à 40 $/heure-MOD	60,00 $		60,00 $
à 40 $/heure-MOD		48,00 $	48,00 $
Coût total	**135,70 $**	**102,35 $**	**238,05 $**
Quantité commandée	3 000 unités	5 000 unités	
Coût unitaire	**0,045 $**	**0,020 $**	

Le prix de vente demandé au client, et qu'il a accepté de payer, provenait d'une soumission préparée à partir d'estimations des quantités de matières premières et du temps de main-d'œuvre directe ; on a appliqué un taux d'imputation à ces estimations afin de tenir compte de la part des FGF.

Pour l'entreprise qui fait une soumission, il est primordial de bien évaluer le coût de revient estimatif de la commande afin de s'assurer que le prix de vente fixé est compétitif et qu'elle réalisera un bénéfice. Le coût réel est ensuite soumis au même processus d'analyse. Ainsi, on peut vérifier si le modèle d'évaluation *a priori* d'une soumission reste valable, et on comprend pour quelles raisons le coût réel diffère des estimations préalables.

Le système comptable permet de suivre l'évolution du coût des commandes à toutes les étapes de la production. Les responsables ont donc toute liberté d'ajuster le tir lorsque les résultats obtenus semblent s'éloigner des estimations préalables. Cependant, plus les délais de production ou d'exécution des commandes sont longs, plus il est important de comparer les estimations avec les résultats. Et il est vital de le faire dans les projets à long terme qui s'échelonnent sur plusieurs mois ou plusieurs années.

La figure 5.2 donne un aperçu des documents utilisés pour favoriser le **cheminement des coûts** dans le cas de la fabrication sur commande.

Afin de suivre et d'accumuler les coûts par commande, on produit une fiche de coût par commande sur laquelle sont répertoriées toutes les ressources engagées dans cette commande. Pour que ce système fonctionne, l'entreprise doit émettre des bons de travail interne en rapport avec la commande (dans les systèmes informatisés, il s'agit d'une cellule d'information rassemblant toutes les données de la commande). Ainsi, chaque fois que des matières premières sont utilisées pour une commande spécifique, on remplit un bon de demande de matériel qui permet de compiler toutes les matières premières utilisées. De la même façon,

| Figure 5.2 | Le cheminement des coûts dans les documents |

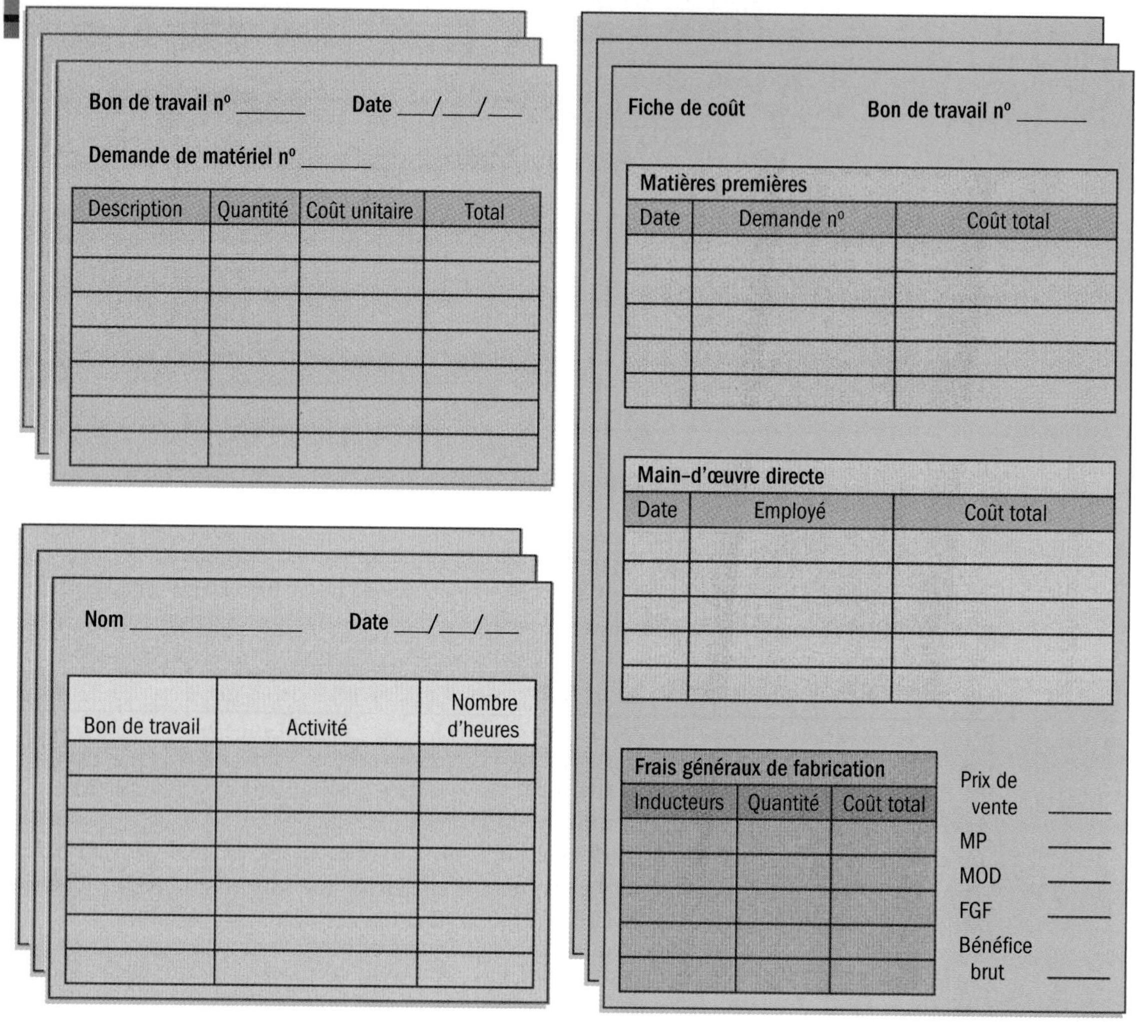

Bon de travail n° _____ **Date** ___/___/___

Demande de matériel n° _____

Description	Quantité	Coût unitaire	Total

Nom _____ **Date** ___/___/___

Bon de travail	Activité	Nombre d'heures

Fiche de coût   **Bon de travail n°** _____

Matières premières

Date	Demande n°	Coût total

Main-d'œuvre directe

Date	Employé	Coût total

Frais généraux de fabrication

Inducteurs	Quantité	Coût total

Prix de vente _____
MP _____
MOD _____
FGF _____
Bénéfice brut _____

pour répertorier les ressources de main-d'œuvre directe, chaque employé remplit une feuille de temps sur laquelle il indique combien d'heures il a consacrées à chaque commande et, si possible, quelle tâche (ou quelle activité) il a effectuée. Enfin, on ajoute la part des FGF imputés de façon à calculer l'ensemble des coûts engagés dans ladite commande. Cette procédure permet de suivre les coûts d'une commande sur une base quotidienne puisqu'ils s'accumulent au fil du temps jusqu'à ce que la commande soit terminée. Alors, ils cessent de s'accumuler, et on connaît le coût global de fabrication.

La fiche de coût est très pratique pour visualiser sur un seul document l'ensemble de l'information qui a permis de calculer le coût de revient de la commande. Si la commande est terminée à la fin d'une période donnée, le total des coûts compilés sur la fiche correspond à la valeur des stocks de produits finis transférés à l'entrepôt. En revanche, si la commande n'est pas terminée, le total des coûts accumulés dans la fiche s'ajoute à la valeur des stocks de produits en cours à la fin de cette période.

Cette fiche de coût sert également à comparer les coûts estimés initialement avec le coût de revient rationnel de la commande. Pour que cette analyse soit valable, il va sans dire que l'information doit être fiable et complète. L'ensemble des documents produits est généralement acheminé vers le service de comptabilité, qui les enregistre à l'aide des écritures comptables. Pour décrire le processus des écritures comptables, nous utiliserons une méthode comportant les cinq étapes suivantes :

1. Acquisition des ressources

2. Utilisation des ressources

3. Transfert des ressources

4. Ventes

5. Traitement des écarts d'imputation

EXEMPLE

L'IMPRIMERIE GUTENBERG (SUITE)

La figure 5.3 présente une fiche de coût typique établie par l'imprimerie Gutenberg : elle comprend le résumé des coûts engagés pour les formulaires P-454. On remarque que la fiche reprend l'ensemble des demandes de matériel et des feuilles de temps qui se rapportent au bon de travail BT-34568.

Du point de vue des écritures comptables, il s'agit de compiler les coûts des ressources utilisées et de les répartir entre les stocks de produits en cours de fabrication et les produits finis. Chaque transaction donne lieu à une écriture.

Étape 1 : Acquisition des ressources

Dès qu'on fait l'acquisition de nouvelles matières premières, on inscrit la transaction dans un compte appelé Stock de matières premières. Le montant des acquisitions est porté au débit du compte. Supposons, par exemple, que les acquisitions de matières premières inscrites depuis le début de l'année correspondent à un montant de 650 000 $. L'écriture comptable se lira de la façon suivante[4] :

Stock de matières premières	650 000 $	
Fournisseurs		650 000 $

---

4. Ces coûts ne représentent pas les coûts pour toute l'année, mais les coûts accumulés depuis le début de l'année jusqu'à la date de fabrication des bons de travail BT-34568 et BT-34569. Le même raisonnement s'applique pour la main-d'œuvre directe et pour les frais généraux de fabrication réels.

Figure 5.3 Une fiche de coût de l'imprimerie Gutenberg

Fiche de coût

Bon de travail n° BT-34568

Description : 3 000 formulaires P-454

Matières premières

Date	Demande n°	Coût	Coût total
26/02/2003	655423	12,40 $	
27/02/2003	656128	25,10 $	
27/02/2003	656459	8,20 $	**45,70 $**

Main-d'œuvre directe

Date	Employé n°	Nombre d'heures	Coût	Coût total
26/02/2003	5652	0,5	10,00 $	
27/02/2003	5546	1,0	20,00 $	**30,00 $**

Frais généraux de fabrication

Inducteurs	Quantité	Coût
Heures de MOD		
Taux : 40,00 $	1,5	60,00 $
	Total :	60,00 $

Prix de vente	156,75 $
MP	45,70 $
MOD	30,00 $
FGF	60,00 $
Bénéfice brut	21,05 $

Grâce à cette écriture, nous savons maintenant que le centre de coûts dispose de matières premières d'une valeur de 650 000 $, montant qu'il doit à ses fournisseurs. Ensuite, les demandes de matériel sont préparées et les matières premières sont transférées à l'atelier de production (le centre de coûts) dans le but de remplir les différentes commandes.

La même logique comptable s'applique en matière de main-d'œuvre directe. Les employés remplissent des feuilles de temps pour rendre compte en détail des heures qu'ils ont consacrées à chacune des commandes. Ces feuilles sont utilisées pour préparer la paie des employés ; elles permettent de compiler les salaires versés pendant une période donnée. Le montant obtenu est versé au débit du compte Salaires – Main-d'œuvre directe. Si le coût de la main-d'œuvre directe engagé depuis le début de l'année est de 525 000 $, l'écriture comptable se lira de la façon suivante :

Salaires – Main-d'œuvre directe	525 000 $	
Salaires à payer		525 000 $

Enfin, les autres coûts de fabrication, soit les FGF, peuvent être regroupés dans un compte appelé FGF réels pour tenir compte des charges réelles normalement engagées durant la période. La plupart du temps, les FGF réels sont inscrits au fur et à mesure que les coûts sont engagés. Ces derniers sont portés au débit du compte des FGF réels. Dans notre exemple, supposons que les coûts des FGF réels engagés depuis le début de l'année sont de 1 055 000 $. L'écriture comptable se lira de la façon suivante :

FGF réels	1 055 000 $	
Crédits divers		1 055 000 $

Étape 2 : Utilisation des ressources

À l'imprimerie Gutenberg, on prend soin de préparer deux bons de travail distincts, un par commande, qui servent à établir les fiches de coût où figure le détail des ressources engagées. À chaque demande de matériel, on inscrit le transfert des matières premières dans le compte Stock de produits en cours. À la place du compte Stock de produits en cours, on peut également utiliser un compte d'accumulation des coûts appelé Fabrication en cours. Ce compte d'accumulation, qui est un compte de charges, devra alors être fermé à la fin de la période pour être transféré dans le compte Stock de produits en cours. Après avoir utilisé ce compte d'accumulation, il est impératif de « renverser » l'écriture au début de la période suivante afin de réinscrire les stocks de produits en cours dans le compte Fabrication en cours.

Le montant de l'ensemble des bons de travail correspond en fait au solde des stocks de produits en cours de fabrication. Si on reprend les données de l'exemple, soit 45,70 $ de matières premières pour le bon de travail BT-34568 et 30,35 $ pour le bon de travail BT-34569, des matières premières d'une valeur de 76,05 $ seront transférées dans les stocks de produits en cours de fabrication (figure 5.4).

Figure 5.4 Le transfert des stocks de matières premières dans les écritures comptables

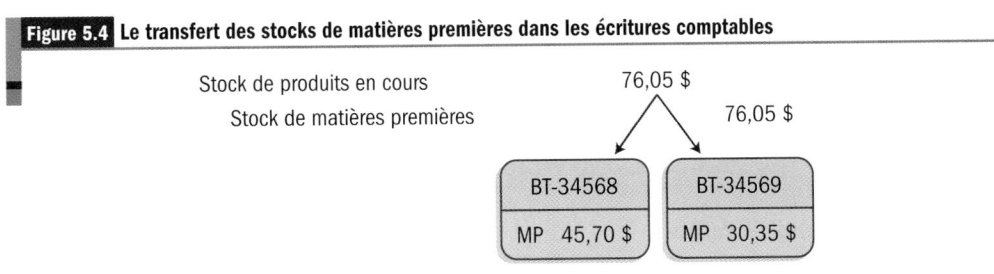

On ventile ensuite le coût des salaires entre les différents bons de travail en tirant l'information des feuilles de temps. Grâce à ces écritures, on transfère le coût de la main-d'œuvre directe vers le compte Stock de produits en cours.

À l'imprimerie Gutenberg, les coûts de main-d'œuvre directe sont de 30,00 $ pour le bon de travail BT-34568 et de 24,00 $ pour le bon de travail BT-34569. Au total, 54,00 $ seront donc transférés dans les stocks de produits en cours (figure 5.5).

En regard des FGF, comme on utilise le coût de revient rationnel, on se servira du taux d'imputation, préalablement estimé, pour calculer les FGF imputés aux commandes. C'est ici que le système comptable créera un nouveau compte, appelé FGF imputés, qui permettra d'inscrire la part des FGF imputés selon les besoins. Ce compte sera utilisé en parallèle avec le compte des FGF réels.

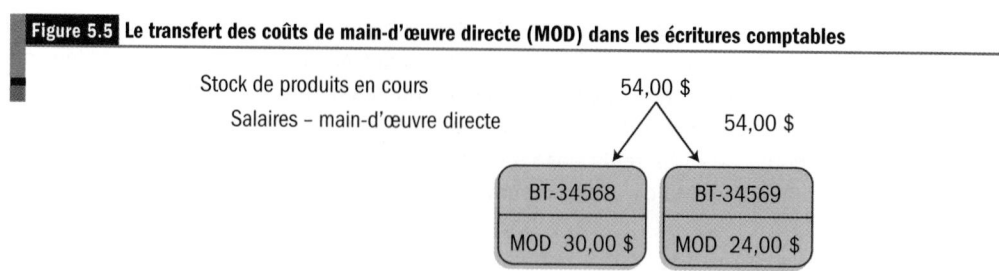

Figure 5.5 Le transfert des coûts de main-d'œuvre directe (MOD) dans les écritures comptables

Dans notre exemple, on a une **imputation** de 40 $ pour chaque heure de main-d'œuvre directe. Les FGF imputés sont donc de 60,00 $ pour le bon de travail BT-34568 et de 48,00 $ pour le bon de travail BT-34569. Au total, 108,00 $ seront transférés dans le stock de produits en cours (figure 5.6).

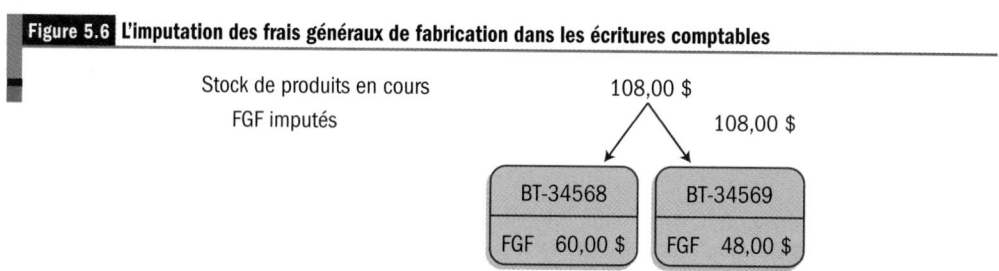

Figure 5.6 L'imputation des frais généraux de fabrication dans les écritures comptables

Étape 3 : Transfert des ressources

Une fois la commande exécutée, il va de soi qu'il faut transférer dans le compte Stock de produits finis le montant qui figure dans le compte Stock de produits en cours. Le total des deux bons de travail qui se rapportent à la commande est de 238,05 $. Le transfert sera effectué grâce à l'écriture suivante :

Stock de produits finis	238,05 $	
Stock de produits en cours		238,05 $

Étape 4 : Ventes

Enfin, après livraison et facturation de la commande au client, on transfère dans le compte Coût des marchandises vendues le montant inscrit dans le compte Stock de produits finis, et on inscrit la vente grâce aux deux écritures suivantes :

Coût des marchandises vendues	238,05 $	
Stock de produits finis		238,05 $
Comptes clients	275,00 $	
Ventes		275,00 $

Étape 5 : Traitement des écarts d'imputation

À la fin de la période, on procède au rapprochement des comptes FGF imputés et des comptes FGF réels afin de constater l'écart d'imputation. En supposant que le nombre d'heures travaillées pour réaliser toutes les commandes correspond au nombre d'heures prévues au début de la période, les employés auront travaillé, durant l'année, un total de 28 250 heures au taux horaire de 20 $. Si on impute aux diverses commandes 40 $ de FGF pour chaque heure travaillée, le montant total des FGF imputés à la fin de la période s'élève à 1 130 000 $ (28 250 heures × 40 $/heure). Comme les registres comptables affichent des FGF réels de 1 135 000 $, l'écart d'imputation est de 5 000 $. Il s'agit d'un écart défavorable, car les FGF réels sont supérieurs aux FGF imputés. Pour traiter cet écart, on ajoute une charge de 5 000 $ au coût des marchandises vendues, ce qui réduit le bénéfice de l'imprimerie Gutenberg. Les écritures suivantes illustrent comment on dégage l'écart et comment l'écart dégagé affecte le coût des marchandises vendues.

Frais généraux de fabrication (imputés)	1 130 000 $	
Écart d'imputation	5 000 $	
Frais généraux de fabrication (réels)		1 135 000 $
Coût des marchandises vendues	5 000 $	
Écart d'imputation		5 000 $

LE TRAITEMENT DE L'ÉCART D'IMPUTATION

Dans l'exemple précédent, l'écart d'imputation résulte du fait que les dépenses réelles en FGF ont excédé les dépenses imputées. Toutefois, il est important de comprendre que, durant l'année, les données financières liées au coût de fabrication étaient toujours affichées en utilisant les FGF imputés plutôt que les FGF réels, et ce, pour les raisons évoquées au chapitre 4. Or, la plupart du temps, les FGF imputés ne correspondent pas aux FGF réels ; on doit donc corriger les données financières utilisées à la fin de l'année financière pour présenter les états financiers définitifs. Cette correction apparaît clairement dans l'exemple de l'imprimerie Gutenberg : à l'étape 5, l'écart de 5 000 $ est transféré dans le coût des marchandises vendues ; ces 5 000 $ ajoutés dans le coût des marchandises vendues traduisent la charge réelle liée aux FGF, soit 1 135 000 $ au lieu de 1 130 000 $.

Toutefois, de façon à présenter les états financiers avec le plus de précision possible, on peut recourir à différentes méthodes pour traiter les écarts d'imputation. Il importe de bien les connaître afin de répondre aux impératifs de qualité de l'information, tout en prenant en compte les coûts liés au traitement de l'écart (ou des écarts) d'imputation. Pour illustrer ces différents traitements possibles, reprenons l'exemple d'Aciers PM.

1. TRAITEMENT UTILISANT UN TAUX RAJUSTÉ

Ce traitement consiste à déterminer, *a posteriori,* un taux d'imputation réel. En effet, à la fin de l'année financière, on peut déterminer ce taux réel en divisant les FGF réels par le niveau réel de la base d'imputation. Chez Aciers PM, le taux d'imputation réel serait de 81 477 000 $/990 000 heures réelles, soit 82,30 $ par heure, plutôt que 80 $ par heure. Ce taux permet d'ajuster l'ensemble des frais imputés tout au long de l'année et de réinscrire les FGF imputés de façon à ce qu'ils correspondent aux FGF réels. De fait, si on calcule les 990 000 heures au taux de 82,30 $, on impute globalement un montant de 81 477 000 $, qui correspond exactement aux FGF réels. Ce faisant, aucun écart ne se dégage, puisque les FGF imputés sont égaux aux FGF réels, et le coût de revient des produits fabriqués est conforme à la réalité. Ce traitement est toutefois coûteux : il exige en effet de redresser tous les calculs d'imputation qui ont été faits durant l'année. Dans les faits, ce traitement n'est viable que lorsque le système informatisé est doté d'une fonctionnalité permettant de modifier le taux d'imputation et de recalculer ensuite automatiquement tous les FGF imputés, une fonctionnalité que n'offrent pas tous les systèmes comptables.

2. TRAITEMENT EN COÛT DE PRODUIT

Ce traitement permet de répartir l'écart d'imputation entre le coût des marchandises vendues (CMV), les stocks de produits finis et les stocks de produits en cours. Dans le cas d'Aciers PM, l'écart de 2 277 000 $ doit être affecté à la production, laquelle a nécessité 990 000 heures de main-d'œuvre directe. Comme on réussit rarement à vendre tout ce qu'on a fabriqué, une partie de la production demeure en stock à la fin de l'année, et ces produits doivent également absorber une partie de l'écart d'imputation. Il en va de même pour les stocks de produits en cours à la fin de l'année. Cette répartition entre le CMV et les stocks est intéressante dans la mesure où elle a un impact sur les états financiers, notamment au niveau du bénéfice. En effet, l'affectation des coûts d'une partie de l'écart d'imputation dans les stocks a pour effet de transférer ces coûts dans le prochain exercice et, ainsi, de modifier le bénéfice de la période courante. Si les données d'Aciers PM révélaient que 90 000 des 990 000 heures travaillées ont été consommées par des produits qui sont dans les stocks de produits finis (les stocks de produits en cours sont négligeables), on pourrait répartir l'écart d'imputation de la façon suivante :

	Heures	**%**	**Montant**
Stocks de produits finis	90 000	9,1 %	207 207 $
Unités vendues (CMV)	900 000	90,9 %	2 069 793 $
Total	990 000	100 %	2 277 000 $

3. TRAITEMENT EN COÛT DE PÉRIODE

Ce traitement consiste à affecter 100 % de l'écart d'imputation dans le CMV. Il n'y a donc aucune répartition à faire entre les stocks et le CMV. Le montant de l'écart d'imputation est absorbé à 100 % comme un coût appartenant à la période courante ; par conséquent, la valeur des stocks n'est en rien affectée par l'écart d'imputation. C'est le traitement qui a été appliqué dans l'exemple de l'imprimerie Gutenberg, à l'étape 5. Il est considéré comme simple et peu coûteux à appliquer. Il est intéressant de l'utiliser lorsqu'on estime que le montant de l'écart d'imputation susceptible d'être affecté aux stocks a une valeur faible et que l'impact sur le bénéfice et les états financiers est négligeable. On ne doit utiliser ce traitement que lorsque ces effets sont minimes. Le recours à cette méthode est donc affaire de jugement.

Les traitements en coût de produit et en coût de période renvoient à la notion de **coûts incorporables**. On dit que des coûts sont incorporables dans la mesure où ils font partie du coût de fabrication et sont donc incorporés dans le coût de revient lié à la fabrication. Si certains coûts ne doivent pas faire partie du coût de fabrication et donc du coût de revient, on les considère par défaut comme non incorporables. Ainsi, le traitement en coût de période revient à traiter l'écart d'imputation comme un coût de période affecté à 100 % au CMV sans qu'il y ait d'impact sur la valeur des stocks. Dans ce cas, l'écart d'imputation est un coût non incorporable. En revanche, le traitement en coût de produit revient à affecter une partie de l'écart dans la valeur des stocks, et cette partie de l'écart devient donc un coût incorporable.

L'UTILITÉ D'UN SYSTÈME DE CALCUL PAR CENTRES DE COÛTS

Les systèmes de calcul par centres de coûts ne doivent pas servir uniquement à calculer les coûts ; ils doivent aussi servir à la gestion, c'est-à-dire à la planification et au contrôle. Du point de vue du calcul, les montants obtenus doivent refléter les coûts réels, qu'il est parfois impossible d'établir avec précision. Ces systèmes conviennent bien dans les situations où tous les produits passant par un centre de coûts consomment les ressources de manière équivalente. En revanche, les résultats sont moins satisfaisants quand la taille des lots diffère grandement ou quand il y a une grande diversité de produits.

Du point de vue du suivi des coûts, ce type de système convient particulièrement au suivi comptable des transactions financières et au contrôle budgétaire par centres de coûts. Il faut toujours garder à l'esprit que les coûts liés à l'investissement dans un système de collecte, d'enregistrement et de traitement des données par centres de coûts doivent être inférieurs à la valeur de l'information produite.

Dans l'exemple de l'imprimerie Gutenberg, l'écart d'imputation résulte du fait que les dépenses réelles en FGF ont excédé les dépenses imputées. Il s'agit donc d'un écart sur dépense. Mais il peut aussi y avoir un écart de volume : c'est le cas lorsque le volume d'activité prévu pour la base d'imputation est différent du volume d'activité réel. Comme les écarts sur volume et sur dépense peuvent survenir simultanément, il est utile de se doter d'une méthode permettant de distinguer la partie de l'écart d'imputation qui est causée par les dépenses de celle qui est causée par le volume.

Pour illustrer cette méthode, reprenons l'exemple d'Aciers PM et utilisons des comptes en T.

EXEMPLE

ACIERS PM (SUITE)

	FGF réels (compte contrôle)	FGF imputés
T1	XX	XX
T2	XX	XX
T3	XX	XX
T4	XX	XX
	81 477 000 $	79 200 000 $

Écart d'imputation
2 277 000 $

Le compte de FGF réels (souvent appelé « compte contrôle ») est un compte de charges : tout au long de l'année, on y inscrit donc au débit les charges générales de fabrication. Le compte de FGF imputés est un compte en contrepartie du compte contrôle, et il est donc créditeur. On le crédite chaque fois qu'on transfère des charges incorporables dans le poste Stock de produits en cours. Si on suit la méthode de comptabilisation en cinq étapes décrite précédemment, les écritures propres au traitement des FGF chez Aciers PM se présenteront de la façon suivante :

Étape 1 : Acquisition des ressources

FGF réels (compte contrôle)	81 477 000 $	
Crédits divers		81 477 000 $

Étape 2 : Utilisation des ressources

Stock de produits en cours	79 200 000 $	
FGF imputés (990 000 heures × 80 $/heure)		79 200 000 $

Étape 5 : Fermeture des comptes FGF imputés et FGF réels (compte contrôle)

FGF imputés (990 000 heures × 80 $/heure)	79 200 000 $	
Écart d'imputation	2 277 000 $	
FGF réels (compte contrôle)		81 477 000 $

L'écart d'imputation constaté chez Aciers PM constitue une sous-imputation. La **sous-imputation** est la différence entre les FGF réellement engagés au cours d'une période et les FGF imputés lorsque les FGF réels sont supérieurs aux FGF imputés (FGF réels > FGF imputés). À l'inverse, la **surimputation** est la différence entre les FGF réellement engagés durant la période et les FGF imputés lorsque les FGF réels sont inférieurs aux FGF imputés (FGF réels < FGF imputés). La sous-imputation représente un montant de charges qui n'ont pas été imputées ; la surimputation représente un montant de charges imputées en trop.

Lorsque l'on constate une sous-imputation en fin de période, l'ajustement comptable effectué a pour effet d'augmenter le coût des marchandises vendues et de réduire le bénéfice net. On dit alors que l'écart est défavorable (D). À l'inverse, lorsqu'il y a surimputation, l'ajustement comptable réduit le coût des marchandises vendues et fait augmenter le bénéfice net. On dit alors que l'écart est favorable (F).

Le tableau de la page suivante présente une analyse du montant de la sous-imputation, qui s'élève à 2 277 000 $. On a dégagé l'écart sur dépense et l'écart sur volume.

Le montant de l'écart sur volume (500 000 $) représente la portion de la sous-imputation attribuable aux charges fixes. Cet écart découle du fait qu'on a initialement prévu faire assumer les charges fixes par un volume d'activité correspondant à 1 000 000 d'heures de main-d'œuvre directe. Comme le nombre d'heures de travail n'a atteint que 990 000, un montant équivalant à 10 000 heures × 50 $ n'a pas été imputé comme il aurait dû l'être. Comme il manque 10 000 heures pour atteindre le niveau initialement prévu, l'écart est considéré comme défavorable.

Le montant de 1 777 000 $ représente la différence entre les résultats réels obtenus et le budget révisé en tenant compte du niveau d'heures de travail atteint. Selon les données du tableau, la portion de cet écart attribuable aux charges variables est de 600 000 $

L'analyse de l'écart d'imputation

	Résultats réels	Budget révisé 990 000 heures	FGF imputés 990 000 heures
Frais variables	30 300 000 $	29 700 000 $ (990 000 × 30 $)	29 700 000 $ (990 000 × 30 $)
Frais fixes	51 177 000 $	50 000 000 $ (1 000 000 × 50 $)	49 500 000 $ (990 000 × 50 $)
	81 477 000 $	**79 700 000 $**	**79 200 000 $**
	1 777 000 $ D		500 000 $ D
	Écart sur dépense		Écart sur volume

(30 300 000 $ − 29 700 000 $), et la portion attribuable aux charges fixes est de 1 177 000 $ (51 177 000 $ − 50 000 000 $). Comme les coûts réels sont supérieurs aux coûts du budget révisé, l'écart est également considéré comme défavorable.

La sous-imputation et la surimputation correspondent toutes deux à des erreurs de prévision. Il est évidemment impossible d'estimer parfaitement le montant de FGF en début d'exercice, de même qu'il est difficile de prévoir exactement le volume d'activité de la base d'imputation. Cependant, il est utile de savoir si les erreurs de prévision ont été importantes et de connaître leur effet sur le coût des produits, d'où les concepts d'écart sur dépense et d'écart sur volume. L'**écart sur dépense** renseigne de manière précise sur l'erreur de prévision des charges fixes et variables se rapportant aux FGF. L'**écart sur volume** indique quel est l'effet sur les frais imputés de l'erreur de prévision concernant le volume d'activité.

EXEMPLE

FABRIQUETEMPS

L'entreprise Fabriquetemps réalise des horloges en métal sur commande. Le prix de vente des horloges est fixé à 150 % du coût de revient rationnel. Voici les données budgétaires établies en début de période :

Les données budgétaires de Fabriquetemps

Matières premières (20 000 unités × 30 $/unité)	600 000 $
Main-d'œuvre directe (20 000 heures × 20 $/heure)	400 000 $
FGF variables	100 000 $
FGF fixes	400 000 $
Production prévue en unités	20 000 unités
Heures prévues de MOD	20 000 heures

On a calculé le taux d'imputation en choisissant comme base d'imputation les heures-MOD :

1. Budget de FGF variables et fixes du centre : 500 000 $ (100 000 $ + 400 000 $)

2. Estimation du volume d'activité du centre : 20 000 heures-MOD

Le taux d'imputation sera donc :

$$\frac{500\ 000\ \$}{20\ 000\ \text{heures-MOD}} = 25\ \$/\text{heure-MOD}$$

On peut scinder le taux d'imputation en une partie variable et une en partie fixe :

FGF variables = 5 $/heure-MOD (100 000 $/20 000 heures)

FGF fixes = 20 $/heure-MOD (400 000 $/20 000 heures)

La fiche de coût de revient d'une horloge

Matières premières (1 unité × 30 $/unité)		30 $
Main-d'œuvre directe (1 heure/unité × 20 $/heure)		20 $
FGF variables imputés (1 heure-MOD/unité × 5 $/heure-MOD)	5 $	
FGF fixes imputés (1 heure-MOD/unité × 20 $/heure-MOD)	20 $	25 $
Coût unitaire		**75 $**

Si les coûts de matières premières et de main-d'œuvre directe sont conformes aux prévisions et que Fabriquetemps reçoit une commande de 1 000 horloges, le **coût de revient rationnel** de la commande s'élèvera à 75 000 $ (1 000 horloges × 75 $/horloge). Le prix de vente devrait alors s'établir à 112,50 $/unité ou 112 500 $ (75 $ × 150 % × 1 000 unités).

En fin de période, le service de la comptabilité fournit les données réelles de production suivantes :

Les données réelles de Fabriquetemps

Matières premières (19 000 unités × 30 $/unité)	570 000 $
Main-d'œuvre directe (19 000 heures × 20 $/heure)	380 000 $
FGF variables	110 000 $
FGF fixes	370 000 $
Production réelle en unités	19 000 unités
Horloges vendues	18 000 unités
Total des ventes (prix de vente moyen de 112,50 $)	2 025 000 $
Heures réelles de MOD	19 000 heures

L'écart d'imputation constaté à la fin de la période s'élève à 5 000 $ (D). Le tableau suivant permet de décomposer cet écart entre ses deux parties : l'écart sur dépense et l'écart sur volume :

Le calcul de l'écart d'imputation

	FGF réels	Budget révisé	FGF imputés
		19 000 heures × 5 $/heure	19 000 heures × 5 $/heure
FGF variables	110 000 $	95 000 $	95 000 $
	Écart sur dépense FGF variables 15 000 $ D		
		20 000 heures × 20 $/heure	19 000 heures × 20 $/heure
FGF fixes	370 000 $	400 000 $	380 000 $
	Écart sur dépense FGF fixes 30 000 $ F	Écart sur volume 20 000 $ D	
Total	480 000 $	495 000 $	475 000 $
	Écart sur dépense global 15 000 $ F	Écart sur volume 20 000 $ D	
	Sous-imputation 5 000 $ D		

Le tableau d'analyse des écarts montre que l'écart d'imputation défavorable de 5 000 $ a deux causes. Le fait d'avoir recours à 19 000 heures de main-d'œuvre au lieu des 20 000 prévues a entraîné une sous-imputation, donc un écart sur volume défavorable de 20 000 $ (400 000 $ – 380 000 $). Par ailleurs, on a dépensé moins que ce qui était prévu au budget révisé en fonction du volume de production de 19 000 unités, ce qui a entraîné une surimputation, donc un écart sur dépense global favorable de 15 000 $. Cela explique la sous-imputation totale de 5 000 $ (D) (20 000 D – 15 000 F). Ce tableau permet de constater que les économies de dépenses ont été réalisées au niveau des frais fixes, pour lesquels on a dépensé 30 000 $ de moins que ce qui était prévu.

En fin de période, on enregistrera les écritures comptables suivantes pour rendre compte des opérations :

Étape 1 : Acquisition des ressources

Stock de MP (20 000 unités × 30 $/unité)	600 000 $	
Comptes fournisseurs		600 000 $
MOD (19 000 heures-MOD × 20 $/heure)	380 000 $	
Salaires à payer		380 000 $
FGF variables réels	110 000 $	
FGF fixes réels	370 000 $	
Crédits divers		480 000 $

Étape 2 : Utilisation des ressources

Stock de produits en cours	1 425 000 $	
Stock de MP (19 000 unités × 30 $/unité)		570 000 $
MOD (19 000 heures-MOD × 20 $/heure)		380 000 $
FGF imputés (19 000 heures-MOD × 25 $)		475 000 $

Étape 3 : Transfert des ressources

Stock de produits finis (19 000 unités × 75 $/unité)	1 425 000 $	
Stock de produits en cours		1 425 000 $

Étape 4 : Ventes

Comptes clients	2 025 000 $	
Ventes (18 000 unités × 75 $/unité × 150 %)		2 025 000 $
Coût des marchandises vendues	1 350 000 $	
Stock de produits finis (18 000 unités × 75 $/unité)		1 350 000 $

Étape 5 : Traitement des écarts d'imputation

Frais généraux de fabrication (imputés)	475 000 $	
Écart sur dépense variable	15 000 $	
Écart sur volume	20 000 $	
Écart sur dépense fixe		30 000 $
FGF variables		110 000 $
FGF fixes		370 000 $
Coût des marchandises vendues	5 000 $	
Écart sur dépense fixe	30 000 $	
Écart sur dépense variable		15 000 $
Écart sur volume		20 000 $

Il faut noter qu'on a utilisé ici le traitement en coût de période, car l'écart d'imputation de 5 000 $ représente moins de 1 % du CMV, et l'impact sur le bénéfice serait négligeable si on adoptait le traitement en coût de produit.

CAPSULES VIDÉO

Qu'en disent les experts ?

CAPSULE VIDÉO 5.1   Facteurs susceptibles d'influer sur les coûts

Monsieur Jean Tessier, vice-président, trésorerie, chez Industries Lassonde inc.,
explique que les matières premières représentent un pourcentage important du coût
de revient dans l'industrie de la transformation des aliments. Pour illustrer ses propos,
il nomme certains facteurs parmi les plus susceptibles d'influer sur le coût des fruits.

CAPSULE VIDÉO 5.2   Pistes de gestion du coût de revient

Dans le cas d'Industries Lassonde, les contenants représentent aussi un pourcentage
important du coût de revient. Monsieur Tessier décrit brièvement les moyens d'en
optimiser la gestion.

CAPSULE VIDÉO 5.3   Gestion des coûts de transport

Les coûts de transport, tant sur le plan de l'approvisionnement que sur celui de la
livraison, exigent une gestion adroite. Monsieur Tessier aborde la question plus en détail.

CAPSULE VIDÉO 5.4   Rôle des centres de coûts

Monsieur Tessier commente le rôle des centres de coûts dans le calcul du coût
de revient.

CAPSULE VIDÉO 5.5   Tableau de bord de gestion opérationnel

Monsieur Tessier offre une brève description du rôle de la fonction finance dans
la gestion de la performance organisationnelle au sein d'Industries Lassonde.

1 Définir les systèmes de calcul par centres de coûts.

Les systèmes de calcul par centres de coûts affectent à des centres de coûts les coûts qui ne peuvent être affectés directement aux produits. Ces coûts sont ensuite imputés aux produits qui passent par ces centres de coûts au prorata du volume d'activité de chaque centre.

2 Expliquer en quoi consistent les centres de coûts.

Les centres de coûts sont habituellement le lieu physique où se déroulent les activités, par exemple un service ou un atelier. Par le passé, il était facile de visualiser et d'enregistrer toutes les ressources utilisées dans un centre, puis de les imputer au prorata du temps qu'on estimait nécessaire au traitement des commandes ou des lots dans le centre.

3 Décrire les procédés d'affectation et d'imputation du coût des ressources.

Dans le but de connaître le coût de fabrication, on doit rattacher directement aux objets de coût les matières premières et la main-d'œuvre directe. Quant aux autres coûts, les frais généraux de fabrication, ils doivent d'abord être affectés à des centres de coûts. Ensuite, on utilise la technique de l'imputation pour répartir les coûts des centres de coûts entre les objets de coût selon une base d'imputation logique.

4 Comprendre quelles informations sont indispensables pour mener à bien la fabrication sur commande, par lots et par projets ou mandats.

Il existe deux types d'information essentiels aux systèmes de calcul des coûts étudiés dans ce chapitre : premièrement, les données permettant d'estimer le coût de revient d'une commande, d'un projet ou d'un mandat avant qu'ils soient réalisés, afin de déterminer le prix de vente ; deuxièmement, les données permettant d'effectuer un suivi constant des coûts en vue de les limiter, ce qui est d'autant nécessaire que le projet dure longtemps.

5 Présenter et expliquer la méthode de calcul du coût de revient sur commande.

Les écritures comptables sont une façon de décrire l'activité qui se déroule dans un centre de coûts, qu'il s'agisse de l'acquisition de toutes les ressources utilisées dans un centre ou des transferts de produits vers un autre centre.

6 Analyser l'écart d'imputation.

L'écart d'imputation renseigne sur la différence qui existe entre les frais généraux de fabrication réels et les frais généraux de fabrication imputés en fin d'exercice financier. Il est utile d'établir le montant de cet écart, d'en déterminer l'importance et l'origine, afin de savoir s'il renvoie à une mauvaise prévision des charges, à une mauvaise prévision du volume d'activité ou à une mauvaise gestion des coûts.

7 Démontrer l'utilité des systèmes de calcul par centres de coûts.

Les systèmes de calcul par centres de coûts permettent de savoir où les coûts ont été engagés, mais cela ne permet pas toujours de savoir pourquoi ils ont été engagés. De plus, au niveau de l'écart d'imputation observé, il est possible de connaître la partie des coûts de l'écart qui s'explique par le volume de la base d'imputation ou par les dépenses réellement engagées.

MOTS CLÉS

LES SYSTÈMES DE CALCUL PAR CENTRES DE COÛTS : LA FABRICATION UNIFORME ET CONTINUE

OBJECTIFS

1 Décrire la fabrication uniforme et continue.

2 Expliquer le calcul du coût de revient en fabrication uniforme et continue.

3 Présenter la technique des unités équivalentes.

4 Savoir calculer le coût de fabrication selon la méthode du coût moyen.

5 Démontrer l'utilité des écritures comptables en fabrication uniforme et continue.

6 Expliquer comment la méthode du coût moyen s'applique dans divers contextes.

SOMMAIRE

Maintenant rompu au calcul par centres de coûts, le lecteur est ici initié au calcul de coûts dans un contexte de fabrication uniforme et continue. Ce procédé implique que la transformation de matières premières se fait selon un cycle continu, souvent de 24 heures sur 24 et de 7 jours sur 7, comme c'est le cas dans l'industrie pétrochimique ou celle de l'aluminium. La transformation selon un cycle continu existe aussi dans d'autres industries, notamment dans la production de pâtes faites à base de produits forestiers et, de plus en plus souvent, de produits recyclés et de résine.

Le cas Uniboard Canada Inc. est une parfaite illustration du concept de fabrication uniforme et continue qui se prête également bien à la définition du concept clé d'unités équivalentes ainsi qu'à la démonstration des méthodes de calcul des stocks.

■ UNIBOARD CANADA

Fondée en 1982, Uniboard Canada compte aujourd'hui plus de 800 employés, répartis dans 5 usines de fabrication à la fine pointe de la technologie. L'entreprise fait partie, depuis 2005, du groupe allemand Pfleiderer, l'un des chefs de file mondiaux en matière de fabrication de bois d'ingénierie, de produits finis traités en surface et de planchers laminés.

Avec un chiffre d'affaires annuel de plus de 500 millions de dollars en 2010 et une capacité de production de plus d'un milliard de pieds carrés de panneaux de bois, Uniboard est un leader en Amérique du Nord en matière de produits de bois reconstitués à valeur ajoutée. On parle ici de panneaux de particules, de panneaux de fibres à moyenne densité (MDF) et à haute densité (HDF) ainsi que de panneaux décoratifs laminés, destinés aussi bien aux marchés canadiens et américains qu'à l'exportation. La force de l'entreprise tient à l'intégration verticale totale de sa production de résine, de son service de recherche et développement et de sa production de panneaux. Ses usines sont d'ailleurs situées en région (notamment à Val-d'Or, Mont-Laurier et Sayabec), à proximité de sa matière première principale, la fibre de bois.

Chez Uniboard, la protection de l'environnement constitue un élément majeur de la conduite des affaires. Non seulement la compagnie s'approvisionne auprès des scieries locales et régionales, mais elle intègre aussi dans la composition de ses produits des fibres de bois recyclées, ce qui réduit le nombre d'arbres abattus et le volume de déchets. De plus, la plupart de ses usines détiennent des certifications d'organismes indépendants qui font la promotion de la gestion responsable des forêts et du contrôle des émissions de formaldéhyde contenu dans le bois composite. À cet égard, l'entreprise a notamment développé, sous l'appellation NU Green, des gammes de produits de qualité équivalente, mais sans urée formaldéhyde.

L'INTÉGRATION VERTICALE CHEZ UNIBOARD

Essentiellement, les panneaux de particules et de fibres sont composés de bois et de résines, lesquelles servent de liant. On peut ensuite les laminer en collant à leur surface une couche de papier imprimé d'un motif. Dans ses usines, Uniboard développe et fabrique ses résines, en partie ou en totalité, et elle lamine ses panneaux. Usines de panneaux et de produits laminés sont parfois implantées au même endroit, comme c'est le cas à Sayabec. Au sens strict, on parle d'intégration verticale lorsque les usines des fournisseurs et celles des clients font partie d'un même groupe financier. Cependant, sans être intégrée à des entreprises qui utilisent ses produits laminés, Uniboard collabore étroitement avec ses clients – fabricants de mobilier de bureau, de mobilier de cuisine, etc. – pour la conception de produits spécifiques en réponse à leurs besoins particuliers en matière de densité, de dureté, de couleur ou de fini des matériaux.

LE CALCUL DES COÛTS

Le suivi des coûts de fabrication des panneaux est rigoureusement appliqué. Il sert de point de repère pour établir le prix de vente des produits, aux clients externes comme aux autres usines du groupe. Il permet également de comparer les coûts unitaires d'une période à l'autre, puisque l'équipement fabrique toujours le même produit, quoique avec de légères variantes, dont l'épaisseur du panneau. La principale matière première, c'est-à-dire les fibres de bois mélangées à la résine, représente de 50 % à 55 % du coût de fabrication. Pour chaque produit, on calcule un coût horaire par mètre cube pour la première étape – la préparation du composé de fibres –, puis un coût horaire par mètre carré pour les étapes finales – le ponçage et la coupe. Il va sans dire que les traitements spécifiques jouent un rôle déterminant dans le coût du produit fini.

Entre la préparation du composé de fibres et les étapes finales, les presses constituent une part importante des frais généraux liés à l'amortissement. Elles servent essentiellement à comprimer le composé de fibres jusqu'à une épaisseur et une étendue données, puis à le cuire à une température propre à en faire un panneau rigide. La technologie de ces presses peut différer, mais leur fonctionnement s'inscrit dans une logique de fabrication uniforme et continue. Les presses peuvent mesurer jusqu'à 38 mètres de longueur avec une largeur maximale de 3,2 mètres et fabriquent des panneaux de 6 mm à 40 mm d'épaisseur. Par la suite, les panneaux sont coupés et doivent être refroidis pendant une période de 24 à 48 heures. Comme le procédé lié au pressage et au refroidissement est relativement mécanisé, on calcule le coût horaire d'après le temps de fonctionnement des presses.

Les panneaux ainsi produits sont vendus à des clients externes ou sont transférés, souvent sur place, pour être transformés en produits laminés, offerts dans des couleurs et des finis texturés variés. Il s'agit, dans ce contexte, d'ajouter un placage (papier imprégné d'un motif) sur la surface des panneaux. Dans chacune des usines, il importe de bien calculer la production horaire de chacun des produits et de bien contrôler la productivité. On suit donc une série de mesures susceptibles de fournir des renseignements concernant chaque opération : vitesse des presses, temps de cuisson, etc. Il est également important de déterminer les variations de la quantité de panneaux produits à l'heure en fonction de leurs particularités.

LA GESTION DE LA PERFORMANCE FINANCIÈRE

La gestion de la performance financière passe par la gestion des coûts et la gestion de la rentabilité des lots fabriqués. Comme il s'agit ici de fabrication en continu, l'établissement de standards devient un outil très pratique. Ainsi, pour chaque type de produit, on pourra suivre l'évolution des coûts réels en référence aux coûts standards. Cette façon de faire facilite le contrôle des coûts en permettant de valider les coûts réels par rapport aux coûts standards. Naturellement, ces derniers seront régulièrement ajustés en fonction de l'optimum atteignable d'efficience et d'efficacité.

Les technologies informatiques contribuent également à améliorer la performance financière grâce à un système intégré constamment actualisé et adapté aux besoins des gestionnaires. Ainsi, l'information, financière et non financière, circule plus rapidement tout en étant plus facilement accessible. Les dirigeants du siège social, situé à Laval, sont donc en mesure de connaître les coûts de production, presque en temps réel, de chacune des usines sous leur responsabilité. De cette façon, les échanges entre gestionnaires sont accélérés et plus productifs. Les contrôleurs d'usine sont davantage proactifs et communiquent plus aisément avec les autres contrôleurs. Il devient même possible de comparer des résultats obtenus dans une usine à ceux d'une autre qui fabrique des produits similaires avec des équipements similaires.

Globalement, il faut optimiser le rendement des presses afin d'obtenir un coût de production compétitif et aussi calculer combien coûte le service aux clients, notamment les frais de transport, du fait que la marchandise est lourde et assez volumineuse. Quand les distances sont importantes, il faut déterminer le mode de transport (camion, train, bateau) le moins cher. L'entreprise fait affaire avec des distributeurs, qui ont eux-mêmes une clientèle. Des échanges permettent de connaître les besoins mutuels des partenaires et, le cas échéant, de développer de nouveaux produits adaptés à ces besoins. Uniboard a ainsi mis au point des produits spécifiques, et même des couleurs et des textures exclusives, pour répondre à des demandes particulières de ces clients.

Dans un contexte de développement durable et de protection de l'environnement, Uniboard est également le client de ses clients : en effet, l'entreprise reprend les rejets inévitables des usines qui fabriquent du mobilier. Ces rejets sont recueillis et acheminés vers une usine de recyclage où ils sont « nettoyés » – la fibre utile est séparée des saletés et autres impuretés –, avant d'être réutilisés pour la production de panneaux. Cette activité est appelée à prendre de l'importance en raison de l'épuisement des ressources forestières traditionnelles face à une demande mondiale croissante.

LA FABRICATION UNIFORME ET CONTINUE

On parle de **fabrication uniforme et continue** lorsqu'une usine fonctionne typiquement sans interruption, parfois durant toute l'année, 7 jours sur 7 et 24 heures sur 24. Ce système permet de fabriquer un très grand volume d'unités identiques souvent mesurées en litres, en kilogrammes, en mètres carrés ou encore en mètres cubes. C'est le modèle de production privilégié dans les secteurs voués à la transformation des matières premières, comme les industries du bois, de la chimie et de la métallurgie, ainsi que dans la production de la pâte de bois, des huiles et de l'acier, ou l'industrie de la transformation des aliments. On rencontrera également ce modèle dans les cas où un produit particulier est fabriqué selon un procédé unique utilisant une machinerie spécifique. Le procédé ne s'appliquant alors qu'à un seul produit, la fabrication peut se dérouler sur une base uniforme et continue. En ce cas, l'usine, ou encore une section de l'usine, fabrique des quantités importantes d'un seul produit, et ce produit est transformé au cours d'un procédé continu et ininterrompu. La fabrication d'ampoules, de néons, de biscuits soda et de feuilles de placoplâtre en sont quelques exemples.

Tout procédé de fabrication qui se déroule de façon continue et qui consiste invariablement à transformer les mêmes produits en utilisant les mêmes proportions des mêmes ressources relève de ce mode de fabrication. Dans ce système, il est parfaitement inutile d'analyser les coûts de fabrication selon les commandes reçues des clients, puisque le résultat sera identique, quelle que soit la commande. Autrement dit, le coût du produit à l'unité sera le même pour chacune des commandes. Il serait également très difficile, voire infaisable, de calculer les coûts par commande. En effet, il est impossible de rattacher une partie de la production à un client et, de plus, il ne serait pas pertinent de le faire. La seule façon d'obtenir le coût de revient par unité est de calculer la moyenne de production d'une période.

Le mode de fabrication uniforme et continue comporte deux exigences en matière d'information :

1. On doit établir le coût des stocks au moment de la préparation des rapports financiers.

2. On doit contrôler les coûts afférents à la production pour une période donnée.

LES SYSTÈMES DE CALCUL PAR CENTRES DE COÛTS EN FABRICATION UNIFORME ET CONTINUE

La figure 6.1, à la page suivante, illustre le fonctionnement des systèmes de calcul par centres de coûts dans un contexte de fabrication uniforme et continue.

Avec ce mode de fabrication, il est impossible de suivre les coûts en les rattachant à une commande en particulier : il y a en effet un flux continu de produits, qu'on ne peut distinguer les uns des autres et dont on ne peut déterminer ni le début ni la fin. On accumule donc les coûts par centres de coûts, et on assimile les fins de période à un point d'arrêt hypothétique de la production, par exemple à la fin de chaque mois. En effet, si la production ne s'arrête pas, la compilation des coûts, elle, doit s'arrêter si on veut connaître le coût de revient du produit pour la période visée. Les fins de période servent donc de points de contrôle.

Contrairement à la fabrication sur commande, il est impossible de compiler les fiches de coûts par commande pour obtenir le coût unitaire des produits fabriqués. La planification, l'organisation et le contrôle de la production et des coûts afférents s'organisent donc surtout

Figure 6.1 Le système de calcul par centres de coûts dans le cadre de la fabrication uniforme et continue

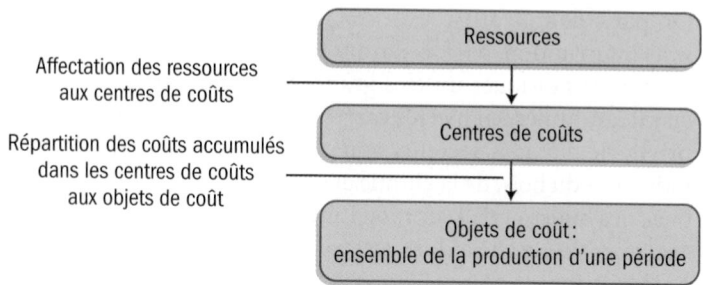

autour de l'atelier de production. Fondamentalement, le système de coût de revient permet d'établir le lien le plus étroit possible entre l'accumulation des coûts par atelier et la circulation physique des unités en cours de fabrication à travers les diverses étapes, qui correspondent en général aux activités réalisées dans chacun des ateliers.

On accumule les coûts de fabrication dans les comptes du GL qui leur sont consacrés : les comptes de matières premières, de main-d'œuvre directe et de frais généraux de fabrication, que nous avons vus aux chapitres 4 et 5. Ces comptes sont liés à des centres de coûts qui correspondent à des ateliers. On rapproche ensuite les coûts accumulés durant une certaine période du volume de production de cette période, et on obtient le coût unitaire moyen en divisant les coûts accumulés par le volume produit.

Les périodes peuvent être très courtes (heures, jours, etc.) ou très longues (un mois, trois mois ou un an, etc.). Elles sont déterminées selon les points de contrôle souhaités par les gestionnaires. Par définition, la fabrication continue ne comporte pas d'arrêt. Pour surmonter cet obstacle, les gestionnaires utilisent la période pour marquer un temps d'arrêt dans la compilation des coûts, ce qui permet de comparer les coûts engagés avec le volume de production. En utilisant des périodes dont la durée est identique, on peut ainsi comparer les résultats et évaluer l'efficience du procédé de fabrication. Il en va tout autrement des modes de fabrication sur commande ou par lots, pour lesquels on peut assigner un début et une fin à la fabrication et calculer facilement les coûts spécifiques des commandes et des lots.

EXEMPLE

TEXTILES GODIN

Une petite entreprise de textile fabrique uniquement du denim, tissu servant à confectionner les jeans. L'usine fonctionne sept jours sur sept, sans temps mort, et elle offre le même tissu à tous ses clients. Le procédé de fabrication comprend deux étapes, le tissage et la teinture (une seule couleur est offerte). Une fois emballé, le tissu est prêt à être expédié. Le plus souvent, ce sont les clients qui traitent le tissu fourni dans le but de se démarquer de leurs concurrents et de profiter des effets de mode.

La comptabilisation des coûts doit s'adapter à la fabrication uniforme et continue. Ainsi, le coût de fabrication est établi chaque semaine. Les données présentées à la page suivante, extraites du système d'information de gestion, concernent l'atelier de tissage.

**Les données comptables pour la période
du 12 au 18 juin 2011**

Matières premières utilisées	120 000 $
Heures de main-d'œuvre directe	2 400 heures
Main-d'œuvre directe	60 000 $
Taux d'imputation par heure de MOD	40 $/heure
Quantité de mètres carrés fabriquée	69 000 m^2
Coût total pour la semaine	
Matières premières	120 000 $
Main-d'œuvre directe	60 000 $
Frais généraux de fabrication imputés (2 400 heures × 40 $/heure)	96 000 $
Total des coûts de la période	**276 000 $**
Coût unitaire pour la période ($/m^2) (276 000 $/69 000 m^2)	4 $

Avant l'étape de la teinture, le coût de fabrication est donc de 4 $ par mètre carré pour la période qui nous intéresse. En comparant ce coût avec celui des semaines précédentes, on peut juger la performance réalisée et évaluer le coût de revient unitaire pour l'atelier de teinture. En effet, le produit qui sort de l'atelier de tissage constitue la matière première de l'atelier de teinture. Pour obtenir le coût de fabrication après la teinture, il suffit d'ajouter les coûts de l'atelier de teinture à ceux de l'atelier de tissage, ce qui donne le montant des coûts totaux de fabrication, puis de diviser ce dernier par la quantité fabriquée.

L'exemple de Textiles Godin illustre la technique utilisée pour évaluer le coût de revient en fabrication uniforme et continue. Cependant, en fin de période, il y a souvent des unités en cours de production, autrement dit en voie de transformation, qui ne sont donc pas complètement terminées. Dans ce cas, il faut procéder à un décompte physique de la production en cours, et attribuer à ces unités leur juste part des coûts de la période. Pour ce faire, on utilise la technique des unités équivalentes.

LA TECHNIQUE DES UNITÉS ÉQUIVALENTES

La **technique des unités équivalentes** sert à transformer les produits en cours (PEC)[1] en **unités équivalentes** de produits finis. Les unités équivalentes permettent de traduire la production en cours et terminée sous la forme d'une mesure commune qui rend le tout

---

1. Dans ce chapitre, vous trouverez les expressions « PEC$_d$ », « PEC$_f$ », « Stock PEC (début) » et « Stock PEC (fin) » même si, en pratique, il n'y a qu'un seul compte : le Stock de produits en cours. L'ajout des indices « d » et « f » ou des termes « (début) » et « (fin) » vise à préciser le solde du compte en question à un moment précis, soit le début ou la fin de la période considérée.

additif. Ainsi, un PEC dont le degré d'achèvement est de 50 % comptera pour 0,5 unité équivalente de produit fini ; un PEC dont le degré d'achèvement est de 60 % comptera pour 0,6 unité équivalente de produit fini, et ainsi de suite. De la même façon, une unité terminée à 100 % comptera pour 1,0 unité équivalente de produit fini. Pour calculer les unités équivalentes de PEC, il faut donc connaître leur **degré d'achèvement**.

Pour utiliser la technique des unités équivalentes, nous devons recourir aux trois concepts suivants : les unités traitées, les unités équivalentes traitées (unités fabriquées) et les unités équivalentes en fin de période. Les **unités traitées** correspondent au nombre total d'unités distinctes qui sont transformées en tout ou en partie durant une période donnée. Autrement dit, une unité compte pour une unité traitée même si son traitement n'est pas terminé ou n'a été que partiellement réalisé. Le concept d'**unités équivalentes traitées** permet de mesurer précisément le travail accompli durant une période donnée. Enfin, les **unités équivalentes en fin de période** permettent de mesurer précisément en fin de période le travail effectué dans les stocks de produits en cours de fabrication et les stocks de produits finis. L'exemple suivant illustre le calcul des unités traitées, des unités équivalentes traitées et des unités équivalentes en fin de période.

EXEMPLE

TEXTILES GODIN (SUITE)

Reprenons l'exemple de Textiles Godin. Supposons qu'il y avait dans l'usine des produits en cours de fabrication au début de la période – 6 000 m² de PEC (début), achevés à 25 % – et à la fin de la période – 7 000 m² de PEC (fin), achevés à 60 %. Grâce à ces nouvelles données, nous pouvons mieux évaluer le travail effectué durant la période. Calculons les unités équivalentes pour la période visée. Voici des données supplémentaires pour la période du 12 au 18 juin 2011.

1. Cheminement des unités traitées

Comme le montre ce schéma, les 6 000 m² de PEC (début) viennent s'ajouter aux 70 000 m² mis en route durant la période, pour un total de 76 000 m² traités. À la fin de cette période, nous observons que les 76 000 m² traités sont répartis entre les PEC (fin) et la production terminée, soit respectivement 7 000 m² et 69 000 m². Suivant le flux uniforme et continu de la fabrication, nous observons que les 69 000 m² terminés à la fin de la période sont constitués des 6 000 m² de PEC (début) terminés et de 63 000 m² des 70 000 m² mis en route. Ainsi, sur les 70 000 m² mis en route durant la période, 63 000 m² ont été terminés et, par différence, les 7 000 m² restants représentent les PEC (fin) achevés à 60 %.

2. Nombre d'unités équivalentes traitées

Les données recueillies sur les degrés d'achèvement des PEC (début) et des PEC (fin) sont déterminantes pour calculer les unités équivalentes. On remarquera que le total des unités équivalentes traitées ne correspond pas au total des unités traitées, soit 76 000 m², du fait qu'on doit considérer les degrés d'achèvement des PEC du début et de la fin de la période.

Unités de PEC (début) à terminer 6 000 × 75 %, soit (100 % − 25 %)	4 500
Unités mises en route et terminées durant la période visée	63 000
Unités de PEC (fin) 7 000 × 60 %	4 200
Unités équivalentes traitées	**71 700**

3. Nombre d'unités équivalentes en fin de période (méthode du coût moyen)

Unités équivalentes dans le stock de PEC (fin) 7 000 × 60 %	4 200
Unités équivalentes dans le stock de produits finis	69 000
Unités équivalentes en fin de période	**73 200**

En résumé, d'après ces calculs, 76 000 unités ont été traitées en tout ou en partie durant la période, le travail effectué équivaut à 71 700 unités équivalentes de produits finis et il y a 73 200 unités équivalentes en stock à la fin de la période.

LE COÛT DE FABRICATION SELON LA MÉTHODE DU COÛT MOYEN

Lorsqu'on connaît le nombre d'unités équivalentes traitées en fin de période, on peut répartir entre elles l'ensemble des coûts liés à leur fabrication. En effet, une fois qu'on a déterminé une période (semaine, mois, trimestre, etc.), on peut associer les unités fabriquées aux coûts engagés durant cette période. En fait, il s'agit toujours de répartir l'ensemble des coûts entre les différents objets de coût, soit essentiellement les unités terminées et transférées et les PEC de la fin. Pour y arriver, il existe deux méthodes principales : la **méthode du coût moyen** et la **méthode du PEPS** (premier entré, premier sorti)[2]. La méthode du PEPS est peu utilisée, car elle risque d'entraîner des difficultés pour le suivi des coûts, en particulier lorsqu'on y recourt pour plusieurs ateliers ; elle ne sera donc pas précisée dans le présent ouvrage. Par contre, les auteurs ont choisi de l'aborder dans certains exercices et sous forme de capsule d'information supplémentaire diffusés en ligne (hec.ca/mng5).

---

2. On entend également « méthode de l'épuisement successif » au lieu de « méthode du PEPS ».

La méthode du coût moyen consiste à répartir l'ensemble des coûts engagés durant la période choisie entre les unités terminées et le stock de produits en cours à la fin de la période. Cette méthode a pour particularité de ne pas faire de distinction entre les coûts déjà engagés dans les PEC du début, appelés également «coûts antérieurs», et les coûts engagés durant la période pour terminer la fabrication des PEC du début ou traiter les unités mises en route durant la période. Comme on prend soin d'additionner les coûts antérieurs liés aux PEC (début) et les coûts de la période courante, le total obtenu représente une moyenne pondérée des coûts antérieurs associés aux unités en stock de PEC (début) et des coûts des unités équivalentes traitées durant la période courante.

Afin d'arriver à répartir l'ensemble des coûts d'un atelier entre les objets de coût de ce même atelier, il est préférable d'utiliser une méthode de calcul qui permettra de traiter les informations correctement et de minimiser les risques d'erreurs associés au traitement de ces informations. Ainsi, pour la méthode du coût moyen, nous appliquerons les cinq étapes suivantes :

1. Le cheminement des unités

2. Le calcul des unités équivalentes en fin de période

3. La compilation des coûts engagés dans la production

4. Le calcul du coût par unité équivalente

5. La répartition des coûts entre les unités équivalentes en fin de période

Aux fins de ces calculs, nous utiliserons la méthode du coût de fabrication rationnel pour les raisons expliquées au chapitre 4 pour le calcul du coût de revient. Les frais généraux de fabrication seront donc imputés aux produits fabriqués.

EXEMPLE

TEXTILES GODIN (SUITE)

Reprenons l'exemple de Textiles Godin pour appliquer la méthode du calcul du coût moyen pour le calcul des stocks selon les cinq étapes prescrites.

Suivant les calculs effectués dans l'exemple précédent, on a un total de 73 200 unités équivalentes en fin de période. De plus, on apprend que la valeur des PEC (début) était de 5 850 $ et que les coûts engagés durant la période sont de 276 000 $. Calculons le coût de fabrication des PEC (fin) et des unités terminées à la fin de la période selon la méthode du coût moyen.

1. Cheminement des unités

2. Calcul des unités équivalentes en fin de période

Unités dans le stock de PEC (fin) 7 000 × 60 %	4 200
Unités dans le stock de produits finis	69 000
Unités équivalentes en fin de période	**73 200**

3. Compilation des coûts engagés dans la production

Coûts afférents au stock de produits en cours	5 850 $
Coûts engagés durant la période visée	276 000 $
	281 850 $

4. Calcul du coût unitaire par unité équivalente

Le coût unitaire par unité équivalente est de 3,85 $ (281 850 $/73 200 unités équivalentes).

5. Répartition des coûts entre les unités équivalentes en fin de période

Coût des unités transférées	
69 000 unités × 3,85 $	265 678 $
Stock de produits en cours	
4 200 unités × 3,85 $	16 172 $
Total des coûts engagés	**281 850 $**

Nous avons additionné, à l'étape 3, les coûts engagés dans les PEC (début) et les coûts nouvellement engagés durant la période analysée. Puis nous avons divisé le total de ces coûts par le nombre d'unités équivalentes en fin de période (le total de l'étape 3 divisé par celui de l'étape 2). On obtient ainsi une moyenne pondérée d'une partie des coûts de la période précédente et des coûts de la période courante, d'où le nom de méthode du coût moyen (coût unitaire moyen des unités équivalentes obtenu à l'étape 4). En vertu de cette méthode, tous les coûts sont indissociés et répartis également entre les unités équivalentes (répartition effectuée à l'étape 5 à partir de l'information obtenue aux étapes 2 et 4).

L'exemple de Textiles Godin est relativement simple, car nous avions fait l'hypothèse que le degré d'achèvement de 25 % s'appliquait à toutes les ressources engagées dans les PEC (début) et qu'un degré d'achèvement de 60 % s'appliquait également à l'ensemble des ressources liées aux PEC (fin). Or, toutes les ressources engagées n'ont pas nécessairement atteint le même degré d'achèvement. Par exemple, il arrive que les matières premières soient incorporées durant la première phase du procédé de fabrication, puis transformées grâce au travail des employés. Dans une telle situation, on constate que le coût des matières premières n'est pas engagé proportionnellement aux coûts liés à la main-d'œuvre directe et aux frais généraux de fabrication. Ce faisant, l'analyse du degré d'achèvement des PEC nous obligera à tenir compte de chacune des ressources dans le calcul des unités équivalentes effectué à l'étape 2. Il faudra faire de même dans la compilation des coûts engagés dans la production effectuée à l'étape 3.

L'exemple suivant nous permettra d'intégrer ce dernier aspect lié à l'établissement des coûts de fabrication dans un contexte de fabrication uniforme et continue.

EXEMPLE

LA BOULANGERIE LE PAIN NATUREL

La boulangerie Le Pain naturel est unique en son genre : elle fabrique un pain où n'entrent que des ingrédients naturels : cinq sortes de grains, des fruits séchés et des noix. En raison de la qualité de son produit, elle le vend à un prix élevé : 5 $ par pain. C'est le seul produit qui sort de ses fourneaux. Le procédé de fabrication, uniforme et continu, est déployé séquentiellement dans trois ateliers : dans le premier, on mélange les ingrédients ; dans le second, on effectue la cuisson ; dans le dernier, on emballe le pain. Comme le procédé est en bonne partie automatisé, on impute les frais généraux de fabrication en fonction des heures de marche des machines. Les matières premières sont intégrées dès le début du procédé, au moment du mélange des ingrédients.

Voici les données comptables relatives au premier atelier pour la première semaine de mai 2011.

Les données comptables relatives au 1er atelier (1re semaine de mai 2011)

Stock PEC (début) : 3 500 pains, achevés à 60 % Valeur du stock des PEC (début) : 2 745 $, répartis de la façon suivante :	
Matières premières	1 750 $
Main-d'œuvre directe	420 $
Frais généraux de fabrication imputés	575 $
Unités transférées à l'atelier de cuisson durant la période : 24 500 pains Stock PEC (fin) : 2 400 pains, achevés à 25 % Coûts nouvellement engagés durant la période : 25 550 $, répartis de la façon suivante :	
Matières premières	11 200 $
Main-d'œuvre directe	6 250 $
Frais généraux de fabrication imputés	8 100 $
Frais généraux de fabrication réels	8 175 $

Les coûts de main-d'œuvre directe et les frais généraux de fabrication, contrairement aux matières premières (MP), sont engagés proportionnellement au degré d'achèvement des produits. Pour analyser les données, on doit prendre en compte les coûts de chacune des ressources, puisque les matières premières, la main-d'œuvre directe et les frais généraux de fabrication sont engagés indépendamment les uns des autres.

Reprenons, en les appliquant à l'atelier de mélange, les cinq étapes qui permettent de calculer les coûts de fabrication selon la méthode du coût moyen.

1. Cheminement des unités (1ᵉʳ atelier – mélange)

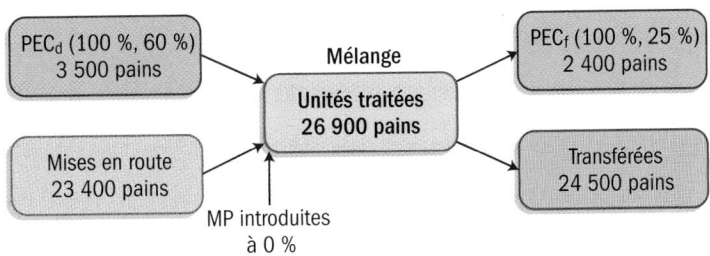

Les unités équivalentes liées aux matières premières du stock PEC (fin) sont inscrites à 100 % parce qu'elles sont intégrées dès le début de la fabrication. Les coûts des matières premières sont donc engagés à 100 %, même si la fabrication de ces produits n'est pas encore terminée.

2. Calcul des unités équivalentes en fin de période

Ressources	Matières premières	Main-d'œuvre directe	Frais généraux de fabrication	TOTAL
Unités terminées	24 500	24 500	24 500	
Stock PEC (fin) (2 400 unités × 25 %)	2 400	600	600	
Total des unités équivalentes	**26 900**	**25 100**	**25 100**	

3. Compilation des coûts engagés dans la production

Ressources	Matières premières	Main-d'œuvre directe	Frais généraux de fabrication	TOTAL
Coûts afférents au stock PEC (début)	1 750 $	420 $	575 $	2 745 $
Coûts engagés durant la période visée	11 200 $	6 250 $	8 100 $	25 550 $
	12 950 $	**6 670 $**	**8 675 $**	**28 295 $**

4. Calcul du coût unitaire par unité équivalente

Ressources	Matières premières	Main-d'œuvre directe	Frais généraux de fabrication	TOTAL
Total des coûts engagés (étape 3)	12 950 $	6 670 $	8 675 $	
Total des unités équivalentes (étape 2)	26 900	25 100	25 100	
Coût par unité équivalente (ligne 1/ligne 2)	0,481 $	0,266 $	0,346 $	1,093 $

Les coûts unitaires correspondent aux coûts de la période, divisés par le nombre d'unités équivalentes en fin de période, soit le total de l'étape 3 divisé par celui de l'étape 2.

5. Répartition des coûts entre les unités équivalentes en fin de période

Coût des unités terminées		
(24 500 unités × 1,093 $)		26 773 $
Stock PEC (fin)		
MP (2 400 unités × 0,481 $)	1 155 $	
MOD + FGF (600 unités × [0,266 $ + 0,346 $])	367	1 522
Total des coûts répartis		**28 295 $**

Cet exemple comporte une difficulté supplémentaire, qui réside dans la prise en compte distinctive des diverses ressources. En effet, on attribue à chacune des ressources utilisées un nombre d'unités équivalentes ainsi qu'un montant représentant les coûts qui lui sont rattachés. Mais on applique la même méthode de calcul à chaque ressource prise séparément.

Si les exemples précédents portent sur un seul atelier, pour évaluer le coût de revient dans les entreprises, il faut prendre en compte l'ensemble des coûts, et donc l'ensemble des ateliers, jusqu'au transfert des unités à l'entrepôt. Qu'il y ait un ou plusieurs ateliers, on utilise la même méthode pour calculer les coûts et les répartir entre les stocks de produits en cours et les unités terminées. La démarche qui permet de faire suivre d'un atelier à l'autre l'ensemble des coûts engagés dans un procédé de fabrication uniforme et continue est assez simple : elle consiste à considérer les produits sortant d'un atelier comme les matières premières de l'atelier suivant.

Pour ce faire, il faut ajouter une ressource supplémentaire au tableau des unités équivalentes de tous les ateliers, à l'exception de l'atelier où débute le procédé. Cette ressource représente les produits provenant de l'atelier précédent. Les produits transférés représentent des produits finis par rapport à l'atelier dont ils sortent, mais des matières premières pour l'atelier où ils sont transférés. Ils entraînent des coûts qui s'ajoutent aux autres coûts engagés dans l'atelier où ils sont transférés. Comme les unités transférées sont terminées à 100 %, l'ensemble des coûts engagés au moment de leur transfert a été cumulé à l'atelier précédent. En additionnant les coûts liés aux ateliers précédents, on accumule l'ensemble des coûts engagés depuis le début du procédé de fabrication, et non pas uniquement les coûts liés directement à l'atelier qui fait l'objet de l'analyse.

On peut donc traiter les ateliers séparément et appliquer à chacun d'eux la méthode en cinq étapes exposée dans ce chapitre. Il suffit de faire suivre l'information d'un atelier à l'autre jusqu'au transfert à l'entrepôt. Reprenons l'exemple de la boulangerie Le Pain naturel et voyons comment la méthode en cinq étapes s'applique lorsqu'il y a plusieurs ateliers.

EXEMPLE

LA BOULANGERIE LE PAIN NATUREL (SUITE)

Les données suivantes ont trait au deuxième atelier, l'atelier de cuisson, pour la première semaine de mai 2011. Dans cet atelier, le taux d'imputation des frais généraux de fabrication est de 48 $

par heure du four à cuisson. On saupoudre du sucre sur les pains à la sortie des fours à cuisson lorsque les pains sont achevés à 90 %. Les 10 % restants du procédé de fabrication correspondent à la période de refroidissement, qui s'effectue lors du transport des pains par le convoyeur. Les pains sont ensuite envoyés à l'atelier d'emballage.

Les coûts de main-d'œuvre directe et les frais généraux de fabrication sont engagés proportionnellement au degré d'achèvement des produits.

Les données comptables relatives au 2ᵉ atelier (1ʳᵉ semaine de mai 2011)

Stock PEC (début) : 4 600 pains, achevés à 50 %, comptabilisés à 6 780 $	
Coûts transférés de l'atelier de mélange	5 000 $
Matières premières	0 $
Main-d'œuvre directe	150 $
Frais généraux de fabrication imputés	1 630 $
Unités transférées à l'atelier d'emballage durant la période : 25 900 pains Stock PEC (fin) : 3 200 pains, achevés à 40 % Coûts nouvellement engagés durant la période : 22 010 $, répartis de la façon suivante :	
Matières premières	650 $
Main-d'œuvre directe	1 800 $
Frais généraux de fabrication imputés	19 560 $
Frais généraux de fabrication réels	19 350 $

Appliquons à l'atelier de cuisson la méthode de calcul du coût moyen en cinq étapes.

1. Cheminement des unités (2ᵉ atelier – cuisson)

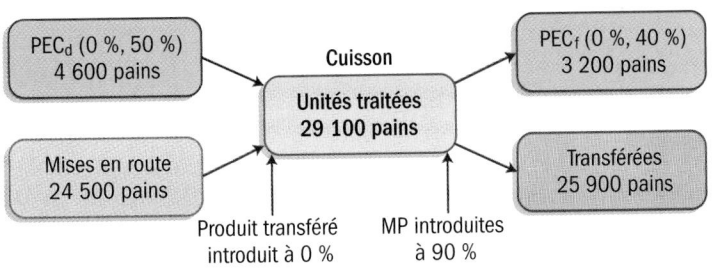

Les 24 500 pains mis en route dans l'atelier de cuisson durant la période proviennent de l'atelier de mélange pour la même période, soit la première semaine de mai. Et, effectivement, les coûts s'accumulent d'un atelier à l'autre pour une même période. Comme on l'a vu dans l'exemple précédent, ces unités ont été enregistrées, à l'étape 2, comme des unités terminées pour l'atelier de mélange. Pour l'atelier de cuisson, on enregistre la réception des 24 500 unités transférées du premier atelier durant la même période. En comparant les stocks de produits en cours au début avec les stocks dont on dispose à la fin, on obtient 25 900 unités qui, une fois terminées, seront transférées à l'atelier d'emballage.

2. Calcul des unités équivalentes en fin de période

Ressources	Produits transférés de l'atelier de mélange	Matières premières	Main-d'œuvre directe	Frais généraux de fabrication	TOTAL
Unités terminées	25 900	25 900	25 900	25 900	
Stock PEC (fin) (3 200 unités × 40 %)	3 200	0	1 280	1 280	
Total des unités équivalentes	**29 100**	**25 900**	**27 180**	**27 180**	

La deuxième étape consiste à calculer les unités équivalentes en fin de période. L'atelier de cuisson suivant l'atelier de mélange, on doit prendre en compte une nouvelle ressource – les «produits transférés de l'atelier de mélange» – qui rend compte des unités provenant du premier atelier. Ces produits transférés représentent des produits finis par rapport à l'atelier de mélange, mais des matières premières pour l'atelier de cuisson, et ils entraînent des coûts qui s'ajoutent aux coûts liés au procédé de cuisson. Dans le calcul des unités équivalentes, ces unités sont toujours achevées à 100 % puisque les coûts afférents à cette ressource sont engagés à 100 % à l'atelier précédent. Pour ce qui est des ressources ajoutées à l'atelier de cuisson, on tient compte des matières premières, de la main-d'œuvre directe et des frais généraux de fabrication spécifiques à cet atelier. Notons que les 3 200 unités en cours à la fin de la période en sont à un degré d'achèvement de 40 % du processus de cuisson. Par conséquent, ces unités sont toujours en train de cuire, et aucune autre matière première n'y a été ajoutée. Ces unités représentent 0 unité équivalente pour ce qui est des matières premières spécifiques à l'atelier de cuisson et 1 280 unités équivalentes (soit 3 200 unités x 40 %) pour la main-d'oeuvre directe et les frais généraux de fabrication spécifiques à l'atelier de cuisson.

3. Compilation des coûts engagés dans la production

Ressources	Coûts transférés de l'atelier de mélange	Matières premières	Main-d'œuvre directe	Frais généraux de fabrication	TOTAL
Coûts afférents au stock PEC (début)	5 000 $	0 $	150 $	1 630 $	6 780 $
Coûts engagés durant la période visée	26 773 $	650 $	1 800 $	19 560 $	48 783 $
	31 773 $	**650 $**	**1 950 $**	**21 190 $**	**55 563 $**

La troisième étape consiste à présenter les coûts afférents à chacune des ressources utilisées. On y trouve les coûts engagés durant la période précédente, qui correspondent à la valeur des produits en cours au début de la période, ainsi que les coûts engagés durant la période. Comme les unités transférées sont terminées à 100 %, leurs coûts ont été engagés pour l'atelier de mélange. Ainsi, le montant de 5 000 $ figure dans le tableau présenté en introduction de cet exemple, tandis que le montant de 26 773 $ provient des calculs de l'étape 5 effectués pour l'atelier de mélange. En additionnant les coûts liés aux ateliers précédents, nous accumulons l'ensemble des coûts engagés depuis le début du procédé de fabrication, et non pas uniquement les coûts liés directement à l'atelier qui fait l'objet de l'analyse.

En suivant le même raisonnement pour tous les ateliers de la chaîne de production, on cumule l'ensemble des coûts de production engagés dans tous les ateliers jusqu'au transfert aux stocks de produits finis. Appliquée à tous les ateliers, la méthode en cinq étapes permet donc de calculer le coût total de fabrication des unités terminées et transférées à l'entrepôt.

4. Calcul du coût unitaire par unité équivalente

Ressources	Produits transférés de l'atelier de mélange	Matières premières	Main-d'œuvre directe	Frais généraux de fabrication	TOTAL
Total des coûts engagés (étape 3)	31 773 $	650 $	1 950 $	21 190 $	
Total des unités équivalentes (étape 2)	29 100	25 900	27 180	27 180	
Coût par unité équivalente (ligne 1/ligne 2)	1,092 $	0,025 $	0,072 $	0,780 $	1,969 $

Les coûts par unité équivalente correspondent aux coûts comptabilisés en fin de période, divisés par le nombre d'unités équivalentes en fin de période. Remarquons que le coût unitaire des produits transférés (1,092 $) est très proche du coût calculé à l'étape 4 de l'atelier de mélange (1,093 $). Leur légère différence tient au fait que le coût unitaire calculé à l'atelier de cuisson est une moyenne pondérée des coûts engagés pour les unités qui étaient en cours en début de période (5 000 $ pour 4 600 pains, soit 1,087 $ par unité) et pour les 24 500 unités transférées de l'atelier de mélange à l'atelier de cuisson durant la période (26 773 $ pour 24 500 unités, soit 1,093 $ par unité).

5. Répartition des coûts entre les unités équivalentes en fin de période

Coût des unités terminées		
(25 900 unités × 1,969 $)		50 978 $
Stock PEC (fin)		
Coût des unités transférées (3 200 unités × 1,092 $)	3 494 $	
Matières premières	0	
MOD + FGF (1 280 unités × [0,072 $ + 0,780 $])	1 091	4 585
Total des coûts répartis		**55 563 $**

L'étape 5 permet de déterminer le coût des unités terminées et transférées de l'atelier de cuisson à l'atelier d'emballage (50 978 $ pour 25 900 unités transférées), de même que le coût des unités en cours à la fin (4 585 $ pour 3 200 unités achevées à 40 %).

Comme le montrent les exemples précédents, on traite la main-d'œuvre directe et les frais généraux de fabrication d'une manière très similaire dans la méthode en cinq étapes. Contrairement aux matières premières, dont le traitement peut varier d'un atelier à l'autre, ces deux types de coûts sont généralement engagés de manière continue et proportionnelle dans un procédé de fabrication uniforme et continue. Pour simplifier le traitement de ces deux types de coûts, on les regroupe assez fréquemment sous l'appellation « coût de conversion ». En effet, la main-d'œuvre directe et les frais généraux de fabrication servent essentiellement à convertir la matière première en produit fini. Il faut toutefois garder à l'esprit qu'il s'agit dans les faits de deux comptes distincts.

EXEMPLE

LA BOULANGERIE LE PAIN NATUREL (SUITE)

Étudions maintenant les données qui concernent le troisième atelier, soit l'atelier d'emballage, pour la première semaine de mai 2011. Il n'y a ni stock de PEC (début) ni stock de PEC (fin), puisque les pains sont emballés dès qu'ils arrivent de l'atelier de cuisson. De plus, on n'ajoute aucune matière première dans cet atelier. Certes, il y a bien les fournitures d'emballage mais, compte tenu de leur faible coût, on les a incluses dans les frais généraux de fabrication.

Les données comptables relatives au 3ᵉ atelier
(1ʳᵉ semaine de mai 2011)

Unités transférées à l'emballage durant la période : 25 900 pains, comptabilisés à 1,969 $	50 978 $
Matières premières	Aucune
Main-d'œuvre directe	2 000 $
Frais généraux de fabrication imputés	2 600 $
Coûts de conversion (MOD + FGF imputés)	4 600 $
Frais généraux de fabrication réels	2 635 $

Les coûts de main-d'œuvre directe et les frais généraux de fabrication sont engagés proportionnellement au niveau d'achèvement des produits. Le taux d'imputation est de 13 $ par heure-machine. Appliquons la méthode en cinq étapes à l'atelier d'emballage.

1. Cheminement des unités (3ᵉ atelier – emballage)

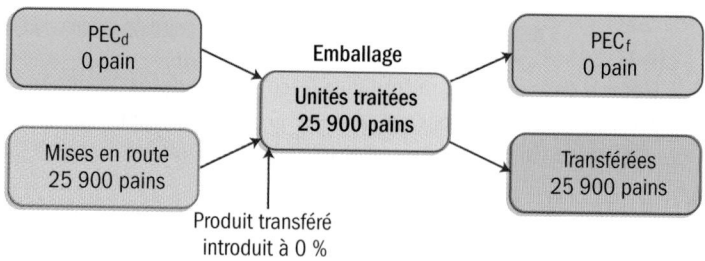

PEC$_d$ 0 pain — Emballage — PEC$_f$ 0 pain
Unités traitées 25 900 pains
Mises en route 25 900 pains — Transférées 25 900 pains
Produit transféré introduit à 0 %

2. Calcul des unités équivalentes en fin de période

Ressources	Produits transférés de l'atelier de cuisson	Matières premières	Coûts de conversion
Stock de produits finis	25 900	Aucune	25 900
Stock PEC (fin)	Aucun	Aucune	Aucun
Total des unités équivalentes	**25 900**	**0**	**25 900**

3. Compilation des coûts engagés dans la production

Ressources	Coûts transférés de l'atelier de cuisson	Matières premières	Coûts de conversion	TOTAL
Coûts afférents aux produits en cours	Aucun	Aucun	Aucun	Aucun
Coûts engagés durant la période visée	50 978 $	Aucun	4 600 $	55 578 $
	50 978 $	**0 $**	**4 600 $**	**55 578 $**

4. Calcul du coût unitaire par unité équivalente

Ressources	Produits transférés de l'atelier de cuisson	Matières premières	Coûts de conversion	TOTAL
Total des coûts engagés (étape 3)	50 978 $	0 $	4 600 $	
Total des unités équivalentes (étape 2)	25 900	0	25 900	
Coût par unité équivalente (ligne 1/ligne 2)	1,968 $	0 $	0,178 $	2,146 $

Les coûts unitaires correspondent aux coûts de la période, divisés par le nombre d'unités équivalentes en fin de période (total de l'étape 3 divisé par celui de l'étape 2).

5. Répartition des coûts entre les unités équivalentes en fin de période

Coût des unités terminées	
(25 900 unités × 2,146 $)	55 578 $
Stock de PEC (fin)	**Aucun**
Total des coûts répartis	**55 578 $**

Au total, 25 000 pains ont été vendus et livrés durant la période qui nous intéresse. L'entreprise n'a pas de stock de produits finis en début de période, mais 900 pains n'avaient pas été vendus en fin de période.

➡

Le cheminement des coûts à la boulangerie Le Pain naturel est illustré dans la figure 6.2 ; on voit comment on obtient un coût de revient global de 2,146 $ par pain.

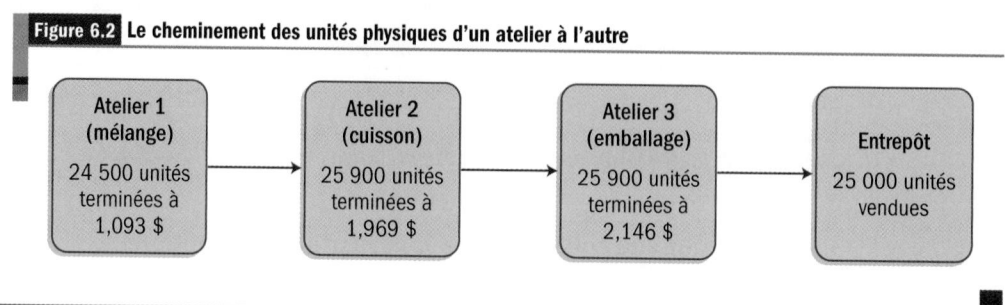

Figure 6.2 Le cheminement des unités physiques d'un atelier à l'autre

Atelier 1 (mélange)	Atelier 2 (cuisson)	Atelier 3 (emballage)	Entrepôt
24 500 unités terminées à 1,093 $	25 900 unités terminées à 1,969 $	25 900 unités terminées à 2,146 $	25 000 unités vendues

LES ÉCRITURES COMPTABLES EN FABRICATION UNIFORME ET CONTINUE

Dans le cas de la fabrication uniforme et continue, on effectue le suivi des coûts de façon séquentielle, en additionnant les coûts qui s'ajoutent d'un atelier à l'autre, au fur et à mesure de la transformation des produits.

EXEMPLE

LA BOULANGERIE LE PAIN NATUREL (SUITE)

Les écritures comptables suivantes représentent le cheminement des coûts relatifs aux activités d'acquisition et d'utilisation des ressources, ainsi que le transfert des ressources d'un atelier à l'autre. Le transfert des ressources de l'atelier 1 à l'atelier 2 figure dans les écritures correspondant à l'utilisation des ressources à l'atelier 2, et le transfert des ressources de l'atelier 2 à l'atelier 3 figure dans les écritures correspondant à l'utilisation des ressources à l'atelier 3. Comme les coûts sont traités ici séparément, il existe un cheminement comptable pour chacun des ateliers ; en revanche, dans le calcul du coût de revient par commande, on accumule tous les coûts par commande sans tenir compte de l'atelier dans lequel les coûts ont été engagés. Finalement, la sous-imputation ou la surimputation sont traitées en coût de période.

Atelier de mélange

Écritures 1 : Acquisition des ressources

Stock de matières premières	11 200 $	
Main-d'œuvre directe	6 250 $	
Frais généraux de fabrication réels	8 175 $	
Comptes fournisseurs		11 200 $
Salaires à payer		6 250 $
Crédits divers		8 175 $

Écritures 2 : Utilisation des ressources

Stock de produits en cours – Mélange	25 550 $	
Stock de matières premières		11 200 $
Main-d'œuvre directe		6 250 $
Frais généraux de fabrication imputés		8 100 $

Écritures 3 : Transfert des ressources

Transfert – Atelier de cuisson		
(24 500 unités × 1,093 $)	26 773 $	
Stock de produits en cours – Mélange		
(25 550 $ + 2 745 $ – 1 522 $)		26 773 $

Écritures 4 : Ventes

Aucune vente

Écritures 5 : Écarts

Frais généraux de fabrication imputés	8 100 $	
Sous-imputation	75 $	
Frais généraux de fabrication réels		8 175 $
Coût des marchandises vendues	75 $	
Sous-imputation		75 $

Atelier de cuisson

Écritures 1 : Acquisition des ressources

Stock de matières premières	650 $	
Main-d'œuvre directe	1 800 $	
Frais généraux de fabrication réels	19 350 $	
Comptes fournisseurs		650 $
Salaires à payer		1 800 $
Crédits divers		19 350 $

Écritures 2 : Utilisation des ressources

Stock de produits en cours – Cuisson	48 783 $	
Stock de matières premières		650 $
Main-d'œuvre directe		1 800 $
Frais généraux de fabrication imputés		19 560 $
Transfert – Atelier de cuisson		26 773 $

Écritures 3 : Transfert des ressources

Transfert – Atelier d'emballage		
(25 900 unités × 1,969 $)	50 978 $	
Stock de produits en cours – Cuisson		
(48 783 $ + 6 780 $ – 4 585 $)		50 978 $

Écritures 4 : Ventes

Aucune vente

Écritures 5 : Écarts

Frais généraux de fabrication imputés	19 560 $	
Frais généraux de fabrication réels		19 350 $
Surimputation		210 $
Surimputation	210 $	
Coût des marchandises vendues		210 $

Atelier d'emballage

Écritures 1 : Acquisition des ressources

Main-d'œuvre directe	2 000 $	
Frais généraux de fabrication réels	2 635 $	
Salaires à payer		2 000 $
Crédits divers		2 635 $

Écritures 2 : Utilisation des ressources

Stock de produits en cours – Emballage	55 578 $	
Main-d'œuvre directe		2 000 $
Frais généraux de fabrication imputés		2 600 $
Transfert – Atelier d'emballage		50 978 $

Écritures 3 : Transfert des ressources

Stock de produits finis (25 900 unités × 2,146 $)	55 578 $	
Stock de produits en cours – Emballage		55 578 $

Écritures 4 : Ventes

Comptes clients	125 000 $	
Ventes (25 000 unités × 5 $)		125 000 $
Coût des marchandises vendues (25 000 unités × 2,146 $)	53 650 $	
Stock de produits finis		53 650 $

Écritures 5 : Écarts

Frais généraux de fabrication imputés	2 600 $	
Sous-imputation	35 $	
Frais généraux de fabrication réels		2 635 $
Coût des marchandises vendues	35 $	
Sous-imputation		35 $

LES APPLICATIONS DE LA MÉTHODE DU COÛT MOYEN EN FABRICATION UNIFORME ET CONTINUE

Nous avons traité dans ce chapitre le cas le plus fréquent, c'est-à-dire le cheminement des coûts du procédé de fabrication uniforme et continue lorsqu'il débouche sur un seul produit. Dans le chapitre 8, consacré aux coûts conjoints, nous verrons comment on répartit les coûts conjoints entre les divers produits lorsque le procédé de fabrication débouche sur plusieurs produits. Dans un tel contexte, on parle alors d'un cheminement conjoint en début de procédé, suivi par une **séparation de la production** (voir la figure 6.3 b).

Figure 6.3 Variantes liées aux procédés de fabrication

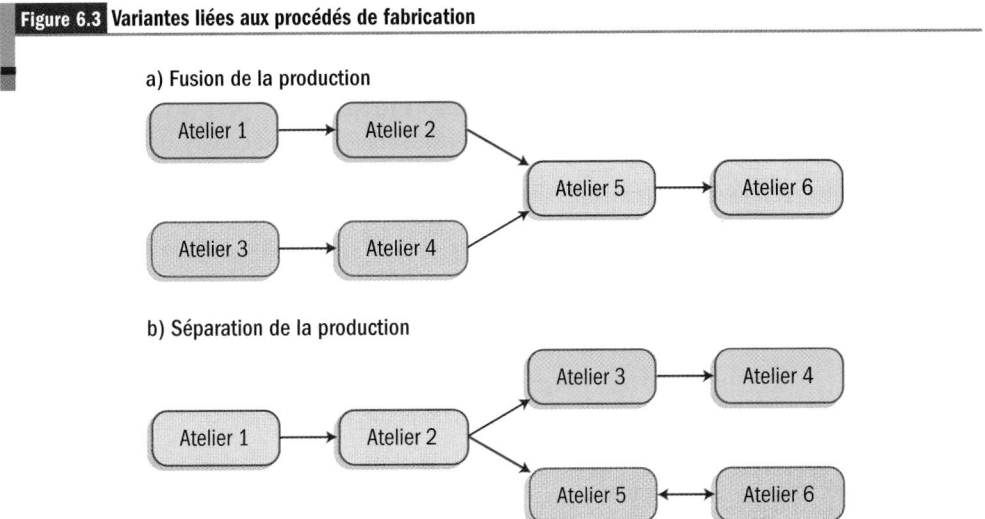

a) Fusion de la production

b) Séparation de la production

Lorsqu'on est dans un cas de **fusion de la production** (voir la figure 6.3 a), on peut recourir aux méthodes décrites dans ce chapitre. C'est en revanche impossible dans un cas de séparation de la production (voir la figure 6.3 b), car ces méthodes ne donnent aucune indication sur la façon de scinder les coûts accumulés à l'atelier 2, c'est-à-dire l'atelier qui précède immédiatement le point où il y a scission, entre les ateliers 3 et 5. Nous aborderons cette question au chapitre 8.

CAPSULES VIDÉO

Qu'en disent les experts ?

CAPSULE VIDÉO 6.1 Activités de l'entreprise
Monsieur James Hogg, président et chef de la direction d'Uniboard Canada, offre un bref survol des activités de l'entreprise.

CAPSULE VIDÉO 6.2 Établissement du coût de revient
Monsieur Don Raymond, vice-président du marketing, décrit la façon dont le coût de revient est établi chez Uniboard Canada.

CAPSULE VIDÉO 6.3 Gestion du coût de revient
Monsieur Steven Peters, vice-président exécutif et chef des opérations financières, parle de la gestion du coût de revient et des standards utilisés au sein d'Uniboard Canada.

CAPSULE VIDÉO 6.4 Importance du coût de revient et des marges
Monsieur Gilles Lépine, vice-président des ventes chez Uniboard Canada, insiste sur l'importance du coût de revient et des marges.

CAPSULE VIDÉO 6.5 Rôle des contrôleurs d'usine
Monsieur James Hogg, président, précise la teneur du rôle des contrôleurs d'usine chez Uniboard Canada.

OBJECTIFS DE CONNAISSANCES, REVUS

1 Décrire la fabrication uniforme et continue.

En fabrication uniforme et continue, l'usine transforme un seul produit de manière continue, souvent 7 jours sur 7 et 24 heures sur 24. Il faut pouvoir établir le coût des stocks pour préparer les rapports financiers et il faut pouvoir contrôler les coûts afférents à la production pour une période donnée.

2 Expliquer le calcul du coût de revient en fabrication uniforme et continue.

En fabrication uniforme et continue, tous les coûts sont accumulés par centres de coûts dans des comptes qui leur sont propres ; on délimite des périodes pour marquer un point d'arrêt hypothétique dans la production qui, elle, en principe, ne s'arrête jamais.

3 Présenter la technique des unités équivalentes.

La technique des unités équivalentes consiste à transformer les produits en cours de fabrication et les produits terminés en unités équivalentes de produits finis, du point de vue des ressources consommées, selon le degré d'achèvement des unités produites.

4 Savoir calculer le coût de fabrication selon la méthode du coût moyen.

Selon la méthode du coût moyen, on calcule le coût unitaire de fabrication durant une période donnée en faisant la moyenne des coûts accumulés durant la période analysée au regard de la production de cette période, mesurée en unités physiques équivalentes.

5 Démontrer l'utilité des écritures comptables en fabrication uniforme et continue.

Les écritures comptables permettent de décrire l'activité qui se déroule dans un centre de coûts, qu'il s'agisse de l'acquisition de toutes les ressources utilisées dans un centre ou des transferts de produits vers un autre centre. Chaque inscription correspond à une transaction accompagnée d'une pièce justificative ou d'une lecture électronique.

6 Expliquer comment la méthode du coût moyen s'applique dans divers contextes.

On peut appliquer la méthode du coût moyen dans le cas d'une fusion de la production en contexte uniforme et continu. Mais il est impossible d'y recourir dans les cas de séparation de la production, qui seront traités au chapitre 8, portant sur les coûts conjoints.

MOTS CLÉS

LA COMPTABILITÉ PAR ACTIVITÉS

OBJECTIFS

1 Définir la comptabilité par activités.

2 Définir ce qu'on entend par « activités ».

3 Calculer le coût des activités.

4 Calculer le coût des objets de coût.

5 Présenter une application de la comptabilité par activités.

6 Comparer les modèles de comptabilité par activités.

7 Expliquer en quoi les systèmes de calcul par activités sont utiles.

SOMMAIRE

Avec la comptabilité par activités, le rideau se lève sur la représentation ou modélisation de l'activité d'une organisation. Au cours des chapitres précédents, le lecteur a été amené à voir l'organisation comme un ensemble de services/départements souvent appelés centres de coûts ; dans ce chapitre, on lui propose une autre lunette qui lui permet de voir et d'analyser de bout en bout les processus générateurs de revenus ainsi que les processus de soutien. La comptabilité par activités pave la voie de la gestion par activités au cœur de la gestion de la performance organisationnelle.

Le cas Tembec illustre parfaitement la méthodologie de la comptabilité par activités. Le cas permet aussi au lecteur d'apprécier la façon dont le Groupe des produits forestiers de Tembec utilise la comptabilité par activités comme information de soutien aux décisions. L'évolution des systèmes de coût de revient vers des systèmes de comptabilité par activités permet aux gestionnaires de Tembec de mieux mesurer les conséquences de leurs choix et, ainsi, de prendre de meilleures décisions.

■ TEMBEC

Importante entreprise québécoise du domaine des produits forestiers, Tembec emploie un peu plus de 4 300 employés, travaillant dans une trentaine d'usines implantées au Canada, aux États-Unis et en France. Elle affiche un chiffre d'affaires d'environ deux milliards de dollars. Ses principaux produits sont les pâtes commerciales, les papiers et les produits du bois. Elle fabrique également des produits sylvichimiques dérivés de ses procédés de production de pâtes et des produits chimiques de spécialité. Le but de l'entreprise est d'offrir à ses clients des produits de qualité, à la fois innovateurs et concurrentiels.

Le Groupe des produits forestiers compte 17 usines réparties en 3 grands secteurs : bois d'œuvre résineux, produits de bois d'ingénierie et produits de bois pour usages spéciaux. Le groupe des pâtes compte six unités d'exploitation dans deux secteurs : pâtes à papier et pâtes de spécialité. Tembec a aussi deux usines de papiers divers : papier journal et papier couché. Un seul complexe assure la production du carton. Enfin, le Groupe des produits chimiques comporte trois divisions : résines, éthanol et produits de lignine (lignosulfonates). Les principaux marchés sur lesquels Tembec vend ses produits sont l'Amérique du Nord, l'Europe, la Chine et le Japon.

Tembec est née en 1973 à Témiscaming, au Québec, à l'initiative des habitants de cette municipalité : ils ont racheté l'unique usine de la région, qui avait fermé ses portes un an plus tôt. Depuis, d'une modeste usine de quelques centaines d'employés, Tembec est devenue une entreprise d'envergure internationale. Comme pour plusieurs entreprises de ce secteur d'activité, la crise forestière des dernières années a toutefois entraîné la fermeture de plusieurs usines appartenant à Tembec dans une proportion plus importante au Canada qu'aux États-Unis.

D'ailleurs, en février 2008, à la suite du retrait de l'actionnaire principal, un fructueux processus de recapitalisation mené à terme a rapidement fourni des liquidités additionnelles à la société et à ses filiales. Depuis, grâce au soutien des parties prenantes, Tembec s'emploie à générer des rendements opérationnels et financiers supérieurs tout en demeurant le leader mondial de la gestion durable de la forêt.

La forêt constitue pour Tembec une source vitale de matières premières. En conséquence, la société applique des principes rigoureux de bonne gestion des forêts et met ainsi l'accent sur la gestion environnementale et la responsabilité sociale. Toutes les exploitations forestières de Tembec sont conformes à la norme ISO 14001 du système de gestion environnementale. Dans un souci de préserver l'environnement, Tembec gère ses forêts selon des principes de développement durable rigoureux. En 2008, elle a complété l'implantation du Forest Stewardship Council (FSC) sur les 11,5 millions d'hectares de forêt qui sont sous sa gestion au Canada. L'entreprise a même reçu un *Corporate Sustainable Standard-Setter Award* de la Rainforest Alliance. Afin de concrétiser son engagement environnemental, Tembec a également adopté une politique environnementale et instauré Impact Zéro et Verts Horizons, deux programmes de gestion qui permettent de réduire au minimum les incidences de ses activités manufacturières et forestières sur l'environnement. Dans cette optique, des indicateurs de performance environnementale ont été développés et des ententes ont été signées avec Conservation de la nature Canada et ForestEthics.

Tembec veille également à honorer ses responsabilités envers la société. Pour ce faire, l'entreprise soutient le Pacte mondial proposé par les Nations Unies, qui « invite les entreprises à adopter, soutenir et appliquer dans leur sphère d'influence un ensemble de valeurs fondamentales, dans les domaines des droits de l'homme, des normes de travail et de l'environnement, et de lutte contre la corruption[1] ». De plus, Tembec entretient des relations étroites avec les Premières Nations et encourage le bénévolat chez ses employés.

1. www.un.org/fr/globalcompact/principles.shtml

LE CONTEXTE

Au cours des dernières années, l'industrie forestière canadienne a dû affronter une conjoncture économique et politique difficile et imprévue. Le conflit canado-américain sur le bois d'œuvre résineux a eu des répercussions négatives sur les activités de Tembec et entraîné l'immobilisation de sommes considérables à titre de droits compensateurs sur les exportations du Canada vers les États-Unis. L'augmentation constante des prix de l'électricité, du gaz naturel et d'autres combustibles fossiles nécessaires à la production a également eu des effets notables sur l'entreprise. Afin de surmonter ces difficultés et de respecter l'engagement de Tembec en matière de développement durable, ses gestionnaires s'efforcent de mettre fin à la dépendance des activités manufacturières de l'entreprise à l'égard des combustibles fossiles. La hausse sans précédent du prix du pétrole a par ailleurs pesé sur les coûts de l'approvisionnement en bois au cours des dernières années.

Auparavant, l'industrie canadienne du bois exploitait une ressource qui était considérée comme peu coûteuse et abondante, voire illimitée. Les produits finis, relativement simples, étaient destinés essentiellement au domaine de la construction. Le marché du bois de construction était

alors un marché vendeur sur lequel les entreprises étaient certaines d'écouler toute leur production. Dans un contexte marqué par un faible coût des matières premières et une demande élevée, il suffisait d'augmenter la quantité de bois produite pour accroître la rentabilité de l'usine. L'exploitation intensive des forêts a cependant eu des conséquences négatives : diminution graduelle de la taille des arbres et nécessité de s'approvisionner de plus en plus loin des lieux de production. Le bois est ainsi moins accessible et coûte donc plus cher. Par ailleurs, en raison du développement des techniques de coupe, la capacité de production de l'industrie forestière a considérablement augmenté et dépasse aujourd'hui la capacité de régénération de la ressource : le bois n'est plus une ressource illimitée. Une législation plus restrictive en matière d'exploitation des forêts impose désormais des contraintes supplémentaires aux entreprises forestières afin d'éviter l'épuisement de cette ressource.

L'offre de produits finis a également évolué et suivi les évolutions du marché : la demande de bois de construction pour les maisons neuves a diminué au profit de la demande de bois destiné à la rénovation. Tembec propose donc maintenant un vaste choix de produits répondant aux exigences des grands acteurs de l'industrie de la rénovation.

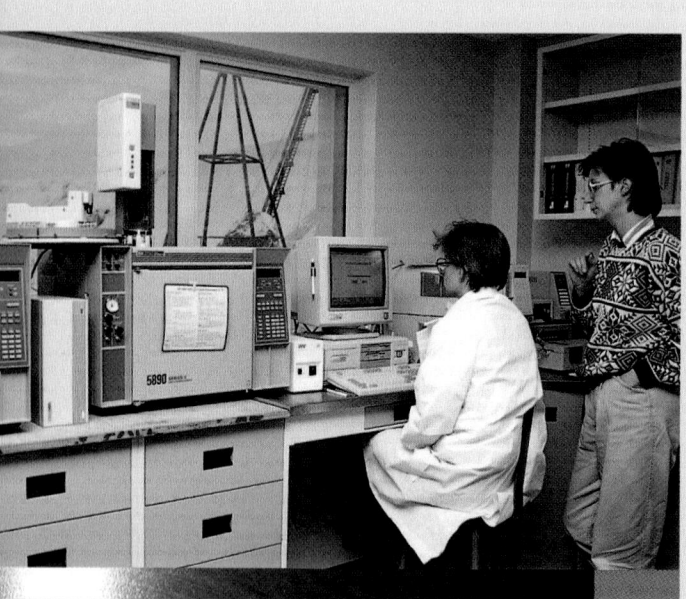

Les unités produites diffèrent ainsi selon l'essence de bois utilisée, la forme des planches, les motifs ou les rainures, le traitement ou le non-traitement du bois, etc. De plus, la matière première étant plus rare, les entreprises forestières exploitent à présent la totalité de l'arbre, d'où de nouveaux produits dérivés qui exigent d'autres étapes de fabrication que celles d'une planche standard. Grâce à l'automatisation des procédés de production des planches et des autres produits dérivés, l'exploitation des arbres qui entrent à l'usine est plus flexible et permet une plus grande diversité de combinaisons des produits finis. Le processus s'en trouve toutefois complexifié, tout comme les décisions qu'il implique.

Les impératifs de rentabilisation des installations et d'efficience des méthodes de production entraînent de nouvelles exigences en matière d'information de gestion. L'entreprise doit connaître le coût de revient de chacun de ses produits afin de prendre des décisions qui maximiseront l'utilisation de ses matières premières et de sa capacité de production.

LE COÛT DE REVIENT

Les entreprises forestières doivent composer avec de nouvelles contraintes : capacité de production excédentaire, coût des matières premières plus élevé et complexification du processus de production due à la diversité accrue des produits finis. À cela s'ajoutent les difficultés propres à l'industrie des produits forestiers en matière de coût de revient. Tout d'abord, la valeur de la matière première dépend de la taille de l'arbre et de la qualité du bois. Comme il n'y a pas deux arbres identiques, les gestionnaires ont peu d'emprise sur les caractéristiques de la matière première qui entre à l'usine. Il est donc difficile de standardiser le processus de production, puisque les décisions portant sur la transformation de l'arbre doivent être prises pour chacun d'eux : type de coupe, nombre et dimensions des planches, etc. Ensuite, une fois que le processus de production a démarré, il est impossible de suivre ce qui arrive à un arbre en particulier. Enfin, les unités de mesure utilisées ne facilitent pas le calcul du coût de revient : les intrants sont en effet mesurés en mètres cubes, alors que les extrants peuvent être mesurés en pieds carrés, en pieds planches, en tonnes de sciure, etc. Tous ces éléments rendent la détermination du coût de revient des produits plus complexe.

Pour surmonter ces contraintes et relever ces défis, la division des produits forestiers de Tembec a implanté il y a quelques années un système de comptabilité par activités. Les données obtenues grâce à ce système sont plus utiles à la direction que celles qui sont offertes par le système comptable traditionnel. Alors que ce dernier donne aux gestionnaires une estimation du coût moyen des produits, sans offrir d'informations sur la rentabilité de chacun des produits, la comptabilité par activités tient compte de toutes les étapes du processus de production et reflète leur complexité, ce qui permet de déterminer avec plus de précision le coût de revient des produits. Le système de comptabilité par activités est actuellement utilisé en parallèle avec le système comptable traditionnel, qui sert à produire les informations nécessaires à la divulgation externe des données financières.

Le système comptable traditionnel permet de calculer le coût des activités ; en effet, il est relativement facile de repérer les ressources consommées à chacune des étapes de production. Pour sa part, la comptabilité par activités présente l'intérêt de rattacher le coût des activités de production aux produits très variés issus du processus de transformation en fonction de la consommation des activités par les produits. Les gestionnaires disposent désormais de plusieurs autres informations que les données trop agrégées que sont les coûts moyens générés par le système comptable traditionnel.

Dans le Groupe des produits forestiers, la comptabilité par activités est utilisée tant par les employés qui s'occupent de l'exploitation au quotidien que par les gestionnaires. Grâce au coût de revient, il est plus facile de décider quels produits il faut fabriquer pour utiliser chaque arbre de façon optimale et maximiser la rentabilité. La comptabilité par activités permet de comparer le prix de

fabrication, ils peuvent dégager des écarts de rendement et ainsi éviter d'entreprendre des activités non efficientes. La comptabilité par activités aide également à revoir les façons de faire en mettant en évidence les cas d'exploitation non optimale des ressources et à déterminer la rentabilité potentielle de chaque usine pour une quantité donnée de matières premières.

Pour connaître la performance de chaque usine, il suffit désormais aux dirigeants et aux comptables de l'entreprise de consulter les rapports d'une seule page que permet d'établir le système de comptabilité par activités. Ils peuvent consacrer le temps ainsi gagné à analyser l'information et à rechercher des solutions. Grâce à ces rapports sur le rendement des usines, la comptabilité par activités est un outil privilégié d'évaluation de la performance : la modélisation des activités des usines, indispensable pour mettre en œuvre la comptabilité par activités, permet d'établir pour chacune des usines un rendement « théorique », qui représente l'objectif à atteindre.

vente des différents produits et leurs coûts de production respectifs. Elle permet aussi aux gestionnaires de mesurer les conséquences de leurs décisions, ce qui réduit d'autant l'arbitraire des décisions intuitives. Comme ils connaissent les coûts de production à chacune des étapes de la

LES SYSTÈMES DE CALCUL PAR ACTIVITÉS

La figure 7.1 illustre le calcul du coût de fabrication, en situant les principaux éléments d'un système de calcul par activités.

Figure 7.1 Le coût de fabrication

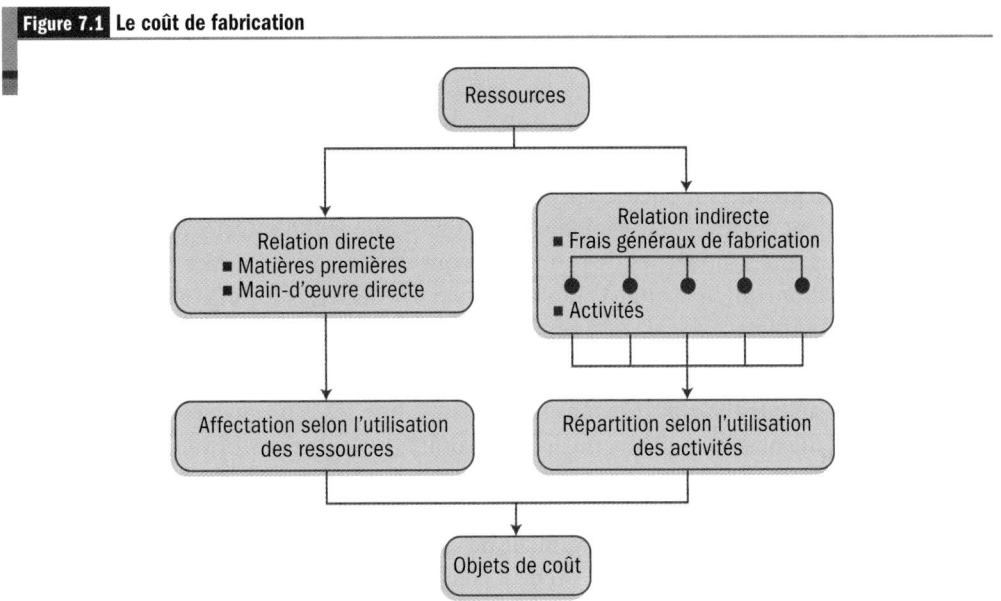

Selon cette figure, les frais généraux de fabrication laissent la place à un ensemble d'activités, auxquelles sont rattachées les **ressources** ayant une relation indirecte avec les objets de coût. Deuxièmement, le coût de chacune des activités est réparti entre les **objets de coût** selon un lien qui lui est propre et qui reflète l'utilisation de l'activité par l'objet de coût. Ces deux points font partie des caractéristiques de base de la comptabilité par activités.

La figure 7.2 reprend la figure 7.1 de manière simplifiée.

Figure 7.2 La comptabilité par activités

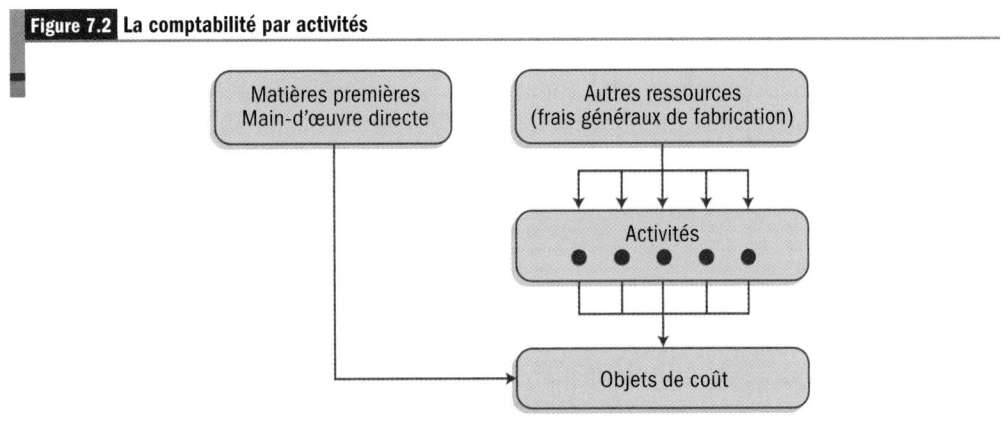

Ce système comprend trois blocs, soit les ressources, les activités et les objets de coût. Ainsi, des liens peuvent être établis entre les ressources et les activités ainsi qu'entre les activités et les objets de coût. Dans certains systèmes complexes de comptabilité par activités, les activités peuvent même être liées entre elles ; c'est ce que nous nommons « regroupement d'activités » dans ce chapitre.

L'ORIGINE DES CHANGEMENTS

Depuis le début de l'ère industrielle, les systèmes de calcul de coûts ont évolué parallèlement à l'évolution des entreprises et sont le résultat des besoins des entreprises en matière d'information. Rappelons-nous que le besoin est la mère de l'innovation. Depuis que sont apparus les premiers modèles de coûts, les systèmes de production ont grandement évolué, notamment grâce aux technologies accessibles aujourd'hui. Deux caractéristiques essentielles des systèmes modernes de production ont une incidence sur les systèmes de coûts : la spécialisation, qui a entraîné l'automatisation des tâches, et le pourcentage élevé des coûts indirects, notamment des frais généraux de fabrication.

En raison de la spécialisation et de l'automatisation des tâches, les employés d'usine d'aujourd'hui participent seulement à une fraction du processus de production. Ils travaillent sur des pièces ou des composants qui seront incorporés dans un produit et, souvent, effectuent seulement une des nombreuses opérations portant sur les pièces. De plus, les pièces sur lesquelles ils travaillent servent souvent à la fabrication de plusieurs produits. Il est donc de plus en plus difficile de rattacher la main-d'œuvre directe au produit fini destiné aux clients. Par ailleurs, on peut considérer les pièces et les composants comme des produits finis avant qu'ils ne soient utilisés dans la fabrication d'un autre produit. Le calcul des coûts des pièces et des composants entraîne ainsi une multiplication des objets de coût, mais n'élimine pas l'imprécision de l'imputation des frais généraux de fabrication. C'est pourquoi il devient parfois pertinent de rattacher la main-d'œuvre et les autres frais à des activités débouchant sur la fabrication d'un produit fini, plutôt qu'au produit fini comme tel. Les activités sont ainsi devenues des objets de coût, d'où l'apparition des premiers systèmes de comptabilité par activités.

Au début de l'ère industrielle, le pourcentage des coûts relevant des frais généraux de fabrication dépassait rarement 20 %. Aujourd'hui, les frais généraux de fabrication peuvent représenter plus de 50 % des coûts dans certaines entreprises, et même davantage si on inclut toute la main-d'œuvre de l'usine. En raison du pourcentage élevé des frais généraux de fabrication et de la multiplication des produits, on ne peut plus se contenter d'utiliser un taux de répartition ou d'imputation unique. L'utilisation d'un taux d'imputation unique des frais généraux de fabrication a en effet donné lieu, au sein d'entreprises s'appuyant sur les nouvelles technologies, à des calculs très inexacts des coûts de fabrication, ce qui a entraîné de mauvaises décisions opérationnelles et stratégiques.

LES ACTIVITÉS

La comptabilité par activités est un modèle de représentation cohérent avec une structure par processus (voir le chapitre 1, figure 1.1). Les activités sont regroupées en processus. Un **processus** est une séquence d'activités liées entre elles, qui va des fournisseurs aux clients (voir la figure 7.3) et dont l'objectif est d'offrir un produit ou un service aux clients. Toutes ces activités consomment des ressources, qu'elles soient humaines, matérielles ou financières. Toutes ces ressources devront être reliées au produit ou au service final, qui constitue l'objet de coût.

Figure 7.3 La représentation d'un processus

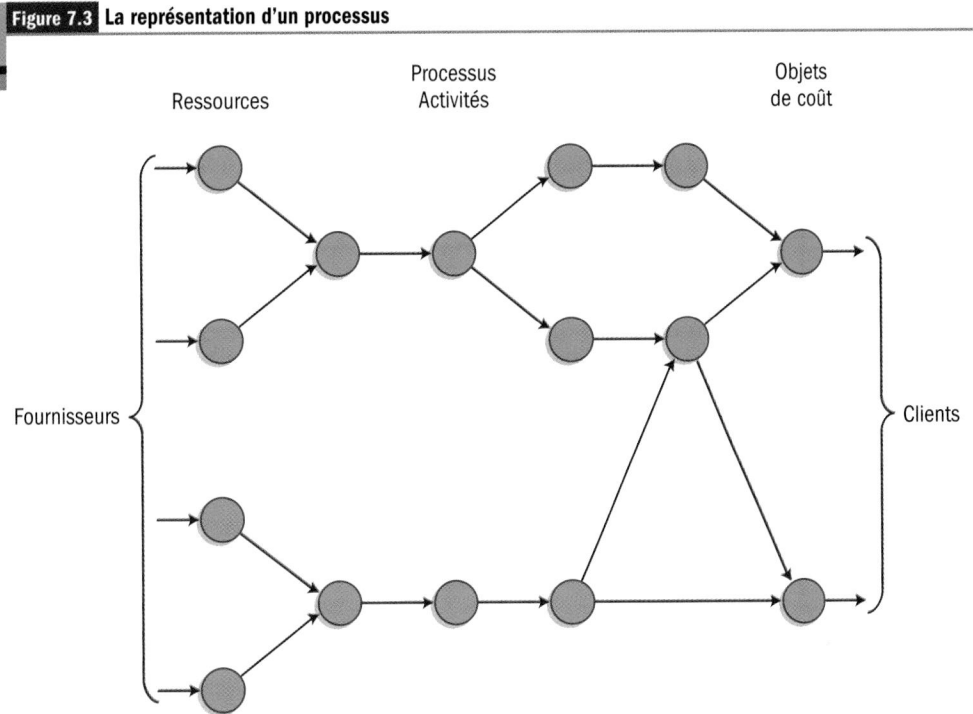

Il est beaucoup plus facile de gérer un processus lorsqu'il est réalisé dans un lieu physique unique, sous la responsabilité d'un directeur, qui s'assure de son bon déroulement afin de satisfaire les clients ou d'apporter les correctifs en cas de problèmes. C'est pourquoi les entreprises tendent à regrouper les activités au même endroit.

Les clients et les fournisseurs peuvent être externes ou internes à l'entreprise : un atelier peut ainsi être un fournisseur ou un client d'un autre atelier. Pour résumer, le processus est un regroupement d'activités, et l'**activité** un ensemble de tâches effectuées par des personnes ou par des machines.

Les activités peuvent toujours être décomposées en activités plus fines. La décomposition la plus fine qu'on puisse imaginer consisterait à définir les activités comme des tâches. D'où la question suivante : dans l'idéal, combien d'activités doit-il y avoir pour définir un processus et affecter avec une précision satisfaisante les ressources aux activités et pour répartir les coûts des activités entre les objets de coût ? La **modélisation des processus** permet de répondre à cette question. Elle consiste à définir une liste d'activités et à déterminer clairement les liens existant entre les ressources et les activités, entre les activités elles-mêmes, et entre les activités et les objets de coût. C'est la tâche la plus difficile dans la conception d'un système de calcul par activités. Le contrôleur pourrait se contenter de définir un processus en recourant uniquement à quelques activités ou, à l'inverse, recourir à plusieurs centaines, voire plusieurs milliers d'activités. Toutefois, dans les deux cas, le système de comptabilité serait inefficace. Dans le premier cas, il ne permettrait pas de calculer précisément la consommation des ressources de l'entreprise par les divers objets de coût, et, dans le second, il serait trop lourd à gérer. La difficulté lors de la modélisation du processus est donc de déterminer un nombre d'activités adéquat afin de permettre à l'entreprise de pouvoir utiliser efficacement les informations comptables.

Un des objectifs de la comptabilité par activités est de calculer des coûts unitaires (incluant des coûts directs et indirects) qui soient le plus précis possible. Pour parvenir à une telle précision, il faut cerner les activités d'un processus de façon à affecter les ressources aux activités et à répartir avec exactitude le coût des activités entre les objets de coût. À cet égard, il est intéressant de noter la différence entre la comptabilité par activités et la comptabilité par centres de coûts. Dans la comptabilité par centres de coûts[2], on affecte les coûts aux centres de coûts, qui imputent ensuite une part de leurs coûts à l'objet de coût à travers une seule base d'imputation reliée directement au volume de produits fabriqués. En revanche, dans la comptabilité par activités, on utilise implicitement plusieurs liens de causalité entre la fabrication des produits et la consommation des ressources. Ces liens de causalité ne sont pas nécessairement établis en fonction du volume de produits fabriqués. Le coût de fabrication ainsi calculé permet de mieux connaître la consommation des ressources par chacun des produits, et le calcul est donc beaucoup plus précis, permettant par le fait même de meilleures décisions de gestion.

Deux méthodes permettent d'analyser les activités. Dans la première, le concepteur du système examine les ressources et s'interroge sur les activités qu'elles alimentent. Dans la seconde, il s'attache aux objets de coût et se demande quelles activités sont nécessaires pour ces objets de coût. Ces deux méthodes sont illustrées à la figure 7.4.

Figure 7.4 Les méthodes pour définir une liste d'activités

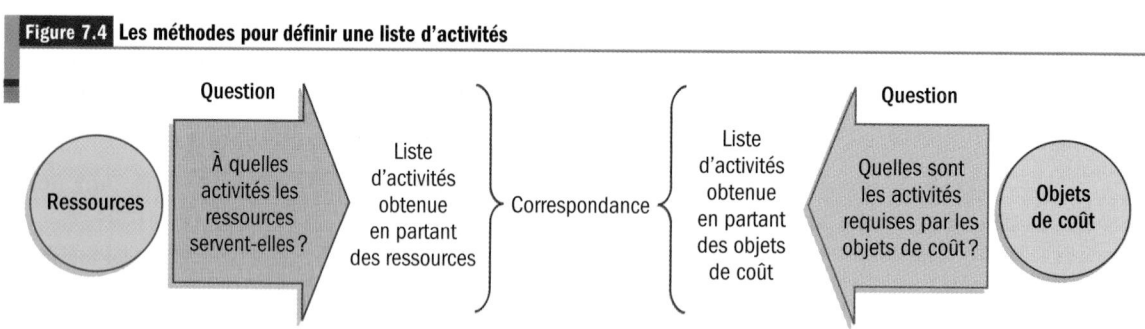

2. La comptabilité par centres de coûts, également appelée comptabilité traditionnelle, consiste à cumuler les coûts de fabrication dans les centres de coûts et à les répartir aux différents produits à l'aide d'une base de répartition volumétrique. Ce type d'approche est abondamment illustré aux chapitres 5 et 6 du présent ouvrage.

La première méthode permet d'affecter des ressources aux activités, et la seconde de répartir le coût des activités entre les objets de coût. Une fois qu'on a utilisé ces deux méthodes, il est nécessaire d'établir une correspondance entre les deux listes d'activités obtenues afin d'établir une seule liste d'activités pour l'application du calcul par activités.

L'UTILITÉ DES SYSTÈMES DE CALCUL PAR ACTIVITÉS

Les systèmes de calcul par activités sont particulièrement appropriés lorsque les coûts indirects sont élevés et que les objets de coût consomment les ressources de manière hétérogène. Dans ce type de situation, on s'efforce en effet de rattacher la consommation des ressources à des activités, puis d'affecter le coût des activités à des objets de coût. Dans un système par centres de coûts, on rattache les coûts aux objets de coût en suivant le principe selon lequel tous les objets qui passent par un centre de coûts doivent assumer leur juste part des charges engagées dans ce centre – principe du rattachement des charges aux produits au cours d'une période donnée –, et ce, sans recourir à la modélisation des activités qui ont lieu dans le centre. Donc, faute de données sur la consommation des ressources par les activités, les coûts du centre sont le plus souvent imputés aux objets de coût au prorata du nombre d'objets qui y transitent.

Les systèmes de calcul par activités, quant à eux, permettent d'établir des coûts de fabrication plus exacts. Cependant, les opérations consistant à cartographier les processus sous la forme d'activités et à programmer les systèmes de calcul afférents entraînent des coûts importants. Ces coûts doivent toutefois être mis en regard des bénéfices que les données plus exactes obtenues entraînent pour la gestion de l'entreprise. En effet, les systèmes de calcul par activités ne sont pas uniquement des systèmes de calcul; ils donnent aussi de l'information sur les facteurs qui vont influer sur les coûts. Comme nous le verrons dans le chapitre 19, toutes les informations permettant de mieux connaître les facteurs qui influent sur les coûts sont utiles à la gestion des coûts.

Les **inducteurs de coûts** nous amènent à repenser la variabilité des coûts (chapitre 3) et à remettre en question l'hypothèse selon laquelle les coûts varient uniquement en fonction du nombre de produits finis. En effet, si certains coûts, comme les coûts directs, évoluent toujours en fonction du nombre de produits finis, d'autres sont soumis à davantage de variables, telles que le nombre de lots, de commandes, de composants, de modèles, de gammes de produits, etc. C'est pourquoi Cooper a proposé la notion de **hiérarchie des coûts**, dans laquelle il distingue quatre grandes catégories de coûts[3] :

- les coûts associés aux unités;
- les coûts associés aux lots;
- les coûts associés aux modèles;
- les coûts associés à l'unité d'exploitation.

---

3. Robin COOPER, « Cost Classification in Unit-Based and Activity-Based Manufacturing Cost Systems », *Journal of Cost Management,* vol. 4, n° 3, automne 1990, p. 4-14.

LES COÛTS ASSOCIÉS AUX UNITÉS[4]

Certains coûts varient proportionnellement au nombre d'unités traitées. Comme nous l'avons vu, les matières premières et la main-d'œuvre directe sont des coûts directement liés à l'objet de coût, et varient donc en fonction du nombre d'unités produites. On dit que ces coûts sont variables par unité. On les appelle aussi « coûts volumiques », car on les affecte aux objets de coût en proportion du volume utilisé : les matières premières sont affectées au prorata des quantités utilisées, la main-d'œuvre directe au prorata des heures travaillées, etc. Il peut aussi exister des coûts indirects proportionnels au volume : par exemple, les coûts associés à l'emballage sont des coûts indirects qui, dans certaines situations, se comportent pour l'essentiel comme les coûts de matières premières.

LES COÛTS ASSOCIÉS AUX LOTS[5]

Les coûts associés aux lots varient en fonction du nombre de lots traités, quel que soit le nombre d'unités fabriquées que comprend chacun des lots. Par exemple, la mise en course d'un lot (programmation des machines, planification des ressources nécessaires, etc.) constitue un coût fixe par lot, quel que soit le nombre d'unités fabriquées que comprend le lot. Ainsi, dans un quotidien, une fois les articles rédigés et la mise en pages terminée, le journal est prêt à être imprimé. Le coût lié à la conception du journal constitue un coût fixe par édition ou par lot, mais c'est le nombre d'exemplaires, autrement dit le tirage, qui définit la taille du lot.

LES COÛTS ASSOCIÉS AUX MODÈLES[6]

Les coûts associés aux modèles varient en fonction du nombre de modèles et de leur complexité. La conception et la réalisation d'un modèle entraînent un coût fixe par modèle, qui restera le même quel que soit le nombre d'unités fabriquées d'après ce modèle. Ainsi, le coût de production d'un film restera le même, quel que soit le nombre de représentations ou le nombre de spectateurs. Certains coûts varient selon le nombre de gammes de produits, par exemple les coûts liés à la mise en marché d'une gamme particulière et à la promotion de marques de commerce.

LES COÛTS ASSOCIÉS À L'UNITÉ D'EXPLOITATION[7]

Enfin, il existe des coûts associés aux installations physiques de l'unité d'exploitation. Ce sont les coûts indirects qu'on n'a pas pu rattacher aux objets de coût en recourant aux catégories précédentes. Les services de sécurité et les frais liés à l'utilisation d'un bâtiment, comme les taxes, les assurances et l'amortissement du bâtiment, entrent dans cette catégorie.

---

4. En anglais : *unit-level costs.*
5. En anglais : *batch-level costs.*
6. En anglais : *product-level costs.*
7. En anglais : *facility-level costs.*

En général, il est impossible d'établir une relation directe entre les coûts associés à l'unité d'exploitation et les activités qui contribuent aux objets de coût. On doit donc recourir à une relation de nature plus arbitraire pour répartir ce type de coûts.

LE COÛT DES ACTIVITÉS

On obtient le coût des activités en affectant le coût des ressources aux activités. Les liens entre les ressources et les activités sont ce qu'on appelle les **inducteurs de ressources**. Par définition, *induire* signifie «engendrer», «causer»: le terme *inducteur* qualifie donc ce type de lien. Autrement dit, les inducteurs de ressources entraînent (causent, permettent, génèrent, etc.) les activités. On les utilise pour affecter les différentes ressources aux activités en s'efforçant de choisir ceux qui expliquent le mieux la consommation des ressources par chacune d'elles. Cependant, il est fréquent que les inducteurs de ressources ne soient pas visibles: il est en effet plus facile d'enregistrer directement l'utilisation des ressources dans un compte identifié à l'activité lors de la saisie des données que d'affecter ensuite les ressources aux activités.

LE COÛT DES OBJETS DE COÛT

On obtient le coût des objets de coût en répartissant le coût des activités entre ces objets. Les liens entre les activités et les objets de coût, ou entre les activités elles-mêmes, sont ce qu'on appelle les **inducteurs d'activité**. On les utilise pour répartir le coût des activités entre les objets de coût ou, parfois, pour transférer le coût des activités à d'autres activités. Pour effectuer la **répartition des coûts des activités** entre les objets de coût, il faut pouvoir établir une relation logique entre ces coûts et ces objets, c'est-à-dire pouvoir observer un rapport de sens entre eux. Il s'agit généralement d'un rapport de cause à effet, car la seule raison d'être des activités est de contribuer à la fabrication de produits et à rendre possible l'offre de services. De façon réciproque, les produits offerts et les services rendus par une entreprise exigent la mise en œuvre d'un certain nombre d'activités. Autrement dit, activités et objets de coût sont intrinsèquement liés. L'expression *inducteurs de coûts* est parfois utilisée, mais elle a une acception plus large. Les inducteurs de coûts sont des facteurs qui entraînent des coûts ou induisent la consommation des activités par les objets de coût. Pour que les systèmes de comptabilité par activités soient précis, il faut que les liens utilisés soient de véritables inducteurs. Ainsi, les inducteurs d'activité assurent une juste répartition du coût de chacune des activités entre les différents objets de coût en prenant en considération la consommation de l'activité par l'objet de coût.

En résumé, dans un système de comptabilité par activités, on affecte les ressources indirectes à des activités à l'aide d'inducteurs de ressources. Ces activités sont alors assignées à des regroupements d'activités sur la base d'inducteurs communs. Les coûts sont ensuite affectés aux objets de coût à l'aide d'inducteurs d'activité par l'entremise d'un calcul du coût unitaire de l'inducteur. Mentionnons que le calcul du **coût unitaire des inducteurs d'activité** est un coût très utile et pertinent à l'analyse du coût de revient. L'établissement des inducteurs d'activité permet, entre autres, de distinguer les inducteurs à valeur ajoutée de ceux qui n'ont pas de valeur ajoutée, tandis que le coût unitaire des inducteurs permet de transmettre une information utile, notamment quant à l'analyse de réduction de coûts. Le concept de comptabilité par activités est illustré à la figure 7.5.

Figure 7.5 Le modèle de décomposition des coûts selon le concept de comptabilité par activités

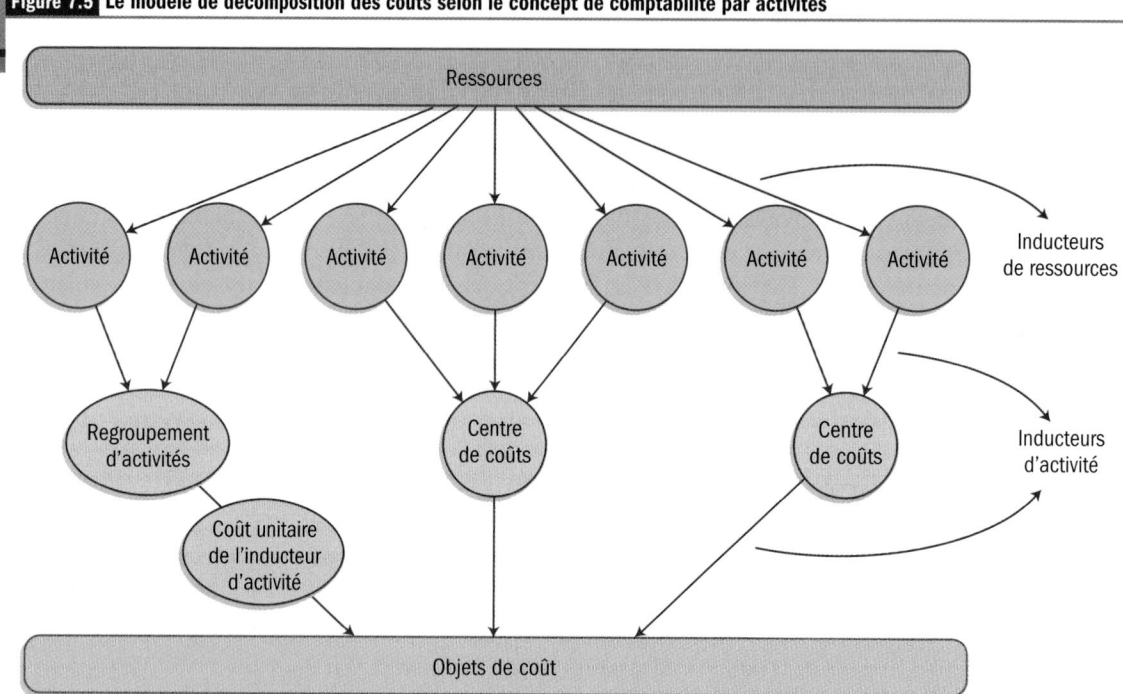

UNE APPLICATION DE LA COMPTABILITÉ PAR ACTIVITÉS

Dans l'exemple qui suit, nous présentons une analyse comparative de la comptabilité par centres de coûts et de la comptabilité par activités. Il est ainsi possible d'analyser les différences entre les coûts calculés selon les deux méthodes.

EXEMPLE

HORLOGERIE BON TEMPS

Horlogerie Bon Temps fabrique deux gammes d'horloges : l'horloge standard et l'horloge ancestrale. Voici un tableau contenant certaines données techniques sur l'entreprise et la fiche du coût de fabrication établi en fonction de la méthode du coût complet rationnel.

L'entreprise établit son prix de vente en fonction du coût complet rationnel, qu'elle majore de 25 % pour couvrir les frais de vente et d'administration, et dégager un profit raisonnable. On utilise le nombre d'heures de MOD pour imputer les 440 000 $ de FGF. Le taux d'imputation est donc de 200 $/heure de MOD (440 000 $/2 200 heures).

Les données sur Horlogerie Bon Temps

Ressources	Horloge standard	Horloge ancestrale	Total
Nombre d'unités produites	10 000	1 000	11 000
Heures de main-d'œuvre directe (MOD)	2 000	200	2 200
Nombre de lots	20	40	60
Heures-machines	5 000	500	5 500
Nombre de déplacements dans l'usine	40	80	120
Coûts directs	540 000 $	70 000 $	610 000 $
Frais généraux de fabrication (FGF) imputés	–	–	440 000 $
Coût de fabrication total			**1 050 000 $**

La fiche de coût de fabrication en coût complet rationnel
(selon les heures de MOD)

Ressources	Horloge standard	Horloge ancestrale	Total
Coûts directs	540 000 $	70 000 $	610 000 $
FGF imputés (2 000 × 200 $ et 200 × 200 $)	400 000 $	40 000 $	440 000 $
Total des coûts de fabrication	**940 000 $**	**110 000 $**	**1 050 000 $**
Unités produites	10 000	1 000	
Coût de fabrication unitaire	94 $/unité	110 $/unité	
Prix de vente (coût unitaire × 1,25 $)	117,50 $/unité	137,50 $/unité	
Résultat brut	23,50 $/unité	27,50 $/unité	

M. Roger Bontemps, propriétaire de l'entreprise, éprouve toutefois un certain malaise avec ces données. Sa vaste expérience du marché et les discussions qu'il a eues avec certains intervenants dans l'industrie le portent à croire qu'il devrait vendre 10 fois plus d'horloges standards que d'horloges ancestrales. Or, au prix de 117,50 $ pour les horloges standards et de 137,50 $ pour les horloges ancestrales, M. Bontemps s'attend à ce que la demande d'horloges ancestrales soit supérieure à la moyenne du marché. Il craint que le prix de vente affiché reflète mal la valeur du produit qu'il fabrique.

Une étude du marché révèle que les concurrents vendent des horloges comparables à l'horloge standard à des prix compris entre 100 $ et 120 $. Les concurrents qui commercialisent des horloges de type ancestral les vendent plus de 200 $ l'unité. Le contrôleur note que l'écart de prix est important pour l'horloge ancestrale, et il propose d'évaluer son coût de fabrication en utilisant la comptabilité par activités. Certaines données relatives aux processus de fabrication d'Horlogerie Bon Temps sont illustrées à la figure 7.6.

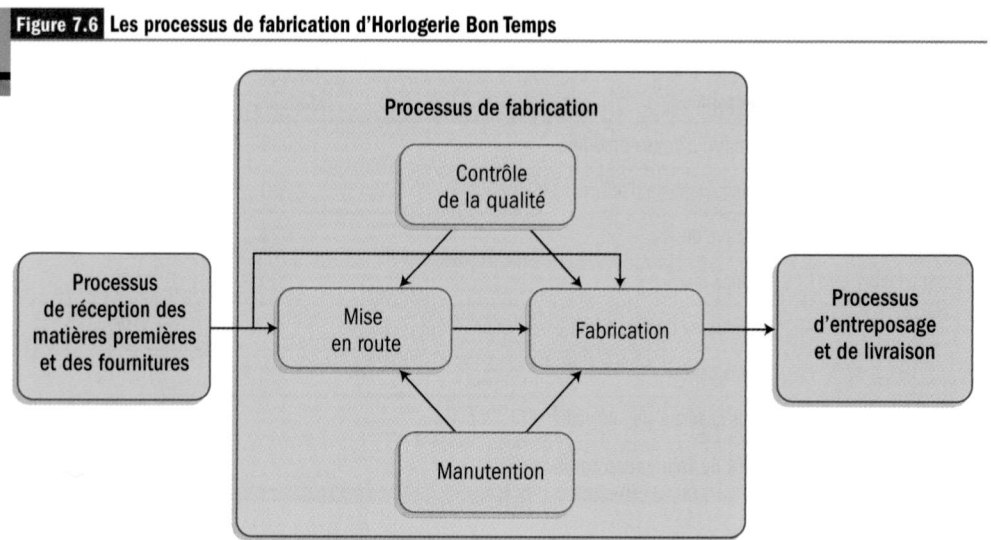

Figure 7.6 Les processus de fabrication d'Horlogerie Bon Temps

Le contrôleur constate d'abord qu'il peut scinder les processus de fabrication en quatre grandes activités : la mise en route des lots de fabrication d'horloges ; la manutention des horloges d'une station à l'autre dans l'usine ; la fabrication proprement dite ; et le contrôle de la qualité. Bien que cette description du processus de fabrication soit relativement simple, le contrôleur pense qu'elle lui permettra de mieux comprendre la consommation des ressources utilisées dans l'usine par chacune des deux gammes de produits.

Le contrôleur affecte ensuite les ressources aux quatre activités qu'il a définies. Il affecte chacune des ressources consommées aux activités à l'aide d'une gamme complète d'inducteurs de ressources. Par exemple, il affecte l'amortissement des machines aux activités qui utilisent les machines, et ce, proportionnellement à leur utilisation. En affectant ainsi, à l'aide des relations logiques, le coût des ressources à chacune des activités, le contrôleur parvient à calculer le coût de chacune des activités : 90 000 $ pour la mise en route, 253 000 $ pour la fabrication, 31 000 $ pour la manutention et 66 000 $ pour le contrôle de la qualité.

Une fois qu'il a déterminé le coût de chacune des activités, le contrôleur affecte ces coûts aux deux objets de coût. Pour ce faire, il détermine un inducteur d'activité pour chacune des activités, calcule le coût unitaire de l'inducteur d'activité, puis répartit le coût entre les deux objets de coût en fonction de la consommation du volume de l'inducteur d'activité. De façon pratique, on divisera d'abord, dans une première étape, le coût total des activités par le volume total des inducteurs de chacune des activités, ce qui permettra d'établir un coût unitaire pour chacun des inducteurs d'activité (coût unitaire de l'inducteur d'activité). Dans une seconde étape, on obtiendra le coût de l'objet de coût en multipliant le volume de l'inducteur d'activité consommé par chaque objet de coût par le coût unitaire de l'inducteur d'activité.

Cette étape du calcul est illustrée à la figure 7.7.

L'inducteur établi pour l'activité Mise en route est le nombre de lots mis en route. Autrement dit, la logique veut que plus on fabrique de lots, plus les coûts de mise en route augmentent. Comme il y a eu 60 lots fabriqués et que l'activité Mise en route coûte 90 000 $, le contrôleur établit le coût d'un lot à 1 500 $ (90 000 $/60 lots). Pour l'activité Manutention, ce sont les

Figure 7.7 Le modèle de décomposition des coûts d'Horlogerie Bon Temps

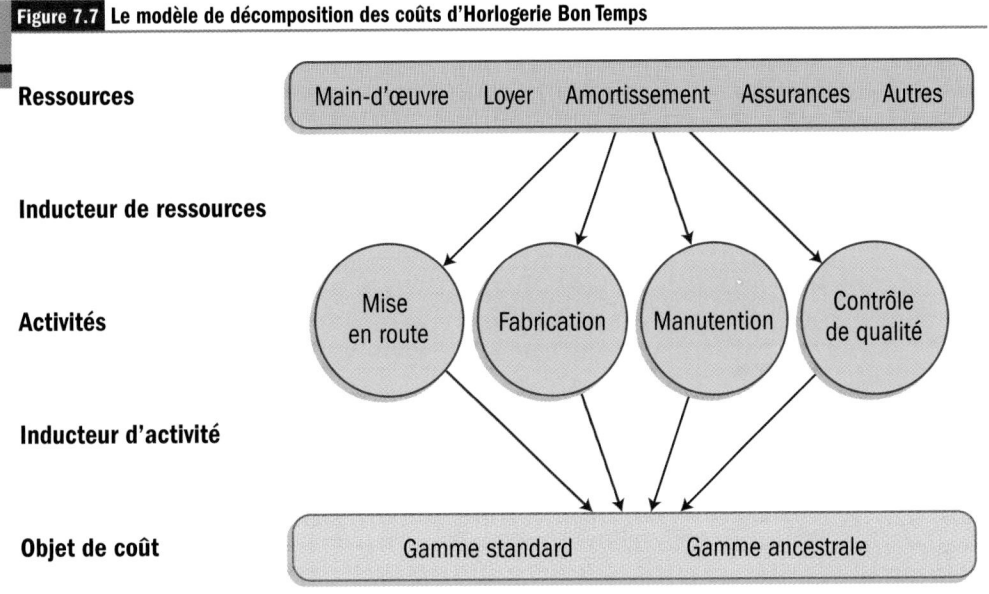

Les principales activités d'Horlogerie Bon Temps

Activités	Inducteurs d'activité	Nombre total de l'inducteur d'activité	Coût total de l'activité	Coût unitaire de l'inducteur d'activité
Mise en route	Nombre de lots	60	90 000 $	1 500 $/lot
Fabrication	Nombre d'heures-machines	5 500	253 000 $	46 $/heure-machine
Manutention	Nombre de déplacements	120	31 000 $	258,33 $/déplacement
Contrôle de la qualité	Nombre d'heures – MOD	2 200	66 000 $	30 $/heure de MOD
			440 000 $	

déplacements de lots de produits d'une station à l'autre dans l'usine qui constituent l'inducteur d'activité. Les 31 000 $ consacrés à cette activité reviennent donc à 258,33 $ par déplacement (31 000 $/120 déplacements). Le tableau ci-dessus résume l'ensemble des calculs effectués pour déterminer le coût unitaire de chacun des inducteurs d'activité.

Après avoir dégagé les données sur les activités contribuant à la fabrication des horloges, le contrôleur établit les coûts de fabrication respectifs des deux gammes d'horloges. Pour ce faire, à l'aide des inducteurs d'activité, il établit un lien entre le coût des activités et les objets de coût. Dans le tableau de la page suivante, on remarque que les activités Mise en route et Manutention ont une incidence importante sur les coûts de revient. Premièrement, les horloges ancestrales sont fabriquées en lots plus petits, ce qui entraîne plus de mises en route, et, deuxièmement, elles sont plus complexes à fabriquer, ce qui entraîne plus de déplacements. Les horloges ancestrales absorbent donc une bonne part des coûts de mise en route et de manutention. Leur coût de fabrication en est alors gonflé d'autant, comme le montre le tableau.

La fiche de coût de fabrication en comptabilité par activités

Ressources	Horloge standard	Horloge ancestrale	Total
Coûts directs	540 000 $	70 000 $	610 000 $
Mise en route (20 lots × 1 500 $/lot, 40 lots × 1 500 $/lot)	30 000 $	60 000 $	90 000 $
Fabrication (5 000 heures-machines × 46 $/heure-machine, 500 heures-machines × 46 $/heure-machine)	230 000 $	23 000 $	253 000 $
Manutention (40 déplacements × 258,33 $/déplacement, 80 déplacements × 258,33 $/déplacement)	10 333 $	20 667 $	31 000 $
Contrôle de la qualité (2 000 heures de MOD × 30 $/heure de MOD, 200 heures de MOD × 30 $/heure de MOD)	60 000 $	6 000 $	66 000 $
Total	**870 333 $**	**179 667 $**	**1 050 000 $**
Unités produites	10 000 unités	1 000 unités	
Coût de fabrication unitaire	87,03 $/unité	179,67 $/unité	
Prix de vente (coût unitaire × 125 %)	108,79 $/unité	224,59 $/unité	

À la lumière de ces données par activités, on se rend compte que la mauvaise répartition des coûts faussait le calcul du coût de fabrication des deux types d'horloges, et plus particulièrement celui des horloges ancestrales. Comme les prix de vente étaient établis en fonction des coûts de fabrication, cela revenait à sous-estimer la valeur des horloges ancestrales, ce qui a pu inciter les clients à acheter plus d'horloges ancestrales que ce à quoi on s'attendait. Ainsi, à chaque vente d'horloge ancestrale, Horlogerie Bon Temps perdait 42,17 $ (prix de vente de 137,50 $ – coût de fabrication réel de 179,67 $). Si l'entreprise établit des prix de vente fondés sur les coûts obtenus à l'aide d'une comptabilité par activités (108,79 $ au lieu de 117,50 $ pour les horloges standards, et 224,59 $ au lieu de 137,50 $ pour les horloges ancestrales), cela aura pour effet de redresser la combinaison de produits vendus. En outre, il sera ainsi plus facile pour l'entreprise de définir une stratégie de vente en fonction de données comptables reflétant beaucoup plus fidèlement le coût véritable des produits qu'elle fabrique.

Ainsi, on constate qu'une entreprise qui surévalue son coût de fabrication risque de fixer un prix de vente trop élevé et ainsi de provoquer une baisse de la demande du produit pour lequel son prix de vente est supérieur au prix demandé par la concurrence. À l'inverse, une entreprise qui sous-évalue son coût de fabrication risque d'adopter des stratégies trop dymaniques en matière de prix de vente, ce qui peut engendrer une hausse de la demande de son produit dont la rentabilité est incertaine. En définitive, un calcul inadéquat du coût de fabrication d'un objet de coût risque de générer des analyses erronées de la rentabilité de chacun des produits et peut donc, par le fait même, fausser les stratégies à adopter en matière de positionnement des produits.

LES MODÈLES DE COMPTABILITÉ PAR ACTIVITÉS

Sur le plan structurel, il y a deux grandes familles de modèles de comptabilité par activités : le **modèle de décomposition des coûts** et ce qu'on pourrait appeler le **modèle de recomposition des coûts**. Dans le modèle de décomposition des coûts, on recourt habituellement à la première méthode présentée à la figure 7.4 pour définir une liste d'activités : on part des ressources pour les attribuer aux activités, puis on attribue le coût des activités aux objets de coût. C'est un modèle plus « comptable », plus simple à modéliser et plus facile à intégrer au grand livre (GL) que le modèle de recomposition des coûts, et c'est aussi celui qu'on utilise le plus souvent en entreprise[8]. Il se rapproche des systèmes de calcul par centres de coûts parce que les ressources renvoient d'abord à des activités, qu'on peut aussi regrouper des centres qui correspondent à des regroupements d'activités, puis répartir entre des objets de coût. Le modèle de décomposition des coûts est présenté à la figure 7.5.

Dans le modèle de recomposition des coûts, on recourt habituellement à la deuxième méthode présentée à la figure 7.4 pour définir une liste d'activités : on part des objets de coût et on procède à rebours pour dresser une liste des activités que nécessitent les objets de coût, puis une liste d'autres activités que nécessitent ces activités, et ainsi de suite jusqu'aux ressources. Ce modèle, davantage de type « ingénieur », repose souvent sur l'utilisation des données standards et des données réelles. Il est sensible à la séquence des activités, donc à leur regroupement en processus, et permet la modélisation de paramètres opérationnels (capacité, efficacité, temps morts, délais, etc.). Il procure un léger avantage en matière de compréhension des coûts et se prête mieux à la simulation et à la gestion par activités[9].

L'INTÉRÊT DES SYSTÈMES DE CALCUL PAR ACTIVITÉS POUR LA PRISE DE DÉCISION

Il y a plusieurs années, en raison de l'homogénéité des opérations d'un centre de coûts ainsi que de la faible proportion de frais généraux de fabrication dans le coût total, on pouvait répartir les frais généraux entre les différents produits ou services en utilisant un taux d'imputation unique, sans que cela crée une distorsion importante. En effet, l'écart potentiel entre le coût de revient réel et le coût de revient rationnel (calculé en fonction du taux d'imputation estimé en début d'exercice) était faible, ce qui ne justifiait pas de recourir à la comptabilité par activités, celle-ci étant plus complexe. Mais le contexte de marché mondial est désormais beaucoup plus ouvert à la concurrence, ce qui réduit les marges de manœuvre des entreprises ainsi que leur possibilité d'ajuster leurs prix de vente. La gestion des coûts est donc aujourd'hui un enjeu crucial qu'aucune entreprise ne peut prendre à la légère.

---

8. Hugues Boisvert, *La comptabilité par activités*, ERPI, 1998, p. 22.
9. Hugues Boisvert, *op. cit.*

La comptabilité par activités offre, entre autres, deux grands avantages : elle permet de bien connaître les activités, ce qui se traduit par une meilleure connaissance de l'entreprise, et d'obtenir le coût de fabrication le plus précis possible. Ainsi, lorsqu'une entreprise doit réduire ses coûts de production, il lui est beaucoup plus facile de cibler les activités les plus dispendieuses, car elle connaît bien ses activités et le coût de chacune d'elles. De plus, il lui est plus facile de déterminer un prix de vente représentatif des coûts, ce qui permet, en général, de meilleures analyses de rentabilité.

En l'absence de contrainte monétaire, la comptabilité par activités est probablement la meilleure technique d'évaluation du coût de revient. Bien qu'elle soit encore relativement peu utilisée, il est très probable qu'elle le sera davantage à l'avenir.

LA MISE EN VALEUR DU PRODUIT LE PLUS RENTABLE

Il arrive qu'une entreprise demande à ses vendeurs de favoriser la vente de son produit qui offre la marge brute la plus élevée. Mais qu'arrive-t-il si le coût de fabrication de ce produit a fait l'objet d'une évaluation erronée ? C'est le cas de figure que nous avons vu dans l'exemple précédent : une mauvaise évaluation du coût de fabrication peut entraîner de mauvaises décisions. Lorsqu'on favorise la vente du produit le plus rentable, les profits devraient logiquement augmenter. Si ce n'est pas le cas, on doit se demander si le coût de fabrication qu'on a calculé est exact.

LA HAUSSE DE PRIX BIEN ACCEPTÉE PAR LES CLIENTS

Si le client est prêt à accepter sans se plaindre une forte augmentation de prix, il est important de se questionner sur ses motivations. Il y a fort à parier que le prix offert auparavant et le nouveau prix sont inférieurs au prix auquel un produit comparable est offert sur le marché. À moins d'avoir un avantage concurrentiel certain sur ses compétiteurs ou de pratiquer une stratégie d'attraction par les prix, il est pratiquement impossible de pouvoir offrir un produit comparable à un prix notablement inférieur à celui de la concurrence.

LE PEU DE CONCURRENCE

Aucune entreprise ne veut se laisser distancer par ses concurrents, que ce soit pour conserver ses parts de marché ou pour assurer sa survie à court ou à long terme. Qu'est-ce qui pourrait donc inciter les concurrents à ne pas concurrencer une entreprise qui offre des prix inférieurs aux leurs ? À moins que cette entreprise n'utilise une technologie, des brevets ou des techniques qui lui permettent d'obtenir un prix bien inférieur à celui de ses concurrents, cela peut survenir si elle vend ses produits ou ses services à un prix qui ne lui permet pas de faire de profits (qui ne couvre pas ses coûts). Dans ce cas, la mauvaise évaluation du coût de fabrication peut en être la cause.

L'exemple d'Horlogerie Bon Temps est très simplifié. Voici deux exemples plus complets, qui rendent compte des nombreuses activités qui, le plus souvent, contribuent de façon différente à la fabrication des produits dans une entreprise.

EXEMPLE

TECHNOPLUS

Technoplus est une entreprise de haute technologie qui fabrique trois gammes de produits spécialisés, chacune requérant une technologie et des matériaux différents. La première gamme est destinée aux petits entrepreneurs, la deuxième relève surtout du domaine de l'optique, et la troisième du domaine militaire. Comme l'usine est très automatisée, il n'est pas commode de déterminer la main-d'œuvre directe utilisée pour chacune des gammes de produits, comme on le fait dans les usines plus traditionnelles. Le tableau suivant donne des statistiques sur le nombre d'unités produites, les matières premières utilisées et les autres coûts pour le dernier exercice financier.

Les matières premières et les autres coûts de fabrication de l'entreprise Technoplus

	Gamme PME	Gamme optique	Gamme militaire	Total
Nombre d'unités produites	10 000 unités	5 000 unités	500 unités	15 500 unités
Matières premières	3 500 000 $	2 400 000 $	300 000 $	6 200 000 $
Autres coûts liés à la fabrication				18 600 000 $
Total des coûts de fabrication				**24 800 000 $**

Avec ces données, il y a seulement deux bases d'imputation possibles pour la répartition des autres coûts liés à la fabrication : le nombre d'unités produites et le coût des matières premières. Nous utiliserons le coût des matières premières comme base d'imputation, car les unités produites pour chacune des trois gammes de produits ne sont pas équivalentes pour ce qui est de la consommation des autres coûts de fabrication. On peut également penser que la consommation des autres coûts liés à la fabrication n'est pas proportionnelle aux coûts des matières premières, mais nous n'avons pas d'autre choix possible dans le contexte actuel. À défaut d'une meilleure option, nous choisissons donc le coût des matières premières, exprimé en dollars, comme base d'imputation. En utilisant le coût des matières premières pour imputer le total des Autres coûts liés à la fabrication de 18 600 000 $, on obtient un taux d'imputation de 3 $/$ de matières premières (18 600 000 $/6 200 000 $). Le tableau suivant donne le coût de fabrication de chacun des produits :

Le calcul du coût de fabrication (selon le coût des matières premières)

	Gamme PME	Gamme optique	Gamme militaire	Total
Nombre d'unités produites	10 000 unités	5 000 unités	500 unités	15 000 unités
Matières premières	3 500 000 $	2 400 000 $	300 000 $	6 200 000 $
Autres coûts liés à la fabrication	10 500 000 $	7 200 000 $	900 000 $	18 600 000 $
Total des coûts de fabrication	**14 000 000 $**	**9 600 000 $**	**1 200 000 $**	**24 800 000 $**
Coût de fabrication unitaire	1 400 $	1 920 $	2 400 $	

Trois processus de l'entreprise Technoplus sont illustrés à la figure 7.8. Un processus peut jouer deux rôles simultanés : d'une part, celui de client d'un processus ; d'autre part, celui de fournisseur d'un autre processus. Comme on le voit à la figure 7.9, le processus de fabrication est à la fois le *client* du processus de réception des matières premières et des fournitures et le *fournisseur* du processus d'entreposage et de livraison. Le processus de fabrication, quant à lui, comporte quatre activités principales : fabrication de composants, assemblage, contrôle de la qualité et planification de la production.

Figure 7.8 Les processus de l'entreprise Technoplus

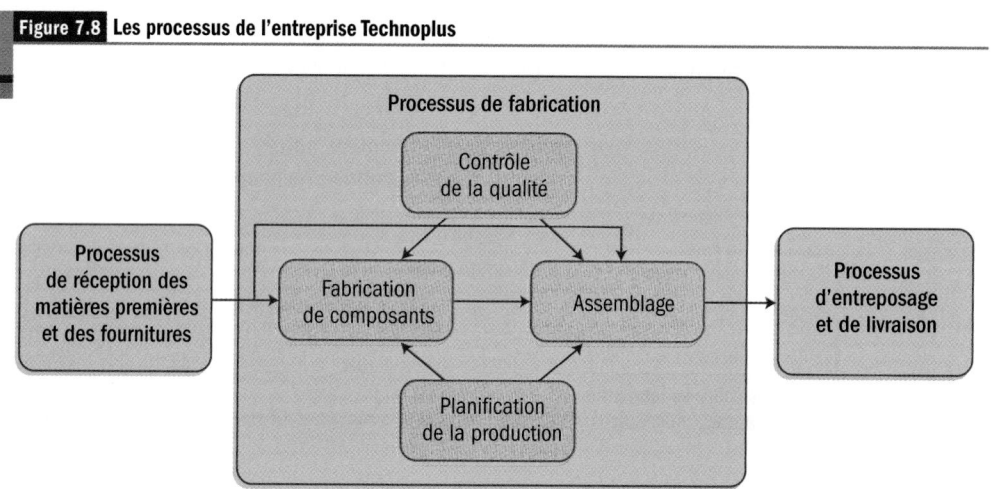

Appliquons la première méthode de la figure 7.4 pour définir une liste d'activités ; autrement dit, posons-nous la question suivante : À quelles activités les ressources servent-elles ? On note qu'il y a non pas une, mais deux activités de contrôle de la qualité bien distinctes : la première porte sur la fabrication de composants, et la seconde sur l'assemblage. Les ressources affectées au contrôle de la qualité sont différentes dans ces deux situations : les activités qu'elles soutiennent reposent en effet sur une technologie tout à fait différente. De plus, on note que plusieurs ressources servent à l'utilisation du bâtiment. On en vient donc à envisager six activités se rapportant à la fabrication. Les liens entre les six activités de fabrication sont illustrés à la figure 7.9.

Figure 7.9 Les activités de fabrication de l'entreprise Technoplus

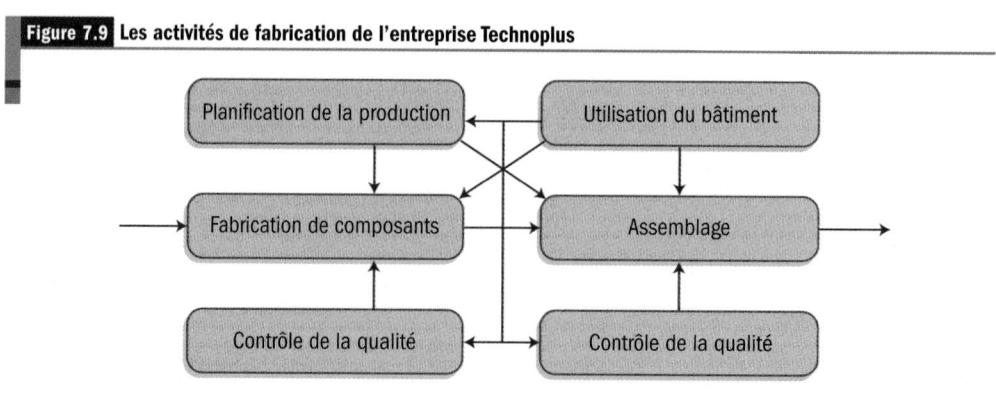

Le tableau suivant indique à quelles ressources se rapportent les autres coûts liés à la fabrication de 18 600 000 $ qui figurent dans le tableau de la page 187.

Les autres coûts liés à la fabrication
de l'entreprise Technoplus au cours du dernier exercice

Ressources	Coûts
Main-d'œuvre	11 360 050 $
Amortissement – Bâtiment	436 500 $
Amortissement – Machinerie et outillage	1 706 800 $
Amortissement – Équipement informatique	942 000 $
Entretien et réparation	800 600 $
Électricité	532 800 $
Fournitures de bureau	297 000 $
Fournitures d'usine	866 250 $
Rebuts et gaspillage	950 000 $
Taxes et assurances	708 000 $
	18 600 000 $

Rassemblons les divers éléments qui nous aideront à établir les inducteurs de ressources, pour ainsi affecter les ressources aux activités :

■ Les matières premières ont déjà été affectées directement aux objets de coût. Cependant, le tableau ci-dessus comporte 10 autres ressources qui n'ont pas encore été affectées à des activités : main-d'œuvre ; amortissement – bâtiment ; amortissement – machinerie et outillage ; amortissement – équipement informatique ; entretien et réparation ; électricité ; fournitures de bureau ; fournitures d'usines ; rebuts et gaspillage ; taxes et assurances.

■ Comme nous l'avons vu à la figure 7.9, le processus de fabrication comprend six activités principales : fabrication de composants ; assemblage ; contrôle de la qualité lié à la fabrication de composants ; contrôle de la qualité lié à l'assemblage ; planification de la production ; et utilisation du bâtiment.

Pour affecter les coûts des 10 ressources aux 6 activités liées à la fabrication, les concepteurs du système se sont demandé par quelle(s) activité(s) chaque ressource est absorbée. Imaginons que ce travail a été effectué. Les réponses obtenues sont présentées dans le tableau suivant.

Les liens entre les ressources et les activités de Technoplus

Ressources	Activités utilisant la ressource
Main-d'œuvre	On a regroupé dans ce compte la totalité des salaires et des avantages sociaux liés aux activités Contrôle de la qualité et Planification de la production, ainsi que les salaires et les avantages sociaux versés aux superviseurs responsables des activités Fabrication de composants et Assemblage. Par ailleurs, comme on dispose des montants versés à chaque employé, on peut établir les coûts se rapportant à chaque activité.

Les liens entre les ressources et les activités de Technoplus (suite)

Ressources	Activités utilisant la ressource
Main-d'œuvre (suite)	Le montant de 11 360 050 $ se répartit ainsi : contrôle de la qualité : 1 034 000 $; planification de la production : 690 300 $; fabrication de composants : 7 860 000 $; et assemblage : 1 775 750 $. Par contre, on doit distinguer le contrôle de la qualité lié à la *fabrication de composants* (684 000 $) et le contrôle de la qualité lié à l'*assemblage* (350 000 $) parce qu'il s'agit de deux ensembles d'activités distincts.
Amortissement – Bâtiment	L'amortissement du bâtiment correspond au coût qu'il faut assumer annuellement pour l'utilisation du bâtiment. Il s'agit d'un montant fixe, quel que soit le degré d'utilisation du bâtiment au cours de l'exercice. On peut affecter ce coût à l'activité Utilisation du bâtiment.
Amortissement – Machinerie et outillage	L'amortissement de la machinerie et de l'outillage correspond au coût qu'il faut assumer annuellement pour l'utilisation de la machinerie et de l'outillage. Il s'agit d'un montant fixe, quelle que soit l'utilisation de la machinerie et de l'outillage. Toutefois, on sait où se trouvent les machines et l'outillage ; de plus, ils sont seulement liés à deux des activités mentionnées précédemment. Ainsi, sur le montant de 1 706 800 $, 861 360 $ se rapportent à des machines et à de l'outillage qui servent à la fabrication de composants, et les 845 440 $ restants à des machines et à de l'outillage qui servent à l'assemblage.
Amortissement – Équipement informatique	L'amortissement de l'équipement informatique correspond au coût qu'il faut assumer annuellement pour l'utilisation de cet équipement. L'équipement informatique sert à l'activité Planification de la production.
Entretien et réparation	Il s'agit de l'entretien des machines et de l'outillage. Comme les technologies utilisées pour la fabrication de composants et pour l'assemblage diffèrent, il est facile de remonter aux sources des charges comptabilisées et de les affecter aux deux activités correspondantes. Ainsi, 300 600 $ se rapportent à la machinerie et à l'outillage servant à la fabrication de composants, et les 500 000 $ restants à la machinerie et à l'outillage servant à l'assemblage.
Électricité	On a regroupé dans ce compte les données de trois autres comptes, car l'usine comprend trois entrées électriques, chacune munie d'un compteur. Le premier compteur enregistre l'électricité qui alimente le chauffage, l'éclairage et les prises murales du bâtiment, le second l'électricité utilisée pour faire fonctionner la machinerie servant à la fabrication de composants, et le troisième l'électricité utilisée pour la machinerie servant à l'assemblage. Les factures de chacun des compteurs totalisent respectivement : 108 200 $ pour l'électricité se rapportant à l'utilisation du bâtiment, 294 760 $ pour l'électricité se rapportant à la fabrication de composants, et 129 840 $ pour l'électricité se rapportant à l'assemblage.
Fournitures de bureau	Les fournitures de bureau se rapportent à l'activité Planification de la production.
Fournitures d'usine	Les fournitures d'usine regroupent deux comptes de fournitures, l'un se rapportant à la fabrication de composants, qui totalise 519 750 $, et l'autre à l'assemblage, qui totalise 346 500 $.
Rebuts et gaspillage	Les rebuts entrent surtout dans la catégorie Fabrication de composants. Ils représentent 850 000 $ de ce montant, et la différence de 100 000 $ correspond à des unités rejetées à l'étape d'assemblage.
Taxes et assurances	Les taxes et les assurances se rapportent à l'activité Utilisation du bâtiment.

On a ainsi établi la liste des six activités en se demandant quelles étaient les activités alimentées par chacune des ressources. En pratique, un tel exercice est très utile quand on souhaite reconsidérer la liste des comptes utilisés pour la comptabilisation des ressources. Les données ainsi obtenues pour Technoplus sont regroupées dans le tableau suivant et démontrent comment elles ont été utilisées pour affecter de façon détaillée les ressources aux activités.

L'affectation des ressources aux activités de Technoplus

	Contrôle de la qualité – Fabrication de composants	Contrôle de la qualité – Assemblage	Planification de la production	Utilisation du bâtiment	Fabrication de composants	Assemblage
Main-d'œuvre	684 000 $	350 000 $	690 300 $		7 860 000 $	1 775 750 $
Amortissement – Bâtiment				436 500 $		
Amortissement – Machinerie et outillage					861 360 $	845 440 $
Amortissement – Équipement informatique			942 000 $			
Entretien et réparation					300 600 $	500 000 $
Électricité				108 200 $	294 760 $	129 840 $
Fournitures de bureau			297 000 $			
Fournitures d'usine					519 750 $	346 500 $
Rebuts et gaspillage					850 000 $	100 000 $
Taxes et assurances				708 000 $		
Total	**684 000 $**	**350 000 $**	**1 929 300 $**	**1 252 700 $**	**10 686 470 $**	**3 697 530 $**

On note que toutes les ressources liées aux Autres coûts liés à la fabrication ont été affectées aux activités définies par l'entreprise. Technoplus a ainsi utilisé 20 comptes de ressources (voir cases remplies dans le tableau) qu'elle a affectés à 6 activités. En effet, l'entreprise a décidé qu'il était plus pratique de considérer séparément 20 comptes de ressources qu'elle pourra associer aux activités lorsque les données seront saisies dans le système.

Maintenant que nous connaissons les coûts des activités, il faut répartir les coûts de chacune d'elles entre les objets de coût. Pour ce faire, il faut commencer par déterminer les inducteurs d'activité de chacune des activités de Technoplus, ainsi que la consommation des activités par chacun des objets de coût.

En nous fondant sur le tableau présentant les inducteurs d'activité, nous répartissons les coûts des activités en utilisant les informations suivantes ainsi que le coût unitaire de chacun des inducteurs d'activité:

1. les coûts de l'activité Utilisation du bâtiment entre cinq activités: planification de la production, 2%; contrôle de la qualité – fabrication de composants, 2%; contrôle de la qualité – assemblage, 2%; fabrication de composants, 50%; assemblage, 44%;

2. les coûts de l'activité Planification de la production entre deux activités: fabrication de composants, 50%; assemblage, 50%;

3. les coûts de l'activité Contrôle de la qualité – Fabrication de composants entre les trois objets de coût: gamme PME, 100 lots/250 lots; gamme optique, 100 lots/250 lots; gamme militaire, 50 lots/250 lots;

Les inducteurs d'activité de la société Technoplus

Activités	Inducteurs d'activité	Activités ou objets de coût
Utilisation du bâtiment	Superficie utilisée par l'activité	Planification de la production : 2 % Contrôle de la qualité – Fabrication de composants : 2 % Contrôle de la qualité – Assemblage : 2 % Fabrication de composants : 50 % Assemblage : 44 %
Planification de la production	Temps consacré par le personnel pour l'activité	Fabrication de composants : 50 % Assemblage : 50 %
Contrôle de la qualité – Fabrication de composants	Nombre de lots de composants destinés à chacune des gammes de produits	Gamme PME : 100 lots Gamme optique : 100 lots Gamme militaire : 50 lots
Contrôle de la qualité – Assemblage	Nombre de lots de produits finis de chaque gamme de produits	Gamme PME : 100 lots Gamme optique : 50 lots Gamme militaire : 10 lots
Fabrication de composants	Nombre de composants fabriqués pour une gamme de produits	Gamme PME : 10 000 composants Gamme optique : 20 000 composants Gamme militaire : 20 000 composants
Assemblage	Heures-machines nécessaires pour l'assemblage de chaque gamme de produits	Gamme PME : 100 000 heures-machines Gamme optique : 100 000 heures-machines Gamme militaire : 25 000 heures-machines

4. les coûts de l'activité Contrôle de la qualité – Assemblage entre les trois objets de coût : gamme PME, 100 lots/160 lots ; gamme optique, 50 lots/160 lots ; gamme militaire, 10 lots/160 lots ;

5. les coûts de l'activité Fabrication de composants entre les trois objets de coût : gamme PME, 10 000 composants/50 000 composants ; gamme optique, 20 000 composants/50 000 composants ; gamme militaire, 20 000 composants/50 000 composants ;

6. les coûts de l'activité Assemblage entre les trois objets de coût : gamme PME, 100 000 heures-machines/225 000 heures-machines ; gamme optique, 100 000 heures-machines/ 225 000 heures-machines ; gamme militaire, 25 000 heures-machines/225 000 heures-machines.

Conformément à la figure 7.9, nous répartirons d'abord les frais d'utilisation du bâtiment puisque cette activité ne reçoit aucun coût d'une autre division, ce qui évite les distorsions de coûts. Puisque l'activité de planification de la production se verra attribuer une part des frais d'utilisation du bâtiment, les frais liés à cette activité seront répartis en deuxième lieu. En d'autres termes, les coûts liés à ces deux activités attribuent leurs coûts aux autres activités plutôt qu'à un objet de coût représenté dans ce cas par une des trois gammes de produits. Les tableaux suivants synthétisent ces deux premières opérations.

Les coûts répartis de l'activité Utilisation du bâtiment

	Planification de la production	Contrôle de la qualité – Fabrication de composants	Contrôle de la qualité – Assemblage	Fabrication de composants	Assemblage
Utilisation du bâtiment (1 252 700 $) (2 %, 2 %, 2 %, 50 %, 44 %)	25 054 $	25 054 $	25 054 $	626 350 $	551 188 $

Les coûts répartis de l'activité Planification de la production

	Fabrication de composants	Assemblage
Planification de la production (1 929 300 $ + 25 054 $ = **1 954 354 $**) (50 %, 50 %)	977 177 $	977 177 $

Ensuite, il est important d'établir le coût unitaire des inducteurs d'activité avant de répartir les coûts des activités entre les différents objets de coût. Bien que cette première étape de calcul ne soit pas techniquement essentielle dans l'établissement du coût complet de fabrication, elle demeure l'essence même de la comptabilité par activités pour ce qui est de la prise de décision liée à la gestion des coûts par activités. Cette information de gestion devient très pertinente, car elle joue un rôle croissant auprès des entreprises qui souhaitent se démarquer dans un environnement mondialisé où la concurrence est féroce.

Les principales activités et les coûts unitaires des inducteurs d'activité de la société Technoplus

Activités	Inducteurs d'activité	Nombre total de l'inducteur d'activité	Coût total de l'activité	Coût unitaire de l'inducteur d'activité
Contrôle de la qualité – Fabrication de composants	Nombre de lots de composants destinés à chacune des gammes de produits	250 lots de composants	684 000 $ + 25 054 $ = 709 054 $	2 836,22 $/lot
Contrôle de la qualité – Assemblage	Nombre de lots de produits finis de chaque gamme de produits	160 lots de produits finis	350 000 $ + 25 054 $ = 375 054 $	2 344,09 $/lot
Fabrication de composants	Nombre de composants fabriqués pour une gamme de produits	50 000 composants fabriqués	10 686 470 $ + 626 350 $ + 977 177 $ = 12 289 997 $	245,80 $/composant
Assemblage	Heures-machines nécessaires pour l'assemblage de chaque gamme de produits	225 000 heures-machines nécessaires pour l'assemblage	3 697 530 $ + 551 188 $ + 977 177 $ = 5 225 895 $	23,23 $/heure-machine

Les coûts répartis des activités entre les objets de coût

	Gamme PME	Gamme optique	Gamme militaire
Contrôle de la qualité – Fabrication de composants (100, 100, 50)	283 622 $	283 622 $	141 810 $
Contrôle de la qualité – Assemblage (100, 50, 10)	234 409 $	117 204 $	23 441 $
Fabrication de composants (10 000, 20 000, 20 000)	2 457 999 $	4 915 999 $	4 915 999 $
Assemblage (100 000, 100 000, 25 000)	2 322 620 $	2 322 620 $	580 655 $
Total des autres coûts liés à la fabrication	**5 298 650 $**	**7 639 445 $**	**5 661 905 $**

Le coût de fabrication selon la comptabilité par activités

	Gamme PME	Gamme optique	Gamme militaire
Matières premières	3 500 000 $	2 400 000 $	300 000 $
Autres coûts liés à la fabrication	5 298 650 $	7 639 445 $	5 661 905 $
Coût de fabrication	**8 798 650 $**	**10 039 445 $**	**5 961 905 $**
Nombre d'unités	10 000 unités	5 000 unités	500 unités
Coût de fabrication unitaire (comptabilité par activités)	879,87 $	2 007,89 $	11 923,81 $
Coût de fabrication unitaire (comptabilité par centres de coûts)	1 400,00 $	1 920,00 $	2 400,00 $
Écart de coût	**−520,13 $**	**87,89 $**	**9 523,81 $**

Il existe une différence entre le coût de fabrication unitaire calculé avec la méthode de comptabilité par centres de coûts et le coût de fabrication unitaire calculé avec la méthode de comptabilité par activités. Cette différence tient essentiellement au fait que les frais indirects ne sont pas répartis de la même façon entre chacun des objets de coût. Dans le cas de Technoplus, on constate qu'on obtient une meilleure évaluation du coût de fabrication en utilisant la comptabilité par activités. Avec la méthode par centres de coûts, Technoplus vend les produits de sa gamme PME trop cher, ce qui pourrait entraîner une perte de volume de ventes face à un concurrent qui analyserait ses coûts de façon plus précise. En revanche, elle ne vend pas assez cher ses produits des gammes optique et militaire. C'est flagrant pour la gamme militaire : le coût unitaire est de 2 400 $ avec la méthode par centres de coûts, contre près de 12 000 $ avec la comptabilité par activités, soit cinq fois plus. Le prix étant supérieur à celui du marché, il est fort probable que les clients arrêteront d'acheter les produits de la gamme PME. Mais ils achèteront ceux des deux autres gammes, dont le prix est inférieur au prix du marché, surtout pour la gamme militaire, ce qui entraînera des pertes importantes pour Technoplus. Parce qu'elle utilise une approche comptable inadéquate, Technoplus croit que ce produit est rentable, alors qu'il n'en est rien. Cet exemple montre à quel point il est important de bien évaluer les coûts de fabrication afin de permettre aux entreprises de prendre de bonnes décisions de gestion.

Voici un dernier exemple d'utilisation du modèle de décomposition des coûts, où les activités sont regroupées dans des centres de coûts associés à des activités.

EXEMPLE

TRIPODE

L'entreprise manufacturière Tripode fabrique trois gammes de produits : une gamme commerciale, une gamme industrielle et une gamme d'accessoires. Les coûts de fabrication du dernier exercice de l'entreprise sont présentés dans le tableau suivant.

Les coûts de fabrication selon les gammes de produits de l'entreprise Tripode

Coûts de fabrication	Gamme commerciale	Gamme industrielle	Gamme d'accessoires	Total
Matières premières	48 000 000 $	65 000 000 $	5 600 000 $	118 600 000 $
Coûts de transformation	291 480 607 $	394 713 322 $	34 006 071 $	720 200 000 $
Coût de fabrication total	**339 480 607 $**	**459 713 322 $**	**39 606 071 $**	**838 800 000 $**
Nombre d'unités	1 500 000 unités	500 000 unités	2 800 000 unités	4 800 000 unités
Coût de fabrication unitaire	**226,32 $**	**919,43 $**	**14,15 $**	

Dans le tableau précédent, les matières premières sont affectées à chacune des gammes de produits, et les coûts de transformation (MOD et FGF) sont imputés au prorata du coût des matières premières dont le taux d'imputation est 6,07 $/$ de matières premières (720 200 000 $/118 600 000 $).

L'analyse des activités sous-jacentes au coût de transformation révèle 17 activités, ainsi que les inducteurs d'activité énumérés ci-dessous. Les coûts de transformation, d'un montant de 720 200 000 $, ont ainsi été préalablement répartis entre les 17 activités.

Les activités, les coûts et les inducteurs de coûts de l'entreprise Tripode

Activités	Coûts	Inducteurs de coûts
Gestion des achats	19 936 000 $	Un composant
Réception	16 020 000 $	Un composant
Opérations – Estampillage	54 720 000 $	Une heure-machine – Estampillage
Gestion – Estampillage	14 400 000 $	Un composant
Manutention – Estampillage	8 640 000 $	Un composant
Mise en course – Estampillage	14 004 000 $	Un modèle
Opérations – Assemblage	117 600 000 $	Une heure-machine – Assemblage
Gestion – Assemblage	33 600 000 $	Un composant
Manutention – Assemblage	40 320 000 $	Un composant

Les activités, les coûts et les inducteurs de coûts de l'entreprise Tripode (suite)

Activités	Coûts	Inducteurs de coûts
Mise en course – Assemblage	41 760 000 $	Un modèle
Opérations – Finition	41 400 000 $	Une heure de main-d'œuvre – Finition
Gestion – Finition	18 000 000 $	Un composant
Manutention – Finition	21 600 000 $	Un composant
Recherche	200 000 000 $	Un composant
Développement	60 200 000 $	Un composant
Ordonnancement	6 000 000 $	Un composant
Contrôle de la qualité	12 000 000 $	Un composant
Coûts de transformation	**720 200 000 $**	

Comme il y a 5 inducteurs principaux, dont certains sont communs à plus d'une activité, on peut regrouper les 17 activités en 5 regroupements d'activités liés à la transformation :

Le regroupement d'activités lié aux composants (12 activités)

- Gestion des achats   19 936 000 $
- Réception   16 020 000 $
- Gestion – Estampillage   14 400 000 $
- Manutention – Estampillage   8 640 000 $
- Gestion – Assemblage   33 600 000 $
- Manutention – Assemblage   40 320 000 $
- Gestion – Finition   18 000 000 $
- Manutention – Finition   21 600 000 $
- Recherche   200 000 000 $
- Développement   60 200 000 $
- Ordonnancement   6 000 000 $
- Contrôle de la qualité   12 000 000 $

Le coût total accumulé dans ce regroupement d'activités, de 450 716 000 $, devra être réparti entre les objets de coût au prorata du nombre de composants.

Le regroupement d'activités lié aux heures-machines à l'atelier d'estampillage (1 activité)

■ Opérations – Estampillage   54 720 000 $

Le regroupement d'activités lié aux heures-machines à l'atelier d'assemblage (1 activité)

■ Opérations – Assemblage   117 600 000 $

Le regroupement d'activités lié aux heures de main-d'œuvre directe à l'atelier de finition (1 activité)

■ Opérations – Finition   41 400 000 $

Le regroupement d'activités lié aux modèles (2 activités)

■ Mise en course – Estampillage   14 004 000 $

■ Mise en course – Assemblage   41 760 000 $

Le coût total accumulé dans ce dernier regroupement d'activités, qui est de 55 764 000 $, devra être réparti entre les objets de coût au prorata du nombre de modèles.

Les données suivantes permettent de répartir les coûts des cinq regroupements d'activités entre les trois objets de coût.

Les regroupements d'activités et les objets de coût de l'entreprise Tripode

Regroupements d'activités liés à la transformation	Gamme commerciale	Gamme industrielle	Gamme d'accessoires	Total
Nombre de composants	72 000	52 000	54 000	178 000
Heures-machines – Estampillage	540 000	900 000	0	1 440 000
Heures-machines – Assemblage	1 422 000	1 738 000	200 000	3 360 000
Heures de main-d'œuvre – Finition	300 000	510 000	90 000	900 000
Nombre de modèles	800	400	1 800	3 000

Les produits de la gamme commerciale absorbent 72 000 des 178 000 composants utilisés par l'ensemble des produits de l'entreprise. Par conséquent, la gamme commerciale devra assumer 40,45 % (72 000/178 000) des coûts des activités induites par les composants et regroupées dans un centre appelé Composants.

Le tableau suivant permet de dégager le coût unitaire de chacun des inducteurs d'activité :

Coûts unitaires des inducteurs d'activité des principales activités de l'entreprise Tripode

Activités	Inducteurs d'activité	Nombre total de l'inducteur d'activité	Coût total de l'activité	Coût unitaire de l'inducteur d'activité
Gestion des composants	Nombre de composants	178 000	450 716 000 $	2 532,11 $/composant
Opérations – Estampillage	Nombre d'heures-machines – estampillage	1 440 000	54 720 000 $	38 $/heure-machine – estampillage
Opérations – Assemblage	Nombre d'heures-machines – assemblage	3 360 000	117 600 000 $	35 $/heure-machine – assemblage
Opérations – Finition	Nombre d'heures de MOD – finition	900 000	41 400 000 $	46 $/heure de MOD – finition
Mise en course	Nombre de modèles	3 000	55 764 000 $	18 588 $/modèle
			720 200 000 $	

Le tableau suivant permet d'établir le coût de fabrication de chacune des gammes de produits selon le modèle de décomposition des coûts par activités. Les coûts liés aux matières premières sont attribués directement à chacun des produits, tandis que les coûts des activités sont attribués aux produits en utilisant le coût unitaire de l'inducteur multiplié par le volume de l'inducteur pour chacune des activités.

Les opérations nécessaires pour établir le coût de fabrication de chacune des gammes de produits sont présentées à la figure 7.10, et le calcul détaillé des coûts de la gamme commerciale, à la figure 7.11.

Le coût de fabrication selon le modèle de décomposition des coûts par activités

Ressources	Gamme commerciale	Gamme industrielle	Gamme d'accessoires	Total
Matières premières	48 000 000 $	65 000 000 $	5 600 000 $	118 600 000 $
Regroupement d'activités				
Gestion des composants (72 000, 52 000, 54 000)	182 312 090 $	131 669 843 $	136 734 067 $	450 716 000 $
Opérations – Estampillage (540 000, 900 000)	20 520 000 $	34 200 000 $	0 $	54 720 000 $
Opérations – Assemblage (1 422 000, 1 738 000, 200 000)	49 770 000 $	60 830 000 $	7 000 000 $	117 600 000 $
Opérations – Finition (300 000, 510 000, 90 000)	13 800 000 $	23 460 000 $	4 140 000 $	41 400 000 $
Mise en course (800, 400, 1 800)	14 870 400 $	7 435 200 $	33 458 400 $	55 764 000 $
Coût de fabrication total	**329 272 490 $**	**322 595 043 $**	**186 932 467 $**	**838 800 000 $**
Nombre d'unités produites	1 500 000 $	500 000 $	2 800 000 $	4 800 000 $
Coût de fabrication unitaire (comptabilité par activités)	219,51 $	645,19 $	66,76 $	
Coût de fabrication unitaire (comptabilité par centres de coûts)	226,32 $	919,43 $	14,15 $	
Écart de coût	**6,81 $**	**274,24 $**	**−52,61 $**	

Encore une fois, ce tableau nous démontre l'importance du calcul d'un coût de fabrication précis pour faciliter l'analyse et la prise de décision.

Figure 7.10 Le coût de fabrication par gamme de produits

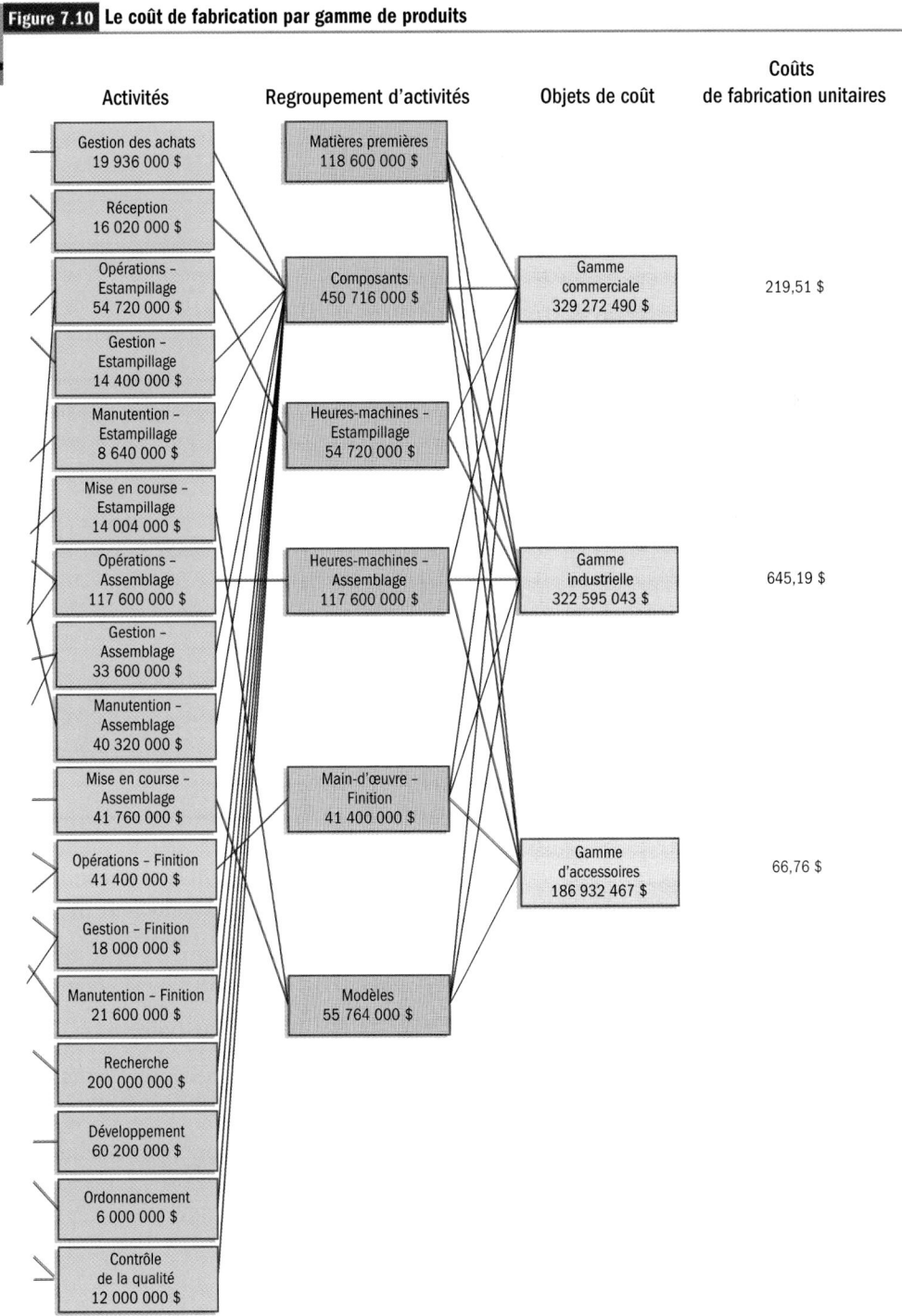

Activités	Regroupement d'activités	Objets de coût	Coûts de fabrication unitaires
Gestion des achats 19 936 000 $	Matières premières 118 600 000 $		
Réception 16 020 000 $			
Opérations – Estampillage 54 720 000 $	Composants 450 716 000 $	Gamme commerciale 329 272 490 $	219,51 $
Gestion – Estampillage 14 400 000 $			
Manutention – Estampillage 8 640 000 $	Heures-machines – Estampillage 54 720 000 $		
Mise en course – Estampillage 14 004 000 $			
Opérations – Assemblage 117 600 000 $	Heures-machines – Assemblage 117 600 000 $	Gamme industrielle 322 595 043 $	645,19 $
Gestion – Assemblage 33 600 000 $			
Manutention – Assemblage 40 320 000 $			
Mise en course – Assemblage 41 760 000 $	Main-d'œuvre – Finition 41 400 000 $		
Opérations – Finition 41 400 000 $		Gamme d'accessoires 186 932 467 $	66,76 $
Gestion – Finition 18 000 000 $			
Manutention – Finition 21 600 000 $	Modèles 55 764 000 $		
Recherche 200 000 000 $			
Développement 60 200 000 $			
Ordonnancement 6 000 000 $			
Contrôle de la qualité 12 000 000 $			

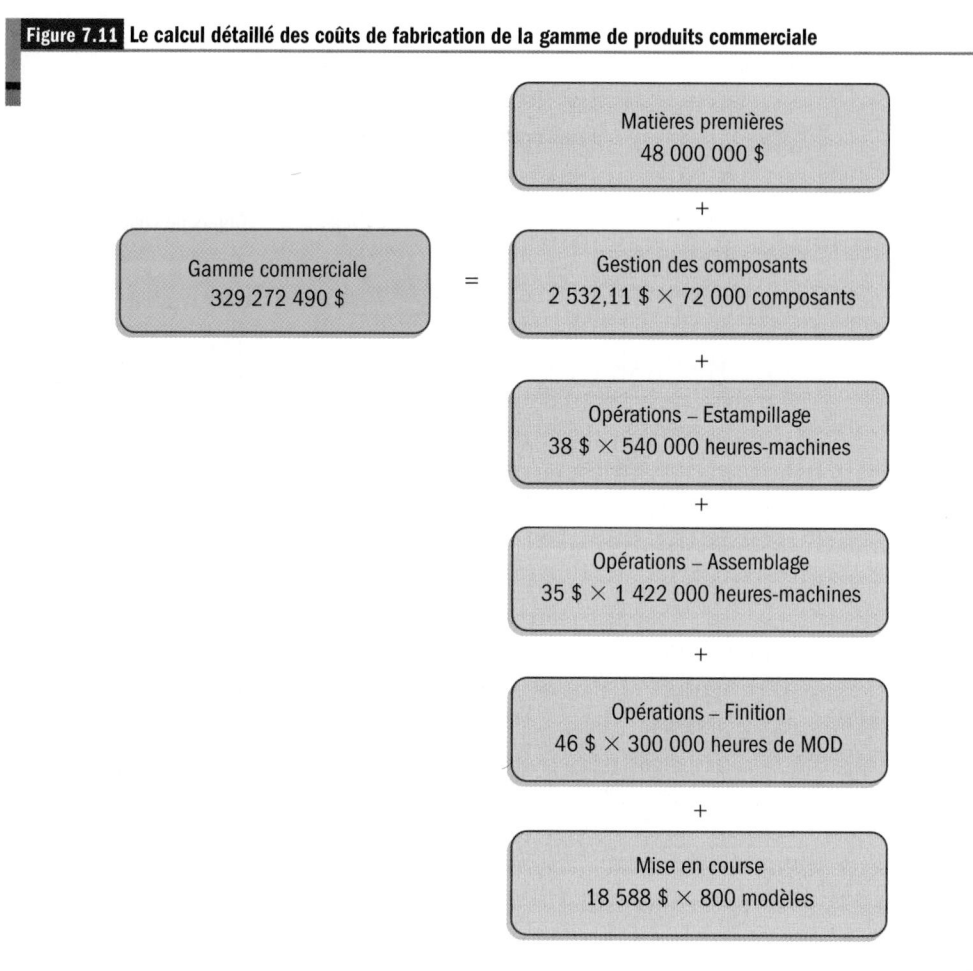

Figure 7.11 Le calcul détaillé des coûts de fabrication de la gamme de produits commerciale

Comme l'illustre ce modèle, les activités qui partagent le même inducteur d'activité sont assignées à des regroupements d'activités. Le choix de l'inducteur de chacune des activités amène donc implicitement à définir les regroupements d'activités.

Par conséquent, la création des regroupements d'activités répond notamment à trois objectifs:

- regrouper les activités qui ont le même inducteur d'activité;
- attirer l'attention des gestionnaires sur les répercussions financières des inducteurs stratégiques;
- simplifier la répartition du coût des activités entre les objets de coût.

CAPSULES VIDÉO

Qu'en disent les experts ?

CAPSULE VIDÉO 7.1   Établissement du coût de revient

Monsieur Martin Pelletier, contrôleur divisionnaire du Groupe de produits forestiers chez Tembec, fait état de la complexité du calcul du coût de revient dans l'industrie des produits forestiers.

CAPSULE VIDÉO 7.2   Comptabilité par activités

Monsieur Pelletier parle de la comptabilité par activités et de son utilité chez Tembec.

CAPSULE VIDÉO 7.3   Souci d'économie rentable

Monsieur Michel Lessard, vice-président de la gestion des ressources financières chez Tembec, parle de la façon dont l'entreprise a réussi à miser sur son souci d'économiser les matières premières afin d'optimiser et tirer un revenu des sous-produits d'une usine de sciage.

CAPSULE VIDÉO 7.4   Rôle des centres de coûts

Comment maximiser la productivité quand on ne contrôle pas la quantité de bois dans un arbre ni la qualité qu'on y trouve ? Monsieur Lessard expose des pistes de solutions.

OBJECTIFS DE CONNAISSANCES, REVUS

1 Définir la comptabilité par activités.

La comptabilité par activités est un système qui comprend trois blocs – les ressources, les activités et les objets de coût –, ainsi que des liens – entre les ressources et les activités, entre les activités et les objets de coût. Les systèmes de comptabilité par activités répondent à l'évolution des systèmes modernes de production ; ils visent à calculer un coût de fabrication plus juste, c'est-à-dire plus proche du coût réel pour l'entreprise.

2 Définir ce qu'on entend par « activités ».

Les activités sont un ensemble de tâches effectuées par des personnes ou par des machines et des équipements. Le processus est un ensemble d'activités reliées entre elles qui va des fournisseurs aux clients. Les processus permettent de décrire le fonctionnement de l'entreprise.

3 Calculer le coût des activités.

Pour calculer le coût des activités, il faut déterminer les ressources utilisées par chacune d'elles. On appelle les liens entre les ressources et les activités des inducteurs de ressources, ce qui traduit le fait que les ressources provoquent les activités.

4 Calculer le coût des objets de coût.

Pour calculer le coût des objets de coût, il faut répartir le coût des activités entre les objets de coût à l'aide de liens qu'on appelle des inducteurs d'activité, ce qui traduit le fait que les activités induisent les produits et les services considérés comme des objets de coût.

5 Présenter une application de la comptabilité par activités.

On peut voir comment le coût des ressources est affecté à des activités, puis comment le coût des activités est réparti entre les objets de coût à l'aide d'inducteurs d'activité.

6 Comparer les modèles de comptabilité par activités.

La structure du modèle de décomposition des coûts est semblable à celle des systèmes de calcul par centres de coûts. Les ressources sont affectées aux activités, ou réparties entre elles ; elles peuvent ensuite être regroupées en regroupements d'activités, puis réparties entre les objets de coût en remontant le fil des inducteurs d'activité. Il existe aussi un modèle dit de recomposition des coûts, qui se prête davantage à la gestion par activités.

7 Expliquer en quoi les systèmes de calcul par activités sont utiles.

Les systèmes de calcul par activités sont particulièrement pertinents lorsque les coûts indirects sont élevés et que la consommation des ressources par les objets de coût est hétérogène. Cependant, ils imposent de modéliser les processus, ce qui peut être complexe et onéreux, mais ils fournissent par ailleurs des informations utiles pour la gestion des coûts.

MOTS CLÉS

LA PRODUCTION CONJOINTE

OBJECTIFS

1 Analyser les coûts en production conjointe.

2 Exposer les méthodes habituelles de répartition des coûts conjoints.

3 Appliquer le traitement comptable associé aux sous-produits et calculer le coût de revient des coproduits.

4 Déterminer les informations pertinentes en contexte de production conjointe.

5 Expliquer les enjeux du traitement des coûts conjoints.

SOMMAIRE

Olymel

La production conjointe

Les méthodes habituelles de répartition
    des coûts conjoints

Le traitement comptable associé aux sous-produits
    et le calcul des coûts de revient

La prise de décision

Les enjeux de la répartition des coûts conjoints

Le chapitre 8 initie le lecteur à l'univers de la production conjointe et des coûts conjoints. La production conjointe désigne la portion du processus de production commune à plusieurs produits. Par exemple, du bétail peut être transformé en plus d'une centaine de produits différents. Dans une industrie aussi compétitive que celle de la viande et de la volaille, où les marges sont minimes et les prix du marché très volatils, il y a lieu de retenir que l'analyse des coûts ajoutés est d'une importance capitale.

Olymel, une entreprise qui a dû innover en matière d'analyse et de traitement des coûts en vue d'assurer sa survie, est toute désignée non seulement pour initier le lecteur au thème du chapitre, mais aussi pour lui transmettre une perspective propre à la prise de décision, à savoir comment celle-ci se distingue du calcul des coûts pour l'évaluation des stocks. En fait, le cas Olymel montre très bien l'orientation de cet ouvrage, soit l'intégration de l'information financière à l'information non financière pour soutenir la prise de décision et le contrôle.

■ OLYMEL

Au Canada, Olymel est un chef de file dans le domaine de l'abattage, de la transformation et de la distribution des viandes de porc et de volaille, avec des installations au Québec, en Ontario et en Alberta. L'entreprise emploie près de 10 000 personnes et compte 19 usines, la plupart situées au Québec. Olymel exporte près de la moitié de ses ventes de viande de porc principalement aux États-Unis, au Japon et en Australie ainsi que dans une soixantaine d'autres pays.

Olymel S.E.C. (société en commandite) est née en 1991 de la fusion du Groupe Olympia ltée et de la division des viandes de la Coop fédérée, Turcotte et Turmel. Aujourd'hui, son chiffre d'affaires dépasse les 2 milliards de dollars et sa capacité d'abattage et de transformation est de 175 000 porcs et de 1,9 million de volailles par semaine. Environ 60 % de ses ventes proviennent de ses activités porcines, le reste provenant de celles impliquant la volaille. L'entreprise commercialise ses produits principalement sous les marques Olymel, Lafleur, Flamingo, Prince, Galco et Village.

Le domaine de l'alimentation étant soumis à une réglementation stricte, Olymel n'y échappe pas. L'entreprise respecte les normes et détient les certifications nécessaires pour pouvoir mener ses activités : certification des services frontaliers américains en matière de conformité aux exigences douanières, certification validant le niveau de sécurité de sa chaîne d'approvisionnement, certification liée aux normes PASA/HACCP, incluant les règles sur la traçabilité des aliments qui permettent aux entreprises de retirer rapidement et efficacement certains produits de la circulation lorsque cela s'avère nécessaire afin de protéger les consommateurs.

CHAÎNE DE VALEUR DE L'INDUSTRIE PORCINE

La chaîne de valeur de cette industrie compte plusieurs volets : les activités d'approvisionnement (les producteurs de porcs), mais aussi les activités agricoles (on parle ici de la génétique, de la mise au point de moulée maximisant la croissance des animaux), sans oublier les activités de mise en marché. La mise en marché se divise en trois secteurs. Le secteur primaire correspond à l'abattage des porcs, tandis que le secteur secondaire est celui de la découpe et du désossage: différentes parties de l'animal sont coupées, désossées et emballées pour être soit livrées aux consommateurs (produits frais ou congelés), soit dirigées vers le troisième secteur, celui de la surtransformation (produits transformés). On transforme alors les produits frais en produits à valeur ajoutée (bacon, saucisse, jambon, charcuterie, etc.), qui seront ensuite emballés pour être acheminés aux consommateurs.

PROCÉDÉ CONJOINT

C'est dans les secteurs de première et de deuxième transformation que le procédé conjoint prend forme. Le porc, soit la matière première, est dépecé de façon à obtenir six parties principales (fesses, flancs, longes, épaules picnics, socs et côtes levées) et une série de parties secondaires beaucoup moins importantes sur le plan du poids et souvent de la valeur. Le reste de la carcasse et les parties non comestibles servent à des usages variés et sont acheminés vers différents secteurs (industries cosmétique, pharmaceutique et médicale, alimentaire pour animaux, etc.).

Au total, les coûts conjoints – soit le coût de la matière première qui correspond à 70 % des dépenses – doivent être répartis entre les différentes parties (principales et secondaires) obtenues au terme du procédé conjoint. Chez Olymel, ce traitement comptable s'effectue selon une technique particulière essentiellement basée sur la valeur marchande de chacune des six coupes de base sur le marché.

Cette répartition peut donc varier d'une période à l'autre puisque la valeur des différentes parties du porc sur le marché fluctue selon les principes de l'offre et de la demande. De fait, il existe un marché organisé qui permet de connaître objectivement la valeur de l'ensemble des parties produites. Cette répartition basée sur la valeur du marché est par la suite complétée par la répartition des coûts de transformation (main-d'œuvre, frais généraux), qui sont associés de façon spécifique à chaque produit ou en fonction des kilos produits.

D'autres procédés conjoints peuvent se présenter à différentes étapes de la chaîne de valeur. Par exemple, différents produits peuvent être obtenus à partir d'une pièce comme la fesse ou la longe. Dans ces situations, le même travail de répartition des coûts doit être effectué, et le traitement comptable afférent y est également appliqué.

LE CONTRÔLE DES COÛTS CHEZ OLYMEL

Olymel œuvre dans une industrie très compétitive, dont les marges unitaires sur chaque produit sont très faibles. Pour reprendre l'expression de Carole Potvin, vice-présidente responsable des finances, « Olymel évolue dans une industrie où les marges ne se calculent pas en dollars mais en cents (petite monnaie). C'est le très grand volume traité qui permet de générer finalement des millions de dollars ». Il va sans dire qu'une telle particularité exerce une pression énorme sur le contrôle des coûts. Chez Olymel, environ 30 % des coûts sont associés à la transformation. Cette part non négligeable doit donc être gérée avec efficience et efficacité. La moindre défaillance ou le plus petit relâchement de la part des employés peut faire passer la marge de positive à négative.

Ce contexte fait en sorte que, chez Olymel, le contrôle est quotidien. L'entreprise ne peut tout simplement pas se permettre de ne pas contrôler un procédé de transformation sur une période prolongée. Comme les procédés sont répétitifs et bien circonscrits, on s'attend à ce qu'ils répondent à des standards précis : des rapports de contrôle quotidiens sont générés pour faire ressortir tout écart ou variation hors normes. Le contrôle vise à évaluer autant le rendement de la matière première (poids et quantité) que l'efficacité de la main-d'œuvre directe (taux, heures productives et non productives, vitesse de la chaîne, etc.).

Le même contrôle s'applique à la transformation de la volaille. En fait, il est encore plus strict du fait que le coût de la volaille, régi en fonction d'une convention de mise en marché canadienne basée sur les coûts de production des producteurs, est prédéterminé. Les transformateurs se retrouvent donc coincés entre les producteurs et le marché de l'offre et de la demande au Canada, d'où l'importance d'exercer un contrôle rigoureux sur les coûts.

Olymel est un joueur majeur dans l'économie du Québec. Plus de 8 000 emplois en région dépendent de cette entreprise, sans compter que ses activités permettent de soutenir une part importante des activités agroalimentaires en amont de la chaîne de valeur. Elle doit donc demeurer compétitive, non seulement au niveau national, mais également au niveau international pour assurer sa croissance et maintenir ses acquis. Pour y arriver, elle compte notamment sur une connaissance et un contrôle serré de ses coûts : elle peut alors apporter les correctifs nécessaires et s'assurer d'une prise de décision éclairée.

LA PRODUCTION CONJOINTE

Dans le chapitre 6, à la dernière section, nous avons examiné le cas d'un procédé conjoint en début de production, qui donnait lieu, à la suite d'une séparation de la production, à plusieurs procédés menés en parallèle, chacun d'eux aboutissant à un produit particulier. La production conjointe se caractérise par le fait qu'elle implique la fabrication de plusieurs produits différents à partir des mêmes matières premières. En plus de cette interdépendance qui existe entre les produits, il est également important de préciser que les produits en question gardent plus ou moins les mêmes proportions sur le plan des quantités obtenues. Finalement, la production conjointe peut donner lieu à la transformation de sous-produits qui ne sont pas nécessairement souhaités, mais qui, malheureusement, sont inhérents au procédé de fabrication. Un exemple simple mais révélateur est la transformation d'un minerai en plusieurs minéraux comme le fer, le cuivre et le nickel. La matière première, constituée d'un minerai à forte teneur en fer, en cuivre et en nickel, serait traitée dans un procédé conjoint qui permettrait d'extraire simultanément les différents minéraux tout en laissant une certaine quantité de résidus rocheux qualifiés de sous-produits. Ces résidus ne sont pas souhaités, puisqu'il faut s'en débarrasser proprement, mais ils sont inhérents à la transformation. L'extraction des minéraux du procédé conjoint pourra mener par la suite à des traitements spécifiques qui permettront d'obtenir les produits finis souhaités, et ce, dans des proportions qui auront été prédéterminées. Dans le cas du minerai, la teneur des différents minéraux aura été préalablement déterminée par des géologues. Ainsi, ces derniers auront démontré, par exemple, qu'une tonne métrique d'un minerai contient approximativement 30 % de fer, 10 % de nickel et 5 % de cuivre. Au terme du processus de transformation, ce qui reste, les résidus rocheux, constitue un sous-produit.

Suivant ces caractéristiques, la production conjointe nécessite qu'on applique un traitement comptable adapté à ce mode de fabrication. Nous verrons notamment dans ce chapitre les problèmes que pose la répartition des coûts d'un procédé conjoint dont la fabrication débouche sur plusieurs produits finis. La répartition des coûts conjoints pose problème pour ce qui est de l'évaluation des stocks du fait que la répartition de ces coûts influera globalement sur le coût de revient de chacun des produits. En revanche, cette répartition des coûts n'aura pas beaucoup d'effet sur la gestion des coûts ou encore la prise de décision. Dans les faits, les coûts conjoints sont engagés de toute façon pour l'ensemble des produits qui résultent du procédé conjoint. La répartition des coûts associés à la production conjointe n'a pour fonction que d'aider à déterminer le coût de revient des produits qui en résultent. Un exemple typique d'un procédé conjoint est illustré à la figure 8.1.

QUELQUES DÉFINITIONS

La **production conjointe** désigne la portion du procédé de fabrication commune à plusieurs produits. Dans la figure 8.1, la production de l'atelier 1 est conjointe, car elle permet d'obtenir simultanément plusieurs extrants à partir des mêmes matières premières.

Le **point de séparation** est le moment à partir duquel on observe, le plus souvent à la sortie d'un atelier, deux ou plusieurs extrants qui mènent à la fabrication de produits différents. Le point de séparation est un concept clé : l'une des caractéristiques les plus importantes de la production conjointe tient en effet au caractère indissociable (ou simultané) des

Figure 8.1 La production conjointe et la séparation du procédé de fabrication

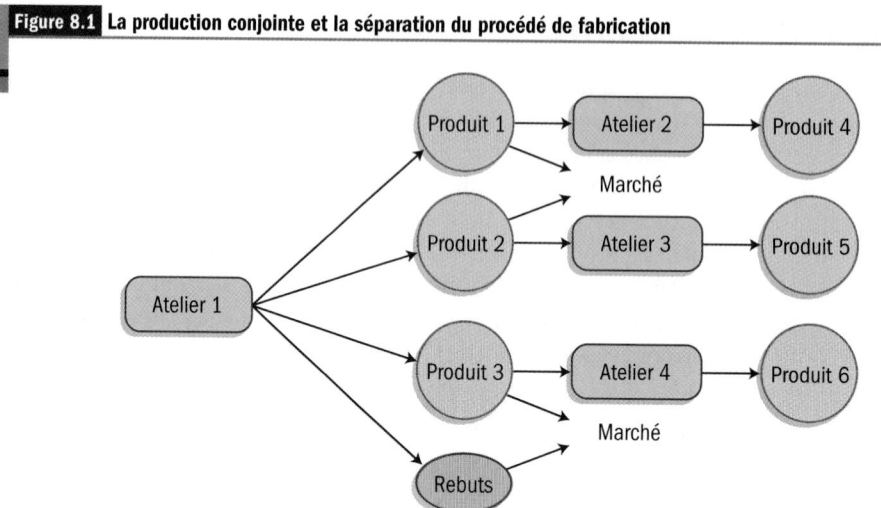

produits conjoints. Nous dirons alors que nous sommes dans un contexte où nous ne pouvons obtenir un produit sans obtenir les autres. D'un point de vue comptable, l'observation d'un point de séparation signifie qu'il faut répartir les coûts conjoints, qui sont accumulés avant le point de séparation, entre les extrants identifiés au point de séparation. Dans la figure 8.1, il existe un point de séparation à la sortie de l'atelier 1.

Les **coproduits**, aussi appelés **produits liés**, **produits conjoints** ou **produits principaux**, sont des produits issus du même procédé de fabrication, pour lesquels on utilise les mêmes matières premières. Les coproduits ont une valeur marchande relativement importante par rapport aux sous-produits. De plus, ils sont souhaités, contrairement aux sous-produits qui, eux, ne le sont pas. En raison de l'interdépendance des coproduits, il est généralement impossible d'obtenir ou de décider de ne fabriquer qu'un seul des coproduits qui font partie intégrante d'une fabrication conjointe. Par exemple, dans la transformation du lait qui arrive de la ferme, on ne peut dissocier la crème que le lait contient. Il faudra toujours extraire la crème dans le but d'obtenir le lait écrémé qui servira à produire le lait vendu dans ses différentes déclinaisons (écrémé, 1 %, 2 % et 3,25 %). Le procédé conjoint se chargera de séparer la crème du lait, permettant ainsi d'établir un point de séparation.

Les **coûts conjoints**, aussi appelés **coûts liés** ou **coûts communs**, représentent l'ensemble des coûts engagés, dans un ou plusieurs ateliers (centre de coûts), qui précèdent le point de séparation d'une fabrication conjointe. Dans la figure 8.1, c'est le cas des coûts engagés à l'atelier 1.

Les **sous-produits** sont, eux aussi, des produits issus du même procédé de fabrication, mais leur valeur marchande est relativement faible par rapport aux coproduits. Ils sont non souhaités et il faut parfois payer pour s'en débarrasser.

Les **rebuts**, ou **résidus**, sont généralement des quantités issues d'un procédé de fabrication. Dans le contexte d'une fabrication conjointe, ils sont considérés comme des sous-produits puisqu'ils ont une valeur nulle ou faible et qu'ils sont non souhaités.

Dans la figure 8.1, les produits 1, 2 et 3 peuvent être considérés soit comme des coproduits, soit comme des composants de produits[1] qui demandent à être traités dans les ateliers subséquents, ou encore comme des sous-produits, en fonction des caractéristiques que nous venons de mentionner.

LA RÉPARTITION DES COÛTS CONJOINTS

Les entreprises fabriquent de plus en plus fréquemment de nombreux produits différents en se servant des mêmes matières premières et du même procédé. C'est par exemple le cas dans des secteurs tels que l'industrie pétrochimique ou l'industrie des viandes, où on tire plusieurs produits d'une seule matière première. Le pétrole brut peut être transformé en carburant ou servir de produit de base à l'industrie du textile. La carcasse d'un animal fournit de la viande ainsi que des matières utilisées dans l'industrie cosmétique. Par ailleurs, grâce aux résultats des recherches, un nombre croissant d'entreprises réussissent aujourd'hui à transformer en produits rentables des résidus qui n'avaient auparavant aucune valeur marchande. Se pose alors la question suivante : comment répartir le coût du traitement de la production conjointe entre les produits en cours de fabrication ?

La répartition des coûts engagés conjointement pour la fabrication de ces produits est délicate, car il faut tenir compte non seulement de l'évaluation des stocks mais aussi du résultat financier. Les décisions à prendre touchent en particulier l'optimisation du procédé de fabrication et la pertinence d'une transformation supplémentaire, au-delà du point de séparation, d'un ou de plusieurs produits issus d'un procédé conjoint de production.

Quelles difficultés la répartition des coûts conjoints soulève-t-elle ? Premièrement, on recourt habituellement à des méthodes de répartition des coûts conjoints portant uniquement sur les produits principaux ; on suppose en effet qu'il est inutile de tenir compte des sous-produits, puisque leur faible valeur marchande ne justifierait pas de les fabriquer pour eux-mêmes. Les revenus générés par les sous-produits constituent en quelque sorte des retombées inattendues du procédé de fabrication et ont un caractère « accidentel ». Souvent, ces revenus seront appliqués en réduction des coûts du procédé conjoint ayant généré le ou les sous-produits pour déterminer les coûts nets conjoints avant de les répartir entre les produits principaux.

Cependant, dans certaines industries, des sous-produits sont devenus au fil des ans des produits principaux, et, inversement, certains produits principaux sont devenus des sous-produits. Grâce à l'évolution des technologies, certains résidus sont même devenus des produits principaux. Par exemple, les produits recyclés, autrefois considérés comme des résidus, sont aujourd'hui des produits ayant une valeur marchande intéressante. Il importe d'établir si les produits sont effectivement des coproduits ou des sous-produits. Il est souvent facile de le départager, mais des zones grises peuvent rendre la décision difficile. Pour faciliter la prise de décision, on peut s'en remettre aux critères liés à la valeur des produits et se demander si ces derniers sont souhaités ou non.

---

1. Les composants de produits sont en fait des extrants, identifiés au point de séparation, qui ne sont pas terminés et qui demandent une transformation subséquente avant de devenir un coproduit.

Deuxièmement, trois des quatre méthodes de répartition habituellement utilisées reposent respectivement sur la valeur des produits, soit la méthode de la valeur marchande, de la valeur nette de réalisation et de la marge brute constante. Ces valeurs changeant continuellement, il est problématique d'avoir à modifier sans cesse la répartition des coûts conjoints. Et c'est particulièrement gênant quand il s'agit d'évaluer les stocks, même s'il est normal d'adapter les décisions au contexte. Toutefois, en général, les valeurs marchandes demeurent relativement stables à court terme, ce qui permet de ne pas provoquer de trop grandes distorsions à l'égard de l'évaluation des coûts de revient.

Troisièmement, une des méthodes habituelles de répartition, celle basée sur les volumes de fabrication, peut donner lieu à des répartitions de coûts substantiellement différentes de celles découlant des méthodes basées sur la valeur. Or, décider d'utiliser une méthode de répartition plutôt qu'une autre peut modifier de façon importante le coût de revient des différents produits. Comme rien n'indique *a priori* qu'une méthode est nécessairement supérieure aux autres, se pose alors le problème du choix de la méthode de répartition.

LES MÉTHODES HABITUELLES DE RÉPARTITION DES COÛTS CONJOINTS

Il existe en fait deux approches pour parvenir à répartir les coûts conjoints au point de séparation. La première est basée sur les volumes de fabrication observés au point de séparation, et la seconde, sur les valeurs observées au point de séparation. L'approche basée sur les volumes de fabrication est relativement simple, car elle tient compte spécifiquement du volume de fabrication mesuré à chacun des extrants identifiés au point de séparation. L'approche basée sur la valeur est plus complexe et demande de faire des choix selon les difficultés éprouvées. Nous verrons trois méthodes différentes qui peuvent être utilisées selon cette approche. Globalement, les quatre méthodes habituellement utilisées pour répartir les coûts conjoints entre les coproduits ou composants de produits au point de séparation sont les suivantes :

1. la répartition en fonction des mesures matérielles (basée sur le volume) ;

2. la répartition en fonction de la valeur marchande (basée sur la valeur) ;

3. la répartition en fonction de la valeur nette de réalisation (basée sur la valeur) ;

4. la répartition en fonction de la marge brute constante (basée sur la valeur).

LA RÉPARTITION EN FONCTION DES MESURES MATÉRIELLES

La **répartition en fonction des mesures matérielles**[2] consiste à répartir les coûts conjoints engagés jusqu'au point de séparation en fonction des quantités mesurées au point de séparation pour chacun des coproduits ou composants de produits. Ces quantités sont généralement exprimées en kilogrammes, en tonnes, en mètres ou en litres.

---

2. Le terme « méthode des unités physiques » remplace parfois la « méthode des mesures matérielles ».

EXEMPLE

LA SOCIÉTÉ PLAMONDON

La société Plamondon transforme 10 000 tonnes de matières premières dans un atelier. L'ensemble des coûts conjoints engagés dans cet atelier est de 720 000 $, matières premières comprises ; il n'y a aucune perte. L'entreprise en tire trois produits principaux, X, Y et Z, soit 5 000 tonnes de X, 3 000 tonnes de Y et 2 000 tonnes de Z.

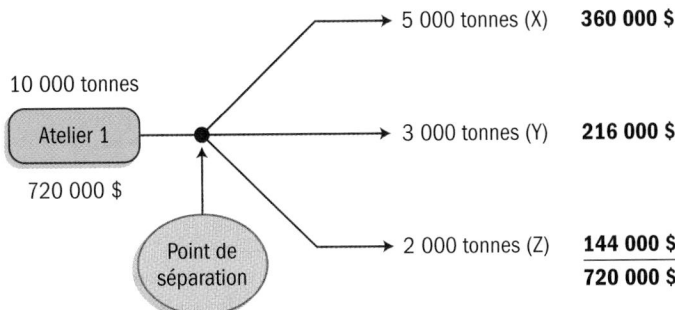

En répartissant les coûts en fonction des mesures matérielles, on obtient une moyenne de 72 $ par tonne pour chacun des trois produits (720 000 $/10 000 tonnes).

Cette méthode comporte un inconvénient important : elle ne tient pas compte de la valeur marchande des produits au point de séparation. Autrement dit, elle néglige le fait que le coût de 72 $ par tonne n'est pas représentatif si les trois produits ont une valeur sensiblement différente au point de séparation. Examinons le cas de figure où le produit X a une valeur marchande de 110 $ par tonne, le produit Y de 90 $ par tonne et le produit Z de 70 $ par tonne.

La répartition des coûts conjoints en fonction des mesures matérielles

Produit	Quantité en tonnes	Proportion du total de la production	Montant attribué en fonction des mesures matérielles (720 000 $ × % répartition)	Valeur marchande totale (Quantité × VM)	Résultat ou perte si la valeur marchande est réalisée
X	5 000	50 %	360 000 $	550 000 $	190 000 $
Y	3 000	30 %	216 000 $	270 000 $	54 000 $
Z	2 000	20 %	144 000 $	140 000 $	-4 000 $
	10 000		**720 000 $**	**960 000 $**	**240 000 $**

En utilisant la méthode de répartition des coûts conjoints en fonction des mesures matérielles, on obtient un coût de 72 $ par tonne, indépendamment de la valeur marchande des divers produits issus du processus de production. Or, il est trompeur d'attribuer un coût de 72 $ par tonne au produit Z, dont la valeur marchande est de 70 $ par tonne, car cela en ferait un produit déficitaire, alors que l'ensemble de la production entraîne un résultat de 240 000 $, réalisé sur des ventes totales de 960 000 $. De plus, les principes comptables généralement reconnus (PCGR) ne permettent pas de donner aux stocks une valeur supérieure au prix du marché.

Un autre inconvénient de cette méthode de répartition tient à la forme (unité de mesure) de chacun des produits obtenus. En effet, comment peut-on répartir les coûts conjoints si, par exemple, le premier produit se présente sous la forme d'une poudre vendue au kilogramme, le deuxième sous la forme d'un sirop vendu au litre, et le troisième sous la forme d'un gaz vendu au mètre cube? Pour pallier ces difficultés, on utilisera des méthodes fondées sur une mesure de la valeur au point de séparation, et non sur des mesures physiques.

LES MÉTHODES DE RÉPARTITION EN FONCTION DE LA VALEUR

La répartition des coûts conjoints en fonction de la valeur au point de séparation peut se faire selon trois méthodes:

1. la répartition en fonction de la valeur marchande;

2. la répartition en fonction de la valeur nette de réalisation;

3. la répartition en fonction de la marge brute constante.

LA RÉPARTITION EN FONCTION DE LA VALEUR MARCHANDE

Dans la **répartition en fonction de la valeur marchande**, on répartit les coûts conjoints en fonction de la valeur marchande observée des coproduits ou composants de produits au point de séparation. L'objectif est de toujours attribuer aux produits un coût «raisonnable et logique», qui reflète véritablement leur valeur. De fait, les méthodes basées sur la valeur ont le mérite de répartir les coûts conjoints proportionnellement à la valeur observée au point de séparation.

EXEMPLE

LA SOCIÉTÉ PLAMONDON (SUITE)

Reprenons notre premier exemple et attribuons les coûts aux produits X, Y et Z selon la méthode de répartition en fonction de la valeur marchande au point de séparation.

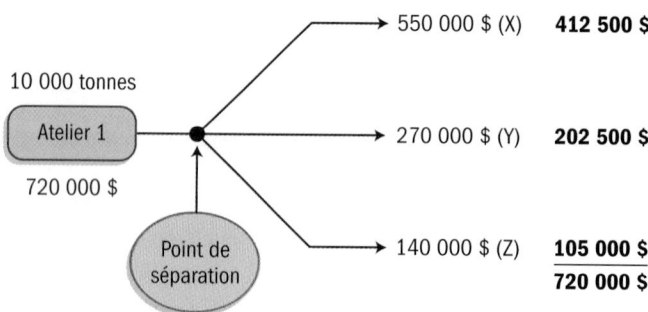

Notons que les proportions sont légèrement différentes par rapport à celles obtenues avec la méthode des mesures matérielles. Cela aura pour effet de répartir différemment les coûts conjoints à chacun des produits. Lorsque, par la suite, on calcule le résultat au point de

La répartition des coûts conjoints en fonction de la valeur marchande

Produit	Valeur marchande des produits	Proportion de la valeur marchande totale	Montant attribué en fonction de la VM (720 000 $ × % répartition)	Résultat si la valeur marchande est réalisée
X	550 000 $	57,3 %	412 500 $	137 500 $
Y	270 000 $	28,1 %	202 500 $	67 500 $
Z	140 000 $	14,6 %	105 000 $	35 000 $
	960 000 $		720 000 $	240 000 $

séparation, on obtient une rentabilité pour les trois produits. Comme les coûts alloués aux produits sont proportionnels à la valeur, on élimine les situations où des produits deviendraient déficitaires au point de séparation, comme on a pu le constater avec la méthode basée sur les mesures matérielles. De plus, le résultat global est toujours de 240 000 $, indépendamment de la méthode retenue. La répartition des coûts permet donc de modifier le coût de revient des produits, mais ne modifie pas la rentabilité globale pour autant. Ce sont les mêmes coûts qui sont tout simplement répartis différemment.

Cette méthode comporte d'autres avantages en plus de permettre une répartition des coûts proportionnelle à la valeur. Elle repose sur la valeur marchande des produits, c'est-à-dire une donnée relativement neutre déterminée par le marché, ce qui réduit la part d'arbitraire liée au processus d'allocation des coûts conjoints. C'est pourquoi on devrait privilégier cette méthode lorsqu'on est en mesure de connaître la valeur marchande de l'ensemble des produits au point de séparation. Cette méthode donne également une mesure intéressante de la valeur des stocks, car les coûts attribués aux produits sont toujours inférieurs à leur valeur marchande, à l'exception de certains cas particuliers.

En revanche, cette méthode repose sur une valeur parfois difficile à déterminer. En effet, il n'existe pas toujours de marché pour les produits au point de séparation. C'est le cas lorsque le processus de fabrication conjointe procure des composants de produits plutôt que des coproduits. Il en résulte bien souvent une grande difficulté à déterminer de manière exacte la valeur marchande d'un produit à ce stade. Lorsqu'il n'y a pas de marché pour l'un ou l'autre des produits au point de séparation, on tentera d'estimer la valeur marchande en estimant une valeur de réalisation qui tient compte de la valeur marchande ultime du coproduit ainsi que de ses coûts spécifiques. Cette approche débouche sur la méthode fondée sur la valeur nette de réalisation, présentée ci-après.

LA RÉPARTITION EN FONCTION DE LA VALEUR NETTE DE RÉALISATION (VNR)

En l'absence de marché pour un coproduit ou composant de produit au point de séparation, la méthode de **répartition en fonction de la valeur nette de réalisation** permet de donner à ce dernier une valeur calculée à l'aide des prix du marché après transformation. En effet, s'il n'y a pas de marché pour le produit dans l'état où il se trouve au point de séparation, on utilisera alors la valeur du marché qu'on retrouve nécessairement en aval, une fois que le produit a subi des transformations supplémentaires. La méthode de répartition des coûts cojoints en fonction de la valeur nette de réalisation consiste à répartir les coûts conjoints au prorata de la valeur nette de réalisation au point de séparation. Cette valeur nette de réalisation est égale au prix de vente du produit fini, duquel on soustrait les coûts de transformation engagés après le point de séparation.

EXEMPLE

LA SOCIÉTÉ PLAMONDON (SUITE)

La société Plamondon peut décider de transformer ses trois extrants, X, Y et Z, au-delà du point de séparation. Ces derniers seront alors convertis, à un certain coût, en des produits différents, susceptibles d'être vendus sur le marché.

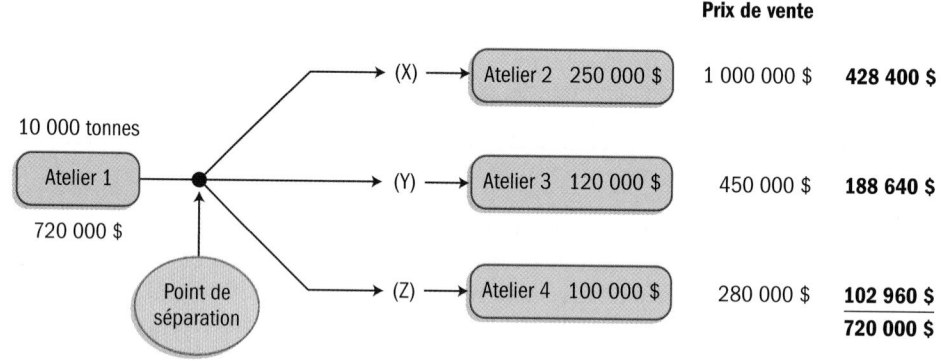

Le tableau suivant expose la répartition des coûts conjoints selon la méthode de la VNR.

La répartition des coûts conjoints en fonction de la valeur nette de réalisation

Produit	Valeur nette de réalisation (VNR) (Prix – Coûts spécifiques)	Proportion de la VNR totale	Montant attribué en fonction de la VNR (720 000 $ × % répartition)	Résultat si la valeur marchande est réalisée
X	750 000 $	59,5 %	428 400 $	321 600 $
Y	330 000 $	26,2 %	188 640 $	141 360 $
Z	180 000 $	14,3 %	102 960 $	77 040 $
	1 260 000 $		**720 000 $**	**540 000 $**

On obtient la VNR en soustrayant les coûts spécifiques à la valeur finale du coproduit. Par exemple, la VNR de X correspond au résultat de 1 000 000 $ – 250 000 $ = 750 000 $.

Comme il est souvent impossible de connaître la valeur marchande de tous les extrants au point de séparation, la méthode de la VNR constitue une option intéressante. Elle permet de calculer une valeur estimative au point de séparation qui, autrement, serait très difficile à déterminer. Ce faisant, les résultats obtenus devraient normalement refléter une répartition des coûts conjoints représentative de la valeur au point de séparation. D'ailleurs, les résultats des deux derniers exemples (valeur marchande et VNR) affichent une répartition des coûts conjoints très semblable. Toutefois, une lacune importante liée à cette méthode tient au fait qu'on n'attribue aucune rentabilité aux activités de transformation effectuées en aval du point de séparation. En effet, considérer que la valeur nette de réalisation représente la valeur du produit en cours de fabrication au point de séparation revient implicitement à admettre que les activités effectuées au-delà du point de séparation n'ajoutent aucune valeur au produit, puisque la transformation supplémentaire entraîne un résultat égal à la valeur nette de réalisation. Cette lacune a pour effet de surévaluer légèrement la valeur au point de séparation, mais comme cette surévaluation s'applique uniformément, l'effet sur la répartition des coûts conjoints est généralement faible.

LA RÉPARTITION EN FONCTION DE LA MARGE BRUTE CONSTANTE

La troisième méthode fondée sur la valeur est la **répartition en fonction de la marge brute constante**. Cette méthode consiste à répartir les coûts conjoints de telle sorte que la marge brute soit la même pour l'ensemble des coproduits issus du procédé de fabrication. Ainsi, pour mettre cette méthode en œuvre, on doit d'abord calculer la marge brute du processus dans son ensemble, puis utiliser cette marge pour répartir les coûts conjoints entre les coproduits.

EXEMPLE

LA SOCIÉTÉ PLAMONDON (SUITE)

La société Plamondon a décidé de transformer X, Y et Z pour obtenir trois coproduits appelés X2, Y2 et Z2. Conformément à la méthode de répartition en fonction de la marge brute constante, on commence par déterminer la marge brute globale du procédé dans son ensemble :

Le calcul de la marge brute

		Total
Revenus totaux	1 000 000 $ + 450 000 $ + 280 000 $	1 730 000 $
Coûts spécifiques	250 000 $ + 120 000 $ + 100 000 $	470 000 $
Coûts conjoints		720 000 $
Résultat brut		540 000 $
Pourcentage de la marge brute	540 000 $/1 730 000 $	31,21 %

On répartit ensuite les coûts conjoints de telle sorte que la vente de chacun des coproduits génère 31,21 % de marge brute.

La répartition des coûts conjoints en fonction de la marge brute constante

Produit	Ventes	Marge brute requise (Ventes × 31,21%)	Coûts à absorber (Ventes – Marge brute requise)	Coûts spécifiques	Coûts conjoints à absorber (Coûts à absorber – Coûts spécifiques)
X2	1 000 000 $	312 100 $	687 900 $	250 000 $	437 900 $
Y2	450 000 $	140 500 $	309 500 $	120 000 $	189 500 $
Z2	280 000 $	87 400 $	192 600 $	100 000 $	92 600 $
	1 730 000 $	540 000 $	1 190 000 $	470 000 $	720 000 $

La méthode fondée sur la marge brute constante repose sur l'hypothèse que chacun des produits offre le même rapport coût-résultat, une hypothèse rarement vérifiée en pratique. De plus, si les inefficacités d'un atelier propre à un produit gonflent les coûts afférents à ce produit, utiliser la méthode fondée sur la marge brute constante revient à corriger artificiellement ces inefficacités en répartissant moins de coûts conjoints au produit dont le processus de fabrication est en cause. En définitive, tout comme les autres méthodes de répartition, cette méthode comporte certaines lacunes qu'on doit comprendre si on veut l'utiliser de façon éclairée.

Comme le montre le tableau récapitulatif suivant, les coûts répartis entre les produits peuvent varier de façon notable selon la méthode de répartition choisie.

Les méthodes de répartition des coûts conjoints de 720 000 $

Méthodes de répartition	Produit X	Produit Y	Produit Z	Total
Mesures matérielles	360 000 $	216 000 $	144 000 $	720 000 $
Valeur marchande	412 500 $	202 500 $	105 000 $	720 000 $
Valeur nette de réalisation	428 400 $	188 640 $	102 960 $	720 000 $
Marge brute constante	437 900 $	189 500 $	92 600 $	720 000 $

Toutefois, rappelons qu'on utilise surtout le coût complet de chacun des produits, incluant une répartition des coûts conjoints, pour déterminer la valeur des stocks en fin de période. Ainsi, pour attribuer aux stocks une valeur fidèle à la réalité, on doit choisir la méthode qui s'applique le mieux à la situation. Par ailleurs, ce tableau récapitulatif devrait inciter à la prudence quant à l'utilisation qu'on fera des coûts complets incluant des coûts conjoints répartis. En effet, le choix de la méthode de répartition peut grandement influer sur le coût de revient et donc sur les décisions stratégiques – abandonner ou poursuivre la fabrication d'un produit spécifique, par exemple – prises sur la base de coûts complets qui incluent des coûts conjoints répartis. Comment éviter que les décisions stratégiques de gestion varient ainsi de façon aussi arbitraire? La marche à suivre pour prendre de saines décisions de gestion dans un contexte de production conjointe est expliquée dans la section suivante.

LE TRAITEMENT COMPTABLE ASSOCIÉ AUX SOUS-PRODUITS ET LE CALCUL DES COÛTS DE REVIENT

Nous avons mentionné au début de ce chapitre que les procédés conjoints pouvaient également générer des produits qui ne sont pas nécessairement souhaités du fait que leur valeur est nulle ou négligeable. Ces produits sont considérés comme des sous-produits. De façon générale, nous ne sommes pas intéressés à isoler les coûts des sous-produits car, le plus souvent, ceux-ci ne sont pas destinés à la vente. Il arrive même qu'on doive débourser des sommes pour se débarrasser des sous-produits. Par conséquent, l'ensemble des coûts pouvant être associés aux sous-produits sera attribué aux coproduits. Au final, le coût de revient de ces derniers contiendra la part des coûts associés aux sous-produits.

Il est toutefois possible que les sous-produits génèrent de faibles revenus. Le cas échéant, il y a deux façons de les traiter. La première consiste à créer un compte de revenus au grand livre et à ajouter les revenus tirés de la vente des sous-produits au chiffre d'affaires consolidé. Cette façon de faire n'aura aucun impact sur le coût de revient des coproduits. La seconde façon consiste à déduire les revenus tirés de la vente des sous-produits des coûts de l'atelier qui a généré les sous-produits. Cette approche aura un impact sur le coût de revient des coproduits, car les revenus tirés de la vente des sous-produits réduiront les coûts attribuables aux coproduits. En effet, en vertu de cette approche, ce sont les coûts associés aux sous-produits nets des revenus tirés de la vente des sous-produits qui sont attribuables aux coproduits.

Suivant ces traitements, il devient possible d'établir une méthode qui permettra de calculer le coût de revient de chacun des coproduits identifiés, et ce, même en présence de sous-produits. Cette méthode est composée des étapes suivantes :

1. Modéliser le procédé de fabrication conjointe dans son intégralité ;

2. Établir clairement les coproduits et les sous-produits générés par le procédé de fabrication ;

3. Déterminer le traitement comptable à appliquer aux sous-produits ;

4. Déterminer les points de séparation à l'intérieur du procédé de fabrication ;

5. Choisir et appliquer la méthode de répartition des coûts conjoints pour chacun des points de séparation ;

6. Calculer le coût de revient des coproduits en cumulant séquentiellement les coûts au fur et à mesure qu'ils sont engagés.

L'exemple suivant permettra de faire une synthèse des concepts illustrés dans ce chapitre.

EXEMPLE

LA SOCIÉTÉ PLANTEX

Plantex utilise un procédé conjoint pour extraire deux coproduits à partir d'une plante qu'on trouve dans le nord du Québec. On en extrait la chlorophylle de même qu'une substance aux propriétés médicinales. Le procédé de fabrication génère des résidus qui sont considérés comme un sous-produit. Ces résidus sont vendus à des éleveurs de bisons, qui en apprécient la haute teneur en fibres. Le procédé de fabrication de même que les informations pertinentes sont présentés dans la figure suivante :

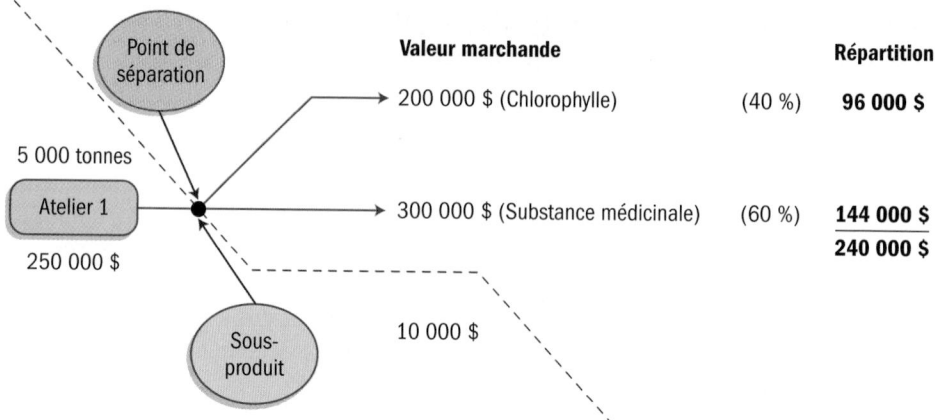

Cette figure indique que le sous-produit génère 10 000 $ de revenu qui est appliqué en réduction des coûts du procédé conjoint, soit l'atelier 1. Globalement, les coûts conjoints à répartir au point de séparation représentent donc 240 000 $ (250 000 $ – 10 000 $). La méthode de répartition choisie au point de séparation correspond à la méthode de la valeur marchande. L'application de cette méthode permet ainsi de répartir les coûts conjoints selon une proportion de 40 % et de 60 % respectivement pour la chlorophylle et la substance médicinale, soit les deux coproduits.

Notons que la ligne pointillée en rouge représente la démarcation qui permet de séparer les coûts conjoints des coûts spécifiques. Cette démarcation passe toujours par le point de séparation. Ce dernier est représenté par le point noir qui indique la séparation entre les deux coproduits (voir les deux flèches bleues). Précisons que la branche qui mène au sous-produit n'appartient pas au point de séparation, même si celle-ci part de ce même point. Dans les faits, seules les branches associées aux coproduits appartiennent au point de séparation. On dira qu'un point de séparation ne peut exister que s'il permet de répartir les coûts conjoints entre les branches qui mènent ultimement à des coproduits. Globalement, le coût de revient des deux coproduits sera de 96 000 $ et de 144 000 $ pour la chlorophylle et la substance médicinale respectivement. Dans cet exemple, la chlorophylle et la substance médicinale ne comportent pas de coûts spécifiques. S'il y en avait eu, ceux-ci seraient apparus à la droite de la ligne pointillée. Pour les considérer, on les aurait tout simplement ajoutés à la part respective des coûts conjoints de la chlorophylle et de la substance médicinale. Par exemple, des coûts spécifiques de 10 000$ pour la chlorophylle et de 30 000 $ pour la substance médicinale porteraient le coût total de ces deux produits à 106 000 $, soit 96 000 + 10 000, et à 174 000 $, soit 144 000 + 30 000, respectivement.

LA PRISE DE DÉCISION

L'une des questions qui se posent le plus fréquemment dans un contexte de production conjointe est la suivante : doit-on vendre les coproduits tels quels ou les transformer pour tenter d'en accroître la valeur ajoutée ? Cette décision est essentiellement économique, et on devrait la prendre exclusivement en fonction de ses effets sur le résultat net de l'entreprise.

Si le revenu supplémentaire (en considérant le coût de renonciation) est supérieur au coût spécifique lié à la transformation supplémentaire, les effets sur le résultat net seront positifs, ce qui incitera à transformer le produit.

Afin que les décisions prises ne soient pas influencées arbitrairement par les coûts conjoints, le meilleur moyen est de faire abstraction de ces coûts dans l'analyse de la décision. Lorsqu'on doit décider s'il est avantageux de transformer un produit au-delà du point de séparation, on ne doit pas prendre en compte l'ensemble des coûts conjoints engagés avant le point de séparation : en effet, ils ne sont pas pertinents, car ils restent les mêmes quelle que soit la décision prise.

EXEMPLE

LA SOCIÉTÉ PLAMONDON (SUITE ET FIN)

La société Plamondon a décidé de transformer davantage les produits X, Y et Z car il est rentable de le faire, la transformation de chacun des produits ayant des effets positifs sur le résultat net. Qu'arrivera-t-il si, après la transformation, le produit Y ne peut être vendu que 120 $ par tonne au lieu de 150 $?

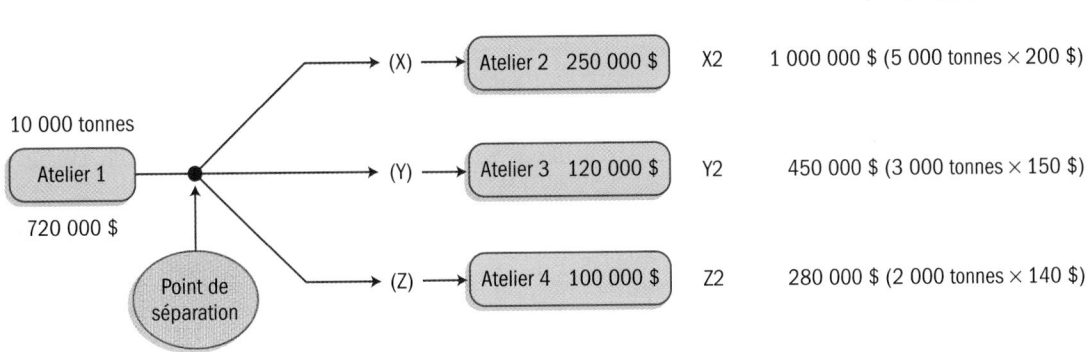

Prix de vente

(X) → Atelier 2 250 000 $	X2	1 000 000 $ (5 000 tonnes × 200 $)
10 000 tonnes Atelier 1 → (Y) → Atelier 3 120 000 $	Y2	450 000 $ (3 000 tonnes × 150 $)
720 000 $ Point de séparation → (Z) → Atelier 4 100 000 $	Z2	280 000 $ (2 000 tonnes × 140 $)

Les données indispensables pour décider de transformer les produits au-delà du point de séparation

Produit issu de la transformation supplémentaire	Valeur marchande au point de séparation	Coût de la transformation supplémentaire	Prix de vente du produit obtenu grâce à la transformation supplémentaire
X2	550 000 $	250 000 $	1 000 000 $
Y2	270 000 $	120 000 $	360 000 $
Z2	140 000 $	100 000 $	280 000 $

Le revenu résultant de la transformation supplémentaire de chacun des produits est calculé dans le tableau suivant.

Le calcul de la valeur nette de réalisation au point de séparation

Produit	VNR	Valeur marchande	Résultat associé à la transformation supplémentaire	Décision quant à la transformation supplémentaire
X	750 000 $	550 000 $	200 000 $	Oui
Y	240 000 $	270 000 $	-30 000 $	Non
Z	180 000 $	140 000 $	40 000 $	Oui

La transformation du produit X entraînera une VNR de 750 000 $ (1 000 000 $ − 250 000 $), que l'on comparera avec la juste valeur du produit X au point de séparation. On observe donc qu'il est plus rentable de transformer le produit X, car on ajoute un gain de 200 000 $ au résultat. De la même façon, la transformation du produit Z entraînera également une augmentation du résultat de 40 000 $. En revanche, fabriquer le produit Y2 ne vaut pas la peine, car la transformation supplémentaire entraînerait une perte de 30 000 $, laquelle aurait un effet négatif sur le résultat. Sur des bases purement quantitatives, c'est la production des produits X2, Y et Z2 qui maximise la rentabilité de la société Plamondon, comme le montre le tableau suivant.

L'analyse globale de la décision de transformation supplémentaire

	Scénario 1 Transformer les trois produits		Scénario 2 Transformer X et Z, mais pas Y		Différentiel (Scénarios 2 − 1)
Revenus					
X2	1 000 000 $		1 000 000 $		
Y ou Y2	360 000 $		270 000 $		
Z2	280 000 $	1 640 000 $	280 000 $	1 550 000 $	-90 000 $
Coûts spécifiques					
X2	250 000 $		250 000 $		
Y ou Y2	120 000 $		0 $		
Z2	100 000 $	470 000 $	100 000 $	350 000 $	120 000 $
Coûts conjoints		720 000 $		720 000 $	0 $
Résultat		**450 000 $**		**480 000 $**	**30 000 $**

Notons que, pour prendre la décision de transformer ou non chacun des produits, on ne tient pas compte des coûts conjoints. Comme nous l'avons déjà expliqué, ces coûts sont antérieurs à la décision, ce qui les rend non pertinents. Par ailleurs, comme pour toute décision, ce serait une erreur de négliger les facteurs qualitatifs afférents à la décision. Par exemple, un client important pourrait exiger d'obtenir les produits X2 et Y2 de Plamondon, sans quoi il chercherait un autre fournisseur. La perte de ce client pourrait occasionner une diminution importante de revenus.

LES ENJEUX DE LA RÉPARTITION DES COÛTS CONJOINTS

Le choix de la base de répartition est une affaire de jugement comptable. Nous avons tendance à privilégier les méthodes basées sur la valeur du fait qu'elles permettent généralement de répartir les coûts proportionnellement à la valeur. Ce faisant, cela permet d'assurer, sauf dans des cas particuliers, que les coûts sont inférieurs aux revenus, puisque la répartition est faite en fonction de la valeur.

Toutefois, il ne faut pas pour autant mettre de côté la méthode des mesures matérielles, car elle demeure très simple d'application et objective sur le plan de la mesure des unités, comparativement à la mesure des valeurs, qui peut être problématique. *A priori*, si les mesures physiques au point de séparation sont homogènes et que les quantités et valeurs des produits qui y sont associées sont semblables, les différences observées sur le plan de la répartition des coûts conjoints en fonction du volume et de la valeur devraient être faibles. Suivant le peu de différence, il sera alors possible d'utiliser la méthode des mesures matérielles en raison de sa simplicité et des coûts faibles d'application qu'elle engendre.

Par ailleurs, le choix de la méthode de répartition des coûts conjoints ne devrait pas avoir d'effet en matière de décision et de gestion des coûts. En effet, avant le point de séparation, on cherche à réduire au minimum le coût global de l'activité et, après le point de séparation, on ne gère pas les coûts intervenant avant la séparation.

En somme, aucune des méthodes exposées ici ne permet à coup sûr de déterminer un coût de fabrication qui assure une juste évaluation des stocks au moment de l'état de la situation financière. Au regard de l'objectif d'évaluation des stocks, on peut toutefois classer ces méthodes par ordre de validité décroissante.

1. On doit privilégier la méthode de la valeur marchande dans tous les cas où il existe un marché pour le produit. Cette méthode rend compte avec exactitude des caractéristiques de la production conjointe qui, par définition, met en œuvre plusieurs coproduits participant tous à la rentabilité globale. De plus, cette méthode met en lumière la rentabilité des activités supplémentaires.

2. En l'absence de valeur marchande, au point de séparation, pour chacun des coproduits ou composants de produits, on doit envisager la méthode de la valeur nette de réalisation comme une méthode de remplacement acceptable.

3. La méthode de la marge brute constante doit être envisagée seulement si les produits sont semblables, c'est-à-dire si on peut attribuer une marge semblable à tous les produits conjoints.

4. Quant à la méthode des mesures matérielles, il convient de l'éviter, sauf si on observe que les produits au point de séparation sont homogènes et qu'ils ont des quantités et valeurs semblables. Dans les faits, plus on s'éloigne du respect de ces conditions, plus il sera hasardeux d'utiliser la méthode des mesures matérielles.

CAPSULES VIDÉO

Qu'en disent les experts?

▓ CAPSULE VIDÉO 8.1 Organisation de la fonction finance

Madame Carole Potvin, vice-présidente des finances, décrit l'organisation de la fonction finance chez Olymel.

▓ CAPSULE VIDÉO 8.2 Chaîne de valeur

Madame Potvin précise les particularités de la chaîne de valeur de l'industrie et de l'entreprise.

▓ CAPSULE VIDÉO 8.3 Coût de revient créatif: un besoin

Madame Potvin fait état de la méthode tout à fait innovatrice d'Olymel pour calculer le coût de revient de la viande fraîche.

▓ CAPSULE VIDÉO 8.4 Calcul du prix de revient – produits frais

Madame Pascale Samoisette, directeure du prix de revient des produits frais chez Olymel, donne des détails sur le calcul du coût de revient de la viande fraîche.

▓ CAPSULE VIDÉO 8.5 Calcul du prix de revient – produits transformés

Madame Josiane Forand, directeure du prix de revient des produits transformés chez Olymel, aborde le calcul du coût de revient des produits transformés.

OBJECTIFS DE CONNAISSANCES, REVUS

1 Analyser les coûts en production conjointe.

Dans les cas où la production conjointe débouche sur des produits différents, on se demande comment répartir les coûts conjoints entre les produits. La difficulté tient notamment à deux causes: 1) la valeur des produits résultant de la production conjointe varie dans le temps; 2) il n'est pas logique d'attribuer à un produit un coût plus élevé que sa valeur marchande.

2 Exposer les méthodes habituelles de répartition des coûts conjoints.

Il existe quatre méthodes pour répartir les coûts conjoints : la répartition en fonction des mesures matérielles, la répartition en fonction de la valeur marchande au point de séparation, la répartition en fonction de la valeur nette de réalisation au point de séparation et la répartition en fonction de la marge brute constante. Lorsqu'il existe un marché pour le produit arrivé au point de séparation, il faut privilégier la méthode reposant sur la valeur marchande au point de séparation. En l'absence de marché au point de séparation, il est généralement suggéré d'opter pour la méthode reposant sur la valeur nette de réalisation.

3 Appliquer le traitement comptable associé aux sous-produits et calculer le coût de revient des coproduits.

Il existe deux façons de traiter les revenus associés aux sous-produits : soit on les ajoute aux revenus totaux, soit on les déduit des coûts de l'atelier qui a généré le ou les sous-produits. Les coûts supplémentaires associés aux sous-produits sont ajoutés aux coûts de l'atelier qui a généré le ou les sous-produits. Par la suite, le coût de revient des coproduits est calculé en cumulant séquentiellement les coûts au fur et à mesure qu'ils sont engagés en s'assurant de répartir les coûts conjoints à chacun des points de séparation observés.

4 Déterminer les informations pertinentes en contexte de production conjointe.

Un coût est pertinent s'il peut être modifié par la décision. Or, tous les coûts engagés avant le point de séparation ne sont en rien touchés par les décisions qui interviennent après le point de séparation : ils ne sont donc pas pertinents pour ces décisions.

5 Expliquer les enjeux du traitement des coûts conjoints.

Le traitement des coûts conjoints a pour enjeu l'évaluation des stocks. En revanche, la répartition des coûts conjoints n'influe pas sur la gestion des coûts.

MOTS CLÉS

Coproduits, produits liés, produits conjoints ou produits principaux, p. 208

Coûts communs, coûts liés ou coûts conjoints, p. 208

Point de séparation, p. 207

Production conjointe, p. 207

Rebuts ou résidus, p. 208

Répartition en fonction de la marge brute constante, p. 215

Répartition en fonction de la valeur marchande, p. 212

Répartition en fonction de la valeur nette de réalisation, p. 213

Répartition en fonction des mesures matérielles, p. 210

Sous-produits, p. 208

LES PROCESSUS DE SOUTIEN ET LES SECTIONS AUXILIAIRES

OBJECTIFS

1 Présenter les processus de soutien.

2 Connaître le traitement des coûts de soutien.

3 Expliquer ce que sont les sections auxiliaires.

4 Comprendre les services rendus par les sections auxiliaires.

5 Présenter les méthodes de répartition des coûts de soutien.

6 Analyser les enjeux de la répartition des coûts de soutien.

SOMMAIRE

Desjardins
Capital de risque

Le chapitre qui suit initie le lecteur aux processus de soutien aux activités dites de la chaîne de valeur d'une organisation. Ces processus associés aux frais généraux d'administration, de vente et de fabrication peuvent représenter, selon l'organisation, entre 20 % et 40 % du total des coûts. Ils sont aussi importants dans les entreprises de fabrication que dans les entreprises de service. L'optimisation des processus de soutien fait souvent la différence entre une entreprise rentable et une qui ne l'est pas, entre une entreprise efficace dans la réalisation de sa mission et une qui l'est moins.

Desjardins Capital de risque est l'entreprise choisie pour illustrer le rôle des activités de soutien essentielles à la réalisation de la mission de l'entreprise. Le lecteur verra aussi comment l'analyse des coûts de soutien s'avère un élément déterminant dans l'évaluation de la rentabilité des différents fonds d'investissement.

■ DESJARDINS CAPITAL DE RISQUE

Desjardins Capital de risque est le gestionnaire de fonds de capital de développement et de capital de risque du Mouvement Desjardins. Elle assure la gestion dynamique de trois fonds : le fonds public Capital régional et coopératif Desjardins pour le compte de ses milliers d'actionnaires, le fonds Desjardins-Innovatech pour le compte du gouvernement du Québec et de Capital régional et coopératif Desjardins, et le fonds Capital croissance PME pour le compte de Capital régional et coopératif Desjardins et de la Caisse de dépôt et placement du Québec.

La mission de Desjardins Capital de risque est de contribuer au développement économique du Québec et de participer étroitement à l'essor de toutes les régions, dont les régions ressources que sont l'Abitibi-Témiscamingue, le Bas-Saint-Laurent, la Côte-Nord, la Gaspésie–Îles-de-la-Madeleine, la Mauricie, le Nord-du-Québec et le Saguenay–Lac-Saint-Jean.

Desjardins Capital de risque offre son expertise-conseil aux coopératives et aux entreprises, en plus d'y injecter du capital de développement afin de stimuler leur démarrage, leur croissance et leur rayonnement. Elle appuie aussi les entrepreneurs dans leur démarche de transfert de propriété de leur entreprise, que ce soit aux membres de leur famille, aux cadres dirigeants ou encore à des acquéreurs externes. L'essentiel de ses capitaux provient du public, par l'entremise de la vente d'actions de son principal fonds sous gestion, Capital régional et coopératif Desjardins, pour lesquelles l'actionnaire investisseur bénéficie d'un crédit d'impôt provincial de 50 %. Les autres sources de capitaux proviennent de ses différents partenaires, dont la Caisse de dépôt et placement du Québec et le gouvernement du Québec.

Globalement, Desjardins Capital de risque gère plus de 1,2 milliard de dollars d'actifs. Environ la moitié est investie dans des titres de sécurité, et l'autre, dans des entreprises, notamment des PME.

Comme le rendement n'est pas garanti en capital de développement, une attention particulière est apportée à la sélection des entreprises et à leur potentiel de croissance. La valeur de l'action de Capital régional et coopératif Desjardins évolue ainsi en fonction de la performance des investissements et des placements effectués.

Au 31 décembre 2010, les engagements totaux en investissements de Capital régional et coopératif Desjardins s'élevaient à 674 millions de dollars dans 238 entreprises, coopératives et fonds, contribuant à la création ou au maintien de quelque 36 000 emplois. Ce fonds, entièrement financé par près de 112 000 actionnaires, possède un actif de plus de 1 milliard de dollars. Pour l'exercice financier 2010, la performance du fonds affichait un résultat net de 18,7 millions de dollars, se traduisant par un rendement de 2,0 %. La valeur de l'action était de 9,91 $, en hausse de 0,18 $ par rapport à la valeur de 9,73 $ obtenue à la fin de l'exercice 2009.

LA STRUCTURE DE L'ENTREPRISE ET SA GESTION INTERNE

À titre de gestionnaire de fonds, Desjardins Capital de risque compte sur une équipe d'environ 70 employés, composée essentiellement de spécialistes œuvrant dans les domaines de l'investissement, de la fiscalité, des affaires juridiques, de la gestion-conseil, de l'analyse financière, de la vérification diligente et de la gestion administrative.

Les activités de soutien, telles que le marketing et la communication, la comptabilité, les ressources humaines et les technologies de l'information, sont réalisées par des équipes qui ont récemment été centralisées au Mouvement Desjardins.

L'ANALYSE DES COÛTS, ÉLÉMENT ESSENTIEL POUR DÉTERMINER LA RENTABILITÉ DES DIFFÉRENTS FONDS D'INVESTISSEMENT

Les spécialistes au sein de l'entreprise partagent leur temps entre plusieurs dossiers qui touchent différents fonds ou encore différents secteurs d'investissement. Par exemple, les dossiers peuvent être liés à une analyse financière, à la gestion de portefeuille, au rachat d'entreprise, au transfert entrepreneurial ou à une activité de gestion-conseil. La nature même du travail des spécialistes rend parfois complexe la répartition des frais engagés dans chacun des dossiers et, conséquemment, les coûts affectés à chacun des fonds ou secteurs d'investissement. Il faut alors trouver une façon représentative de répartir les frais entre les différents fonds sous gestion.

Il y a donc deux niveaux de répartition des coûts. D'abord la répartition des coûts entre les différentes unités d'affaires du groupe Entreprise Desjardins pour les services de soutien centralisés au Mouvement Desjardins. Ensuite, la répartition des coûts entre les différents dossiers et fonds gérés par Desjardins Capital de risque.

Nous pouvons comprendre la complexité de la répartition des coûts à ces deux niveaux et imaginer l'impact de celle-ci sur le comportement des gestionnaires. Il est donc important de maîtriser les choix qui peuvent être retenus pour mener à bien cette tâche. Les gestionnaires doivent se poser des questions telles que : Pour quelles raisons

répartir les coûts? Quelles seront l'utilisation et l'utilité de la répartition des coûts? Quelle logique de répartition des coûts doit être utilisée?

Il faut prendre en considération la logique comptable ainsi que la logique comportementale, car les systèmes comptables ont aussi pour mission d'influencer les comportements. De l'avis de Marie-Claude Boisvert, chef de l'exploitation de Desjardins Capital de risque, l'exercice de répartition des coûts doit être accepté par les gestionnaires, qui doivent en comprendre la logique et être conscients que leur performance pourrait être influencée par la répartition. Ils ont ultimement la responsabilité de rentabiliser les fonds dont ils sont responsables en dépit du fait qu'ils doivent absorber des coûts pour des activités qui ne sont pas sous leur responsabilité.

Desjardins Capital de risque procède actuellement à la révision des mécanismes de répartition des coûts en s'assurant de verser aux services de soutien la juste part des coûts. Ce chapitre permettra notamment au lecteur de se familiariser avec les logiques sous-jacentes aux différentes méthodes de répartition des coûts des services de soutien.

LES PROCESSUS DE SOUTIEN

Outre les activités qui contribuent directement à ajouter de la valeur aux produits et aux services – les **processus de la chaîne de valeur** –, on trouve dans l'entreprise des activités qui relèvent des **processus de soutien**. Les coûts de ces dernières – les **coûts de soutien** – sont plus difficilement associables aux produits et aux services offerts par l'entreprise. Il existe donc des systèmes de calcul particuliers pour rendre compte de ces activités : les systèmes de calcul par activités. Selon le modèle de classification des processus, on distingue six processus de soutien : gérer les ressources humaines ; gérer l'information et les technologies ; gérer les ressources financières et matérielles ; gérer les programmes relatifs à la sécurité, à la santé et à l'environnement ; gérer les relations externes ; et gérer le changement et l'amélioration. Les activités productives et les processus de soutien qu'on trouve dans une entreprise sont illustrés à la figure 9.1.

Pour comprendre le comportement des coûts dans les systèmes de comptabilité par activités et pour les répartir convenablement entre les produits ou les services, on doit savoir pourquoi les coûts ont été engagés. Nous avons vu au chapitre 7 comment on affecte les ressources

Figure 9.1 **Le modèle de classification des processus**

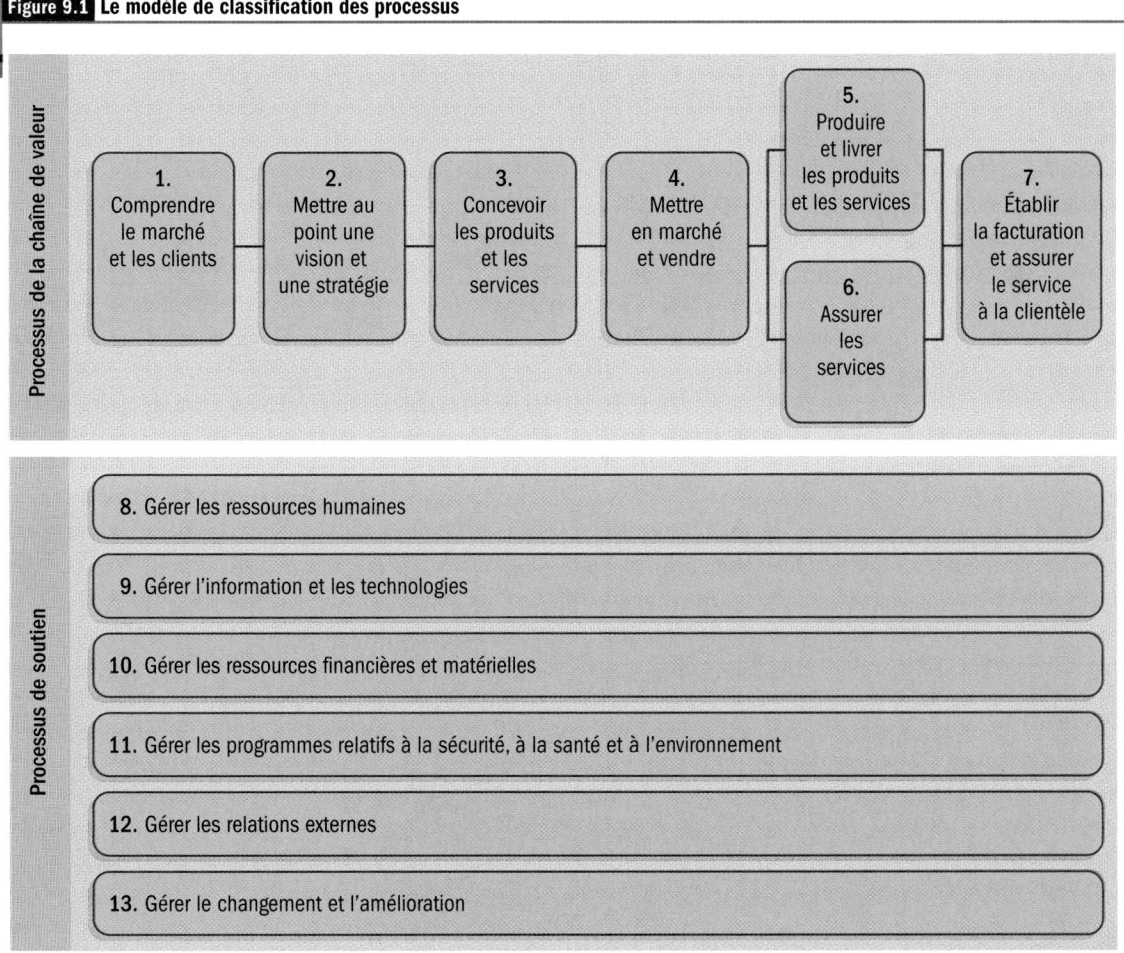

à des activités particulières, puis comment on répartit les coûts des activités entre les objets de coût à l'aide des inducteurs d'activité. Rappelons que les inducteurs d'activité permettent d'établir un rapport entre les coûts et les objets de coût. Pour ce qui est des coûts des processus de soutien, on doit d'abord les répartir entre les activités de la chaîne de valeur – les processus de soutien sont en effet indispensables à ces activités –, puis entre les objets de coût.

LE TRAITEMENT DES COÛTS DE SOUTIEN

La répartition des coûts de soutien obéit au principe de l'utilisateur-payeur. Autrement dit, le coût des processus de soutien doit être assumé par les activités de la chaîne de valeur qui en dépendent.

EXEMPLE

PRODUCTIONS LEBLANC

Gérer la paie est un sous-processus qui relève du processus de la gestion des ressources financières et matérielles. Chez Productions Leblanc, la gestion de la paie coûte annuellement 280 $ par employé. Ce montant comprend la gestion des dossiers des employés, celle des données relatives à la paie, de même que la préparation de la paie, soit le paiement aux employés et aux organismes bénéficiaires des déductions à la source et l'établissement de divers rapports présentés en fin de période. Comme l'entreprise compte 350 employés équivalents temps plein, et que la gestion de la paie lui a coûté 98 000 $ l'an dernier, un coût de 280 $ par employé par année sera assumé par les diverses activités que font les employés.

Par définition, les activités de soutien au personnel bénéficient au personnel, et il est logique de les répartir au prorata du travail accompli. En revanche, il n'est pas toujours facile de trouver une clé de répartition logique pour des processus tels que la gestion des systèmes d'information et la gestion du changement et de l'amélioration.

LES SECTIONS AUXILIAIRES

Dans un contexte manufacturier, pour calculer le coût complet des produits fabriqués, il faut tenir compte de l'ensemble des ressources consommées, dont les matières premières, la main-d'œuvre directe et les frais généraux de fabrication. En raison de leur nature même, les deux premières ressources sont consommées directement dans l'atelier où les produits sont fabriqués : leur affectation aux produits ne pose donc pas de problème. Le cheminement des frais généraux de fabrication est plus complexe. Certains sont consommés directement par l'atelier. D'autres proviennent d'unités périphériques qui jouent un rôle de soutien auprès des ateliers de production ; il s'agit par exemple des unités où on regroupe les ressources nécessaires à l'entretien des machines, des groupes de travail chargés de l'approvisionnement, de la planification et de l'ordonnancement ou encore du contrôle de la qualité. Les coûts de ces unités de soutien sont essentiels à la réalisation du produit fabriqué et doivent donc être incorporés au coût des produits, même si ces ressources sont souvent regroupées dans des sections qui ne font pas partie intégrante des ateliers de production.

On appelle **sections auxiliaires**[1] les unités qui participent indirectement à la production de biens. Les sections auxiliaires renvoient aux lieux physiques où se déroulent les activités de soutien. Tout comme les ateliers de production, ces lieux physiques correspondent à des centres de coûts dans les systèmes de calcul par centres de coûts. On doit donc répartir les coûts qui y sont engagés, toujours selon le principe de l'utilisateur-payeur. Par exemple, si l'entreprise compte une section auxiliaire chargée du contrôle de la qualité, les coûts qui y sont engagés pourraient être répartis entre les centres de coûts correspondant aux ateliers de production concernés, au prorata du nombre d'heures d'inspection engagées dans les centres de coûts.

Dans les chapitres 5 et 6, nous avons vu comment on affecte les coûts aux centres de coûts, puis comment on répartit les coûts de ces centres entre les objets de coût, ou comment on les leur impute. Cette opération est relativement simple si on fait abstraction des sections auxiliaires. Mais l'exercice de répartition ou d'imputation est plus complexe lorsqu'on tient compte de l'apport des sections auxiliaires, car il faut répartir ou imputer les coûts engagés dans des sections qui ne participent pas directement au processus de fabrication. Tout d'abord, il n'est pas toujours facile de mesurer les services des sections auxiliaires que consomment les ateliers de production. Par exemple, comment évaluer la consommation des services rendus par le service de l'approvisionnement aux différents ateliers? Doit-on prendre en compte le nombre de composants (ou pièces) ou encore le nombre de commandes? Par ailleurs, comme le service de l'approvisionnement doit veiller également au choix des fournisseurs, il n'est pas simple de répartir les coûts liés au choix des fournisseurs entre les ateliers.

Ensuite, les sections auxiliaires se rendent également des services entre elles, ce qui rend l'exercice de répartition des coûts plus complexe encore. Par exemple, le même service de l'approvisionnement s'occupera des achats liés aux besoins du service de l'entretien de la machinerie, tels que l'achat de graisses, d'huiles, de pièces mécaniques, de composants électriques, etc. Il pourrait également y avoir le cas d'une section auxiliaire qui offre divers services de soutien spécifiques à certains ateliers. Par exemple, il est possible que certains ateliers n'aient pas besoin des services d'une section auxiliaire, alors que d'autres en ont besoin à des moments précis durant l'année et que d'autres encore en ont besoin en continu. Un même utilisateur peut ainsi recourir aux services d'une section auxiliaire selon différents modes, ce qui complique davantage la répartition des coûts de la section entre les centres utilisateurs des services.

De même, certains coûts que l'on associe à la production de biens peuvent provenir d'activités de soutien qui ne sont pas d'emblée associées à la production. Ainsi en est-il des coûts liés à l'amortissement du bâtiment, à la sécurité de la bâtisse, à la cafétéria, à l'administration, etc. Ces coûts sont souvent traités comme étant communs à l'ensemble des activités liées à la production des biens, soit les ateliers et les sections auxiliaires hébergées par la

---

1. Il est également possible de rencontrer d'autres termes tels que «service de soutien», «service auxiliaire», «section de soutien», «centre auxiliaire»: Louis MÉNARD, *Dictionnaire de la comptabilité et de la gestion financière,* ICCA, 2ᵉ édition, 2004.

fonction production. Il faut alors les répartir entre les activités liées à la production. À titre d'exemple, le salaire du directeur d'usine sera réparti non seulement entre les ateliers de production, mais également entre les sections auxiliaires dont il a la responsabilité, telles que le service de l'approvisionnement et le service du contrôle de la qualité.

Globalement, le fait de devoir prendre en compte les coûts des sections auxiliaires, en plus des coûts des ateliers, rend le processus de répartition des coûts plus complexe. Toutefois, on doit procéder ainsi si on veut s'assurer que l'ensemble des coûts liés à la fabrication est mesuré. À l'égard du coût de revient, le suivi des coûts est généralement effectué par l'atelier auquel on attribue un taux d'imputation pour tenir compte de la part des frais généraux de fabrication. Ce taux est basé sur la valeur des frais généraux de fabrication associée à l'atelier. Ce faisant, cette valeur doit également tenir compte des coûts associés aux sections auxiliaires qui ultimement sont consommés par les ateliers de fabrication. Ainsi, la répartition des coûts des sections auxiliaires n'a pour objectif principal que de regrouper ces coûts et de les associer à chacun des ateliers selon l'utilisation qu'ils ont faite de chacune des sections auxiliaires. Ce travail de répartition n'est pas simple et peut même devenir assez complexe dans certaines situations. C'est pourquoi il existe des méthodes de répartition des coûts engagés dans les sections auxiliaires. Le but de ces méthodes est de répartir les coûts entre les ateliers de production de la façon la plus équitable possible, tout en tenant compte du coût au regard de la valeur informative de l'opération.

LES SERVICES RENDUS PAR LES SECTIONS AUXILIAIRES

Les sections auxiliaires existent parce que l'ensemble des centres de coûts ainsi que d'autres entités assumant diverses fonctions au sein de l'organisation ont besoin de leurs services. Dans cette optique, il est possible de déterminer des facteurs de causalité de la consommation des services rendus par les sections auxiliaires. Pour reprendre une expression utilisée dans le chapitre 7, portant sur la comptabilité par activités, ces facteurs de causalité sont les inducteurs de coûts des sections auxiliaires. Par exemple, si on offre un service de cantine dans une usine, c'est parce qu'un nombre significatif d'employés peut en bénéficier. Le nombre d'employés qui consomment les repas servis à la cantine est le principal inducteur de coûts de cette dernière.

En suivant la même logique que celle qui est exposée dans le chapitre 7, on pourra effectuer, grâce à ces facteurs de causalité, une allocation des coûts des services auxiliaires qui sera la plus juste possible. Si une usine est composée de quatre centres de coûts qui emploient chacun un nombre équivalent d'employés, les coûts associés à l'offre d'un service de cantine pourraient ainsi être répartis également entre les quatre ateliers. Dans le tableau de la page suivante, nous dressons une liste, qui n'est pas nécessairement exhaustive, des différents types de sections auxiliaires, ainsi que des facteurs de causalité (inducteurs de coûts) qu'on peut utiliser pour répartir leurs coûts entre les entités organisationnelles qui consomment leurs services.

Par ailleurs, soulignons qu'il est important de faire preuve de jugement lorsqu'on répartit les coûts d'une section auxiliaire entre d'autres entités de l'organisation. Non seulement on doit tenir compte des indicateurs de la consommation des services offerts par la section auxiliaire, mais on doit aussi toujours prendre en considération des éléments plus qualitatifs,

Les sections auxiliaires et les inducteurs de coûts

Exemple de sections auxiliaires	Exemples d'inducteurs de coûts permettant de répartir les coûts des sections auxiliaires
Cantine	Nombre d'employés des services utilisateurs
Entretien du bâtiment	Surface occupée
Ingénierie	Demande d'expertise
Service de la comptabilité	Nombre de transactions
Service de l'entreposage	Volume de production
Service de la paie	Nombre d'employés
Service des achats	Nombre de commandes
Service du transport	Nombre de livraisons

tels qu'une répartition équitable entre les centres de coûts ou la capacité de ces derniers à absorber des charges supplémentaires. Cela permet notamment d'éviter le mécontentement des directeurs lorsqu'on effectue une évaluation du rendement.

Notons qu'il faut aussi savoir juger de la pertinence de tenir compte ou non des coûts de certaines sections auxiliaires. Alors qu'il est évident que les coûts du service du contrôle de la qualité sont des coûts liés à la production de biens, il est moins évident, par exemple, d'associer des coûts liés à l'activité de soutien du service des ressources humaines à la production de biens sous prétexte que cette activité s'occupe de la dotation en personnel du service de la production. Certaines entreprises peuvent juger que cette association est exagérée et non justifiée, alors que d'autres peuvent choisir d'en tenir compte. Il faut également tenir compte de l'importance relative des montants associés à ces sections auxiliaires. Au final, retenons que le coût des marchandises vendues en sera affecté de même que le coût des stocks, si on décide que ces coûts font partie du coût des unités fabriquées (coût de période ou coût incorporable).

EXEMPLE

NOS AÎNÉS

Le centre de soins de santé Nos aînés a été fondé par un organisme communautaire à but non lucratif afin d'assurer une vieillesse confortable aux retraités d'une communauté défavorisée. La mission du centre est d'encourager les aînés à faible revenu à subir des examens de santé fréquents et à se faire vacciner annuellement contre la grippe. L'organisme aimerait connaître le coût de l'examen et de la vaccination d'un patient afin d'inclure cette information dans sa brochure destinée à la collecte de fonds. Les informations relatives au dernier exercice sont présentées dans le tableau de la page suivante.

Pour répartir les coûts de chacune des sections auxiliaires entre les cliniques, on doit notamment prendre en considération les facteurs de causalité des dépenses effectuées dans les services auxiliaires d'entretien et d'administration. Sur le plan qualitatif, on doit viser une répartition équitable entre les cliniques et tenir compte de leur capacité à absorber les coûts des

Coûts avant répartition	Sections auxiliaires		Cliniques		
	Entretien	**Administration**	**Examens**	**Vaccinations**	**Total**
Coûts directs					
Salaires	25 000 $	40 000 $	100 000 $	75 000 $	240 000 $
Fournitures	5 000 $	5 000 $	15 000 $	25 000 $	50 000 $
Coûts reliés à l'immeuble	2 400 $	3 600 $	12 000 $	6 000 $	24 000 $
Total	32 400 $	48 600 $	127 000 $	106 000 $	314 000 $
Bases de répartition possibles					
Superficie (mètres carrés)	200	300	1 000	500	2 000
Employés	1	1	5	3	10

sections auxiliaires devant être répartis. Après avoir analysé les services rendus par chacune des sections auxiliaires, on détermine que le facteur de causalité (l'inducteur de coûts) des services d'entretien est la superficie, et que celui du service d'administration est le nombre d'employés. Autrement dit, les coûts du service d'entretien seront répartis entre les autres entités au prorata de la surface occupée par chacune d'elles. Et les coûts des services rendus par la section Administration seront répartis entre les autres entités au prorata du nombre d'individus employés par chacune d'elles. Pour faciliter la répartition des coûts des sections auxiliaires, on dresse le tableau suivant, qui permet de déterminer le pourcentage de répartition des coûts des sections auxiliaires entre les autres entités.

La consommation des services rendus par les sections auxiliaires

Répartition	Sections auxiliaires		Cliniques		
	Entretien	**Administration**	**Examens**	**Vaccinations**	**Total**
Entretien					
Superficie		300 m^2	1 000 m^2	500 m^2	1 800 m^2
Pourcentage		16,67 %	55,56 %	27,77 %	100 %
Administration					
Employés	1		5	3	9
Pourcentage	11,11 %		55,56 %	33,33 %	100 %

Dans ce tableau, les frais d'entretien sont répartis en fonction de la superficie occupée. On calcule d'abord le total de la superficie occupée par l'ensemble des entités, en excluant la section Entretien (2 000 mètres carrés − 200 mètres carrés = 1 800 mètres carrés). On obtient ensuite les pourcentages en divisant la surface occupée par chacune des entités restantes par la superficie totale (300/1 800 = 16,67 % pour la section Administration ; 1 000/1 800 = 55,56 %

pour la clinique des examens; 500/1 800 = 27,77 % pour la clinique des vaccinations). On procède de la même façon pour répartir les coûts de la section Administration, mais en utilisant le nombre d'employés net, déduction faite de l'employé de la section Administration (10 − 1 = 9).

Cet exercice permet de voir qu'il existe des **interrelations**[2] entre les sections auxiliaires. Ce tableau montre en effet que la section Administration consomme 16,67 % des services rendus par la section auxiliaire d'entretien, et que la section auxiliaire d'entretien consomme 11,11 % des services d'administration. Ces interrelations entre les sections auxiliaires compliquent grandement la procédure de répartition des coûts des sections auxiliaires, comme on le verra dans les méthodes de répartition exposées ci-après.

LES MÉTHODES DE RÉPARTITION DES COÛTS DE SOUTIEN

Il existe trois méthodes pour répartir les coûts des sections auxiliaires entre les centres de coûts associés aux ateliers de production. On peut classer ces méthodes selon le degré auquel elles intègrent les interrelations entre les sections auxiliaires:

1. la méthode directe ne prend pas en compte les interrelations entre les sections auxiliaires;

2. la méthode séquentielle prend partiellement en compte les interrelations entre les sections auxiliaires;

3. la méthode réciproque (simultanée ou algébrique) prend pleinement en compte les interrelations entre les sections auxiliaires.

EXEMPLE

PORTES ET FENÊTRES MASSICOTTE

L'entreprise Portes et Fenêtres Massicotte comprend deux sections auxiliaires, S1 et S2, ainsi que trois ateliers de production, P1, P2 et P3. Les coûts totaux, d'un montant de 1 320 000 $, sont affectés aux centres de coûts de la manière suivante.

Les coûts affectés aux centres de coûts

Centre de coûts	Montant affecté	Pourcentage affecté
S1	50 000 $	3,8 %
S2	70 000 $	5,3 %
P1	400 000 $	30,3 %
P2	300 000 $	22,7 %
P3	500 000 $	37,9 %

---

2. On entend par interrelations le fait qu'une section auxiliaire (S1) rend des services à une autre section auxiliaire (S2) et que cette dernière rend également des services à cette section auxiliaire (S1).

Selon une étude préliminaire, les heures de main-d'œuvre directe reflètent bien la consommation des ressources des ateliers P1 et P3 par les objets de coût, et le nombre d'heures-machines reflète bien cette consommation pour l'atelier P2. Cependant, pour répartir les coûts des sections auxiliaires S1 et S2, on a estimé le pourcentage des services rendus. Le tableau suivant résume les données requises pour la répartition des coûts.

Les données requises pour la répartition des coûts

	S1	S2	P1	P2	P3
Heures de main-d'œuvre directe			50 000	40 000	65 000
Heures-machines			10 000	12 000	15 000
Inducteur de coûts			H-MOD	H-Machines	H-MOD
Pourcentage d'interrelations...					
... de S1		10 %	30 %	25 %	35 %
... de S2	20 %		25 %	30 %	25 %

Les coûts des sections auxiliaires s'élèvent à 120 000 $, soit 9,1 % de la totalité des coûts. La répartition de ces coûts présente des difficultés, car S2 consomme 10 % des services rendus par S1, et S1, 20 % des services rendus par S2. Nous sommes donc en présence d'interrelations, et ces dernières peuvent être traitées selon différentes méthodes. Ces prestations réciproques sont illustrées à la figure 9.2.

Figure 9.2 Les interrelations entre les centres de coûts

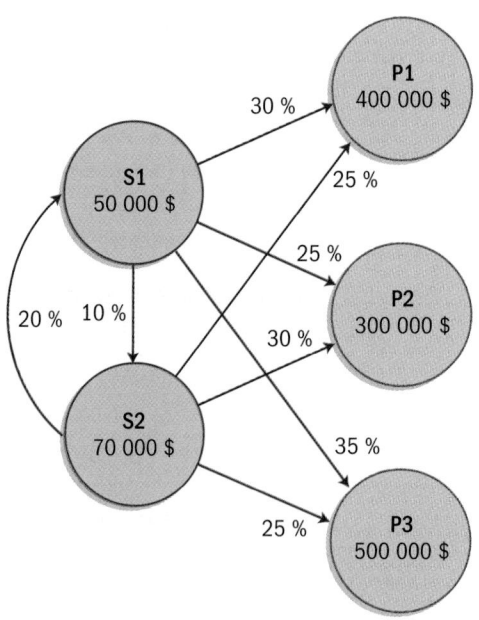

LA MÉTHODE DIRECTE

La **méthode directe** est une méthode de répartition qui fait abstraction des interrelations entre les sections auxiliaires. C'est la méthode la plus simple, car elle laisse tout bonnement de côté les services que les sections auxiliaires se rendent entre elles. En clair, elle consiste à répartir les coûts des sections auxiliaires entre les ateliers de production au prorata des services rendus à ces derniers.

EXEMPLE

PORTES ET FENÊTRES MASSICOTTE (SUITE)

Avec la méthode directe de répartition, on répartit les coûts de S1 selon des rapports de 30/90, 25/90 et 35/90, au lieu de 30 %, 25 % et 35 %, puisqu'on n'intègre pas les 10 % de services rendus à S2. De la même façon, on répartit les coûts de S2 selon des rapports de 25/80, 30/80 et 25/80, puisqu'on n'intègre pas les 20 % de services rendus à S1. Le tableau suivant présente la répartition des coûts entre les objets de coût qui en résulte.

La répartition des coûts entre les objets de coût selon la méthode directe

	S1	S2	P1	P2	P3
Coûts à répartir	50 000 $	70 000 $	400 000 $	300 000 $	500 000 $
Répartition de S1	(50 000 $)				
30/90			16 667 $		
25/90				13 889 $	
35/90					19 444 $
Répartition de S2		(70 000 $)			
25/80			21 875 $		
30/80				26 250 $	
25/80					21 875 $
Solde après répartition	0 $	0 $	438 542 $	340 139 $	541 319 $
Activité selon la base de répartition			50 000 H-MOD	12 000 H-Machines	65 000 H-MOD
Taux horaire			8,77 $	28,34 $	8,33 $

LA MÉTHODE SÉQUENTIELLE

Selon la **méthode séquentielle**, on tient compte des interrelations entre les sections auxiliaires, mais seulement de façon partielle. La démarche consiste, dans un premier temps, à fixer l'ordre de priorité dans lequel on répartira les coûts engagés dans les sections auxiliaires. Puis, on répartit les coûts de la section auxiliaire qui est jugée prioritaire par rapport à toutes les autres sections. Une fois les coûts de cette section répartis, on l'élimine de la liste de répartition. On répartit ensuite les coûts de la section auxiliaire suivante dans l'ordre de priorité entre toutes les sections. On procède ainsi jusqu'à ce que les coûts de toutes les sections auxiliaires soient répartis entre les ateliers de production. En établissant cet ordre de priorité, on doit s'assurer de répartir en premier les coûts de la section la plus importante afin de réduire au minimum les distorsions dans l'affectation des coûts. Pour déterminer l'ordre d'importance des sections auxiliaires, on peut utiliser des critères tels que la valeur absolue des sommes à répartir, la proportion des ressources d'une section auxiliaire consommées par l'ensemble des autres sections auxiliaires, ou bien la valeur croisée des deux critères précédents. Cette approche soulève évidemment la question de l'ordre de priorité. Comme l'illustre l'exemple suivant, des choix douteux en matière de priorité peuvent entraîner des résultats arbitraires.

EXEMPLE

LES CARROSSERIES DU BEL ÂGE

Le tableau suivant résume les services réciproques entre trois sections auxiliaires des Carrosseries du bel âge.

Les interrelations entre trois sections auxiliaires, exprimées en pourcentage de services rendus

Interrelations...	S1	S2	S3
... de S1		15 %	15 %
... de S2	10 %		10 %
... de S3	20 %	8 %	

Selon les données figurant dans ce tableau, devrait-on commencer par répartir les coûts de S1 sous prétexte que 30 % de son activité est consacrée à S2 et à S3 ? Par ailleurs, S3 offre plus de services à S1 que S1 n'en offre à S3. Comme on le voit, dès qu'on doit effectuer une répartition entre plus de deux sections auxiliaires, la méthode séquentielle est souvent difficile à appliquer et peut prêter à confusion.

EXEMPLE

PORTES ET FENÊTRES MASSICOTTE (SUITE)

Une partie des coûts de la première section étant répartie entre les divers ateliers de production et la deuxième section auxiliaire, on doit décider quelle section auxiliaire sera au premier rang sur la liste de priorité. Appliquons les trois critères cités ci-dessus pour déterminer l'ordre de priorité dans le cas de Portes et Fenêtres Massicotte.

Interrelations	S1	S2	Section dominante
Critère 1 : Valeur absolue à répartir	50 000 $	70 000 $	S2
Critère 2 : Pourcentage à répartir entre les autres sections auxiliaires	10 %	20 %	S2
Critère 1 × Critère 2	5 000 $	14 000 $	S2

S2 est clairement la section dominante selon chacun des trois critères. Il peut toutefois y avoir des cas où une section ne sera dominante que selon deux critères sur trois. Le contrôleur devra alors exercer son jugement pour déterminer quelle sera la section prioritaire. Dans le cas de Portes et Fenêtres Massicotte, on répartira d'abord les coûts de S2 : en effet, S2 consacre 20 % de son activité à S1, et cette proportion est supérieure aux 10 % de services rendus par S1 à S2 ; de plus, la valeur à répartir est plus grande pour S2 que pour S1. En suivant la méthode séquentielle, nous sommes forcés de supposer que S1 ne rend aucun service à S2. La répartition des coûts entre les objets de coût selon la méthode séquentielle est exposée dans le tableau suivant.

La répartition des coûts selon la méthode séquentielle

	S1	S2	P1	P2	P3
Coûts à répartir	50 000 $	70 000 $	400 000 $	300 000 $	500 000 $
Répartition de S2		(70 000 $)			
20 %	14 000 $				
25 %			17 500 $		
30 %				21 000 $	
25 %					17 500 $
Répartition de S1	(64 000 $)				
30/90			21 333 $		
25/90				17 778 $	
35/90					24 889 $
Solde après répartition	0 $	0 $	438 833 $	338 778 $	542 389 $
Activité selon la base de répartition			50 000 H-MOD	12 000 H-Machines	65 000 H-MOD
Taux horaire			8,78 $	28,23 $	8,34 $

LA MÉTHODE RÉCIPROQUE

Selon la **méthode réciproque**, aussi connue sous le nom de **méthode simultanée** ou de **méthode algébrique**, on tient compte de toutes les interrelations entre les sections auxiliaires. Pour ce faire, on recourt à des équations algébriques établies selon le principe que « ce qui entre dans un centre de coûts doit en sortir ».

EXEMPLE

PORTES ET FENÊTRES MASSICOTTE (SUITE)

Reprenons l'exemple de l'entreprise Portes et Fenêtres Massicotte, et définissons S1 comme l'ensemble des coûts qui transitent par la section auxiliaire S1, et S2 comme l'ensemble des coûts qui transitent par la section auxiliaire S2. On peut dès lors établir les deux équations suivantes :

$$S1 = 50\ 000\ \$ + (0,2 \times S2) \tag{1}$$
$$S2 = 70\ 000\ \$ + (0,1 \times S1) \tag{2}$$

En intégrant S2 dans l'équation de S1, on obtient par substitution :

$$S1 = 50\ 000\ \$ + 0,2 \times (70\ 000\ \$ + 0,1 \times S1) \tag{3}$$
$$S1 = 50\ 000\ \$ + 14\ 000\ \$ + 0,02 \times S1 \tag{4}$$
$$0,98\ S1 = 64\ 000\ \$ \tag{5}$$
$$S1 = 64\ 000\ \$/0,98 = \mathbf{65\ 306\ \$} \tag{6}$$

En plaçant cette valeur dans l'équation de S2, on obtient :

$$S2 = 70\ 000\ \$ + 0,1 \times 65\ 306\ \$ = \mathbf{76\ 531\ \$} \tag{7}$$

La répartition des coûts entre les objets de coût selon la méthode réciproque

	S1	S2	P1	P2	P3
Coûts à répartir	50 000 $	70 000 $	400 000 $	300 000 $	500 000 $
Répartition de S1	(65 306 $)				
10 %		6 531 $			
30 %			19 592 $		
25 %				16 326 $	
35 %					22 857 $
Répartition de S2		(76 531 $)			
20 %	15 306 $				
25 %			19 133 $		
30 %				22 959 $	
25 %					19 133 $
Solde après répartition	0 $	0 $	438 725 $	339 285 $	541 990 $
Activité selon la base de répartition			50 000 H-MOD	12 000 H-Machines	65 000 H-MOD
Taux horaire			8,77 $	28,27 $	8,34 $

LA COMPARAISON DES MÉTHODES

Il y a seulement deux critères valables pour comparer les différentes méthodes : leur coût d'application et, surtout, la validité des résultats obtenus. En ce qui a trait au coût d'application, la méthode directe et la méthode séquentielle sont plus faciles à utiliser et sans doute moins complexes que la méthode réciproque, qui impose de résoudre des systèmes d'équations. Dans les situations complexes où il existe plusieurs interrelations entre les sections auxiliaires, il est cependant nécessaire de résoudre un système d'équations. Quant à la validité des chiffres obtenus, on doit la juger en fonction des répercussions sur la détermination du résultat net, d'une part, et de l'importance matérielle relative des montants en cause, d'autre part.

EXEMPLE

PORTES ET FENÊTRES MASSICOTTE (SUITE)

Quant à l'influence de la méthode de répartition sur la détermination du résultat net et sur la pertinence des données, on peut l'évaluer en reprenant l'exemple de Portes et Fenêtres Massicotte. Les coûts attribués à l'atelier P1 selon les trois méthodes sont présentés dans le tableau suivant.

La comparaison des méthodes de répartition des coûts pour l'atelier P1

	Méthode directe	Méthode séquentielle	Méthode réciproque
Coûts directs	400 000 $	400 000 $	400 000 $
Coûts répartis de S1	16 667 $	17 500 $	19 592 $
Coûts répartis de S2	21 875 $	21 333 $	19 133 $
Coûts totaux	**438 542 $**	**438 833 $**	**438 725 $**

Les coûts attribués à l'atelier P2 selon les trois méthodes sont présentés dans le tableau suivant.

La comparaison des méthodes de répartition des coûts pour l'atelier P2

	Méthode directe	Méthode séquentielle	Méthode réciproque
Coûts directs	300 000 $	300 000 $	300 000 $
Coûts répartis de S1	13 889 $	21 000 $	16 326 $
Coûts répartis de S2	26 250 $	17 778 $	22 959 $
Coûts totaux	**340 139 $**	**338 778 $**	**339 285 $**

Les coûts attribués à l'atelier P3 selon les trois méthodes sont présentés dans le tableau suivant.

La comparaison des méthodes de répartition des coûts pour l'atelier P3

	Méthode directe	Méthode séquentielle	Méthode réciproque
Coûts directs	500 000 $	500 000 $	500 000 $
Coûts répartis de S1	19 444 $	17 500 $	22 857 $
Coûts répartis de S2	21 875 $	24 889 $	19 133 $
Coûts totaux	**541 319 $**	**542 389 $**	**541 990 $**

Cette comparaison montre que le choix de la méthode de répartition n'entraîne pas de grandes différences pour ce qui est des coûts attribués globalement à chacun des produits.

LES ENJEUX DE LA RÉPARTITION DES COÛTS DE SOUTIEN

Pourquoi répartir les coûts de soutien entre les objets de coût? Est-ce indispensable pour l'évaluation des stocks ou bien est-ce utile pour la gestion des coûts?

Cette répartition est indispensable pour évaluer les stocks: en effet, il s'agit de coûts importants et les produits consomment ces ressources de diverses manières. Si tous les produits consommaient ces ressources de façon à peu près égale, on pourrait se contenter d'appliquer un taux moyen, comme on le fait lorsqu'on recourt à l'imputation. Mais lorsque la consommation des ressources associées aux activités de soutien diffère selon les produits, il est indispensable de repérer les rapports qui existent entre ces activités de soutien et les activités productives.

En règle générale, la répartition des coûts de soutien éclaire peu la gestion de ces coûts, car elle constitue un travail *a posteriori*. La gestion des coûts relève plutôt de la responsabilité des gestionnaires des sections auxiliaires, qui doivent bien contrôler les coûts sans toutefois nuire à la qualité du service fourni aux ateliers de production.

CAPSULES VIDÉO

Qu'en disent
les experts?

 **CAPSULE VIDÉO 9.1**   **Évaluer la rentabilité des fonds gérés**
Monsieur Luc Ménard, vice-président, rachat d'entreprises et innovations technologiques, commente l'importance d'une répartition équitable des coûts pour déterminer la rentabilité des trois fonds gérés par Desjardins Capital de risque.

CAPSULE VIDÉO 9.2   **Indicateurs d'évaluation des entreprises**
Monsieur Ménard explique quels sont les indicateurs financiers qu'utilisent les spécialistes pour évaluer les entreprises dans lesquelles Desjardins investit.

CAPSULE VIDÉO 9.3   Au-delà des critères financiers

Au-delà des critères financiers, d'autres critères servent à évaluer les entreprises. Monsieur Ménard explique.

CAPSULE VIDÉO 9.4   Performance des fonds gérés

Monsieur Ménard parle de l'évaluation de la rentabilité des trois fonds gérés par Desjardins Capital de risque.

OBJECTIFS DE CONNAISSANCES, REVUS

1 Présenter les processus de soutien.

Il est utile de comprendre les processus de soutien pour concevoir un système de répartition et de gestion des coûts de ces processus.

2 Connaître le traitement des coûts de soutien.

Dans le cadre des systèmes de comptabilité par activités, les coûts des processus de soutien sont répartis entre les activités que ces processus soutiennent, selon le principe de l'utilisateur-payeur.

3 Expliquer ce que sont les sections auxiliaires.

Dans le cadre des systèmes de calcul par centres de coûts, les sections auxiliaires représentent des centres de coûts où se déroulent des activités de soutien. En vue d'évaluer les stocks, on doit répartir ces coûts entre les centres de coûts qui correspondent à des ateliers de production, puis les répartir entre les produits.

4 Comprendre les services rendus par les sections auxiliaires.

Afin de pouvoir appliquer le principe de l'utilisateur-payeur, on doit déterminer un inducteur de coûts pour chacune des sections auxiliaires. Cet inducteur servira de base de répartition des coûts engagés dans les sections auxiliaires.

5 Présenter les méthodes de répartition des coûts de soutien.

Trois méthodes permettent de répartir les coûts des sections auxiliaires et ainsi de calculer un coût complet. On distingue ces méthodes selon le degré auquel elles intègrent les prestations réciproques entre les divers ateliers de soutien.

6 Analyser les enjeux de la répartition des coûts de soutien.

La répartition des coûts de soutien vise à déterminer un coût de revient des produits qui reflète vraiment la consommation des ressources de soutien par les objets de coût, et ce, afin de bien évaluer les stocks.

MOTS CLÉS

Coûts de soutien, p. 229

Interrelations, p. 235

Méthode directe, p. 237

Méthode réciproque (simultanée ou algébrique), p. 239

Méthode séquentielle, p. 237

Processus de la chaîne de valeur, p. 229

Processus de soutien, p. 229

Sections auxiliaires, p. 231

LES MARGES ET LA PRISE DE DÉCISION

OBJECTIFS

1 Définir divers types de marges.

2 Expliquer la notion de marge sur coûts variables.

3 Expliquer la notion de marge nette.

4 Expliquer la notion de marge par unité d'un facteur de production.

5 Décrire la méthode des coûts variables.

6 Décrire la méthode des coûts spécifiques.

7 Présenter la comptabilité par centres de responsabilité.

8 Expliquer l'utilisation des marges dans un contexte de prise de décision d'exploitation.

SOMMAIRE

Sobeys Québec inc.

Les marges

La marge sur coûts variables

La marge nette

La marge par unité d'un facteur de production

La méthode des coûts variables

La méthode des coûts spécifiques

La comptabilité par centres de responsabilité

L'utilisation des marges dans un contexte
de prise de décision d'exploitation

Certains des chapitres précédents ont permis au lecteur d'analyser les coûts sous tous leurs angles ; le présent chapitre lui fait maintenant découvrir l'univers des marges, établies comme le différentiel entre le prix et le coût. Les marges sont au cœur de la gestion commerciale. La prise de décision est en partie basée sur l'information concernant les coûts, mais plus souvent encore, sur les marges qui combinent les dimensions revenus et coûts. Dans les pages qui suivent, nous définirons six concepts clés de marges utilisés tout au long des chapitres subséquents.

La lecture du cas Sobeys est idéale pour initier le lecteur aux marges : il verra comment la planification et le contrôle par les marges ainsi que l'analyse des marges ont leur importance en gestion commerciale. Il constatera que les marges ne sont pas l'apanage des comptables ; ces derniers les établissent, mais les gestionnaires doivent aussi en maîtriser le concept pour assurer une gestion efficace et stable.

■ SOBEYS QUÉBEC INC.

Créée en 1907, la société Sobeys est devenue un des chefs de file dans le secteur de la distribution de produits alimentaires au détail et des services alimentaires au Canada. Fière de ses origines canadiennes et de sa présence depuis plus de 100 ans dans le domaine de l'alimentation, Sobeys est une filiale en propriété exclusive d'Empire Company Limited, dont le siège social est situé à Stellarton, en Nouvelle-Écosse. De Terre-Neuve-et-Labrador à la Colombie-Britannique, les activités de Sobeys couvrent toutes les provinces canadiennes.

Avec des ventes de plus de 15,2 milliards de dollars par an, l'entreprise est le deuxième distributeur de produits alimentaires et épicier de détail en importance au Canada. C'est l'entreprise qui a la plus forte présence au pays dans le secteur de la distribution alimentaire. Sobeys a non seulement des milliers de clients de gros, mais exploite aussi plus de 1 300 supermarchés de vente au détail, directement ou par l'intermédiaire des ententes de franchise, sous des enseignes telles que Sobeys, IGA, IGA Extra, Price Chopper, Thrifty Foods, Knechtel, Foodland et FreshCo. L'entreprise exploite également les pharmacies Lawtons Drugs au Canada atlantique.

L'approvisionnement et la gestion des supermarchés sont assurés par quatre bureaux régionaux (provinces de l'Atlantique et de l'Ouest canadien, Québec et Ontario), qui dépendent du siège social. Les bureaux régionaux ravitaillent les supermarchés grâce à 22 centres de distribution, tout en offrant aux magasins des services en matière de marketing, de formation et d'exploitation des commerces. Le siège social de la division de Sobeys Québec est situé à Montréal. Le réseau de distribution des magasins de la province de Québec compte 6 centres de distribution qui approvisionnent plus de 260 marchands affiliés arborant la bannière IGA/IGA Extra ; à ceux-ci s'ajoutent plus de 700 marchands affiliés exploitant des magasins de proximité et plus de 700 clients en gros.

L'augmentation continue des ventes et du bénéfice d'exploitation témoigne du succès de l'entreprise, qui poursuit une stratégie de croissance sur deux fronts, d'une part à l'interne, d'autre part en faisant des acquisitions dans tous les segments de marché où elle est présente. Afin de créer de la valeur pour leurs clients, leurs employés, leurs fournisseurs et leurs investisseurs, Sobeys et ses quelque 85 000 employés et marchands affiliés misent sur un service à la clientèle de qualité supérieure, une grande diversité de produits et des prix concurrentiels. L'entreprise joue également un rôle actif dans la communauté en effectuant de nombreux dons et commandites, ainsi qu'en attribuant différentes bourses d'études.

LES MARGES ET LA GESTION

Lorsqu'on les interroge sur l'importance de l'information fournie par les marges, le directeur principal des finances, Yvan Joyal, et le vice-président à la mise en marché, Pierre Labelle, chez Sobeys Québec, répondent spontanément qu'il s'agit en effet d'un indicateur clé en matière de gestion du rendement. Après le chiffre d'affaires, les marges sont la donnée de gestion la plus précieuse aux yeux des dirigeants de l'entreprise ; on s'y intéresse d'ailleurs à tous les niveaux hiérarchiques, des vice-présidents des bureaux régionaux aux gestionnaires des magasins et des entrepôts. En fait, la question des marges est au cœur du marchandisage. Véritable outil de gestion, l'analyse des marges est utile aussi bien à la planification et au contrôle qu'à la prise de décision.

LA PLANIFICATION PAR LES MARGES

La planification par les marges relève des gestionnaires qui travaillent dans les bureaux régionaux de Sobeys : ils établissent les objectifs de marge brute annuels, puis les détaillent par catégorie de produits et par magasin, dans le but d'assurer la rentabilité des magasins.

Les objectifs de marges globales orientent donc la fixation des prix des produits au jour le jour. Ainsi, les gestionnaires doivent évaluer judicieusement l'effet des prix sur la demande pour pouvoir atteindre les objectifs de marge hebdomadaires.

C'est par le biais des activités de mise en marché qu'on détermine les produits qui seront offerts en promotion et annoncés dans les imprimés publicitaires, en tenant compte des caractéristiques du marché, de la demande – qui varie en fonction du prix – et de la concurrence, très forte dans le secteur de l'alimentation.

Tous les lundis matin, les responsables du marchandisage se réunissent pour décider quels produits seront proposés dans les imprimés publicitaires au cours des semaines suivantes. On distingue, d'une part, les produits offerts en promotion, dont les marges sont très faibles, et les ventes qui correspondront à des rabais à long terme – « les duraprix » –, qui offrent également de faibles marges, et, d'autre part, les autres produits, dont les prix doivent être établis de manière à atteindre les objectifs de marge hebdomadaires.

L'évolution des marges est à la fois influencée par des décisions à très court terme et par des décisions plus stratégiques tant d'un point de vue opération que d'un point de vue conception de magasin. Dans certaines bannières, on pourra choisir de vendre des produits préemballés alors que dans d'autres, on offrira un service de coupe selon les besoins du consommateur. Les gestionnaires évalueront la performance de leur magasin et des divers départements générateurs de vente en incluant la notion de marge nette. Cette marge est essentiellement la marge brute, de laquelle on déduit les frais variables directement associés à cette activité. Un autre concept de marge nette fait lentement son apparition dans les analyses de performance de département de vente : on alloue une partie des frais fixes à chacun des départements pour évaluer la véritable création de valeur.

La gestion des marges pose des problèmes différents selon les enseignes. Dans les magasins de rabais, qui se spécialisent dans les bas prix, on réalise la marge essentiellement grâce au volume. Dans les magasins plus classiques, où on trouve une plus grande variété de produits, le gestionnaire a le mandat de maximiser la marge globale

en s'assurant de vendre à juste prix les produits à valeur ajoutée et à des prix concurrentiels ceux qu'on trouve dans les magasins à rabais. Le défi consiste essentiellement à trouver le juste équilibre entre la structure de prix et le volume d'unités vendues.

La fixation du prix de vente est une étape importante dans le domaine de la distribution de produits et services alimentaires. Il faut tenir compte de plusieurs éléments dans l'établissement d'un prix de vente. Certains produits sont soumis à une réglementation concernant un prix plancher ne pouvant être modifié, tandis que d'autres font l'objet de ristourne. Le coût de certains produits peut être stable sur une période relativement longue, tandis que le coût de certains autres peut être très volatil. Le consommateur est très sensible aux variations de prix, et la quantité de produits de consommation courante achetée peut dépendre en grande partie du prix demandé en magasin. Par conséquent, l'établissement du prix de vente a des impacts importants sur les marges ainsi que sur le volume de ventes.

D'autres éléments influent également sur les marges : on peut ainsi offrir des produits commercialisés sous la marque maison plutôt que sous une marque nationale, accaparer une plus grande part de marché ou adopter la stratégie de concurrents menaçants. Les cibles de marges peuvent ainsi varier en fonction de plusieurs objectifs.

LE CONTRÔLE PAR LES MARGES

Les objectifs de marge annuels, déclinés en objectifs de marge hebdomadaires, servent d'outils de contrôle. À chaque période de quatre semaines, on calcule les marges réalisées (marge qu'on peut obtenir en fonction de ce qui est expédié en magasin). Les gestionnaires comparent ensuite ces résultats aux marges budgétées, ce qui leur permet d'analyser les causes des écarts observés entre les marges réalisées et les marges budgétées. En comparant la marge budgétée et la marge réalisée, on peut dégager la perte ou le gain de marge. Ce suivi rigoureux permet d'ajuster rapidement les prix et les promotions ainsi que le fonctionnement des magasins et des entrepôts. La notion de marge « obtenable » – c'est-à-dire la marge qu'on peut obtenir en fonction de ce qui est expédié en magasin – est utilisée chez Sobeys pour illustrer le pourcentage de marge que le magasin peut atteindre en excluant toute allocation pour perte de marge.

Les marges peuvent être inférieures aux prévisions pour de nombreuses raisons. Comme les promotions des imprimés publicitaires sont établies plusieurs semaines à l'avance, les gestionnaires ne peuvent pas tenir compte, dans leurs prévisions, des éléments sur lesquels ils n'ont pas de contrôle, par exemple : les promotions offertes par les concurrents, l'effet des conditions météorologiques sur la demande de certains produits saisonniers ou le succès de la mise en marché (certaines combinaisons de produits soldés sont plus efficaces que d'autres).

Lorsque les marges budgétées ne sont pas réalisées, on cherche à en déterminer les causes, et si celles-ci sont liées au programme de mise en marché, on apporte les correctifs qui s'imposent au cours des semaines suivantes : en fait, la sélection de produits en promotion est ajustée en vue d'atteindre la marge budgétée initialement, mais ces ajustements tiennent compte des attentes des consommateurs et des stratégies de mise en marché des compétiteurs. Il s'agit donc véritablement d'un système interactif d'ajustements. La perte de marge peut aussi provenir d'erreurs, de vols ou de pertes. Dans le cas des denrées périssables, la perte sur marge peut s'expliquer par une mauvaise rotation des stocks. Pour les produits d'alimentation, il peut s'agir de vols. Les possibilités d'erreurs sont également nombreuses : erreurs aux caisses, erreurs administratives, erreurs lors de la réception. La gestion des marges (ou de la perte sur marge) exige donc des normes très strictes pour la mise en marché, le fonctionnement, la réception, etc.

L'ANALYSE DES MARGES : UN DÉFI

La gestion des marges pose un défi de taille aux gestionnaires : ils doivent obtenir toute l'information nécessaire, c'est-à-dire une information détaillée, exacte et produite rapidement, puisqu'elle influe directement sur les décisions lors des rencontres hebdomadaires. La production d'une bonne information de gestion requiert un excellent système d'information au point de vente permettant une collecte détaillée des transactions de vente. Ces données représentent un élément important dans le calcul de marge brute puisque la combinaison des produits vendus (expliquée au chapitre 16) a une influence sur la marge que le détaillant peut atteindre. Un important système d'information est mis en place chez Sobeys afin de recueillir toutes les données nécessaires à une bonne gestion des marges.

Afin d'éviter les erreurs dans le calcul des marges et de simplifier l'entrée des données dans le logiciel de gestion SAP, Sobeys travaille présentement à standardiser la façon de fixer les marges. Cela implique un changement de culture pour certains gestionnaires, mais la haute direction est convaincue qu'à long terme cette façon de faire permettra de prendre de meilleures décisions de gestion.

Il ne suffit cependant pas d'avoir en main toutes les données concernant les marges ; il faut aussi les comprendre. Pour prendre des décisions éclairées

en matière de gestion des marges, les gestionnaires doivent disposer d'outils d'analyse qui leur permettent d'expliquer les écarts entre la marge réalisée qu'on peut obtenir et la marge budgétée. En somme, la composition des marges est importante et diffère selon le type de produit ou le type de client. Qu'il s'agisse d'une marge sur la vente au détail, d'une marge pour un grossiste, d'une marge globale, d'une marge obtenue sur un produit frais ou sur un produit d'épicerie, un calcul minutieux de la marge permet à l'entreprise de procéder à des analyses précises pour évaluer la rentabilité des différents produits vendus, des différents départements ou des différents marchands affiliés. Ainsi,

plus on comprend les marges et plus il est facile d'évaluer l'atteinte des objectifs fixés par l'équipe de mise en marché, des marchands affiliés ou de la haute direction.

Comme on peut le constater, la gestion des marges exige une bonne maîtrise des «chiffres» à tous les niveaux hiérarchiques. Chez Sobeys, on trouve d'ailleurs des comptables de formation aux postes de vice-président à l'approvisionnement et de vice-président à la mise en marché. Quant aux gestionnaires de catégories, qui sont responsables du marchandisage, ils doivent également connaître en profondeur tout ce qui a trait aux marges afin d'assurer une gestion efficace.

LES MARGES

L'information sur les marges est essentielle à la planification stratégique et à la prise de décision, que ce soit dans les entreprises commerciales, dans les entreprises de distribution et dans toutes celles qui ont une activité de mise en marché et de vente – elle est tout aussi importante que l'est l'information sur les coûts dans les usines pour gérer le rendement financier. L'analyse des marges est en effet souvent à l'origine de la stratégie de mise en marché, de promotion et de marchandisage. Par conséquent, l'analyse des marges doit être maîtrisée non seulement par les comptables de formation, mais également par les personnes de tous les niveaux hiérarchiques amenées à prendre des décisions relatives à l'utilisation des différents types de marges.

QU'EST-CE QU'UNE MARGE ?

La **marge** d'un objet est la différence entre le revenu tiré de l'objet et le coût de celui-ci. Comme on peut calculer plusieurs coûts pour un objet donné, il existe également plusieurs marges pour un même objet. Il y a autant de types de marges qu'il y a de types de coûts : marge sur coûts variables, marge sur coût d'achat (marge à la fabrication), marge à la distribution ; il y a aussi des marges brutes (marge sur coût de production ou marge sur coût des marchandises vendues), des marges nettes, etc.

POURQUOI LES MARGES SONT-ELLES IMPORTANTES ?

En général, les décisions touchant la mise en marché, et plus particulièrement le marchandisage, entraînent sur le plan financier à la fois des revenus et des coûts, donc des marges. Comprendre les différentes marges d'un produit permet de connaître les sources de rentabilité du produit. Comme on l'a vu dans le cas de Sobeys, la clé du succès du marchandisage réside dans la compréhension et la maîtrise des marges.

Nous définirons divers types de marges et, à l'aide d'exemples, expliquerons à quoi elles servent. Nous présenterons notamment la marge sur coûts variables, la marge à la fabrication, la marge à la distribution, la marge nette et la marge par unité d'un facteur de production. Il existe également d'autres types de marges : nous les examinerons dans différents contextes de prise de décision, dans les chapitres suivants.

LA MARGE SUR COÛTS VARIABLES

La **marge sur coûts variables** d'un objet correspond au revenu (variable) tiré de cet objet, déduction faite de l'ensemble des coûts variables qui se rattachent à cet objet. La marge sur coûts variables dans le contexte d'une entreprise de fabrication traditionnelle est illustrée à la figure 10.1.

La marge sur coûts variables représente le montant dont l'entreprise dispose pour couvrir les coûts fixes et réaliser un bénéfice. De façon imagée, les coûts fixes engagés au cours d'une période donnée s'inscrivent dans le temps comme le sable qui coule dans un sablier. Ainsi, une entreprise ayant des coûts fixes de 365 000 $ par an peut vouloir répartir ces coûts uniformément sur toute l'année, donc sur 365 jours, ce qui équivaut à des coûts fixes de

Figure 10.1 La marge sur coûts variables

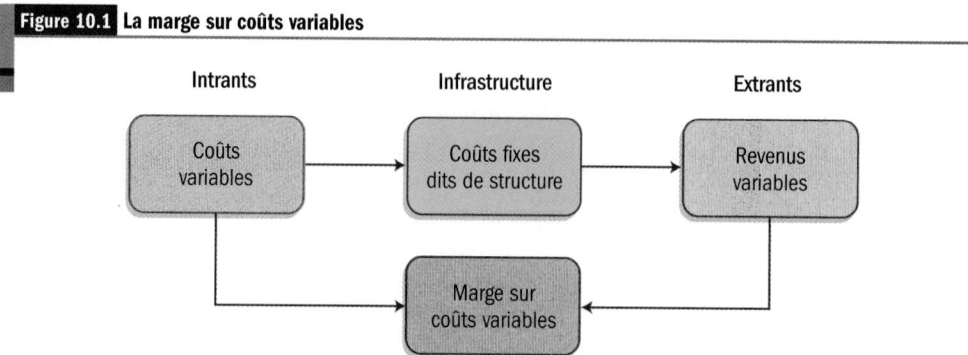

1 000 $ par jour. Si le total des coûts fixes de 365 000 $ était déboursé uniformément, cela équivaudrait à un débours de 1 000 $ par jour. Par ailleurs, la marge sur coûts variables de l'entreprise apparaît à mesure que les extrants sont vendus. Si celle-ci vendait un produit et qu'elle déboursait les coûts variables au moment de la vente, elle encaisserait l'équivalent de la marge sur coûts variables. Dès lors, le flux monétaire entrant correspond au prix de vente, moins les coûts variables, et ce flux aboutit dans un compte où l'excédent est accumulé. Malgré tout, l'entreprise doit débourser 1 000 $ par jour, en puisant dans l'excédent accumulé, pour couvrir les coûts fixes résultant de décisions antérieures (voir la figure 10.2).

Figure 10.2 La marge sur coûts variables comme un flux monétaire

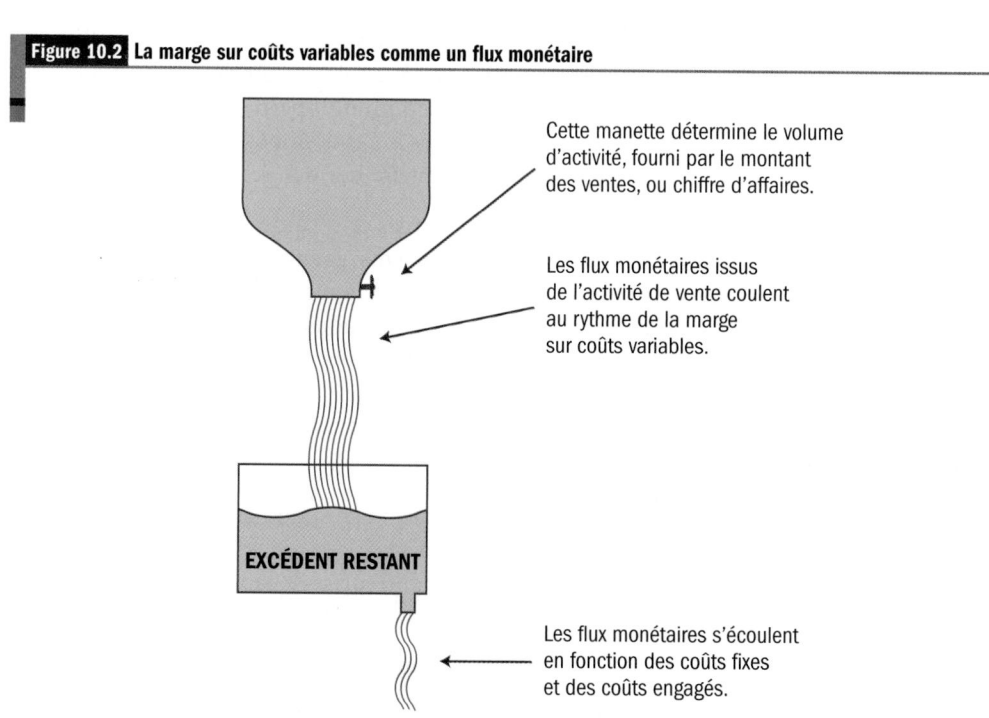

BOUTIQUE BELLES-FLEURS

La boutique Belles-fleurs achète des fleurs auprès de producteurs et les revend à des clients. Le prix de vente équivaut à 150 % du montant versé aux producteurs. Par exemple, si la boutique achète 4 000 $ de fleurs au cours d'une semaine, elle les vend 6 000 $; si, au cours d'une autre semaine, elle achète 3 000 $ de fleurs, elle les vend 4 500 $, et ainsi de suite.

Tous les coûts d'exploitation, constitués dans ce cas-ci de frais de vente et d'administration, sont fixes et s'élèvent à 2 000 $ par semaine. Comme on le voit dans le tableau suivant, l'excédent à la fin d'une semaine sera négatif si les ventes n'atteignent pas 6 000 $. Cependant, si les ventes atteignaient 7 500 $, la boutique aurait un excédent de 500 $ à la fin de la semaine. Le volume des ventes est donc important afin de permettre à Belles-fleurs de couvrir ses coûts fixes et de dégager une marge nette positive.

	Scénario 1 : Ventes = 6 000 $	Scénario 2 : Ventes = 7 500 $
Revenus	6 000 $	7 500 $
Coût d'achat	4 000 $	5 000 $
Marge sur coûts variables	**2 000 $**	**2 500 $**
Coûts fixes d'exploitation	2 000 $	2 000 $
Excédent (marge nette)	**0 $**	**500 $**

LA MARGE SUR COÛTS VARIABLES ET LA RENTABILITÉ À COURT TERME

La marge sur coûts variables a une importance cruciale dans la planification de la rentabilité des produits et des services. En effet, dans une optique à court terme, on estime que l'entreprise est une infrastructure constituée d'immobilisations corporelles, de services et de personnes dont il faut optimiser le rendement. L'activité de l'entreprise doit donc dégager une marge sur coûts variables suffisante pour soutenir l'infrastructure et laisser un bénéfice aux actionnaires. Comme on ne peut modifier les coûts fixes à court terme parce qu'ils ont déjà été engagés, les gestionnaires interviennent sur des éléments tels que le prix de vente et certains coûts variables, sur lesquels ils ont un certain contrôle. Il est donc important de comprendre parfaitement les marges sur coûts variables et de distinguer les éléments qui sont modifiables de ceux qui ne le sont pas. Ceci sera d'une grande utilité pour le gestionnaire qui doit prendre des décisions dans des situations où on prévoit peu, ou pas, de changements dans les coûts fixes.

Sur le plan de la technique, il est donc nécessaire de distinguer la partie variable et la partie fixe des différentes catégories de frais de l'entreprise – frais de fabrication ou frais d'achat, frais d'administration et frais de vente –, faute de quoi on risque de mal évaluer le comportement des coûts et de prendre de mauvaises décisions.

REVÊTEMENTS D'ANTAN

Le tableau suivant présente l'état des résultats[1] de l'entreprise Revêtements d'antan.

L'état des résultats
pour l'exercice s'achevant le 31 décembre

	Total	Par unité
Ventes (800 000 unités)	**16 000 000 $**	**20,00 $**
Coût des produits vendus		
Matières premières	3 200 000 $	4,00 $
Main-d'œuvre directe	1 600 000 $	2,00 $
Frais généraux de fabrication	4 800 000 $	6,00 $
	9 600 000 $	**12,00 $**
Résultat brut (marge brute)	**6 400 000 $**	**8,00 $**
Frais de vente et d'administration	5 120 000 $	6,40 $
Résultat d'exploitation	**1 280 000 $**	**1,60 $**

La direction de l'entreprise se demande si elle doit accepter une commande supplémentaire de 20 000 unités, pour laquelle le client souhaite une remise de 20 % sur le prix courant, soit un prix de vente unitaire de 16 $ au lieu de 20 $. Supposons que l'entreprise a la capacité de production nécessaire pour satisfaire cette commande, qu'aucun des éléments de coût engagés ne serait touché (il n'y aurait aucune augmentation des coûts fixes) et qu'il n'y aurait aucun effet négatif sur les autres commandes (qu'il s'agisse du montant de leurs ventes ou de leur délai de livraison).

Dans ce contexte, lorsqu'elle ne change pas de segment significatif[2], l'entreprise peut se fonder sur un critère quantitatif unique pour décider d'accepter ou non la commande supplémentaire : la valeur de la marge sur coûts variables. Nous allons envisager cette décision selon trois hypothèses relatives au comportement des coûts.

Première hypothèse

Si les frais généraux de fabrication (4 800 000 $) et les frais de vente et d'administration (5 120 000 $) sont fixes : la direction doit accepter la commande, car la marge sur coûts variables de chaque unité vendue serait de 10 $, soit une marge sur coûts variables totale de 200 000 $.

- Marge sur coûts variables = revenus variables – coûts variables
- Marge sur coûts variables = 16 $ – 6 $ = 10 $
- Marge sur coûts variables totale = 10 $ × 20 000 unités = 200 000 $

1. Selon la terminologie IFRS « état des résultats » devient « compte de résultat séparé ». Cependant, au Canada, pour les sociétés à capital fermé, on garde l'appellation « état des résultats ».
2. Voir la notion de segment significatif au chapitre 3.

Deuxième hypothèse

Si tous les coûts sont variables, le coût des produits vendus (9 600 000 $, soit 12 $ par unité) comme les frais de vente et d'administration (5 120 000 $, soit 6,40 $ par unité) : la direction doit refuser la commande spéciale, car la marge sur coûts variables de chaque unité vendue serait de –2,40 $, soit une marge sur coûts variables totale de –48 000 $.

- Marge sur coûts variables = revenus variables – coûts variables
- Marge sur coûts variables = 16,00 $ – (12,00 $ + 6,40 $) = 16,00 $ – 18,40 $ = –2,40 $
- Marge sur coûts variables totale = –2,40 $ × 20 000 unités = –48 000 $

Troisième hypothèse

Si le coût des produits vendus (12 $ par unité) est variable, mais les frais de vente et d'administration (5 120 000 $) sont fixes : la direction doit accepter la commande, car la marge sur coûts variables de chaque unité vendue serait de 4 $, soit une marge sur coûts variables totale de 80 000 $.

- Marge sur coûts variables = revenus variables – coûts variables
- Marge sur coûts variables = 16 $ – 12 $ = 4 $
- Marge sur coûts variables totale = 4 $ × 20 000 unités = 80 000 $

LA CONTRIBUTION MARGINALE

On confond souvent la marge sur coûts variables et la contribution marginale. La marge sur coûts variables renvoie aux revenus et aux coûts moyens de toutes les unités déjà produites et vendues, alors que la **contribution marginale** renvoie seulement aux revenus et aux coûts liés à la dernière unité produite et vendue.

- Marge sur coûts variables = revenu variable – coût variable
- Contribution marginale = revenu marginal – coût marginal

Le **revenu marginal** est le revenu de la dernière unité produite, et le **coût marginal**[3] le coût de la dernière unité produite. Néanmoins, les entreprises assimilent souvent le revenu marginal au prix unitaire moyen, ou au revenu variable moyen. Par conséquent, il n'est pas rare qu'en pratique le coût marginal corresponde au coût unitaire moyen, et la contribution marginale à la marge sur coûts variables moyenne.

EXEMPLE

La contribution marginale du dernier billet vendu 15 minutes avant le départ d'un avion est égale au prix de ce billet : en effet, le coût marginal lié à un passager supplémentaire est nul. De même, la contribution marginale du dernier exemplaire vendu d'un quotidien dont il restait des invendus est égale au prix de vente obtenu.

---

3. Voir la notion de coût marginal au chapitre 2.

LA MARGE À LA FABRICATION

La **marge à la fabrication** est le prix de vente du produit, déduction faite des coûts variables de fabrication. Ce concept a été très utile dans le passé, lorsqu'on étudiait la rentabilité des entreprises industrielles, et il l'est toujours aujourd'hui. Il permet aux gestionnaires de se concentrer sur les facteurs qu'ils peuvent modifier à court terme en vue d'optimiser le rendement de l'entreprise à plus long terme.

LA MARGE BRUTE

La **marge brute** représente le prix de vente, déduction faite de tous les coûts de fabrication liés aux produits vendus lorsqu'il s'agit d'une entreprise manufacturière (marge sur coût de production). Dans le cas d'une entreprise commerciale, la marge brute représente plutôt le prix de vente, déduction faite de tous les coûts des marchandises vendues (marge sur coût d'achat). Contrairement à la marge à la fabrication, la marge brute est calculée en tenant compte non seulement des coûts variables, mais également des coûts fixes.

EXEMPLE

LES ATELIERS MASCOUTAINS

L'an dernier, l'entreprise a vendu 700 000 unités d'un seul produit. Selon l'analyse des coûts, 50 % des frais généraux de fabrication, soit 21 000 000 $, constituent des coûts variables. Le calcul de la marge à la fabrication est présenté dans l'état des résultats qui suit.

L'état des résultats partiels pour l'exercice s'achevant le 31 décembre

		Total	Par unité
Ventes (700 000 unités)		182 000 000 $	260 $
Coût variable de fabrication			
Matières premières	42 000 000 $		
Main-d'œuvre directe	28 000 000 $		
Frais généraux de fabrication variables	21 000 000 $	91 000 000 $	130 $
Marge à la fabrication		**91 000 000 $**	**130 $**
Frais généraux de fabrication fixes		21 000 000 $	
Résultat brut (marge brute)		**70 000 000 $**	

Ce calcul permet de centrer l'analyse des coûts sur le montant de 130 $, soit la marge à la fabrication. Avec le volume de 700 000 unités, c'est en effet la seule donnée sur laquelle on peut agir à court terme, car les frais fixes correspondent habituellement à des frais engagés à long terme.

LA MARGE À LA DISTRIBUTION

La **marge à la distribution** est le prix de vente d'un produit, déduction faite de l'ensemble des coûts variables de fabrication et de distribution. Une entreprise commerciale et un grossiste pourront donc seulement calculer leur marge à la distribution, car ils n'ont pas de coûts de fabrication. Ils prendront en considération les coûts d'achat variables ainsi que les frais de distribution variables. Il est très utile de connaître cette marge dans certaines situations, en particulier lorsqu'on doit évaluer une soumission comportant des modalités de partage ou de prise en charge des coûts de distribution, comme les frais de livraison des marchandises vendues.

EXEMPLE

LES ATELIERS MASCOUTAINS (SUITE)

Selon l'analyse des frais de vente des Ateliers Mascoutains, un montant de 15 400 000 $ est lié à la livraison des produits chez les clients, ce qui correspond à 22 $ par unité vendue. Les autres frais de vente sont fixes et représentent 35 000 000 $; les frais d'administration sont tous fixes et représentent 29 800 000 $. Le calcul de la marge à la distribution est présenté dans l'état des résultats de la page suivante.

En connaissant la marge à la distribution, les gestionnaires savent qu'ils disposent de 108 $ par unité vendue pour soutenir l'infrastructure de l'entreprise et réaliser un bénéfice. De plus, ce calcul attire leur attention sur les éléments qui peuvent influer à court terme sur la marge à la distribution, notamment le prix de vente, le coût variable de fabrication et la portion variable des frais de vente.

L'état des résultats partiel pour l'exercice s'achevant le 31 décembre

		Total	Par unité
Ventes (700 000 unités)		**182 000 000 $**	**260 $**
Coût variable de fabrication	91 000 000 $		130 $
Marge à la fabrication		**91 000 000 $**	**130 $**
Frais de vente variables	15 400 000 $		22 $
Marge à la distribution (marge sur coûts variables)		**75 600 000 $**	**108 $**
Frais fixes			
Frais de vente	35 000 000 $		
Frais d'administration	29 800 000 $	64 800 000 $	
Résultat d'exploitation		**10 800 000 $**	

LA MARGE NETTE

La **marge nette** d'un objet correspond aux revenus tirés de cet objet, déduction faite de l'ensemble des coûts qui lui sont spécifiques.

Marge nette d'un objet = marge sur coûts variables – coûts fixes spécifiques de cet objet

La marge nette d'un produit est l'apport de ce produit à la couverture des coûts fixes communs à tous les produits ainsi qu'au bénéfice réalisé par l'entreprise. On utilise souvent la marge nette lorsqu'on analyse la rentabilité d'une unité organisationnelle, qu'il s'agisse d'une division, d'un atelier, de la machinerie, d'une activité, du produit ou du service. Chaque segment de l'entreprise devrait présenter une marge nette positive, c'est-à-dire qu'il devrait au minimum couvrir ses coûts variables et ses coûts spécifiques. En effet, toute marge nette négative se traduit par une diminution du bénéfice de l'organisation.

EXEMPLE

LA SOCIÉTÉ THIBAUDEAU

La société Thibaudeau possède trois usines et un siège social, dont on a déterminé les coûts fixes et les coûts variables. Le tableau suivant présente les données portant sur un trimestre, et fait ressortir la marge sur coûts variables et la marge nette pour chaque unité administrative.

Les coûts, la marge sur coûts variables et la marge nette

	Usine 1	Usine 2	Usine 3	Siège social	Total
Ventes	**1 000 000 $**	**2 000 000 $**	**3 000 000 $**		**6 000 000 $**
Coûts variables	400 000 $	800 000 $	1 200 000 $		2 400 000 $
Marge sur coûts variables	**600 000 $**	**1 200 000 $**	**1 800 000 $**		**3 600 000 $**
Coûts fixes spécifiques	400 000 $	500 000 $	1 400 000 $	1 200 000 $	3 500 000 $
Marge nette	**200 000 $**	**700 000 $**	**400 000 $**	**(1 200 000 $)**	**100 000 $**

On distingue quatre marges sur coûts variables : une pour chacune des trois usines et une pour l'entreprise. Le siège social n'a pas de marge sur coûts variables parce qu'il ne génère pas de revenus et qu'on ne peut pas lui attribuer de coûts variables. Par contre, on distingue cinq marges nettes : une pour chacune des trois usines, une pour le siège social et une pour l'entreprise. Il est intéressant de visualiser les flux monétaires de l'entreprise à l'aide des marges sur coûts variables et des marges nettes. Ces flux sont illustrés à la figure 10.3, qui reprend l'image de la figure 10.2.

Dans cet exemple, les trois usines génèrent un excédent. L'excédent d'une usine constitue la marge nette de cette usine et représente sa contribution au groupe. Les usines sont rentables pour l'entreprise, car elles ont une marge nette positive. Le montant de la marge sur coûts variables pour chacune des usines est partagé entièrement entre deux flux : un flux généré par les coûts fixes et un excédent qui sera transféré au groupe. Dans un premier temps, la marge sur coûts variables sert à couvrir les coûts fixes spécifiques. Puis la marge nette (marge sur

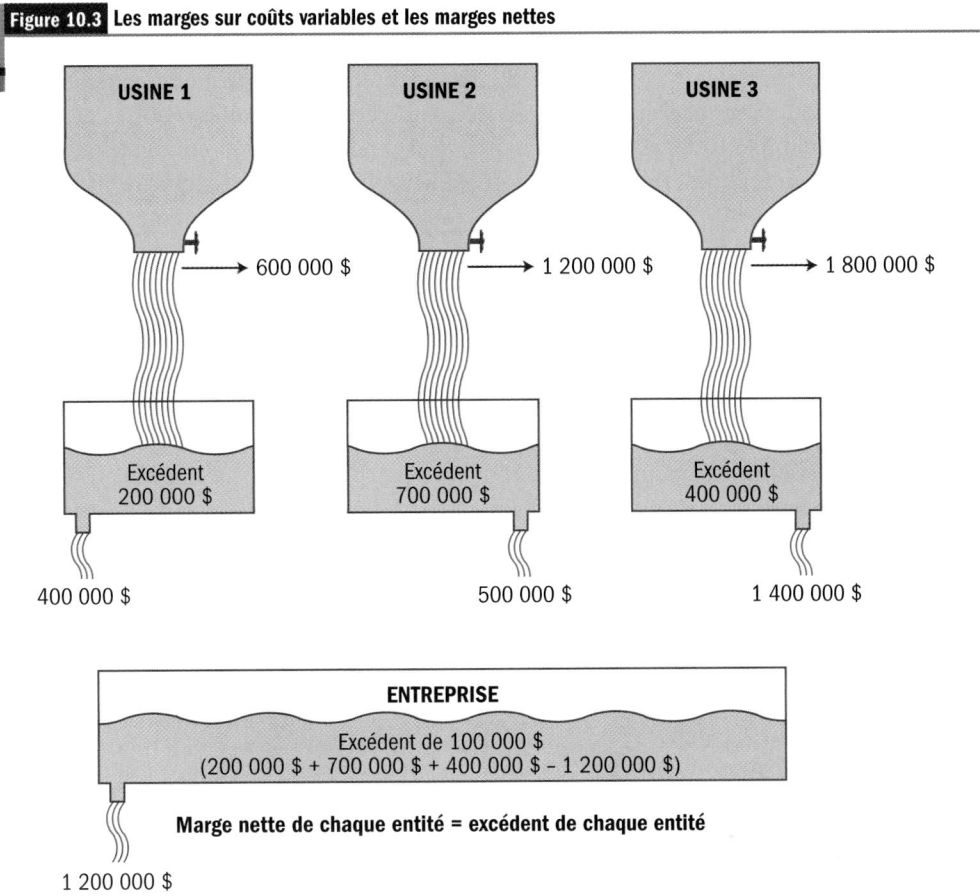

Figure 10.3 Les marges sur coûts variables et les marges nettes

coûts variables – coûts fixes spécifiques) est versée dans un fonds servant à couvrir les coûts fixes du siège social, qui sont communs aux trois usines. L'excédent éventuel à l'échelle de l'entreprise correspond au bénéfice réalisé par l'entreprise.

La notion de marge nette a été mise au point dans le contexte des centres de coûts, notamment les usines. Mais on peut également l'appliquer à des gammes de produits ou à des unités d'exploitation. Dans un club sportif offrant plusieurs services, on pourrait par exemple calculer la marge nette des différentes activités offertes – tennis, squash, aérobique – ainsi que la marge nette du centre d'entraînement. Dans un cabinet comptable comportant une unité offrant des services de certification et une autre offrant des services de consultation, on pourrait distinguer la marge nette de chacune des deux unités d'exploitation. Le calcul de la marge nette est important pour déterminer si un objet de coût procure un apport positif à la rentabilité globale d'une entreprise. Autant une marge nette positive correspond au montant généré par un objet de coût pour couvrir les coûts fixes communs, autant cette marge positive peut également correspondre au montant que perdrait l'entreprise si elle décidait de cesser complètement d'exploiter cet objet de coût.

LA MARGE PAR UNITÉ D'UN FACTEUR DE PRODUCTION

La **marge par unité d'un facteur de production** correspond généralement à la marge sur coûts variables du produit, divisée par le nombre d'unités requises de ce facteur de production. Les facteurs de production correspondent aux ressources utilisées pour la production, par exemple les kilogrammes de matières premières, les heures de main-d'œuvre directe, les heures-machines, etc. On peut ainsi calculer plusieurs marges par unité d'un facteur de production : la marge par kilogramme de matières premières utilisées, la marge par heure de main-d'œuvre directe utilisée, la marge par heure-machine utilisée, etc.

La marge par unité d'un facteur de production est un outil primordial pour optimiser le bénéfice lorsqu'une entreprise dispose de ressources limitées en matière de production. Elle permet à l'entreprise de déterminer les choix les plus avantageux en fonction de la ressource qui constitue pour elle une contrainte. En effet, il est fréquent qu'une entreprise doive composer avec des quantités limitées de matières premières, comme c'est le cas dans l'industrie du bois d'œuvre, tout en tenant compte de facteurs tels que sa capacité de production, les heures de main-d'œuvre directe et les heures-machines disponibles. Elle doit pouvoir transférer ces facteurs de production contraignants d'un produit à un autre, afin d'optimiser leur utilisation. Dans le cas où il y a plusieurs facteurs de production contraignants, l'entreprise optimisera leur utilisation à l'aide d'algorithmes tels que celui de la programmation linéaire. Ce modèle lui permettra d'établir un programme de production qui maximisera la marge totale de l'entreprise.

Voyons maintenant comment on peut utiliser la marge par unité d'un facteur de production dans divers contextes de production.

EXEMPLE

FABRICATION CHARLEBOIS

Fabrication Charlebois dispose de 100 000 kg de matières premières par mois et ne peut s'en procurer davantage. L'entreprise fabrique deux produits, P1 et P2 ; le premier exige 10 kg par unité, et le second 2 kg par unité. Depuis quelque temps, l'entreprise ne parvient pas à satisfaire la demande, car les quantités qu'elle devrait produire sont supérieures aux matières premières dont elle dispose chaque mois pour ses deux produits. Ainsi, le mois dernier, l'entreprise aurait pu vendre un maximum de 8 000 unités de P1 et 20 000 unités de P2, si elle avait pu les produire. Pour remplir un tel programme de production, l'entreprise aurait eu besoin de 120 000 kg de matières premières, c'est-à-dire (8 000 unités × 10 kg) + (20 000 unités × 2 kg).

La marge sur coûts variables unitaire de chacun des deux produits est la suivante :

La marge sur coûts variables unitaire des deux produits

	P1	P2
Marge sur coûts variables unitaire	50 $	30 $

La direction se demande à quel produit elle doit accorder la priorité dans son programme de production afin de maximiser son bénéfice. Pour prendre cette décision, il faut déterminer la marge par kilogramme de matières premières pour chacun des deux produits.

La marge par kilogramme de matières premières des deux produits

	P1	P2
Marge sur coûts variables unitaire	50 $	30 $
Kilogrammes de matières premières utilisés par produit	10	2
Marge par kilogramme de matières premières par unité	5 $	15 $

L'entreprise Fabrication Charlebois devrait fabriquer le nombre maximal d'unités de P2 commandées, car c'est le produit qui rapporte le plus par kilogramme de matières premières, soit 15 $/kg. Elle devrait ensuite fabriquer des unités de P1 jusqu'à épuisement des stocks de matières premières. Voici les données relatives à ce programme de production pour ce qui est des modalités d'utilisation des matières premières et de la marge totale dégagée en dollars.

Les données du programme de production

	Unités produites	Matières premières utilisées	Marge dégagée
Production de P2	20 000	40 000 kg	600 000 $
Production de P1	6 000	60 000 kg	300 000 $

On peut effectuer un autre calcul pour s'assurer que ce programme de production est bien la meilleure solution, c'est-à-dire qu'il est effectivement plus avantageux de favoriser la production de P2. Si elle fabriquait seulement des unités de P2 avec les 100 000 kg de matières premières dont elle dispose, l'entreprise pourrait en produire 50 000 unités, et sa marge totale serait de 1 500 000 $. Par contre, si elle fabriquait seulement des unités de P1 avec ses 100 000 kg de matières premières, elle ne pourrait en produire que 10 000 unités, et sa marge totale serait de 500 000 $. Le produit P2 rapporte donc trois fois plus que le produit P1 par kilogramme de matières premières utilisé. Comme la demande pour le produit P2 est inférieure à la quantité pouvant être produite, le programme de production doit tenir compte de cette limite pour maximiser les ventes de l'entreprise et ne pas générer un surplus d'inventaire.

LA MÉTHODE DES COÛTS VARIABLES

La **méthode des coûts variables** consiste à réorganiser les informations fournies à des tiers par la méthode du coût complet. Elle est particulièrement utile à la prise de décision, car contrairement à la méthode du coût complet, elle met en évidence les coûts variables et les diverses marges sur coûts variables. Même si la méthode des coûts variables n'est pas admise au Canada pour la présentation des états financiers à des tiers, il est intéressant de l'exposer parce qu'elle permet de prendre en considération les diverses marges utilisées lors de la prise de décision.

Selon la méthode du coût complet, l'état des résultats est généralement présenté aux utilisateurs externes par fonction de l'entreprise : fabrication, vente et administration. Ce modèle répond aux exigences de la comptabilité financière, mais ne permet pas d'analyser la variabilité des coûts ni de dégager les informations en découlant, comme les seuils de rentabilité et les marges de sécurité, que nous verrons dans le prochain chapitre. En effet, selon la méthode du coût complet, on ne dissocie pas les coûts fixes et les coûts variables.

Selon la méthode des coûts variables, qui sert également à analyser le rendement financier et à établir les budgets, on sépare les coûts fixes et les coûts variables, ce qui permet de faire des simulations budgétaires plus pertinentes. En recourant à cette méthode, il est possible d'adopter une approche prévisionnelle et d'analyser les effets que des variations du volume d'activité auraient sur le bénéfice. Par ailleurs, une fois les prévisions établies, on doit veiller à ce que les budgets soient respectés. La méthode des coûts variables permet d'évaluer si le rapport entre les coûts des marchandises et les ventes réalisées correspond aux objectifs fixés dans le budget. Comme on le constate une fois de plus, le fait de dissocier coûts fixes et coûts variables simplifie l'évaluation du rapport entre les coûts prévus et les ventes réalisées. L'entreprise doit effectuer régulièrement ce type de vérification, car c'est en comparant les résultats figurant dans le budget et les résultats obtenus qu'elle peut exercer son contrôle et évaluer son rendement financier. Nous verrons au chapitre 16 que la dissociation des coûts fixes et des coûts variables permet de distinguer rapidement les écarts dus à la variation du volume d'activité des écarts dus à de mauvaises prévisions.

En conclusion, on ne doit pas négliger la méthode des coûts variables, même si elle n'est conforme ni aux principes comptables ni à la loi de l'impôt. Les données qu'elle fournit sont en effet fort utiles en matière de prévision et d'analyse des résultats financiers. Selon la méthode des coûts variables, les frais fixes de fabrication à l'unité dépendent du nombre d'unités vendues, alors que selon la méthode du coût complet, ils dépendent du nombre d'unités fabriquées. En définitive, cette méthode ne comporte qu'un seul inconvénient : elle ne permet pas d'imputer les coûts fixes aux produits. Or, les gestionnaires doivent tenir compte de ces coûts fixes dans l'évaluation de la rentabilité globale des produits et des services.

EXEMPLE

PELCHAT

L'entreprise Pelchat fabrique un seul produit. Ses prévisions portant sur la fabrication et la vente de 10 000 unités, pour un mois donné, sont les suivantes :

Matières premières	50 000 $
Main-d'œuvre directe	60 000 $
Frais généraux de fabrication	60 000 $
Frais de vente et d'administration	35 000 $
Prix de vente unitaire	25 $

L'entreprise a analysé ses frais généraux de fabrication ainsi que ses frais de vente et d'administration afin de déterminer quels sont ses frais fixes pour le mois étudié.

Frais généraux de fabrication fixes	30 000 $
Frais de vente et d'administration fixes	25 000 $

Voici l'état des résultats pour le mois en question, préparé selon la méthode du coût complet, ainsi que l'état des résultats établi selon la méthode des coûts variables, dans l'hypothèse où il n'y a pas de variation dans le niveau des stocks.

L'état des résultats selon la méthode du coût complet

Ventes		**250 000 $**
Coût des produits vendus		
Matières premières	50 000 $	
Main-d'œuvre directe	60 000 $	
Frais généraux de fabrication	60 000 $	170 000 $
Résultat brut		**80 000 $**
Frais de vente et d'administration		35 000 $
Résultat d'exploitation		**45 000 $**

L'état des résultats selon la méthode des coûts variables

Ventes		**250 000 $**
Coûts variables		
Fabrication		
Matières premières	50 000 $	
Main-d'œuvre directe	60 000 $	
Frais généraux de fabrication	30 000 $	140 000 $
Marge à la fabrication		**110 000 $**
Vente et administration		10 000 $
Marge sur coûts variables		**100 000 $**
Coûts fixes		
Frais généraux de fabrication	30 000 $	
Frais de vente et d'administration	25 000 $	55 000 $
Résultat d'exploitation		**45 000 $**

La méthode des coûts variables donne un aperçu de l'effet qu'une variation de volume a sur le bénéfice, ce qui constitue un avantage indéniable. Toutefois, ici, il est plus utile de commencer par calculer la marge sur coûts variables unitaire, car celle-ci permet de visualiser très rapidement le résultat d'exploitation qu'il est possible de dégager selon différentes hypothèses relatives au volume de ventes. C'est ce qu'illustre le tableau suivant.

**La marge sur coûts variables unitaire
et le résultat d'exploitation en fonction de différents volumes**

Prix de vente unitaire		**25 $**
Coûts variables unitaires		
Matières premières	5 $	
Main-d'œuvre directe	6 $	
Frais généraux de fabrication	3 $	
Frais de vente et d'administration	1 $	15 $
Marge sur coûts variables unitaire		**10 $**
Calcul du résultat d'exploitation associé à la vente de 8 000 unités		
Marge sur coûts variables totale (8 000 unités × 10 $/unité)		80 000 $
Coûts fixes		55 000 $
Résultat d'exploitation total (vente de 8 000 unités)		**25 000 $**
Calcul du résultat d'exploitation associé à la vente de 12 000 unités		
Marge sur coûts variables totale (12 000 unités × 10 $/unité)		120 000 $
Coûts fixes		55 000 $
Résultat d'exploitation total (vente de 12 000 unités)		**65 000 $**

LES EFFETS SUR L'ÉVALUATION DES STOCKS

Le recours à la méthode des coûts variables a des effets particuliers, notamment sur l'évaluation des stocks. Selon cette méthode, on évalue en effet les stocks en tenant seulement compte des coûts variables de fabrication, les frais fixes de fabrication étant implicitement considérés comme des coûts découlant de la période étudiée. Rappelons que, selon la méthode du coût complet, la portion des frais fixes incluse dans les stocks de clôture devient un coût dans l'exercice suivant ; on suppose alors qu'on a vendu les stocks durant cette période. Cette différence entre les deux méthodes est illustrée à la figure 10.4.

Lorsque le nombre d'unités produites est plus élevé que le nombre d'unités vendues, la méthode du coût complet permet à la direction de l'entreprise de reporter une portion des frais fixes de fabrication à l'exercice suivant en augmentant les stocks de clôture, car une portion des frais fixes de l'exercice est incluse dans le stock de clôture. À l'inverse, selon la méthode

Figure 10.4 Le cheminement des coûts de fabrication

Selon la méthode du coût complet

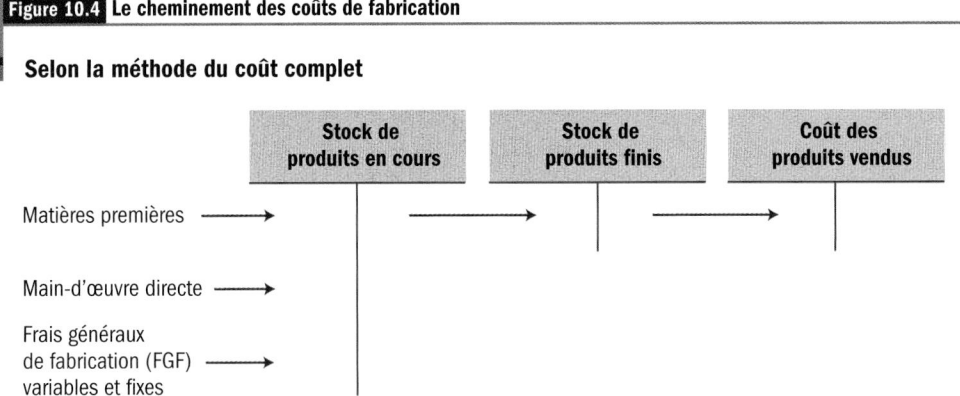

Selon la méthode des coûts variables

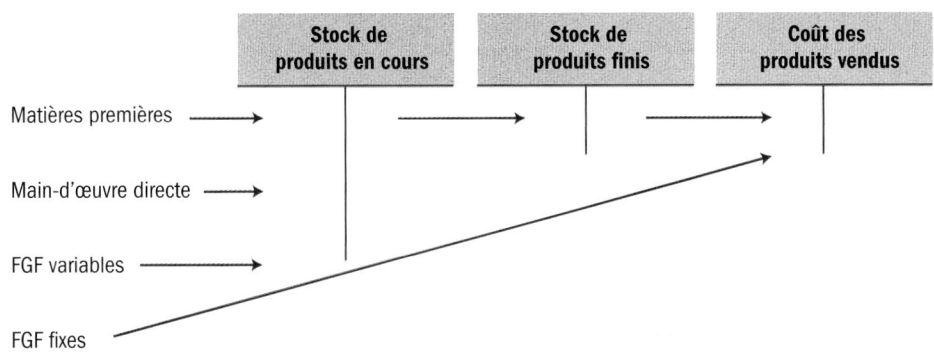

des coûts variables, on considère les frais fixes comme des frais inhérents à la période étudiée et on ne les inclut pas dans les stocks. Selon la méthode du coût complet, la portion des frais fixes des unités non vendues reste donc dans le bilan (stock de produits finis) et ne passe pas dans le coût des produits vendus qui apparaît dans l'état des résultats de l'année courante : les bénéfices sembleront par conséquent plus élevés qu'avec la méthode du coût variable, mais l'entreprise devra absorber l'année suivante les coûts reportés.

Cependant, lorsque le nombre d'unités vendues est plus élevé que le nombre d'unités produites au cours de la période considérée, la méthode du coût complet exige qu'on transfère au coût des produits vendus les stocks de la période précédente, y compris la partie des coûts fixes rattachée à cette période. En revanche, selon la méthode des coûts variables, on ne tient compte que des frais fixes liés à la période étudiée. Dans ce cas, les bénéfices sembleront moins élevés avec la méthode du coût complet.

Le choix de la méthode a donc des répercussions sur le calcul du bénéfice de l'entreprise, sauf dans le cas où le nombre d'unités vendues est égal au nombre d'unités produites puisqu'il n'y a alors pas de variation dans les stocks.

EXEMPLE

ABAT-JOUR DE L'ÉLITE

L'entreprise Abat-jour de l'élite fabrique un seul produit. L'analyse des coûts a permis de dégager les données suivantes :

Les données relatives aux activités de l'entreprise Abat-jour de l'élite

Prix de vente		**200 $**
Coûts variables unitaires		
Matières premières	50 $	
Main-d'œuvre directe	15 $	
Frais généraux de fabrication	15 $	80 $
Frais de vente et d'administration		20 $
Marge sur coûts variables unitaire		**100 $**
Coûts fixes		
Frais généraux de fabrication		600 000 $
Frais de vente et d'administration		400 000 $
		1 000 000 $

	Exercice 1	Exercice 2
Fabrication (en unités)	10 000	10 000
Ventes (en unités)	7 000	12 000

Analysons l'état des résultats de l'entreprise pour les exercices financiers 1 et 2.

L'état des résultats de l'exercice 1

	Méthode du coût complet	Méthode des coûts variables
Ventes	**1 400 000 $**	**1 400 000 $**
Coût des produits vendus		
Stock au début	0 $	0 $
Fabrication		
Matières premières	500 000 $	500 000 $
Main-d'œuvre directe	150 000 $	150 000 $
Frais généraux de fabrication		
Variables	150 000 $	150 000 $
Fixes	600 000 $	0 $
Moins le stock de clôture		
(3 000 unités × 140 $/unité)	(420 000 $)	
(3 000 unités × 80 $/unité)		(240 000 $)
	980 000 $	**560 000 $**

L'état des résultats de l'exercice 1 (suite)

	Méthode du coût complet	Méthode des coûts variables
Résultat brut (marge brute)	**420 000 $**	
Marge à la fabrication		**840 000 $**
Frais variables de vente et d'administration	140 000 $	140 000 $
Marge sur coûts variables		**700 000 $**
Coûts fixes		
Frais généraux de fabrication		600 000 $
Frais de vente et d'administration	400 000 $	400 000 $
	540 000 $	**1 000 000 $**
Résultat d'exploitation	**(120 000 $)**	**(300 000 $)**

L'état des résultats de l'exercice 2

	Méthode du coût complet	Méthode des coûts variables
Ventes	**2 400 000 $**	**2 400 000 $**
Coût des produits vendus		
Stock au début	420 000 $	240 000 $
Fabrication		
Matières premières	500 000 $	500 000 $
Main-d'œuvre directe	150 000 $	150 000 $
Frais généraux de fabrication		
Variables	150 000 $	150 000 $
Fixes	600 000 $	0 $
Moins le stock de clôture		
(1 000 unités × 140 $/unité)	(140 000 $)	
(1 000 unités × 80 $/unité)		(80 000 $)
	1 680 000 $	**960 000 $**
Résultat brut (marge brute)	**720 000 $**	
Marge à la fabrication		**1 440 000 $**
Frais variables de vente et d'administration	(240 000 $)	(240 000 $)
Marge sur coûts variables		**1 200 000 $**
Coûts fixes		
Frais généraux de fabrication		600 000 $
Frais de vente et d'administration	400 000 $	400 000 $
	640 000 $	**1 000 000 $**
Résultat d'exploitation	**80 000 $**	**200 000 $**

Cet exemple montre comment on reporte une portion des coûts fixes de fabrication en transférant les stocks de clôture d'un exercice donné à l'exercice suivant. Selon la méthode des coûts variables, on ne recourt pas à ce procédé: pendant l'exercice 1, l'entreprise Abat-jour de l'élite engage 600 000 $ en frais généraux de fabrication fixes, et on considère ces frais comme des coûts de la période. Selon la méthode du coût complet, on reporte la somme de 180 000 $ (3 000 unités à 60 $) de frais généraux de fabrication fixes à l'exercice 2 en inscrivant ces coûts fixes au stock de clôture de l'exercice 1. Le bénéfice de l'exercice 1 semble donc plus important si on emploie la méthode du coût complet dans ce même exercice. Toutefois, toujours selon la méthode du coût complet, l'entreprise devra, pendant l'exercice 2, considérer ces 180 000 $ comme des coûts relevant de cet exercice (à l'intérieur des stocks du début). Elle pourra par ailleurs reporter à l'exercice 3 une portion des frais généraux de fabrication fixes engagés dans l'exercice 2. La portion ainsi reportée à la fin de l'exercice 2 sera de 60 000 $, soit 1 000 unités à 60 $.

LA MÉTHODE DES COÛTS SPÉCIFIQUES

L'état des résultats traditionnel ne donne pas aux gestionnaires toutes les informations dont ils ont besoin pour évaluer les différentes unités d'exploitation de l'entreprise. C'est ce qui explique le rôle essentiel de la méthode des coûts spécifiques, qui permet de déterminer la rentabilité des divisions, des produits, des marchés, etc.

Le but de la **méthode des coûts spécifiques** est de dégager, dans la présentation des résultats, tous les coûts, fixes ou variables, engagés par un objet de coût, habituellement un produit, une gamme de produits, un service ou un ensemble de services. Cette méthode consiste à dégager la marge nette de chaque objet de coût. En ce sens, c'est un prolongement de la méthode des coûts variables, car elle revient à soustraire de la marge sur coûts variables de chaque objet de coût les coûts fixes qui lui sont spécifiques.

La méthode des coûts spécifiques sert à évaluer les résultats des différentes unités d'exploitation de l'entreprise et donne des informations qui présentent un grand intérêt pour la prise de décision. En effet, si, dans l'état des résultats, on décide de répartir les coûts communs entre les produits au prorata du volume d'extrants, on peut induire en erreur la direction de l'entreprise et l'amener à prendre des décisions peu judicieuses. Seuls les coûts qu'on peut lier à un objet de coût précis doivent être attribués à cet objet de coût, et il faut éviter d'imputer de façon « arbitraire » des coûts communs aux différents objets de coût.

EXEMPLE

GIGUÈRE & FILS

L'entreprise Giguère & Fils fabrique deux gammes de produits. Voici les données d'un état financier hypothétique où les coûts communs, de 4 580 $ (comprenant les coûts d'administration de 2 600 $ et les autres coûts fixes communs de 1 980 $), ont été répartis au prorata des coûts variables de fabrication.

L'état des résultats hypothétique

	P1	P2	Total
Ventes	**6 900 $**	**20 100 $**	**27 000 $**
Coûts variables de fabrication	4 100 $	10 700 $	14 800 $
Marge à la fabrication	**2 800 $**	**9 400 $**	**12 200 $**
Frais de vente variables	480 $	1 930 $	2 410 $
Marge à la distribution (marge sur coûts variables)	**2 320 $**	**7 470 $**	**9 790 $**
Coûts fixes spécifiques			
Frais généraux de fabrication	1 300 $	1 500 $	2 800 $
Frais de vente	100 $	200 $	300 $
	1 400 $	**1 700 $**	**3 100 $**
Marge nette	**920 $**	**5 770 $**	**6 690 $**
Coûts fixes communs			
Frais d'administration	720 $	1 880 $	2 600 $
Autres frais	549 $	1 431 $	1 980 $
	1 269 $	**3 311 $**	**4 580 $**
Résultat d'exploitation	**(349 $)**	**2 459 $**	**2 110 $**

Comme nous l'avons dit, si on répartit les coûts communs entre les produits, cela risque d'induire en erreur la direction de l'entreprise sur la véritable rentabilité de ses produits. Ainsi, dans cet exemple, l'état des résultats porte à croire que P1 est déficitaire, ce qui n'est pas nécessairement le cas. En fait, la présentation de ces informations ne permet pas de déterminer si ce produit est rentable ou non.

L'état des résultats établi selon la méthode des coûts spécifiques se présente de la façon suivante :

L'état des résultats selon la méthode des coûts spécifiques

	P1	P2	Siège social	Total
Ventes	**6 900 $**	**20 100 $**		**27 000 $**
Coûts variables de fabrication	4 100 $	10 700 $		14 800 $
Marge à la fabrication	**2 800 $**	**9 400 $**		**12 200 $**
Frais de vente variables	480 $	1 930 $		2 410 $
Marge sur coûts variables (marge à la distribution)	**2 320 $**	**7 470 $**		**9 790 $**
Coûts fixes spécifiques				
Frais généraux de fabrication	1 300 $	1 500 $		2 800 $
Frais de vente	100 $	200 $		300 $
Frais d'administration	0 $	0 $	2 600 $	2 600 $
	1 400 $	**1 700 $**	**2 600 $**	**5 700 $**
Marge nette	**920 $**	**5 770 $**	**(2 600 $)**	**4 090 $**
Autres coûts fixes communs				1 980 $
Résultat d'exploitation				**2 110 $**

En recourant à la méthode des coûts spécifiques, on voit clairement que les deux produits sont rentables. La marge nette de P1 est de 920 $, et celle de P2, de 5 770 $. La marge dégagée par les deux produits permet de couvrir les frais fixes d'administration (2 600 $) liés au siège social, ainsi que les autres coûts fixes communs (1 980 $). La marge nette de chacun des produits correspond donc au montant que perdrait l'entreprise si elle décidait de cesser de le fabriquer.

LA COMPTABILITÉ PAR CENTRES DE RESPONSABILITÉ

La méthode des coûts spécifiques débouche sur la **comptabilité par centres de responsabilité**, qui consiste à rattacher à des unités administratives les coûts et les revenus qui leur sont propres. Ces unités administratives peuvent être des centres de coûts, des centres de profit ou des centres d'investissement, selon les responsabilités de leurs directeurs respectifs. Ainsi, dans l'exemple de l'entreprise Giguère & Fils, les trois usines sont vraisemblablement des centres de profit, car leurs directeurs sont *a priori* responsables des revenus et des coûts de leur usine; le siège social, quant à lui, est un centre de coûts, car son directeur administratif n'est responsable que des coûts. La méthode des coûts spécifiques est d'un grand intérêt, car l'évaluation effectuée par les gestionnaires des centres de responsabilité doit porter sur les coûts soumis à leur contrôle. Notons que la définition de centres de responsabilité constitue une mesure de contrôle importante, en particulier dans les grandes entreprises. Nous y reviendrons plus loin dans cet ouvrage.

EXEMPLE

LA SOCIÉTÉ DE MATÉRIEL INFORMATIQUE NICOLE LATRAVERSE

La Société de matériel informatique Nicole Latraverse fabrique deux produits qu'elle vend dans trois régions. La directrice de la région 1 n'est pas satisfaite des données comptables, car elle croit que son personnel a exercé un contrôle particulièrement efficace sur ses frais de vente et d'administration spécifiques. Elle affirme que sa région a contribué plus que les deux autres au résultat d'exploitation de l'entreprise, ce que ne révèle pas l'état des résultats de l'exercice. Selon elle, la présentation des résultats devrait davantage tenir compte des coûts spécifiques de chaque produit et de chaque région.

Le tableau de la page suivante résume les résultats du dernier exercice. Les frais généraux de fabrication, les frais de vente et les frais d'administration sont répartis entre les deux produits au prorata du nombre d'unités vendues et fabriquées, soit 240 000 unités du produit 1 et 180 000 unités du produit 2.

L'état des résultats de la Société de matériel informatique
Nicole Latraverse

	P1	P2	Total
Ventes	**14 400 000 $**	**9 900 000 $**	**24 300 000 $**
Coût des produits vendus			
Matières premières	2 880 000 $	1 980 000 $	4 860 000 $
Main-d'œuvre directe	1 920 000 $	1 440 000 $	3 360 000 $
Frais généraux de fabrication	2 160 000 $	1 740 600 $	3 900 600 $
	6 960 000 $	**5 160 600 $**	**12 120 600 $**
Résultat brut	**7 440 000 $**	**4 739 400 $**	**12 179 400 $**
Frais de vente	3 960 720 $	3 179 700 $	7 140 420 $
Frais d'administration	1 783 440 $	1 341 810 $	3 125 250 $
	5 744 160 $	**4 521 510 $**	**10 265 670 $**
Résultat d'exploitation	**1 695 840 $**	**217 890 $**	**1 913 730 $**

Le contrôleur du siège social a réuni les données présentées dans le tableau suivant.

Les données relatives aux frais généraux de fabrication
et aux frais de vente variables

	P1	P2
Frais généraux de fabrication variables unitaires	5 $	6 $
Frais de vente variables unitaires	6 $	5 $
Frais généraux de fabrication fixes spécifiques	960 000 $	660 600 $

Les données par région

	P1			P2		
	Région 1	Région 2	Région 3	Région 1	Région 2	Région 3
Nombre d'unités vendues	84 000	96 000	60 000	54 000	81 000	45 000
Frais de vente fixes spécifiques	630 000 $	630 720 $	1 260 000 $	677 700 $	972 000 $	630 000 $
Frais d'administration fixes spécifiques	528 360 $	569 280 $	685 800 $	365 040 $	471 420 $	505 350 $

Il n'y a pas de frais d'administration variables.

L'état des résultats établi selon les règles de la comptabilité par centres de responsabilité permet de dégager la marge nette unitaire de chaque produit selon les régions :

Les résultats par région

	P1			P2		
	Région 1	Région 2	Région 3	Région 1	Région 2	Région 3
Prix de vente	**60,00 $**	**60,00 $**	**60,00 $**	**55,00 $**	**55,00 $**	**55,00 $**
Coûts variables unitaires						
Matières premières	12,00 $	12,00 $	12,00 $	11,00 $	11,00 $	11,00 $
Main-d'œuvre directe	8,00 $	8,00 $	8,00 $	8,00 $	8,00 $	8,00 $
Frais généraux de fabrication	5,00 $	5,00 $	5,00 $	6,00 $	6,00 $	6,00 $
	25,00 $	25,00 $	25,00 $	25,00 $	25,00 $	25,00 $
Marge à la fabrication	**35,00 $**	**35,00 $**	**35,00 $**	**30,00 $**	**30,00 $**	**30,00 $**
Frais de vente variables	6,00 $	6,00 $	6,00 $	5,00 $	5,00 $	5,00 $
Marge sur coûts variables (marge à la distribution)	**29,00 $**	**29,00 $**	**29,00 $**	**25,00 $**	**25,00 $**	**25,00 $**
Coûts fixes spécifiques						
Frais généraux de fabrication	4,00 $	4,00 $	4,00 $	3,67 $	3,67 $	3,67 $
Frais de vente	7,50 $	6,57 $	21,00 $	12,55 $	12,00 $	14,00 $
Frais d'administration	6,29 $	5,93 $	11,43 $	6,76 $	5,82 $	11,23 $
	17,79 $	16,50 $	36,43 $	22,98 $	21,49 $	28,90 $
Marge nette	**11,21 $**	**12,50 $**	**(7,43 $)**	**2,02 $**	**3,51 $**	**(3,90 $)**

En observant la marge nette unitaire de chaque produit selon la région, nous remarquons que les deux produits vendus dans la région 3 présentent une marge nette négative. Ces deux produits sont déficitaires dans la région 3 principalement parce que les frais de vente et les frais d'administration fixes unitaires sont plus importants pour cette région. Par ailleurs, nous remarquons que la rentabilité unitaire des produits vendus dans la région 2 est légèrement supérieure à celle de la région 1. Ainsi, parce qu'elle fait ressortir les coûts spécifiques et les marges nettes de chacune des unités administratives, la comptabilité par centres de responsabilité présente un grand intérêt pour les structures organisationnelles par centres de responsabilité : elle permet d'évaluer la performance de chaque centre et, de manière générale, facilite la prise de décision. Dans le cas de la Société de matériel informatique Nicole Latraverse, nous remarquons que la répartition des frais fixes par unité permet de porter un jugement sur la rentabilité de chacun des produits, et ce, pour chacune des régions.

L'UTILISATION DES MARGES DANS UN CONTEXTE DE PRISE DE DÉCISION D'EXPLOITATION

Comme nous l'avons vu tout au long de ce chapitre, il est important de bien comprendre les différentes analyses de marges afin d'être en mesure de prendre de bonnes décisions de gestion. Chaque entreprise doit adapter la présentation de ses calculs de marges en fonction des besoins d'information liés aux différentes décisions qu'elle aura à prendre en cours d'exploitation. Le cas Sobeys illustre bien l'importance des marges dans la prise de décision d'exploitation. Ce cas fait également ressortir l'importance, pour les gestionnaires, de bien maîtriser ces notions, peu importe leur niveau hiérarchique au sein de l'entreprise. Du marketing à la distribution, en passant par les finances et la comptabilité, les notions de marges doivent être maîtrisées à tous les niveaux afin d'assurer une saine gestion chez Sobeys comme dans plusieurs autres entreprises commerciales ou de fabrication. Nous traiterons des différents types de décisions nécessitant l'analyse des marges dans un chapitre ultérieur.

CAPSULES VIDÉO

Qu'en disent les experts ?

CAPSULE VIDÉO 10.1   Entre produits frais et non périssables, la gestion de la marge diffère

Monsieur Yvan Joyal, directeur principal – Finances chez Sobeys, fait mention des éléments qui distinguent le processus de gestion de la marge des produits non périssables de celle des produits frais.

CAPSULE VIDÉO 10.2   L'utilisation de la marge nette chez Sobeys

Dans quelles situations la notion de marge nette est-elle utilisée chez Sobeys Québec ? Monsieur Joyal apporte réponse à cette question.

CAPSULE VIDÉO 10.3   Distinction du coût de revient – marque maison c. grandes marques

Le mode de gestion et d'analyse du coût de revient des produits de la marque maison *Compliments* varie de celui des produits de grandes marques reconnues à l'échelle nationale. Monsieur Joyal traite de cette distinction.

 **CAPSULE VIDÉO 10.4** **Rôle des comptables et marketing**
Monsieur Joyal explique dans quelle mesure le rôle des comptables relève
de la collaboration des responsables du marketing chez Sobeys.

OBJECTIFS DE CONNAISSANCES, REVUS

1 Définir divers types de marges.

La marge d'un objet est la différence entre le revenu tiré de cet objet et son coût. L'objet
peut être un produit, un service, un atelier, une division, etc. De plus, on peut, selon les
besoins, prendre en considération seulement certains types de coûts, par exemple les coûts
variables, ou tous les coûts se rapportant à l'objet.

2 Expliquer la notion de marge sur coûts variables.

La marge sur coûts variables correspond au revenu variable tiré d'un objet, déduction faite
de l'ensemble des coûts variables qui s'y rattachent. Il existe diverses marges sur coûts
variables. La marge à la fabrication d'un produit est le prix de vente du produit, déduction
faite des coûts variables de fabrication de ce produit. La marge à la distribution d'un produit
est le prix de vente du produit, déduction faite de l'ensemble des coûts variables de fabrication et de distribution. Les diverses marges sur coûts variables permettent d'attirer l'attention des gestionnaires sur les prix et sur l'ensemble des éléments de coûts variables, de
fabrication et de distribution, sur lesquels ils peuvent agir à court terme.

3 Expliquer la notion de marge nette.

La marge nette d'un objet correspond aux revenus tirés de l'objet, déduction faite de l'ensemble
des coûts qui lui sont propres. Ce concept est utile notamment pour analyser la contribution
d'une unité d'exploitation à la rentabilité de l'entreprise.

4 Expliquer la notion de marge par unité d'un facteur de production.

La marge par unité d'un facteur de production correspond généralement à la marge sur
coûts variables, divisée par le nombre d'unités requises du facteur de production. Lorsque
les ressources de production d'une entreprise sont limitées, il est essentiel de connaître la
marge unitaire de ces ressources pour optimiser le plan de production.

5 Décrire la méthode des coûts variables.

La méthode des coûts variables permet de mettre en évidence les coûts variables et plusieurs marges sur coûts variables à partir de résultats historiques. Selon cette méthode, la
comptabilisation des stocks peut avoir un impact sur les résultats d'exploitation, car les
coûts fixes d'une période, notamment les coûts de fabrication, sont assumés par les produits vendus et non par les produits fabriqués.

6 Décrire la méthode des coûts spécifiques.

La méthode des coûts spécifiques consiste à dégager, dans la présentation des résultats,
tous les coûts engagés par un objet de coût, puis à calculer la marge nette de cet objet. Il

est particulièrement pertinent de recourir à cette méthode lorsqu'on souhaite évaluer la rentabilité de différentes unités d'exploitation. La méthode des coûts spécifiques débouche sur la comptabilité par centres de responsabilité.

7 **Présenter la comptabilité par centres de responsabilité.**

La comptabilité par centres de responsabilité est un prolongement de la comptabilité par centres de coûts, qui prend en compte les revenus et, parfois, les investissements spécifiques. Elle consiste à rattacher aux unités administratives les coûts et les revenus qui leur sont propres. Elle permet de calculer le rendement de chacun des centres de responsabilité.

8 **Expliquer l'utilisation des marges dans un contexte de prise de décision d'exploitation.**

La présentation des calculs de marges doit être adaptée en fonction des besoins d'informations liés aux différentes décisions que l'entreprise aura à prendre en cours d'exploitation.

MOTS CLÉS

Comptabilité par centres de responsabilité, p. 270

Contribution marginale, p. 255

Coût marginal, p. 255

Marge, p. 251

Marge à la distribution, p. 257

Marge à la fabrication, p. 256

Marge brute, p. 256

Marge nette, p. 258

Marge par unité d'un facteur de production, p. 260

Marge sur coûts variables, p. 251

Méthode des coûts spécifiques, p. 268

Méthode des coûts variables, p. 261

Revenu marginal, p. 255

CHAPITRE 11

LA STRUCTURE DES COÛTS ET SON IMPACT SUR LE RÉSULTAT

OBJECTIFS

1 Définir la structure des coûts et son importance dans l'évaluation du résultat.

2 Utiliser l'analyse coût-volume-résultat (CVR) pour calculer le point mort, la marge de sécurité et le résultat potentiel dans une situation donnée.

3 Établir le seuil d'indifférence entre deux propositions touchant la structure des coûts d'une entreprise.

4 Mesurer le volume d'activité.

5 Appliquer l'analyse CVR à diverses situations.

SOMMAIRE

Venmar/Broan-Nutone

La structure des coûts et son impact sur le résultat

Le modèle coût-volume-résultat (CVR)

Le seuil d'indifférence

La mesure du volume d'activité

Les applications de l'analyse CVR

Ce chapitre s'appuie sur les notions de marges du chapitre précédent pour aborder l'analyse de la structure des coûts, de la rentabilité et du risque de pertes à l'aide d'un modèle linéaire simple de représentation des ressources financières (fixes et variables) de l'entreprise. C'est probablement sa simplicité qui a valu au modèle CVR sa popularité. Ici, le lecteur est initié aux concepts clés de point mort, de seuil de rentabilité, de marge de rentabilité mais aussi de capacité ainsi que de seuil d'indifférence entre deux propositions.

Le cas Venmar/Broan-NuTone démontre bien l'efficacité du modèle CVR comme générateur d'information de gestion utile à la prise de décision ainsi que sa capacité d'éclairer l'ensemble des décisions survenant périodiquement en entreprise, comme celles de fabriquer soi-même ou de sous-traiter, d'automatiser ou de fabriquer de manière traditionnelle, etc.

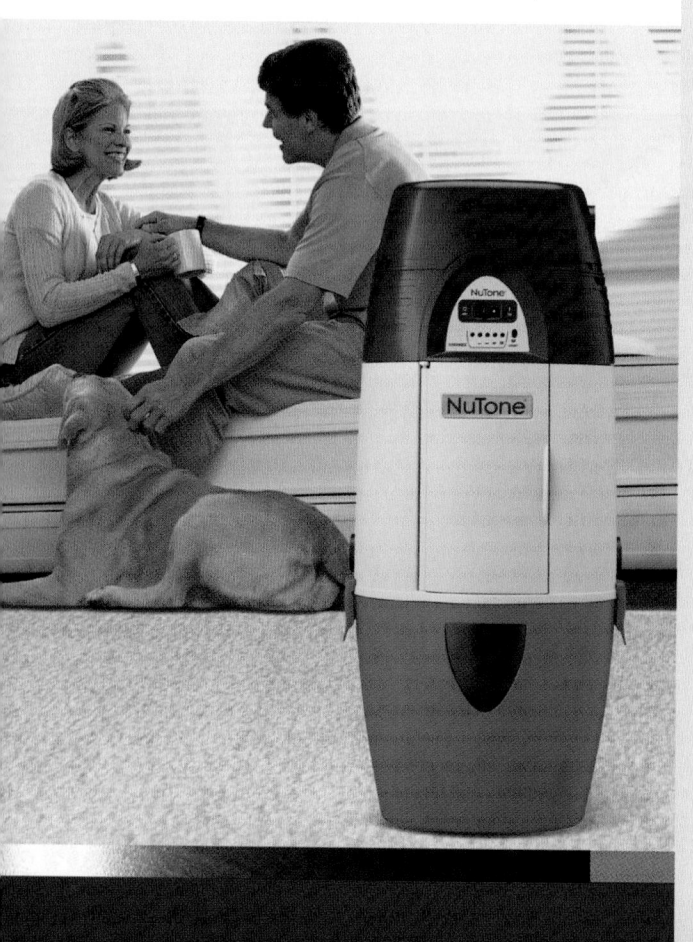

VENMAR/ BROAN-NUTONE

Leader dans le domaine de la qualité de l'air intérieur en Amérique du Nord, Venmar est créée en 1978. L'objectif initial de la société Venmar à l'époque est de distribuer des turbines de maisons préfabriquées et de maisons mobiles. L'entreprise compte alors une vingtaine d'employés.

Dès ses débuts, Venmar Ventilation investit des sommes importantes en recherche et développement et lance la production de ses propres systèmes de ventilation. La croissance de l'entreprise est spectaculaire. Les produits Venmar sont maintenant distribués dans plus de 2 000 points de vente en Amérique du Nord par l'intermédiaire de différents réseaux de distribution, dont celui des centres de matériaux.

En 1995, Venmar est acquise par la multinationale américaine Nortek, qui compte déjà parmi ses divisions celles de Broan. L'entreprise profite de l'occasion pour concentrer ses efforts sur la ventilation centrale et les autres produits résidentiels connexes. Venmar compte aujourd'hui 33 ans d'expérience, près de 325 employés et concentre ses activités sur le marché nord-américain. En 1998, Nortek fait l'acquisition de NuTone, et la gestion de cette nouvelle division du groupe résidentiel au Canada est déléguée à Venmar. Nortek procède alors à un regroupement des filiales Broan et NuTone pour former la division Broan-NuTone Canada. Le vice-président aux finances, Daniel Pellerin, a depuis lors la responsabilité des deux divisions (Venmar et Broan-NuTone), qui couvrent le marché canadien du groupe résidentiel.

L'innovation étant sa principale motivation, l'entreprise a su, au fil des ans, repousser les limites dans son secteur, la ventilation, grâce à de nombreux investissements en recherche et développement. Encore aujourd'hui, les investissements en recherche et développement continuent d'être essentiels pour maintenir une position de leader dans le domaine de la qualité de l'air intérieur en Amérique du Nord. Les attentes d'excellence des clients se traduisent par une amélioration continue des produits et des processus de fabrication ainsi que par un système de gestion de la qualité qui vise les plus hauts standards. À cet égard, Venmar a remporté un prix Mercuriades en 2003, un grand prix provincial de la CSST pour un ingénieux système de mécanisation en 2005 et différents grands prix innovation de la CSST en 2006, 2007 et 2008, dont un grand prix hommage en 2009 pour souligner son engagement en santé et sécurité.

Les principales gammes de produits de la division Venmar sont les échangeurs d'air central, les hottes de cuisine et les ventilateurs de comble. L'entreprise propose également des produits spécialisés, tels que des systèmes centraux de purification d'air HEPA et des ventilateurs commerciaux légers avec récupérateur de chaleur ou d'énergie pour résoudre les problèmes de qualité de l'air tout en économisant de l'énergie. Le design des produits offerts et leur performance sont des éléments stratégiques pour le succès de l'entreprise. Par l'entremise de son site Internet, Venmar présente une importante banque de données contenant les fiches techniques des produits, les guides d'utilisation, les manuels d'installation et les diverses brochures informatives. Ces outils permettent aux clients de l'entreprise d'avoir accès aux informations avant et après l'acquisition des produits Venmar.

D'un point de vue stratégique, Venmar mise sur ses ressources tant internes qu'externes pour assurer la convergence des efforts de chacun vers l'atteinte des objectifs stratégiques. Ainsi, les employés, tout comme les fournisseurs, sont considérés comme des partenaires d'affaires essentiels au succès de l'entreprise et à sa profitabilité. C'est pourquoi l'entreprise soutient le développement personnel de ses employés en leur offrant l'occasion de s'impliquer dans la gestion de projet, avec toute la formation que cela suppose.

La division Broan-NuTone Canada, quant à elle, est un manufacturier de produits de ventilation pour le marché canadien. Les produits de ventilation comprennent notamment les hottes de cuisine, les ventilateurs de salle de bains, les aspirateurs centraux et les ventilateurs locaux. L'entreprise fabrique et distribue également des fournaises à air forcé électrique, des systèmes d'intercom et des carillons de porte. Ses produits sont offerts dans tous les réseaux de distribution au Canada. Les activités de fabrication et de distribution de la division sont situées à Mississauga, en Ontario, dans une usine de 10 000 mètres carrés où travaillent plus de 200 personnes.

Aujourd'hui, le groupe Venmar/Broan-NuTone Canada est un leader canadien dans le secteur des produits de ventilation résidentiels pour le confort au foyer. L'entreprise possède plusieurs usines dédiées à des produits spécifiques ainsi qu'un centre de recherche et développement qui contribue à l'innovation du groupe.

Si Venmar/Broan-NuTone Canada excelle dans son secteur, c'est parce qu'elle s'appuie sur la qualité de ses produits et sur une situation financière saine, tout en pouvant compter sur plusieurs entreprises. C'est l'une des sociétés québécoises

qui privilégie le plus la culture d'innovation, au profit des consommateurs d'ici et d'ailleurs. Grâce à Venmar, il est désormais possible de demeurer à l'intérieur et de profiter des bienfaits de l'air frais !

L'IMPORTANCE DU COÛT DE FABRICATION

Comme pour plusieurs entreprises, il est important pour Venmar de connaître les coûts de fabrication de ses produits. Selon le vice-président aux finances, Daniel Pellerin, cela est nécessaire pour une bonne gestion des coûts ainsi que pour déterminer un prix plancher lors de la fixation du prix de vente. D'autres éléments, comme les rabais et le transport, sont également considérés pour la fixation du prix de vente.

Si les coûts directs sont relativement faciles à déterminer, c'est loin d'être le cas pour les frais indirects et leur répartition. Dans ce second cas, Venmar utilise une méthode d'imputation reposant sur des hypothèses de base et sur un système de comptabilité par activités. L'objectif de la répartition des coûts est de déterminer la véritable contribution d'un produit et son incidence sur la profitabilité de l'entreprise. Le défi pour l'entreprise consiste à suivre l'évolution des différentes hypothèses tout au long du déroulement normal des activités ainsi que leurs répercussions sur le coût de

fabrication. Au cours des dernières années, plusieurs facteurs, tels que les surcharges de matières premières et le transport, ont eu des répercussions importantes sur les coûts. Avec la mondialisation des marchés, le taux de change devient également un élément variable qui peut influer à la fois sur la valeur des ventes et sur certains coûts.

Pour Venmar, il devient également impératif de bien connaître les coûts variables – hors coûts de fabrication – des produits vendus : retour de marchandises, frais de garantie, escomptes sur vente (paiement, volume, publicité, présentoir, etc.), commissions et transport sur ventes. Ces coûts variables sont des éléments importants de la contribution marginale d'un produit et peuvent varier selon les réseaux de distribution de l'entreprise.

LA STRUCTURE DES COÛTS ET L'IMPORTANCE DE LA COMPRÉHENSION DES COÛTS

Bien que la détermination du coût de fabrication des différents produits soit importante pour certaines décisions, l'analyse du comportement des coûts est également essentielle dans une industrie où la structure des coûts peut avoir des impacts importants sur la rentabilité et le risque de perte d'une entreprise. Lorsqu'on a recours au modèle traditionnel du comportement des coûts de production, on classe généralement ceux-ci en coûts fixes ou en coûts variables. Or, chez Venmar, on considère plusieurs coûts comme étant semi-variables ou semi-fixes. La majorité des coûts de fabrication chez Venmar sont variables. On estime, par exemple, que pour certains produits, les coûts variables peuvent représenter jusqu'à 80 % des coûts, le reste étant attribuable à des coûts fixes. Ces pourcentages varient d'un produit à un autre et dépendent souvent du volume de production.

L'analyse coût-volume-résultats demeure importante chez Venmar puisqu'elle influe de façon significative sur la prise de décision. Les coûts d'infrastructure et les autres coûts fixes sont relativement stables d'une période à l'autre. Cependant, les coûts unitaires peuvent varier considérablement en fonction de la quantité de produits fabriqués. Par conséquent, il est capital d'optimiser l'utilisation des infrastructures et des autres coûts fixes de façon à répartir ces coûts entre un plus grand nombre de produits. En réduisant ainsi ses coûts unitaires, l'entreprise gagne en compétitivité sur un marché hautement concurrentiel. Il est donc primordial pour Venmar de bien connaître la structure de ses coûts afin de prendre les meilleures décisions qui lui permettront d'accroître sa rentabilité.

Enfin, les systèmes d'information constituent un outil de soutien à la comptabilisation des coûts crucial pour la prise de décision. Le contrôleur de gestion doit bien évaluer les coûts passés, tout en anticipant les coûts à venir afin que leur interprétation aide à la prise de décision. Chez Venmar, on utilise un système qu'on nomme OPRA (Operating-Profit-Reporting-Analysis), qui est un système non intégré au système comptable courant, similaire à un système de comptabilité par activités et qui a été développé pour permettre à l'entreprise de bien connaître les coûts et la rentabilité de chacun de ses produits, et ce, pour chacun de ses réseaux de distribution. Ce système a évolué au cours des dernières années : les indicateurs de répartition des coûts sont beaucoup plus précis afin de permettre à Venmar d'avoir aussi de l'information beaucoup plus précise et donc plus utile aux fins de gestion.

Ainsi, grâce à une bonne connaissance de ses coûts fixes et de ses coûts variables, Venmar maîtrise sa destinée financière et demeure le leader dans le domaine de la ventilation.

LA STRUCTURE DES COÛTS ET SON IMPACT SUR LE RÉSULTAT

La **structure des coûts** correspond à la proportion de coûts fixes et de coûts variables qu'une entreprise engage pour produire des biens ou offrir des services. En général, lorsqu'elle a des coûts fixes faibles, une entreprise a des coûts variables relativement élevés et présente une marge sur coûts variables moindre ; inversement, lorsqu'elle a des coûts fixes élevés, une entreprise a en général des coûts variables moins importants et présente donc une marge sur coûts variables plus intéressante. La structure des coûts influe sur la rentabilité actuelle de l'entreprise et détermine sa rentabilité future en fonction de l'évolution du **volume d'extrants**. À court terme, il est virtuellement impossible de changer la structure des coûts, mais à long terme, l'entreprise peut décider d'acheter ou de louer des immobilisations, de se donner une infrastructure de services ou bien de les impartir. La structure des coûts représentant à la fois un facteur de **rentabilité** et un facteur de **risque de pertes** pour l'entreprise, il faut en tenir compte notamment dans les décisions d'acquisition et d'impartition.

En effet, le résultat[1] augmente ou diminue en fonction de la marge sur coûts variables. Par conséquent, en période de croissance (d'augmentation des ventes), l'entreprise a intérêt à disposer d'une structure des coûts comportant surtout des coûts fixes : les coûts variables étant moindres, la marge sur coûts variables est relativement plus élevée et le bénéfice s'accroît plus rapidement lorsque le volume d'extrants augmente. À l'inverse, en période de décroissance (de baisse des ventes), l'entreprise a intérêt à se doter d'une structure des coûts comportant moins de coûts fixes que de coûts variables : la marge sur coûts variables est alors plus faible mais, comme les coûts fixes sont peu élevés, le bénéfice a moins tendance à baisser lorsque le volume d'extrants diminue. Dans cette dernière situation, les coûts fixes étant relativement moins élevés, ce choix expose l'entreprise à moins de risques. Notons que la structure des coûts peut différer considérablement d'une entreprise à l'autre. Elle résulte principalement de décisions d'investissement et, comme l'illustre l'exemple suivant, influe directement sur le rythme d'accroissement ou de diminution du bénéfice, selon le cas.

EXEMPLE

AUGER MULTIMÉDIAS ET GESTION BEAUREGARD

Les entreprises Auger Multimédias et Gestion Beauregard prévoient toutes deux assumer des coûts totaux de 10 000 $ lors de la prochaine année. L'entreprise Auger Multimédias a surtout des coûts fixes, car une bonne part de sa production repose sur de l'équipement spécialisé. L'entreprise Gestion Beauregard a surtout des coûts variables, car c'est une entreprise de services. La situation de ces deux entreprises est illustrée à la figure 11.1.

---

1. Le terme *résultat* pourra être, selon le problème étudié, un résultat d'exploitation, un résultat net ou même un autre résultat anticipé par l'organisation.

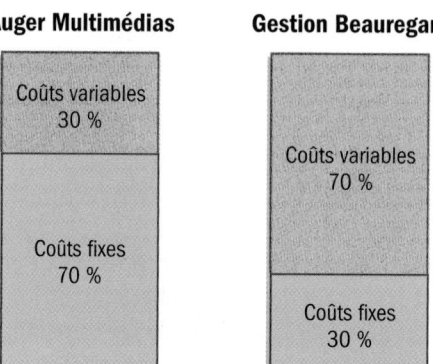

Figure 11.1 La structure des coûts

Ces deux entreprises vendent leur produit ou leur service 150 $ par unité, et chacune d'elles s'attend à vendre 100 unités au cours de l'année à venir. Leur structure des coûts se présente de la façon suivante :

Quelques données sur la structure des coûts

	Auger Multimédias	Gestion Beauregard
Prix de vente unitaire	150 $	150 $
Coût variable unitaire	30 $	70 $
Marge sur coûts variables unitaire	120 $	80 $
Frais fixes totaux	7 000 $	3 000 $

Parce que ses frais fixes sont plus élevés, Auger Multimédias est exposée à un risque de pertes plus grand que Gestion Beauregard. Auger Multimédias doit en effet dégager une marge sur coûts variables totale de 7 000 $ pour couvrir ses frais fixes, ce qui correspond à un volume de ventes de 59 unités. Cependant, une fois que ses frais fixes seront couverts, chaque unité vendue lui rapportera 120 $. La situation de Gestion Beauregard est moins risquée, car ses frais fixes s'élèvent seulement à 3 000 $. Gestion Beauregard doit ainsi dégager une marge sur coûts variables totale de 3 000 $ pour couvrir ses frais fixes, ce qui suppose un volume de ventes de 38 unités. Sa marge sur coûts variables est toutefois beaucoup plus basse (80 $ par unité) et, une fois qu'elle aura atteint le volume de ventes couvrant ses frais fixes, ses perspectives de rentabilité sont beaucoup plus faibles.

L'INCERTITUDE ET LE RISQUE D'UN RÉSULTAT NÉGATIF

Les entreprises évoluent dans un environnement qui change constamment, et les dirigeants doivent prendre des décisions malgré les risques et les incertitudes que comporte chaque situation. Est-il préférable de se doter d'une structure des coûts qui ressemble à celle d'Auger

Multimédias ou à celle de Gestion Beauregard? Il importe de bien distinguer les concepts d'incertitude et de risque. L'**incertitude** est la probabilité de se tromper dans les prévisions, alors que le **risque** renvoie aux conséquences non désirées d'une décision. Par exemple, lorsqu'une personne saute d'un avion munie d'un parachute, la part de l'incertitude est réduite, mais il est toujours possible qu'un accident mortel survienne : le saut demeure donc risqué. En revanche, si une personne saute d'un avion sans équipement, il n'existe aucune incertitude et le risque est total. Appliqué à une entreprise, le risque est la probabilité de subir les conséquences d'une perte financière. L'entreprise peut donc agir de façon à diminuer la probabilité de pertes et à réduire au minimum les conséquences qui en découleraient.

La gestion du risque a donc une grande importance pour l'entreprise; nous la traiterons globalement au chapitre 19. Dans le présent chapitre, nous traitons de la structure des coûts, concept qui facilite la gestion du **risque d'un résultat négatif**. L'incertitude peut toucher les prix, les coûts, les quantités, etc. Les comptables doivent apprendre à remettre en question certaines de leurs données en prenant en considération plusieurs scénarios et en se dotant de divers repères comme les points morts et les seuils d'indifférence, que nous définirons dans les sections qui suivent.

Pour gérer le risque d'un résultat négatif d'une entreprise, il est fondamental de planifier la structure des coûts. L'environnement dans lequel évoluent les entreprises aujourd'hui les incite à avoir des coûts indirects de plus en plus élevés, donc une structure des coûts où la proportion des coûts fixes est de plus en plus importante par rapport au volume d'extrants. La rentabilité de l'entreprise dépend donc d'une utilisation judicieuse de son infrastructure, c'est-à-dire de ses cadres physique, administratif et technique, ainsi que de ses services de soutien. Pour modifier leurs proportions de frais fixes et de frais variables, les entreprises peuvent, par exemple, sous-traiter certaines activités ou louer la machinerie au lieu de l'acheter, ce qui réduit la part des frais fixes. Ces différentes options seront étudiées plus en détail au chapitre 12 dans un contexte de prise de décision à court terme.

LE MODÈLE COÛT-VOLUME-RÉSULTAT (CVR)

Le **modèle coût-volume-résultat (CVR)** permet d'étudier les trois principaux éléments de la structure des coûts, soit : la marge sur coûts variables, qu'on obtient en déduisant les coûts variables des revenus pour une combinaison d'extrants donnée; le montant des coûts fixes; et le volume d'extrants. La **combinaison d'extrants** désigne l'ensemble des extrants; à chaque extrant correspond une marge sur coûts variables unitaire. Dans le modèle CVR, on représente le résultat par un graphique où les coûts figurent en ordonnée et où le volume figure en abscisse, d'où l'appellation coût-volume-résultat Le modèle CVR tient compte à la fois des coûts variables et des coûts fixes; il met en évidence la variation des coûts et des marges en fonction du volume d'extrants pour une combinaison d'extrants donnée. Il permet ainsi d'étudier l'effet sur le bénéfice :

- de divers volumes d'extrants, en fonction d'une structure des coûts et d'une combinaison d'extrants données;

- de modifications de la structure des coûts, en fonction de volumes et d'une combinaison d'extrants donnés;

- d'un changement dans la combinaison d'extrants, en fonction d'une structure des coûts et d'un volume d'extrants donnés.

Il s'agit, en fait, de déterminer comment le résultat évoluera :

- si le volume d'extrants varie ;
- si la structure des coûts est modifiée ;
- si la combinaison d'extrants change.

Nous répondrons à ces questions après avoir décrit le modèle CVR, qui repose sur les prémisses suivantes.

- On calcule le revenu total à l'aide de l'équation :

$$R = Px$$

où R représente le revenu total, P le revenu unitaire moyen ou le prix de vente moyen, et x le nombre d'unités vendues.

- On calcule le coût total à l'aide de l'équation :

$$C = C_f + C_{vu}x$$

où C représente le coût total, C_f le coût fixe total, C_{vu} le coût variable unitaire, et x le nombre d'unités traitées.

- On obtient le résultat à l'aide de l'équation suivante, une combinaison des deux précédentes :

$$R - C = Px - (C_f + C_{vu}x)$$
$$\pi = (P - C_{vu})\, x - C_f$$

où π représente le résultat, $(P - C_{vu})$ la marge sur coûts variables unitaire, x le nombre d'unités traitées (et vendues), et C_f le coût fixe total. La marge sur coûts variables unitaire $(P - C_{vu})$ est souvent représentée par l'abréviation MCV_u.

Le modèle CVR est illustré à la figure 11.2.

Dans cette figure, l'axe des abscisses représente le volume d'activité, ou plus précisément le volume d'extrants mesuré par la variable x (qu'on peut associer au nombre d'unités traitées ou vendues). L'axe des ordonnées exprime une somme d'argent en dollars – revenus (variable R) ou coûts (variable C). Le résultat π représente la différence entre les valeurs des variables R et C. Il correspond à l'axe des ordonnées dans le graphique du bas de la figure 11.2.

Le modèle CVR renvoie notamment aux trois notions suivantes : le point mort, la marge de sécurité et le résultat potentiel.

Le **point mort**[2] correspond au volume d'activité (ou volume d'extrants) pour lequel les revenus sont égaux aux coûts, c'est-à-dire que l'entreprise enregistre un résultat nul (égal à zéro). Sur le graphique, le point mort correspond au point de rencontre des deux droites, appelé point des coordonnées (x_0, R_0). Le point mort s'exprime donc en fonction du volume d'extrants – le point x_0 – ou en fonction du montant des ventes – le point R_0. Bien qu'on l'appelle parfois le « graphique du point mort » (à cause de la place centrale qu'y occupe ce dernier), ce graphique rend compte de l'ensemble des résultats possibles, positifs ou négatifs,

---

2. Le point mort est aussi appelé « seuil de rentabilité ».

Figure 11.2 Le modèle coût-volume-résultat (CVR)

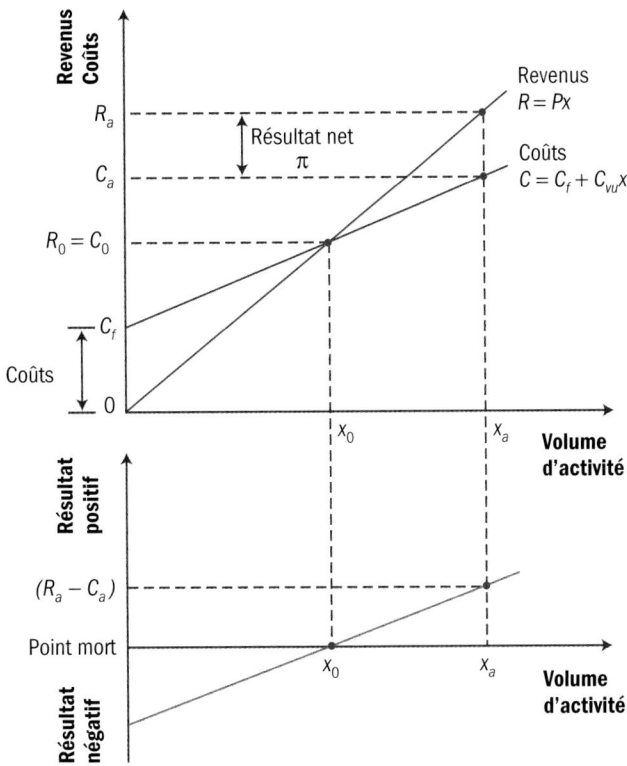

pour divers volumes d'activité. Le point mort, associé à un volume d'activité bien déterminé qui correspond au volume x_0, n'est qu'un des résultats possibles.

Au-dessous du volume d'activité correspondant au point mort, on trouve la zone de résultats négatifs, c'est-à-dire tous les volumes d'activité (valeurs de x) pour lesquels les revenus sont inférieurs aux coûts : dans cette zone, $R < C$. Au-dessus du volume d'activité correspondant au point mort, on trouve la zone de résultats positifs, c'est-à-dire tous les volumes d'activité (valeurs de x) pour lesquels les revenus sont supérieurs aux coûts : dans cette zone, $R > C$.

■ On calcule le volume d'activité au point mort à l'aide de l'équation suivante, tirée de l'équation du résultat lorsque $\pi = 0$:

$$\pi = (P - C_{vu})\, x_0 - C_f = 0$$
$$(P - C_{vu})\, x_0 = C_f$$
$$x_0 = C_f/(P - C_{vu}) \text{ ou encore } x_0 = C_f/MCV_u$$

■ On calcule le revenu au point mort à l'aide de l'équation suivante :

$$R_0 = Px_0$$

■ On peut aussi calculer le revenu au point mort à l'aide de l'équation suivante, en remplaçant x_0 par son expression algébrique :

$$R_0 = P \times [C_f/(P - C_{vu})] \text{ ou encore } R_0 = P \times (C_f/MCV_u)$$

Or, comme MCV_u/P correspond au pourcentage de la MCV_u (c'est-à-dire la marge sur coûts variables unitaire sur le prix de vente), l'équation précédente devient :

$$R_0 = C_f/\text{Pourcentage de la } MCV_u$$

La **marge de sécurité** exprime la différence entre le volume d'activité atteint, ou qu'on prévoit atteindre, et le volume d'activité correspondant au point mort. Elle indique la diminution du volume d'activité que l'entreprise pourrait absorber sans subir de pertes. Sur le graphique de la figure 11.2, x_a représente le volume d'activité actuel, et la marge de sécurité correspond à la différence $(x_a - x_0)$ entre les deux volumes d'activité. On peut aussi l'exprimer en dollars ; elle correspond alors à la différence $(R_a - R_0)$ entre le revenu atteint et le revenu au point mort.

Le **résultat potentiel** représente le résultat maximal que l'entreprise peut réaliser en fonctionnant à pleine capacité. Ce résultat est théorique puisqu'il est souvent impossible de l'atteindre, à court ou à moyen terme, dans un contexte marqué par la turbulence et le dynamisme, et où les conditions du marché changent rapidement. C'est cependant un point de repère très important, en particulier pour les gestionnaires les plus optimistes qui aiment prendre des risques calculés.

■ On calcule le résultat potentiel à l'aide de l'équation suivante :

$$\pi_{\max} = MCV_u x_{\max} - C_f$$

où $x_{\max}$ représente le volume maximal d'activité, c'est-à-dire le nombre maximal d'unités que l'entreprise peut produire et vendre compte tenu de ses ressources (son infrastructure d'immobilisations, de services et de personnes).

EXEMPLE

LES JOUETS LEMAIRE

L'entreprise Les Jouets Lemaire offre un seul produit, au prix unitaire moyen de 3,25 $. La droite de revenus correspond à l'équation suivante :

$$R = 3,25x$$

où 3,25 désigne le prix de vente, et x le nombre d'unités vendues.

Cette entreprise assume des coûts fixes totaux de 5 000 $ par année et évalue son coût variable moyen à 2 $ par unité. La droite décrivant le coût total s'exprime donc par l'équation suivante :

$$C = 5\ 000 + 2x$$

Ces deux droites sont représentées à la figure 11.3.

La différence $R - C$, soit $3,25x - 5\ 000 - 2x$ (soit $1,25x - 5\ 000$, après simplification), indique le résultat prévu si $1,25x > 5\ 000$, ou le déficit prévu si $1,25x < 5\ 000$; le montant 1,25 représente la marge sur coûts variables unitaire.

Exprimé en unités fabriquées et vendues (x_0), le point mort est égal à 4 000 unités (5 000 $/1,25 $). Exprimé en dollars de ventes (revenu R_0), le point mort est égal à 13 000 $ (4 000 unités × 3,25 $). Rappelons que ce volume de ventes permet de dégager une marge sur coûts variables totale de 5 000 $ qui couvrira les 5 000 $ de coûts fixes.

➡

Figure 11.3 Le modèle CVR appliqué à l'entreprise Les Jouets Lemaire

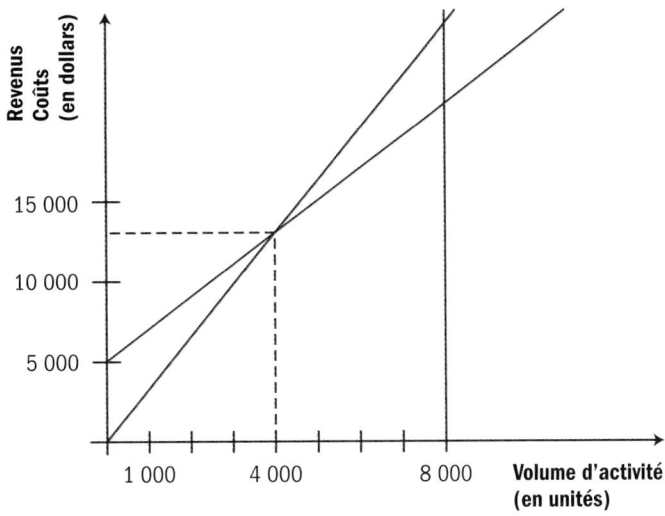

Si l'entreprise prévoit vendre 5 000 unités qu'elle aura fabriquées, la marge de sécurité sera de 1 000 unités de plus que le volume au point mort ou, exprimée en dollars de ventes, 3 250 $ (1 000 unités × 3,25 $). Bien entendu, on suppose ici que le nombre d'unités vendues est égal au nombre d'unités fabriquées. Si l'entreprise a une capacité de production maximale de 8 000 unités, son résultat potentiel sera de 5 000 $ (4 000 unités de plus que le volume au point mort × 1,25 $ de marge sur coûts variables unitaire ou 8 000 unités × 1,25 $ – 5 000 $).

Les principaux résultats de l'analyse CVR sont résumés dans le tableau suivant.

Les données relatives à l'analyse CVR de l'entreprise Les Jouets Lemaire

Frais fixes totaux	5 000 $
Marge sur coûts variables unitaire	1,25 $
Point mort	4 000 unités
Marge de sécurité	
pour 5 000 unités vendues	1 000 unités
pour 6 000 unités vendues	2 000 unités
Résultat prévu	
pour 4 000 unités vendues	0
pour 5 000 unités vendues	1 250 $
pour 7 000 unités vendues	3 750 $
Capacité maximale	8 000 unités
Résultat potentiel	5 000 $

LE SEUIL D'INDIFFÉRENCE

Le **seuil d'indifférence** est le volume d'activité pour lequel deux propositions influant sur la structure des coûts entraînent le même résultat net. S'il considère le volume d'extrants au seuil d'indifférence indépendamment de son évolution possible, le gestionnaire peut choisir indifféremment entre les deux propositions, car elles auront le même résultat. Cependant, il doit tenir compte des tendances et des perspectives à venir, deux facteurs souvent déterminants dans l'étude de propositions influant sur la structure des coûts. Et même si le volume d'activité est actuellement inférieur au seuil d'indifférence, son évolution à la hausse, qui est prévisible, fait du seuil d'indifférence un repère utile pour les décisions touchant la structure des coûts. Le seuil d'indifférence (figure 11.4) correspond au point représenté par les coordonnées (x_i, C_i); les deux droites de coûts s'y croisent, et la distance qui les sépare de la droite de revenus, commune aux deux propositions et à chacune des deux droites de coûts, est forcément la même.

Figure 11.4 Le seuil d'indifférence (x_i, C_i)

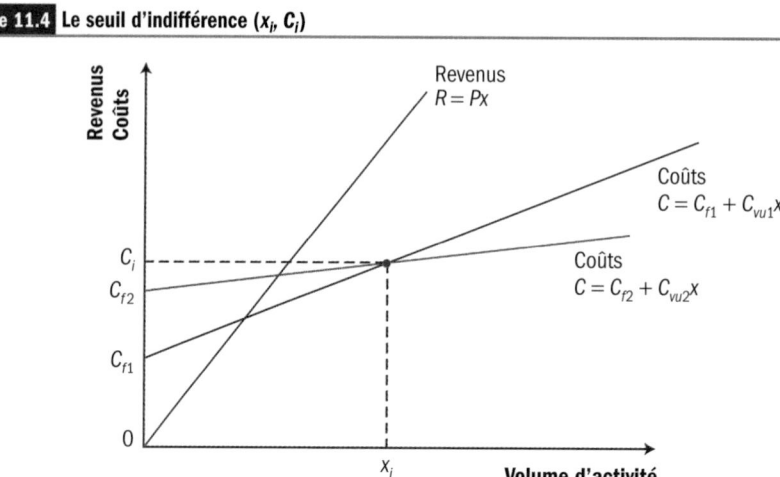

- On calcule le volume d'activité x_i au seuil d'indifférence à l'aide de l'équation suivante, obtenue lorsque deux droites de coûts sont égales:

$$C_1 = C_2$$
$$C_{f1} + C_{vu1}x_i = C_{f2} + C_{vu2}x_i$$
$$C_{vu1}x_i - C_{vu2}x_i = C_{f2} - C_{f1}$$
$$x_i = (C_{f2} - C_{f1})/(C_{vu1} - C_{vu2})$$

- On peut aussi calculer le volume d'activité x_i au seuil d'indifférence à l'aide de l'équation obtenue lorsque $\pi_1 = \pi_2$:

$$MCV_{u1}x_i - C_{f1} = MCV_{u2}x_i - C_{f2}$$
$$MCV_{u1}x_i - MCV_{u2}x_i = C_{f1} - C_{f2}$$
$$x_i = (C_{f1} - C_{f2})/(MCV_{u1} - MCV_{u2})$$

- On calcule le coût au seuil d'indifférence à l'aide de l'équation suivante:

$$C_i = C_1 = C_2 = C_{f1} + C_{vu1}x_i = C_{f2} + C_{vu2}x_i$$

■ On calcule le revenu au seuil d'indifférence à l'aide de l'équation suivante :

$$R_i = Px_i$$

Le calcul du seuil d'indifférence, qui s'ajoute aux calculs du point mort, de la marge de sécurité et du résultat potentiel, est également très utile lorsqu'il faut faire un choix entre plusieurs décisions, comme l'illustre l'exemple suivant.

EXEMPLE

LE PROJET DE MODERNISATION DE L'ENTREPRISE LES JOUETS LEMAIRE

Le directeur de l'entreprise Les Jouets Lemaire envisage de recourir à une nouvelle technique pour réduire le coût variable de fabrication de 2 à 1 \$ et augmenter la capacité de production de 8 000 à 12 000 unités par année. Avec cette technique, le montant des frais fixes totaux passerait de 5 000 à 10 000 \$. Rappelons que le prix de vente unitaire moyen est de 3,25 \$. On peut calculer le seuil d'indifférence à l'aide des équations suivantes.

■ Calcul du volume d'activité x_i au seuil d'indifférence :

$$x_i = (10\ 000\ \$ - 5\ 000\ \$)/(2,00\ \$ - 1,00\ \$)$$
$$x_i = 5\ 000\ \text{unités}$$

ou :

$$x_i = (10\ 000\ \$ - 5\ 000\ \$)/(2,25\ \$ - 1,25\ \$)$$
$$x_i = 5\ 000\ \text{unités}$$

■ Calcul du coût au seuil d'indifférence :

$$C_i = 10\ 000\ \$ + (1,00\ \$ \times 5\ 000\ \text{unités}) = 5\ 000\ \$ + (2,00\ \$ \times 5\ 000\ \text{unités})$$
$$C_i = 15\ 000\ \$$$

■ Calcul du revenu au seuil d'indifférence :

$$R_i = 3,25\ \$ \times 5\ 000\ \text{unités}$$
$$R_i = 16\ 250\ \$$$

Les effets que la mise en œuvre d'une nouvelle technique aura sur le résultat net de l'entreprise Les Jouets Lemaire sont résumés dans le tableau de la page suivante.

Que nous apprennent les résultats de l'analyse CVR ? Le recours à la nouvelle technique expose l'entreprise à un risque plus élevé de résultat négatif si la demande fluctue, mais le potentiel de bénéfice est également beaucoup plus élevé. Ainsi, l'entreprise devra fabriquer et vendre au moins 4 445 unités (10 000 \$/2,25 \$), au lieu de 4 000, pour couvrir les frais fixes, mais, une fois ce volume atteint, chaque unité rapportera 2,25 \$ au lieu de 1,25 \$. Si le marché peut absorber une offre supplémentaire de produits ou si l'entreprise est en position d'augmenter sa part de marché, la nouvelle technique présente un intérêt certain, car elle peut entraîner un résultat plus élevé.

Le seuil d'indifférence est de 5 000 unités : à ce volume, le bénéfice serait identique avec la technique actuelle et avec la nouvelle technique, soit 1 250 \$. Il s'agit d'une information intéressante pour la prise de décision. Si elle prévoit accroître sa production et ses ventes, la direction de Jouets Lemaire optera pour la nouvelle technique; dans le cas contraire, elle optera pour le *statu quo*. Enfin, comme dans toute autre prise de décision, il faut analyser les facteurs qualitatifs qui pourraient influer sur la décision finale. En définitive, cette dernière dépendra souvent de la demande pour le produit sur le marché et de l'attitude des décideurs face au risque.

Les effets sur le bénéfice de l'entreprise Les Jouets Lemaire de l'introduction d'une nouvelle technique

	Statu quo	**Nouvelle technique**
Frais fixes totaux	5 000 $	10 000 $
Marge sur coûts variables unitaire	1,25 $	2,25 $
Point mort	4 000 unités	4 445 unités
Seuil d'indifférence	5 000 unités	5 000 unités
Marge de sécurité		
pour 5 000 unités vendues	1 000 unités	555 unités
pour 6 000 unités vendues	2 000 unités	1 555 unités
Résultat prévu		
pour 4 000 unités vendues	0 $	−1 000 $
pour 5 000 unités vendues	1 250 $	1 250 $
pour 7 000 unités vendues	3 750 $	5 750 $
Capacité maximale	8 000 unités	12 000 unités
Résultat potentiel	5 000 $	17 000 $

LA MESURE DU VOLUME D'ACTIVITÉ

Dans la présentation du modèle CVR, le **volume d'activité** correspond au volume d'extrants: il est mesuré par la variable x que nous avons associée au nombre d'unités vendues comme dans l'exemple de Jouets Lemaire. Or, il n'est pas toujours approprié de mesurer le volume d'activité par le nombre de produits finis, traités, fabriqués ou vendus, car cela limite grandement l'utilisation du modèle CVR. En effet, il est de plus en plus rare aujourd'hui qu'une entreprise manufacturière fabrique un seul produit.

La plupart des entreprises manufacturières produisent une vaste gamme de produits qui requièrent des ressources différentes et génèrent une marge sur coûts variables différente. Comme nous l'avons souligné au chapitre 4, il est fréquent que les entreprises fabriquent des parties de produits, des pièces et des composants de pièces qu'on assemblera souvent dans une autre entreprise pour obtenir des produits finis. En fait, on peut décrire qualitativement la capacité de production des entreprises par ce qu'elles peuvent faire techniquement, et on peut la décrire quantitativement par un facteur de production, par exemple les heures de production. Les heures de production disponibles peuvent ainsi être utilisées pour réaliser une combinaison de produits, de pièces et de composants. À l'image des entreprises de service, plusieurs de nos PME manufacturières offrent des heures de production, qu'on peut aussi exprimer, selon le cas, en heures de main-d'œuvre directe et en heures d'utilisation des machines.

Le modèle CVR est tout aussi utile, voire plus utile, lorsque le volume d'activité est exprimé en heures de production parce qu'il apporte alors une information supplémentaire sur la rentabilité relative des produits. On utilise les mêmes formules, mais on doit les interpréter différemment. Reprenons les formules du modèle CVR et revoyons leur interprétation.

- On calcule le revenu total à l'aide de l'équation :

$$R = Px$$

où R représente le revenu total, et x le nombre d'heures de production ; P devient le revenu unitaire moyen par heure de production.

- On calcule le coût total à l'aide de l'équation :

$$C = C_f + C_{vu}x$$

où C représente le coût total, x le nombre d'heures de production, et C_f le coût fixe total ; C_{vu} devient le coût variable unitaire par heure de production.

- On calcule le résultat à l'aide de l'équation :

$$\pi = (P - C_{vu})x - C_f$$

où π représente le résultat, x le nombre d'heures de production, C_f le coût fixe total, et C_{vu} le coût variable par heure de production ; $(P - C_{vu})$ devient la marge sur coûts variables unitaire par heure de production.

EXEMPLE

ATELIERS DU NORD (VERSION 1)

L'entreprise Ateliers du Nord fabrique plusieurs produits qui sont utilisés dans l'assemblage des produits de ses clients. Le carnet de commandes du prochain exercice prévoit la fabrication de sept produits, P1 à P7. Le tableau de la page suivante présente les prévisions du prochain exercice.

L'entreprise a établi avec une grande fiabilité le coût variable moyen par heure de production ; ce coût varie peu depuis qu'elle a procédé à d'importants investissements il y a trois ans. Il est prévu qu'il sera de 50 $ par heure de production au cours du prochain exercice. Quant aux coûts fixes totaux, ils sont évalués à 800 000 $ pour le prochain exercice. La capacité de production pratique annuelle de l'usine est de 25 000 heures, et il est prévu qu'elle fonctionnera à 80 % de sa capacité au cours du prochain exercice.

La direction a pour politique de fixer le prix de vente de ses produits à 200 % du montant estimé de coûts variables unitaires, ce qui équivaut à 100 $ par heure requise de production. En effet, elle juge qu'elle a besoin d'une marge sur coûts variables unitaire équivalente au coût variable unitaire pour couvrir ses coûts fixes et dégager un résultat satisfaisant.

Produit	Nombre d'unités produites et vendues	Temps de fabrication par unité		Heures totales requises
		en minutes	en heures	
P1	15 000	6	0,1	1 500
P2	10 000	12	0,2	2 000
P3	600	30	0,5	300
P4	800	120	2	1 600
P5	30 000	18	0,3	9 000
P6	200	180	3	600
P7	20 000	15	0,25	5 000
Total				**20 000**

À l'aide de ces données, on peut calculer les résultats estimatifs (revenu total, coût total, résultat) et faire l'analyse CVR (point mort, marge de sécurité prévue et bénéfice potentiel).

- Le revenu total estimé R_e est:

$$R_e = Px_e$$
$$R_e = 100 \text{ \$} \times 20\ 000 \text{ heures}$$
$$R_e = 2\ 000\ 000 \text{ \$}$$

- Le coût total estimé est:

$$C_e = C_f + C_{vu}x_e$$
$$C_e = 800\ 000 \text{ \$} + (50 \text{ \$} \times 20\ 000 \text{ heures})$$
$$C_e = 1\ 800\ 000 \text{ \$}$$

- Le résultat estimé est:

$$\pi = (P - C_{vu})x_e - C_f$$
$$\pi = [(100 \text{ \$} - 50 \text{ \$}) \times 20\ 000 \text{ heures}] - 800\ 000 \text{ \$}$$
$$\pi = 1\ 000\ 000 \text{ \$} - 800\ 000 \text{ \$}$$
$$\pi = 200\ 000 \text{ \$}$$

- Le point mort exprimé en heures de production est:

$$x_0 = C_f/(P - C_{vu})$$
$$x_0 = C_f/MCV_u$$
$$x_0 = 800\ 000 \text{ \$}/50 \text{ \$ par heure}$$
$$x_0 = 16\ 000 \text{ heures}$$

- Le point mort exprimé en dollars de ventes est:

$$R_0 = 100 \text{ \$} \times 16\ 000 \text{ heures}$$
$$R_0 = 1\ 600\ 000 \text{ \$}$$

- La marge de sécurité exprimée en heures de production est:

$$x_e - x_0 = 20\ 000 \text{ heures} - 16\ 000 \text{ heures}$$
$$x_e - x_0 = 4\ 000 \text{ heures}$$

■ La marge de sécurité exprimée en dollars de revenus est :

$$R_e - R_0 = 2\ 000\ 000\ \$ - 1\ 600\ 000\ \$$$
$$R_e - R_0 = 400\ 000\ \$ \text{ de ventes}$$

■ Le résultat potentiel est :

$$\pi_{max} = MCV_u x_{max} - C_f$$
$$\pi_{max} = (50\ \$ \times 25\ 000\ \text{heures}) - 800\ 000\ \$$$
$$\pi_{max} = 450\ 000\ \$$$

À l'aide des données du tableau des heures requises pour la fabrication des produits, on peut calculer le prix de vente, le coût variable et la marge sur coûts variables de chacun des produits. Le tableau suivant présente ces données.

Produit	Nombre d'unités fabriquées et vendues	Prix d'une unité vendue	Coûts variables par unité vendue	Marge sur coûts variables par unité vendue	Marge sur coûts variables totale
P1	15 000	10 $	5 $	5 $	75 000 $
P2	10 000	20 $	10 $	10 $	100 000 $
P3	600	50 $	25 $	25 $	15 000 $
P4	800	200 $	100 $	100 $	80 000 $
P5	30 000	30 $	15 $	15 $	450 000 $
P6	200	300 $	150 $	150 $	30 000 $
P7	20 000	25 $	12,50 $	12,50 $	250 000 $
Total					**1 000 000 $**

Les prix de vente ainsi calculés (200 % du coût variable unitaire) constituent des données précieuses si l'entreprise doit négocier avec ses clients. Toutefois, si elles sont utiles pour négocier les prix avec les clients, ces données ne le sont pas pour calculer le point mort et gérer l'utilisation de la capacité de production de l'usine. Puisque l'entreprise fabrique plusieurs produits qui ont chacun des prix différents et qu'elle a une limite de capacité quant aux nombres d'heures de production disponibles, le calcul d'une marge sur coûts variables par heure de production devient pertinent. Ainsi, l'entreprise a calculé une marge sur coûts variables moyenne par heure de production qui représente 50 $ par heure (1 000 000 $/20 000 heures), ce qui lui a permis de faire une analyse CVR adéquate dans le contexte actuel tout en l'assurant d'avoir des données utiles pour sa prise de décision.

LES APPLICATIONS DE L'ANALYSE CVR

Dans cette section, nous montrerons à l'aide d'exemples comment on peut appliquer l'analyse CVR, ou modèle CVR, à de nombreux cas. L'analyse CVR peut en effet permettre d'évaluer la rentabilité d'une entreprise qui fabrique plusieurs produits, de déterminer le niveau de ventes à atteindre afin de réaliser un bénéfice cible, d'étudier la rentabilité d'une activité en particulier ou d'examiner une activité en fonction de deux facteurs influant sur le volume.

LA RENTABILITÉ DE PLUSIEURS PRODUITS

Lorsqu'elle fabrique plusieurs produits qu'elle vend à des prix différents ou lorsque ses coûts variables diffèrent et lui permettent de dégager diverses marges sur coûts variables, l'entreprise peut utiliser l'analyse CVR en calculant la marge sur coûts variables unitaire par heure de production ou en fonction de toute autre unité équivalente du volume d'activité comme le nombre d'heures de main-d'œuvre directe, la quantité de matières premières utilisées, etc.

EXEMPLE

ATELIERS DU NORD (VERSION 2)

Reprenons l'exemple d'Ateliers du Nord, mais cette fois avec des prix de vente que l'entreprise a négociés avec ses clients. La situation prévue pour le prochain exercice est décrite dans le tableau suivant. Il est à noter que toutes les autres données sont les mêmes que celles de la version 1 de cet exemple.

Produit	Prix de vente	Nombre d'unités vendues	Temps de fabrication par unité		Coûts variables par unité vendue	Marge sur coûts variables par unité vendue
			en minutes	en heures		
P1	11,00 $	15 000	6	0,1	5,00 $	6,00 $
P2	18,00 $	10 000	12	0,2	10,00 $	8,00 $
P3	60,00 $	600	30	0,5	25,00 $	35,00 $
P4	190,00 $	800	120	2	100,00 $	90,00 $
P5	32,00 $	30 000	18	0,3	15,00 $	17,00 $
P6	280,00 $	200	180	3	150,00 $	130,00 $
P7	26,00 $	20 000	15	0,25	12,50 $	13,50 $

À l'aide de ces données, on peut calculer la marge sur coûts variables par heure de production de chacun des produits. L'objectif est de comparer la rentabilité relative des produits afin d'avoir des données utiles à la prise de décision. Les résultats obtenus sont présentés dans le tableau de la page suivante.

La marge sur coûts variables par heure de production indique la rentabilité relative de chacun des produits. Chaque heure travaillée pour produire P1 rapporte une marge sur coûts variables de 60,00 $; chaque heure travaillée pour produire P2 rapporte une marge sur coûts variables de 40,00 $, et ainsi de suite. Si l'objectif de l'entreprise est de conserver une marge sur coûts variables moyenne pondérée de 50 $ par heure, on voit immédiatement que les produits P2, P4 et P6 ne permettent pas de l'atteindre. En revanche, les autres produits génèrent une marge sur coûts variables supérieure à l'objectif fixé (en ordre décroissant : P3, P1, P5 et P7).

Ainsi, si nous faisons le calcul de la marge sur coûts variables moyenne pondérée avec ces nouvelles données sur les prix de vente, nous obtenons 53,24 $ par heure (1 069 000 $/20 000 heures), ce qui est supérieur à l'objectif fixé par l'entreprise.

Produit	Marge sur coûts variables par heure de production	Heures de fabrication totales	Marge sur coûts variables totale
P1	60,00 $	1 500	90 000 $
P2	40,00 $	2 000	80 000 $
P3	70,00 $	300	21 000 $
P4	45,00 $	1 600	72 000 $
P5	56,67 $	9 000	510 000 $
P6	43,33 $	600	26 000 $
P7	54,00 $	5 000	270 000 $
Total		**20 000**	**1 069 000 $**

LE RÉSULTAT CIBLE

Comme nous l'avons vu précédemment, le calcul du point mort indique le nombre d'unités qu'une entreprise doit vendre pour couvrir ses frais fixes et ainsi avoir un résultat nul. Le **résultat cible** représente quant à lui le résultat que l'entreprise souhaite atteindre. Pour trouver le nombre d'unités qu'une entreprise devra vendre pour atteindre son résultat cible, on peut adopter une approche similaire à celle utilisée pour le calcul du point mort. Par conséquent, pour déterminer combien d'unités il faut vendre pour générer un montant (ou un pourcentage de résultat donné), on utilisera l'équation suivante :

$$\pi_{cible} = (P - C_{vu})x_{cible} - C_f$$
$$\pi_{cible} = MCV_u \, x_{cible} - C_f$$
$$(C_f + \pi_{cible})/MCV_u = x_{cible}$$

où π cible représente le résultat cible, $(P - C_{vu})$ la marge sur coûts variables unitaire, x_c le nombre d'unités à vendre pour atteindre le résultat cible, et C_f le coût fixe total.

Le résultat cible peut être calculé avant ou après impôts. Si une entreprise veut le calculer après impôts, l'équation doit être ajustée de la façon suivante :

$$\left(C_f + \left[\pi_{cible}/(1 - t)\right]\right)/MCV_u = x_{cible}$$

où t représente le taux d'impôt. Dans ce cas, seul le résultat cible doit être calculé avant impôts, lorsque c'est nécessaire pour répondre aux besoins d'information de l'entreprise.

EXEMPLE

ORTHÈSES MORENCY

Orthèses Morency est une petite entreprise montréalaise qui fabrique des orthèses plantaires qu'elle vend au prix moyen de 320 $. Ses coûts fixes totaux annuels sont de 250 000 $, et ses coûts variables de 110 $ par unité. Les propriétaires espèrent réaliser un bénéfice d'au moins 380 000 $ cette année et ils se demandent quel doit être le montant des ventes pour atteindre cet objectif.

Données comptables relatives à Orthèses Morency

	Montant	Pourcentage des ventes
Prix de vente unitaire	320 $	100 %
Coûts variables unitaires	110 $	34,375 %
Marge sur coûts variables unitaire	210 $	65,625 %

Le point mort exprimé en unités est égal à : 250 000 $/210 $ = 1 191 unités.

Le point mort exprimé en dollars de ventes est égal à : 1 191 unités × 320 $, soit 381 120 $ de ventes.

Le volume d'activité nécessaire pour réaliser un résultat de 380 000 $, exprimé en unités, est égal à : (250 000 $ + 380 000 $)/210 $ = 3 000 unités.

Le volume d'activité nécessaire pour réaliser un résultat de 380 000 $, exprimé en dollars de ventes, est égal à : 3 000 unités × 320 $, soit 960 000 $ de ventes.

On peut obtenir la réponse précédente en additionnant le résultat cible (380 000 $) et le montant des coûts fixes (250 000 $), puis en divisant la somme obtenue par la marge sur coûts variables exprimée en pourcentage des ventes.

Ventes = (380 000 $ + 250 000 $)/65,625 % = 960 000 $

Pour que l'entreprise Orthèses Morency réalise un résultat de 380 000 $, ses ventes doivent donc atteindre 960 000 $, ce qui correspond à 3 000 unités (960 000 $/320 $), soit 1 809 unités de plus que le point mort, qui est de 1 191 unités.

LA RENTABILITÉ D'UNE ACTIVITÉ

On peut appliquer l'analyse CVR à toute l'entreprise, mais aussi à ses diverses composantes : division, service, région ou même activité. À la limite, on peut considérer que tous les coûts sont variables par rapport à une activité donnée, telle qu'on la définit en comptabilité par activités : certains coûts varient selon le lot, d'autres selon le produit, d'autres encore selon le client et d'autres enfin selon le fournisseur.

EXEMPLE

AMEUBLEMENTS BEAUGRAND

Chez Ameublements Beaugrand, chaque livraison coûte en moyenne 75 $, coût que l'entreprise avait l'habitude de facturer au client, ce qui lui permettait de réaliser une moyenne de 20 % de marge sur coûts variables relativement à ses ventes. Afin de stimuler les ventes, la direction décide d'offrir dorénavant la livraison gratuite pour tout achat de plus de 1 000 $.

Cette politique entraîne une augmentation des ventes avantageuse pour l'entreprise puisqu'il suffit de 375 $ de ventes pour couvrir le coût d'une livraison. En effet, le coût de l'activité « livraison » étant fixe à 75 $, le montant de ventes nécessaire R_0 pour couvrir le coût de la livraison est de :

$$R_0 = 75 \text{ \$/Pourcentage de la marge sur coûts variables}$$
$$R_0 = 75 \text{ \$}/0,2$$
$$R_0 = 375 \text{ \$}$$

Par conséquent, toute vente dont le montant dépasse 1 000 $ entraîne un résultat supérieur à 125 $, comme le montre le calcul suivant :

$$\text{Résultat} = 0,2 \times 1\ 000 \text{ \$} - 75 \text{ \$}$$

L'ANALYSE CVR À DEUX DIMENSIONS

L'analyse CVR permet aussi d'examiner une activité en fonction de deux facteurs décrivant et expliquant la variation du nombre de produits. L'exemple suivant illustre ce concept.

EXEMPLE

LA CERTIFICATION DES FOURNISSEURS

Une entreprise appartenant au secteur de l'électronique paie en moyenne 40 000 $ par an par fournisseur pour s'assurer que chacun respecte les normes de qualité en vigueur dans son domaine, conformément aux exigences du programme de certification. Si elle n'effectue pas cette certification, l'entreprise doit se doter d'un service d'inspection des pièces qu'elle reçoit des fournisseurs non certifiés. Le contrôleur de l'entreprise évalue le coût de ce service d'inspection à un montant fixe annuel de 50 000 $, auquel s'ajoute un montant variable de 1 000 $ par commande inspectée. La direction s'interroge sur les avantages économiques de sa participation au programme de certification des fournisseurs. L'entreprise fait appel à cinq fournisseurs, les achats effectués auprès de chacun d'entre eux représentent en moyenne 300 000 $ par an. Les commandes auprès des fournisseurs s'élèvent en moyenne à 10 000 $ chacune, ce qui signifie une moyenne de 30 commandes par fournisseur par an.

Deux variables décrivent le volume d'extrants de l'activité désignée sous le nom d'assurance de la qualité (certification des fournisseurs ou inspection des pièces achetées): le nombre de commandes et le nombre de fournisseurs. Le coût lié à la certification des fournisseurs et à l'inspection des pièces en fonction du nombre de commandes est décrit à la figure 11.5. Le seuil d'indifférence entre les deux activités est de 150 commandes, comme le montrent les calculs suivants :

- Coût de la certification des fournisseurs = 200 000 $ par an, soit 5 fournisseurs × 40 000 $ chacun

- Coût de l'inspection des commandes = 50 000 $ par an + 1 000 $ × nombre de commandes

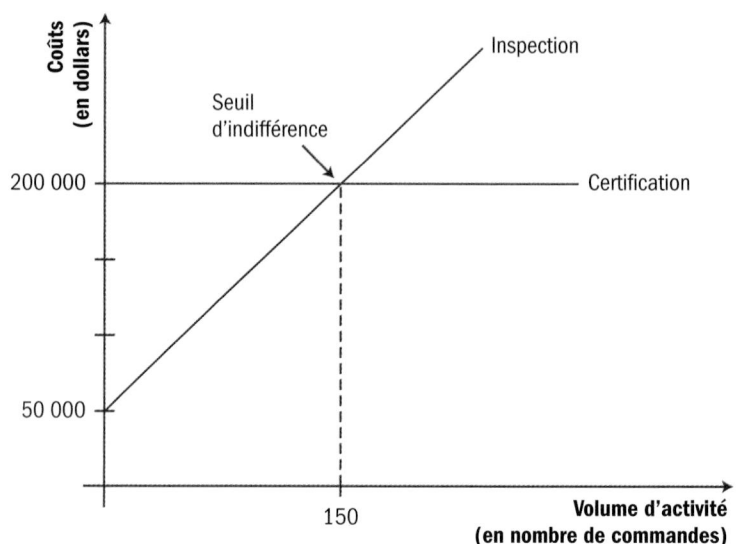

Figure 11.5 Les coûts liés à la certification des fournisseurs et à l'inspection des pièces en fonction du nombre de commandes

Calcul du seuil d'indifférence :

- Coût de la certification des fournisseurs = Coût de l'inspection des commandes

  200 000 \$ = 50 000 \$ + 1 000 \$ × nombre de commandes
  150 000 \$ = 1 000 \$ × nombre de commandes

- Nombre de commandes = 150

Le coût de ces deux activités en fonction du nombre de fournisseurs est décrit à la figure 11.6. Le seuil d'indifférence entre les deux activités est de cinq fournisseurs.

- Coût de la certification des fournisseurs = 40 000 \$ × nombre de fournisseurs

- Coût de l'inspection des commandes = 200 000 \$, soit 50 000 \$ + 1 000 \$ × 150 commandes

Calcul du seuil d'indifférence :

- Coût de la certification des fournisseurs = Coût de l'inspection des commandes

  40 000 \$ × nombre de fournisseurs = 200 000 \$

- Nombre de fournisseurs = 5

Ces analyses sont tout à fait révélatrices de la dynamique des coûts liés à ces activités. Compte tenu des achats totaux de 1 500 000 \$ effectués auprès de ces 5 fournisseurs et des 150 commandes correspondant à ces achats, le coût engagé pour la certification des fournisseurs est identique à celui qu'entraîne l'inspection des pièces à la réception. Cependant, si le montant total des achats, le nombre de fournisseurs ou le nombre de commandes évoluent à la hausse ou à la baisse, il sera plus économique d'assurer la qualité des pièces achetées, soit par la certification des fournisseurs, soit par l'inspection des commandes, selon le sens de l'évolution.

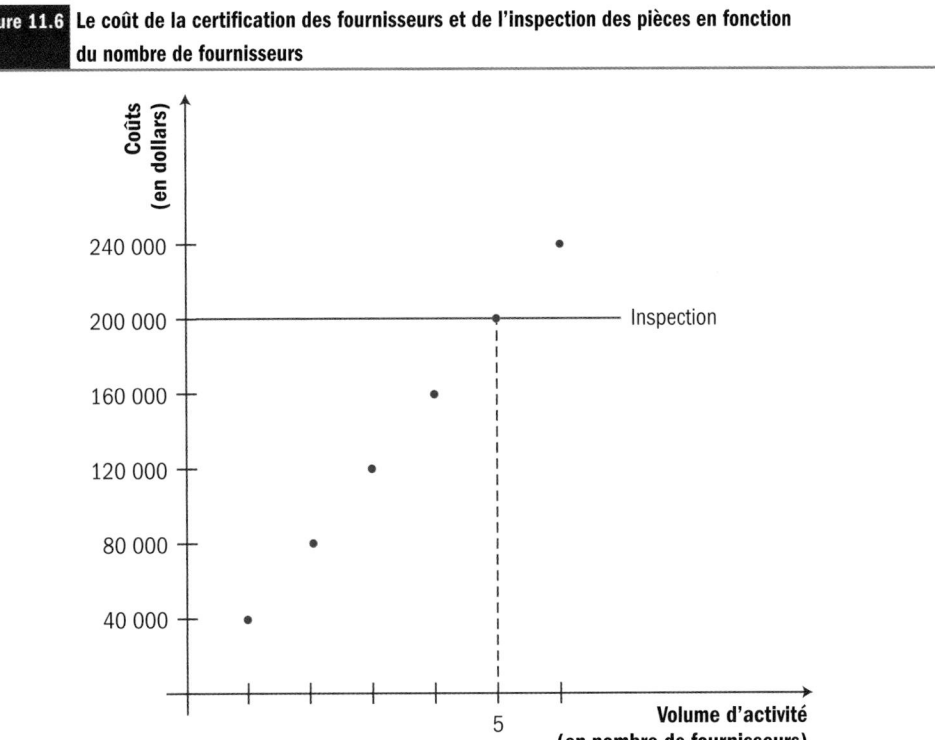

Figure 11.6 Le coût de la certification des fournisseurs et de l'inspection des pièces en fonction du nombre de fournisseurs

1. Si le montant total des achats passe, par exemple, de 1,5 million à 2 millions de dollars, la certification des fournisseurs devient nettement plus économique. En effet, la moyenne des achats effectués auprès de chacun des cinq fournisseurs augmentera et atteindra 400 000 $. De plus, si les commandes sont toujours de 10 000 $ chacune, le nombre de commandes effectuées passera à 40 par fournisseur et donc à 200 au total (40 commandes × 5 fournisseurs).

   ■ Coût de la certification des fournisseurs = 200 000 $, soit 5 fournisseurs × 40 000 $

   ■ Coût de l'inspection des commandes = 250 000 $, soit 50 000 $ + 200 commandes × 1 000 $

2. Si le nombre de fournisseurs diminue et passe, par exemple, de cinq à trois, la certification des fournisseurs devient également plus économique. En effet, si les achats globaux s'élèvent toujours à 1,5 million de dollars, la moyenne des achats effectués auprès des trois fournisseurs sera de 500 000 $. Si les commandes sont toujours de 10 000 $ chacune, le nombre de commandes effectuées passera à 50 par fournisseur et donc à 150 au total (50 commandes × 3 fournisseurs).

   ■ Coût de la certification des fournisseurs = 120 000 $, soit 3 fournisseurs × 40 000 $

   ■ Coût de l'inspection des commandes = 200 000 $, soit 50 000 $ + 150 commandes × 1 000 $

3. En revanche, si le nombre de commandes diminue et passe, par exemple, de 150 à 75, l'inspection des pièces à la réception devient plus économique. En effet, si les achats globaux sont toujours de 1,5 million de dollars, le montant moyen d'une commande faite à un fournisseur sera de 20 000 $.

- Coût de la certification des fournisseurs = 200 000 $, soit 5 fournisseurs × 40 000 $

- Coût de l'inspection des commandes = 125 000 $, soit 50 000 $ + 75 commandes × 1 000 $

CAPSULES VIDÉO

Qu'en disent les experts ?

CAPSULE VIDÉO 11.1   Coûts fixes, semi-fixes ou variables

Monsieur Daniel Pellerin, chef de la direction financière, commente l'utilisation des concepts de coûts fixes, semi-fixes ou variables chez Venmar.

CAPSULE VIDÉO 11.2   Chaîne de valeur

Comment prend-on la décision de fabriquer ici ou d'acheter en Chine chez Venmar ? Monsieur Pellerin éclaircit la question.

CAPSULE VIDÉO 11.3   Analyse détaillée des revenus d'exploitation

Monsieur Pellerin explique la méthode d'analyse OPRA (*Operating Profit Reporting Analysis*) mise au point et appliquée chez Venmar depuis près d'une décennie.

CAPSULE VIDÉO 11.4   Évolution de la fonction finance

La fonction finance a largement évolué au cours des cinq dernières années. Monsieur Pellerin expose ses attentes vis-à-vis des candidats visant un poste dans ce domaine chez Venmar.

1 Définir la structure des coûts et son importance dans l'évaluation de la rentabilié.

La structure des coûts définit la proportion de coûts fixes et de coûts variables engagés par une entreprise pour produire des biens ou offrir des services. La structure des coûts résulte de décisions à long terme, et elle a des répercussions sur la rentabilité de l'entreprise et sa marge de manœuvre pour faire face à des variations du volume d'activité.

2 Utiliser l'analyse coût-volume-résultat (CVR) pour calculer le point mort, la marge de sécurité et le résultat potentiel dans une situation donnée.

Le résultat π = (marge sur coûts variables unitaire) $\times$ volume − (coûts fixes). Le point mort correspond au volume lorsque le résultat est nul. La marge de sécurité exprime la différence entre le volume d'activité atteint, ou qu'on prévoit atteindre, et le volume correspondant au point mort. Le résultat potentiel est le résultat maximal que l'entreprise pourrait réaliser si elle fonctionnait à pleine capacité.

3 Établir le seuil d'indifférence entre deux propositions touchant la structure des coûts d'une entreprise.

Le seuil d'indifférence entre deux propositions correspond au volume d'activité auquel les deux propositions entraînent le même résultat net. Ce concept est utile, car l'une des deux propositions est plus avantageuse que l'autre au-dessous du seuil d'indifférence, tandis qu'on observe l'inverse au-delà de ce seuil ; cela est dû à la linéarité du modèle CVR. Le seuil d'indifférence permet donc de déterminer le volume d'activité à partir duquel on a intérêt à choisir une proposition plutôt qu'une autre.

4 Mesurer le volume d'activité.

Aujourd'hui, plusieurs de nos PME manufacturières offrent des heures de production. On peut utiliser les heures de production disponibles pour obtenir une combinaison de produits, de pièces et de composants qui génèrent une marge sur coûts variables différente. On peut aussi exprimer ces heures, selon le cas, en heures de main-d'œuvre directe et en heures d'utilisation des machines. L'analyse CVR peut se faire en fonction non seulement des unités de production (ventes), mais aussi d'un facteur de production différent (heures-machines, heures de main-d'œuvre directe, quantité de matières premières, etc.). Ce facteur de production peut changer selon les entreprises en fonction de leurs besoins.

5 Appliquer l'analyse CVR à diverses situations.

Le modèle CVR s'applique à divers types de cas tels que l'évaluation de la rentabilité de plusieurs produits, le niveau de ventes à atteindre pour réaliser un bénéfice cible, la rentabilité d'une activité en particulier et la rentabilité d'une activité en fonction de deux facteurs influant sur le volume d'activité.

MOTS CLÉS

Combinaison d'extrants, p. 285

Incertitude, p. 285

Marge de sécurité, p. 288

Modèle coût-volume-résultat (CVR), p. 285

Point mort, p. 286

Rentabilité, p. 283

Résultat cible, p. 297

Résultat potentiel, p. 288

Risque, p. 285

Risque de pertes, p. 283

Risque d'un résultat négatif, p. 285

Seuil d'indifférence, p. 290

Structure des coûts, p. 283

Volume d'activité, p. 292

Volume d'extrants, p. 283

L'ANALYSE DES DÉCISIONS D'EXPLOITATION

OBJECTIFS

1 Décrire l'analyse des décisions d'exploitation.

2 Présenter l'analyse globale et l'analyse différentielle.

3 Interpréter les coûts fixes unitaires.

4 Suivre une démarche d'évaluation des propositions.

5 Analyser la prise de décisions d'exploitation dans divers contextes.

6 Exposer les rapports entre information financière et gestion.

L'ORÉAL

C A N A D A

Le présent chapitre propose l'analyse des décisions d'exploitation n'exigeant pas d'investissement, qui sont souvent liées à des opérations courantes, selon la perspective technique de la rentabilité de l'exploitation. D'autres perspectives seront abordées plus loin dans cet ouvrage. Élément distinctif de la comptabilité de management, l'analyse des décisions à prendre concerne l'avenir et non le passé. De plus, l'analyse ne peut uniquement se fonder sur des données financières : elle doit aussi tenir compte d'une foule de données opérationnelles tant internes (sur la production) qu'externes (sur les marchés).

Le cas de L'Oréal Canada initie le lecteur à l'anticipation, à l'univers des tendances et à la complexité de l'utilisation des données externes. Le chapitre décrit des méthodes et propose des analyses techniques. Le cas retenu suggère au lecteur comment ces méthodes et analyses peuvent et doivent être utilisées par les gestionnaires. La préparation d'un plan d'affaires n'est pas qu'un exercice technique puisqu'elle requiert une bonne compréhension des affaires de l'entreprise, d'où naît la faculté d'anticipation.

Because you're worth it.

L'ORÉAL CANADA

Propriété exclusive de L'Oréal S.A., la plus importante compagnie de cosmétiques au monde, L'Oréal Canada est le chef de file de l'industrie des cosmétiques au pays. Son siège social est situé à Montréal, et ses activités comprennent le marketing, la vente, la fabrication et la distribution. Établie au Canada depuis 1958, l'entreprise y compte 1 200 employés et 3 établissements principaux.

L'Oréal Canada possède une usine spécialisée dans la fabrication de produits de coloration capillaire, un centre de distribution très moderne qui dessert l'ensemble du territoire canadien, un centre de formation et un centre de conseils aux consommateurs. L'usine, située à Montréal, produit à l'heure actuelle 500 000 unités par jour, tandis que le centre de distribution de Bois-de-Liesse expédie 7 000 produits différents partout dans le pays, soit près de 604 000 commandes par année. Une plate-forme logistique ultraperformante, inaugurée en 2001, regroupe en un seul lieu tous les employés qui participent au processus de gestion de la chaîne d'approvisionnement pour l'ensemble des marques. Ces marques sont regroupées en quatre divisions : Produits grand public, comme L'Oréal Paris, Garnier, Maybelline New York, Ombrelle ; Produits de luxe, comme Lancôme, Biotherm, Yves Saint Laurent, Kiehl's, Ralph Lauren, Giorgio Armani, Shu Uemura, Diesel, Guy Laroche, Paloma Picasso, Viktor & Rolf, Cacharel ; Produits professionnels, comme L'Oréal Professionnel, Kérastase, Redken, Matrix, Pureology ; et produits de la division Cosmétique active, à laquelle appartiennent les marques Laboratoires Vichy, La Roche-Posay, SkinCeuticals et Roger & Gallet.

En 2009, le chiffre d'affaires de L'Oréal Canada a atteint 849 millions de dollars. La croissance continue et durable de la compagnie repose d'abord sur son expertise de la beauté et du bien-être. L'Oréal exploite 23 marques mondiales prestigieuses mises au point grâce à d'importants efforts de recherche. S'appuyant sur des techniques en constante évolution, le groupe L'Oréal investit

3,5 % de son chiffre d'affaires dans la recherche, en prêtant une attention particulière à l'amélioration et à la sophistication des formules de produits et des emballages. L'entreprise a une démarche citoyenne, comme en témoigne son engagement dans la communauté, par exemple au moyen du programme L'Oréal-UNESCO pour les Femmes et la Science, qui promeut le rôle des femmes dans les domaines de la recherche et des sciences. Les programmes phares de mécénat de la Fondation L'Oréal comprennent également Belle et bien dans sa peau, qui aide les femmes atteintes du cancer à surmonter les effets des traitements sur leur apparence, ainsi que Coiffeurs contre le sida, qui vise à augmenter la connaissance et la compréhension du VIH/sida au sein du réseau global de coiffeurs de L'Oréal, qui à leur tour éduquent leurs clients.

Par ailleurs, L'Oréal est très engagée dans la protection de l'environnement, tout particulièrement en ce qui concerne ses sites industriels. À cet égard, l'usine de Montréal, certifiée ISO 14001, est exemplaire : en 2006, elle a reçu le prix de la meilleure Initiative environnement, reconnaissance attribuée par la maison-mère du groupe pour encourager les efforts des différentes usines et centrales d'expédition du groupe, et en 2010, le prix de la meilleure Initiative sécurité ou hygiène. Ces prix s'ajoutent à une politique très encadrée en matière de santé, d'hygiène et d'environnement.

LES TENDANCES ET LA GESTION

Interrogé sur la gestion de la performance financière, André Rémillard, vice-président principal des finances et de l'administration, déclare : « Chez L'Oréal, nous sommes plutôt axés vers ce qui s'en vient que vers ce qui est passé. »

En effet, les gestionnaires étudient en permanence les tendances émergentes du marché, considérées comme un indicateur clé de la performance future de l'entreprise. Les données financières servent à mesurer la performance de l'entreprise, mais le gestionnaire les interprète et en dégage les tendances, ce qui lui permet de prendre des mesures en amont qui auront des conséquences majeures sur les performances futures de l'entreprise.

Ainsi, dès le lancement du processus de planification, les équipes cherchent à bâtir leur plan d'affaires en s'appuyant sur les tendances des marchés. Ce processus commence par la préparation d'un plan d'affaires triennal (révisé chaque année), suivi d'un budget annuel (révisé officiellement trois fois par année, et plus fréquemment si la situation l'exige). Tous les métiers (commerce, marketing, finance et exploitation) sont mis à contribution dans la préparation des budgets/tendances.

Les informations clés qui figurent dans ces plans et dans les tableaux de bord de l'organisation proviennent tant des systèmes d'information de l'entreprise que de sources externes; elles sont utilisées par toutes les équipes. En voici quelques exemples:

- Les parts de marché et les investissements publicitaires par gamme de produits, fabricant, réseau de distribution et région, tels qu'ils sont publiés par la société spécialisée Nielsen: ces données permettent d'établir la performance de l'entreprise dans le marché et de la comparer à celle de ses concurrents.

- Les plans de développement et d'expansion des clients.

- Les écoulements en magasin (c'est-à-dire les ventes aux consommateurs), les magasins appartenant à des réseaux de détaillants qui sont des compagnies non associées à L'Oréal: ces données, qui sont transmises par les clients, permettent de mesurer la performance des produits dans le marché et d'établir des comparaisons entre les magasins.

- Les inventaires en magasin chez les détaillants: les niveaux des stocks recherchés par les détaillants ont des conséquences majeures sur leurs réapprovisionnements, l'importance des commandes et donc le chiffre d'affaires de la société.

- La stratégie de déploiement des ressources humaines des clients: le nombre de personnes affectées à un comptoir a automatiquement des répercussions sur le volume d'activité du magasin, sa rentabilité et son rendement du capital investi.

- La stratégie de marchandisage des clients et le positionnement en magasin des concurrents: les défis se multiplient, puisque, bien souvent, cette stratégie peut être appliquée différemment selon les régions.

Utiliser des informations provenant de sources tant externes qu'internes pose un défi en matière de gestion de l'information et ajoute à la complexité du métier. Il faut croiser les informations recueillies à l'externe (par produit, client et réseau de distribution) avec les données internes. Il ne suffit pas de compiler ces informations, il faut également s'assurer de leur représentativité et de leur fiabilité. Ce croisement des informations permet aux gestionnaires d'établir des objectifs tels que des ratios de rentabilité, de parts de marché, de rotation des stocks et de volume des ventes.

Chez L'Oréal Canada, l'anticipation est la pierre angulaire de la gestion, et c'est une qualité recherchée chez les gestionnaires de l'information financière. On gère la performance financière future de l'entreprise en regardant vers l'avant, et pas uniquement à travers l'analyse des résultats financiers. Dans ce contexte, l'un des défis majeurs du contrôle de gestion est de s'assurer que les données financières sont intégrées et constamment mises en relation avec les autres informations de gestion, et ce, à tous les niveaux hiérarchiques.

LES COÛTS ET LA RENTABILITÉ

La comptabilité par activités décrit les activités de l'entreprise; dans le cas de L'Oréal, elle concerne les marchés, les clients, les promotions, etc. L'information sur les coûts permet d'établir la rentabilité des produits, des promotions, des clients ou des magasins, la rentabilité des chaînes, la rentabilité par réseau de distribution et la rentabilité par marque.

Pour évaluer la rentabilité, on doit prendre en compte de nombreux éléments, dont le coût direct du produit, les charges logistiques, l'investissement, les dépenses publicitaires et promotionnelles, les charges relatives au marchandisage, les salaires, etc. Il est important de bien distinguer la partie variable de la partie fixe des coûts : cela facilite la préparation de différents scénarios et leur évaluation ultérieure. Mais, comme le rappelle M. Rémillard, il ne faut pas oublier que le défi reste le même : se servir souvent d'informations externes, c'est-à-dire fournies par le client.

Le contrôleur de gestion a un rôle primordial à jouer en matière de contrôle des coûts. L'analyse fréquente des coûts permet d'évaluer une situation à un moment donné. Chez L'Oréal, la mise en place d'un système de gestion et de contrôle des coûts assure un traitement uniforme et constant des transactions de même nature. Ainsi, le système qui traite et mesure les engagements de dépenses aide le contrôleur de gestion et les autres gestionnaires à gérer les activités de façon proactive, tout en rendant plus complexes le processus et le système d'information financière traditionnel de l'organisation.

L'IMPORTANCE DE L'ANTICIPATION

Selon M. Rémillard, le contrôleur de gestion moderne a essentiellement un rôle de gestionnaire : « Il est un gestionnaire, un professionnel et un conseiller privilégié du directeur général. » Partenaire commercial du directeur d'affaires, il est en quelque sorte sa conscience en matière de gestion et sa conscience financière. En ce sens, sa plus grande qualité est l'anticipation ; pour l'acquérir, il doit très bien connaître les clients, ses activités et leur mode de fonctionnement.

L'Oréal Canada s'est ainsi dotée d'une structure organisationnelle par division (Produits professionnels, Produits grand public, Produits de luxe et Cosmétique active) qui correspond aux différents réseaux de distribution où la société est active.

Chaque division comporte des unités commerciales (*business units*) organisées par marque. La structure Finance-Contrôle de gestion reflète également cette structure organisationnelle.

D'un côté, on trouve une structure centralisée assumant les fonctions de comptabilité, gestion des comptes fournisseurs, de trésorerie, fiscalité et présentation de l'information financière, et de l'autre une structure de contrôle de gestion décentralisée et organisée par division.

Grâce à cette structure, l'entreprise peut suivre en continu ses activités. En outre, combinée à une utilisation judicieuse de l'information de gestion tant interne qu'externe, elle lui permet de mieux saisir les principaux facteurs influant sur les différents types de décision d'exploitation. Ce type d'organisation contribue aux qualités d'anticipation des collaborateurs et les dynamise.

La définition, le suivi et l'analyse des marges à différents niveaux (activité, circuit, produit) sont au cœur de l'évaluation de la performance ; il s'agit également d'outils essentiels à l'ajout de valeur pour la société.

Entre autres défis, le contrôleur de gestion doit donc adopter ce principe d'anticipation afin de faire évoluer ses prévisions et indicateurs de performance, tout en valorisant ce qui s'en vient. Dans l'idéal, les contrôleurs doivent toujours avoir une longueur d'avance sur le marché ; ils doivent être en mesure de discerner ce que réserve le marché et d'entrevoir les tendances qui s'affirment. Pour ce faire, ils doivent aller chercher les informations chez les clients.

« L'anticipation est une qualité essentielle chez mes collaborateurs. Je recherche des gestionnaires qui anticipent, qui sont proactifs, qui sont habiles à croiser des informations provenant de différentes sources (internes et externes), qui font évoluer les outils et les systèmes d'information », affirme M. Rémillard.

Comme nous l'avons déjà souligné à maintes reprises, l'objectif de la comptabilité de management est d'aider les gestionnaires à accomplir la mission de l'entreprise le plus efficacement possible, en produisant de l'information utile à la prise de décision. Nous avons déjà étudié les coûts, les marges et, au chapitre précédent, les décisions touchant la structure des coûts, et son importance dans l'évaluation du résultat. Nous consacrerons le présent chapitre à l'analyse des décisions d'exploitation. Dans la deuxième partie de ce chapitre, nous aborderons différentes situations fréquemment rencontrées en entreprise. Par exemple, nous nous demanderons s'il vaut mieux acheter un produit ou le fabriquer, conserver une gamme de produits ou l'abandonner, accepter une commande spéciale ou la refuser. Nous nous demanderons également comment choisir une combinaison de produits et comment déterminer un prix de vente.

LES DÉCISIONS D'EXPLOITATION

Distinguons les décisions d'exploitation des décisions d'investissement. Les **décisions exigeant un investissement** visent l'acquisition d'immobilisations corporelles majeures qui requièrent un financement à long terme dont on doit tenir compte lorsqu'on les analyse. Les décisions d'investissement sont traitées au chapitre 15 tandis que leurs effets sur les flux monétaires le sont au chapitre 14.

Les **décisions d'exploitation** n'exigent pas d'investissement et sont souvent liées à des opérations courantes. Les décisions de ce type se présentent sous la forme d'un choix entre deux ou plusieurs propositions. On les appelle parfois les « décisions-réactions », parce qu'elles sont prises à la suite d'événements non planifiés. Il peut notamment s'agir de décider si on doit :

- fabriquer un produit ou l'acheter, à la suite d'un changement imprévu touchant la production ou les conditions du marché ;

- poursuivre la fabrication d'un produit qui ne semble plus rentable ou y mettre un terme ;

- accepter une commande spéciale ou la rejeter ;

- choisir une combinaison de produits, surtout lorsque l'usine fonctionne à plein rendement ;

- déterminer un prix de vente.

Le travail de l'analyste consiste à cerner et à mesurer les facteurs quantitatifs et qualitatifs associés aux diverses options. Les données ainsi obtenues permettront au gestionnaire de mieux évaluer l'intérêt de chaque proposition. Par exemple, si deux propositions semblent offrir les mêmes résultats, les facteurs qualitatifs seront décisifs. Par contre, si une proposition entraîne des résultats nettement supérieurs, le gestionnaire devra déterminer si les facteurs qualitatifs compensent l'écart financier.

Bien qu'elles n'exigent aucun financement à long terme, ces décisions peuvent avoir des répercussions pendant plusieurs années. Elles revêtent souvent même une grande importance sur le plan stratégique. Notons par ailleurs que, en raison de l'informatisation accrue des décisions d'exploitation, certaines **décisions à court terme** – par exemple commander des matières et des fournitures ou déclencher la fabrication d'un lot de produits – ne sont plus des décisions prises au cas par cas, mais font l'objet de contrats à long terme.

L'expression « décisions à court terme », utilisée dans certains manuels de comptabilité de gestion pour désigner les décisions d'exploitation, est imparfaite. Et l'expression **décisions à long terme**, utilisée pour désigner les décisions d'investissement, est également inappropriée dans un contexte marqué par le raccourcissement du cycle de vie des produits et de l'équipement dû à l'évolution technologique accélérée, à la recherche de compétitivité et à la mondialisation des marchés.

L'ANALYSE GLOBALE ET L'ANALYSE DIFFÉRENTIELLE

Lorsqu'on doit faire un choix entre plusieurs décisions, on peut recourir à l'analyse globale ou à l'analyse différentielle. L'**analyse globale** permet de dégager les revenus totaux et les coûts totaux découlant de chacune des options. L'**analyse différentielle** permet de faire ressortir les divers éléments de revenu et de coût sur lesquels influe chaque décision et de les comparer à une situation de référence, la plupart du temps le *statu quo*. La somme des différences représente le résultat différentiel net de chaque option par rapport à la situation de référence. Comme elle n'exige pas de calculer la somme des coûts qui ne sont pas touchés par la décision, l'analyse différentielle permet de déterminer l'effet de la décision sur les résultats beaucoup plus rapidement que l'analyse globale.

Pour faire une analyse globale, on peut recourir à la méthode du coût complet ou à la méthode des coûts variables. Lorsqu'on utilise la méthode des coûts variables, on peut utiliser la marge sur coûts variables totale ou la marge sur coûts variables unitaire.

Les avantages de chacune des méthodes apparaissent mieux à travers un exemple. Dans l'exemple suivant, nous appliquerons quatre méthodes :

- l'analyse globale selon la méthode du coût complet (voir le tableau 1) ;

- l'analyse globale selon la méthode des coûts variables, avec utilisation de la marge sur coûts variables totale (tableau 2) ;

- l'analyse globale selon la méthode des coûts variables, avec utilisation de la marge sur coûts variables unitaire (tableau 3) ;

- l'analyse différentielle (tableau 4).

EXEMPLE

LES ATELIERS FRÉCHETTE

Les Ateliers Fréchette désirent évaluer une proposition visant à modifier leur processus de fabrication. Cette proposition réduirait de 30 minutes le temps de main-d'œuvre directe, ce qui représente 25 % du temps requis en MOD par unité. De plus, cela influerait sur les frais généraux de fabrication variables, car il a été établi que ces derniers varient en fonction du temps de main-d'œuvre directe. En contrepartie, les frais généraux de fabrication fixes s'accroîtraient de 240 000 $ par année. Les Ateliers Fréchette fabriquent actuellement 80 000 unités d'un seul produit.

Le tableau 1 présente une analyse globale de cette proposition selon la méthode du coût complet. Le tableau 2 présente la même analyse selon la méthode des coûts variables, avec utilisation de la marge sur coûts variables totale. Le tableau 3 présente la même analyse selon la méthode des coûts variables, avec utilisation de la marge sur coûts variables unitaire. Enfin, le tableau 4 présente une analyse différentielle de la proposition.

Tableau 1
L'analyse globale selon la méthode du coût complet

	Situation actuelle	Proposition	Différence
Volume d'activité (en unités)	80 000	80 000	0
Ventes (prix de vente de 80 $)	6 400 000 $	6 400 000 $	0 $
Coût de fabrication			
Matières premières (10 $/unité)	800 000 $	800 000 $	0 $
Main-d'œuvre directe (12 $/heure)	1 920 000 $	1 440 000 $	–480 000 $
Frais généraux de fabrication			
Variables (8 $/heure)	1 280 000 $	960 000 $	–320 000 $
Fixes	720 000 $	960 000 $	240 000 $
Total des coûts de fabrication	**4 720 000 $**	**4 160 000 $**	**–560 000 $**
Résultat brut	**1 680 000 $**	**2 240 000 $**	**560 000 $**
Frais de vente			
Variables (10 % du prix de vente)	640 000 $	640 000 $	0 $
Fixes	640 000 $	640 000 $	0 $
Total des frais de vente	**1 280 000 $**	**1 280 000 $**	**0 $**
Résultat d'exploitation	**400 000 $**	**960 000 $**	**560 000 $**

Tableau 2
L'analyse globale selon la méthode des coûts variables,
avec utilisation de la marge sur coûts variables totale

	Situation actuelle	Proposition	Différence
Volume d'activité (en unités)	80 000	80 000	0
Ventes (prix de vente de 80 $)	6 400 000 $	6 400 000 $	0 $
Coût de fabrication variable			
Matières premières (10 $/unité)	800 000 $	800 000 $	0 $
Main-d'œuvre directe (12 $/heure)	1 920 000 $	1 440 000 $	–480 000 $
Frais généraux de fabrication variables (8 $/heure)	1 280 000 $	960 000 $	–320 000 $
Frais de vente variables (10 % du prix de vente)	640 000 $	640 000 $	0 $
Total des coûts variables	**4 640 000 $**	**3 840 000 $**	**–800 000 $**
Marge sur coûts variables totale	**1 760 000 $**	**2 560 000 $**	**800 000 $**
Frais de fabrication fixes	720 000 $	960 000 $	240 000 $
Frais de vente fixes	640 000 $	640 000 $	0 $
Total des coûts fixes	**1 360 000 $**	**1 600 000 $**	**240 000 $**
Résultat d'exploitation	**400 000 $**	**960 000 $**	**560 000 $**

Tableau 3
L'analyse globale selon la méthode des coûts variables,
avec utilisation de la marge sur coûts variables unitaire

	Situation actuelle	Proposition	Différence
Volume d'activité (en unités)	80 000	80 000	0
Ventes (prix de vente de 80 $)	80 $	80 $	0 $
Coût de fabrication variable			
Matières premières (10 $/unité)	10 $	10 $	0 $
Main-d'œuvre directe (12 $/heure)	24 $	18 $	-6 $
Frais généraux de fabrication variables (8 $/heure)	16 $	12 $	-4 $
Frais de vente variables (10 % du prix de vente)	8 $	8 $	0 $
Total des coûts variables	**58 $**	**48 $**	**-10 $**
Marge sur coûts variables unitaire	**22 $**	**32 $**	**10 $**
Marge sur coûts variables totale	**1 760 000 $**	**2 560 000 $**	**800 000 $**
Frais de fabrication fixes	720 000 $	960 000 $	240 000 $
Frais de vente fixes	640 000 $	640 000 $	0 $
Total des coûts fixes	**1 360 000 $**	**1 600 000 $**	**240 000 $**
Résultat d'exploitation	**400 000 $**	**960 000 $**	**560 000 $**

Tableau 4
L'analyse différentielle

Augmentation des frais généraux de fabrication fixes	240 000 $
Économie de main-d'œuvre directe par unité	6 $
Économie de frais généraux de fabrication variables unitaires	4 $
Économie totale de coûts variables unitaires	10 $
Augmentation du résultat d'exploitation	
Pour 80 000 unités	560 000 $
Pour 60 000 unités	360 000 $
Pour 100 000 unités	760 000 $

Comme on le voit, l'analyse différentielle permet de calculer rapidement l'économie réalisée en fonction de divers volumes d'activité. L'analyse globale, pour sa part, exige qu'on refasse tous les calculs, même ceux qui touchent les frais de vente inchangés. Cependant, lorsqu'elle est faite selon la méthode des coûts variables avec utilisation de la marge sur coûts variables unitaire, elle constitue un compromis heureux : en effet, même si elle donne une vision globale, elle permet d'analyser facilement la sensibilité du volume d'activité car elle donne clairement la marge sur coûts variables unitaire.

L'INTERPRÉTATION DES COÛTS FIXES UNITAIRES

Il est mathématiquement possible d'utiliser l'analyse globale en calculant les coûts fixes unitaires. Cependant, les coûts unitaires sont des données unitaires déduites de coûts fixes totaux, et il est déconseillé de les utiliser pour analyser les résultats. On pourrait en effet être porté à croire que les coûts fixes unitaires se comportent comme des coûts variables, *ce qui n'est pas du tout le cas*. C'est ce qu'on appelle le piège des coûts fixes unitaires. On peut néanmoins recourir aux coûts fixes unitaires pour effectuer certaines analyses car ceux-ci offrent une autre perspective. De plus, il est fréquent que des directeurs souhaitent voir l'effet d'une proposition sur les coûts unitaires, auquel cas la présentation d'un tableau des coûts unitaires est nécessaire. Dans ces situations, il est conseillé de commencer par l'utilisation de l'approche globale selon la méthode du coût complet, puis, une fois l'analyse faite, de traduire les résultats du tableau en données par unité.

EXEMPLE

LES ATELIERS FRÉCHETTE (SUITE)

Les directeurs des Ateliers Fréchette souhaitent connaître l'effet de la proposition sur le coût unitaire des produits. Il faut faire une analyse globale selon la méthode du coût complet, puis présenter le contenu du tableau des coûts par unité. Les résultats sont présentés dans le tableau suivant.

L'analyse globale selon la méthode du coût complet : les coûts unitaires

	Situation actuelle	Proposition	Différence
Prix de vente	**80,00 $**	**80,00 $**	**0 $**
Coût de fabrication			
Matières premières	10 $	10 $	0 $
Main-d'œuvre directe (12 $/heure)	24 $	18 $	–6 $
Frais généraux de fabrication			
Variables (8 $/heure)	16 $	12 $	–4 $
Fixes	9 $	12 $	3 $
	59 $	**52 $**	**–7 $**
Résultat unitaire brut	**21 $**	**28 $**	**7 $**
Frais de vente			
Variables (soit 10 % du prix de vente)	8 $	8 $	0 $
Fixes	8 $	8 $	0 $
	16 $	**16 $**	**0 $**
Résultat d'exploitation unitaire	**5 $**	**12 $**	**7 $**
Résultat d'exploitation pour 80 000 unités	**400 000 $**	**960 000 $**	**560 000 $**

Le résultat d'exploitation unitaire de 7 $ est uniquement valable pour un volume d'activité de 80 000 unités. Ce résultat doit donc être utilisé avec prudence. En effet, comme on peut le déduire de l'analyse différentielle, le résultat d'exploitation unitaire est de 6 $ pour un volume d'activité de 60 000 unités et de 7,60 $ pour un volume d'activité de 100 000 unités.

UNE DÉMARCHE D'ÉVALUATION DE PROPOSITIONS

La démarche que nous suggérons d'adopter pour évaluer des propositions relatives à des décisions d'exploitation est résumée à la figure 12.1.

Figure 12.1 Une démarche d'évaluation de propositions

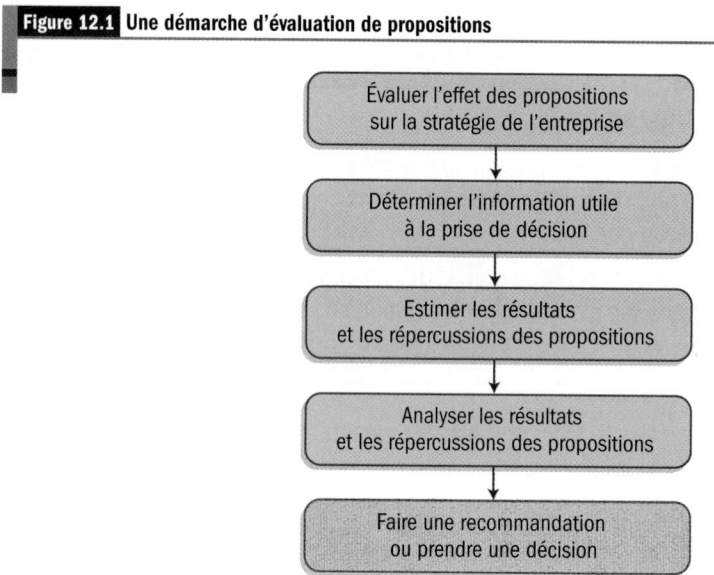

Reprenons chacune de ces étapes.

ÉVALUER L'EFFET DES PROPOSITIONS SUR LA STRATÉGIE DE L'ENTREPRISE

Lorsqu'on examine une proposition, on doit prendre en considération la rentabilité de l'entreprise. On doit également s'assurer qu'elle entre dans le cadre de gestion stratégique de l'entreprise (voir le chapitre 19), car bien des décisions d'exploitation peuvent influer sur l'évolution de la stratégie à long terme de l'entreprise. Le cadre de gestion stratégique[1] comprend

---

1. Dans *La gestion stratégique des coûts,* publié aux Éditions d'Organisation en 1995, John K. Shank et Vijay Govindarajan suggèrent un changement de paradigme dans la gestion des coûts. Selon ce paradigme, on situera la gestion des coûts dans un cadre stratégique comme celui de l'analyse de la chaîne de valeur ou du positionnement de l'entreprise.

notamment les notions d'analyse de la chaîne de valeur, de positionnement stratégique et d'analyse des inducteurs de coûts. Avant de formuler les propositions de façon détaillée, il faut donc s'assurer qu'elles sont en accord avec la politique et la stratégie de l'entreprise. Si c'est le cas, on peut passer aux étapes suivantes; sinon, on doit mettre fin à l'évaluation.

Examinons par exemple la décision suivante : vaut-il mieux fabriquer une pièce qui s'ajoute à un produit fini provenant de l'entreprise ou se la procurer ailleurs ? À court terme, il peut être plus économique de l'acheter. Mais à long terme, si la pièce est un élément clé de la différenciation du produit et de sa qualité, il serait peut-être avantageux d'acquérir l'expertise nécessaire pour la produire et d'effectuer à l'interne la recherche et développement. Il s'agit là d'une décision qui relève de la stratégie de l'entreprise.

Deuxième exemple de décision : faut-il accepter ou refuser une commande spéciale qui permettrait à l'entreprise d'utiliser une capacité inutilisée ? L'entreprise doit certes s'efforcer d'utiliser entièrement la capacité de production qu'elle s'est donnée. Mais, si elle accepte cette commande, elle doit se demander quel sera l'effet à long terme sur le rendement de la main-d'œuvre d'appoint, sur l'approvisionnement et sur la gestion des stocks, autant d'éléments qui relèvent de la stratégie d'exploitation de l'entreprise.

Troisième exemple : faut-il ou non transformer un produit au-delà du point de séparation ? Pour trancher, il ne suffit pas de comparer la valeur marchande du produit avec sa valeur de réalisation nette au point de séparation. En effet, cette décision suppose qu'on acquière une expertise, un savoir-faire, autrement dit qu'on mette en place une nouvelle affaire, autant d'éléments qui relèvent de la stratégie de l'entreprise.

DÉTERMINER L'INFORMATION UTILE À LA PRISE DE DÉCISION

Le gestionnaire doit formuler les propositions de telle sorte que l'information recueillie permette de prendre une décision éclairée. De plus, il doit tenir compte du fait que les données nécessaires à l'analyse d'une proposition sont parfois difficiles à obtenir ou coûteuses. La recherche de données s'effectue en effet auprès de diverses unités administratives et parfois à l'extérieur de l'entreprise, notamment pour les données portant sur les marchés et les compétiteurs.

Reprenons la décision suivante : vaut-il mieux fabriquer une pièce qui s'ajoute à un produit fini provenant de l'entreprise ou se la procurer ailleurs ? Il y a bien deux propositions, mais leur formulation ne permet pas d'estimer leurs résultats. Il faut donc entrer dans le détail de chaque proposition. Si l'entreprise fabrique la pièce, quelles seront les implications en matière d'activités et de coûts ? Et si elle se la procure ailleurs, à quel fournisseur s'adressera-t-elle et quelle sera la logistique de commande et de transport ?

ESTIMER LES RÉSULTATS ET LES RÉPERCUSSIONS DES PROPOSITIONS

Il faut ensuite évaluer les résultats et les répercussions des propositions. Par résultats, on entend le plus souvent des coûts et des revenus supplémentaires par rapport à la situation actuelle, ainsi que les parts de marché. Par répercussions, on entend les indicateurs de performance susceptibles d'influer sur le choix des gestionnaires. Les résultats et les répercussions des propositions relèvent de l'avenir : ils sont donc nécessairement marqués par l'incertitude. On les envisage habituellement à travers trois scénarios possibles – pessimiste, le plus probable, ou optimiste – dont on estime la probabilité d'occurrence. Même si on peut aller au-delà de trois scénarios (par exemple cinq, sept ou plus), on le fait rarement car il est difficile d'estimer la probabilité des événements.

Reprenons la décision de fabriquer une pièce qui s'ajoute à un produit fini provenant de l'entreprise. Il faut estimer les coûts respectifs des deux options : fabriquer soi-même la pièce et se la procurer ailleurs. Mais chaque proposition entraîne presque toujours des coûts fixes spécifiques, et la couverture de ces coûts dépend du volume d'unités produites. Généralement, il ne vaut pas la peine de fabriquer soi-même une pièce si, pour fabriquer un petit volume d'unités, on doit investir dans une nouvelle technologie. Il faudra donc estimer les volumes correspondant aux divers scénarios envisagés.

Nous ne traiterons pas de l'estimation de probabilités subjectives[2] dans ce manuel. Par contre, à titre informatif, nous présentons la règle d'approximation utilisée dans les systèmes PERT[3] qui attribue un poids de 4/6 au scénario le plus probable et un poids de 1/6 au scénario pessimiste et au scénario optimiste. Par exemple, on calcule l'espérance mathématique d'un résultat à l'aide de la formule suivante :

$$\text{Espérance mathématique} = \frac{\text{Résultat pessimiste} + \left(4 \times \text{Résultat le plus probable}\right) + \text{Résultat optimiste}}{6}$$

ANALYSER LES RÉSULTATS ET LES RÉPERCUSSIONS DES PROPOSITIONS

Rappelons que le but de l'étude des propositions est de fournir des données utiles à la prise de décision. Il faut donc se questionner sur le type de données qui peuvent être utiles au gestionnaire. Si celui-ci connaissait les répercussions de tous les scénarios possibles pour chacun des choix qu'il doit faire, il serait en mesure de prendre la décision qui optimise la valeur qu'il attribue aux résultats.

On utilise deux outils pour représenter les répercussions des résultats des différentes propositions : l'arbre de décision et le tableau de résultats conditionnels. Quant à l'analyse de sensibilité, on y recourt pour s'assurer que tous les choix et tous les scénarios possibles ont été évalués ; elle est essentielle pour l'évaluation du risque financier correspondant à chacune des propositions.

---

2. Par probabilités subjectives, on entend les chances qu'on attribue à un événement de se produire. Il s'agit donc du reflet d'un jugement, et non du résultat d'une moyenne expérimentale (comme c'est le cas lorsqu'on tire à pile ou face).

3. PERT signifie *Program Evaluation and Review Technique*.

L'ARBRE DE DÉCISION

On peut effectuer l'analyse à l'aide d'un **arbre de décision**, dont chacune des branches correspond à une proposition, autrement dit à un choix possible du gestionnaire. À chaque proposition correspond un ou des résultats possibles, qu'on associe souvent à des scénarios (optimiste, réaliste ou le plus probable et pessimiste). À chaque résultat correspondent une valeur, une utilité ou des indicateurs de performance. Les résultats sont souvent qualifiés de «conditionnels» car ils dépendent de la réalisation du scénario auquel ils correspondent. Ainsi, dans l'exemple de la figure 12.2, on voit qu'il y a trois résultats probables associés à la proposition 1, mais qu'un seul se réalisera. Les résultats de l'arbre de décision sont donc conditionnels à la réalisation d'un scénario.

Figure 12.2 L'arbre de décision

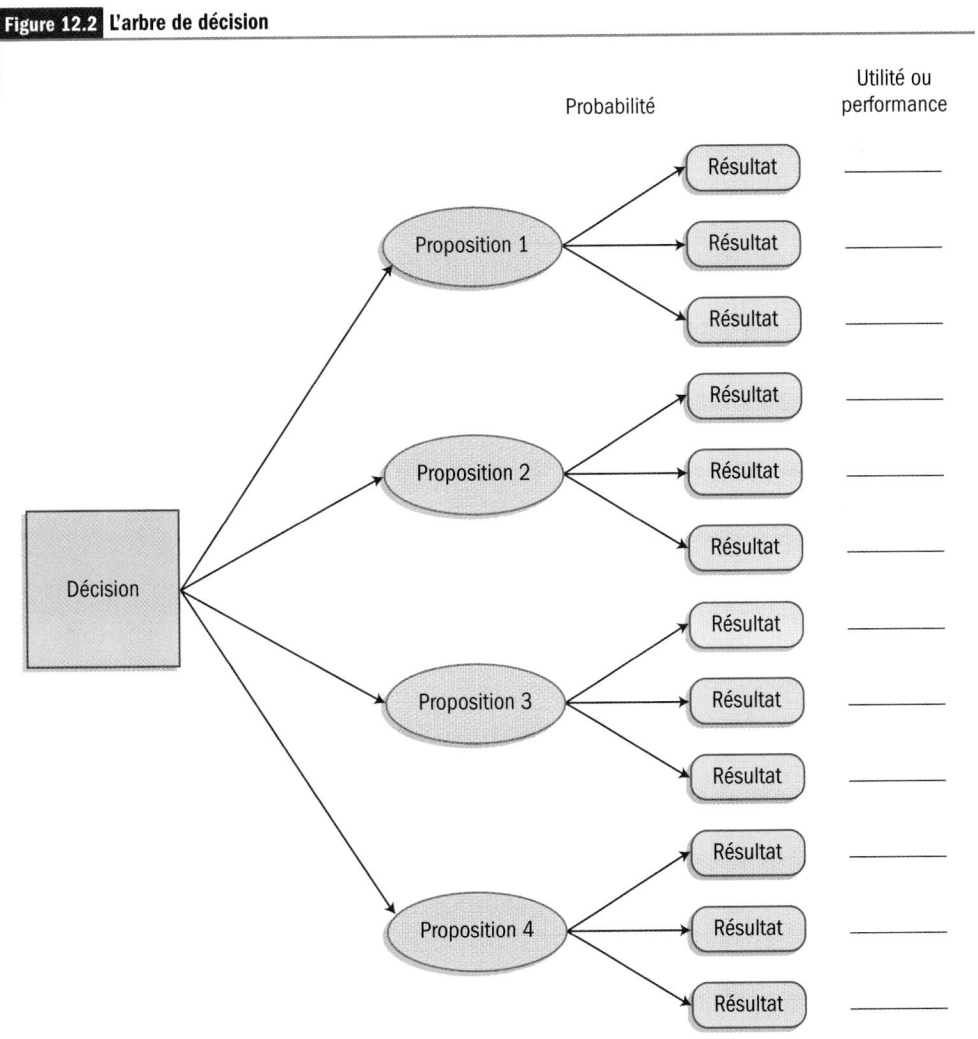

L'arbre de décision peut aussi servir à évaluer une série de décisions séquentielles (voir la figure 12.3).

Figure 12.3 **L'arbre de décision dans une situation de décisions successives**

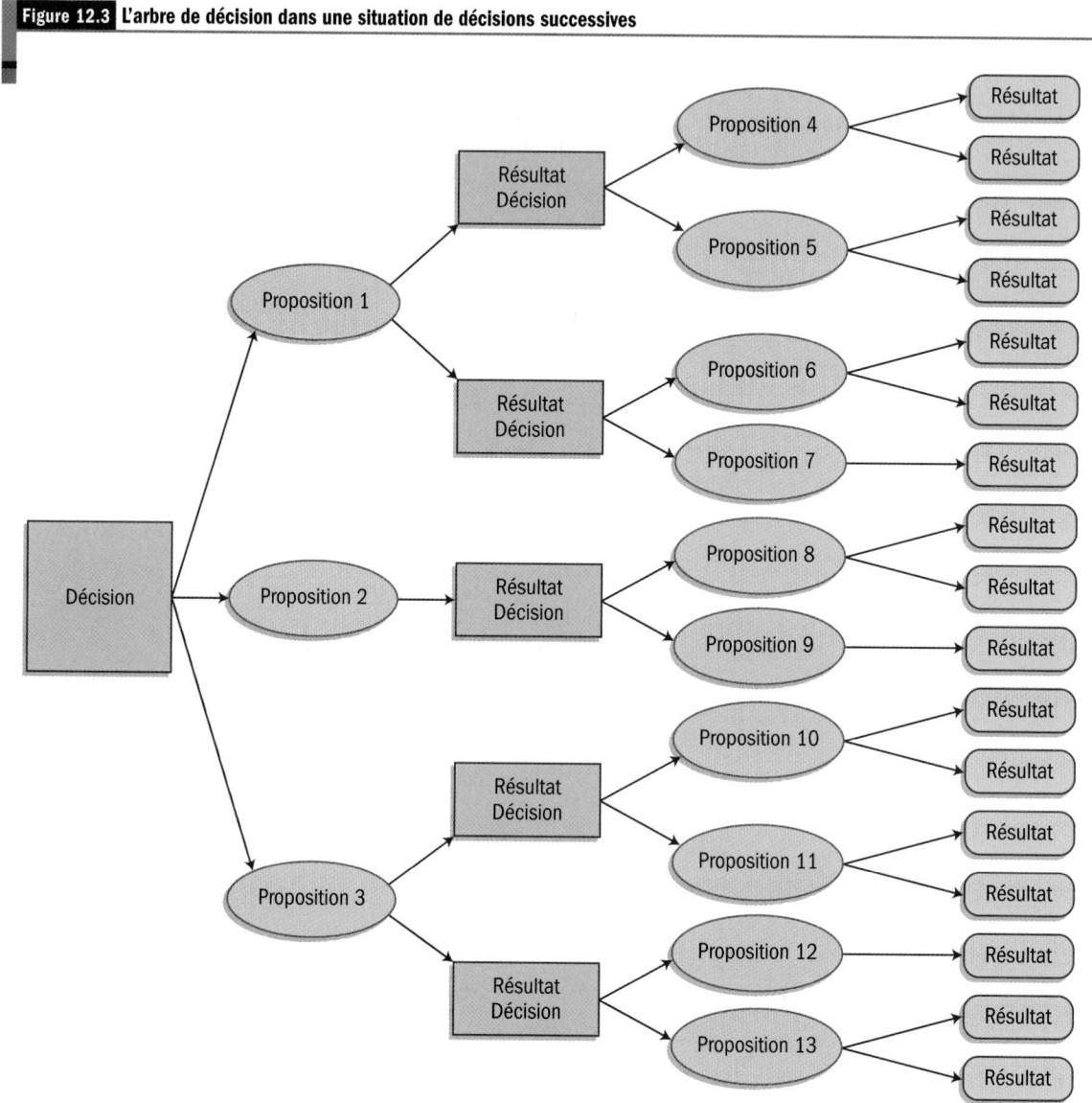

LE TABLEAU DE RÉSULTATS CONDITIONNELS

On peut aussi communiquer les résultats conditionnels à l'aide d'un **tableau de résultats conditionnels**, dont le but est de mettre en perspective l'élément décidé (la proposition choisie) et l'événement résultant de cette décision (le scénario qui se réalise). Le tableau se présente souvent sous la forme d'une matrice à deux dimensions où les scénarios probables sont déclinés par lignes, et les décisions possibles par colonnes. Les résultats conditionnels aux valeurs des deux variables forment les cases du tableau. L'arbre de décision de la figure 12.2 est présenté sous la forme d'un tableau de résultats conditionnels à la figure 12.4.

Figure 12.4 Le tableau de résultats conditionnels

	Scénario 1	Scénario 2	Scénario 3
Proposition 1	Résultat conditionnel au choix de la proposition 1 et à la réalisation du scénario 1	Résultat conditionnel au choix de la proposition 1 et à la réalisation du scénario 2	Résultat conditionnel au choix de la proposition 1 et à la réalisation du scénario 3
Proposition 2	Résultat conditionnel au choix de la proposition 2 et à la réalisation du scénario 1	Résultat conditionnel au choix de la proposition 2 et à la réalisation du scénario 2	Résultat conditionnel au choix de la proposition 2 et à la réalisation du scénario 3
Proposition 3	Résultat conditionnel au choix de la proposition 3 et à la réalisation du scénario 1	Résultat conditionnel au choix de la proposition 3 et à la réalisation du scénario 2	Résultat conditionnel au choix de la proposition 3 et à la réalisation du scénario 3
Proposition 4	Résultat conditionnel au choix de la proposition 4 et à la réalisation du scénario 1	Résultat conditionnel au choix de la proposition 4 et à la réalisation du scénario 2	Résultat conditionnel au choix de la proposition 4 et à la réalisation du scénario 3

L'ANALYSE DE SENSIBILITÉ

L'**analyse de sensibilité** consiste à étudier les variations des résultats consécutives aux choix qui sont faits ainsi qu'à l'occurrence d'un résultat. Les tableaux de résultats conditionnels sont utiles pour analyser la sensibilité car ils permettent d'évaluer toutes les possibilités de choix et les occurrences possibles de tous les scénarios associés à ces choix. Les propositions concernent tous les paramètres qu'on contrôle : le prix de vente qu'on fixe, l'augmentation de salaire qu'on accorde, le contrat qu'on signe, etc. Les scénarios concernent toutes les variables qu'on ne contrôle pas parce qu'elles dépendent de facteurs externes : le volume de ventes, le prix des matières premières, le coût de l'énergie, etc.

Il est éclairant pour le gestionnaire de voir quelles seraient les répercussions sur les résultats des choix qu'il contrôle, combinés à l'occurrence d'événements qu'il ne contrôle pas.

L'ANALYSE DE L'UTILITÉ

Pour faire leur choix, peu de décideurs s'appuient sur le critère de l'espérance mathématique du résultat. Les économistes emploient le terme *utilité* pour définir la valeur attribuée à chacun des résultats. Or, cette valeur n'est pas nécessairement proportionnelle aux résultats. En effet, les gestionnaires attribuent généralement plus de valeur à la protection des actifs de l'entreprise qu'à la maximisation de l'espérance mathématique de gains éventuels. Ainsi, éviter une perte éventuelle a souvent plus de valeur à leurs yeux que réaliser un gain probable alléchant. Peu de gestionnaires iront jusqu'à mettre en danger l'existence de l'organisation dans l'espoir de tripler sa valeur.

Prenons par exemple un projet qui présente 50 % de chances de réaliser un gain net de 3 millions et 50 % de risques de perdre 1 million. L'entreprise ferait faillite si elle perdait 1 million. Très peu de directeurs choisiront un tel projet, dont l'espérance mathématique est pourtant nettement positive, à cause du risque élevé de faillite. Cependant, l'utilité espérée est négative à −0,1. En effet, sur une échelle allant de −1 à +1, −1 indique un risque qu'on veut éviter à tout prix, 0 une indifférence et +1 l'utilité maximale. Cette décision est illustrée à la figure 12.5.

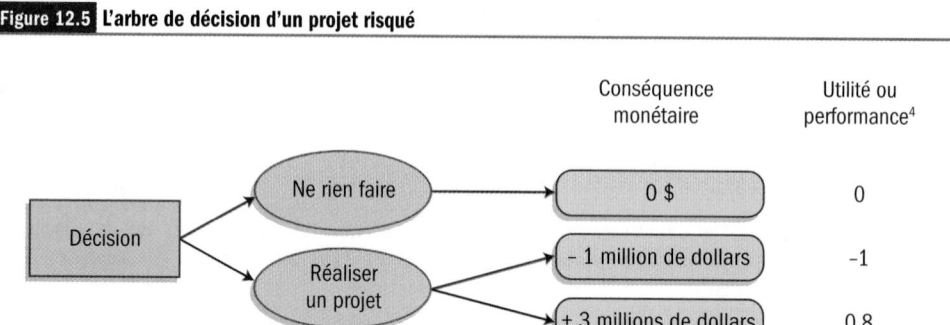

Figure 12.5 L'arbre de décision d'un projet risqué

L'exemple suivant illustre la démarche proposée pour évaluer des propositions d'exploitation. L'évaluation du risque aura une incidence certaine sur la décision d'aller de l'avant ou non avec un projet.

EXEMPLE

DCA

La société DCA fabrique deux produits substituts, c'est-à-dire des produits qui ont les mêmes fonctionnalités : le produit A, considéré comme haut de gamme, actuellement vendu 18,75 $, et le produit C, considéré comme bas de gamme, vendu 8,55 $. Le tableau ci-dessous présente les résultats du premier trimestre 2011, ainsi que les résultats prévus pour le deuxième trimestre. Le ratio résultat d'exploitation/ventes est de 4,4 % et le ratio résultat d'exploitation escompté/ventes prévues est de 4,0 %. Ces résultats sont décevants pour une entreprise qui obtient habituellement des rendements minimaux de 6 %.

Les résultats des deux premiers trimestres 2011

	Données réelles pour le 1er trimestre	Estimations pour le 2e trimestre
Ventes	8 308 086 $	8 244 600 $
Coût des marchandises vendues	6 431 580 $	6 402 800 $
Résultat brut	**1 876 506 $**	**1 841 800 $**
Frais de vente et d'administration	1 510 000 $	1 510 000 $
Résultat d'exploitation	**366 506 $**	**331 800 $**

➡

---

4. Les aspects techniques liés au concept d'utilité dépassent les objectifs de cet ouvrage. Pour en savoir plus sur l'utilité en contexte d'incertitude, nous renvoyons le lecteur au chapitre 11 du livre intitulé *Analyse microéconomique*, de Hal R. Varian, publié aux Éditions De Boeck en 1995.

En effet, l'entreprise a toujours réalisé par le passé un rendement sur les ventes supérieur à 6% du résultat d'exploitation. Le résultat de 4,4% obtenu au premier trimestre a déçu, et le résultat prévisionnel de 4,0% pour le second trimestre est inquiétant. L'entreprise étudie donc trois projets susceptibles de redresser la situation au deuxième trimestre :

1. baisser le prix de vente du produit A afin d'accroître le volume de ventes ;

2. lancer un nouveau produit, dit de milieu de gamme, le produit B, qui s'ajouterait aux produits A et C ;

3. confier la distribution des produits à un sous-traitant.

Première étape : Déterminer les effets des propositions sur la stratégie de l'entreprise

Avant de calculer l'effet économique des propositions, il faut se demander quel est leur effet sur la stratégie à long terme de l'entreprise. La première proposition amènerait à positionner le produit A au milieu de la gamme. La deuxième proposition entraînerait une érosion des ventes du produit A. La troisième aurait d'importantes répercussions sur l'avenir de la distribution : une fois qu'une entreprise s'est départie de son service de distribution, il lui est en effet difficile de revenir sur cette décision. Voilà autant d'éléments qui relèvent de la stratégie et dont on doit tenir compte avant d'entreprendre les calculs.

En raison de la compétitivité accrue due à la mondialisation des marchés, les entreprises ne peuvent conserver leur avantage concurrentiel que s'il s'insère dans une stratégie de développement à long terme. Il faut donc s'assurer que les projets envisagés concordent avec la stratégie de l'entreprise avant de les formuler et de les étudier. Supposons que les propositions s'harmonisent avec la stratégie de l'entreprise et passons à la deuxième étape.

Deuxième étape : Déterminer l'information utile à la prise de décision

Selon la première proposition, le prix de vente pourrait baisser de 0,50 $ à 3,00 $, d'où la nécessité de préciser l'ampleur de la baisse envisagée, soit une baisse de 0,50 $, de 1,00 $, de 2,00 $, etc. Dans le cas de la deuxième proposition – lancer un produit de milieu de gamme –, il faut connaître les spécifications du nouveau produit, qui se traduiront par des coûts particuliers (matières premières et main-d'œuvre directe, notamment), et il faut également décider du prix de vente du produit. Enfin, avec la troisième proposition, il faut avoir une idée claire de ce que deviendront l'infrastructure et le personnel chargé de la distribution afin d'évaluer correctement les répercussions de ces changements sur les coûts.

Il est parfois nécessaire d'effectuer des recherches pour pouvoir formuler les propositions. Ainsi, dans le cas de la première proposition, il faudra faire des recherches pour déterminer le montant de la baisse permettant de maximiser la contribution nette du produit, et il faudra aussi se demander si l'augmentation des ventes du produit A n'entraînera pas une baisse des ventes du produit C. Dans le cas de la deuxième proposition, il faudra faire une recherche similaire pour établir le prix optimal du nouveau produit en vue de maximiser la contribution nette du produit, et il faudra aussi s'interroger sur l'effet de l'introduction du produit B sur les ventes des produits A et C. Dans le cas de la troisième proposition, il faudra faire une recherche pour évaluer les coûts qu'implique la sous-traitance de la distribution.

Une fois les recherches effectuées, on étudie les quatre propositions suivantes :

1. faire passer le prix de vente du produit A de 18,75 $ à 17,55 $;

2. lancer un nouveau produit, le produit B, avec un prix de vente de 12,95 $. Ce produit entraînerait les coûts spécifiques suivants : matières premières, 3,50 $ par unité ; main-d'œuvre directe, 1,60 $ par unité ; frais généraux de fabrication variables, 0,80 $ par unité ; frais de distribution variables, 0,50 $ par unité ; frais fixes spécifiques de fabrication, 450 000 $; et frais fixes spécifiques de distribution, 210 000 $;

3. confier à un sous-traitant la distribution des produits au prix de 1,25 $ par unité, ce qui éliminerait tous les coûts de distribution actuels, tant fixes que variables ;

4. s'en tenir à la situation actuelle.

Troisième étape : Estimer les résultats et les répercussions des propositions

Afin d'évaluer les résultats et les répercussions de diverses propositions, on doit connaître le détail des revenus et des coûts par produit. Le tableau suivant résume les données supplémentaires qui seront utiles au calcul des résultats.

Les données détaillées relatives aux résultats du premier trimestre de la société DCA

	Produit A	Produit C	Total
Prix de vente	**18,75 $**	**8,55 $**	
Matières premières	4,50 $	3,00 $	
Main-d'œuvre directe	2,20 $	1,60 $	
Frais généraux de fabrication variables	1,10 $	0,80 $	
Coûts de fabrication variables	**7,80 $**	**5,40 $**	
Marge à la fabrication unitaire	**10,95 $**	**3,15 $**	
Frais de distribution	0,50 $	0,50 $	
Marge à la distribution unitaire (marge sur coûts variables unitaire)	**10,45 $**	**2,65 $**	
Volume au premier trimestre	248 240	427 320	
Marge à la distribution totale (marge sur coûts variables totale)	**2 594 108 $**	**1 132 398 $**	
Frais fixes spécifiques de fabrication	680 000 $	550 000 $	
Frais fixes spécifiques de distribution	320 000 $	300 000 $	
Coûts fixes spécifiques	**1 000 000 $**	**850 000 $**	
Résultat d'exploitation avant frais fixes communs	**1 594 108 $**	**282 398 $**	**1 876 506 $**
Frais fixes communs			1 510 000 $
Résultat d'exploitation			**366 506 $**

Les volumes estimés pour le deuxième trimestre de la société DCA sont de 245 000 unités du produit A et de 427 000 unités du produit C ; toutes les autres données estimatives correspondent aux résultats du premier trimestre. Ainsi, selon ces dernières données, le résultat d'exploitation du produit A sera de 1 560 250 $ (soit 245 000 unités × 10,45 de marge à la fabrication unitaire = 2 560 250 $ moins les coûts fixes spécifiques de 1 000 000 $) et le résultat d'exploitation du produit C sera de 281 550 $, (soit 427 000 unités × 2,65 de marge à la fabrication unitaire = 1 131 550 $ moins les coûts fixes spécifiques de 850 000 $).

La proposition 1 : résultats et répercussions

Selon les études de marché, en faisant passer le prix de vente du produit A de 18,75 $ à 17,55 $ (soit 1,20 $ par unité, ce qui ramène la marge à la distribution unitaire à 9,25 $), l'entreprise pourrait en vendre 280 000 unités au deuxième trimestre. Elle en vendrait 250 000 selon le scénario pessimiste et 310 000 selon le scénario optimiste. En combinant les estimations du nombre d'unités vendues et les données du tableau précédent, on obtient le tableau suivant.

Les résultats prévus au deuxième trimestre
si le prix de vente du produit A passe à 17,55 $

	Scénario pessimiste	Scénario réaliste	Scénario optimiste
Nombre d'unités vendues	250 000	280 000	310 000
Impact sur le résultat d'exploitation	**-247 750 $**	**29 750 $**	**307 250 $**

Avec le scénario pessimiste de 250 000 unités, nous obtenons un résultat d'exploitation pour le produit A de 1 312 500 $ (soit [250 000 unités × 9,25] – 1 000 000 $), le scénario réaliste pourrait générer 1 590 000 $ de résultat d'exploitation et le scénario optimiste 1 867 500 $. Ainsi, l'impact sur résultat d'exploitation est calculé en comparant le montant calculé avec les données d'estimation actuelles de 1 560 000 $ et les montants calculés selon les différents scénarios prévus avec un prix de 17,55 $.

La proposition 2 : résultats et répercussions

Selon les études de marché concernant le produit B, l'entreprise pourrait en vendre 180 000 unités au deuxième trimestre. Les ventes prévues seraient de 75 000 selon le scénario pessimiste et de 250 000 selon le scénario optimiste. En combinant les estimations du nombre d'unités vendues et les données de la proposition 2, on obtient le tableau suivant.

Les résultats prévus au deuxième trimestre
si on lance le produit B à 12,95 $

	Scénario pessimiste	Scénario réaliste	Scénario optimiste
Nombre d'unités vendues	75 000	180 000	250 000
Résultat supplémentaire	**-168 750 $**	**519 000 $**	**977 500 $**

La marge à la distribution unitaire pour ce nouveau produit sera de 6,55 $ (soit 12,95 – 3,50 – 1,60 – 0,80 – 0,50) et les frais fixes spécifiques sont estimés à 660 000 $ (soit 450 000 $ + 210 000 $).

Avec le scénario pessimiste de 75 000 unités, nous obtenons une perte d'exploitation pour le produit B de 168 750 $ (soit [75 000 unités × 6,55] – 660 000 $), le scénario réaliste pourrait générer 519 000 $ de résultat d'exploitation et le scénario optimiste 977 500 $. Comme le produit B est un nouveau produit, il n'y a aucun résultat d'exploitation généré par ce produit.

La proposition 3 : résultats et répercussions

Le tableau ci-dessous montre les effets de la décision consistant à confier la distribution à un sous-traitant, à condition que les ventes actuelles des produits A et C se maintiennent.

Le résultat prévu au deuxième trimestre si la distribution est confiée à un sous-traitant

Économie réalisée sur les coûts fixes de distribution des produits A et C	620 000 $
Coûts variables de distribution supplémentaires ([1,25 $ – 0,50 $] × 672 000 unités, soit 245 000 + 427 000)	–504 000 $
Économie totale	**116 000 $**

L'arbre de décision

Une fois qu'on a estimé les résultats et les répercussions des différents scénarios associés à chacune des propositions, il peut être utile de les résumer sous la forme d'un arbre de décision (voir la figure 12.6) afin d'aider l'entreprise dans sa prise de décision.

Les tableaux de résultats conditionnels

Les scénarios – réaliste, pessimiste et optimiste – que nous avons examinés pour la société DCA se présentent sous une forme à la fois simple et extrême. D'une part, ils touchent un seul paramètre : le prix de vente. D'autre part, ils manquent quelque peu de subtilité. Il peut donc être intéressant d'effectuer un calcul des résultats conditionnels, qui permet de s'intéresser à plus d'une décision et à plus d'un résultat à la fois. Nous avons ainsi pris en considération plusieurs prix de vente possibles et plusieurs volumes de ventes probables dans les deux tableaux de résultats conditionnels suivants.

L'impact sur le résultat d'exploitation d'une baisse du prix de vente du produit A au deuxième trimestre

	Volume				
Prix de vente	**250 000**	**270 000**	**280 000**	**290 000**	**310 000**
16,50 $	–510 250 $	–346 250 $	–264 250 $	–182 250 $	–18 250 $
16,95 $	–397 750 $	–224 750 $	–138 250 $	–51 750 $	121 250 $
17,55 $	–247 750 $	62 750 $	29 750 $	122 250 $	307 250 $
18,25 $	–72 750 $	126 250 $	225 750 $	325 250 $	524 250 $

Résultat supplémentaire en cas de lancement du produit B

	Volume				
Prix de vente	75 000	100 000	140 000	180 000	250 000
11,95 $	–243 750 $	–105 000 $	117 000 $	339 000 $	727 500 $
12,50 $	–202 500 $	–50 000 $	194 000 $	438 000 $	865 000 $
12,95 $	–168 750 $	–5 000 $	257 000 $	519 000 $	977 500 $
13,25 $	–146 250 $	25 000 $	299 000 $	573 000 $	1 052 500 $

Comme nous pouvons le constater, ces derniers tableaux et tous les éléments qui précèdent donnent à la direction beaucoup de données précieuses pour prendre une décision éclairée.

Figure 12.6 L'arbre de décision de la société DCA

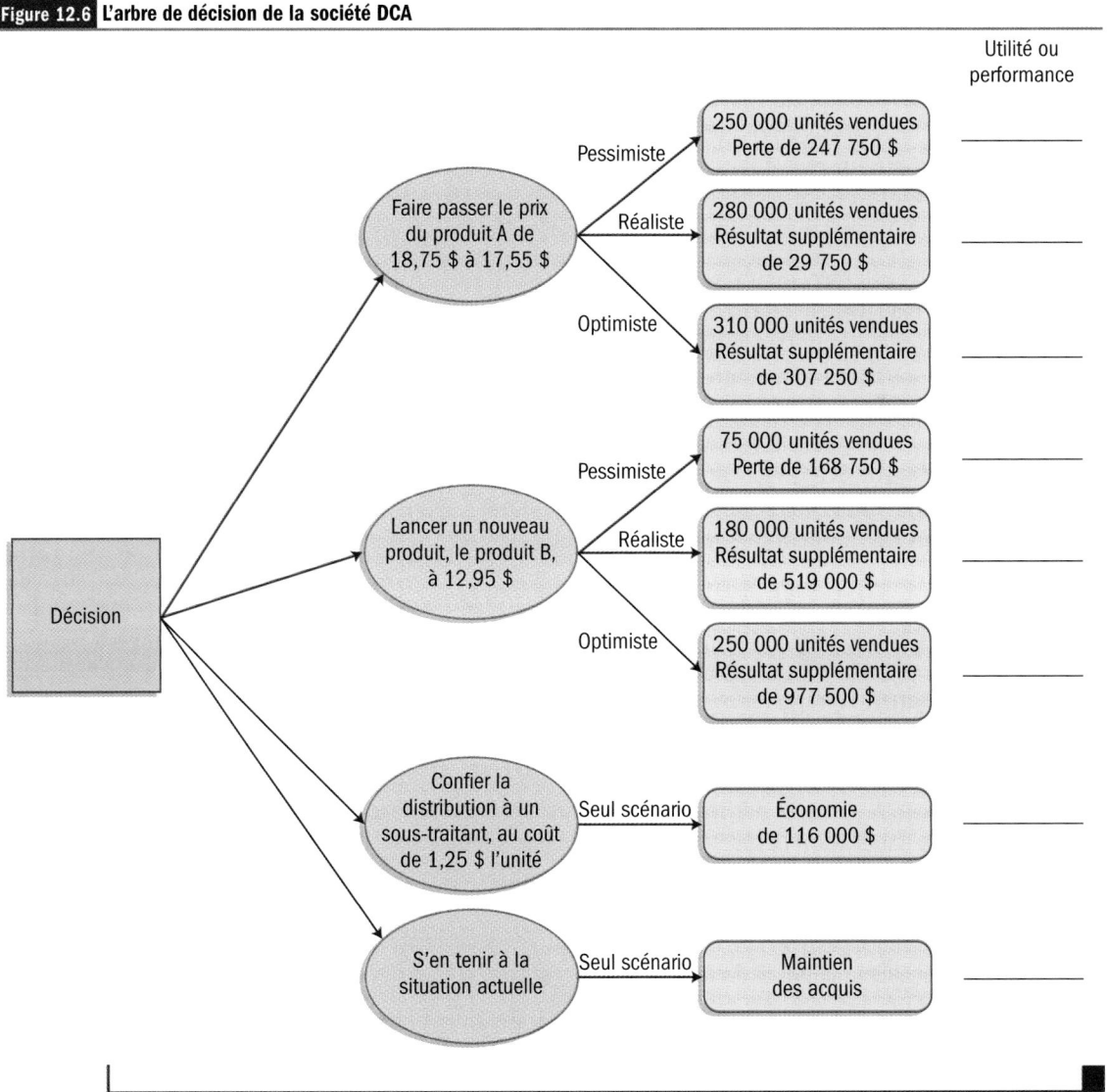

LES DIVERS TYPES DE DÉCISIONS D'EXPLOITATION

Les gestionnaires sont appelés à prendre divers types de décisions, notamment en ce qui concerne la fabrication ou non d'un produit, l'abandon ou non d'une gamme de produits, l'acceptation ou non d'une commande spéciale, les combinaisons de produits à privilégier ou l'établissement du prix de vente.

FAUT-IL ACHETER UN PRODUIT OU LE FABRIQUER ?

Les gestionnaires doivent souvent décider s'il convient de fabriquer une pièce qui entre dans la fabrication d'un produit fini ou s'il est plus intéressant de l'acheter. La décision de confier ou non une activité à un sous-traitant relève de la même catégorie. Bien qu'on puisse analyser cette alternative selon des critères économiques, les impératifs stratégiques priment souvent le calcul du résultat. Dans la démarche que nous suggérons, le gestionnaire responsable doit avant tout s'assurer que la proposition s'intègre dans la stratégie de l'entreprise.

Si le composant est essentiel pour la qualité et la valeur ajoutée du produit fini, l'entreprise ne devrait pas envisager la sous-traitance. Il faut en effet exclure la sous-traitance lorsque le composant relève d'une compétence propre à l'entreprise ou lorsqu'il est crucial pour son programme de recherche et développement. Dans ce genre de situation, recourir à la sous-traitance équivaudrait en effet à se départir d'un avantage concurrentiel.

Il est rare qu'un seul composant soit susceptible d'être confié à un sous-traitant. Lorsqu'une entreprise envisage de recourir à la sous-traitance pour des raisons stratégiques, sa réflexion portera probablement sur plusieurs composants. Dans le cas où la proposition de sous-traitance s'intègre dans la stratégie de l'entreprise, on doit se pencher plus particulièrement sur deux aspects : les coûts comparatifs et l'utilisation de la capacité de production de l'entreprise. Ces deux aspects sont interreliés, car la capacité de production utilisée lorsqu'on accroît le volume de production influe sur les coûts unitaires d'infrastructure. En effet, ces derniers sont fixes et, comme nous l'avons vu précédemment, les coûts fixes unitaires diminuent lorsque le volume augmente.

EXEMPLE

EXTA07

L'entreprise Exta07 envisage de sous-traiter la production d'un composant Exta qui entre dans la fabrication de son principal produit. Le coût de fabrication actuel de ce composant est de 54,88 $, montant qui comprend le coût lié à l'espace occupé (5 $ par unité ou 10 $ par heure). Les coûts liés à l'espace occupé par l'usine sont de 5 millions par an (amortissement de l'usine, taxes et assurances, chauffage et entretien du bâtiment). Comme l'usine a une capacité utilisable de 500 000 heures-machines par année et qu'elle fonctionne à plein rendement, on a établi un coût moyen de 10 $ par heure pour l'espace occupé, soit 5 000 000 $/500 000 heures-machines. Le détail du coût de fabrication est présenté dans le tableau de la page suivante.

À la suite d'un appel de soumissions, un sous-traitant propose de fabriquer le composant Exta pour 50 $ par unité. Exta07 devrait-elle confier la fabrication de ce composant à ce sous-traitant ?

Le coût de fabrication du composant Exta

Éléments du coût de fabrication	
Matières premières	16,00 $
Main-d'œuvre directe (20 $/heure)	10,00 $
Frais généraux de fabrication variables (40 $/heure)	20,00 $
Coûts variables unitaires	**46,00 $**
Volume (en unités)	100 000
Coûts variables totaux	**4 600 000 $**
Frais généraux de fabrication fixes spécifiques	388 000 $
Frais fixes liés à l'espace occupé	500 000 $
Coûts de fabrication totaux	**5 488 000 $**
Coût de fabrication unitaire	**54,88 $**

Une lecture rapide des coûts figurant dans ce tableau incite à penser qu'elle devrait le faire, car elle y gagnerait 488 000 $. En effet, elle économiserait 5 488 000 $ (soit 100 000 unités × 54,88 $) et ne verserait au sous-traitant que 5 000 000 $ (soit 100 000 unités × 50,00 $). Mais tirer cette conclusion reviendrait à tomber dans le piège des frais fixes unitaires.

Lorsque l'usine fonctionne à plein rendement, les coûts d'infrastructure de 5 millions sont répartis sur l'ensemble de la production à raison de 10 $ par heure. Si l'entreprise utilisait 50 000 heures de moins, le reste de la production devrait assumer la part des coûts correspondante, autrement dit un montant de 500 000 $, soit 50 000 heures × 10 $ par heure. Ce montant de 500 000 $ représente les coûts de 100 000 unités du composant Exta, liés à l'amortissement de l'usine, aux taxes et assurances, au chauffage et à l'entretien du bâtiment. Si elle sous-traitait la fabrication du composant Exta sans affecter 50 000 heures à une autre production, l'entreprise ne ferait pas une économie de 488 000 $ (économie apparente lorsqu'on s'en tient au coût de fabrication unitaire), mais subirait une perte de 12 000 $, soit 5 000 000 $ – 4 988 000 $.

FAUT-IL CONSERVER UNE GAMME DE PRODUITS OU L'ABANDONNER ?

Décider de conserver une gamme de produits (ou un segment de marché) ou de l'abandonner est avant tout une décision stratégique. Non seulement cette décision revêt une grande importance sur le plan stratégique, mais elle est souvent irréversible. De plus, elle peut se solder par l'abandon d'un savoir-faire. On ne doit donc prendre ce type de décision que dans une perspective à long terme. Auparavant, les gestionnaires devront s'assurer qu'il est impossible d'accroître la rentabilité des produits en question. En effet, lorsqu'on décide d'abandonner une gamme de produits en se fondant sur les résultats annuels, même si on n'a pas effectué d'exercice d'actualisation des flux monétaires, c'est qu'on a peu d'espoir de redresser la situation.

EXEMPLE

TRIO DE L'ESTRIE

L'entreprise Trio de l'Estrie vient de recevoir ses états financiers. Elle a réalisé un résultat de 15,71 millions pour des ventes globales de 244,5 millions, ce qui lui donne des résultats d'exploitation de 6,43 % sur les ventes des trois gammes de produits qu'elle fabrique. L'entreprise fonctionnant à pleine capacité, le président du conseil d'administration juge que les résultats sont insuffisants. Il s'interroge sur la rentabilité relative de chacune des trois gammes de produits et se demande si l'entreprise ne devrait pas en abandonner une et se concentrer sur les deux autres.

Les résultats par gamme de produits de Trio de l'Estrie

	A	B	C	Total
Ventes	**87 500 000 $**	**87 000 000 $**	**70 000 000 $**	**244 500 000 $**
Coût des marchandises vendues	65 900 000 $	64 050 000 $	59 110 000 $	189 060 000 $
Résultat brut	**21 600 000 $**	**22 950 000 $**	**10 890 000 $**	**55 440 000 $**
Frais de distribution	15 450 000 $	9 460 000 $	6 480 000 $	31 390 000 $
Frais de vente et d'administration	2 984 663 $	2 967 607 $	2 387 730 $	8 340 000 $
	18 434 663 $	**12 427 607 $**	**8 867 730 $**	**39 730 000 $**
Résultat d'exploitation	**3 165 337 $**	**10 522 393 $**	**2 022 270 $**	**15 710 000 $**
Ratio résultat d'exploitation/ventes	3,62 %	12,09 %	2,89 %	6,43 %
Volume des ventes	500 000	300 000	200 000	
Résultat d'exploitation par unité	**6,33 $**	**35,07 $**	**10,11 $**	

On doit prendre toute décision concernant l'abandon d'une gamme de produits en se fondant sur les perspectives de rentabilité à long terme de celle-ci. Dans le tableau précédent, nous disposons seulement des données des derniers exercices financiers. Ces résultats reflètent une tendance qui s'est accentuée au fil des ans. D'une part, les gestionnaires ne voient pas comment accroître la rentabilité des produits A et C ; d'autre part, il peut leur sembler plus facile d'abandonner ces deux gammes de produits et de se concentrer sur la mise en marché du produit B, qui est apparemment le plus rentable.

Une analyse des marges par gamme de produits est présentée dans le tableau suivant.

L'analyse des marges par gamme de produits

	A	B	C	Total
Prix de vente	**175 $**	**290 $**	**350 $**	
Coût variable de fabrication				
Matières premières	60 $	70 $	80 $	
Main-d'œuvre directe (20 $/heure)	20 $	40 $	60 $	
Frais généraux de fabrication variables	50 $	100 $	150 $	
	130 $	**210 $**	**290 $**	
Marge à la fabrication unitaire	**45 $**	**80 $**	**60 $**	
Frais variables de distribution	30 $	30 $	30 $	
Marge à la distribution unitaire (marge sur coûts variables unitaire)	**15 $**	**50 $**	**30 $**	
Marge à la distribution selon le volume actuel (marge sur coûts variables totale)	**7 500 000 $**	**15 000 000 $**	**6 000 000 $**	
Frais spécifiques de fabrication	900 000 $	1 050 000 $	1 110 000 $	
Frais spécifiques de distribution	450 000 $	460 000 $	480 000 $	
	1 350 000 $	**1 510 000 $**	**1 590 000 $**	
Résultat d'exploitation avant frais fixes communs	**6 150 000 $**	**13 490 000 $**	**4 410 000 $**	**24 050 000 $**
Frais fixes communs				8 340 000 $
Résultat d'exploitation				**15 710 000 $**

Dans le tableau suivant, on a présenté les marges sur coûts variables par heure de main-d'œuvre directe en tenant compte du fait que le produit A exige une heure de main-d'œuvre directe par unité, le produit B deux heures, et le produit C trois heures.

Le calcul des marges par heure de main-d'œuvre

	A	B	C
Heures de main-d'œuvre	500 000	600 000	600 000
Marge sur coûts variables par heure	**15,00 $**	**25,00 $**	**10,00 $**
Marge nette par heure	**12,30 $**	**22,48 $**	**7,35 $**

Afin de parfaire son analyse, le contrôleur demande au service chargé des études de marché d'estimer les ventes supplémentaires que l'entreprise pourrait réaliser si elle disposait de la capacité de production nécessaire. Il obtient les données apparaissant dans le tableau suivant.

Les ventes supplémentaires potentielles

	A	B	C
Unités supplémentaires potentielles	200 000	50 000	50 000
Heures de main-d'œuvre directe supplémentaires nécessaires	200 000	100 000	150 000

Après différents calculs, le contrôleur conclut qu'il faut réduire de 100 000 unités la production de la gamme de produits C, voire envisager de l'abandonner à plus long terme. En effet, réduire la production de la gamme de produits C de 100 000 unités libérera 300 000 heures de main-d'œuvre, ce qui réduira de 3 000 000 $ (300 000 heures × 10 $ de l'heure) la marge sur coûts variables totale ainsi que la marge nette totale.

Avec la capacité de production ainsi libérée, l'entreprise pourra produire 200 000 unités supplémentaires de produits de la gamme A (utilisant 200 000 heures supplémentaires et générant une marge sur coûts variables supplémentaire de 3 000 000 $, soit 200 000 heures × 15 $ de marge à l'heure) et 50 000 unités supplémentaires de produits de la gamme B (utilisant 100 000 heures supplémentaires et générant une marge sur coûts variables supplémentaire de 2 500 000 $, soit 100 000 heures × 25 $ de marge à l'heure). Cette décision aura donc pour effet net une marge nette supplémentaire de 2 500 000 $.

À plus long terme, l'abandon complet de la gamme de produits C entraînerait une diminution de la marge nette de 1 410 000 $ par rapport à la situation précédente (passage de 100 000 unités produites à 0 unité produite), mais libérerait 300 000 heures supplémentaires qui ne seraient pas utilisées à court terme. En effet, l'abandon de la gamme de produits C libérerait 300 000 heures, ce qui, comme nous l'avons vu précédemment, réduirait de 3 000 000 $ la marge sur coûts variables totale. Par ailleurs, l'abandon complet de cette gamme de produits permettrait à l'entreprise d'éliminer les coûts fixes spécifiques de 1 590 000 $, ce qui explique le calcul de la diminution de la marge nette de 1 410 000 $.

FAUT-IL ACCEPTER UNE COMMANDE SPÉCIALE OU LA REFUSER ?

Les entreprises reçoivent parfois une commande inattendue et non susceptible d'être renouvelée. En acceptant une commande de ce genre, l'entreprise rend souvent service à un client, qui sera peut-être enclin à lui passer à l'avenir plus de commandes s'il est satisfait. De plus, une telle commande peut combler une capacité de production inutilisée à court terme et contribuer aux charges fixes d'infrastructure. Cependant, on ne doit pas oublier qu'il faut évaluer ce type de proposition par rapport à la marge supplémentaire dégagée, car la prise en compte des coûts fixes pourrait mener à des décisions peu judicieuses.

EXEMPLE

VÉLOCIFAIRE

L'entreprise Vélocifaire fabrique des vélos. Elle vend actuellement 468 000 vélos par année à un prix moyen de 680 $; elle ne garde pas de stocks et il existe bien entendu tout un éventail de prix, selon les caractéristiques des produits. Les résultats du dernier exercice sont présentés dans le tableau suivant.

Les résultats de Vélocifaire pour l'exercice s'achevant le 31 décembre 2010

Ventes	**318 240 000 $**
Coût des marchandises vendues	
Matières premières	121 680 000 $
Main-d'œuvre directe	56 160 000 $
Frais généraux de fabrication	48 672 000 $
	226 512 000 $
Résultat brut	**91 728 000 $**
Frais de vente et d'administration	61 776 000 $
Résultat d'exploitation	**29 952 000 $**
Ratio résultat d'exploitation/ventes	9,41 %

L'entreprise réalise un ratio résultat d'exploitation/ventes de 9,41 %. La capacité de production totale de l'usine est de 3 200 000 heures de main-d'œuvre, et seules 2 808 000 heures sont actuellement utilisées, soit une moyenne de 6 heures par vélo.

Vélocifaire reçoit une commande spéciale de 60 000 vélos, qu'elle vendrait 540 $ par unité à une grande chaîne de magasins de vente au détail. Les vélos seraient vendus sous la marque maison et non sous les marques habituelles des vélos fabriqués par Vélocifaire. Néanmoins, le prix de 540 $ est largement inférieur au prix moyen de 680 $ exigé habituellement des clients. Le contrôleur considère que les frais généraux de fabrication actuels sont fixes et que l'entreprise n'aura pas à assumer des frais de vente et d'administration supplémentaires si la commande est acceptée. Par contre, l'entreprise devra calculer des coûts fixes supplémentaires de 5 millions pour assurer l'emballage et la livraison des vélos aux divers entrepôts appartenant au client. Dans ces conditions, l'entreprise devrait-elle accepter la commande spéciale ?

En supposant que les ventes réalisées auprès de ce client particulier n'influeront pas sur les autres ventes de l'entreprise, celle-ci doit tout d'abord vérifier si elle dispose de la capacité de production nécessaire pour honorer la commande. La commande nécessite une capacité de 360 000 heures (60 000 vélos × 6 heures par vélo), ce qui donnerait un total d'heures utilisées de 3 168 000 heures de main-d'œuvre directe, soit moins que la capacité totale disponible de l'usine. L'entreprise peut donc exécuter la commande. Ensuite, elle doit vérifier quelle serait la marge nette générée par la commande. Le calcul de cette marge nette est présenté dans le tableau de la page suivante.

**La marge nette générée
par la commande spéciale de 60 000 vélos**

Prix de vente unitaire	**540 $**
Coûts variables de fabrication	
Matières premières	260 $
Main-d'œuvre directe	120 $
	380 $
Marge à la fabrication par unité	**160 $**
Marge à la fabrication	**9 600 000 $**
Coûts fixes supplémentaires	5 000 000 $
Marge nette	**4 600 000 $**

Ces calculs ne valent que si certaines conditions sont remplies : la commande spéciale ne doit en aucun cas influer sur les ventes courantes. Dans le cas actuel, comme la capacité disponible est suffisante pour que Vélocifaire accepte cette commande, aucune commande régulière doit être réduite avant de procéder à la fabrication des unités relatives à cette commande spéciale. De plus, il est exclu que les autres clients se posent des questions sur le prix de 540 $ consenti à ce client particulier ; ce client ne doit pas offrir ses vélos sur le même marché que les autres clients. Enfin, on suppose que les frais généraux de fabrication de 48 672 000 $ sont fixes et qu'ils ne seront pas modifiés du fait de la commande spéciale.

Si ces frais généraux étaient en partie variables, la commande offrirait-elle le même intérêt ? Dans ce cas, il conviendrait d'analyser les effets qu'auraient les variations de l'importance relative des frais fixes sur la marge nette. Les résultats de cette analyse appliquée au cas de Vélocifaire sont indiqués dans le tableau suivant.

**La marge nette selon la répartition
des frais généraux de fabrication**

Frais généraux de fabrication : 100 % fixes	4 600 000 $
Frais généraux de fabrication : 75 % fixes	3 040 000 $
Frais généraux de fabrication : 50 % fixes	1 480 000 $
Frais généraux de fabrication : 25 % fixes	-80 000 $
Frais généraux de fabrication : 100 % variables	-1 640 000 $

Ainsi, dans le cas où les frais généraux de fabrication fixes passeraient à 75 %, la marge nette de la commande spéciale passerait à 3 040 000 $. En fait, les frais généraux de fabrication variables augmenteraient de 12 168 000 $ (soit 48 672 000 $ × 25 %), ce qui représente 26 $ supplémentaires par unité (soit 12 168 000 $/468 000 vélos). La marge par unité diminuerait à 134 $ (soit 160 $ – 26 $), ce qui porterait la marge totale à 8 040 000 $ (134 $ × 60 000 vélos) et donc la marge nette à 3 040 000 $ (soit 8 040 000 $ – 5 000 000 $).

QUELLE COMBINAISON DE PRODUITS FAUT-IL CHOISIR ?

C'est surtout quand l'usine fonctionne à pleine capacité que les gestionnaires s'interrogent sur le choix de la combinaison de produits à fabriquer. Ils se posent alors les questions suivantes : Quels produits faut-il fabriquer ou ne pas fabriquer ? Quel programme de production faut-il adopter ? Quelles commandes faut-il accepter ou refuser ?

Choisir une combinaison de produits ou accepter une commande sont des décisions souvent liées au plan stratégique et qui doivent nécessairement s'inscrire dans le cadre d'une analyse stratégique. En effet, l'entreprise ne peut pas se permettre de retirer des produits et d'essayer de les relancer six mois plus tard ! L'analyse de la contribution de chaque produit à la rentabilité globale de l'entreprise présente tout de même une certaine utilité quand on souhaite accroître la rentabilité de chacun des produits.

EXEMPLE

BILODEAU & FRÈRES

L'entreprise Bilodeau & Frères fabrique cinq gammes de produits, P1 à P5, comprenant chacune des milliers d'unités produites. Elle fonctionne à pleine capacité et doit refuser des commandes. Sa structure de financement actuelle ne lui permet pas d'envisager d'agrandir l'usine au cours de la prochaine année. Dans ce contexte, la direction se demande quels produits elle devrait fabriquer en priorité. Une analyse des coûts a révélé qu'une portion des coûts de fabrication est directement proportionnelle aux heures de main-d'œuvre directe, et ce, au taux de 40 $ par heure. Le calcul des marges pour chacune des cinq gammes de produits est présenté dans le tableau suivant.

Le calcul des marges de cinq gammes de produits

	P1	P2	P3	P4	P5
Prix de vente	15,00 $	30,00 $	45,00 $	60,00 $	75,00 $
Coût variable de fabrication	6,40 $	12,00 $	30,00 $	32,00 $	60,00 $
Marge à la fabrication	**8,60 $**	**18,00 $**	**15,00 $**	**28,00 $**	**15,00 $**
Nombre d'heures de main-d'œuvre directe moyenne par produit	**0,16 heure**	**0,3 heure**	**0,75 heure**	**0,8 heure**	**1,5 heure**
Marge à la fabrication par heure de main-d'œuvre directe	**53,75 $**	**60,00 $**	**20,00 $**	**35,00 $**	**10,00 $**

Selon l'analyse de la contribution relative actuelle de chacune des gammes de produits, c'est la gamme P2 qui contribue le plus à la rentabilité globale de l'entreprise, car chacun des produits appartenant à cette gamme génère en moyenne une marge à la fabrication de 60 $ par heure de main-d'œuvre directe ; les produits les plus rentables sont ensuite, par ordre décroissant, ceux des gammes P1, P4, P3 et P5.

Par ailleurs, l'entreprise Bilodeau & Frères n'a effectué aucune analyse stratégique pour déterminer le positionnement de chacune des gammes de produits. Il est possible que la gamme de produits P5 soit en phase de développement des marchés. Rappelons que la première étape de l'analyse d'une décision consiste à évaluer les répercussions de cette décision sur la stratégie de l'entreprise.

Sachant que les cinq gammes de produits jouent un rôle dans la stratégie de l'entreprise, reportons-nous au tableau ci-dessous, où sont énumérées les conditions à remplir pour que les produits contribuent tous de manière équivalente à la rentabilité de l'entreprise. Comme les heures de main-d'œuvre directe constituent le seul facteur faisant varier les coûts de fabrication, on calculera la réduction des coûts en nombre d'heures ou en fractions d'heures de main-d'œuvre épargnées. Les produits de la gamme P2 ayant atteint la rentabilité maximale, combien d'heures de main-d'œuvre directe faudrait-il retrancher du temps de fabrication des autres produits pour qu'ils offrent la même rentabilité?

La rentabilité de chacune des cinq gammes de produits

	P1	P2	P3	P4	P5
Marge à la fabrication par heure de main-d'œuvre directe	53,75 $	60,00 $	20,00 $	35,00 $	10,00 $
Nombre d'heures de main-d'œuvre directe moyenne par produit	0,16 heure	0,3 heure	0,75 heure	0,8 heure	1,5 heure
Nombre d'heures de main-d'œuvre directe par produit pour dégager une marge à la fabrication de 60 $ par heure	0,143 heure	0,3 heure	0,25 heure	0,465 heure	0,25 heure
Gain de productivité moyen à réaliser par unité produite	0,007 heure, ou 42 secondes	0 heure	0,5 heure, ou 30 minutes	0,335 heure, ou 20 minutes	1,25 heure, ou 75 minutes

Selon la dernière ligne du tableau, il faut retrancher en moyenne moins d'une minute (42 secondes) par unité produite du temps de fabrication des produits de la gamme P1 pour qu'ils atteignent la même rentabilité que les produits de la gamme P2. Par contre, il faut retrancher en moyenne 75 minutes par unité produite pour les produits de la gamme P5, ce qui paraît considérable. Est-il possible de combler un tel écart? Au cas où ce serait impossible, on pourrait envisager d'augmenter le prix de vente de ces produits afin d'augmenter la rentabilité de chacun.

COMMENT FIXER LE PRIX DE VENTE?

Il est rare qu'une entreprise fixe le prix de vente d'un seul produit à la fois. Cela n'arrive que lorsque le prix d'un nouveau produit a été déterminé grâce à une étude de marché portant sur des produits équivalents. Cependant, comme nous l'avons constaté dans le cas présenté dans l'introduction au chapitre, c'est en général grâce à une analyse des marges qu'on détermine les prix de vente dans le cadre d'une stratégie de marchandisage.

EXEMPLE

ÉPICERIE GENDRON

Tous les lundis matin, les responsables du marketing d'Épicerie Gendron se réunissent pour discuter de la stratégie de marchandisage de l'entreprise, notamment du programme de promotion qu'ils lanceront huit semaines plus tard.

L'entreprise vend 21 000 produits, qui sont regroupés en trois catégories selon leur coût. Pour simplifier, supposons que 7 000 produits ont un coût unitaire de 1 $, 7 000 produits un coût unitaire de 2 $, et 7 000 produits un coût unitaire de 3 $. Supposons également que l'épicerie vend chaque semaine en moyenne 300 unités de chacun des produits.

L'entreprise veut obtenir une marge brute globale de 22% afin de couvrir ses charges fixes d'exploitation et d'atteindre son résultat cible. C'est pourquoi toute promotion hebdomadaire offerte sur un certain nombre de produits doit être compensée par une marge plus forte prélevée sur d'autres produits. Imaginons que, au cours d'une semaine de promotion donnée, les dirigeants décident de vendre au coût d'achat 300 produits dans chacune des trois catégories. Ils savent, par expérience, que les quantités vendues de ces produits doubleront. Quelle marge brute l'entreprise devra-t-elle prélever sur l'ensemble des autres produits pour compenser la marge qu'elle omettra de prendre sur les 900 produits offerts en promotion? On trouvera dans le tableau suivant les données permettant de répondre à cette question: il faudrait fixer le prix de vente de manière à dégager une marge brute de 23,5% sur les autres produits, ce qui permettrait d'obtenir une marge brute moyenne de 21,99%, la cible étant de 22%.

La marge brute minimale et la marge brute moyenne

	Nombre de produits	Quantité vendue (par produit)	Marge	Coût total	Ventes
Catégorie 1	300	600	0%	180 000 $	180 000 $
Catégorie 1	6 700	300	23,5%	2 010 000	2 627 451
Catégorie 2	300	600	0%	360 000	360 000
Catégorie 2	6 700	300	23,5%	4 020 000	5 254 902
Catégorie 3	300	600	0%	540 000	540 000
Catégorie 3	6 700	300	23,5%	6 030 000	7 882 353
			21,99%	**13 140 000 $**	**16 844 706 $**

Faisons maintenant une autre hypothèse de travail. Supposons que l'entreprise vende au coût d'achat 300 produits dans chacune des trois catégories, mais qu'elle décide de prélever une marge de 30% sur un nombre égal de produits appartenant à chacune des trois catégories, tout en conservant la marge brute de 22% sur les autres produits. Sur combien de produits devrait-elle s'octroyer une marge de 30% pour obtenir une marge brute moyenne de 22%? Le tableau de la page suivante montre qu'il faudrait prélever une marge de 30% sur 1 155 produits appartenant à chacune des catégories pour obtenir une marge brute moyenne de 22%, étant entendu que, dans chacune des catégories, 300 produits ne dégageront aucune marge.

La marge brute minimale, le nombre de produits et la marge brute moyenne

	Nombre de produits	Quantité vendue (par produit)	Marge	Coût total	Ventes
Catégorie 1	300	600	0 %	180 000 $	180 000 $
Catégorie 1	1 155	300	30 %	346 500	495 000
Catégorie 1	5 545	300	22 %	1 663 500	2 132 692
Catégorie 2	300	600	0 %	360 000	360 000
Catégorie 2	1 155	300	30 %	693 000	990 000
Catégorie 2	5 545	300	22 %	3 327 000	4 265 385
Catégorie 3	300	600	0 %	540 000	540 000
Catégorie 3	1 155	300	30 %	1 039 500	1 485 000
Catégorie 3	5 545	300	22 %	4 990 500	6 398 077
			22 %	**13 140 000 $**	**16 846 154 $**

L'INFORMATION FINANCIÈRE ET LA GESTION

L'analyse des décisions d'exploitation consiste à estimer les effets financiers de diverses propositions pouvant donner lieu à divers scénarios. Pour ce faire, on peut utiliser une approche globale ou une approche différentielle, mais dans les deux cas on doit privilégier le calcul des différentes marges. Le calcul des coûts fixes unitaires offre une perspective intéressante pour ce qui est de la couverture des coûts fixes, mais il recèle un piège car ce coût varie en fonction du volume de ventes. En effet, les coûts fixes unitaires sont nécessairement liés à un volume d'activité donné. Or, dans les entreprises modernes, si on excepte le coût des matières premières et la main-d'œuvre directe variable, la majorité des coûts sont fixes. Il faut donc être prudent dans l'interprétation des coûts unitaires car une composante de ces coûts provient fort probablement d'une répartition de coûts fixes.

La démarche suggérée pour analyser les décisions d'exploitation comporte quatre étapes. Seule la dernière – l'analyse – exige d'effectuer des calculs. Mais, même à cette étape, il faut prendre en compte les facteurs qualitatifs des propositions, notamment l'effet des décisions sur le comportement des fournisseurs et des consommateurs. C'est seulement lorsque l'analyse stratégique a été effectuée qu'on peut, et même qu'on doit recourir aux analyses quantitatives visant à déterminer les diverses marges sur coûts variables et marges nettes.

CAPSULES VIDÉO

Qu'en disent les experts?

CAPSULE VIDÉO 12.1   Croisement d'informations de différentes sources
Monsieur André Rémillard, vice-président aux finances chez L'Oréal Canada, parle du défi de taille que représente le croisement d'informations provenant de différentes sources.

CAPSULE VIDÉO 12.2   Contrôleur de gestion moderne
Selon Monsieur Rémillard, le contrôleur de gestion moderne a essentiellement un rôle de gestionnaire. Il s'explique.

CAPSULE VIDÉO 12.3   Sens de l'anticipation : une qualité recherchée
Le sens de l'anticipation est une qualité que Monsieur Rémillard recherche chez ses collaborateurs. Il s'exprime à ce propos.

CAPSULE VIDÉO 12.4   Évolution de la fonction finance
Monsieur Rémillard offre ses réflexions sur l'importance de bâtir un plan d'affaires en s'appuyant sur les tendances du marché.

OBJECTIFS DE CONNAISSANCES, REVUS

1 Décrire l'analyse des décisions d'exploitation.

Les décisions n'exigeant pas d'investissement ne débouchent pas sur d'importantes acquisitions d'immobilisations corporelles et n'ont pas de répercussions fiscales. Lorsqu'on analyse les différentes propositions, les données sur les coûts, les marges et la rentabilité suffisent donc pour éclairer la décision. Les décisions se présentent sous la forme d'un choix entre deux ou plusieurs propositions.

2 Présenter l'analyse globale et l'analyse différentielle.

L'analyse globale permet de dégager les revenus totaux et les coûts totaux découlant de chacune des options, alors que l'analyse différentielle fait ressortir les divers éléments de revenus et de coûts touchés par une décision par rapport à une situation de référence, souvent le *statu quo*.

3 Interpréter les coûts fixes unitaires.

L'utilisation de données unitaires déduites de coûts fixes comporte un piège – le piège des coûts fixes unitaires : on peut en effet être porté à croire qu'ils se comportent comme des coûts variables, *ce qui n'est pas du tout le cas*. Cependant, ils sont utiles pour évaluer la couverture des coûts fixes à un volume d'activité donné.

4 Suivre une démarche d'évaluation des propositions.

Nous suggérons une démarche en quatre étapes : a) évaluer les conséquences que les propositions avancées ont sur la stratégie d'entreprise ; b) formuler les propositions à examiner ; c) évaluer les résultats et les conséquences des propositions ; d) analyser les propositions. L'analyse des propositions comprend habituellement le calcul de résultats conditionnels, une analyse de sensibilité axée sur le risque et une analyse de l'utilité de la proposition.

5 Analyser la prise de décisions d'exploitation dans divers contextes.

Nous avons examiné les situations suivantes : Faut-il acheter un produit ou le fabriquer ? Faut-il conserver une gamme de produits ou l'abandonner ? Faut-il accepter une commande spéciale ou la refuser ? Comment choisir une combinaison de produits ? Comment fixer un prix de vente ? Dans toutes ces situations, il est essentiel de bien connaître les marges.

6 Exposer les rapports entre information financière et gestion.

En matière de gestion, l'information financière pertinente découle souvent du calcul de différentes marges et des résultats financiers par unité. Or, aujourd'hui, il n'y a plus beaucoup de coûts variables au sens strict, et le calcul des résultats par unité recèle un piège car, le plus souvent, ils sont liés à un volume d'activité donné. De plus, les résultats sont incertains et dépendent souvent de facteurs extérieurs tels que la réaction des compétiteurs.

MOTS CLÉS

LE BUDGET

OBJECTIFS

1 Connaître l'origine, la fonction et les styles budgétaires.

2 Présenter les budgets qui constituent le budget.

3 Décrire les trois phases du processus budgétaire.

4 Établir la distinction entre l'approche contingente et l'enquête sur les pratiques budgétaires.

5 Présenter les défis de la gestion budgétaire.

6 Connaître les principaux facteurs de réussite du processus budgétaire.

7 Être sensibilisé au budget moderne.

SOMMAIRE

réinventons / notre métier

Cette odyssée de la comptabilité de management, entreprise depuis le premier chapitre, nous amène maintenant à toucher l'univers de la planification. Malgré les critiques et les frustrations souvent évoquées à son égard, le budget apparaît comme le processus clé de la planification annuelle de toute organisation depuis des décennies. Ce chapitre aborde la technique, les styles, les défis et les facteurs de réussite du processus budgétaire.

Le cas AXA Canada est une parfaite illustration des moyens de faire un succès de cet outil de taille puisque le processus budgétaire y est étroitement lié à la stratégie d'excellence opérationnelle de l'entreprise. Le cas AXA décrit les étapes du processus budgétaire dans son ensemble, en traitant autant des questions techniques de reprojection (reprévision) des résultats anticipés que de l'utilisation du budget comme mécanisme privilégié de contrôle.

■ AXA CANADA

Avec plus de 25 ans d'expérience au sein d'AXA Canada, Johanne Cassis, FCA et vice-présidente principale, Finance, Corporatif et Administration, exprime sa fierté de travailler pour une entreprise jouissant d'une solidité financière des plus enviables et dont la stratégie repose sur l'excellence opérationnelle. AXA a une structure de gestion décentralisée régionale et compte près de 2 300 employés à l'échelle pancanadienne. Elle s'est dotée d'un système de contrôle de gestion ultraperfectionné liant le processus budgétaire à la planification stratégique.

LA CULTURE DE LA PERFORMANCE ET DE LA RENTABILITÉ À LONG TERME

Le Groupe AXA (société mère) et AXA Canada privilégient la rentabilité à long terme et l'amélioration continue de la performance et des processus. Pour mobiliser les équipes et chaque employé, la stratégie, les initiatives et les objectifs se déclinent selon la notion de cylindres, aussi appelés priorités opérationnelles ou accélérateurs de changement[1], avec lesquels AXA vise l'excellence opérationnelle en ce qui concerne : « l'innovation produits », « la technique métier » (souscription, gestion sinistres, tarification, performance de l'investissement), « la distribution », « la qualité de service » et « la productivité ». Pour chaque catégorie, des actions d'amélioration sont prévues et suivies à l'aide de deux à quatre indicateurs précis.

Par ailleurs, une *target letter*[2] met en évidence les cibles prioritaires d'AXA, c'est-à-dire les clients, les employés et les actionnaires. À ces 3 cibles sont

---

1. Pour plus d'information sur l'utilité de ce concept pour AXA, consulter le lien suivant : www.axa.com/fr/groupe/strategie/.
2. La *target letter* informe sur l'atteinte des indicateurs cibles de la performance organisationnelle.

rattachées 13 actions mesurées et comparées en fonction d'indicateurs clés de performance (KPI)[3] précis sur 4 ans.

En tant qu'experts en comptabilité de management, les membres de l'équipe de Planification et contrôle de gestion ont pour mission de soutenir les activités et les projets du groupe AXA Canada et de fournir l'information stratégique et de gestion.

Ainsi, l'équipe se fixe trois principales priorités :

- fournir une information claire pour la prise de décision ;
- contribuer à l'amélioration de l'efficacité et concevoir les contrôles pertinents ;
- jouer un rôle de premier plan dans la compréhension des coûts pour améliorer sans cesse l'avance concurrentielle d'AXA.

Par ailleurs, l'équipe finance AXA a développé le concept de partenaire d'affaires, qui vise globalement à jouer un rôle de conseil et de soutien auprès des entités opérationnelles. Ce concept est une notion importante au sein de l'équipe compte tenu du nombre de partenaires aux intérêts diversifiés avec lesquels elle fait affaire. « Partager, accompagner et être proactif » sont les comportements clés définis et adoptés par l'équipe.

DE LA PLANIFICATION STRATÉGIQUE AU PROCESSUS BUDGÉTAIRE

Interrogée sur l'importance du processus budgétaire, Johanne Cassis explique que celui-ci est une activité cruciale pour l'entreprise et qu'il est au cœur de la planification stratégique et opérationnelle. Le budget fait donc l'objet d'un processus très rigoureux, et des ressources humaines considérables y sont consacrées.

Chez AXA, le budget est utilisé non seulement comme un outil de contrôle, mais également comme un outil de réflexion stratégique et opérationnelle, de prise de décision et d'arbitrage. À l'interne, le budget constitue un réel engagement de chaque gestionnaire envers l'organisation, tandis qu'à l'externe il représente un engagement de l'organisation envers les actionnaires et les marchés boursiers, qui ont des attentes à l'égard de l'entreprise en matière de rendement et de croissance.

La première étape est la planification stratégique : elle consiste à définir les grands projets de développement des affaires et d'amélioration de la rentabilité, en lien avec les cylindres ou accélérateurs de changement énoncés plus haut, qui permettront d'atteindre, voire de dépasser, les objectifs déterminés dans le cadre de la vision à long terme.

Cette première étape s'accompagne également d'un plan financier de haut niveau qui s'étale sur trois à cinq ans et qui permet d'établir une première vision consolidée des résultats projetés au Canada, lesquels seront discutés avec l'équipe finance du Groupe AXA et ajustés si nécessaire.

---

3. L'entreprise utilise l'abréviation anglaise *KPI,* qui signifie *Key Performance Indicator.*

La première année du plan est le budget annuel, qui est détaillé par types de produits, par nature de dépenses, par centres de coûts, etc. Pour intégrer dans le processus du budget annuel l'ensemble des engagements ainsi définis, un courrier officiel signé par le président du Directoire du Groupe AXA reprend la lettre d'objectifs des principaux indicateurs de performance financiers et non financiers (environ une trentaine) ainsi que les principaux projets de croissance et d'amélioration de la rentabilité.

En parallèle, AXA participe à un processus de test de performance (*benchmark*) lui permettant de procéder à une analyse comparative avec les données les plus crédibles des concurrents dans l'industrie de l'assurance. Cette étude est effectuée selon les quatre activités principales de sa chaîne de valeur, soit le marketing-innovation, la souscription, l'indemnisation et les fonctions supports. Elle fournit la position d'AXA et son évolution vis-à-vis de la concurrence et donc elle aide à mettre au point les initiatives et objectifs du plan stratégique.

Chez AXA Canada, le processus budgétaire est décentralisé. Cependant, l'entreprise doit présenter un seul budget au Groupe AXA (Paris, France), qui reflète la vision globale de l'ensemble des sociétés d'AXA au Canada. L'établissement des budgets exige la participation active de toutes les équipes et filiales ainsi que de plusieurs niveaux hiérarchiques. L'information budgétaire passe du secteur opérationnel au secteur contrôle de gestion des filiales, puis à la direction des filiales, pour être finalement acheminée au service Plan, Budgets, Résultats, chargé de l'agrégation de l'information et de la présentation du budget consolidé au comité de direction du siège social canadien dans un premier temps, puis au Groupe AXA. On assiste au cheminement inverse lorsque le budget n'atteint pas les objectifs consolidés globaux : l'information budgétaire redescend pour que les budgets soient ajustés au niveau hiérarchique concerné. Chez AXA, on considère que ce processus est nécessaire pour que tous les gestionnaires participent au budget, soient responsabilisés et puissent définir les plans d'action qui appuieront la stratégie à long terme du Groupe AXA. Tout au long de ce processus, les équipes actuarielles et les équipes finance collaborent activement avec les équipes opérationnelles.

LE CONTRÔLE BUDGÉTAIRE

Chaque mois, AXA effectue une analyse détaillée « poste par poste » des écarts budgétaires. Les frais généraux font l'objet d'un suivi particulièrement important. Les écarts budgétaires sont divisés en écarts permanents et en écarts temporaires, ce qui facilite le travail de reprojection des données financières. Le contrôle budgétaire ne se limite pas à déterminer les écarts budgétaires. On s'intéresse aussi de près aux causes des écarts : on détermine leurs répercussions sur l'organisation à court, à moyen et à long terme, et on propose des solutions aux problèmes établis.

L'analyse des écarts budgétaires est effectuée par des analystes de l'équipe contrôle de gestion d'AXA. En général, les gestionnaires n'ont pas le temps de documenter de façon détaillée les écarts budgétaires; ils gèrent plutôt l'enveloppe budgétaire dans son ensemble. Les analystes doivent donc avoir une bonne connaissance à la fois de l'entreprise et de l'industrie de l'assurance, tout en possédant l'habileté nécessaire pour trouver les facteurs qui ont causé les écarts et pour faire des commentaires, voire des recommandations utiles. Ils doivent communiquer et travailler en collaboration avec les gestionnaires de niveau opérationnel et avec les actuaires pour savoir et comprendre ce qui se passe réellement. Souvent de nature introvertie, les analystes doivent développer des aptitudes de communication et se forger une solide crédibilité dans l'organisation pour s'assurer de la collaboration des gestionnaires. Bien que leur fonction soit orientée vers la tâche, les analystes ne doivent pas se cantonner au volet technique du processus. En effet, sans vision globale du processus et de l'entreprise, il leur serait difficile d'effectuer le travail qu'on exige d'eux et de produire l'information pertinente pour le contrôle de l'entreprise.

LA REPROJECTION DES RÉSULTATS

La proactivité est mise de l'avant chez AXA. C'est pourquoi un processus mensuel de reprojection des résultats annuels a été adopté afin de pouvoir agir rapidement en cas de dérapage par rapport aux objectifs fixés. Depuis 2010, les reprojections mensuelles des résultats consolidés sont effectuées, c'est-à-dire que:

- les données budgétées des mois écoulés sont remplacées par les résultats réels;

- les estimations des mois à venir sont révisées pour terminer l'exercice financier;

- l'estimation des résultats financiers annuels est donc mise à jour.

Cette information est communiquée au Groupe AXA. Selon Johanne Cassis, il s'agit d'un processus qui exige peu de temps et qui est utile pour faire un suivi des opérations, pour accroître la réactivité et pour améliorer la prise de décision. Il oblige l'entreprise à se repositionner et demande une très grande discipline localement. Cet exercice permet également d'ajuster la stratégie pour tenir compte de ce qui est en voie d'être réalisé. Somme toute, c'est un outil de contrôle et de mesure de la performance pour AXA Canada et le Groupe AXA.

AXA L'ENTREPRISE

AXA Canada est membre du Groupe AXA, un leader mondial de la protection financière. Les activités du Groupe s'exercent principalement en Europe de l'Ouest, en Amérique du Nord et dans la région de l'Asie/Pacifique. AXA s'est donné comme mission d'accompagner ses clients – particuliers et entreprises – en leur proposant, à chaque étape de leur vie, les meilleures solutions pour répondre à leurs besoins de protection financière.

Ainsi, dans le monde, près de 96 millions de personnes et d'entreprises font confiance à AXA. Et pour cause: chaque jour, 216 000 collaborateurs sont disponibles et ont à cœur d'offrir en tout temps aux clients d'AXA un service attentionné et fiable.

À l'instar du Groupe AXA à l'échelle mondiale, AXA au Canada a grandi par l'acquisition d'importantes compagnies d'assurances, dont Boréal Assurances et, plus récemment, La Citadelle, Compagnie d'assurances générales. Aujourd'hui, AXA figure parmi les chefs de file au Canada en matière d'assurances de dommages. En 2009, ses primes directes émises atteignaient plus de 2 milliards de dollars canadiens et ses actifs totaux s'élevaient à 5,4 milliards de dollars canadiens.

Au Canada, AXA peut compter sur la collaboration de ses 2 300 employés répartis dans ses filiales situées au Québec, en Ontario, dans l'Ouest canadien et dans les provinces de l'Atlantique. Partout au pays, AXA transige par l'entremise de plus de 4 000 courtiers et conseillers afin de faire bénéficier ses clients d'une gamme étendue de produits d'assurances de dommages visant à protéger leurs biens (habitation, véhicule, etc.). Elle leur offre également des produits d'assurances de personnes pour protéger leur famille (vie, santé et protection financière) et pour gérer leur patrimoine ou les actifs de leur entreprise.

Soucieux d'apporter sa contribution à la communauté, le Groupe AXA est également très impliqué dans le mécénat social par le biais d'AXA Atout Cœur, un programme qui vient en aide à diverses associations caritatives œuvrant partout au monde. Au sein du Groupe, 17 000 collaborateurs donnent ainsi bénévolement temps et énergie dans le cadre d'AXA Atout Cœur.

L'ORIGINE DU BUDGET, LA FONCTION ET LES STYLES BUDGÉTAIRES

L'ORIGINE

Le mot *budget* vient de l'ancien français *bougette*[4], qui désignait à l'origine une petite bourse en cuir utilisée par les responsables de la gestion financière de l'État pour transporter des documents (plans), avant de désigner les plans eux-mêmes. Les budgets que nous connaissons aujourd'hui sont bien différents de ces premiers plans. Ce sont les gouvernements qui ont les premiers utilisé les budgets en tant qu'outils de gestion. Aux États-Unis, les budgets ont d'abord été utilisés à l'échelle municipale, puis à celle des États et enfin à l'échelle du pays entier. Ces budgets visaient à limiter le pouvoir de dépenser de l'État ainsi que son pouvoir de taxation. En 1919, 44 des 48 États américains utilisaient une forme de budget. À l'échelle fédérale, le Congrès américain a adopté son premier budget en 1921.

Vers 1920, aux États-Unis, le budget devient aussi un outil de contrôle utilisé pour gérer les entreprises. C'est probablement le résultat de l'organisation scientifique du travail, qu'on doit à Frederick W. Taylor, et de l'efficacité croissante de la gestion budgétaire de l'État. La gestion budgétaire se répand alors rapidement dans le secteur privé auprès d'une grande diversité d'industries (pétrole, chemins de fer, banques, presse, construction, acier, chaînes de magasins de vente au détail, etc.). En 1930, une enquête menée auprès de 294 grandes entreprises industrielles américaines[5] révèle que 55 % d'entre elles utilisent une forme quelconque de budget, même si le nombre d'entreprises qui utilisent le budget dans l'ensemble de leur organisation est relativement faible. En 1941, une autre étude[6] montre que près de la moitié des entreprises américaines utilisent une forme de budget, et, selon une troisième étude, presque toutes les grandes entreprises américaines recourent au budget en 1958. Les entreprises canadiennes ont probablement adopté le budget peu après les entreprises américaines, alors que les entreprises européennes l'ont adopté plus tard, probablement après la Deuxième Guerre mondiale sous l'influence américaine.

LA FONCTION ET LES STYLES BUDGÉTAIRES

Le **budget** est un outil qui peut servir à la fois à la planification et au contrôle. La réconciliation de ces deux objectifs entraîne souvent des tensions et donne lieu à des pratiques budgétaires divergentes parmi les organisations. Certaines organisations l'utilisent uniquement pour la planification, alors que pour d'autres il constitue une composante importante du contrôle du comportement des gestionnaires et employés. Le contrôleur de gestion doit donc s'assurer que le budget est conçu de manière à respecter le style de gestion de la haute direction (qui est aussi lié à la structure de l'organisation, comme nous l'avons vu au chapitre 1) et ses objectifs en matière de contrôle.

---

4. Voir aussi le mot *bouge*, du latin *bulga,* qui signifie « bourse en cuir ».
5. National Industry Conference Board (États-Unis), *Budgetary Control in Manufacturing Industry,* 1931.
6. Paul E. Holden et coll., *Top Management Organisation and Control,* Stanford University Press, 1941.

Trois **styles budgétaires** principaux, inspirés du modèle de Gould et Campbell[7], découlent de la distinction entre la planification et le contrôle. Ces styles sont appelés : 1) la **planification stratégique**, 2) le **contrôle stratégique** et 3) le **contrôle financier**. Les deux premiers sont parfois regroupés dans un style appelé **budget d'orientation**, alors que le dernier correspond à un style nommé **budget contractuel**[8]. Les entreprises utilisent le budget dans une approche d'orientation pour transmettre les stratégies et les programmes émanant de la direction, ainsi que pour faire le suivi des dépenses globales. Dans le cas de l'approche contractuelle, les entreprises utilisent les budgets à la manière d'un contrat, souvent de façon interactive et continue, afin d'inciter les gestionnaires à suggérer des corrections qui s'harmonisent avec le contrat. Les gestionnaires et leurs subordonnés sont invités à participer quotidiennement à ce processus dont les objectifs sont concrets et dont la performance est suivie de près : rapports fréquents, analyses détaillées des écarts débouchant sur des améliorations.

Plus spécifiquement, le style « planification stratégique » est utilisé dans un contexte de planification seulement, pour contrôler les dépenses allouées à un projet, notamment en vue de l'obtention d'une subvention, pour justifier une hausse de tarif dans le cas de services publics, etc.

Le style « contrôle stratégique » est utilisé pour coordonner plusieurs projets. Il s'agit dans ce cas de décider de l'allocation des ressources entre ces projets en lien avec la stratégie, en impliquant les gestionnaires opérationnels. Un système de navette permet la coordination des objectifs des gestionnaires opérationnels avec ceux de la direction. Dans des textes de comptabilité de management datant de 1928, le contrôle budgétaire est défini comme « le processus par lequel on dresse les plans pour les divers services et on les coordonne au sein d'un plan global ou d'un programme valant pour l'organisation dans son ensemble[9] », autrement dit comme « un outil servant à gérer l'entreprise[10] ». Le budget est donc déjà considéré comme le moyen privilégié pour mettre en œuvre la stratégie de l'entreprise. Le processus budgétaire amène dans ce cas les gestionnaires à planifier, autrement dit à prendre du recul en ce qui a trait aux problèmes quotidiens, au moins pendant un certain temps, pour se concentrer sur les enjeux à moyen et à long terme. Faute de budget, la planification à moyen et à long terme serait souvent négligée au profit des problèmes de l'heure et, dans bien des cas, elle ne serait même jamais élaborée. Aussi, ce style budgétaire invite les gestionnaires à être davantage attentifs aux menaces qui pèsent sur l'entreprise ainsi qu'aux occasions d'affaires qui se présentent. On peut donc considérer que le budget est dans ce cas à la fois un système d'identification de problèmes potentiels et de détection des résultats non conformes aux plans.

Enfin, le style « contrôle financier » met l'accent sur le contrôle. Le budget constitue dans ce cas un véritable contrat de performance qui indique précisément aux gestionnaires les objectifs financiers à atteindre. La direction n'intervient pas pour faciliter la coordination

---

7. Ces styles sont analysés de manière empirique par Nicolas BERLAND dans « À quoi sert le contrôle budgétaire ? », *Revue Finance, Contrôle, Stratégie,* vol. 2, n° 3, 1999, p. 5-24.
8. En anglais : *tight budget control* et *loose budget control*.
9. J.O. McKINSEY et Stewart P. MEECH, *Controlling the Finances of a Business*, Ronald Press, 1928.
10. NATIONAL INDUSTRY CONFERENCE BOARD (États-Unis), *Budgetary Control in Manufacturing Industry,* 1931.

entre les unités d'affaires, seuls les indicateurs financiers assurent ce rôle. Le budget fournit dans ce cas des directives (balises) précises pour évaluer la performance.

En revanche, ces styles permettent de comprendre que le budget ne sert pas uniquement à planifier et à contrôler. Il a aussi une fonction de coordination, de communication et de motivation. Tout d'abord, il assure la cohérence entre les objectifs des services, des divisions et de l'entreprise dans son ensemble. Il englobe en outre aussi bien les activités de production que de mise en marché. Ce qui lui permet d'assurer une fonction de coordination. Ensuite, il permet d'exprimer concrètement la stratégie et les projets de l'entreprise sous la forme de ressources financières. Ce qui permet d'en évaluer le rendement estimatif potentiel et du même coup d'assurer la communication de la stratégie. Et enfin, le budget s'intègre aux systèmes de mesure de la performance et aux politiques d'incitation au rendement. Le budget contribue de cette façon à accroître la motivation des gestionnaires. Le budget peut contribuer aussi à augmenter le rendement du personnel et sa satisfaction au travail, s'il est conçu dans les règles de l'art.

Historiquement, le budget a d'abord été utilisé davantage comme un moyen de contrôle que comme un moyen de planification. Frederick W. Taylor ne comparait-il pas le budget à un thermostat? Dans cette optique, la fonction de contrôle se présente comme un cycle continu de mesures, de comparaisons et d'actions correctives. Cette approche correspond du reste aux conditions qui prévalent dans la première partie du XXe siècle: les usines embauchent une main-d'œuvre nombreuse, le travail n'exige pas de compétences particulières et il est segmenté en petites tâches faciles à apprendre. Quant à la planification, elle est réservée à quelques gestionnaires, souvent des ingénieurs, qui connaissent bien le fonctionnement de l'exploitation. Cependant, au fil du temps, la fonction de planification prend le pas sur la fonction de contrôle à la faveur des changements qui interviennent dans les entreprises. En effet, on voit se multiplier les gestionnaires intermédiaires qui connaissent précisément le fonctionnement de l'entreprise: la prise de décision peut alors être décentralisée et la planification acquiert plus d'importance; dans certains cas, elle peut même prendre le pas sur le contrôle. Le style «contrôle stratégique» semble donc être celui qui s'impose dans le contexte d'affaires d'aujourd'hui.

Quant à la fonction contrôle, retenons que l'utilisation du budget comme mécanisme de contrôle implique principalement que le personnel (y compris les gestionnaires) soit impliqué dans la détermination des cibles budgétaires à l'égard desquelles il sera évalué. De manière générale, les chercheurs constatent qu'il est difficile d'établir des rapports directs entre l'utilisation d'un budget et la performance. Cependant, certaines recherches montrent qu'il existe un lien entre les bonnes pratiques budgétaires et certaines caractéristiques qui jouent sur la performance de l'entreprise, notamment la satisfaction au travail, la clarté de l'information et la rétroaction continue. Ainsi, les gestionnaires qui participent au processus budgétaire (voir la section suivante) se disent plus satisfaits de leur travail que ceux qui n'y participent pas.

Améliore-t-on la performance des individus, des divisions et des entreprises dans leur ensemble en utilisant un budget? Telle est la question la plus importante qu'on peut se poser à propos du budget. Les employés qui sont bien informés sur le budget vivent moins de stress au travail. Et lorsqu'il existe dans l'entreprise une rétroaction continue par rapport aux objectifs budgétaires visés, les cadres et les employés participent davantage au processus budgétaire. Ces caractéristiques sont en lien direct avec la performance.

Au-delà des trois styles budgétaires, distincts par leur dosage de planification et de contrôle, il faut bien voir que le budget se décline en plusieurs composantes, comme le montre la figure 13.1. Les principales composantes budgétaires sont le budget d'investissement (abordé au chapitre 15), le budget de caisse (traité au chapitre 14) et le budget *pro forma*. Nous verrons la mécanique qui réunit ces différents budgets dans la section sur les étapes du processus budgétaire.

DES BUDGETS DANS LE BUDGET

LE BUDGET D'INVESTISSEMENT

Le **budget d'investissement** porte sur les acquisitions d'immobilisations approuvées par la direction. Il découle du plan stratégique, car ce dernier indique les projets qui feront l'objet d'investissements s'échelonnant sur plus d'une année (achats de machinerie et d'équipement, acquisitions de terrains et de bâtiments, acquisitions de nouvelles entreprises et fusions). Le budget d'investissement et le plan stratégique sont intimement liés, le premier matérialisant le second sous la forme d'investissements financiers. Tous deux définissent la stratégie à long terme de l'entreprise.

Dans le cadre du budget d'investissement, seuls sont étudiés les projets exigeant un montant minimum d'investissement. Il arrive toutefois que ce montant dépasse le plancher prescrit par le siège social, lorsqu'on ne veut pas s'attarder aux détails mais prendre uniquement en compte les projets susceptibles de représenter des apports importants à la stratégie et au financement de l'entreprise.

Dans le cadre du budget d'investissement, les projets sont étudiés selon plusieurs critères. Certaines entreprises examinent le délai de récupération, d'autres la valeur actualisée des flux monétaires, d'autres encore évaluent tout particulièrement le risque qu'elles courent, etc. Nous reprendrons ces critères de façon plus détaillée au chapitre 15. L'entreprise doit aussi s'intéresser au financement des investissements. Cependant, le financement d'un projet étant lié au financement de l'entreprise dans son ensemble, en règle générale cette étude est menée dans le cadre du processus budgétaire ou en fait partie intégrante.

LE BUDGET DES VENTES

Établir le **budget des ventes** consiste à évaluer les quantités qu'on prévoit vendre, ainsi que les prix de vente moyens, déduction faite des réductions attribuables aux escomptes et aux retours de marchandises. Le budget des ventes découle du processus de planification stratégique. En effet, dans le plan stratégique, on détermine habituellement les parts de marché et les taux de croissance des ventes qu'on souhaite atteindre, par gamme de produits et par région, de même que les efforts de mise en marché nécessaires pour y parvenir. Pour préparer les prévisions de vente, on s'appuie sur des données de l'industrie concernée et de l'économie en général. Le budget des ventes suppose donc une démarche qui va du haut vers le bas.

Mais, parallèlement, l'exercice va aussi du bas vers le haut, car il se fonde également sur les prévisions des vendeurs, la plupart du temps responsables d'une région, d'une gamme de produits ou d'un ensemble de produits. Ces gestionnaires de la vente savent parfaitement quelles sont les forces et les faiblesses de leurs produits par rapport à ceux de la concurrence. Ils sont les mieux placés pour repérer les occasions de lancer de nouveaux produits et pour faire des prévisions de vente. Ils peuvent proposer des cibles de ventes, par gamme de produits et par produit, selon les régions. La direction souhaite en général établir des cibles plus ambitieuses. C'est ainsi que prend naissance la discussion sur les cibles budgétaires entre la direction et les gestionnaires chargés des ventes. Cette discussion prend parfois l'allure d'une véritable négociation entre les parties impliquées et devient plus intense lorsque la rémunération compensatoire dépend de l'atteinte des cibles. L'adoption des cibles suit ainsi son cours jusqu'à ce que le budget des ventes soit établi pour toute l'entreprise.

Lorsque les ventes sont exprimées en dollars, le budget des ventes est aussi le **budget des revenus**.

LE BUDGET DE PRODUCTION

Le **budget de production** débute avec l'établissement des quantités à produire, qui dépendent du budget des ventes. Il décrit les charges et les revenus estimés liés à la production. En effet, pour établir le plan de production annuel, on se fonde sur l'estimation des ventes, tout en prévoyant une marge pour prendre en compte des changements pouvant toucher les quantités vendues au cours de l'année. Le plan de production tient compte des stocks de produits finis disponibles au début de la période et de ceux qu'on souhaite détenir à la fin de la période.

Le budget de production se compose de trois sous-catégories de budgets : matières premières, main-d'œuvre directe et frais généraux de fabrication. Le budget des matières premières comprend tous les achats de matériaux bruts ou de pièces entrant dans la fabrication et l'assemblage des produits finis. On évalue ces achats au coût standard, si on le connaît, et on ajuste le budget des matières premières en fonction des changements de prix prévus. De plus, les gestionnaires doivent décider des niveaux de stocks de matières premières et de produits en cours qu'ils souhaitent conserver. On établit le budget de la main-d'œuvre directe en se fondant sur le nombre d'heures standard et sur les taux horaires standards. Enfin, le budget des frais généraux de fabrication comprend tous les coûts indirects liés aux produits ou à la fabrication en général.

LES BUDGETS DES CENTRES DE COÛTS

Tous les coûts indirects sont d'abord budgétisés dans les centres de coûts. Ces derniers regroupent habituellement les coûts par fonction. Certains coûts renvoient à la fabrication et figurent sous les rubriques Méthode, Outillage, Contrôle de la qualité et Approvisionnement. Ces coûts peuvent être plus ou moins détaillés et être regroupés de nouveau avant d'être imputés aux produits ou d'être rattachés directement à l'état des résultats. Comme nous l'avons vu aux chapitres 4, 5 et 6, on effectue habituellement l'imputation en se fondant sur un taux lié à un facteur de production, par exemple la main-d'œuvre directe ou les matières premières.

Les activités de mise en marché, de développement de produits, de service à la clientèle, etc., apparaissent souvent à l'état des résultats prévisionnels. Ces coûts sont donc considérés comme des coûts de l'exercice contrairement aux coûts des produits, qui sont rattachés aux produits et n'apparaissent à l'état des résultats qu'au moment où les produits sont vendus.

Certains centres de coûts jouent un rôle de soutien pour d'autres centres de coûts (voir les sections auxiliaires définies au chapitre 9). Il s'agit par exemple du service chargé du système d'information et du service de l'ingénierie, indispensable au fonctionnement de l'exploitation et de la gestion. Les coûts de ces centres de coûts sont habituellement répartis entre les centres qu'ils soutiennent.

Lorsqu'ils préparent le budget d'un centre de coûts, les gestionnaires doivent prendre en compte une grande diversité de facteurs : de nombreux coûts découlent en effet de décisions qui ne sont pas liées à la production. Ils doivent notamment tenir compte du volume d'activité planifié pour l'usine, car il faut maintenir un certain équilibre entre les entrées et les sorties de fonds. Ils utilisent aussi les coûts historiques pour préparer la proposition budgétaire, mais ils doivent cependant prendre soin de modifier les coûts historiques en y intégrant les programmes spéciaux et les améliorations à la productivité qu'on prévoit apporter.

LES BUDGETS FINANCIERS

Une fois qu'on a terminé de préparer les **budgets d'exploitation** (budget des ventes, budget de production et budget des centres de coûts), on les regroupe pour établir les **budgets financiers**. Les budgets financiers comprennent l'état des résultats prévisionnels, le budget de caisse, l'état de la situation financière *pro forma* et un tableau des flux de trésorerie prévisionnels. Lorsque plusieurs divisions sont concernées, on doit rassembler les données, puis les consolider en en retranchant les transactions effectuées entre les divisions, afin de préparer l'état des résultats prévisionnels de l'entreprise.

Grâce à l'état des résultats prévisionnels et au budget d'investissement, on peut prévoir quelles seront les disponibilités de trésorerie durant la période et évaluer les principaux postes figurant au bilan à la fin de la période. Les dirigeants fixent préalablement les cibles de rentabilité souhaitée ainsi que le revenu d'investissement désiré. On étudie les propositions budgétaires pour voir dans quelle mesure elles s'accordent avec les cibles. Puis, à travers un processus itératif et interactif, les gestionnaires appartenant à divers niveaux de l'entreprise échangent des idées et modifient les chiffres pour en arriver à un résultat faisant consensus.

UN PROCESSUS BUDGÉTAIRE EN TROIS PHASES

Le processus budgétaire peut être décrit à partir de trois phases principales[11] : 1) la finalisation, 2) le pilotage et 3) la postévaluation. Comme première phase, la finalisation est celle qui implique les gestionnaires opérationnels dans la définition des objectifs et plans d'action. La discussion avec les gestionnaires opérationnels peut occuper une place importante en vue de la fixation des cibles budgétaires. La deuxième phase, concernant le pilotage, met l'accent sur le suivi des écarts, les révisions et les mises à jour périodiques des prévisions (comme nous l'avons vu avec AXA). La postévaluation, en dernière phase, s'attache à évaluer le personnel en lien avec sa rémunération. Ces trois phases traduisent le processus budgétaire

---

11. Les dimensions structurantes du budget sont étudiées en fonction de ces étapes par Samuel SPONEM et Caroline LAMBERT dans «Pratiques budgétaires, rôles et critiques du budget, perception des DAF et des contrôleurs de gestion», *Comptabilité, contrôle et audit*, vol. 16, n° 1, 2010, p. 159-194.

classique. Notons qu'il existe également aujourd'hui plusieurs adaptations de ce processus, qui sont influencées par des approches budgétaires particulières. Il s'agit notamment du budget par activités, du budget par projets, du budget à base zéro et de ses variantes.

PHASE 1 : LA FINALISATION

Le **processus budgétaire classique** suivi aujourd'hui dans la plupart des entreprises privées, c'est-à-dire l'ensemble des activités menant au budget, diffère fondamentalement du processus appliqué dans le secteur public dont il est inspiré. Dans les premiers budgets des gouvernements, les législateurs calculaient les coûts, puis ils déterminaient le montant de taxes nécessaire pour les couvrir : le budget était donc un outil de contrôle qui permettait de limiter les dépenses publiques. Dans le milieu des affaires, en revanche, comme c'est la loi de l'offre et de la demande qui détermine les prix et les revenus, on doit établir les budgets des ventes avant de planifier les coûts et il faut savoir quelle quantité on peut vendre avant de planifier la fabrication. De plus, dans les entreprises modernes, le processus budgétaire commence par la planification stratégique. Selon la taille de l'entreprise, le processus budgétaire peut prendre plusieurs mois.

Figure 13.1 Les constituantes classiques du budget

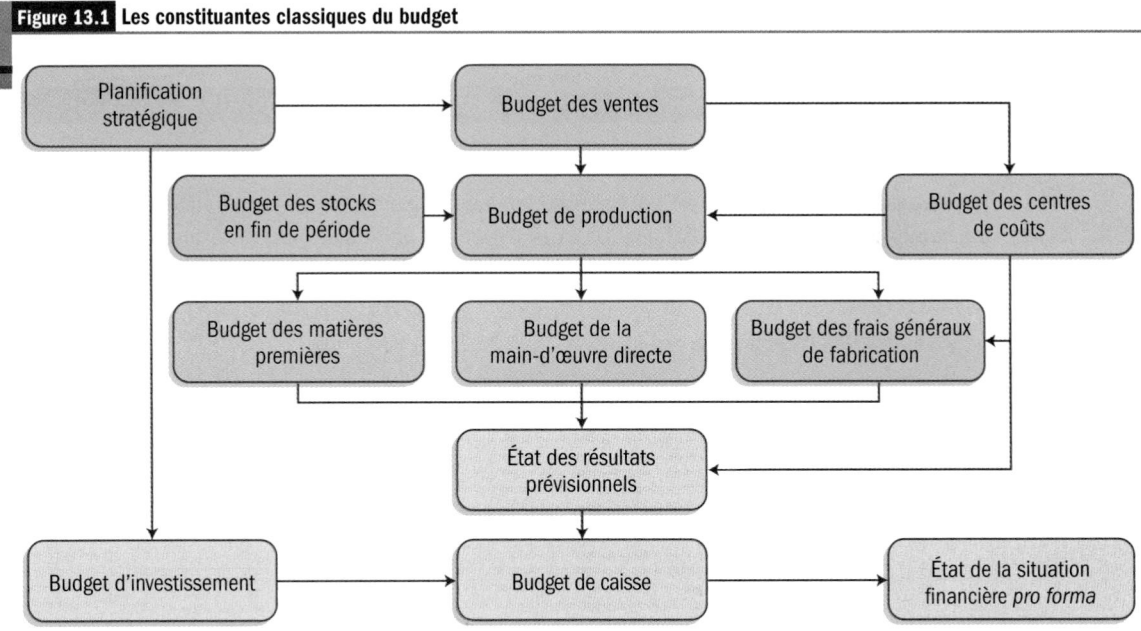

Les entreprises bien gérées élaborent une stratégie à moyen terme, habituellement trois ou cinq ans, à partir de laquelle elles conçoivent un plan annuel qui précède et oriente les étapes suivantes du processus budgétaire. Comme son nom l'indique, la **planification stratégique** consiste à faire connaître les objectifs stratégiques de la direction et à orienter les gestionnaires dans l'établissement de plans opérationnels, c'est-à-dire à guider les gestionnaires dans la préparation du budget de telle sorte qu'il soit conforme aux objectifs fixés par la direction. Le but est de s'assurer que toutes les ressources contribuent de manière cohérente à l'atteinte des objectifs stratégiques.

La complexité grandissante des entreprises rend la planification stratégique indispensable. La haute direction utilise les données ainsi dégagées pour prendre des décisions clés concernant la répartition des ressources à long terme. Les analystes financiers qui s'intéressent aux faits et gestes des entreprises publiques recourent également à cette information et la transmettent à leurs clients.

La planification stratégique couvre généralement une période allant de trois à cinq ans. Outre le plan détaillé associé au prochain budget, les entreprises présentent souvent un plan, tout aussi détaillé, consacré à l'année suivante, ainsi que des résultats prévisionnels globaux pour les années subséquentes. Les plans triennaux ou quinquennaux indiquent la direction dans laquelle s'engage l'entreprise. Néanmoins, et contrairement au budget annuel, le plan stratégique n'est pas un engagement ferme qui détermine et définit l'action de l'entreprise, mais plutôt un moyen de faire connaître, au sein de l'entreprise, la stratégie de la direction. En effet, la planification stratégique est généralement un processus qui va du haut vers le bas de l'entreprise ; elle doit beaucoup aux dirigeants, même si les gestionnaires appartenant à tous les échelons de l'entreprise y participent ensuite.

Voici un exemple qui illustre simplement le déroulement de la première phase du processus budgétaire (la finalisation) :

EXEMPLE

LE CHAT SAUVAGE

L'entreprise manufacturière Le Chat sauvage fabrique un seul produit. Les gestionnaires maîtrisent pleinement le processus de fabrication et le travail du personnel peut être qualifié de routinier. L'état de la situation financière de cette entreprise au 31 décembre 2009 est présenté dans le tableau suivant.

Le Chat sauvage
L'état de la situation financière au 31 décembre 2009

Actif		
Actif à court terme		
Encaisse	30 000 $	
Comptes clients	475 000 $	
Stocks	140 000 $	645 000 $
Immobilisations nettes		2 500 000 $
Total de l'actif		**3 145 000 $**
Passif et avoir des actionnaires		
Passif à court terme		
Fournisseurs	136 000 $	
Salaires à payer	18 000 $	
Versements sur emprunt à long terme	120 000 $	274 000 $

Le Chat sauvage
L'état de la situation financière au 31 décembre 2009 (*suite*)

Passif à long terme		
Emprunt à long terme	635 000 $	
Moins : versements à court terme	120 000 $	515 000 $
Total du passif		**789 000 $**
Avoir des actionnaires		
Capital-actions		
(10 000 actions ordinaires, émises ou en circulation)		1 000 000 $
Résultats non distribués		1 356 000 $
Total de l'avoir des actionnaires		**2 356 000 $**
Total du passif et de l'avoir des actionnaires		**3 145 000 $**

Chaque année, on prépare un budget global pour assurer le contrôle de la production, d'une part, et prévoir les résultats financiers, d'autre part. Voici la description, étape par étape, de la finalisation du budget global.

Première étape : la planification stratégique

L'entreprise dresse un plan triennal qu'elle utilisera pour la préparation de son budget annuel et fixe des objectifs généraux souvent en ce qui a trait à la croissance des résultats financiers, des ventes ou des parts de marché.

Deuxième étape : le budget des ventes

Cette deuxième étape du processus budgétaire, qui est la première du plan opérationnel, relève du service de la mise en marché. Celui-ci élabore les prévisions de ventes en fonction des résultats obtenus précédemment, d'une part, et de la conjoncture économique et des campagnes de promotion qu'il compte mettre sur pied, d'autre part. Les prévisions pour les mois de janvier à mai 2010 sont présentées dans le tableau suivant (les données de novembre et de décembre sont des résultats).

Le Chat sauvage
Les ventes prévisionnelles pour les mois de novembre 2009 à mai 2010

	Novembre	**Décembre**	**Janvier**	**Février**	**Mars**	**Avril**	**Mai**
Ventes (en unités)	5 000	8 000	3 000	5 000	4 000	6 000	4 000

Sachant que le prix de vente est de 50 $ par unité, on peut aussi exprimer ces prévisions de ventes en dollars, ce qui donne un budget des revenus.

Le Chat sauvage
Les revenus prévisionnels pour les mois de novembre 2009 à mai 2010

	Novembre	Décembre	Janvier	Février	Mars	Avril	Mai
Revenus	250 000 $	400 000 $	150 000 $	250 000 $	200 000 $	300 000 $	200 000 $

Troisième étape : le budget de production

Une fois le budget des ventes fixé, on établit le budget de production selon la politique de gestion des stocks de produits finis de l'entreprise. Par exemple, si l'entreprise a pour règle de produire un mois à l'avance toutes les quantités qu'elle prévoit vendre, le stock de produits finis sera, à la fin d'un mois, égal aux ventes prévues pour le mois suivant. En suivant cette politique, on établit de la façon suivante le budget de production de l'entreprise Le Chat sauvage pour les mois de janvier à avril 2010 (la donnée de décembre est un résultat) :

Le Chat sauvage
La production prévue pour les mois de décembre 2009 à avril 2010

	Décembre	Janvier	Février	Mars	Avril
Production (en unités)	3 000	5 000	4 000	6 000	4 000

Quatrième étape : les budgets des ressources liées à la production

Le budget de production étant établi, on élabore, en recourant à des données complémentaires, les budgets des ressources exigées par cette production. À cette quatrième étape, on peut dresser en parallèle le budget des matières premières, celui de la main-d'œuvre directe et celui des frais généraux de fabrication.

Les matières premières

Pour établir le budget des matières premières de l'entreprise Le Chat sauvage, il faut non seulement décider des quantités à produire, mais aussi :

■ préparer un devis de production ; dans le cas présent, ce devis fixe les besoins en matières premières à 2 kg par unité de produit fini ;

■ élaborer une politique des achats ; dans le cas présent, cette politique consiste à acheter un mois à l'avance toutes les matières premières nécessaires pour la production, de sorte que le stock de matières premières est égal à la fin d'un mois aux matières premières nécessaires le mois suivant.

Le budget des matières premières de l'entreprise Le Chat sauvage, qui prévoit les achats de matières premières un mois à l'avance, est présenté ci-dessous (la donnée de décembre est un résultat).

Le Chat sauvage
Les achats de matières premières prévus
pour les mois de décembre 2009 à mars 2010

	Décembre	Janvier	Février	Mars
Achats (en kg)	10 000	8 000	12 000	8 000

La main-d'œuvre directe

Pour dresser le budget de la main-d'œuvre directe de l'entreprise Le Chat sauvage, il faut non seulement décider des quantités à produire, mais aussi :

- préparer un devis de production ; dans le cas présent, ce devis fixe à une heure le temps de main-d'œuvre directe nécessaire pour fabriquer une unité de produit fini ;

- poser l'hypothèse que la main-d'œuvre directe est engagée par heure.

Le budget de la main-d'œuvre directe de l'entreprise Le Chat sauvage pour les mois de janvier à mars, qui concerne l'embauche et les calendriers de travail, est présenté ci-dessous (la donnée de décembre est un résultat).

Le Chat sauvage
L'embauche de main-d'œuvre directe prévue
pour les mois de décembre 2009 à mars 2010

	Décembre	Janvier	Février	Mars
Main-d'œuvre (en heures)	3 000	5 000	4 000	6 000

Les frais généraux de fabrication

En général, le budget des frais généraux de fabrication comporte surtout des coûts fixes, donc constants par rapport à la période étudiée. C'est le cas de l'entreprise Le Chat sauvage. Les frais généraux de fabrication prévus pour l'année 2010 sont de 480 000 $, dont 120 000 $ représentent la dotation à l'amortissement cumulé des immobilisations servant à la fabrication. L'entreprise impute les frais généraux de fabrication sur la base des heures de main-d'œuvre directe. Supposons que le budget annuel de la main-d'œuvre directe soit de 60 000 heures. On obtient un taux d'imputation des frais généraux de fabrication de 8 $ par heure (480 000 $/60 000 h). C'est ce taux qu'on utilise pour établir le budget des frais généraux de fabrication.

Le Chat sauvage
Le budget des frais généraux de fabrication
pour les mois de janvier à mars 2010

	Janvier	Février	Mars
Frais généraux de fabrication	40 000 $	32 000 $	48 000 $

Cinquième étape : le budget du coût de production

Toutes les données relatives à la production étant réunies, il est possible de dresser la fiche de coût de revient.

Le Chat sauvage
La fiche du coût de revient

Matières premières	2 kg × 5 $/kg	10 $
Main-d'œuvre directe	1 h × 12 $/h	12 $
Frais généraux de fabrication	1 h × 8 $/h	8 $

Le budget du coût de production de l'entreprise Le Chat sauvage pour le premier trimestre (janvier, février et mars) est reproduit ci-dessous sous forme monétaire. Cet état correspond à la fiche du coût de revient pour le niveau de production prévu.

Le Chat sauvage
Le budget du coût de production pour le premier trimestre 2010

	Janvier	Février	Mars	Trimestre
Matières premières	50 000 $	40 000 $	60 000 $	150 000 $
Main-d'œuvre directe	60 000 $	48 000 $	72 000 $	180 000 $
Frais généraux de fabrication	40 000 $	32 000 $	48 000 $	120 000 $
Coût de fabrication	**150 000 $**	**120 000 $**	**180 000 $**	**450 000 $**
Unités produites	5 000	4 000	6 000	15 000

Sixième étape : le budget des centres de coûts non liés à la production

Cette étape, qui concerne les centres de coûts non liés à la production, est menée parallèlement aux étapes 3, 4 et 5, qui concernent les activités de production. Elle peut être plus ou moins détaillée selon l'importance relative des activités non liées à la production. On pourrait ainsi avoir un budget des activités de recherche et développement, un budget des activités de distribution, de vente et d'administration, etc. Dans l'exemple simplifié de l'entreprise Le Chat sauvage, il y a un budget des frais de vente et un budget des frais d'administration. Les frais de vente prévus comportent une partie fixe de 120 000 $ par année – dont 24 000 $ correspondent à la dotation à l'amortissement cumulé des immobilisations –, ainsi qu'une partie variable de 6 $ par unité vendue. Le budget des frais de vente est donc le suivant :

Le Chat sauvage
Le budget des frais de vente
pour les mois de janvier à mars 2010

	Janvier	Février	Mars
Frais de vente	28 000 $	40 000 $	34 000 $

Les frais d'administration prévus sont tous fixes et ils s'élèvent à 288 000 $ par année ; 50 % de cette somme correspond à la dotation à l'amortissement cumulé des immobilisations. Le budget des frais d'administration est le suivant :

Le Chat sauvage
Le budget des frais d'administration
pour les mois de janvier à mars 2010

	Janvier	Février	Mars
Frais d'administration	24 000 $	24 000 $	24 000 $

Dans la suite de ce chapitre, nous verrons d'autres exemples de budgets, notamment le budget par activités, qui se prête bien à la planification des activités non liées à la production. La planification des activités non liées à la production conclut le processus d'établissement des budgets d'exploitation. Nous pouvons maintenant dresser les budgets financiers, en commençant par la préparation de l'état des résultats prévisionnels d'exploitation.

Septième étape : l'état des résultats prévisionnels d'exploitation

À partir du budget des ventes, du budget de production et du budget des activités non liées à la production, on dresse l'état des résultats prévisionnels d'exploitation de l'entreprise Le Chat sauvage pour les mois de janvier, février et mars 2010.

Le Chat sauvage
L'état des résultats prévisionnels d'exploitation
pour le premier trimestre 2010

	Janvier	Février	Mars	Trimestre
Ventes	**150 000 $**	**250 000 $**	**200 000 $**	**600 000 $**
Coût des produits vendus	90 000 $	150 000 $	120 000 $	360 000 $
Résultat brut	**60 000 $**	**100 000 $**	**80 000 $**	**240 000 $**
Frais d'administration	24 000 $	24 000 $	24 000 $	72 000 $
Frais de vente	28 000 $	40 000 $	34 000 $	102 000 $
Résultat d'exploitation	**8 000 $**	**36 000 $**	**22 000 $**	**66 000 $**

Huitième étape : le budget d'investissement

Comme nous l'avons suggéré à la figure 13.1 et dans le texte, on peut établir le budget d'investissement à la deuxième étape. Cependant, c'est lors de la préparation des budgets financiers qu'on utilisera les données liées aux projets envisagés. Par ailleurs, afin de simplifier le processus de préparation du budget global, imaginons qu'il n'y a pas de projet d'investissement au cours du premier trimestre, mais que l'entreprise a toutefois contracté un emprunt à long terme dont le solde, au 31 décembre 2009, est de 635 000 $. Les modalités de cet emprunt sont les suivantes : le dernier jour de chaque mois, l'entreprise doit rembourser 10 000 $ de capital et payer les intérêts calculés à cette date au taux nominal de 12,5 %. Voici l'échéancier des paiements à effectuer et l'évolution du solde de l'emprunt :

Le Chat sauvage
La dette à long terme et les frais de financement prévus
pour le premier trimestre 2010

	Janvier	Février	Mars
Solde de la dette à long terme (début du mois)	635 000 $	625 000 $	615 000 $
Remboursement de capital	10 000 $	10 000 $	10 000 $
Solde de la dette à long terme (fin du mois)	625 000 $	615 000 $	605 000 $
Frais de financement (12,5 %)	6 615 $	6 510 $	6 406 $

Neuvième étape : les états financiers prévisionnels

Les états financiers prévisionnels comprennent l'état des résultats prévisionnels, l'état prévisionnel de la situation financière ainsi qu'un tableau des flux de trésorerie prévisionnels. Pour simplifier, supposons qu'il n'y a pas d'impôts à payer. L'état des résultats prévisionnels se présente alors de la façon suivante :

Le Chat sauvage
L'état des résultats prévisionnels pour le premier trimestre 2010

	Janvier	Février	Mars	Trimestre
Ventes	**150 000 $**	**250 000 $**	**200 000 $**	**600 000 $**
Coût des produits vendus	90 000 $	150 000 $	120 000 $	360 000 $
Résultat brut	**60 000 $**	**100 000 $**	**80 000 $**	**240 000 $**
Frais d'administration	24 000 $	24 000 $	24 000 $	72 000 $
Frais de vente	28 000 $	40 000 $	34 000 $	102 000 $
Résultat d'exploitation	**8 000 $**	**36 000 $**	**22 000 $**	**66 000 $**
Frais de financement	6 615 $	6 510 $	6 406 $	19 531 $
Résultat net avant impôts	**1 385 $**	**29 490 $**	**15 594 $**	**46 469 $**

À partir de cet état des résultats prévisionnels, on peut établir le montant de résultats prévisionnels non répartis au 31 mars 2010.

Le Chat sauvage
Les résultats prévisionnels non répartis
au 31 mars 2010

Résultats non distribués au 1er janvier 2010	1 356 000 $
Résultat net pour le premier trimestre	46 469 $
Dividendes	0
Résultats non distribués au 31 mars 2010	1 402 469 $

Pour dresser l'état de la situation financière, il faut disposer du budget d'investissement et de financement et de l'état des résultats prévisionnels d'exploitation, ainsi que des données concernant les comptes clients et les politiques relatives aux montants à payer (dans cet exemple, il s'agit des sommes dues aux fournisseurs et des salaires à verser). Faisons les suppositions suivantes :

■ toutes les ventes se font à crédit (70 % de leur montant est payé le mois suivant la vente, et 30 % le deuxième mois suivant la vente) ;

■ il n'y a aucune créance douteuse ;

■ toutes les factures sont payées le mois suivant leur réception ;

■ les salaires sont payés 15 jours après que la dépense a été effectuée, autrement dit 50 % des salaires engagés en décembre et 50 % des salaires engagés en janvier sont payés en janvier, et ainsi de suite.

Ces informations, qui sont également nécessaires à l'établissement du budget de caisse, permettent de dresser l'état prévisionnel de la situation financière au 31 mars 2010.

Le Chat sauvage
L'état prévisionnel de la situation financière au 31 mars 2010

Actif		
Actif à court terme		
Encaisse	240 469 $	
Comptes clients	275 000 $	
Stocks	220 000 $	735 469 $
Immobilisations nettes		2 428 000 $
Total de l'actif		**3 163 469 $**
Passif et avoir des actionnaires		
Passif à court terme		
Fournisseurs	120 000 $	
Salaires à payer	36 000 $	
Versements sur emprunt à long terme	120 000 $	276 000 $
Passif à long terme		
Emprunt à long terme	605 000 $	
Moins : versements à court terme	120 000 $	485 000 $
Total du passif		**761 000 $**
Avoir des actionnaires		
Capital-actions		
(10 000 actions ordinaires, émises ou en circulation)		1 000 000 $
Résultats non distribués		1 402 469 $
Total de l'avoir des actionnaires		**2 402 469 $**
Total du passif et de l'avoir des actionnaires		**3 163 469 $**

- *Encaisse de 240 469 $.* On établit ce poste en faisant l'opération suivante : encaisse = passif et avoir des actionnaires − actif excluant l'encaisse (3 163 469 $ − 2 923 000 $ = 240 469 $). Ce montant sera vérifié lors de la préparation du budget de caisse.

- *Comptes clients, pour un total de 275 000 $.* Ce montant correspond à 30 % des ventes de février auxquels on ajoute 100 % des ventes de mars (comptes clients = 5 000 unités × 0,3 × 50 $ + 4 000 unités × 50 $).

- *Stocks, pour un total de 220 000 $.* Ce montant correspond au stock de produits finis et au stock de matières premières à cette date. Le stock de produits finis correspond aux prévisions de ventes d'avril (6 000 unités × 30 $/unité), ce qui représente le coût unitaire de production. Le stock de matières premières correspond aux matières premières nécessaires pour la production du mois d'avril (8 000 kg × 5 $/kg).

- *Immobilisations nettes, pour un total de 2 428 000 $.* Elles s'élèvent à 2 500 000 $ au 31 décembre 2009, montant auquel on soustrait la dotation à l'amortissement cumulé au cours du premier trimestre 2010, c'est-à-dire 25 % de la dotation à l'amortissement cumulé annuel, soit 72 000 $ (288 000 $/4 trimestres). Ces 288 000 $ se répartissent comme suit : 120 000 $ pour les frais généraux de fabrication, 24 000 $ pour les frais de vente, et 144 000 $ pour les frais d'administration.

- *Fournisseurs, pour un total de 120 000 $.* Ce montant comprend 40 000 $ de matières premières, 36 000 $ de frais généraux de fabrication, 32 000 $ de frais de vente et 12 000 $ de frais d'administration à payer.

- *Salaires à payer, pour un total de 36 000 $.* Ce montant correspond à 50 % des salaires engagés au mois de mars (6 000 h × 12 $/h × 50 %).

- *Résultats non distribués, pour un total de 1 402 469 $.* Il s'agit du montant des résultats non distribués au 31 décembre 2009 (1 356 000 $), auquel on ajoute le résultat net prévu du premier trimestre 2010, tel que calculé dans l'état des résultats prévisionnels (46 469 $).

Les états financiers classiques comprennent également un tableau des flux de trésorerie prévisionnels, qui prend la forme suivante :

Le Chat sauvage
Tableau des flux de trésorerie prévisionnels
pour le premier trimestre 2010

Activités d'exploitation	
Résultat net avant impôts	46 469 $
Éléments sans effet sur la trésorerie	72 000 $
Flux de trésorerie provenant des résultats	**118 469 $**
Variations du fonds de roulement liées aux activités d'exploitation et effet sur la trésorerie	122 000 $
Flux de trésorerie provenant des activités d'exploitation	**240 469 $**
Activités d'investissement	0
Flux de trésorerie disponibles	**240 469 $**
Activités de financement	
Remboursement de la dette à long terme	−30 000 $
Augmentation (diminution) de la trésorerie	**210 469 $**
Encaisse au 31 décembre 2009	30 000 $
Encaisse au 31 mars 2010	**240 469 $**

- *Éléments sans effet sur la trésorerie de 72 000 $.* Les éléments sans effet sur la trésorerie correspondent à 25 % du total du montant de la dotation à l'amortissement lié aux frais généraux de fabrication (120 000 $ par année), du montant lié aux frais d'administration (144 000 $ par année) et du montant lié aux frais de vente (24 000 $).

■ *Variations du fonds de roulement reliées aux activités d'exploitation et effet sur la trésorerie de 122 000 $.* On établit ce montant à partir d'un ajustement des comptes clients, des stocks, des comptes fournisseurs et des salaires à payer. Le calcul est présenté dans le tableau ci-dessous.

Compte	Variation	Effet sur la trésorerie
Comptes clients	De 475 000 $ à 275 000 $	+200 000 $
Stocks	De 140 000 $ à 220 000 $	−80 000 $
Fournisseurs	De 136 000 $ à 120 000 $	−16 000 $
Salaires à payer	De 18 000 $ à 36 000 $	+18 000 $
Variation totale		122 000 $

Enfin, on établit le budget de caisse pour le premier trimestre.

Dixième étape : le budget de caisse

Ce budget tient compte de toutes les données recueillies aux différentes étapes de la préparation du budget global.

Le Chat sauvage
Le budget de caisse pour le premier trimestre 2010

	Janvier	Février	Mars	Trimestre
Solde du début	**30 000 $**	**184 385 $**	**230 875 $**	**30 000 $**
Recettes	**355 000 $**	**225 000 $**	**220 000 $**	**800 000 $**
Débours				
Salaires de fabrication	48 000 $	54 000 $	60 000 $	162 000 $
Matières premières	50 000 $	40 000 $	60 000 $	150 000 $
Frais de fabrication	18 000 $	30 000 $	24 000 $	72 000 $
Frais de vente	56 000 $	26 000 $	38 000 $	120 000 $
Frais d'administration	12 000 $	12 000 $	12 000 $	36 000 $
Frais de financement	6 615 $	6 510 $	6 406 $	19 531 $
Remboursement de la dette à long terme	10 000 $	10 000 $	10 000 $	30 000 $
	200 615 $	**178 510 $**	**210 406 $**	**589 531 $**
Solde de clôture	**184 385 $**	**230 875 $**	**240 469 $**	**240 469 $**

Les 10 étapes décrites dans l'exemple précédent résument la première phase du processus budgétaire, c'est-à-dire celle de la finalisation d'un budget global. Notons qu'il faut établir les prévisions de ventes avant de planifier la production. Une fois qu'on a décidé du calendrier de production, on peut planifier les achats de matières premières, l'embauche de la main-d'œuvre et le budget de frais généraux de production. Après avoir arrêté le budget d'exploitation, on peut préparer les budgets financiers.

Cet exemple de budget global est évidemment simplifié. Dans la réalité, il faut d'abord recueillir les données, fixer les prix de vente, ainsi que les politiques de crédit et de paiement des fournisseurs. Les tableaux chiffrés traduisant les divers états sont donc le fruit d'une multitude de décisions préalables. Dresser un budget force ainsi une organisation à prendre l'ensemble de ces décisions, c'est-à-dire à planifier.

Les étapes que nous venons de décrire concernant la finalisation du budget ressemblent à celles que suivent un grand nombre d'entreprises. Cependant, toutes les entreprises n'adoptent pas le même style budgétaire, comme nous l'avons vu précédemment. La participation des gestionnaires, avec la négociation des cibles budgétaires, occupe une place importante dans le style budgétaire appelé « contrôle stratégique » et elle fait aussi partie de la finalisation du budget.

LA PARTICIPATION DES GESTIONNAIRES

Autrefois, seul un petit nombre de personnes participaient à l'élaboration des budgets, ce qui contraste avec les pratiques actuelles. Dans la plupart des entreprises, les travailleurs effectuaient des tâches manuelles et connaissaient bien peu les processus qui peuvent avoir des répercussions sur les données financières. En général, une petite équipe d'analystes réunie autour du directeur financier communiquait avec les clients et préparait les prévisions. On demandait à chacun des chefs de service de préparer son budget, et on formait des comités chargés de préparer les prévisions de ventes et de production, ainsi que les budgets de frais généraux.

Au fil des ans, à mesure que les entreprises ont gagné en complexité, davantage de personnes ont participé à la planification budgétaire. Aujourd'hui, les entreprises comptent de plus en plus de gestionnaires intermédiaires. Responsables des décisions quotidiennes, ils sont de mieux en mieux formés et de plus en plus expérimentés. En outre, ils disposent d'une information privilégiée sur les processus d'exploitation, les fournisseurs, les clients, les marchés et les produits. Cette information est extrêmement utile, et souvent essentielle, pour définir des cibles de revenus et de coûts réalisables.

Les gestionnaires sont plus désireux d'atteindre les objectifs lorsqu'ils les croient réalisables. C'est pourquoi on les invite à fixer leurs propres objectifs. Ainsi, comme la recherche l'a démontré, il y aura plus de chances pour qu'ils considèrent que les objectifs budgétaires sont justes[12], ils prendront davantage part au processus budgétaire[13] et ils seront plus

---

12. Kristin WENTZEL, « The Influence of Fairness Perception and Goal Commitment on Managers' Performance in a Budget Setting », *Behavioral Research in Accounting*, vol. 14, 2002, p. 247.

13. Izzettin KENIS, « Effects of Budgetary Goal Characteristics on Managerial Performance », *The Accounting Review*, vol. LIV, n° 4, octobre 1979, p. 707-721.

déterminés à atteindre les objectifs[14]. Un autre motif important de leur participation tient à leur apport en information supplémentaire pour accroître la qualité de prévisions budgétaires.

Néanmoins, on constate que les pratiques budgétaires diffèrent selon les entreprises : dans certaines, on peut parler de véritable participation des gestionnaires ; dans d'autres, il s'agit plutôt de pseudo-participation. Il existe une véritable participation lorsqu'on prend vraiment en compte les opinions des gestionnaires. Il ne faut pas en conclure que toutes leurs propositions seront acceptées. En effet, des gestionnaires appartenant à d'autres niveaux de l'entreprise interviennent également et soumettent d'autres propositions. En fin de compte, ce sont les dirigeants qui doivent trancher et prendre une décision. Il y a en revanche apparence de participation, ou pseudo-participation, lorsque les responsables semblent tenir compte de ce que pensent leurs subordonnés, mais imposent en réalité leur point de vue. Dans ce cas, on ne peut pas parler de participation authentique, et on ne doit pas s'attendre à ce que le processus budgétaire ait les mêmes retombées que dans le cas d'une véritable participation.

De plus, la participation des gestionnaires peut varier selon la durée du cycle budgétaire de l'entreprise. Les entreprises qui ont un cycle budgétaire long, c'est-à-dire s'étendant sur presque toute l'année, favorisent la participation du plus grand nombre possible de gestionnaires à l'aide de réunions où sont présentées des propositions écrites. En revanche, dans les entreprises qui ont un cycle budgétaire court, portant seulement sur quelques mois, vers la fin de l'année, la participation est moins large et les discussions plus restreintes.

PHASE 2 : LE PILOTAGE

Les éléments distinctifs de cette phase sont :

- la transparence du processus budgétaire ;
- la rétroaction budgétaire.

LA TRANSPARENCE DU PROCESSUS BUDGÉTAIRE

Pour qu'on puisse parler de **transparence du processus budgétaire**, les objectifs budgétaires doivent être définis de façon claire et transmis aux gestionnaires de manière tout aussi claire. Autrement dit, les gestionnaires doivent comprendre la logique du budget proposé, savoir quels bénéfices l'entreprise peut en retirer et connaître les risques associés à un plan mal conçu. Pour y parvenir, la direction doit, si nécessaire, proposer aux cadres une formation appropriée, tout en s'assurant que le processus budgétaire reste simple et est bien expliqué. Ici encore, les recherches ont montré qu'il existe une corrélation positive entre la transparence du processus budgétaire, d'une part, et la participation des gestionnaires et l'efficacité du processus en général, d'autre part[15].

---

14. Peter Brownell et Morris McInnes, « Budgetary Participation, Motivation, and Managerial Performance », *The Accounting Review*, vol. 61, n° 11, octobre 1986, p. 587.

15. Izzettin Kenis, « Effects of Budgetary Goal Characteristics on Managerial Performance », *The Accounting Review*, vol. LIV, n° 4, octobre 1979, p. 707-721.

LA RÉTROACTION BUDGÉTAIRE

Dans le domaine de la gestion, la **rétroaction budgétaire** a lieu tant lors de la phase de planification du budget que lors de la phase de contrôle ; dans les deux cas, la rétroaction peut être élevée ou faible. Dans le cadre du contrôle budgétaire, on parle de rétroaction élevée lorsqu'il existe des systèmes qui permettent aux gestionnaires de savoir comment les montants ont été utilisés et les aident à expliquer les écarts par rapport aux prévisions. On parle de rétroaction faible lorsque les systèmes fournissent seulement des données sporadiques – ou aucune donnée – sur la mise en œuvre du budget. Le suivi budgétaire porte alors surtout sur des questions non financières, liées aux marchés, aux produits, aux compétiteurs et à la stratégie. On parle de rétroaction élevée lorsque l'entreprise prépare des rapports tous les mois, et parfois plus fréquemment. Dès qu'ils décèlent des écarts par rapport au budget, les contrôleurs tentent d'en découvrir les causes ; l'entreprise organise des réunions mensuelles où les gestionnaires discutent de ces questions avec leurs supérieurs et suggèrent des améliorations à apporter. En ce qui concerne la planification budgétaire, les nombreux gestionnaires qui ont participé à l'élaboration des budgets aiment connaître le résultat de leur démarche et de leur travail. Ils veulent savoir ce qu'il est advenu de leurs propositions, tout particulièrement lorsque le budget s'en écarte considérablement.

Il n'est donc pas étonnant que la rétroaction budgétaire constitue une excellente démarche ; selon les recherches effectuées, elle est du reste associée à la participation au processus budgétaire et à la satisfaction au travail[16].

PHASE 3 : POSTÉVALUATION

Les éléments distinctifs de cette phase sont :

- l'utilisation des objectifs budgétaires ;
- l'évaluation des gestionnaires et la rémunération.

L'UTILISATION DES OBJECTIFS BUDGÉTAIRES

Dans la plupart des entreprises, on s'attend à atteindre les cibles de coûts et de revenus figurant au budget. On considère même souvent les budgets comme des contrats passés avec l'entreprise. Il en résulte une pression s'exerçant sur les gestionnaires pour qu'ils atteignent les cibles, ce qui peut entraîner des comportements non souhaitables. Il peut s'agir par exemple de la propension à surestimer les coûts ou à sous-estimer les revenus afin de se donner une marge permettant de se prémunir contre les événements non prévisibles ; les marges budgétaires ainsi dégagées sont appelées des coussins budgétaires.

On croit que la constitution de ces marges résulte de l'asymétrie de l'information dont bénéficient les subordonnés. De plus, pour conserver cet avantage, certains d'entre eux estiment que les coussins budgétaires doivent être dépensés à chaque période budgétaire de façon à obtenir de nouvelles marges. La gestion des marges budgétaires entraîne ainsi du

---

16. Izzettin KENIS, « Effects of Budgetary Goal Characteristics on Managerial Performance », *The Accounting Review*, vol. LIV, n° 4, octobre 1979, p. 707-721.

gaspillage, car les ressources allouées à ces activités ne servent pas à créer de la valeur. À l'inverse, il est dangereux de se fixer des cibles trop ambitieuses.

En somme, les gestionnaires sont motivés par la possibilité d'atteindre les cibles. La motivation s'accroît proportionnellement à la difficulté de les atteindre, jusqu'à ce que cela devienne impossible, puis elle décroît (voir la figure 13.2).

Figure 13.2 La motivation des gestionnaires et la difficulté d'atteindre les objectifs budgétaires

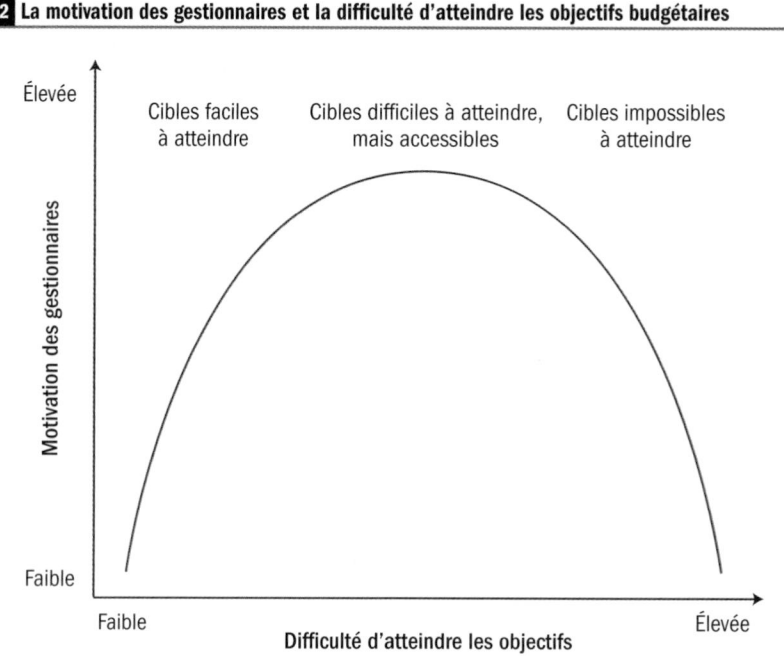

L'ÉVALUATION DES GESTIONNAIRES ET LA RÉMUNÉRATION

La façon d'utiliser le budget varie selon les types d'organisations. Dans les organismes sans but lucratif, les résultats financiers influent peu, ou pas du tout, sur la rémunération compensatoire qu'on verse aux dirigeants en plus de leur salaire de base. Quant aux entreprises, elles mettent habituellement sur pied des programmes incitatifs consistant à verser des gratifications aux cadres supérieurs en fonction des résultats financiers.

Même si on établit parfois le montant de la gratification en se fondant sur les résultats financiers globaux, notamment le rendement du capital investi, cette possibilité n'existe pas ou n'est pas réaliste lorsque les gestionnaires ne prennent aucune part aux décisions susceptibles d'influer sur les résultats. Dans ce cas, on évalue s'ils ont atteint les objectifs budgétaires dont ils avaient la responsabilité. En règle générale, il vaut mieux verser les gratifications selon des critères objectifs, autrement dit en les calculant à l'aide d'une formule déterminée à l'avance, plutôt que selon des critères subjectifs, c'est-à-dire en tenant compte d'éléments qualitatifs tout autant que des résultats financiers.

LES FACTEURS DE CONTINGENCE
OU ENQUÊTE SUR LES PRATIQUES BUDGÉTAIRES

Plusieurs études ont établi des facteurs de contingence pour élaborer des typologies ou taxinomies. Ces études cherchent à expliquer pourquoi les systèmes budgétaires diffèrent selon les organisations. L'histoire de l'entreprise et la tradition y sont pour quelque chose, tout comme le style de leadership adopté par les gestionnaires. Le secteur auquel appartient l'organisation est également un facteur important. Ainsi, les secteurs marqués par une forte professionnalisation véhiculent leurs propres valeurs, particulièrement en ce qui a trait à la quête d'information, et on y élabore des systèmes budgétaires particuliers. Dans ce type d'organisation, le fait qu'il existe un groupe professionnel reconnu exerce une grande influence sur le contrôle de gestion. Dans l'administration d'un hôpital, par exemple, les médecins influent grandement sur les niveaux de dépenses et sur le budget; ils peuvent entrevoir des contradictions entre les contrôles administratifs et la mission de l'organisme, qui est de sauver des vies. D'autres sociétés, telles que les firmes d'ingénieurs et les cabinets d'avocats, présentent des caractéristiques similaires.

On a tenté d'établir des liens entre la stratégie de l'entreprise et le style budgétaire qu'elle adopte. Cependant, les recherches donnent des résultats ambigus. Ainsi, les entreprises qui ont une stratégie de croissance souhaitent stimuler l'innovation et l'entrepreneuriat: elles exercent souvent un contrôle financier de type non contractuel, qui ne fait donc pas l'objet d'un suivi très serré. D'autres recherches ont donné des résultats opposés: les entreprises de type « prospecteur » utilisent le budget de manière plus interactive. On pourrait expliquer ce phénomène de la manière suivante: comme ces entreprises sont exposées à un niveau de risque plus élevé, leurs dirigeants exercent davantage de contrôle sur les dépenses engagées dans des projets de développement de marchés ou de produits, dont les délais de récupération sont relativement longs. Les impératifs stratégiques à court terme jouent également un rôle: les entreprises qui font face à une crise financière ont davantage tendance à utiliser le budget de manière contractuelle et interactive, et ce, jusqu'à ce que la crise ait été surmontée.

Insatisfaits des résultats tirés de ces études issues de l'approche contingente, des chercheurs ont plutôt tenté d'établir de nouvelles configurations à partir d'une enquête sur les pratiques concrètes entourant l'utilisation du budget[17]. Le croisement de variables vues dans ce chapitre, comme la participation, le type de négociation, la difficulté des objectifs, le suivi des écarts, les révisions, les reprévisions, l'évaluation budgétaire, la rémunération budgétaire, l'implication de la direction, le niveau de détail et de formalisation, a permis de raffiner les trois styles vus plus haut et d'établir cinq styles budgétaires. Ces styles sont: 1) le budget strict, 2) le budget diagnostic, 3) le budget interactif, 4) le budget souple et 5) le budget indicatif.

LES DÉFIS DE LA GESTION BUDGÉTAIRE

Le processus budgétaire a depuis toujours fait l'objet de critiques. Parmi les plus fréquentes, on trouve sa rigidité, son inaptitude à relier les décisions à court terme et les perspectives à

---

17. Izzettin Kenis, « Effects of Budgetary Goal Characteristics on Managerial Performance », *The Accounting Review*, vol. LIV, n° 4, octobre 1979, p. 707-721.

long terme et sa vision tournée vers les ressources internes plutôt que sur le marché[18]. Ces critiques confrontent la gestion budgétaire à des défis importants. Ces défis se posaient à l'origine et se posent aujourd'hui encore, voire de manière plus importante, puisque de nouveaux arguments s'y sont ajoutés.

Les défis auxquels est le plus fréquemment confrontée la gestion budgétaire portent, entre autres, sur les points suivants :

- la difficulté d'établir des prévisions fiables ;

- la sous-optimisation du processus budgétaire ;

- la manipulation des données ;

- le coût élevé du processus budgétaire ;

- la gestion du processus budgétaire.

Depuis qu'on utilise le budget comme outil de gestion, l'environnement dans lequel les gestionnaires effectuent leur travail s'est considérablement modifié. Selon de nombreux auteurs, les budgets ont été conçus à une époque où l'autorité et la surveillance prédominaient dans l'entreprise, d'où leur faible utilité dans un monde aujourd'hui marqué par la responsabilisation et la professionnalisation des cadres. Avec la spécialisation accrue des gestionnaires, les budgets auraient perdu de leur pertinence, au point qu'un certain nombre de gestionnaires exigent leur abolition et que certaines entreprises affirment les avoir abolis. Une association internationale a été créée autour de cette question, soit la *Beyond Budgeting Roundtable* (BBRT). Elle regroupe des organisations et des individus intéressés par la gestion sans budget. Toutefois, on note qu'il s'agit davantage de reconsidérer la manière dont le budget est utilisé que de son abandon unilatéral. Presque toutes les moyennes et grandes entreprises recourent aujourd'hui au budget et ne sont pas prêtes à l'abandonner[19]. Or, dans la plupart des cas, le budget pose toujours le même type de problèmes bien connus, mais ces derniers constituent davantage un défi à relever qu'une raison de gérer sans budget. Ce questionnement s'inscrit dans un questionnement sur le repositionnement de la fonction finance dans l'organisation pour tenir compte des modifications importantes dans les styles de gestion contemporains[20]. Le budget est du coup davantage considéré comme une base ouverte pour l'apprentissage collectif, par opposition à une programmation déterministe[21], ou encore comme un moyen d'inciter les gestionnaires à faire le maximum en situation d'incertitude, par opposition à un instrument taylorien de maîtrise du temps[22].

---

18. Pour plus de détails concernant ces critiques, consulter Philippe Lorino, *Méthodes et pratiques de la performance, le guide du pilotage,* Paris, Les Éditions d'organisation, chapitre XII, «Plans et budgets : construire des représentations», 1997, p. 251-270.

19. Theresa Libby et R. Murray Lindsay, «Beyond Budgeting or Budgeting Reconsidered ? A Survey of North-American Budgeting Practice», *Management Accounting Research,* vol. 21, 2010, p. 56-75.

20. Jeremy Hope et Robin Fraser, *Beyond Budgeting,* Harvard Business School Press, 2003.

21. Lorino, *op. cit.*

22. Pour plus de détails concernant cette mutation dans l'utilisation du budget comme mécanisme de contrôle de gestion, consulter Henri Bouquin, *Le contrôle de gestion,* PUF, 2008.

LA DIFFICULTÉ D'ÉTABLIR DES PRÉVISIONS FIABLES

L'une des premières critiques a trait à l'incapacité de l'entreprise de produire des prévisions fiables. Dans un rapport datant de 1931[23], certains gestionnaires auraient émis les propos suivants : « Nous ne pouvons pas croire qu'un administrateur puisse faire un budget dans les conditions actuelles ».

Comme nous l'avons noté déjà, la cible budgétaire idéale est difficile à atteindre, mais il est possible d'y arriver. Cependant, la plupart du temps les gestionnaires ne savent pas s'il est possible d'atteindre la cible avant d'avoir essayé ! Habituellement, on ne détermine pas les cibles budgétaires en se fondant sur ce critère, mais en fonction des résultats obtenus précédemment. Or, l'absence de résultats historiques pertinents a amené les premiers gestionnaires de budget à dire qu'il était difficile de fixer des cibles budgétaires. De fait, fixer de nouvelles cibles en se fondant sur les résultats obtenus précédemment augmente la probabilité que les échecs se répètent.

La section suivante traitera des facteurs qui déterminent la réussite du processus budgétaire ; nous y étudierons quelques-unes des techniques utilisées actuellement pour favoriser ce résultat. Examinons pour l'instant deux solutions proposées pour surmonter le problème de la fiabilité des prévisions budgétaires.

Comme son nom l'indique, le **budget base zéro**[24] consiste à repartir de zéro à chaque exercice budgétaire. Le budget base zéro a connu une certaine popularité en Amérique du Nord entre le milieu des années 1960 et la fin des années 1970 environ, avant d'être abandonné au cours des années 1980.

Plus récemment, des entreprises ont établi leurs cibles en utilisant le **budget étiré**[25]. Dans un premier temps, les gestionnaires sont invités à proposer des cibles qui, compte tenu des ressources dont ils disposent et des contraintes actuelles, sont manifestement hors d'atteinte. Une fois les cibles fixées, l'entreprise investit de nouvelles ressources, la direction procède à une réingénierie des processus et s'efforce d'atteindre les objectifs. Cette démarche s'apparente à l'approche *kaizen*, mot japonais qui signifie « amélioration continue ».

L'avantage d'une telle méthode est qu'elle écarte tout doute sur la difficulté d'atteindre les cibles. Néanmoins, lorsque les cibles sont trop ambitieuses, on ne peut plus considérer le budget comme un contrat. Comme c'est aussi le cas dans plusieurs pratiques de gestion, les expériences varient grandement et il n'est pas certain que toutes les entreprises qui soutiennent avoir utilisé le budget étiré l'aient vraiment fait ; de plus, il semble peu probable qu'on s'en soit servi de manière importante.

LA SOUS-OPTIMISATION DU PROCESSUS BUDGÉTAIRE

Certains mettent en cause la nature contraignante des objectifs budgétaires : selon eux, le simple fait que le processus de gestion comporte un budget incite les gestionnaires à prévoir

---

23. National Industry Conference Board (États-Unis), *Budgetary Control in Manufacturing Industry*, 1931.
24. Voir Peter A. Pyhrr, *Zero Base Budgeting*, John Wiley & Sons, 1988, et Paul Stonich, *Zero Base Planning and Budgeting*, Dow-Irwin, 1977.
25. De l'anglais *stretch budgeting*.

des marges dans leur planification afin d'être certains que les résultats atteints ne seront pas inférieurs aux cibles budgétaires fixées. Une telle critique est sans doute fondée lorsque les budgets peuvent être atteints facilement et que les efforts à fournir sont peu élevés, ou lorsque les objectifs budgétaires sont si élevés que les gestionnaires n'ont aucun espoir de les atteindre et perdent donc toute motivation. Cependant, on estime que les gestionnaires sont généralement en mesure de fixer des cibles raisonnables, même si la recherche tend à démontrer que les jeux budgétaires ne peuvent être totalement éliminés.

Quoi qu'il en soit, on pourrait citer de nombreux cas où le budget entraîne du gaspillage. Ainsi, certains gestionnaires considèrent les montants figurant au budget non pas comme des cibles à atteindre, mais comme des allocations de dépenses! Certains ont comparé ces montants à des enveloppes mises à la disposition des gestionnaires, que ceux-ci dépenseront entièrement, indépendamment de la valeur qui sera créée – ou non – grâce à l'utilisation des ressources budgétaires. Selon Jack Welch, p.-d.g. de General Electric: «Le budget représente un boulet pour les entreprises américaines. Il ne devrait jamais avoir été inventé... Faire un budget constitue un exercice minimaliste. Vous obtenez toujours le minimum, parce que chacun négocie en vue d'arriver au minimum[26].»

LA MANIPULATION DES DONNÉES

Le comportement des gestionnaires à l'égard du processus budgétaire s'accorde parfois bien peu avec les objectifs du contrôle budgétaire. On a recensé deux types de comportement: la manipulation de l'enregistrement des transactions et la manipulation des données elles-mêmes. Dans le premier cas, les gestionnaires manipulent l'enregistrement des données et des transactions afin de présenter l'information sous un jour plus positif. Ils utiliseront par exemple des techniques de lissage ayant pour effet d'accélérer ou de décélérer le flot de données enregistrées dans le système de contrôle budgétaire, sans toutefois modifier les données elles-mêmes. Ainsi, ils reporteront une dépense à la mauvaise période budgétaire ou inscriront un montant incorrect. Ce comportement est fréquent et peut nuire à l'exactitude des résultats, ainsi qu'à l'efficacité du système de suivi budgétaire.

Dans le second cas, les gestionnaires manipulent les faits de manière à se présenter eux-mêmes sous un meilleur jour, même si cela ne correspond pas à l'intérêt de l'entreprise. On désigne cette pratique par l'expression **jeu budgétaire**[27], car les participants utilisent à leur avantage les méthodes comptables de l'entreprise au lieu de respecter l'esprit du processus budgétaire. Le jeu budgétaire est possible parce qu'il arrive souvent, lorsqu'on mesure le rendement de l'entreprise, que les éléments à contrôler ne soient pas captés directement, mais observés à travers un substitut ou une autre activité. En améliorant artificiellement la performance d'un phénomène mesuré, on peut ainsi embellir les choses sans que le rendement financier de l'entreprise s'améliore réellement. Par exemple, on peut augmenter les livraisons à un client lorsqu'on arrive à la fin de la période budgétaire et profiter ainsi du fait

---

26. Jack WELCH et John A. BYRNE, *Jack: Straight From the Gut*, Warner Books, 2001.
27. De l'anglais *gaming*.

que les retours de marchandises n'auront pas eu lieu avant l'analyse des résultats, ou encore omettre de déclarer certaines factures reçues. Les règles en vigueur dans les entreprises ont beau interdire de telles pratiques, il est difficile de les empêcher toutes. Elles font alors partie du jeu budgétaire. Poussées à l'extrême, certaines de ces pratiques violent les principes comptables généralement reconnus ou sont illégales.

LE COÛT ÉLEVÉ DU PROCESSUS BUDGÉTAIRE

Comme on l'a vu précédemment, la phase de planification du processus budgétaire comprend un grand nombre d'activités. Comme ce processus exige un travail considérable, dans bien des entreprises la période de planification budgétaire s'étend sur la plus grande partie de l'année et requiert la participation de la plupart des gestionnaires. La phase de contrôle implique également du travail supplémentaire, non seulement pour les contrôleurs qui doivent préparer des rapports mensuels et analyser les écarts, mais aussi pour les gestionnaires qui doivent étudier cette information. Certains se sont demandé si les bénéfices qu'on retire du processus budgétaire justifient les ressources consommées. Il est difficile d'évaluer le coût de ces ressources et de ces bénéfices.

Les ressources comprennent le personnel du service de la comptabilité, les systèmes d'information et, ce qui est peut-être le plus important, le temps que consacrent les gestionnaires à la mise en œuvre du processus. Les gestionnaires eux-mêmes émettent parfois des doutes sur l'utilité du travail accompli, particulièrement en ce qui concerne la négociation avec les collègues et l'ajustement des cibles. De plus, comme les entreprises sont aujourd'hui plus complexes, le nombre de gestionnaires participant au processus et le temps qu'ils y consacrent augmentent en proportion.

Le budget se prêtant à plusieurs utilisations, il est également difficile de quantifier les bénéfices entraînés par le processus budgétaire. Si le processus budgétaire était abandonné, on le remplacerait sans doute par de nouveaux processus destinés à combler le vide ainsi créé, que ce soit dans les domaines de la planification stratégique, de l'évaluation de la performance ou de l'information sur les programmes.

Cependant, comme tous les processus d'entreprise, le processus budgétaire présente des facteurs d'inefficacité et d'inefficience. Les gestionnaires devraient étudier les critiques qu'il soulève et s'efforcer de l'améliorer. Parmi les pistes à explorer, mentionnons l'utilisation des nouvelles technologies de l'information, dont Internet. Cependant, comme l'efficacité du processus dépend souvent du comportement des gestionnaires, il incombe à ces derniers d'insister davantage auprès de leurs subordonnés sur l'importance du budget et de mieux les informer sur ses buts.

LA GESTION DU PROCESSUS BUDGÉTAIRE

Les chercheurs qui s'intéressent à la gestion ont tenté de comprendre de quelle manière les dirigeants, et les organisations en général, utilisent le budget en tant qu'outil de contrôle. Pour ce faire, ils ont d'abord modélisé le budget en le représentant sous la forme d'un système de contrôle mécanique simple, dans lequel les actions correctives apparaissent clairement et n'entraînent pas d'effet secondaire indésirable. Or, dans une entreprise complexe, il est avéré que les écarts budgétaires peuvent susciter des correctifs qui aggravent la situation, et ces derniers sont parfois pires que le problème qu'ils sont censés résoudre. Lorsqu'un gestionnaire veut faire des économies sur les coûts afin de compenser des dépenses excessives, ce n'est habituellement possible que sur quelques éléments. En effet, dans la plupart des entreprises manufacturières, les coûts sont en général liés à la production, de sorte qu'il est difficile de les réduire à court terme. L'amélioration des processus est certes susceptible d'entraîner des économies, mais cela exige du temps et de l'organisation. Quant aux coûts fixes et engagés, comme les taxes foncières ou le loyer, il est impossible de les modifier à court terme.

En somme, les seuls coûts qu'on peut réduire à court terme sont les coûts discrétionnaires – recherche et développement, ou marketing – qui ne sont pas liés au volume de production, mais qui créent de la valeur. Mais réduire des coûts discrétionnaires dans le cadre du processus budgétaire peut déboucher sur des décisions non fonctionnelles et non souhaitables. En effet, il est dangereux de réduire ces coûts de façon trop marquée ou trop rapide, car on peut faire disparaître des programmes qui créent de la valeur à long terme. Les gestionnaires doivent faire preuve de prudence lorsqu'ils scrutent le budget en quête d'économies à réaliser sur-le-champ. De fait, il est fréquent que des entreprises coupent de 5 à 10 % de leurs coûts, ou même plus, sans hésiter à sabrer des activités créatrices de valeur.

Outre les conséquences à long terme qu'entraînent généralement les coupes budgétaires effectuées dans ce type de programmes, cette façon de faire peut nuire au moral des gestionnaires et miner la crédibilité de ceux qui ont participé au processus budgétaire.

LES FACTEURS DE RÉUSSITE DU PROCESSUS BUDGÉTAIRE

Malgré les difficultés inhérentes à la gestion du processus budgétaire, certains facteurs contribuent à la réussite de ce dernier. Nous en avons repéré cinq, mais la liste n'est pas exhaustive :

- une structure organisationnelle solide, dans laquelle les rapports d'autorité et de responsabilité sont cohérents et clairement définis ;

- des stratégies et des objectifs clairs ;

- une acceptation générale du processus budgétaire ;

- une véritable participation des gestionnaires ;

- une recherche et une analyse sérieuses.

UNE STRUCTURE ORGANISATIONNELLE SOLIDE

Les budgets sont d'abord préparés dans de petites unités administratives, avant d'être consolidés dans le plan global. Si la structure organisationnelle est floue, si les responsabilités des gestionnaires ne sont pas clairement délimitées et si les cadres supérieurs ne délèguent pas suffisamment leurs responsabilités, le processus budgétaire risque de se transformer en un exercice allant uniquement du haut vers le bas. Les dirigeants imposeront alors leurs décisions, mais sans atteindre les objectifs de la planification et du contrôle.

DES STRATÉGIES ET DES OBJECTIFS CLAIRS

La planification stratégique doit être suffisamment claire pour que les gestionnaires intermédiaires puissent avancer des propositions en accord avec la stratégie. Par exemple, ces propositions budgétaires devraient être différentes selon que la décision stratégique consiste à se concentrer sur les marges de profit ou à mettre l'accent sur la croissance des parts de marché.

UNE ACCEPTATION GÉNÉRALE DU PROCESSUS BUDGÉTAIRE

Argyris fait la distinction entre soutien public et soutien personnel[28]. Le soutien public est clairement observable lorsque les gestionnaires soutiennent les objectifs de l'entreprise ou leurs dirigeants, par exemple en assistant aux réunions, en rédigeant des lettres et des notes de service ou en lançant des projets. Cependant, ces comportements peuvent résulter d'influences extérieures sans répondre à des motivations profondes : ils changent alors en fonction des circonstances ou des évolutions de carrière. Les mesures incitant à respecter le budget, l'évaluation du rendement ainsi que le caractère rigide et public du processus de contrôle budgétaire sont autant de facteurs qui forcent l'adhésion des gestionnaires. Au bout du compte, il est vraisemblable que les budgets seront préparés à temps et que les montants qui y figureront seront conformes aux souhaits de la haute direction. Cependant, cela ne signifie pas que les gestionnaires estiment que les cibles sont justes ou possibles à atteindre. Même si, ouvertement, ils soutiennent le processus budgétaire, ils peuvent nourrir des réserves à propos de son utilisation ou même de son caractère éthique.

Quant au soutien personnel, il est dans une large mesure invisible. Il suppose l'adhésion aux objectifs qui sous-tendent le processus budgétaire ou à ses principaux enjeux. Dans ce cas, les gestionnaires sont en général profondément convaincus de l'utilité du budget, quand bien même ils seraient conscients des imperfections du processus. Le soutien personnel apporté au budget découle d'un ensemble de facteurs tels que l'expérience du gestionnaire, son éducation et sa formation, ainsi que son attitude générale à l'égard de la haute direction.

UNE VÉRITABLE PARTICIPATION DES GESTIONNAIRES

La façon dont le budget est géré est aussi importante au niveau de l'exploitation quotidienne qu'au niveau stratégique. Lorsque les dirigeants des entreprises recommandent que la planification s'effectue du bas vers le haut, il est fréquent que les gestionnaires qui travaillent au niveau de l'exploitation restreignent la participation de leurs subordonnés. Ce problème peut résulter d'un manque de formation des cadres en matière de fonctionnement du processus budgétaire et d'une mauvaise gestion du processus budgétaire lui-même. Lorsqu'ils constatent que leur supérieur restreint leur participation, contrairement aux souhaits de la direction, des cadres se désintéressent du processus budgétaire.

---

28. Chris Argyris, « Empowerment : The Emperor's New Clothes », *Harvard Business Review*, vol. 76, n° 3, mai-juin 1998, p. 98.

UNE RECHERCHE ET UNE ANALYSE SÉRIEUSES

L'élaboration du budget implique avant tout du travail, et souvent beaucoup de travail. Or, les gestionnaires doivent malgré tout assumer leurs responsabilités et prendre des décisions au quotidien, tout en subissant les interruptions inhérentes à leur fonction. De plus, établir des objectifs budgétaires exige une analyse réfléchie et détaillée de la situation, de son évolution possible et de ce qu'il faut faire pour obtenir les résultats désirés. Si les gestionnaires ne peuvent pas, ou ne veulent pas, consacrer suffisamment de temps à la mise en œuvre du processus budgétaire, ce dernier en souffrira. Il en résultera des objectifs mal planifiés, qui ne seront pas soutenus par les gestionnaires.

LE BUDGET MODERNE

Depuis plusieurs années, la réingénierie du processus budgétaire suscite un grand intérêt. Comme nous l'avons vu précédemment, certains dirigeants se passeraient volontiers du processus budgétaire, mais bien des entreprises préféreraient l'améliorer. Les améliorations souhaitées par les gestionnaires sont notamment les suivantes :

- l'utilisation croissante de cibles étirées ;

- la budgétisation par processus ;

- l'intégration de cibles non financières ;

- la révision continue des prévisions ;

- le choix entre une utilisation « diagnostique » ou « interactive » du budget.

Le recours aux cibles étirées suppose l'abandon du caractère contractuel implicite des cibles budgétaires. Dans l'article cité précédemment (voir note 16), on traite de l'utilisation des cibles étirées à la General Electric Corporation de New York. Les gestionnaires de cette entreprise sont d'avis qu'il ne convient pas de recourir au « budget étiré » dans toutes les unités administratives et qu'on doit éviter d'y avoir recours continuellement dans la même unité. Mais cette méthode a donné lieu à des améliorations importantes dans certains cas. C'est pourquoi on continuera sans doute à en explorer toutes les facettes.

Depuis plus de 10 ans, on note un grand intérêt pour la gestion par processus (ou par activités), mais jusqu'à maintenant cela a eu peu d'effets sur le budget. À cet égard, il existe un budget par activités (BPA), qui consiste à décrire les activités conformément au modèle de la comptabilité par activités, puis à estimer les ressources consommées par les activités. Même si un certain nombre d'entreprises ont intégré le BPA à leur système de comptabilité par activités, il semble que celui-ci soit peu répandu, probablement en raison des changements structurels qu'il implique. Par ailleurs, bien des entreprises ont fait des percées importantes dans l'analyse des processus organisationnels et dans leur intégration au budget ; il est possible qu'on en tienne compte à l'avenir dans l'élaboration du budget.

Il serait également utile d'intégrer au budget l'information non financière concernant l'entreprise. Depuis que les entreprises utilisent les tableaux de bord de gestion, les cibles doivent être établies en fonction des indicateurs de performance clés. La mise à jour des tableaux de bord de gestion devrait faire partie du processus budgétaire en raison de l'intérêt croissant, au sein des entreprises, pour les rapports entre indicateurs financiers et indicateurs non financiers.

La planification exige des délais trop longs, ce qui constituera un défi de premier plan pour la gestion du processus budgétaire au cours des années qui viennent. L'élaboration du budget s'étendant sur plusieurs mois, il est fréquent que certaines des hypothèses sur lesquelles il se fonde évoluent et même changent en cours de processus. Cependant, les processus s'automatisant de plus en plus, bien des entreprises disposent de méthodes permettant de modifier ces hypothèses en cours de processus afin d'effectuer une révision continue des prévisions budgétaires. La révision continue des prévisions budgétaires s'effectue déjà en gestion de projet, et il est probable que les entreprises l'utiliseront à l'avenir au cours du processus budgétaire global.

Enfin, les leviers de contrôle diagnostique et interactif de Simons (abordés dans le chapitre 19) permettent de voir les multiples façons de concevoir un contrôle budgétaire et les dysfonctions qu'il peut engendrer. En somme, des dysfonctions naissent de la conjonction d'une conception du budget inappropriée aux fonctions qu'on lui confère. C'est le cas notamment lorsque le budget est conçu comme un outil de contrôle diagnostique alors qu'on l'utilise pour évaluer les gestionnaires. Dans ce cas, une conception interactive est plus appropriée[29] pour diminuer les insatisfactions et ses effets néfastes pour la performance de l'organisation, comme nous l'avons vu dans ce chapitre. Un nombre grandissant d'études sur le contrôle de gestion dans le domaine des arts permettent à la fois d'élargir et d'approfondir cette réflexion[30].

CAPSULES VIDÉO

Qu'en disent les experts ?

CAPSULE VIDÉO 13.1   Accélérateurs de changement liés au processus budgétaire
Madame Johanne Cassis, vice-présidente principale, Finance, Corporatif et Administration chez AXA Canada, traite de la manière dont les cylindres – priorités opérationnelles et accélérateurs de changement – sont liés au processus budgétaire.

---

29. Se référer à SPONEM, (voir note 11), et à l'étude de Nicolas BERLAND, «La gestion sans budget: évaluation de la pertinence des critiques et interprétation théorique», *Finance, Contrôle, Stratégie,* vol. 7, n° 4, décembre 2004, p. 37-58.
30. Consulter notamment l'étude de Pascale AMANS, Agnès MAZARS-CHAPELON et Fabienne VILLESÈQUE-DUBUS, «Le budget, fonctions théoriques et application au cas d'une organisation du spectacle vivant», *Revue Sciences de Gestion,* vol. 67, 2009.

░░░ **CAPSULE VIDÉO 13.2**   **Processus budgétaire et rémunération incitative**

Madame Cassis fait état du lien entre le processus budgétaire et la rémunération incitative.

░░░ **CAPSULE VIDÉO 13.3**   **Mise à contribution des filiales**

Madame Sonia Côté, vice-présidente, Plan, Budgets, Résultats, explique de quelle manière les filiales sont appelées à participer au processus budgétaire et quelles mesures permettent d'évaluer leur satisfaction face aux services fonctionnels du siège social d'AXA.

░░░ **CAPSULE VIDÉO 13.4**   **Processus budgétaire**

Madame Audrey Tailleur, directrice, Contrôle de gestion et de la performance, fait la lumière sur le processus de revue des prévisions, jugeant fondamentale l'atteinte des cibles budgétaires, voire de l'excellence opérationnelle.

OBJECTIFS DE CONNAISSANCES, REVUS

1 Connaître l'origine du budget, la fonction et les styles budgétaires.

Même si son origine remonte à plusieurs siècles, c'est vers 1920 que le budget est devenu un outil de contrôle servant à gérer les entreprises. Dans les entreprises relevant de l'État, on l'a d'abord utilisé afin de limiter les dépenses publiques et par conséquent les taxes. Aujourd'hui, la pratique budgétaire vise à améliorer la performance de l'entreprise et des individus. Le budget incite les gestionnaires à planifier, il fournit des balises pour évaluer la performance et il aide à coordonner la gestion des différentes unités administratives de l'entreprise. Trois styles budgétaires principaux sont pratiqués; ils diffèrent par leur composition relative des fonctions de planification et de contrôle. Ils sont appelés: la planification stratégique, le contrôle stratégique et le contrôle financier. Selon ce dernier, aussi appelé budget contractuel, le budget constitue un engagement ferme des gestionnaires et il est suivi de manière serrée. Les deux premiers, parfois regroupés dans un style appelé budget d'orientation, servent davantage d'outil de diagnostic et ils sont utilisés pour faire connaître les stratégies et les programmes.

2 Présenter les budgets qui constituent le budget.

Le budget d'investissement est étudié dans le cadre de la stratégie de l'entreprise. Puis viennent le budget des ventes, le budget de production et les budgets qui lui sont associés. Une fois que les budgets d'exploitation sont établis, on dresse les budgets financiers.

3 Décrire les trois phases du processus budgétaire.

Maîtriser le processus budgétaire signifie connaître le fonctionnement de chacune de ses étapes, en particulier les rapports entre les étapes et entre les budgets, à l'intérieur des trois phases qui permettent de le décrire. Ces trois phases sont la finalisation, le pilotage et la postévaluation. Le processus budgétaire débute par la planification stratégique, qui guide la préparation de l'ensemble des budgets. Cette phase implique dans certains cas la participation des gestionnaires. La phase de pilotage nécessite de se positionner sur la transparence du processus budgétaire, les degrés de rétroaction et de difficulté des objectifs budgétaires. La phase de postévaluation amène à s'interroger sur l'intégration du système d'évaluation et de rémunération compensatoire des employés.

4 Établir la distinction entre l'approche contingente et l'enquête sur les pratiques budgétaires.

Si l'approche contingente a permis d'établir les variables macro qui peuvent influer sur la satisfaction à l'égard du budget, des études s'intéressent dorénavant aux pratiques budgétaires concrètes et aux nuances dans l'utilisation du budget pour la planification ou le contrôle.

5 Présenter les défis de la gestion budgétaire.

Les grands défis de la gestion budgétaire renvoient aux principales critiques qu'elle a soulevées et qui ont amené certains à recommander sa disparition (par le BBRT), notamment la difficulté de fixer des cibles appropriées, la sous-optimisation des résultats, la manipulation des données, les coûts en ressources élevés et la mauvaise gestion du processus budgétaire. Les nouvelles technologies facilitent grandement l'élaboration du processus budgétaire, mais, pour relever les défis de la gestion budgétaire, il faut adopter l'attitude et le comportement appropriés.

6 Connaître les principaux facteurs de réussite du processus budgétaire.

Les principaux facteurs qui contribuent à la réussite du processus budgétaire sont les suivants : une structure organisationnelle solide, dans laquelle les rapports d'autorité et de responsabilité sont clairs et cohérents ; des stratégies et des objectifs clairs ; l'acceptation générale du processus budgétaire ; une véritable participation des gestionnaires ; et une recherche et une analyse sérieuses.

7 Être sensibilisé au budget moderne.

Le budget moderne renouvelle l'ancien par l'utilisation croissante de cibles étirées, son intégration à la gestion par processus, l'utilisation de cibles non financières et la mise à jour des prévisions budgétaires, et le dosage entre un contrôle diagnostique et un contrôle interactif.

MOTS CLÉS

Budget, p. 347

Budget base zéro, p. 371

Budget contractuel, p. 348

Budget de production, p. 351

Budget des revenus, p. 351

Budget des ventes, p. 350

Budget d'investissement, p. 350

Budget d'orientation, p. 348

Budget étiré, p. 371

Budgets d'exploitation, p. 352

Budgets financiers, p. 352

Contrôle financier, p. 348

Contrôle stratégique, p. 348

Jeu budgétaire, p. 372

Planification stratégique, p. 348, 353

Processus budgétaire classique, p. 353

Rétroaction budgétaire, p. 367

Styles budgétaires, p. 348

Transparence du processus budgétaire, p. 366

LA GESTION DE LA TRÉSORERIE

OBJECTIFS

1 Comprendre la gestion de la trésorerie.

2 Définir le fonds de roulement et ses éléments.

3 Expliquer en quoi consiste la gestion du fonds de roulement.

4 Utiliser un budget de caisse.

5 Comprendre les rapports entre trésorerie et rentabilité.

SOMMAIRE

Les flux monétaires sont à l'entreprise ce que le sang est au corps humain. Tous les jours, certains des plus beaux rêves commerciaux au monde meurent par manque d'argent dans le compte en banque. Tout manuel de comptabilité de management abordant la prise de décision et le contrôle doit nécessairement consacrer un chapitre à la gestion de la trésorerie. Au-delà de la rentabilité et du risque de pertes, les gestionnaires doivent en tout temps surveiller l'horizon à plus long terme de ses flux de trésorerie. Cette précaution est en fait une mesure de survie essentielle pour les entreprises.

Le cas de la station touristique Val Saint-Côme a été choisi pour aborder les flux de trésorerie en raison de sa situation particulière en ce domaine et commune – bien qu'à des degrés variables – à toutes les entreprises saisonnières. La gestion des flux de trésorerie n'est toutefois pas strictement le lot des entreprises saisonnières et c'est pourquoi divers exemples provenant d'autres secteurs d'activités ont été ajoutés à ce chapitre.

STATION TOURISTIQUE VAL SAINT-CÔME

Val Saint-Côme ouvre ses portes en 1979. À l'époque, il n'y a pas encore d'électricité. Comme remontée mécanique, on ne dispose que d'un seul téléski qui fonctionne au diesel et ne dessert que le tiers de la montagne. L'année suivante, Hydro-Québec effectue les branchements nécessaires et l'entreprise installe un télésiège triple, agrandit le chalet et se dote d'un meilleur équipement pour l'entretien des pistes.

À l'été 1983, à la suite d'un hiver pluvieux et sans neige, on investit dans des dispositifs de fabrication de neige. Deux ans plus tard, on installe un télésiège quadruple fixe, un éclairage pour cinq pistes et on réalise le premier de multiples projets de condos au pied des pentes.

En 1986, la structure de propriété ayant subi des modifications, des actionnaires de la première heure quittent l'entreprise. La même année, la station déplace son télésiège quadruple fixe sur le flanc ouest de la montagne. Le dénivelé passe alors de 215 m à 300 m. On installe un télésiège quadruple débrayable sur le flanc sud, là où se trouvait auparavant le télésiège quadruple fixe. On augmente aussi la capacité du système de fabrication de neige et on investit dans une auberge de 30 chambres directement au pied des pistes du flanc ouest. Les projets de condos par des promoteurs externes se succèdent à un rythme intéressant.

En 1994, le contexte économique suscite une restructuration importante de la dette. La structure de propriété n'a pas changé depuis. L'entreprise est reconnue pour la qualité de son service, pour le ski en famille et son école de ski. Elle investit chaque année des milliers de dollars, surtout dans l'enneigement et l'amélioration des pistes. Réputé aussi pour ses clubs de ski de compétition, Val Saint-Côme a bénéficié, en avril 2010, d'une importante subvention gouvernementale qui lui a permis de devenir le centre québécois d'entraînement en ski acrobatique.

GESTION DE LA TRÉSORERIE

Dans toute entreprise saisonnière, la gestion des flux de trésorerie revêt une importance particulière. Imaginez : elle reçoit près de 70 % de ses revenus pendant une seule période de trois mois, tout en devant répartir sur toute l'année les paiements des salaires, de l'intérêt sur la dette et des services comme l'énergie et les communications. De plus, elle doit engager plusieurs dépenses, notamment pour la publicité, l'amélioration des pistes et la maintenance des équipements, avant même d'avoir encaissé les premiers revenus.

S'il le pouvait, Mario Boisvert, directeur de la station, déplacerait la date de fin d'exercice – qui est actuellement le 30 avril – au 31 juillet ou au 31 août. Quand la station de ski est née, la date du 30 avril convenait tout à fait : les travaux avaient commencé au début de mai 1979 et les activités de la première saison s'étaient terminées en avril 1980. Mais, aujourd'hui, le rythme de croisière est bien établi, et on constate que la température et le contexte économique peuvent faire varier considérablement, d'une année à l'autre, les revenus, les bénéfices et, du point de vue de la trésorerie, le surplus en caisse au 30 avril. Il faut décider au printemps quelles améliorations devront être entreprises au cours de l'été. Les coûts engagés à cet effet n'apparaîtront donc que dans le bilan de l'année suivante, alors que la décision est fondée sur les résultats de l'année qui vient de se terminer. Bref, le 30 avril n'est pas une date de fin d'exercice idéale pour une station de ski.

Quant au budget de publicité, qui représente environ 5 % des revenus globaux, il doit être investi au mois d'août : impression des dépliants, placements radio et télévision, promotion… Bien des coûts ainsi engagés doivent être assumés avant que la saison ne débute. S'il s'avère nécessaire d'utiliser la marge de crédit, la fin août est le moment de l'année où l'encaisse est à son plus bas niveau. Négocier le moment du paiement avec les fournisseurs devient donc très important. Ainsi, pour les placements radio et télévision, un acompte est versé et la différence est payée seulement quand les annonces sont diffusées.

Au Québec, plusieurs stations de ski assurent le financement d'une partie de leur investissement en immobilisations par la vente de terrains et la promotion immobilière. Bien que Val Saint-Côme ne soit pas impliquée directement dans cette dernière activité, l'entreprise vend des terrains chaque année en assurant les infrastructures d'aqueduc. En règle générale, les ventes sont concrétisées en juin et l'argent reçu est immédiatement investi dans le domaine skiable.

La vente des billets de saison, en septembre, est stimulée par la réputation du centre et la construction de condos à proximité. Cette activité est déterminante pour la gestion de la trésorerie. Non seulement elle assure à l'entreprise près de 25 % de l'ensemble de ses revenus, mais il s'agit de revenus fixes. Les abonnements sont généralement encaissés en trois versements, le 20 septembre, le 20 octobre et le 20 novembre, donc avant que la saison ne commence réellement.

Pendant la fin de semaine de l'Action de grâces, la vente à prix réduit de billets standards génère à son tour un peu plus de 5 % des revenus annuels, ce qui est intéressant pour le flux de trésorerie. Les prochains encaissements importants viennent à l'approche de Noël. Normalement, la station a alors déjà commencé à fabriquer de la neige (vers la mi-novembre) et ouvert ses portes dans les jours qui suivent.

À compter de la période des fêtes, il peut se produire des variations importantes de revenus d'un mois à l'autre, même d'une semaine ou d'une jour-née à l'autre, alors que les paiements sont plutôt stables – ceux des produits du restaurant suivent toutefois les mouvements de visiteurs à la station. On surveille de près les prévisions météo afin d'anti-ciper les flux de skieurs, ce qui permet de prévoir le personnel nécessaire et l'achat de produits ali-mentaires pour le restaurant. Enfin, les surplus d'encaisse accumulés durant les mois d'hiver sont placés à court terme en vue d'une utilisation hors saison. Quant au suivi du mouvement de l'encaisse, le budget de caisse demeure un outil simple et utile pour gérer les mouvements de trésorerie.

LA GESTION DE LA TRÉSORERIE

La **gestion de la trésorerie** consiste à planifier et à contrôler les flux monétaires. Lorsqu'on gère la trésorerie, le principal objectif est de veiller à ce qu'il y ait toujours de l'argent en caisse. Le second objectif est de faire fructifier les montants disponibles, même pour un court laps de temps. Lorsque la caisse est en déficit, il faut compenser par un emprunt à court terme, le plus souvent une marge de crédit auprès d'une banque. Essentiellement, la gestion de la trésorerie «consiste à équilibrer les rentrées et les sorties de fonds de telle manière que l'entreprise puisse s'acquitter de ses obligations à temps et que tout excédent de fonds soit placé de façon à produire des revenus[1] ».

Les flux monétaires permettent à l'entreprise d'exercer ses activités, c'est-à-dire de rémunérer son personnel, de payer ses fournisseurs, de faire face à ses obligations financières et, le cas échéant, de verser des dividendes. Les flux monétaires nourrissent l'organisation. Lorsque les flux se tarissent, il n'est plus possible de s'approvisionner en ressources auprès des fournisseurs, ni en personnel pour faire fonctionner l'organisation. En règle générale, une entreprise qui réalise des bénéfices devrait avoir des flux monétaires positifs, mais il n'y a pas nécessairement de correspondance biunivoque entre résultat financier et flux monétaires. En effet, en cas de résultat financier positif, les revenus réalisés ne se traduisent pas toujours en flux monétaires de façon immédiate. Il faut donc gérer la trésorerie d'une part pour éviter l'insolvabilité, d'autre part pour faire fructifier les surplus d'encaisse périodiques.

Toute entreprise a des obligations fermes auxquelles elle ne peut absolument pas se soustraire, comme les salaires versés à ses employés, d'autres qu'elle ne peut différer de plus de quelques semaines, comme les montants dus aux fournisseurs, et d'autres encore qu'elle ne peut reporter qu'à grands frais, comme les versements relatifs à des emprunts. Il est donc utile de prévoir précisément – par montants et par dates – les rentrées et les sorties de fonds. Par ailleurs, il est toujours plus facile de négocier un emprunt lorsque l'entreprise n'a pas de dettes échues et impayées. Les banquiers voient d'un mauvais œil les emprunteurs qui ont d'urgents besoins de fonds ; ils ont tendance à leur imposer un taux d'intérêt plus élevé, sous prétexte que l'institution financière court plus de risques.

Le but d'une saine gestion de la trésorerie est de conserver un niveau optimal de liquidités. Ce niveau doit être suffisamment élevé pour réduire au minimum le risque d'insolvabilité, tout en restant le plus bas possible pour que tout excédent soit placé en vue de dégager un revenu. Les entreprises doivent conserver un niveau d'encaisse approprié pour répondre aux cinq exigences suivantes :

1. rémunérer le personnel ;

2. effectuer les transactions habituelles ;

3. faire face aux débours imprévus ;

4. profiter des occasions d'affaires ;

5. satisfaire aux obligations liées au financement des investissements.

---

1. Société des comptables en management du Canada, *La gestion de la trésorerie*, collection «Gestion stratégique», révisé en juillet 1999, p. 1.

L'importance relative de ces facteurs varie selon la nature des activités de l'entreprise, son environnement et l'aversion pour les risques dont font preuve ses gestionnaires.

Toutes les organisations doivent gérer leurs flux monétaires, qu'il s'agisse de très petites entreprises ou de multinationales, de sociétés fermées ou de sociétés ouvertes, d'organismes à but non lucratif, d'entreprises paragouvernementales ou même de gouvernements. Dans les grandes entreprises, la gestion de la trésorerie est assumée par un trésorier, qui est totalement indépendant du contrôleur. Toutefois, ces deux professionnels sont habituellement sous la responsabilité du vice-président aux finances de l'entreprise.

LE CYCLE DES FLUX DE TRÉSORERIE

La gestion de la trésorerie est intimement liée au **cycle des flux de trésorerie** (voir la figure 14.1). D'un côté, on trouve les rentrées de fonds, et de l'autre, les sorties de fonds. On distingue cinq flux entrants (partie supérieure de la figure) et cinq flux sortants (partie inférieure de la figure). Deux flux entrants et deux flux sortants relèvent du cycle long des mouvements de trésorerie, tandis que trois flux entrants et trois flux sortants relèvent du cycle court des mouvements de trésorerie. Les transactions du cycle court ont lieu quotidiennement, et les transactions du cycle long, périodiquement.

L'entreprise doit toujours garder un solde d'encaisse positif. Le cycle court des flux de trésorerie est intimement lié au cycle d'exploitation décrit à la figure 14.2.

Plus la durée du cycle d'exploitation est courte, plus le risque de non-recouvrement du coût des ressources engagées par l'entreprise pour acheter ou produire et vendre des produits et des services est faible, et plus l'entreprise a de chances d'en tirer un bénéfice. De plus, pour payer ses fournisseurs et rémunérer ses employés, l'entreprise a des besoins de liquidités à court terme qui sont habituellement inversement proportionnels à la durée du cycle d'exploitation.

Figure 14.1 Les mouvements de trésorerie

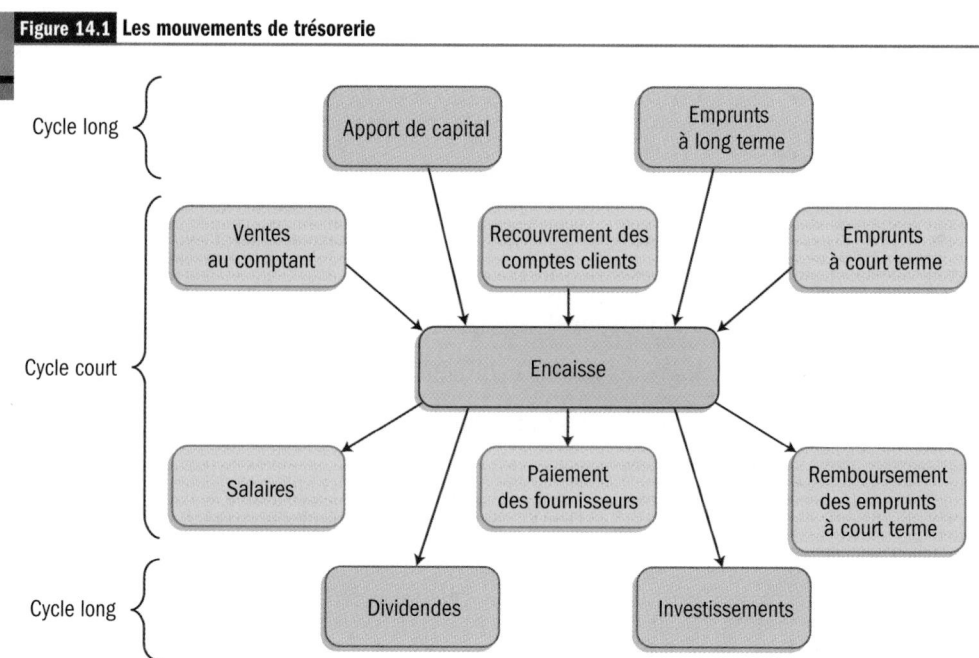

Figure 14.2 Le cycle d'exploitation

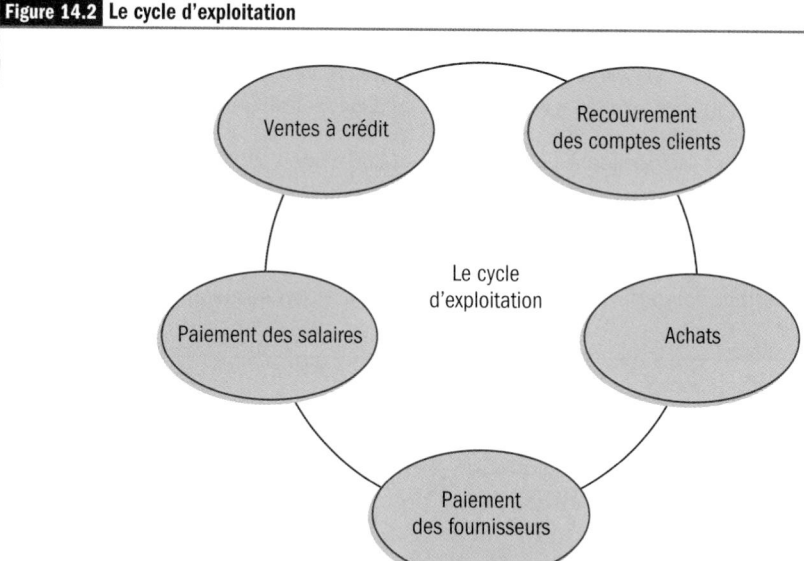

EXEMPLE

LE CYCLE D'EXPLOITATION D'UNE ENTREPRISE COMMERCIALE

Le 1er septembre, une entreprise commerciale procède à l'achat de 1 000 $ de marchandises destinées à la vente. Les marchandises lui sont livrées dans la semaine, disons le 3 septembre. L'entreprise paie le fournisseur 30 jours plus tard, le 1er octobre. Toutes les deux semaines, soit le 15 et le 30 septembre, l'entreprise verse les salaires au personnel. Supposons que les marchandises livrées le 3 septembre sont vendues à crédit le 20 septembre au prix de 2 000 $ et que les clients ont aussi 30 jours pour payer, c'est-à-dire jusqu'au 18 octobre.

L'entreprise réalisera une marge de 1 000 $ (soit 2 000 $ – 1 000 $). Durant le mois de septembre, elle devra payer le fournisseur (1 000 $), les salaires au personnel et les autres dépenses courantes du mois avant d'encaisser les 2 000 $ des marchandises vendues. On conçoit très bien que l'entreprise doit avoir un volume d'achats et de ventes plus important pour arriver à équilibrer les rentrées et les sorties d'argent, c'est-à-dire que l'ensemble des marges réalisées soient plus importantes que l'ensemble des débours.

EXEMPLE

LE CYCLE D'EXPLOITATION D'UNE ENTREPRISE MANUFACTURIÈRE

Le 1er septembre, une entreprise manufacturière procède à l'achat de 1 000 $ de matières premières destinées à la fabrication. Les matières premières lui sont livrées dans la semaine, disons le 3 septembre. L'entreprise paie le fournisseur 30 jours plus tard, le 1er octobre. Toutes les deux semaines, soit le 15 et le 30 septembre, l'entreprise verse les salaires au personnel. Supposons que les matières premières livrées le 3 septembre sont utilisées dans la fabrication le 10 septembre, qu'elles contribuent à fabriquer un produit qui sera vendu à crédit le 3 octobre au prix de 2 000 $, et supposons qu'il lui sera payé 30 jours plus tard, le 3 novembre.

L'entreprise réalisera une marge de 1 000 $ (soit 2 000 $ – 1 000 $). Cependant, durant les mois de septembre et octobre, elle devra payer le fournisseur (1 000 $), les salaires au personnel et les autres dépenses courantes du mois avant d'encaisser les 2 000 $ des marchandises vendues. On conçoit très bien que l'entreprise doit avoir un volume de production et de ventes plus important pour arriver à équilibrer les rentrées et les sorties d'argent.

Il y a des stratégies d'affaires dont l'objectif est la minimisation des coûts basée sur la réduction du cycle d'exploitation. Pensez à la pratique qui consiste à payer au moment de l'achat, paiement qui enclenche un processus de production d'un produit qui vous est livré plus tard. Pensez aux stratégies de gestion sans stock en général où les matières premières livrées le matin sont utilisées en après-midi et le produit livré au client le soir même ou le lendemain. Ces stratégies contribuent à la réduction du cycle d'exploitation, donc à la réduction du coût de financement des montants nécessaires à équilibrer les flux de trésorerie dans une organisation.

LA CAPACITÉ D'AUTOFINANCEMENT

On parle de **capacité d'autofinancement** lorsque les activités d'exploitation de l'entreprise génèrent des flux monétaires ; l'expression **fonds autogénérés** renvoie à la même notion. L'état des flux de trésorerie permet d'évaluer les flux monétaires produits par les activités d'exploitation d'une entreprise au cours d'une année fiscale. On peut se faire une idée assez précise du montant de ces flux monétaires en additionnant le bénéfice indiqué à l'état des résultats, la dotation à l'amortissement et l'impôt à payer de l'exercice financier.

Il ne faut surtout pas confondre **bénéfice comptable** et **flux monétaires positifs**, qui sont deux notions complètement différentes : la première traduit l'excédent des produits par rapport aux charges au cours d'un exercice fiscal donné, alors que la seconde renvoie aux encaissements et aux débours liés au cycle d'exploitation. Lorsqu'une entreprise obtient un résultat positif, cela ne signifie donc pas nécessairement que l'argent a été encaissé ; cela signifie seulement que les revenus gagnés sont plus élevés que les charges engagées pour les obtenir. Les transactions figurant aux états financiers ne débouchent pas immédiatement sur des mouvements de trésorerie, car il s'écoule un certain laps de temps entre l'achat des matières premières ou des marchandises et le recouvrement du produit de la vente de ces marchandises. Si l'état des résultats indique un bénéfice, cela ne signifie donc pas nécessairement que l'entreprise disposera des liquidités suffisantes pour faire face à ses obligations.

La capacité d'autofinancement est essentielle pour assurer la viabilité d'une organisation et pour financer, du moins en partie, les investissements nécessaires à son expansion. C'est d'ailleurs à cette source que devraient d'abord penser les gestionnaires. Nous reviendrons plus loin sur ce point.

EXEMPLE

LA CAPACITÉ D'AUTOFINANCEMENT DE DEUX ENTREPRISES

Des données extraites des états financiers de deux entreprises sont présentées dans le tableau suivant. Au cours de la même année, l'entreprise A et l'entreprise B ont réalisé un profit identique de 100 000 $ après impôts.

Les données extraites des états financiers

	Entreprise A	Entreprise B
Dotation à l'amortissement de l'exercice	300 000 $	150 000 $

Si nous prenons en compte seulement le bénéfice net de l'exercice, la situation financière des deux entreprises semble identique. Mais si on pousse la démarche un peu plus loin et qu'on calcule la capacité d'autofinancement, on découvre que l'entreprise A est dans une situation financière bien plus favorable que l'entreprise B.

Capacité d'autofinancement = bénéfice net + dotation à l'amortissement

La capacité d'autofinancement de l'entreprise A est de 400 000 $, contre seulement 250 000 $ pour l'entreprise B. Grâce à ses activités d'exploitation, l'entreprise A a donc dégagé, au cours de l'année, 150 000 $ de plus que l'entreprise B pour financer ses besoins.

LE FONDS DE ROULEMENT

Le cycle court des flux de trésorerie est aussi appelé **cycle du fonds de roulement**, le **fonds de roulement** (FDR) étant l'ensemble des disponibilités d'une entreprise, déduction faite des exigibilités. Les disponibilités comprennent l'encaisse et les éléments d'actif qui seront convertis en liquidités au cours de l'année, notamment les stocks et les comptes clients. Quant aux exigibilités, ce sont les dettes qui nécessiteront un débours monétaire au cours de l'année : il s'agit entre autres des comptes fournisseurs, des impôts à payer, des billets à payer à court terme et de la portion de la dette à long terme dont l'échéance survient au cours de l'année. Ainsi, on pose l'équation suivante :

FDR = disponibilités – exigibilités

Pour simplifier, on peut poser l'équation suivante :

FDR = encaisse + stocks + comptes clients – comptes fournisseurs

On pose également parfois l'équation :

FDR = encaisse + besoins en FDR

où les **besoins en FDR** sont définis par l'équation :

Besoins en FDR = stocks + comptes clients – comptes fournisseurs

La gestion du FDR consiste à planifier et à faire le suivi des moments précis où l'argent est encaissé et déboursé. C'est pourquoi le temps constitue ici un paramètre crucial. Au cours des mouvements de trésorerie, il se produit des décalages entre les rentrées et les sorties, d'où des créances que l'organisation doit assumer pendant un certain temps. On donne à cette période le nom de **cycle du FDR**, qu'on définit comme le nombre de jours qui s'écoulent entre le moment où l'entreprise paie ses fournisseurs et le moment où elle perçoit les sommes que lui doivent ses clients. En résumé :

$$\text{Cycle du FDR} = \frac{\text{délai d'écoulement}}{\text{des stocks}} + \frac{\text{délai de recouvrement}}{\text{des comptes clients}} - \frac{\text{délai de paiement}}{\text{des comptes fournisseurs}}$$

Pour une organisation, le cycle du FDR se traduit par des besoins en FDR équivalant à un besoin de financement à court terme. Le cycle du FDR (cycle court des flux de trésorerie) représente donc la solvabilité à court terme de l'entreprise.

LA GESTION DU FONDS DE ROULEMENT

La gestion du FDR est un élément primordial de la gestion des flux de trésorerie, car elle touche des éléments qui influent sur la trésorerie et varient quotidiennement : les stocks, les comptes clients et les comptes fournisseurs, et la marge de crédit. Pour suivre la performance de la gestion du FDR, on utilise fréquemment les deux ratios suivants : le **ratio du FDR**, ou **ratio de solvabilité à court terme**, et le **ratio de trésorerie**, appelé aussi **ratio de liquidité relative**. Le ratio de liquidité relative est plus restrictif que le ratio de solvabilité à court terme, car il ne tient compte que des éléments les plus monnayables de l'actif à court terme.

$$\text{Ratio de solvabilité à court terme} = \frac{\text{actif à court terme}}{\text{passif à court terme}}$$

$$\text{Ratio de trésorerie} = \frac{\text{actif à court terme} - \text{stocks}}{\text{passif à court terme}}$$

Dans l'idéal, le ratio de trésorerie doit être supérieur à 1, à cause du cycle du FDR de l'entreprise. Lorsque c'est le cas, cela signifie que l'entreprise peut régler les comptes fournisseurs en recourant à ses éléments d'actif à court terme autres que les stocks.

D'autres types de dettes que les comptes fournisseurs peuvent aussi constituer une forme de financement à court terme, par exemple les déductions à la source ainsi que les taxes indirectes recueillies par les entreprises. Mais ces montants, surtout s'ils sont élevés, doivent souvent être remis aux destinataires au cours de la semaine où ils ont été prélevés.

Bien gérer les éléments du FDR est un aspect important du contrôle de la trésorerie, car cela permet de raccourcir le cycle du FDR de l'organisation et de réduire ainsi au minimum ses besoins en FDR.

EXEMPLE

FRANÇOIS TRUDELLE

Chez François Trudelle, le délai d'encaissement des comptes clients est de 41 jours, la période d'écoulement des stocks, de 76 jours, et le délai de paiement aux fournisseurs, de 39 jours. Quelle est la durée du cycle du FDR de cette entreprise ?

Cycle du FDR = 76 jours + 41 jours − 39 jours = 78 jours

Le cycle du FDR est donc de 78 jours. Autrement dit, l'entreprise doit financer les comptes clients et les stocks pendant 78 jours. Sachant qu'elle possède des stocks évalués à 100 000 $, que ses comptes clients s'élèvent à 38 000 $, et ses comptes fournisseurs, à 60 000 $, ses besoins en FDR sont de 78 000 $. Chaque jour du cycle du FDR entraîne donc un besoin en FDR de 1 000 $. Si on raccourcissait le cycle du FDR, on réduirait les besoins en FDR : les besoins en FDR diminueraient ainsi de 10 000 $ avec un cycle du FDR plus court de 10 jours.

Le ratio du FDR et le ratio de trésorerie donnent une image globale de la situation de trésorerie à court terme. Lorsque les ratios ne sont pas satisfaisants, le responsable doit analyser la situation particulière des stocks, des comptes clients, des comptes fournisseurs et de la marge de crédit.

LE SUIVI DES STOCKS

Le niveau des stocks varie beaucoup selon les secteurs d'activité. Une entreprise de services peut ainsi se contenter d'un faible niveau de stocks, alors qu'un grossiste ou un détaillant doit parfois conserver des stocks importants. Le niveau des stocks se répercute sur la trésorerie de l'entreprise, d'où la nécessité pour cette dernière de déterminer le niveau optimal de stocks à conserver. Des stocks insuffisants lui feront perdre des ventes et diminueront sa rentabilité, mais des stocks trop importants imposeront des frais élevés, en raison des nombreux coûts qui leur sont rattachés : achats, entreposage, assurance, désuétude, etc. Deux ratios permettent d'effectuer le **suivi des stocks** : la **rotation des stocks** et la **période d'écoulement des stocks**.

$$\text{Rotation des stocks} = \frac{\text{coût des marchandises vendues}}{\text{stocks moyens}}$$

$$\text{Période d'écoulement des stocks} = \frac{365 \text{ jours}}{\text{ratio de rotation des stocks}}$$

Pour gérer sainement sa trésorerie, l'entreprise doit donc garder ses stocks à un niveau qui lui permet d'atteindre une rentabilité maximale.

EXEMPLE

DISTRIBUTION GASPÉSIENNE

Le directeur général de l'entreprise Distribution gaspésienne s'inquiète de l'allongement de la période d'écoulement des stocks. Il voudrait la ramener au niveau des années précédentes, soit environ 120 jours. Cet élément d'actif a une importance cruciale dans son secteur d'activité ; il est essentiel de le contrôler de façon efficace à la fois pour fournir un excellent service à la clientèle et pour assurer une saine gestion des liquidités. Selon les données du dernier exercice, le coût des marchandises vendues s'élève à 5 000 000 $ et l'inventaire a une valeur moyenne de 1 800 000 $. Comment la décision de ramener la période d'écoulement des stocks au niveau des années antérieures se répercuterait-elle sur la trésorerie ?

Dans un premier temps, on doit calculer le ratio actuel de rotation des stocks.

$$\text{Rotation des stocks} = \frac{\text{coût des marchandises vendues}}{\text{stocks moyens}}$$

$$\text{Rotation des stocks} = \frac{5\ 000\ 000\ \$}{1\ 800\ 000\ \$} = 2,78$$

$$\text{Période d'écoulement des stocks} = \frac{365\ \text{jours}}{\text{ratio de rotation des stocks}}$$

$$\text{Période d'écoulement des stocks} = \frac{365\ \text{jours}}{2,78} = 131\ \text{jours}$$

En utilisant l'équation relative à la période d'écoulement des stocks, on arrive à la conclusion qu'une période de 120 jours équivaut à une rotation des stocks de 3,04 fois par an (365 jours/ 120 jours). Puis, on utilise l'équation qui définit la rotation des stocks pour calculer la quantité de stocks à conserver afin d'obtenir ce taux : l'entreprise devra conserver des stocks moyens de 1 645 000 $ environ (5 000 000 $/3,04 jours).

On constate à quel point un bon contrôle des stocks influe sur la trésorerie d'une entreprise. Dans cet exemple, l'entreprise réduit son FDR de 155 000 $ (1 800 000 $ – 1 645 000 $) simplement en raccourcissant de 11 jours la période d'écoulement des stocks.

LE SUIVI DES COMPTES CLIENTS

Assurer le **suivi des comptes clients** est essentiel parce que de fortes sommes s'y trouvent parfois investies. En outre, les factures impayées sont susceptibles de se transformer en créances douteuses. L'entreprise doit déterminer le plus tôt possible les comptes qui risquent de connaître ce sort : plus les factures impayées seront repérées rapidement, plus l'entreprise aura de chances de les recouvrer. Au fur et à mesure que la valeur des comptes clients s'accroît, l'entreprise doit absorber un coût de financement croissant : elle a donc tout intérêt à contrôler les ratios de rotation et de recouvrement des comptes clients. Chaque jour de recouvrement supplémentaire s'ajoute au cycle du FDR, et chaque jour qui s'ajoute au cycle du FDR représente quelques milliers de dollars de plus en FDR. Deux ratios permettent d'effectuer le suivi des comptes clients : la **rotation des comptes clients** et le **délai de recouvrement des comptes clients**.

$$\text{Rotation des comptes clients} = \frac{\text{total des ventes à crédit}}{\text{moyenne des comptes clients}}$$

$$\text{Délai de recouvrement des comptes clients} = \frac{365\ \text{jours}}{\text{rotation des comptes clients}}$$

L'entreprise doit s'efforcer de maintenir ces ratios au niveau le plus bas possible : l'obligation de conserver un FDR important se fera sentir de manière moins vive et cette précaution aura un effet positif sur la trésorerie de l'entreprise. Il faut cependant tenir compte des environnements interne et externe dans lesquels évolue l'entreprise. On doit trouver un compromis entre la rentabilité de l'entreprise et les liquidités, car une politique de crédit trop restrictive pourrait entraîner une baisse des ventes.

De plus, on doit effectuer un suivi pour réduire les risques de mauvaises créances, qui augmentent à mesure que s'allonge le délai de recouvrement des comptes clients. Ainsi, on sera en mesure de prévoir l'effet d'une mauvaise créance éventuelle sur les flux monétaires de l'entreprise, de négocier une nouvelle entente de paiement avec un client ou de refuser de lui consentir un nouveau crédit. Il peut être utile de préparer un rapport mensuel énumérant les délais de paiement des clients.

EXEMPLE

JODOIN & FRÈRES

L'entreprise Jodoin & Frères réalise des ventes de 1 095 000 $, qui se répartissent également sur toute l'année. Toutes les marchandises sont vendues à crédit. La période de recouvrement des comptes clients est actuellement de 43 jours. La direction voudrait la réduire à 38 jours, soit le ratio habituel dans son secteur d'activité. Quel effet le raccourcissement du délai de recouvrement des comptes clients aurait-il sur l'encaisse de cette entreprise ?

Les ventes de 1 095 000 $ se répartissant également sur toute l'année, le montant des ventes quotidiennes moyennes est de 3 000 $ (soit 1 095 000 $/365 jours). On divise le montant des ventes par 365 jours, soit le nombre de jours que comporte l'année, pour respecter les modalités de paiement qui renvoient au calendrier, par exemple « prix net, facture payable à 30 jours ».

En raccourcissant de 5 jours son délai de recouvrement des comptes clients, l'entreprise verra son encaisse augmenter et s'élever à 15 000 $ (3 000 $ × 5 jours). L'entreprise doit évidemment s'assurer que cette nouvelle façon de faire ne va pas à l'encontre de la pratique générale dans son secteur d'activité afin d'éviter de perdre de bons clients.

LE SUIVI DES COMPTES FOURNISSEURS

Pour la plupart des entreprises, les comptes fournisseurs représentent une importante source de financement à court terme. De surcroît, il s'agit d'une source de financement gratuite lorsqu'on respecte les modalités de paiement. L'entreprise a donc intérêt à payer les comptes fournisseurs le plus tard possible, tout en bénéficiant des escomptes de caisse, s'il y a lieu, de façon à profiter au maximum du crédit gratuit consenti par les fournisseurs. Effectuer le **suivi des comptes fournisseurs** consiste donc à s'assurer que tous les comptes sont payés au moment le plus avantageux pour l'entreprise.

Deux ratios permettent d'effectuer le suivi des comptes fournisseurs : la **rotation des comptes fournisseurs** et le **délai de paiement des comptes fournisseurs**.

$$\text{Rotation des comptes fournisseurs} = \frac{\text{total des achats (crédit)}}{\text{moyenne des comptes fournisseurs}}$$

$$\text{Délai de paiement des comptes fournisseurs} = \frac{365 \text{ jours}}{\text{rotation des comptes fournisseurs}}$$

Si le délai de paiement est trop court, il est probable que l'entreprise ne profite pas suffisamment de la source de financement gratuite que constituent les comptes fournisseurs. À l'inverse, s'il est trop long, cela peut entraîner des pertes d'escomptes de caisse et des paiements d'intérêt sur des comptes en souffrance. On tâchera donc de maintenir ce ratio au niveau le plus élevé possible sans compromettre la cote de solvabilité de l'entreprise et les relations avec les fournisseurs.

EXEMPLE

QUINCAILLERIE VERDUNOISE

Les fournisseurs proposent souvent des conditions de règlement de «2/10, net à 30 jours», ce qui signifie qu'on accorde un rabais de 2% si le client effectue le paiement dans les 10 jours suivant l'achat et que ce paiement sera net d'intérêts s'il est effectué dans les 30 jours.

Quincaillerie verdunoise a pour politique de payer tous ses fournisseurs dans les 30 jours. Son principal fournisseur offre une politique de paiement «2/10, net à 30 jours». Le propriétaire du commerce décide de calculer combien il économiserait s'il réglait ses achats chez ce fournisseur dans les 10 jours, compte tenu du fait qu'il achète chez lui pour environ 100 000 $ de marchandises par mois.

Il économiserait 2% de 100 000 $, soit 2 000 $, en supposant que le coût de renonciation associé au loyer de l'argent soit nul. Le fournisseur offre donc 2 000 $ pour recevoir 20 jours plus tôt un montant de 98 000 $. Renoncer à de telles conditions de crédit équivaut donc à refuser de devancer le paiement (prêter) à un taux annuel supérieur à 37,2% [soit (2 000 $/98 000 $) × (365 jours/20 jours)]. Comme toute entreprise peut emprunter à un taux inférieur, il est avantageux pour Quincaillerie verdunoise de profiter de l'escompte de caisse.

LE SUIVI DE LA MARGE DE CRÉDIT

On appelle **marge de crédit** la somme qu'une institution financière met à la disposition d'une entreprise, cette somme constituant le montant maximum dont l'entreprise pourra bénéficier en cas de besoin. L'institution financière qui accorde une marge de crédit pose certaines conditions, par exemple conserver des stocks et des comptes clients en garantie, ou obtenir un engagement de crédit, condition fréquemment imposée aux PME.

Afin de conserver sa souplesse financière, l'entreprise doit éviter de donner trop d'actifs en garantie, et elle doit s'assurer que la durée de vie des biens ainsi fournis ne dépasse pas la durée du financement obtenu. La banque tiendra certainement à ce qu'on lui remette des états financiers annuels vérifiés et, si la marge de crédit est élevée, elle exigera des rapports trimestriels, voire mensuels. L'exemple suivant illustre deux rapports types fréquemment utilisés, le premier pour déterminer la limite de crédit à laquelle a droit l'entreprise, et le second pour établir le solde du FDR à une date précise.

EXEMPLE

ENTREPRISE COMMERCIALE

Les données indispensables pour déterminer la marge de crédit d'Entreprise commerciale pour un mois donné sont rassemblées dans le tableau ci-dessous. Un rapport sur le FDR de la même entreprise est présenté dans le second tableau.

La détermination de la marge de crédit d'Entreprise commerciale

Total des comptes clients	**120 615 $**
Moins: comptes de 90 jours et plus	18 793 $
Comptes clients de moins de 90 jours	**101 822 $**
75 % du montant des comptes clients de moins de 90 jours	**76 367 $**
Plus: 40 % de la valeur des stocks en deçà d'un montant de 50 000 $	43 444 $
	119 811 $
Moins: salaires courus à payer	6 898 $
retenues à la source de l'impôt fédéral	5 499 $
retenues à la source de l'impôt provincial	5 266 $
Montant maximal autorisé	**102 148 $**

En principe, la marge de crédit doit seulement servir à combler une pénurie temporaire de liquidités. Pour calculer cette marge, on a utilisé 75 % de la valeur des comptes clients ordinaires (comptes de moins de 90 jours), montant auquel on a ajouté 40 % de la valeur des stocks jusqu'à concurrence de 50 000 $, et duquel on a soustrait les frais courus à payer.

Le FDR à une date donnée d'Entreprise commerciale

	Aujourd'hui	**Aux derniers états financiers vérifiés**
Stocks	**108 610 $**	**110 676 $**
Moins: salaires courus à payer	6 898 $	7 955 $
retenues à la source de l'impôt fédéral	5 499 $	6 421 $
retenues à la source de l'impôt provincial	5 266 $	6 089 $
	90 947 $	**90 211 $**
Plus: comptes clients de moins de 90 jours	101 822 $	110 933 $
	192 769 $	**201 144 $**
Moins: marge de crédit	96 231 $	100 554 $
	96 538 $	**100 590 $**

Le FDR à une date donnée d'Entreprise commerciale (*suite*)

		Aujourd'hui	Aux derniers états financiers vérifiés
Plus :	solde des comptes en banque	14 296 $	18 974 $
	autres éléments d'actif à court terme	3 200 $	0 $
		114 034 $	**119 564 $**
Moins :	chèques en circulation	4 836 $	8 966 $
	comptes à payer	23 759 $	18 695 $
	portion de la dette à long terme échéant dans l'année	20 000 $	20 000 $
Solde du fonds de roulement		**65 439 $**	**71 903 $**

Le ratio de solvabilité à court terme est aujourd'hui le suivant :

$$\frac{\text{Actif à court terme}}{\text{Passif à court terme}} = \frac{227\,928}{162\,489}, \text{ soit } 1{,}402728$$

Aux derniers états financiers vérifiés, le ratio de solvabilité à court terme était le suivant :

$$\frac{\text{Actif à court terme}}{\text{Passif à court terme}} = \frac{240\,583}{168\,680}, \text{ soit } 1{,}426268$$

Ce rapport permet de déterminer le FDR de l'entreprise. En effet, tous les éléments qui y sont additionnés représentent son actif à court terme à cette date, et tous les éléments qui y sont soustraits, son passif à court terme.

LE SUIVI DES PLACEMENTS À COURT TERME

Lorsqu'elle prévoit qu'elle aura un surplus d'encaisse, une entreprise investit ce montant dans des titres à court terme de façon à maximiser sa rentabilité. Les revenus qu'elle retirera de ses placements devront évidemment être supérieurs aux frais de gestion et de transaction qu'elle devra assumer. On cherche à équilibrer liquidités et sécurité, autrement dit à trouver un compromis entre une politique audacieuse et une politique prudente dans la gestion de l'encaisse. Adopter une politique audacieuse consiste à maximiser la rentabilité en plaçant le maximum de fonds dans des titres à court terme, ce qui accroît par le fait même le risque d'être à court de liquidités. À l'inverse, privilégier une politique prudente réduit le risque d'insolvabilité, mais le surplus d'argent qui demeure en caisse entraîne une baisse de la rentabilité de l'actif total. La **gestion des placements à court terme** consiste à trouver la meilleure option, dans cette zone de compromis, entre politique audacieuse et politique prudente.

On doit également arriver à un équilibre dans le choix des titres, ainsi que dans leurs dates d'échéance, pour être en mesure de faire face aux sorties de fonds qui, elles aussi, obéissent à certaines échéances.

LE BUDGET DE CAISSE

Le **budget de caisse** est l'outil privilégié pour suivre le mouvement global des flux de trésorerie, qui comprend les éléments du FDR, mais aussi les éléments du cycle long des flux de trésorerie tels que les projets d'investissement et les obligations liées au financement de la dette à long terme. Le budget de caisse aide à prévoir les rentrées et les sorties de fonds et à planifier les actions à accomplir, au cours des jours et des semaines suivants, pour équilibrer les flux de trésorerie par des placements et des emprunts à court terme. Il est tout aussi utile pour faire le suivi des rentrées et des sorties de fonds, ce qui évite de se laisser surprendre par un manque de fonds au cours de l'année. Il est important de savoir plusieurs mois à l'avance à quels moments l'entreprise sera en déficit d'encaisse: non seulement cela donne à l'entreprise le temps de se procurer les fonds temporaires nécessaires pour faire face à ses obligations de paiement, mais cela lui permet également de se placer dans des conditions lui permettant de les obtenir à un coût avantageux.

LA TECHNIQUE DU BUDGET DE CAISSE

Comme nous l'avons vu au chapitre 13, le budget de caisse est établi au cours de la dernière étape du processus budgétaire. La place du budget de caisse dans le budget global, c'est-à-dire l'étape à laquelle il intervient, est illustrée à la figure 14.3. Le budget de caisse est habituellement dressé lors de la dernière étape du processus budgétaire.

Figure 14.3 La place du budget de caisse dans le budget global

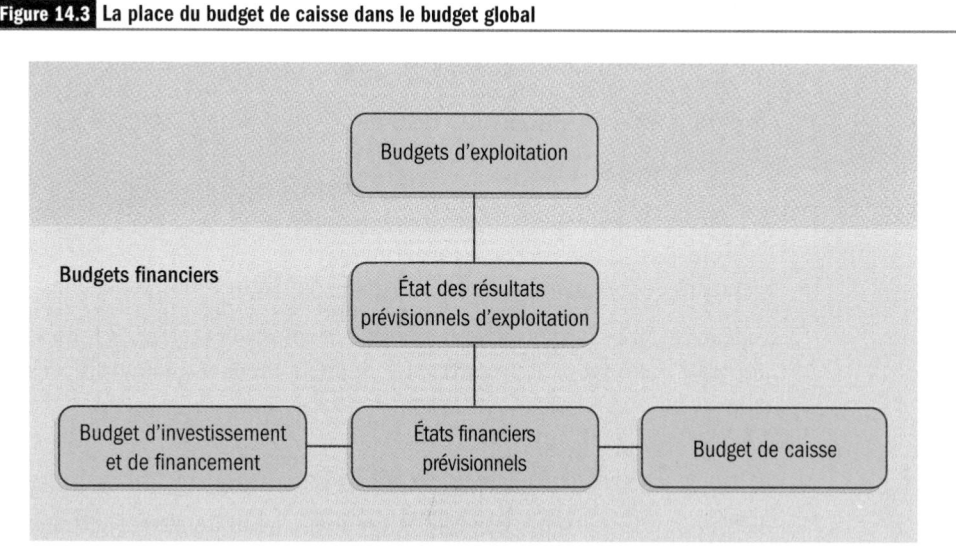

Le budget de caisse est utile pour les individus comme pour les entreprises, des plus petites aux plus grandes, et ce, dans tous les secteurs d'activité. C'est un outil essentiel pour la gestion de la trésorerie. Bon nombre de petites entreprises privées ne disposent pas de système comptable complexe comportant grand livre et journaux auxiliaires. Elles sont néanmoins dotées d'un système consistant à enregistrer les dépôts et les paiements, à suivre l'évolution du solde de leur compte en banque et à prévoir leurs sorties de fonds. Elles ont ainsi une sorte de comptabilité de caisse[2], car elles prévoient combien il leur faudra emprunter et gèrent leur trésorerie.

LES RÈGLES DU BUDGET DE CAISSE

Un budget de caisse efficace doit respecter certaines règles générales :

- être établi tous les mois ;
- distinguer les postes relatifs aux activités d'exploitation normales de ceux qui concernent les autres activités commerciales ;
- distinguer les postes engagés des postes discrétionnaires ;
- se concentrer sur les postes susceptibles d'avoir des répercussions sur le solde en caisse ;
- établir pour chaque poste les facteurs déterminant les recettes et les débours ;
- préciser les scénarios de volume prévisionnel ;
- comporter les calculs de chaque poste.

Examinons de plus près chacun de ces éléments.

LE BUDGET MENSUEL

Les arguments en faveur du budget mensuel sont les suivants :

- choisir une période supérieure à un mois entraîne une perte de données essentielles dans tous les cas où on observe de fortes variations mensuelles ou saisonnières ;
- choisir une période inférieure à un mois n'est pas très adéquat, puisque les cycles normaux d'encaissement des comptes clients et de paiement des comptes fournisseurs sont de 30 jours ;
- les retenues d'impôts à la source doivent être effectuées tous les mois, mais aussi parfois à chaque période de paie ;
- beaucoup de fournisseurs ont un système de facturation mensuelle.

Cependant, les salaires et les retenues à la source étant versés toutes les deux semaines, on pourrait envisager de préparer des budgets de caisse couvrant des périodes de deux semaines.

LES ACTIVITÉS D'EXPLOITATION NORMALES ET LES AUTRES ACTIVITÉS COMMERCIALES

En distinguant les activités d'exploitation normales et les autres activités commerciales, on peut déterminer si l'entreprise dégage suffisamment de liquidités en recourant seulement à ses activités d'exploitation normales, ou s'il lui faut compter sur d'autres activités. Par exemple,

---

2. Dans Fernand SYLVAIN, A. N. MOSICH et E. John LARSEN, *Comptabilité intermédiaire : théorie comptable et modalités d'application*, 2e éd., McGraw-Hill, 1984, on lit : « Dans un système de comptabilité de caisse, les produits ne sont comptabilisés que lorsque l'encaisse s'accroît ; de même, les charges d'exploitation n'influent sur le bénéfice net que lorsqu'elles font l'objet d'une diminution de l'encaisse. »

une station de ski pourrait avoir un déficit de caisse découlant de ses activités normales, mais réaliser globalement un surplus grâce à la vente de terrains. Tôt ou tard, cette station de ski devra équilibrer son budget de caisse en s'appuyant uniquement sur ses activités normales, faute de quoi elle sera en difficulté dès que ses autres activités cesseront. Il en va de même pour une entreprise commerciale ou manufacturière qui touche d'importants revenus d'intérêts provenant de placements : si ces activités de placements sont accessoires ou circonstancielles, elles doivent être considérées comme des activités supplémentaires.

LES POSTES ENGAGÉS ET LES POSTES DISCRÉTIONNAIRES

Les postes engagés ne laissent aucune liberté d'action au gestionnaire, qui doit les considérer comme des contraintes. Par exemple, on ne peut pas reporter le paiement des salaires, du loyer et des impôts. Quant aux postes discrétionnaires, ils relèvent par définition d'une décision et laissent donc au gestionnaire une certaine marge de manœuvre.

En cas de diminution imprévue des rentrées de fonds, on cherchera à réduire dans l'immédiat les sorties de fonds reliées aux postes discrétionnaires.

LES POSTES SUSCEPTIBLES D'AVOIR DES RÉPERCUSSIONS SUR LE SOLDE EN CAISSE

Avoir trop de données aboutit au même résultat qu'en avoir trop peu. Il serait ainsi très ardu de lire le budget d'une entreprise si on y reproduisait chacun des quelque 100 comptes relatifs aux coûts apparaissant dans le grand livre. En outre, plus le nombre de postes est élevé, plus il est difficile de repérer rapidement ceux qui sont les plus susceptibles d'avoir des répercussions sur le budget. On regroupe donc habituellement certains comptes, tels que les comptes relatifs à l'entretien et à l'administration. En revanche, il est utile de distinguer les comptes qui sont d'une importance matérielle relativement élevée – c'est-à-dire pouvant influer sur les décisions d'emprunt ou de placement à court terme – de ceux qui ont un caractère saisonnier.

LES FACTEURS DÉTERMINANT LES RECETTES ET LES DÉBOURS

Pour établir un budget, il convient de cerner les facteurs qui déterminent chacun des postes, c'est-à-dire les facteurs susceptibles d'influer sur le montant des recettes ou des débours : tenue d'événements particuliers, retombées de certaines manifestations (afflux de touristes à l'occasion d'une fête ou d'un congé, par exemple), etc.

LES SCÉNARIOS DE VOLUME PRÉVISIONNEL

Lorsque l'entreprise est soumise à des facteurs qu'elle ne maîtrise pas, on doit prendre en compte les différents scénarios de volume prévisionnel. Les recettes, par exemple, sont généralement soumises aux caprices du marché. Dans le cas d'une station de ski, les conditions climatiques jouent un rôle déterminant. Dans le cas d'une entreprise comme Hydro-Québec ou de n'importe quel autre service public, on accordera beaucoup moins d'importance aux fluctuations de la demande, bien qu'on doive les envisager. Le fait d'étudier différents scénarios de volume permet de réagir sur-le-champ lorsque les résultats sont moins intéressants que prévu, de déterminer à l'avance les mesures à prendre dans de telles circonstances et de devancer les concurrents aux prises avec les mêmes facteurs. C'est ce qu'on appelle la gestion proactive, qui consiste à prévoir les événements et à en tirer le meilleur parti.

LES CALCULS DES POSTES

Les gestionnaires doivent pouvoir comprendre tous les éléments que comporte le budget de caisse. Ils doivent avoir en main toutes les données permettant de recalculer chacun des postes. D'ailleurs, c'est essentiellement à eux que servira le budget de caisse.

LA MARCHE À SUIVRE POUR ÉTABLIR UN BUDGET DE CAISSE

Dans le tableau suivant, nous suggérons une façon simple d'établir un budget de caisse.

Une marche à suivre pour établir un budget de caisse

Déterminer les rentrées de fonds provenant :
1. des activités d'exploitation normales ;
2. des placements ;
3. d'autres sources.
Déterminer les sorties de fonds découlant :
4. des activités d'exploitation normales ;
5. des activités d'administration normales ;
6. des emprunts ;
7. d'autres activités.

EXEMPLE

CHAMPÊTRE

Mario est le directeur financier du centre de ski Champêtre. Les flux de trésorerie prévisionnels qu'il a établis sont résumés dans le budget de caisse de la page suivante.

Voici quelques observations à propos de ce tableau :

- le budget est établi tous les mois ;

- les rentrées de fonds ne sont supérieures aux sorties que 5 mois sur 12 : en septembre, décembre, janvier, février et mars ;

- le solde atteint son niveau le plus bas, soit –2 328 527 $, en novembre ;

- il faudrait obtenir une marge de crédit au moins égale à ce montant de 2 328 527 $ pour éviter d'avoir un solde en caisse négatif selon le scénario du budget présenté ;

- il faut une réserve substantielle d'argent en banque pour compenser les variations de l'encaisse, même si on prévoit que les recettes et les débours vont s'équilibrer sur une période d'une année ;

- la planification active de la trésorerie consiste à déterminer les compressions que l'entreprise peut effectuer ou les arrangements auxquels elle peut parvenir.

➡

Le budget de caisse mensuel du centre de ski Champêtre

	Mai	Juin	Juillet	Août	Septembre	Octobre	Novembre	Décembre	Janvier	Février	Mars	Avril	Sommaire annuel
Solde au début	2 500 000 $	1 763 450 $	955 650 $	234 850 $	-603 950 $	-591 324 $	-1 311 332 $	-2 328 527 $	-579 637 $	1 412 104 $	3 096 794 $	4 400 399 $	2 500 000 $
Recettes													
Restaurant					12 476 $	13 953 $	97 616 $	1 179 472 $	1 242 077 $	1 087 302 $	930 365 $	99 970 $	4 663 231 $
Abonnements					979 440 $	115 920 $	259 560 $	126 000 $					1 480 920 $
Droits d'entrée							167 475 $	2 730 007 $	2 896 175 $	2 485 369 $	2 068 826 $	165 203 $	10 513 055 $
Autres													
	0 $	0 $	0 $	0 $	991 916 $	129 873 $	524 651 $	4 035 479 $	4 138 253 $	3 572 671 $	2 999 191 $	265 173 $	16 657 206 $
Débours													
Salaires	75 000 $	60 000 $	60 000 $	60 000 $	90 000 $	90 000 $	180 000 $	420 000 $	420 000 $	330 000 $	300 000 $	180 000 $	2 265 000 $
Retenues à la source	18 750 $	15 000 $	15 000 $	15 000 $	22 500 $	22 500 $	45 000 $	105 000 $	105 000 $	82 500 $	75 000 $	45 000 $	566 250 $
Assurances	90 000 $						360 000 $						450 000 $
Électricité	3 000 $	3 000 $	3 000 $	3 000 $	6 000 $	6 000 $	90 000 $	180 000 $	150 000 $	90 000 $	90 000 $	45 000 $	669 000 $
Produits pétroliers		3 000 $		3 000 $	6 000 $	6 000 $	24 000 $	45 000 $	45 000 $	36 000 $	24 000 $	15 000 $	207 000 $
Entretien	12 000 $	12 000 $	12 000 $	30 000 $	30 000 $	30 000 $	75 000 $	120 000 $	120 000 $	105 000 $	75 000 $	24 000 $	645 000 $
Publicité				100 000 $	150 000 $	50 000 $	50 000 $	150 000 $	25 000 $	50 000 $	25 000 $		600 000 $
Administration	30 000 $	30 000 $	30 000 $	30 000 $	60 000 $	30 000 $	60 000 $	90 000 $	90 000 $	75 000 $	60 000 $	45 000 $	630 000 $
Restaurant					4 990 $	5 581 $	39 046 $	471 789 $	496 831 $	434 921 $	372 146 $	39 988 $	1 865 292 $
Service dette	594 800 $	594 800 $	594 800 $	594 800 $	594 800 $	594 800 $	594 800 $	594 800 $	584 680 $	574 560 $	564 440 $	554 320 $	7 036 400 $
Remboursement	0 $	0 $	0 $	0 $	0 $	0 $	0 $	80 000 $	80 000 $	80 000 $	80 000 $	0 $	320 000 $
Autres	3 000 $	3 000 $	3 000 $	3 000 $	15 000 $	15 000 $	24 000 $	30 000 $	30 000 $	30 000 $	30 000 $	18 000 $	204 000 $
	736 550 $	807 800 $	720 800 $	838 800 $	979 290 $	849 881 $	1 541 846 $	2 286 589 $	2 146 511 $	1 887 981 $	1 695 586 $	966 308 $	15 457 942 $
Solde à la fin	1 763 450 $	955 650 $	234 850 $	-603 950 $	-591 324 $	-1 311 332 $	-2 328 527 $	-579 637 $	1 412 104 $	3 096 794 $	4 400 399 $	3 699 264 $	3 699 264 $

Un budget mensuel

Dans le budget de caisse mensuel, le solde minimum est de –2 328 527 $. Si on avait dressé un budget trimestriel (par exemple en regroupant les mois de la façon suivante : mai-juin-juillet, août-septembre-octobre, novembre-décembre-janvier et février-mars-avril), le solde minimum aurait été de –1 311 332 $ au 31 octobre. Mais en procédant ainsi, l'entreprise n'aurait pas pu prévoir qu'elle aurait besoin de 2 328 527 $ en novembre.

Les rentrées de fonds provenant des activités d'exploitation normales

On a défini trois grands postes pour déterminer les revenus : Restaurant, Abonnements et Droits d'entrée. Le poste Restaurant comprend les revenus provenant du restaurant et des cantines. Le poste Abonnements correspond aux cartes d'abonnement, et le poste Droits d'entrée, aux billets d'une journée. Il y a également un poste Autres, qui englobe les recettes provenant de la boutique de ski, de la location de casiers, de l'école de ski, de la garderie et des autres concessions. Dans cet exemple, nous nous concentrerons sur les principaux postes qui dégagent des recettes.

Restaurant et droits d'entrée :

Nous avons calculé les droits d'entrée comme suit :

> Droits d'entrée = nombre moyen de skieurs par jour × nombre de jours × prix moyen

- le montant moyen dépensé par les skieurs au restaurant a été l'année précédente de 10,70 $ par personne pour le restaurant ;

- le nombre de personnes correspond au nombre de droits d'entrée dans un mois, auquel s'ajoute le nombre de visites des détenteurs d'abonnements ;

- le nombre de visites des détenteurs d'abonnements se distribue comme suit : 1 visite par détenteur en septembre ; 1 visite par détenteur en octobre ; 2 visites par détenteur en novembre ; 8 visites par détenteur pour les mois de décembre, janvier, février et mars ; et 2 visites par détenteur en avril.

Abonnements :

- le montant moyen déboursé par abonné, qui a été l'année précédente de 840 $ par personne ;

- le nombre d'abonnés.

Des statistiques sur le nombre de skieurs et d'abonnés sont présentées dans le tableau suivant.

Compte tenu de la situation économique, des améliorations apportées aux installations au cours de l'été, des nouveaux programmes de promotion et de l'historique de l'accroissement de la clientèle, voici le scénario de recettes le plus vraisemblable :

- augmentation moyenne de la clientèle de 2 %, mais de 20 % en décembre, puisque l'année précédente les conditions climatiques défavorables ont poussé bon nombre de skieurs à rester chez eux entre Noël et le jour de l'An ;

- aucun changement dans le montant moyen déboursé par les skieurs, les prix étant les mêmes que l'an dernier.

Dans le cas du poste Autres, on a simplement augmenté de 2 % les résultats de l'année précédente.

Une estimation du nombre de skieurs et d'abonnés (en unités)

	Septembre	Octobre	Novembre	Décembre	Janvier	Février	Mars	Avril	Total
Résultats de la saison dernière									
Skieurs			5 781	80 106	99 978	85 797	71 418	5 703	348 783
Abonnements	1 143	135	303	147					1 728
Prévisions pour la prochaine saison									
Skieurs			5 897	96 127	101 978	87 513	72 846	5 817	370 178
Abonnements	1 166	138	309	150					1 763
	1 166	138	6 206	96 277	101 978	87 513	72 846	5 817	371 941

Les rentrées de fonds provenant des placements

Cet exemple ne fait référence à aucun placement.

Les rentrées de fonds provenant d'autres sources

Il n'y en a pas dans cet exemple. On trouve généralement sous cette rubrique les apports de capital, les emprunts à long terme et les ventes de biens.

La détermination des sorties de fonds découlant des activités d'exploitation normales

Six postes principaux ont été déterminés : Salaires, Retenues à la source, Assurances, Électricité, Produits pétroliers et Entretien.

On a calculé le montant des salaires en se fondant sur le contrat signé par les employés, sur l'horaire de travail prévu et sur le nombre de personnes qu'on compte embaucher.

La détermination des sorties de fonds découlant des activités d'administration normales

Deux postes principaux ont été déterminés : Publicité et Administration.

Le budget de publicité s'appuie sur l'estimation des coûts du projet de publicité qui a été approuvé à la dernière réunion du conseil d'administration.

Les frais d'administration sont similaires à ceux de l'année précédente, puisqu'on ne prévoit aucun changement à ce chapitre.

La détermination des sorties de fonds découlant des emprunts

L'entreprise a actuellement trois contrats d'emprunt à long terme. Les sorties de fonds découlant des emprunts à long terme sont présentées dans le tableau de la page suivante, accompagnées du calendrier de remboursement de chaque emprunt.

Voici le taux d'intérêt nominal capitalisé mensuellement pour chacun de ces emprunts :

- emprunt n° 1 : 14,50 % ;

- emprunt n° 2 : 10,00 % ;

- emprunt n° 3 : 12,00 %.

La détermination des sorties de fonds découlant d'autres activités

Il n'y en a pas dans cet exemple. On trouve habituellement dans ce poste les projets d'investissement et l'acquisition d'immobilisations.

Le poste Autres offre une marge de manœuvre pour les dépenses imprévues. Il n'est relié à aucun poste en particulier.

Plusieurs scénarios

On doit concevoir plusieurs scénarios afin d'analyser les répercussions que pourraient avoir, sur les flux monétaires, des éléments sur lesquels on n'exerce aucune emprise, notamment une diminution de la clientèle. Le tableau de la page 406 montre, par exemple, quel serait l'effet sur les résultats d'une diminution de 10 % du nombre de skieurs moyen par jour, par rapport au budget initialement présenté.

Si la clientèle diminuait ne serait-ce que de 10 %, le centre de ski Champêtre pourrait se trouver en difficulté au cours de l'été qui suit le prochain exercice financier : il terminerait l'exercice avec 39 703 $ de moins en caisse et devrait prévoir l'augmentation habituelle des coûts d'infrastructure. Dans une telle hypothèse, Mario devrait prendre des mesures pour réduire ses dépenses discrétionnaires ou augmenter ses revenus.

Les facteurs sur lesquels on doit se concentrer

Nous avons regroupé ci-dessous un certain nombre de facteurs susceptibles d'influer sur les droits que perçoit une station de ski :

- le nombre de skieurs ;

- les conditions météorologiques ;

- le nombre de samedis où la station est ouverte ;

- le nombre de dimanches où la station est ouverte ;

- le nombre de congés ;

- les prix ;

- la publicité ;

- les promotions, y compris la politique de réduction des prix ;

- les activités spéciales (compétitions et autres) ;

- les programmes de l'école de ski ;

- les grèves.

Les emprunts à long terme et le calendrier de remboursement

	Mai	Juin	Juillet	Août	Septembre	Octobre	Novembre	Décembre	Janvier	Février	Mars	Avril
Emprunt n° 1												
Solde	3 200 000 $	3 200 000 $	3 200 000 $	3 200 000 $	3 200 000 $	3 200 000 $	3 200 000 $	3 200 000 $	3 160 000 $	3 120 000 $	3 080 000 $	3 040 000 $
Remboursement								40 000 $	40 000 $	40 000 $	40 000 $	
Emprunt n° 2												
Solde	960 000 $	960 000 $	960 000 $	960 000 $	960 000 $	960 000 $	960 000 $	960 000 $	936 000 $	912 000 $	888 000 $	864 000 $
Remboursement								24 000 $	24 000 $	24 000 $	24 000 $	
Emprunt n° 3												
Solde	290 000 $	290 000 $	290 000 $	290 000 $	290 000 $	290 000 $	290 000 $	290 000 $	274 000 $	258 000 $	242 000 $	226 000 $
Remboursement								16 000 $	16 000 $	16 000 $	16 000 $	

Le budget de caisse du centre de ski Champêtre, dans l'hypothèse d'une diminution de 10 % de la clientèle

	Mai	Juin	Juillet	Août	Septembre	Octobre	Novembre	Décembre	Janvier	Février	Mars	Avril	Sommaire annuel
Solde au début	2 500 000 $	1 763 450 $	955 650 $	234 850 $	-603 950 $	-591 324 $	-1 311 332 $	-2 349 071 $	-934 905 $	701 742 $	2 081 723 $	3 131 700 $	2 500 000 $
Recettes													
Restaurant					12 476 $	13 953 $	91 303 $	1 076 613 $	1 132 959 $	993 666 $	852 426 $	93 743 $	4 267 139 $
Abonnements					979 440 $	115 920 $	259 560 $	126 000 $					1 480 920 $
Droits d'entrée							150 719 $	2 456 998 $	2 606 552 $	2 236 841 $	1 861 961 $	148 674 $	9 461 744 $
Autres													
	0 $	0 $	0 $	0 $	991 916 $	129 873 $	501 582 $	3 659 611 $	3 739 511 $	3 230 507 $	2 714 387 $	242 417 $	15 209 804 $
Débours													
Salaires	75 000 $	60 000 $	60 000 $	60 000 $	90 000 $	90 000 $	180 000 $	420 000 $	420 000 $	330 000 $	300 000 $	180 000 $	2 265 000 $
Retenues à la source	18 750 $	15 000 $	15 000 $	15 000 $	22 500 $	22 500 $	45 000 $	105 000 $	105 000 $	82 500 $	75 000 $	45 000 $	566 250 $
Assurances	90 000 $						360 000 $						450 000 $
Électricité	3 000 $	3 000 $	3 000 $	3 000 $	6 000 $	6 000 $	90 000 $	180 000 $	150 000 $	90 000 $	90 000 $	45 000 $	669 000 $
Produits pétroliers		3 000 $	3 000 $	3 000 $	6 000 $	6 000 $	24 000 $	45 000 $	45 000 $	36 000 $	24 000 $	15 000 $	207 000 $
Entretien	12 000 $	12 000 $	12 000 $	30 000 $	30 000 $	30 000 $	75 000 $	120 000 $	120 000 $	105 000 $	75 000 $	24 000 $	645 000 $
Publicité				100 000 $	150 000 $	50 000 $	50 000 $	150 000 $	25 000 $	50 000 $	25 000 $		600 000 $
Administration	30 000 $	30 000 $	30 000 $	30 000 $	60 000 $	30 000 $	60 000 $	90 000 $	90 000 $	75 000 $	60 000 $	45 000 $	630 000 $
Restaurant					4 990 $	5 581 $	36 521 $	430 645 $	453 184 $	397 466 $	340 970 $	37 497 $	1 706 854 $
Service dette	594 800 $	594 800 $	594 800 $	594 800 $	594 800 $	594 800 $	594 800 $	594 800 $	584 680 $	574 560 $	564 440 $	554 320 $	7 036 400 $
Remboursement	0 $	0 $	0 $	0 $	0 $	0 $	0 $	80 000 $	80 000 $	80 000 $	80 000 $	0 $	320 000 $
Autres	3 000 $	3 000 $	3 000 $	3 000 $	15 000 $	15 000 $	24 000 $	30 000 $	30 000 $	30 000 $	30 000 $	18 000 $	204 000 $
	736 550 $	807 800 $	720 800 $	838 800 $	979 290 $	849 881 $	1 539 321 $	2 245 445 $	2 102 864 $	1 850 526 $	1 664 410 $	963 817 $	15 299 504 $
Solde à la fin	1 763 450 $	955 650 $	234 850 $	-603 950 $	-591 324 $	-1 311 332 $	-2 349 071 $	-934 905 $	701 742 $	2 081 723 $	3 131 700 $	2 410 300 $	2 410 300 $

Comme nous ne pouvons pas étudier de façon approfondie l'effet de tous ces facteurs, il convient de s'arrêter aux plus importants. Ce choix peut varier en fonction du passé de l'entreprise et des données dont on dispose. On peut, une fois par an, décider de retenir d'autres facteurs.

Dans la réalité, nous pourrions distinguer très rapidement les jours de semaine (du lundi au vendredi, à l'exception des congés) des autres jours. Nous pourrions ensuite déterminer les types de skieurs selon une segmentation reposant sur les promotions.

En comptabilité, la règle d'or est de dresser un premier budget le plus simplement possible après la mise sur pied de l'entreprise, et d'y ajouter peu à peu d'autres facteurs, selon les besoins.

EXEMPLE

HCA

Le budget de caisse de l'entreprise manufacturière HCA pour le premier trimestre de l'année courante est présenté dans le tableau suivant.

Le budget de caisse pour le premier trimestre de l'année courante de HCA

	Janvier	Février	Mars	Trimestre
Solde au début	**30 000 $**	**44 385 $**	**50 875 $**	**30 000 $**
Recettes	**355 000 $**	**225 000 $**	**220 000 $**	**800 000 $**
Débours				
Salaires	48 000 $	54 000 $	60 000 $	162 000 $
Matières premières	50 000 $	40 000 $	60 000 $	150 000 $
Frais de fabrication	18 000 $	30 000 $	24 000 $	72 000 $
Frais de vente	128 000 $	48 000 $	80 000 $	256 000 $
Frais d'administration	80 000 $	30 000 $	50 000 $	160 000 $
Frais de financement	6 615 $	6 510 $	6 406 $	19 531 $
Remboursement de la dette à long terme	10 000 $	10 000 $	10 000 $	30 000 $
	340 615 $	218 510 $	290 406 $	849 531 $
Solde à la fin	**44 385 $**	**50 875 $**	**-19 531 $**	**-19 531 $**

Voici quelques observations relativement à ce budget de caisse :

■ le budget est établi tous les mois ;

■ pour déterminer les recettes, il faut connaître le montant des ventes, la politique de crédit et les habitudes de paiement des clients ;

■ pour établir les montants des débours relatifs aux matières premières, il faut connaître la politique de stockage des produits finis et des matières premières, ainsi que la politique de paiement des fournisseurs ;

■ pour déterminer les montants relatifs aux frais de financement, il faut connaître le taux d'intérêt et le solde de la dette à long terme.

Dans le tableau suivant sont présentés les prévisions de ventes de l'entreprise manufacturière HCA, ainsi que le volume de la production, les achats et les heures de main-d'œuvre directe que cette entreprise a planifiés.

**Les prévisions des unités produites et vendues
ainsi que des ressources nécessaires au budget de caisse**

	Novembre	Décembre	Janvier	Février	Mars	Avril	Mai
Ventes (en unités)	5 000	8 000	3 000	5 000	4 000	6 000	4 000
Production (en unités)		3 000	5 000	4 000	6 000	4 000	
Achats (en kilogrammes)		10 000	8 000	12 000	8 000		
Main-d'œuvre (en heures)		3 000	5 000	4 000	6 000		

Tous les produits sont vendus à crédit. Au moins 70 % des clients règlent leur compte le mois suivant l'achat, et les quelque 30 % restants le font le deuxième mois. Il n'y a aucune créance douteuse.

Comme on le constate, l'entreprise fabrique au cours d'un mois ce qu'elle prévoit vendre le mois suivant. La fabrication d'une unité exige 2 kilogrammes de matières premières et 1 heure de main-d'œuvre directe. On acquiert les matières premières le mois précédant la production et on règle ces achats dans les 30 jours qui suivent. Les salaires sont versés avec deux semaines de retard sur la production, de sorte que 50 % des heures de main-d'œuvre directe consommées au cours d'un mois sont payées durant le même mois, et 50 % le mois suivant. Tous les frais de fabrication, de vente et d'administration sont payés le mois suivant. On considère que les frais de fabrication sont proportionnels à la quantité fabriquée, au taux de 6 $ par unité. On considère que les frais de vente et d'administration sont proportionnels aux ventes, les premiers au taux de 16 $ par unité, les seconds au taux de 10 $ par unité. Enfin, on calcule les frais de financement au taux nominal de 12,5 %, capitalisé mensuellement. Le calendrier de remboursement de l'emprunt à long terme est présenté dans le tableau suivant.

Le calendrier de remboursement de l'emprunt à long terme

	Novembre	Décembre	Janvier	Février	Mars
Solde du début	655 000 $	645 000 $	635 000 $	625 000 $	615 000 $
Remboursement	10 000 $	10 000 $	10 000 $	10 000 $	10 000 $

Dans cet exemple comme dans bien d'autres, le nombre d'unités produites ou le nombre de services offerts est fonction de la demande prévisionnelle, ce qui s'exprime dans le budget des ventes.

LE SUIVI DU BUDGET DE CAISSE

Comme le budget de caisse constitue le principal instrument de travail en matière de planification de la trésorerie, il est essentiel de le comparer régulièrement aux résultats. Les liquidités sont une préoccupation constante dans toute entreprise; c'est pourquoi la gestion du FDR, et de la trésorerie en général, doit faire l'objet d'un suivi serré. On relèvera ainsi sur-le-champ les écarts budgétaires, on envisagera leur effet sur les flux monétaires futurs et on pourra ainsi prévoir les emprunts ou les placements à court terme nécessaires. Effectuer cette comparaison permet d'éviter les décisions précipitées et de mieux planifier son action.

EXEMPLE

HCA (SUITE)

Reprenons l'exemple de l'entreprise manufacturière HCA. Tous les produits se vendent à crédit: 70 % des clients règlent leur compte dans les 30 jours suivant leurs achats, et 30 % dans les 60 jours. L'entreprise relève en janvier deux mauvaises créances qui la priveront de 50 000 $ en rentrées de fonds par rapport au budget initial. Le tableau suivant illustre l'effet que cette diminution de rentrées de fonds a sur le solde en caisse à la fin de chacun des mois.

Le budget de caisse révisé à la suite des résultats de janvier de HCA

	Janvier	Février	Mars
Solde au début	30 000 $	–5 615 $	875 $
Recettes (politique actuelle)	305 000 $	225 000 $	220 000 $
Débours			
Salaires	48 000 $	54 000 $	60 000 $
Matières premières	50 000 $	40 000 $	60 000 $
Frais de fabrication	18 000 $	30 000 $	24 000 $
Frais de vente	128 000 $	48 000 $	80 000 $
Frais d'administration	80 000 $	30 000 $	50 000 $
Frais de financement	6 615 $	6 510 $	6 406 $
Remboursement de la dette à long terme	10 000 $	10 000 $	10 000 $
	340 615 $	218 510 $	290 406 $
Solde à la fin (politique actuelle)	**–5 615 $**	**875 $**	**–69 531 $**

Au vu de l'important solde négatif qu'elle affiche au 31 mars, l'entreprise décide de changer sa politique de crédit et de mettre en œuvre dès le 1er janvier une politique de crédit net de 30 jours (c'est-à-dire d'accorder aux clients 30 jours pour régler leurs factures sans intérêt). Après ce délai, on ajoute un intérêt de 1,5 % par mois sur le solde de chacun des comptes clients. Le tableau de la page suivante illustre l'effet – positif – de cette nouvelle politique sur les flux monétaires, en supposant que tous les clients paieront leurs comptes dans les 30 jours.

Le budget de caisse révisé de HCA

	Janvier	Février	Mars
Solde au début (nouvelle politique)	**30 000 $**	**114 385 $**	**45 875 $**
Recettes (politique actuelle)	305 000 $	225 000 $	220 000 $
Recettes (nouvelle politique)	**425 000 $**	**150 000 $**	**250 000 $**
Débours			
Salaires	48 000 $	54 000 $	60 000 $
Matières premières	50 000 $	40 000 $	60 000 $
Frais de fabrication	18 000 $	30 000 $	24 000 $
Frais de vente	128 000 $	48 000 $	80 000 $
Frais d'administration	80 000 $	30 000 $	50 000 $
Frais de financement	6 615 $	6 510 $	6 406 $
Remboursement de la dette à long terme	10 000 $	10 000 $	10 000 $
	340 615 $	218 510 $	290 406 $
Solde à la fin (nouvelle politique)	**114 385 $**	**45 875 $**	**5 469 $**
Solde à la fin (politique actuelle)	-5 615 $	875 $	-69 531 $

Les ventes n'ont pas changé, les débours sont les mêmes et, dans un cas comme dans l'autre, nous n'avons pas tenu compte des mauvaises créances. Pourtant, il y a plus d'argent en caisse avec la nouvelle politique de crédit, car la période de recouvrement des comptes clients est plus courte.

D'AUTRES CONSIDÉRATIONS : LE SUIVI DU TAUX DE CHANGE

Avec la mondialisation des marchés, de plus en plus d'entreprises sont appelées à traiter avec des pays étrangers et donc à effectuer des paiements en monnaie étrangère. L'Accord de libre-échange nord-américain (ALENA), conclu entre le Canada, les États-Unis et le Mexique, amène un nombre croissant d'entreprises à effectuer des transactions en dollars américains ou en pesos. Dans ce type de transactions, les entreprises s'exposent au risque de fluctuation des monnaies. Pour réduire au minimum les pertes potentielles, on effectue le **suivi des cours du change** en recourant aux différents outils dont on dispose pour se prémunir contre le risque lié aux fluctuations, autrement dit en se livrant à ce qu'on appelle des opérations de couverture. Le premier moyen consiste à ouvrir un compte bancaire dans la monnaie du pays avec lequel on négocie régulièrement, ce qui permet d'éliminer en grande partie le risque de change. Le deuxième moyen est d'acquérir des options qui protégeront l'entreprise, moyennant un certain coût, contre les fluctuations des cours du change pendant la période apparaissant au contrat. Ces deux méthodes sont fréquemment utilisées et permettent de réduire au minimum les pertes liées aux transactions effectuées en monnaie étrangère.

LES RAPPORTS ENTRE TRÉSORERIE ET RENTABILITÉ

Les liquidités sont vitales pour l'individu comme pour l'entreprise. Les entreprises doivent donc non seulement réaliser des bénéfices, mais également les transformer en liquidités, et ce, le plus rapidement possible. C'est la condition pour qu'elles puissent remplir leurs obligations financières à court terme. Si elles ne versent pas les salaires des employés ou ne paient pas leurs fournisseurs, elles feront face à des poursuites. De plus, elles seront incapables d'emprunter sur marge de crédit pour financer le délai de recouvrement des créances aux clients. Quand on sait qu'une entreprise peut être mise en faillite pour une dette aussi faible que 1 000 $, on comprend à quel point il est important de bien gérer la trésorerie.

Sans un capital liquide, il est virtuellement impossible de démarrer une entreprise. Faites le test. Présentez-vous dans une banque. Demandez un emprunt pour acheter ou démarrer une entreprise, en démontrant qu'elle est ou sera rentable. Si vous ne disposez pas de liquidités, on ne vous l'accordera pas. Car, en général, les investisseurs acceptent de financer la partie la moins risquée de votre entreprise et ils estiment les actifs à leur valeur de liquidation. Or, la valeur de liquidation des stocks, comme de plusieurs éléments d'actif, est souvent nettement inférieure à leur valeur d'acquisition.

Sans liquidités générées chaque mois, une entreprise, même techniquement rentable, se place dans une situation délicate, puisqu'elle doit emprunter pour payer son personnel et ses fournisseurs. Or, sans garanties jugées suffisantes, elle ne pourra pas obtenir le financement à court terme requis pour respecter ses obligations. Sans compter qu'elle ne pourra pas non plus profiter des occasions d'affaires qui exigent du liquide.

CAPSULES VIDÉO

Qu'en disent les experts ?

CAPSULE VIDÉO 14.1   **Gestion des flux de trésorerie dans une entreprise saisonnière**
Monsieur Mario Boisvert, directeur général de la Station touristique Val Saint-Côme, insiste sur l'importance de la gestion des flux de trésorerie dans une entreprise saisonnière.

CAPSULE VIDÉO 14.2   **Revenus hors saison**
Monsieur Boisvert suggère quelques moyens de générer des entrées d'argent hors saison.

CAPSULE VIDÉO 14.3   **Déboursés hors saison**
Monsieur Boisvert aborde le financement des déboursés hors saison.

CAPSULE VIDÉO 14.4   **Fluctuations de revenus au quotidien**
En saison, comment arrive-t-on à gérer les fluctuations importantes de revenus d'une journée à l'autre, d'une semaine à l'autre? Monsieur Boisvert répond aisément à ces questions.

OBJECTIFS DE CONNAISSANCES, REVUS

1 Comprendre la gestion de la trésorerie.

La gestion de la trésorerie consiste à planifier et à contrôler les flux monétaires. Elle vise à maintenir un niveau de liquidités optimal, c'est-à-dire suffisamment élevé pour réduire au minimum le risque d'insolvabilité et suffisamment bas pour que tout excédent soit placé pour obtenir un revenu. Dans toutes les entreprises, les flux de trésorerie comportent deux cycles: un cycle court lié à l'exploitation et au FDR, et un cycle long lié aux investissements. Enfin, la capacité d'autofinancement d'une entreprise est son aptitude à générer des flux monétaires grâce à ses activités d'exploitation.

2 Définir le fonds de roulement et ses éléments.

Par définition, le FDR est la somme des disponibilités, moins les exigibilités. Le FDR correspond à la valeur des stocks, à laquelle on ajoute la valeur des comptes clients et de laquelle on soustrait la valeur des comptes fournisseurs. Le cycle d'exploitation correspond au délai d'écoulement des stocks, auquel on ajoute le délai de recouvrement des comptes clients et duquel on soustrait le délai de paiement des comptes fournisseurs. Le cycle d'exploitation se traduit par l'augmentation du FDR.

3 Expliquer en quoi consiste la gestion du fonds de roulement.

La gestion du FDR touche les éléments qui influent sur la trésorerie et varient quotidiennement: les stocks, les comptes clients, les comptes fournisseurs et la marge de crédit. Pour suivre la performance du FDR, on utilise souvent les deux ratios suivants: le ratio du FDR, ou ratio de solvabilité à court terme, et le ratio de la trésorerie. Le suivi des stocks se fait à l'aide du taux de rotation des stocks et de l'indicateur de la période d'écoulement des stocks. Le suivi des comptes clients se fait à l'aide du taux de rotation des comptes clients et de l'indicateur du délai de recouvrement des comptes clients. Le suivi des comptes fournisseurs se fait à l'aide du taux de rotation des comptes fournisseurs et de l'indicateur du délai de paiement des comptes fournisseurs. Le suivi de la marge de crédit se fait en fonction d'un pourcentage des comptes clients et de la valeur des stocks.

4 Utiliser un budget de caisse.

Le budget de caisse est un tableau qui reprend l'ensemble des rentrées et des sorties de fonds, selon la nature des postes. Il doit être établi mensuellement et même parfois hebdomadairement. Établi mensuellement, il permet de prévoir et de suivre le solde en caisse à la fin de chaque mois et, le cas échéant, de prendre les mesures nécessaires pour équilibrer les flux de trésorerie en utilisant la marge de crédit et faire fructifier les surplus d'encaisse en effectuant des placements à court terme.

5 Comprendre les rapports entre trésorerie et rentabilité.

Une entreprise ne peut pas vivre sans encaisse. Toute organisation à but lucratif doit réaliser un bénéfice pour rémunérer le capital et doit en tout temps demeurer solvable. Tout organisme sans but lucratif doit garder un budget équilibré et rester solvable en tout temps. L'équilibre des produits et des charges ne garantit pas à lui seul l'équilibre de la trésorerie. Lorsqu'on planifie l'équilibre de la trésorerie, il faut aussi prévoir le risque que les projets présentent en matière de flux de trésorerie. Il faut souvent arriver à un compromis entre un rendement accru et une trésorerie plus fragile ou, à l'inverse, entre un rendement moindre et une trésorerie plus solide.

MOTS CLÉS

LE BUDGET D'INVESTISSEMENT

OBJECTIFS

1 Décrire le budget d'investissement.

2 Reconnaître les flux de trésorerie liés aux investissements.

3 Évaluer la rentabilité d'un projet d'investissement.

4 Établir l'impact d'un investissement sur la structure des coûts.

5 Comprendre les rapports entre trésorerie et rentabilité.

SOMMAIRE

Gaz Métro

Le budget d'investissement

Les flux de trésorerie liés aux investissements

L'évaluation de la rentabilité d'un projet
   d'investissement

L'impact d'un investissement sur la structure
   des coûts

Les rapports entre trésorerie et investissement

Les investissements transforment les entreprises en organisations pérennes. Qu'il s'agisse de l'acquisition d'un équipement de plusieurs millions, de l'ouverture d'un nouveau marché ou du développement d'une nouvelle gamme de produits, l'entreprise ne sera plus jamais la même. L'importance des montants en jeu et le caractère irréversible des investissements font du processus d'allocation des ressources à long terme un processus clé de la réalisation de la stratégie d'entreprise.

Dans ce chapitre, nous présentons le cas de Gaz Métro, qui réalise tous les ans des projets d'investissement qu'elle doit analyser et dont elle doit déterminer la priorité. Les projets d'investissement sont des gages de pérennité par leur apport direct à la mise en œuvre de la stratégie d'entreprise. Ils ont un impact significatif sur les flux monétaires, l'équilibre budgétaire et la rentabilité pour les entreprises à but lucratif. L'analyse des projets est une activité clé du comptable en management.

■ GAZ MÉTRO

Comptant plus de 3,6 milliards de dollars d'actifs, Société en commandite Gaz Métro (Gaz Métro) est la principale entreprise de distribution de gaz naturel au Québec desservant 300 municipalités grâce à un réseau de plus de 10 000 km. Présente dans ce secteur réglementé depuis 1957, Gaz Métro est devenue le fournisseur d'énergie de confiance de plus de 180 000 clients au Québec et de 135 000 clients au Vermont qui choisissent le gaz naturel pour son bas prix et ses avantages environnementaux. Gaz Métro est aussi présente sur le marché de la distribution d'électricité au Vermont ainsi que dans le développement de projets de gaz naturel dans le transport, de biométhanisation et d'énergie éolienne. Gaz Métro se voue à la satisfaction de ses clients, de ses associés, de ses employés et des collectivités où elle est présente.

Au 30 septembre 2010, Société en commandite Gaz Métro était détenue à près de 29 % par Valener Inc. et à 71 % par Gaz Métro inc. Cette dernière est détenue à 100 % par Noverco Inc., propriété de Trencap s.e.c. (50,38 %), d'Enbridge Inc. (32,06 %) et de GDF SUEZ (17,56 %).

L'énergie est indispensable et la demande ne cesse de croître dans le monde, mais c'est aussi un des secteurs posant les plus grands défis en matière de pollution et de changements climatiques. L'utilisation du gaz naturel, le plus propre des combustibles fossiles, est largement répandue et représente le quart de toute l'énergie consommée dans le monde. Gaz Métro prône une approche où l'énergie et l'environnement doivent être envisagés de façon globale dans la mesure où, pour faire des choix judicieux, nous avons besoin de prendre en compte les bénéfices et les effets négatifs de chaque source. Par exemple, remplacer des sources d'énergie très polluantes, comme le mazout lourd, le mazout léger et le diesel, par du gaz naturel constitue un atout dans la lutte aux gaz à effet de serre, et ce, dans plusieurs secteurs d'activité, notamment le transport lourd.

PROJETS ET CRITÈRES D'INVESTISSEMENT

Gaz Métro pourrait être qualifiée d'entreprise saisonnière, puisqu'elle tire la majeure partie de ses revenus en hiver, son activité principale étant la distribution de gaz naturel à des fins de chauffage. Ainsi, comme pour toute entreprise saisonnière, une gestion impeccable des flux de trésorerie est indispensable. La diversification de ses projets d'investissement dans des secteurs minutieusement choisis lui permet de soutenir les revenus durant les autres saisons de l'année.

Les activités principales de Gaz Métro relèvent du service public. Dans cette optique, l'entreprise a l'obligation de fournir un service fiable et sécuritaire. Ainsi, les projets d'investissement doivent répondre prioritairement aux critères de fiabilité et de sécurité du réseau de distribution. De plus, en 2006, la direction a fait un exercice de planification stratégique visant à repositionner l'entreprise. Il en est ressorti un besoin de diversification prudente et la considération de deux types d'investissement:

1. Un premier type caractérisé par la croissance de son métier de base, la distribution de gaz naturel au Québec, par la recherche de nouveaux marchés et de clients, ce qui représente 75 % des activités de Gaz Métro.

2. Un deuxième type découlant d'une diversification géographique et d'une stratégie de croissance prudente axée sur le développement de nouveaux projets énergétiques, entre autres d'énergie éolienne.

L'analyse du revenu requis (voir les figures A et B en page 419) s'applique aux investissements dans son métier de base, tandis qu'une analyse financière plus traditionnelle servira mieux à l'évaluation des projets d'investissement du second type.

Consommation de gaz naturel au Québec

Gaz Métro ne cherche pas à faire augmenter la consommation d'énergie au Québec, mais vise l'utilisation du gaz naturel pour les applications où celui-ci est le plus efficace et le moins polluant.

Soucieuse de faire la promotion d'une gestion responsable de cette source d'énergie, Gaz Métro fait la promotion de l'efficacité énergétique auprès de ses clients, et ce, depuis plus de 10 ans, par l'entremise de programmes de subventions.

Dans ce contexte, l'entreprise s'est dotée de programmes de subventions destinés au soutien des clients et entrepreneurs soucieux de remplacer des sources d'énergie plus polluantes par le gaz naturel ou qui souhaitent améliorer l'efficacité énergétique de leurs installations. L'entreprise investit également en recherche et développement afin d'aider ses clients à être plus efficaces et à mieux utiliser l'énergie.

Développement du secteur de la distribution de gaz naturel au Québec

L'entreprise peut augmenter ses parts de marché de deux façons: 1) acquérir de nouveaux clients par l'agrandissement de la zone géographique de son réseau de distribution gazier, en construisant des prolongements au réseau (desservir une nouvelle région); ou 2) raccorder de nouveaux clients au réseau déjà existant (densification du réseau).

L'investissement varie selon l'ampleur des travaux à réaliser, c'est-à-dire :

- distance sur laquelle une nouvelle conduite doit être installée ;

- nombre de clients qui seront branchés ;

- volumes de gaz naturel qui seront consommés ;

- type de clients : résidentiels, commerciaux ou industriels.

Il est donc nécessaire d'évaluer chacun des projets sur la base de son impact tarifaire et, pour les projets nécessitant plus de 1,5 million de dollars d'investissement, de le soumettre pour approbation à la Régie de l'énergie du Québec, l'organisme gouvernemental responsable de fixer les tarifs de distribution et les conditions de service.

Pour qu'un projet d'investissement soit viable, il doit répondre à deux objectifs :

- générer un taux de rendement interne supérieur au coût en capital prospectif de Gaz Métro ;

- avoir un impact tarifaire à la baisse au bénéfice de l'ensemble de la clientèle sur l'horizon de l'investissement ; pour ce faire, on utilise le concept de point mort tarifaire, en fonction du type de clients.

Le point mort tarifaire représente le moment dans le temps où l'impact à la hausse d'un investissement sur les tarifs de l'ensemble de la clientèle est totalement compensé par les revenus générés de ce même client ou groupe de clients ayant généré l'investissement. En fonction du profil de risque associé à chacun des projets et de la clientèle visée, le point mort visé peut être plus ou moins loin dans le temps. Par exemple, pour le développement d'un quartier résidentiel démontrant un potentiel de croissance à long terme, l'entreprise peut accepter un point mort tarifaire de près de 11 ans alors que ce même point mort tarifaire serait jugé inacceptable pour un client dont la consommation d'énergie est plus volatile ou incertaine dans le temps.

Établir les tarifs

Pour déterminer les tarifs d'une année donnée, on établit tout d'abord la rémunération des capitaux investis (le coût financier) à partir de la base de tarification qui représente l'ensemble des investissements de l'entreprise et selon une structure de capital comportant 54 % de dettes et 46 % de capitaux propres.

Au coût financier on ajoute les dépenses d'exploitation (salaires, avantages sociaux et autres frais), les amortissements, les impôts et les taxes, puis on répartit le montant total sur le volume projeté. Les tarifs ainsi établis permettent de recouvrer les coûts pour offrir le service de distribution et l'opportunité de réaliser un rendement juste et raisonnable sur les capitaux propres. Ces tarifs varient en fonction des volumes et du profil de consommation des clients.

Impact tarifaire des projets d'investissement

Toute analyse financière de projets est faite à partir des tarifs de distribution existants approuvés annuellement par la Régie de l'énergie du Québec. Pour chaque projet, déterminer l'impact sur les tarifs au cours des premières années est beaucoup plus important en raison des coûts financiers élevés (pression à la hausse, présentée à la figure A). Par contre, plus on avance dans le temps, plus les coûts associés au financement de l'investissement diminuent compte tenu de l'amortissement et de la récupération de celui-ci dans les tarifs, comme le montre la figure B. Le point mort tarifaire est atteint lorsque l'impact à la hausse sur les tarifs a été complètement neutralisé par les revenus additionnels que génère le projet et qu'une baisse de tarif est générée pour l'ensemble de la clientèle. Autrement dit, le point mort tarifaire est le moment où l'aire sous la courbe en début de projet (pression à la hausse sur les tarifs) est égale à l'aire sous la courbe après que le point de croisement a été atteint (pression à la baisse sur les tarifs). Des ventes plus importantes que prévu pour un projet donné permettront d'atteindre le point mort plus rapidement.

Investissements liés à la gestion, sécurité et fiabilité du réseau gazier

Les projets d'investissement requis pour maintenir la fiabilité et la sécurité du réseau gazier ne font pas l'objet d'une analyse financière en soi. Une analyse de risque associé à l'état des infrastructures ou aux changements dans l'environnement (travaux routiers par exemple) est utilisée pour prioriser ces investissements.

Les projets visant à améliorer la gestion sont évalués sur une base qualitative et quantitative plutôt qu'exclusivement quantitative. Une approche uniquement financière ne permettrait pas de tenir compte de tous les avantages qu'un investissement donné pourrait apporter en matière d'efficacité et d'efficience du service offert par les employés de l'entreprise au quotidien.

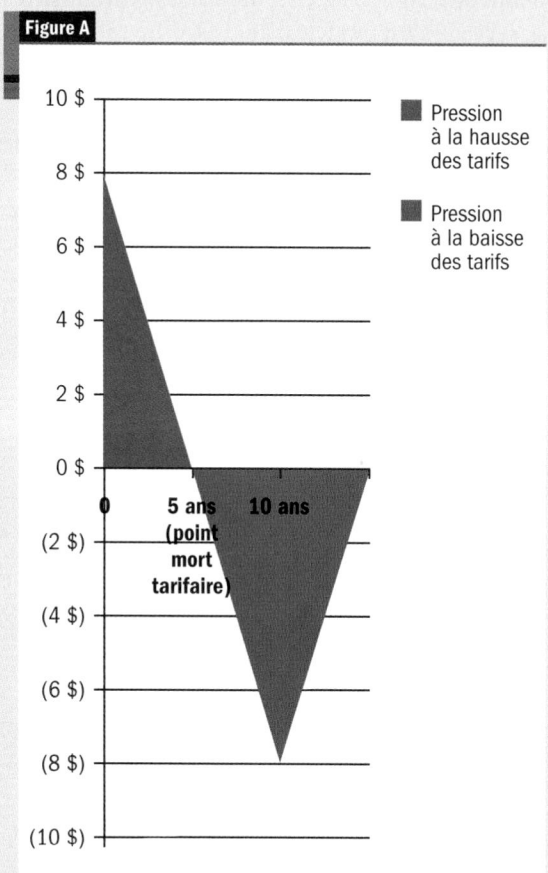

Figure A

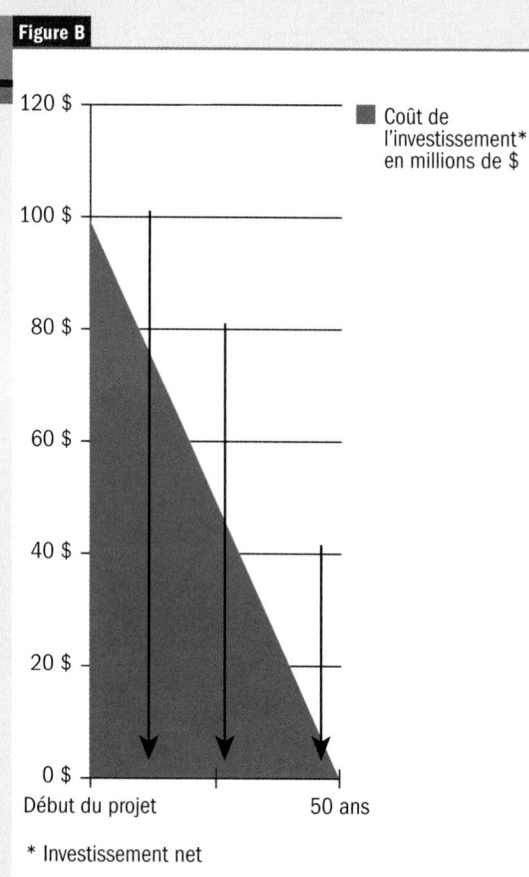

Figure B

PROJETS DE DÉVELOPPEMENT

Au cours des prochaines années, une partie importante des investissements de Gaz Métro sera consentie à développer des projets dans le secteur des nouvelles énergies, tels que le développement de la filière éolienne, la biométhanisation ou l'utilisation du gaz naturel dans le secteur du transport.

Dans le cadre d'une stratégie de croissance prudente, Gaz Métro investit avec des partenaires dans la réalisation de projets énergétiques porteurs de croissance.

Projets au Vermont

Dans la foulée de ces initiatives, Gaz Métro a fait une incursion réussie sur le marché de la distribution d'électricité au Vermont, par l'acquisition de Green Mountain Power Corporation en 2006.

Projets éoliens au Québec

Les projets éoliens entrepris en collaboration avec Boralex inc., une société reconnue pour son expertise en énergie éolienne sur les terres de la Seigneurie de Beaupré, en est un bel exemple. En mai 2008, deux projets proposés par ce consortium ont remporté une part de l'appel d'offres d'approvisionnement en énergie éolienne de 2 000 mégawatts lancé par Hydro-Québec. Les partenaires installeront une capacité de génération électrique de 272 mégawatts sur les terres privées du Séminaire de Québec. La mise en service des deux projets est prévue pour décembre 2013.

INVESTISSEMENTS ET CRITÈRES LIÉS AUX PROJETS DE DÉVELOPPEMENT

Avant d'accepter de tels projets d'expansion, l'entreprise procède à une analyse de la rentabilité pour s'assurer que le taux de rendement interne sera bel et bien supérieur au coût en capital et permettra de créer de la valeur aux actionnaires.

Conclusion

Afin de sélectionner des projets de développement qui correspondent à la stratégie de croissance prudente que s'est fixée Gaz Métro, les gestionnaires se servent d'un modèle d'analyse d'investissement semblable à celui utilisé pour l'acquisition d'entreprises.

L'objectif de l'entreprise demeure toujours le même : obtenir un taux de rendement interne adéquat pour ainsi créer de la valeur pour ses actionnaires grâce à une croissance des résultats et des flux de trésorerie.

LE BUDGET D'INVESTISSEMENT

Au chapitre 13, nous avons vu comment le budget est un processus d'**allocation des ressources** en vue de réaliser la stratégie d'entreprise. Le processus budgétaire est composé de deux sous-processus, celui de l'allocation des ressources engagées annuellement et celui des ressources engagées pour plus d'un an. Le chapitre 13 abordait le premier sous-processus, ce chapitre aborde le second, celui des ressources engagées pour plus d'un an, c'est-à-dire le budget d'investissement. Le **budget d'investissement** est en fait le plus souvent un **programme d'investissement** composé de plusieurs projets d'investissement en vue de la mise en œuvre de la stratégie de l'organisation. Ces projets s'inscrivent donc dans la mise en œuvre de la stratégie pour l'année. Chaque année, les organisations proposent et réalisent un programme d'investissement. On peut le constater par l'accroissement de l'actif au bilan[1] d'une organisation d'une année à l'autre.

En général, les budgets doivent être approuvés ultimement par la direction d'une entreprise. Les budgets des usines sont approuvés par la direction des divisions et ceux des divisions le sont par le siège social. Le budget d'allocation des ressources engagées annuellement est habituellement approuvé en bloc sur la base de cibles financières (niveau des ventes, BAII, bénéfice net, etc.) acceptées par le siège social. Par ailleurs, le budget d'investissement, à cause de son impact à long terme sur la rentabilité de l'entreprise et à cause de son caractère irréversible, ou à tout le moins coûteux pour l'organisation, doit le plus souvent être approuvé par le siège social. Ce chapitre étudie la gestion des investissements, ce qui comprend la transformation des facteurs à l'origine de la rentabilité, l'évaluation de la rentabilité d'un projet d'investissement, l'impact sur les flux de trésorerie ainsi que l'estimation des risques liés à un projet. Ce chapitre n'aborde toutefois pas la question du financement, ce sujet étant traité dans les livres de finance.

DÉFINITION D'UN INVESTISSEMENT

Un **investissement** peut être défini comme un engagement de ressources financières importantes pour l'acquisition de biens et de services pour plus d'un an, dans l'espoir d'en retirer des avantages pendant plusieurs années. D'une manière générale, les projets d'investissement visent à doter l'entreprise de biens et de services qui vont lui permettre de créer davantage de richesse pour ses actionnaires. On reconnaît plusieurs types de projets d'investissement, dont l'objectif peut être de réduire les coûts, d'accroître les ventes, de remplacer des équipements désuets, de lancer une nouvelle technologie, de développer de nouveaux produits ou de répondre à des besoins en santé, en sécurité ou de réglementation, comme cela peut être le cas en matière de protection de l'environnement, etc.

Quel que soit le type de projet, son premier critère d'acceptation est l'alignement stratégique, car c'est par la stratégie qu'une organisation compte accroître la richesse de l'entreprise à long terme. Un projet particulier doit contribuer de manière efficace et efficiente à la réalisation de la mission d'une organisation et de ses objectifs, en toute cohérence avec

---

1. En effet, une organisation qui n'investirait pas verrait son actif diminuer à chaque période par l'effet de l'amortissement.

son plan stratégique. La planification stratégique est abordée dans les manuels traitant de stratégie. Dans le présent ouvrage, nous allons plutôt étudier les responsabilités qui relèvent de la comptabilité de management.

LES PROJETS

L'évaluation d'un investissement doit être adaptée au contexte : de quel type de projet s'agit-il ? de quel type d'organisation ? qui sont ici les champions ? les décideurs ? Robert Simons[2] suggère de regrouper les projets d'investissement en trois ensembles : les projets qui répondent à de nouvelles réglementations, par exemple dans les domaines de la santé et de la sécurité au travail ou de l'environnement, les projets qui permettent d'améliorer la productivité d'une organisation et sa capacité à réaliser sa mission, et les projets qui concernent une nouvelle activité qui modifiera le positionnement compétitif de l'organisation.

Le tableau suivant suggère une liste d'outils analytiques à utiliser selon le type de projet.

Outils analytiques selon le type de projet

Type de projet	Outils analytiques
Conformité à une réglementation ou réponse à un besoin imminent	Analyse coût-efficacité des options proposées
Amélioration de l'efficience de l'exploitation courante	Indicateurs comptables habituels (délai de récupération, actualisation des flux monétaires et taux de rendement interne)
Nouvelle activité susceptible de modifier le positionnement compétitif de l'organisation	Alignement stratégique (analyse FFOM, matrice BCG, chaîne de valeur, etc.)
	Analyse du risque (y compris l'impact sur la structure des coûts)

Dans une petite entreprise à propriétaire unique, celui-ci a une vue globale de son entreprise, il en est le champion et le décideur. Bien souvent, les projets tirent leur origine de son sens des affaires. Il verra à s'assurer qu'ils respectent les limites et contraintes imposées par un financement externe. Dès que la taille de l'entreprise s'accroît, le champion d'un projet devra préparer un dossier de projet qui, dans une grande organisation, peut présenter plusieurs étapes : présentation à la direction de l'unité administrative, présentation à la direction de la division et, enfin, présentation et acceptation de la direction de l'entreprise. Plus il y aura de niveaux hiérarchiques, plus la présentation devra être expliquée en vue de convaincre non seulement du bien-fondé du projet, mais aussi de la façon dont il s'intègre à la stratégie corporative. La présentation à un deuxième niveau supérieur nécessitera le soutien inconditionnel du niveau supérieur immédiat. La figure 15.1 illustre les étapes d'évaluation d'un projet dans une grande organisation.

---

2. Interprétation des auteurs de «*Assets to meet safety/health regulation, assets to enhance competitive efficiency and/or increase revenue and assets to enhance competitive effectiveness*», de Robert Simons, dans *Performance Measurement & Control Systems for Implementing Strategy*, Prentice Hall, 2000, p. 143.

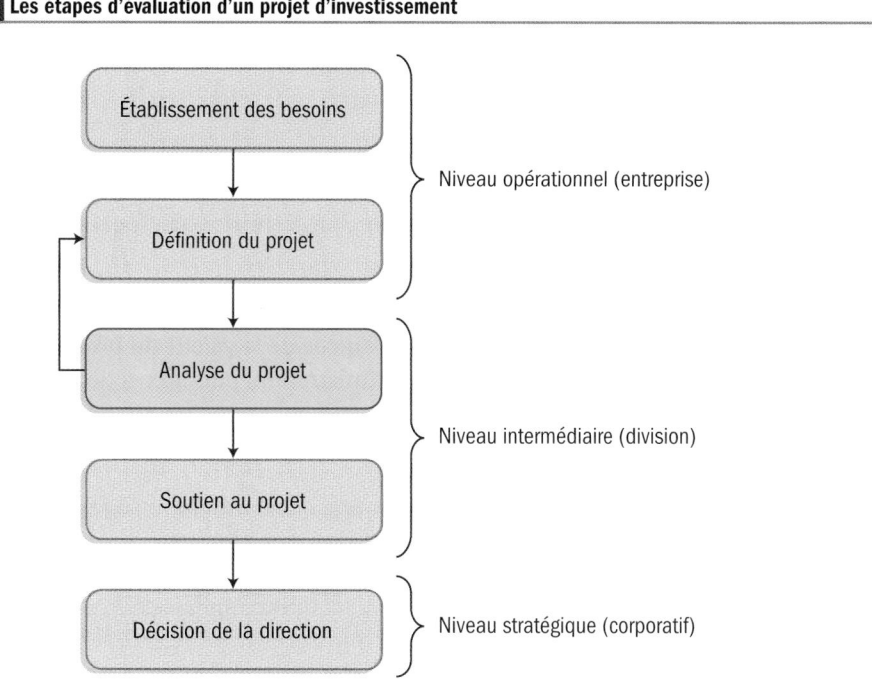

Figure 15.1 Les étapes d'évaluation d'un projet d'investissement

ÉTABLISSEMENT DES BESOINS

Les besoins se rattachent aux trois types de projets établis précédemment : ceux qui répondent à une nouvelle réglementation, à un besoin d'améliorer l'efficience de l'exploitation ou encore à un besoin lié à un objectif de croissance des affaires.

DÉFINITION DU PROJET

Cette étape comprend la définition technique du projet, mais inclut aussi les plans, les évaluations techniques, les échéanciers et les estimations de coûts. Le projet doit être défini de manière à déterminer son impact sur la performance organisationnelle. Il faut donc en mesurer la performance. Pour cela, il faut définir les dimensions de la performance à mesurer : la qualité, l'impact sur les clients, la rentabilité, le risque financier pour l'entreprise ; globalement, on pourrait parler de la contribution du projet à la stratégie de l'entreprise. À cette étape, on définit les mesures de la performance et on fixe des cibles de performance.

ANALYSE DU PROJET

Dans un premier temps, l'analyse est faite pour être présentée au gestionnaire responsable : on veut obtenir son soutien en vue d'une approbation subséquente par la direction. Le gestionnaire responsable doit être convaincu de la valeur du projet, car il doit non seulement l'appuyer, mais aussi le présenter et le défendre auprès de la direction. Lorsqu'il se présente à la direction pour soumettre un projet, sa crédibilité et l'évolution de sa carrière sont en jeu. Pour démontrer la performance anticipée d'un projet, il lui faut un outil de traitement des données ainsi qu'un modèle de représentation des activités de l'entreprise qui puisse simuler l'impact qu'aura le projet étudié sur les activités et, au bout du compte, sur la performance organisationnelle.

SOUTIEN AU PROJET

On parle ici de l'ensemble des actions qui contribuent à faire cheminer le projet entre les diverses instances et, ultimement, à le faire approuver par la direction.

DÉCISION DE LA DIRECTION

À cette étape, la direction, convaincue de la valeur du projet, doit le présenter et expliquer son bien-fondé au conseil d'administration, puis aux actionnaires et aux investisseurs.

LES CHAMPIONS ET LES DÉCIDEURS

À l'origine d'un projet, il y a toujours un **champion**. Il s'agit le plus souvent d'un gestionnaire responsable d'une unité administrative qui souhaite améliorer l'efficience de son exploitation, par exemple un directeur d'usine qui veut changer un équipement désuet, une responsable des systèmes d'information qui désire implanter un nouveau logiciel, un directeur des ventes qui espère conquérir un nouveau marché, etc. Un champion peut aussi être un employé qui soumet une idée pour améliorer son travail, un président de division qui veut acquérir une entreprise pour réaliser des économies d'échelle ou encore un président d'entreprise qui ambitionne de s'intégrer verticalement dans la chaîne de valeur de son industrie.

Selon le type de projet, son coût et le degré de décentralisation dans une grande organisation, le **décideur** peut être un directeur d'unité d'exploitation, un directeur de division, un président d'entreprise ou même de conseil d'administration.

Ainsi, un projet visant à améliorer l'efficience de l'exploitation courante dont le coût est inférieur à 50 000 $ pourrait être laissé à la discrétion du directeur de l'exploitation. Par ailleurs, un projet relatif à une nouvelle activité susceptible de modifier le positionnement compétitif de l'entreprise devra habituellement être approuvé par le conseil d'administration. Dans ce chapitre, nous aborderons seulement les situations dans lesquelles un rôle est assigné à la comptabilité de management.

LE RÔLE DE LA COMPTABILITÉ DE MANAGEMENT

Le rôle de la comptabilité de management est de valider les données budgétaires, préalablement, pour chacun des projets d'investissement, d'en évaluer les perspectives de rentabilité et d'en déterminer l'impact sur les flux de trésorerie et sur les facteurs influençant la rentabilité de l'organisation.

Du point de vue transactionnel, un projet, quand il débute, nécessite des débours importants. Il implique des **engagements financiers** majeurs qui seront récurrents pendant plusieurs années. Le rôle de l'analyste financier est de s'assurer que l'organisation n'aura pas de problème de trésorerie, que les sommes investies seront récupérées dans un délai raisonnable, que le rendement attendu du projet est satisfaisant et que le risque financier se situe à l'intérieur de limites raisonnables.

LES FLUX DE TRÉSORERIE LIÉS AUX INVESTISSEMENTS

Les projets d'investissement influent considérablement sur les mouvements de **trésorerie** d'une entreprise. Ils consistent en effet à engager des sommes importantes dans le but de générer des flux monétaires à moyen ou à long terme. Prévoir les mouvements monétaires exige un grand nombre d'estimations, qui doivent être les plus précises possible. Les projets ne doivent pas affecter la solvabilité à court terme de l'entreprise, le financement doit être adéquat et l'entreprise doit planifier la gestion financière en vue d'une variation possible des revenus futurs. On analysera donc avec soin des scénarios de flux monétaires probables entraînés par les projets d'investissement.

Cette démarche est essentielle pour gérer les **flux de trésorerie**, d'une part, et pour appliquer les méthodes comptables habituelles utilisées pour évaluer la rentabilité des investissements, d'autre part. Nous traiterons dans un premier temps de l'estimation des flux monétaires découlant d'un projet, puis nous nous intéresserons aux méthodes servant à évaluer la rentabilité des projets d'investissement.

L'ESTIMATION DES FLUX MONÉTAIRES

Nous avons classé les flux monétaires issus des investissements en quatre catégories, selon qu'ils sont occasionnés par l'acquisition d'éléments d'actif, par les variations du **fonds de roulement** (FDR), par les activités d'exploitation ou par le financement du projet.

LES FLUX OCCASIONNÉS PAR L'ACQUISITION D'ÉLÉMENTS D'ACTIF

Les flux occasionnés par l'**acquisition d'éléments d'actif** correspondent aux débours nécessaires pour acquérir un élément d'actif et aux frais afférents, moins les économies d'impôt liées à l'amortissement fiscal. En contrepartie de ces flux, on déduit l'investissement initial des rentrées – subventions ou vente d'équipements devenus inutiles – dont bénéficiera l'entreprise si le projet se réalise. Notons qu'on ne tient pas compte des coûts absorbés ou impossibles à recouvrer, puisque la décision d'investir ne concerne que l'avenir.

En fin de projet, il faut prendre en considération la valeur résiduelle des montants investis initialement dans les éléments d'actif. Si l'entreprise s'est départie de certains éléments d'actif, elle ne bénéficiera pas du dégrèvement fiscal auquel elle aurait eu droit en les conservant.

Dans la **gestion de la trésorerie**, le moment où s'effectuent les rentrées et les débours importe beaucoup. À moins que l'investissement initial s'étale sur plus d'un an, comme dans le cas d'un grand projet de construction, par prudence on regroupera les débours en début de période et les rentrées en fin de période.

LES RÉPERCUSSIONS FISCALES

Aux yeux du percepteur, l'amortissement comptable ne compte pas : c'est l'**amortissement fiscal**, ou déduction pour amortissement (DPA), qui est déductible des revenus imposables. La DPA a sur les flux monétaires des effets positifs qu'on intégrera dans les calculs. Bien des cas peuvent se présenter, diverses règles sont applicables, et on ne résoudra ces problèmes de façon adéquate qu'en consultant des ouvrages de référence ou le fiscaliste. Qu'ils résultent des activités de l'entreprise ou d'avantages fiscaux, les flux monétaires positifs constituent des revenus. On doit donc toujours tenir compte de la situation fiscale de l'entreprise, de son taux d'imposition marginal et des dépenses liées au projet.

EXEMPLE

VAGUES DÉFERLANTES

Le directeur général de la PME Vagues déferlantes veut lancer un nouveau produit nécessitant l'achat d'une machine particulièrement complexe. Il a rassemblé les données suivantes relativement à ce projet.

1. Durant l'année écoulée, des frais de recherche se chiffrant à 150 000 $ ont été engagés et versés pour préparer la réalisation du projet. Le directeur général prévoit investir 50 000 $ de plus pour assurer la mise au point du produit.

2. On déboursera 100 000 $ pour lancer une campagne de publicité qui coïncidera avec le début de la production du nouveau produit.

3. La machine pourrait être acquise dans deux mois et installée immédiatement, de sorte qu'elle pourrait être en parfait état de marche dans trois mois. Son coût s'élève à 200 000 $, montant qui devra avoir été acquitté au moment de sa mise en fonctionnement. Elle aura une vie utile de trois ans et une valeur de rebut de 10 000 $ à la fin de cette période.

4. Compte tenu des modalités de crédit proposées par les fournisseurs, l'acquisition de stocks (matières premières, produits en cours et produits finis) et les comptes clients exigeront un accroissement du FDR de 70 000 $.

5. Les résultats annuels nets avant amortissement et impôts seront respectivement de 180 000 $, de 240 000 $ et de 150 000 $, pour chacune des trois années que durera le projet.

6. On pose l'hypothèse que l'entreprise a un taux d'imposition marginal de 40 % et qu'elle peut réclamer, à titre de DPA, 20 % du solde résiduel de la valeur comptable de la machine.

7. L'entreprise refuse tout projet dont le taux de rendement après impôts est inférieur à 12 %.

8. Pour financer l'acquisition de la machine, l'entreprise a obtenu un prêt de 200 000 $, qui servira à payer le fournisseur au temps 0. Cet emprunt prévoit un taux de 10 % sur le solde résiduel de l'emprunt. Les intérêts seront payés une fois par mois, et le remboursement de capital s'effectuera en trois versements, soit 50 000 $ à la fin de la première année, 100 000 $ à la fin de la deuxième année, et 50 000 $ à la fin de la troisième année. Enfin, les actionnaires ont accepté de reporter à la fin du projet, et sans demander d'intérêts, le dividende de 100 000 $ qu'ils devaient recevoir au moment où le projet démarrait.

Le coût d'acquisition de la machine est de 200 000 $. Les charges liées à la qualité du produit et à la mise en marché font partie des charges d'exploitation courantes. L'entreprise récupérera 10 000 $ en revendant la machine au bout de trois ans. Enfin, elle économisera en impôts 40 % de 50 % de 20 % du coût de la machine la première année, et 40 % de 20 % du solde résiduel à la fin de chacune des années suivantes, et ce, tant qu'il y aura un solde résiduel sous la rubrique Éléments d'actif. À la fin de la troisième année, le solde résiduel aura diminué d'un montant supplémentaire de 10 000 $, qu'on aura récupéré en revendant la machine. Notons que les frais de recherche s'élevant à 150 000 $ ne sont pas pertinents, car ils sont irrécupérables. Ces montants apparaissent ci-dessous.

Les économies d'impôts résultant de l'acquisition de la machine

Année	Solde résiduel	Amortissement fiscal (DPA)	Économies d'impôts
0 (début de la première année)	200 000 $		
1	180 000 $	20 000 $, soit 50 % de 20 % du solde résiduel	8 000,00 $
2	144 000 $	36 000 $, soit 20 % du solde résiduel	14 400,00 $
3	115 200 $	28 800 $, soit 20 % du solde résiduel	11 520,00 $
	105 200 $	10 000 $, soit la valeur de revente	
4	84 160 $	21 040 $, soit 20 % du solde résiduel	8 416,00 $
5	67 328 $	16 832 $, soit 20 % du solde résiduel	6 732,80 $

Les flux monétaires occasionnés par l'acquisition et la revente de la machine sont résumés à la figure 15.2.

Figure 15.2 Les flux occasionnés par l'acquisition et la revente d'éléments d'actif

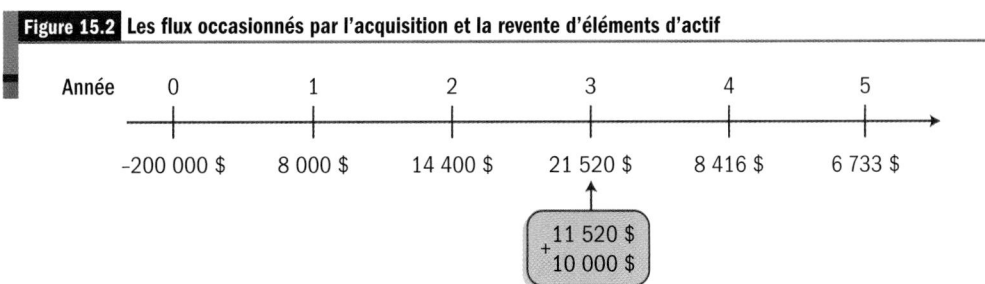

À la fin de la cinquième année, le solde résiduel ne s'élève plus qu'à 67 328 $, et il continuera d'être amorti fiscalement à un taux dégressif de 20 % jusqu'à ce qu'il ait été entièrement effacé.

LES FLUX OCCASIONNÉS PAR LES VARIATIONS DU FDR

Parmi les flux occasionnés par les variations du FDR, nous nous intéresserons plus particulièrement à l'augmentation du FDR associée à la mise en œuvre du projet d'investissement. Malgré son importance, c'est une facette souvent négligée dans les analyses. On doit aussi absolument tenir compte du rôle joué par le FDR dans le cycle des flux de trésorerie d'une entreprise, que nous avons étudié au chapitre 14. Si on évaluait un projet d'investissement en omettant de le faire, celui-ci pourrait sembler plus attrayant qu'il ne l'est en réalité. Plus grave encore, un tel oubli pourrait mettre en danger la solvabilité d'une entreprise dont le FDR serait insuffisant. Il faut considérer l'augmentation du FDR comme une sortie de fonds directement liée au projet, et on l'effectue d'ailleurs habituellement au début du projet. À la fin du projet, on pourra récupérer en totalité l'injection supplémentaire de fonds dans le FDR.

EXEMPLE

VAGUES DÉFERLANTES (SUITE)

Pour qu'elle puisse mener à bien son projet d'investissement, la PME Vagues déferlantes doit transférer 70 000 $ dans le FDR, montant qui sera entièrement récupéré à la fin du projet. Les flux occasionnés par les variations du FDR sont illustrés à la figure 15.3.

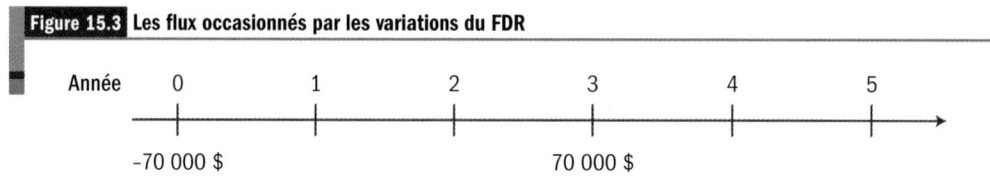

Figure 15.3 **Les flux occasionnés par les variations du FDR**

Année	0	1	2	3	4	5

–70 000 $ 70 000 $

LES FLUX OCCASIONNÉS PAR LES ACTIVITÉS D'EXPLOITATION

Les flux occasionnés par les activités d'exploitation correspondent à l'ensemble des rentrées et des sorties de fonds – nettes d'impôts – résultant de l'exploitation. Il est souvent délicat d'évaluer ces flux : en effet, ces prévisions, susceptibles de se matérialiser dans un avenir plus ou moins lointain, sont souvent influencées par des facteurs appartenant à l'environnement externe, sur lesquels l'entreprise n'a aucune emprise. Un projet d'investissement peut aussi avoir des effets positifs sur les flux monétaires en raison des économies réalisées par rapport à la situation actuelle. Les projets de ce type sont fréquents de nos jours, car l'évolution technologique débouche sur de nouveaux équipements, plus performants, qui permettent de produire à moindre coût. Les débours ainsi économisés équivalent à des rentrées de fonds supplémentaires.

EXEMPLE

VAGUES DÉFERLANTES (SUITE)

Les rentrées et les sorties de fonds occasionnées par l'exploitation du projet d'investissement de l'entreprise Vagues déferlantes sont présentées dans le tableau de la page suivante. Le montant de 150 000 $ inscrit au temps 0 correspond aux 50 000 $ utilisés pour assurer la qualité de la mise au point du produit et aux 100 000 $ utilisés pour faire la publicité de ce dernier. Figurent ensuite les flux annuels nets avant amortissement et impôts, soit 180 000 $, 240 000 $ et 150 000 $ pour chacune des trois années du projet.

Les flux occasionnés par les activités d'exploitation, nets d'impôts

Année	Montant avant impôts	Impôts	Montant, net d'impôts
0 (début de la première année)	−150 000 $	60 000 $	−90 000 $
1	180 000 $	−72 000 $	108 000 $
2	240 000 $	−96 000 $	144 000 $
3	150 000 $	−60 000 $	90 000 $

Les flux occasionnés par les activités d'exploitation sont illustrés à la figure 15.4.

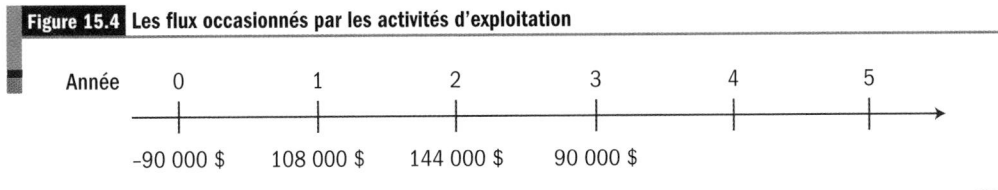

Figure 15.4 Les flux occasionnés par les activités d'exploitation

Notons que la portion des revenus découlant des flux occasionnés par les activités d'exploitation est la plus difficile à évaluer ; c'est celle qui est laissée le plus à la subjectivité des dirigeants. Dans son livre[3], Joseph Bower écrit qu'un dirigeant lui a affirmé ne réaliser que 5 % de rendement sur les projets qui en promettaient 35 %. L'auteur rapporte aussi les statistiques d'une étude qui comparait le ratio (valeur actuelle prévue/valeur actuelle réalisée) de 50 projets d'investissement d'une même entreprise. Ces statistiques sont reproduites dans le tableau suivant.

Statistiques tirées d'une étude portant sur 50 projets d'investissement

Type de projet	(Valeur actuelle prévue/ valeur actuelle réalisée) en moyenne
Réduction de coût	1,1
Augmentation des ventes	0,6
Lancement d'un nouveau produit	0,1

LES FLUX MONÉTAIRES OCCASIONNÉS PAR LE FINANCEMENT DU PROJET

Dans la gestion de la trésorerie, il faut tenir compte de tous les flux monétaires découlant du projet, y compris les flux occasionnés par le financement, puisque le comptable doit veiller

---

3. Joseph L. BOWER, *Managing the Resource Allocation Process,* Harvard Business School Classics, 1986, p. 13.

à conserver en tout temps un solde positif en caisse, à optimiser le rendement des surplus d'encaisse et à planifier les emprunts à court terme lorsque l'entreprise se trouve en déficit d'encaisse pendant une courte période. Par contre, et nous y reviendrons à la section suivante, dans l'évaluation du délai de récupération ainsi que dans l'évaluation de la rentabilité de l'investissement, on ne tiendra pas compte des flux monétaires liés au financement.

EXEMPLE

VAGUES DÉFERLANTES (SUITE)

Les flux occasionnés par le financement du projet, nets d'impôts, sont présentés dans le tableau suivant.

Les flux occasionnés par le financement, nets d'impôts

Année	Mouvements de capitaux	Intérêts avant impôts	Intérêts, nets d'impôts	Flux, nets d'impôts
0 (début de la première année)	300 000 $[a]			300 000 $
1	−50 000 $	−20 000 $	−12 000 $	−62 000 $
2	−100 000 $	−15 000 $	−9 000 $	−109 000 $
3	−150 000 $[b]	−5 000 $	−3 000 $	−153 000 $

a. 300 000 $ = 200 000 $ (emprunt) + 100 000 $ (report de dividendes)
b. –150 000 $ = –50 000 $ (remboursement de l'emprunt) –100 000 $ (paiement de dividendes)

Pour simplifier, dans le tableau consacré aux flux liés aux activités d'exploitation, nous avons montré les flux annuels, alors qu'on se sert en général du budget de caisse mensuel. Cependant, les intérêts sont habituellement versés tous les mois.

L'ensemble des flux monétaires occasionnés par le projet est illustré à la figure 15.5.

Figure 15.5 L'ensemble des flux monétaires occasionnés par le projet

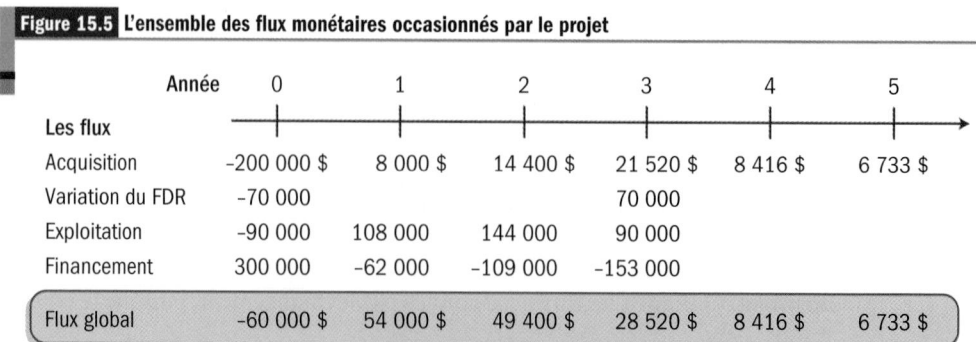

Année	0	1	2	3	4	5
Les flux						
Acquisition	−200 000 $	8 000 $	14 400 $	21 520 $	8 416 $	6 733 $
Variation du FDR	−70 000			70 000		
Exploitation	−90 000	108 000	144 000	90 000		
Financement	300 000	−62 000	−109 000	−153 000		
Flux global	−60 000 $	54 000 $	49 400 $	28 520 $	8 416 $	6 733 $

L'ÉVALUATION DE LA RENTABILITÉ D'UN PROJET D'INVESTISSEMENT

La plupart des méthodes utilisées pour évaluer la **rentabilité** des projets d'investissement s'appuient sur les flux monétaires découlant des projets, sans tenir compte des flux issus du financement, et ce, pour deux raisons. Premièrement, on veut évaluer la rentabilité du projet en lui-même. Or, les frais liés à son financement ne renvoient pas uniquement au projet, mais à toute la structure de financement de l'entreprise. En effet, la décision de financer un projet dépend des décisions antérieures et de la marge de manœuvre que l'entreprise souhaite conserver, notamment pour faire face à d'éventuels risques financiers. Deuxièmement, et pour prendre en compte la rentabilité visée par le projet, on actualise les flux monétaires à l'aide d'un taux cible minimum incorporant le coût du financement. Ce taux cible minimum s'appelle également taux de rejet, car il constitue le **seuil** minimum **de rentabilité** en deçà duquel le projet sera refusé. Le coût du capital correspond souvent au taux de rejet.

Nous expliquerons ci-après en quoi consistent le taux de rendement comptable ainsi que le délai de récupération, et nous exposerons les deux méthodes le plus fréquemment employées pour évaluer la rentabilité des projets d'investissement à partir des flux monétaires, soit la valeur actualisée nette du projet et son taux de rendement interne.

LE COÛT DU CAPITAL

Le **coût du capital** correspond au coût moyen pondéré du capital, autrement dit au coût des différentes sources de capital utilisées par l'entreprise, pondéré selon le pourcentage qu'elles représentent dans le financement de l'entreprise. Ce calcul obéit à la logique suivante : un projet est rentable seulement si le coût du capital investi ne dépasse pas le coût moyen de l'ensemble des engagements contractuels de l'entreprise en matière de financement. Il arrive souvent qu'on majore ce taux pour prendre en compte le risque inhérent à l'investissement.

La notion de coût du capital découle du principe de l'indépendance de l'entreprise. En effet, en tant que personne morale, l'entreprise doit se procurer du capital sous forme de dettes à court et à long terme, ainsi que sous forme de capital social. Tout capital ainsi emprunté a un coût : intérêts, dividendes ou plus-value des actions ordinaires. Pour assurer sa survie, l'entreprise doit donc choisir uniquement les projets qui sont assez rentables pour qu'elle puisse payer le coût du capital qu'elle utilise ; dans le cas contraire, l'entreprise ne pourra pas faire face à ses engagements.

Par ailleurs, un projet d'investissement majeur peut changer le coût du capital d'une entreprise : autrement dit, on peut calculer le coût moyen du capital actuel (avant le projet) et le coût moyen du capital anticipé (après le projet). La logique suggère d'utiliser le coût moyen du capital anticipé[4] lorsqu'on évalue la rentabilité d'un projet.

---

4. Dans les exemples de ce chapitre, nous posons que le coût du capital anticipé est égal au coût du capital actuel.

EXEMPLE

OUTILLAGES DAOUST

Les données permettant de calculer le coût du capital de l'entreprise Outillages Daoust sont présentées dans le tableau suivant.

Les données pertinentes au calcul du coût moyen du capital

Source des fonds	Montant	Coût après impôts, en pourcentage	Coût du capital
Prêt bancaire	3 000 000 $	4,5 %	186 000 $
Obligations	15 000 000	6,2 %	675 000
Actions de catégorie B	10 000 000	8,0 %	800 000
Actions de catégorie A	20 000 000	11,0 %	2 200 000
Résultats non distribués	12 000 000	12,0 %	1 440 000
	60 000 000 $		**5 301 000 $**

Le coût moyen pondéré du capital de l'entreprise Outillages Daoust est de 8,84 %.

LE TAUX DE RENDEMENT COMPTABLE

On établit le **taux de rendement comptable** à partir du résultat net après impôts, et non à partir des flux monétaires. Le taux de rendement comptable d'un projet est le bénéfice annuel moyen après impôts du projet, qu'on divise par l'investissement annuel moyen lié au projet. Cet indicateur constitue une estimation approximative et rapide de la rentabilité d'un projet : on ne l'utilise jamais de manière isolée, mais comme point de repère pour valider les indicateurs le plus souvent utilisés.

EXEMPLE

ÉQUIPEMENTS DMG

L'entreprise Équipements DMG envisage de se procurer, au coût de 450 000 $, un équipement dont la valeur résiduelle sera de 50 000 $ à la fin du projet, d'une durée de trois ans. Les données relatives au bénéfice net après impôts réalisé grâce au projet sont indiquées ci-dessous.

**Le résultat net après impôts
qu'on prévoit réaliser grâce au projet**

Première année	120 000 $
Deuxième année	80 000 $
Troisième année	40 000 $

Pour calculer le taux de rendement comptable, il faut estimer l'investissement annuel moyen du projet, qu'on obtient grâce à l'équation suivante :

Investissement annuel moyen = (investissement initial + valeur résiduelle)/2

soit 250 000 $ = (450 000 $ + 50 000 $)/2

Ensuite, il faut calculer le résultat annuel moyen après impôts réalisé grâce au projet :

soit 80 000 $ = (120 000 $ + 80 000 $ + 40 000 $)/3 ans

Le taux de rendement comptable du projet est donc de :

32 % = 80 000 $/250 000 $

LE DÉLAI DE RÉCUPÉRATION

Le **délai de récupération**, ou **période de récupération**[5], est la période nécessaire pour que l'entreprise récupère sa mise de fonds initiale dans un projet d'investissement, abstraction faite de l'évolution de la valeur de l'argent. Calculer le délai de récupération consiste donc à déterminer la durée nécessaire pour que le total des flux monétaires occasionnés par le projet soit égal aux débours associés à l'investissement initial. Si elle doit choisir entre plusieurs projets, l'entreprise privilégie généralement celui qui a la période de récupération la plus courte.

Plus qu'un indicateur de la rentabilité d'un projet, le délai de récupération constitue un indicateur du risque financier associé à un projet. En effet, l'incertitude des prévisions et le risque financier augmentent à mesure que le délai de récupération s'accroît. Ce critère est particulièrement utile pour l'entreprise qui dispose de faibles liquidités et qui est exposée à une probabilité non négligeable de présenter un problème de solvabilité. Dans de tels cas, l'entreprise pourrait opter pour un projet moins rentable, mais dont le délai de récupération serait plus court, c'est-à-dire un projet qui lui rapporterait des fonds plus rapidement. Cependant, recourir uniquement au critère du délai de récupération pourrait nuire à la rentabilité à long terme de l'entreprise : en effet, celle-ci ne tient alors pas compte de l'évolution de la valeur de l'argent et néglige les autres aspects du projet.

EXEMPLE

BLM

L'entreprise BLM étudie actuellement un projet exigeant un investissement initial de 1 000 000 $ et s'étendant sur quatre ans. Le tableau de la page suivante présente les flux monétaires prévus durant cette période.

---

5. En anglais : *payback method.*

Les flux monétaires du projet

Première année	500 000 $
Deuxième année	300 000 $
Troisième année	250 000 $
Quatrième année	150 000 $

Si les rentrées monétaires sont perçues régulièrement au cours de chaque année, le coût du projet aura été entièrement récupéré au cours de la troisième année. En effet, le montant à récupérer ne sera plus alors que de 200 000 $, tandis que le projet générera 250 000 $ en flux monétaires positifs pendant l'année. Pour déterminer plus précisément le moment où le coût du projet sera entièrement récupéré, on effectue le calcul suivant:

$$2 \text{ ans} + \frac{200\,000\ \$}{250\,000\ \$} = 2,8 \text{ ans}$$

Si la politique de l'entreprise est de n'accepter que les projets dont le délai de récupération est de trois ans ou moins, le projet envisagé devrait être accepté.

LA VALEUR ACTUALISÉE NETTE

La **valeur actualisée nette**[6] (VAN) est la somme des flux monétaires découlant d'un projet, observés au cours de sa durée de vie et actualisés au taux de rendement exigé. La VAN repose donc sur les flux monétaires occasionnés initialement par le projet ainsi que sur ceux qui sont liés à son exploitation. Le taux de rendement exigé tient lieu de taux de rejet: si la VAN est négative, le projet ne sera pas accepté. En fait, le critère utilisé est souvent le coût du capital. Le fait que la VAN soit positive signifie qu'une autre étape de la démarche a été franchie, mais ce n'est toutefois pas suffisant pour que le projet soit adopté. En effet, la VAN contribuant à la stratégie de l'entreprise (voir la figure 15.6, première étape), une VAN positive signifie que le projet aura le taux de rentabilité minimum souhaité par la direction (voir la figure 15.6, deuxième étape). Mais d'autres facteurs qualitatifs ou liés au risque financier, ainsi que la présence de projets concurrents, peuvent influer sur la décision de mettre en œuvre le projet (voir la figure 15.6, troisième étape).

LE CALCUL DE LA VALEUR ACTUALISÉE NETTE

Il existe deux méthodes pour calculer la VAN. La première consiste à déterminer tous les flux monétaires annuels, comme nous l'avons fait dans la section précédente, puis à actualiser chacun des montants annuels et à en faire la somme. La deuxième méthode consiste à

---

6. En anglais: *net present value on discounted cash flow method.*

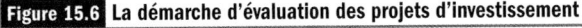
Figure 15.6 La démarche d'évaluation des projets d'investissement

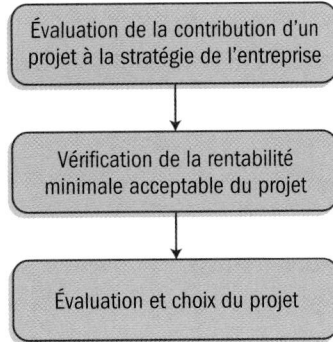

distinguer les flux monétaires occasionnés par les économies liées à la DPA et les autres flux monétaires. Pour effectuer le calcul, on utilise les formules VARI et VARP, qu'on trouve souvent dans les manuels traitant du calcul de la VAN. Ces formules ne valent que pour les catégories d'amortissement fiscal qui satisfont les conditions suivantes :

1. Un taux de DPA a été stipulé pour la catégorie d'actif en question.

2. L'entreprise récupère le montant maximum d'amortissement fiscal autorisé chaque année.

3. La première année, l'entreprise ne peut récupérer que 50 % du taux d'amortissement fiscal stipulé pour la catégorie d'actif en question.

4. Chaque année, le montant récupéré est déduit du solde de la catégorie d'actif ; la valeur résiduelle est déduite du solde à la fin du projet.

Les équations suivantes permettent de calculer les valeurs de VARI et de VARP.

Valeur actualisée des réductions d'impôts liées à l'acquisition d'un élément d'actif (VARI) :

$$\text{VARI} = \frac{(c \times t \times d)}{(i + d)} \times \frac{(1 + 0{,}5\ i)}{(1 + i)}$$

où : c représente le coût de l'élément d'actif acquis initialement ;

t représente le taux d'imposition marginal ;

d représente le taux de DPA dégressif de la catégorie d'actif ;

i représente le taux de rendement souhaité.

Valeur actualisée des réductions d'impôts perdues à la suite de la revente de l'actif (VARP) :

$$\text{VARP} = \frac{(E \times t \times d)}{(i + d)} \times (1 + i)^{-n}$$

où : E représente la valeur résiduelle de l'élément d'actif ;

n représente l'année de la revente de l'élément d'actif.

Si on suit la deuxième méthode, on classe les flux monétaires selon le modèle exposé dans le tableau suivant.

La présentation des flux monétaires liés à un projet d'investissement

	Montant avant impôts	Montant après impôts	Montant actualisé
En début de projet			
Acquisition de la machine			
Moins: économies d'impôts découlant de la DPA (VARI)			
Variations du FDR			
En cours de projet (exploitation)			
Au temps 0			
Au temps 1			
Au temps 2			
Au temps n			
En fin de projet (temps n)			
Valeur résiduelle de la machine			
Moins: économies d'impôts découlant de la DPA (VARP)			
Récupération de l'argent investi			
VAN du projet			

EXEMPLE

VAGUES DÉFERLANTES (SUITE)

Suivons la première méthode pour l'entreprise Vagues déferlantes: actualisons tous les montants annuels et additionnons-les (figure 15.7).

Figure 15.7 L'actualisation, au taux de 12 %, des flux monétaires du projet d'investissement

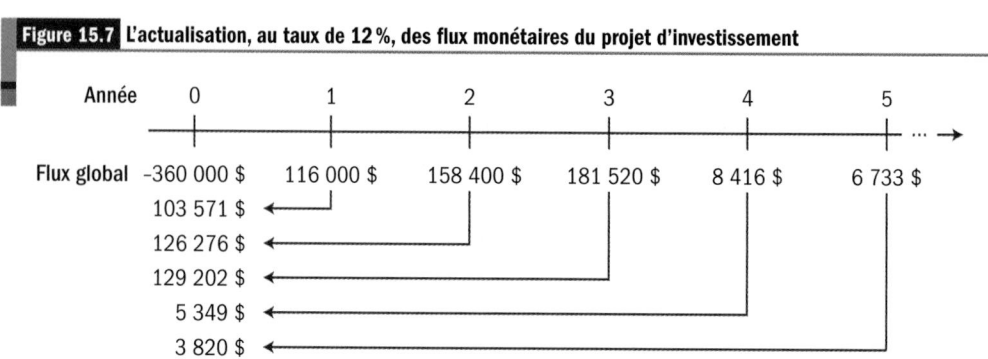

Année	0	1	2	3	4	5
Flux global	–360 000 $	116 000 $	158 400 $	181 520 $	8 416 $	6 733 $
	103 571 $					
	126 276 $					
	129 202 $					
	5 349 $					
	3 820 $					

La somme des flux monétaires actualisés jusqu'à la cinquième année est de 8 216 $. La VAN sera donc légèrement supérieure à ce montant, puisqu'il faudrait aussi actualiser les économies d'impôts découlant de l'amortissement fiscal du solde résiduel pour les années suivantes.

La deuxième méthode permet de distinguer les différents flux monétaires :

Les diverses étapes de l'actualisation des flux monétaires

	Montant avant impôts	Montant après impôts	Montant actualisé
En début de projet			
Acquisition de la machine	−200 000 $	−200 000 $	−200 000 $
Moins : économies d'impôts découlant de l'amortissement fiscal (VARI)			47 321 $
Augmentation du FDR	−70 000 $	−70 000 $	−70 000 $
En cours de projet (exploitation)			
Au temps 0	−150 000 $	−90 000 $	−90 000 $
Au temps 1	180 000 $	108 000 $	96 429 $
Au temps 2	240 000 $	144 000 $	114 796 $
Au temps 3	150 000 $	90 000 $	64 060 $
En fin de projet			
Valeur résiduelle de la machine	10 000 $	10 000 $	7 118 $
Moins : économies d'impôts découlant de l'amortissement fiscal (VARP)			−1 779 $
Récupération du FDR	70 000 $	70 000 $	49 825 $
VAN du projet			**10 651 $**

LE TAUX DE RENDEMENT INTERNE

Une fois déterminés les flux monétaires liés à un projet, on peut calculer le **taux de rendement interne**[7], c'est-à-dire le taux d'actualisation qui ramène la VAN à zéro. Il s'agit donc du taux de rendement que rapportera un projet d'investissement. Pour qu'un projet soit accepté, son taux de rendement devra être supérieur à celui qu'exige la direction. Cette méthode est souvent utilisée en parallèle avec celle de la VAN.

7. En anglais : *internal rate of return method.*

EXEMPLE

VAGUES DÉFERLANTES (SUITE)

Pour l'entreprise Vagues déferlantes, le taux de rendement interne du projet d'investissement – taux qui ramènerait la VAN à zéro – est 13,451 %. L'actualisation des flux monétaires au taux de rendement interne est présentée à la figure 15.8.

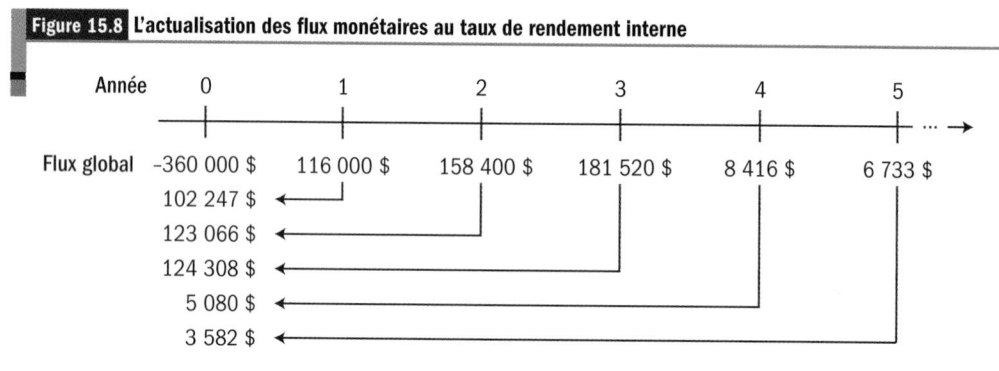

Figure 15.8 L'actualisation des flux monétaires au taux de rendement interne

L'INDICE DE RENTABILITÉ

Il existe plusieurs **indices de rentabilité** des projets d'investissement. On calcule l'un d'entre eux en divisant le ratio des flux monétaires actualisés d'un projet par le montant de l'investissement requis. Le résultat constitue une mesure de la rentabilité d'un projet pour chaque dollar investi. Pour qu'un projet soit accepté, la valeur de l'indice de rentabilité devra être supérieure à 1. Le calcul de cet indice est une suite logique du calcul de la VAN et vise à départager les projets acceptables selon leur rentabilité. Le projet d'investissement le plus intéressant est celui dont l'indice est le plus élevé.

EXEMPLE

USINAGES DE GRAND-MÈRE

Les dirigeants des Usinages de Grand-Mère étudient deux projets d'investissement. Pour le premier, on obtient une VAN positive de 48 000 $ pour un investissement de 40 000 $. Pour le second, on obtient une VAN positive de 35 000 $ pour un investissement de 25 000 $. Quel projet les dirigeants devraient-ils choisir?

Calculons l'indice de rentabilité des projets:

a) la rentabilité du premier projet:

$$\frac{48\,000\ \$}{40\,000\ \$} = 1{,}2$$

b) la rentabilité du deuxième projet :

$$\frac{35\,000\,\$}{25\,000\,\$} = 1,4$$

Même s'il génère moins de flux monétaires, c'est le second projet qui devrait être accepté, car son indice de rentabilité est plus élevé.

L'IMPACT D'UN INVESTISSEMENT SUR LA STRUCTURE DES COÛTS

Dans cette section, nous voulons analyser l'impact d'un investissement sur la **structure des coûts**. Le thème de la structure des coûts a déjà été abordé au chapitre 11. Nous le reprenons dans ce chapitre parce que chaque investissement modifie la structure des coûts d'une organisation pendant plusieurs années. Les exemples suivants décrivent des situations qui permettent de comprendre comment un investissement peut modifier la structure des coûts pendant plusieurs années.

EXEMPLE

ROBOT PRODUCTIF

Une usine acquiert de l'équipement qui lui permet d'automatiser un ensemble de tâches effectuées auparavant par du personnel – ou encore de remplacer de l'équipement désuet. Grâce à cet équipement, elle produit deux fois plus rapidement, avec deux fois moins de main-d'œuvre. L'impact sur les facteurs à l'origine de la rentabilité est une diminution des coûts variables (en supposant que la main-d'œuvre est un coût variable) et une augmentation de la productivité mesurée par le volume produit à l'heure, donc des revenus totaux supérieurs pour l'entreprise, en supposant que la demande puisse absorber la capacité additionnelle de production.

Cela dit, l'acquisition d'un tel équipement peut coûter plusieurs millions de dollars à l'entreprise, ce qui signifie une augmentation des coûts liés à l'amortissement et certainement des frais liés à l'acquisition de l'équipement. Bien qu'un tel investissement puisse accroître la productivité de l'usine, il modifie de manière importante la structure des coûts de l'entreprise, et ce, pendant plusieurs années. Il accroît les possibilités de gains en période de croissance des ventes, mais aussi le risque de pertes advenant un déclin des ventes.

Il en est de même de tout équipement moderne qui permet une utilisation plus efficiente des matières, une réduction des pertes, une réduction des temps de mise en course et une minimisation des taux de rejet et des arrêts pour entretien et maintenance des équipements. En général, ces investissements accroissent les ressources engagées à long terme (frais fixes) tout en augmentant la productivité (marquée par une réduction des coûts variables).

EXEMPLE

UN NOUVEAU MARCHÉ

Imaginons un projet dont l'objectif est de lancer des produits sur un nouveau marché. Un tel projet nécessite des investissements dans une infrastructure de services et de personnes destinés à desservir ce marché, donc un engagement à long terme de ressources incompressibles – à moins de se retirer un jour de ce marché.

Les revenus générés par la vente de produits sur ce marché permettent d'accroître le volume de produits écoulés. D'un côté, les possibilités de gains sont accrues, mais de l'autre, la structure des coûts est modifiée à jamais, les engagements financiers de l'entreprise ainsi que le risque financier inhérent à ces engagements étant plus élevés.

D'autres scénarios engendrent des considérations semblables. Par exemple, l'impact d'une nouvelle technologie sur la structure des coûts est similaire à celui d'un nouvel équipement, soit un accroissement de la marge à la fabrication, de la productivité ainsi que l'augmentation de la capacité de production, le tout accompagné d'un accroissement des engagements financiers annuels de l'entreprise. Les engagements financiers peuvent prendre différentes formes et inclure de la formation et des changements importants dans la manière de travailler, mais l'impact sur la structure des coûts est similaire.

De même, l'impact du développement et du lancement d'un nouveau produit sur la structure des coûts est similaire à celui d'un nouveau marché. Les revenus potentiels permettront d'accroître le chiffre d'affaires. Cependant, la structure des coûts sera modifiée à jamais compte tenu des engagements financiers plus élevés et du risque financier inhérent à ces engagements.

UN MODÈLE D'ANALYSE DE LA STRUCTURE DES COÛTS

La figure 15.9, à la page suivante, présente un modèle d'analyse de la rentabilité d'une entreprise.

D'un côté, on trouve les engagements financiers annuels récurrents et, de l'autre, les marges. Lorsque les **risques financiers** deviennent trop élevés, la direction cherche à réduire ses engagements financiers annuels récurrents par l'impartition et la sous-traitance. Par ailleurs, pour accroître l'efficience de l'utilisation des matières et la productivité de l'usine, la direction doit investir dans de nouvelles technologies et de nouveaux équipements, ce qui a pour effet d'accroître les engagements financiers annuels récurrents. L'utilisation de ce modèle permet d'analyser la structure des coûts en simulant différents scénarios, ce qui éclaire la direction en ce qui a trait à l'impact des investissements sur les paramètres de rentabilité d'une entreprise.

L'analyse coût-volume-résultat (CVR), vue au chapitre 11, est un outil précieux lorsqu'il faut prendre une décision concernant un projet d'investissement, en particulier dans des contextes où les perspectives de revenus sont incertaines ou aléatoires: c'est ce qui arrive, par exemple, dans le cas d'un nouveau projet dont les estimations de revenus sont hypothétiques. Le calcul du seuil d'indifférence permet de comparer la situation actuelle et celle où on accepterait un projet d'investissement touchant la structure des coûts d'une entreprise.

Figure 15.9 La rentabilité globale de l'entreprise

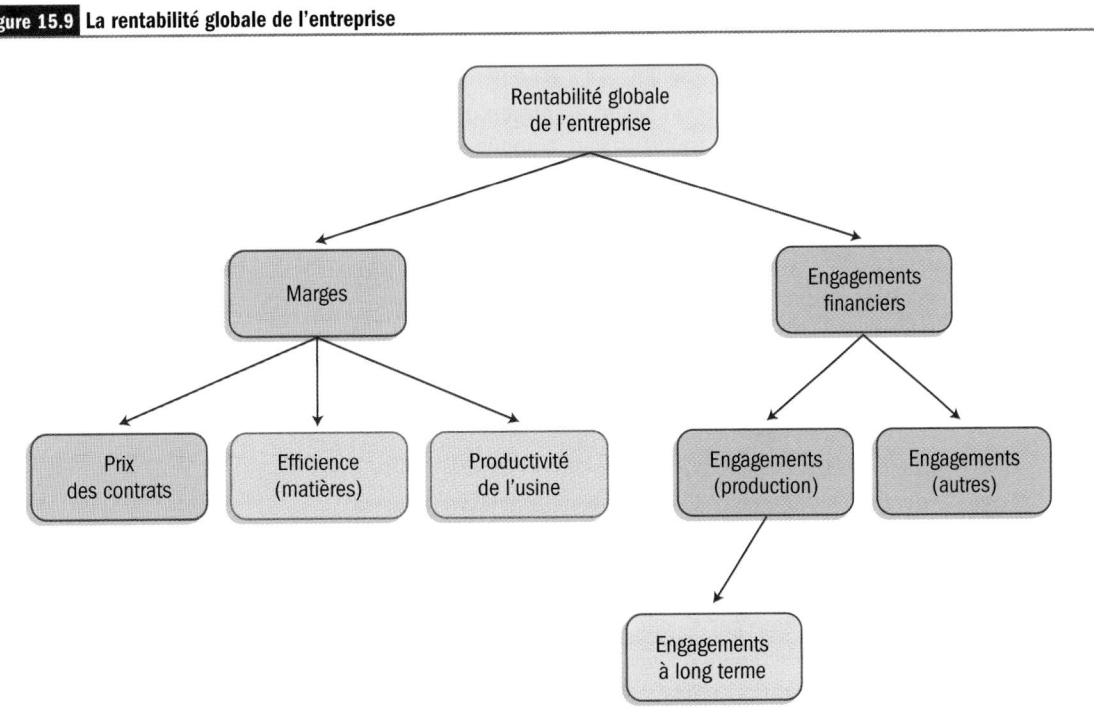

L'OUVERTURE DE LA STATION DE SKI ALPIN VAL SAINT-CÔME EN DÉCEMBRE 1979

La station de ski alpin Val Saint-Côme, située dans la région de Lanaudière, a ouvert ses portes en décembre 1979. La création de cette entreprise a été semblable à celle de n'importe quelle entreprise qu'on crée aujourd'hui, en ce sens qu'il était possible d'évaluer les coûts de manière relativement précise, mais que les revenus estimés étaient incertains et qu'il était virtuellement impossible de convaincre une banque que l'entreprise serait en mesure de concrétiser quelque scénario de revenus que ce soit. Imaginez un centre de ski dans une région éloignée, où il n'y a ni route convenable ni électricité, dont les ressources sont limitées et les entrepreneurs, sans expérience!

Les indicateurs comptables classiques du délai de récupération et l'actualisation des flux monétaires et du taux de rendement interne ne pouvaient donc être utilisés de manière crédible, puisque aucun scénario de revenus n'était réaliste. Dans un tel cas, seule l'analyse de la structure des coûts s'avérait un outil utile tant pour les financiers que pour la direction de la nouvelle entreprise.

Ainsi, il a fallu prendre des décisions visant à diminuer les engagements financiers annuels fixes : on a notamment donné en sous-traitance l'exploitation du restaurant et de la boutique. De cette façon, il n'y avait pas d'employés à payer pour ces services et un revenu de location de base, faible mais garanti, venait diminuer les engagements financiers fixes.

Finalement, au cours de la première année d'exploitation, la structure des coûts était à peu près la suivante : 60 000 $ d'engagements financiers fixes et une marge nette estimée à 8,50 $

par skieur visiteur. Un calcul rapide permettait d'établir que si la station était en mesure d'attirer un peu plus de 7 000 visiteurs au cours de la saison, en exploitant seulement le tiers de la montagne, elle réaliserait un bénéfice. La direction pouvait-elle générer un nombre de visites qui lui permettrait d'atteindre son objectif au moyen de la stratégie mise en place, notamment grâce à son école de ski et au transport par autobus desservant les municipalités environnantes ? La réponse a été oui, la station ayant accueilli 7 082 visites au cours de sa première saison.

Le projet de télésiège triple en décembre 1980

L'analyse du projet a été faite de la même manière. Celui-ci allait accroître les engagements financiers fixes de 60 000 $ par an. Par ailleurs, il permettrait d'augmenter la marge à 9 $ par skieur visiteur. La question se résumait alors ainsi : la direction pouvait-elle attirer 6 000 visites additionnelles par saison avec un télésiège triple qui multipliait d'autant la capacité de remontée et permettait l'exploitation d'un territoire couvrant les deux tiers de la montagne ? La direction a accueilli 16 005 visites au cours de sa deuxième saison d'exploitation, malgré un hiver qui s'est terminé prématurément. Elle avait ainsi atteint son objectif.

Il en a été de même pour chacun des projets lancés durant les sept premières années d'existence de Val Saint-Côme. La détermination du montant des engagements annuels fixes et l'estimation de la marge par skieur, données qui s'avéraient de plus en plus faciles à estimer avec les années, permettaient d'évaluer le nombre de skieurs qu'il fallait accueillir pour ne pas être en déficit et réaliser un bénéfice.

LES RAPPORTS ENTRE TRÉSORERIE ET INVESTISSEMENT

Les entreprises doivent réaliser des projets d'investissement qui leur permettront de rester compétitives et de prendre de l'expansion. Mais faute de liquidités, elles sont incapables d'emprunter la totalité de l'investissement nécessaire pour lancer un projet.

Par définition, on évalue les investissements en songeant aux répercussions qu'ils sont susceptibles d'avoir à long terme. Habituellement, les entreprises ne peuvent pas revenir sur ces décisions sans que cela entraîne des coûts très lourds ainsi que des variations marquées des flux monétaires. Comme on le conçoit aisément, une entreprise qui se prépare à investir des sommes importantes doit bien évaluer tous les flux monétaires liés à un projet d'investissement et analyser ce projet selon plusieurs critères ; chacun d'eux permet en effet de s'intéresser à un aspect particulier des effets du projet : la trésorerie, le rendement, le risque.

Dans ce chapitre, nous avons étudié trois méthodes d'évaluation des projets d'investissement reposant sur les flux monétaires. À l'exception du montant de l'investissement initial, qui peut en général être calculé avec précision, tous les autres mouvements de trésorerie sont des évaluations de rentrées et de sorties de fonds. Ces montants sont donc entachés d'un certain coefficient d'incertitude : l'avenir est dynamique et l'entreprise n'exerce aucune emprise sur certains éléments tels que la stratégie des concurrents. De surcroît, plus la portée des estimations est lointaine, plus elles deviennent incertaines ; il s'y attache donc un risque.

La durée d'un projet influe sur le risque. Ce dernier s'accroît au fur et à mesure qu'on s'éloigne dans le temps, car le nombre d'éléments impossibles à maîtriser augmente alors en proportion. C'est pourquoi il est recommandé de ne pas faire d'évaluations des flux monétaires portant sur plus de cinq ans. Les prévisions sont en effet très difficiles à établir au-delà de cette période. Le risque augmentant en proportion du temps qui s'écoule, la méthode du délai de récupération est utile pour déterminer combien de temps il faudra pour récupérer l'investissement initial. Mais cette méthode ne s'applique pas à tous les facteurs de risque ; elle ne couvre pas le risque associé à l'erreur des estimations, c'est-à-dire aux divers scénarios de flux possibles.

Lorsqu'il existe plusieurs scénarios probables, on détermine le risque en effectuant une analyse de sensibilité, qui consiste à calculer les différents indicateurs en les incorporant à divers scénarios de flux – scénario pessimiste, scénario réaliste et scénario optimiste, etc. Dans le calcul de la VAN, on peut aussi utiliser un taux d'actualisation plus élevé de façon à compenser l'incertitude des estimations et le risque qui leur est inhérent. Ces ajustements sont effectués de façon discrétionnaire.

D'autres méthodes, plus complexes, reposent sur le recours aux probabilités et aux simulations. Plus le montant de l'investissement initial est élevé, plus l'entreprise aura intérêt à utiliser ces méthodes. Sur le plan de la trésorerie, il est possible de réduire le risque d'insolvabilité en conservant plus de liquidités. Mais pour ce faire, il faudra emprunter davantage ou choisir un projet dont le délai de récupération est plus court. Dans les deux cas, il est probable que l'entreprise devra se contenter d'un rendement moins élevé. On détermine l'équilibre à conserver entre trésorerie et rendement en prenant en considération le risque financier pour l'entreprise.

CAPSULES VIDÉO

Qu'en disent les experts ?

CAPSULE VIDÉO 15.1   Priorisation des projets d'investissement

Monsieur Pierre Despars, chef de la direction financière, explique que les projets d'investissement ne sont pas tous équivalents chez Gaz Métro. Selon le projet, différentes méthodologies sont utilisées.

CAPSULE VIDÉO 15.2   **Notion du revenu requis**

Monsieur Despars aborde plus avant l'évaluation des projets d'investissement, entre autres la notion de revenu requis.

CAPSULE VIDÉO 15.3   **Influence du point mort tarifaire**

Gaz Métro utilise une méthodologie fondée sur la base de tarification tenant compte d'un point mort tarifaire. Monsieur Despars en fait la démonstration au tableau.

CAPSULE VIDÉO 15.4   **Faire carrière chez Gaz Métro**

Monsieur Despars prodigue ses conseils à toute personne aspirant à faire carrière dans la fonction finance chez Gaz Métro.

CAPSULE VIDÉO 15.5   **Évaluation de l'impact des grands projets d'investissement**

Le vérificateur général est-il en mesure de valider l'évaluation de l'impact des grands projets d'investissement du gouvernement? Monsieur Renaud Lachance, vérificateur général du Québec, répond.

OBJECTIFS DE CONNAISSANCES, REVUS

1 Décrire le budget d'investissement.

Un investissement peut être défini comme un engagement de ressources financières importantes pour créer davantage de richesse pour les actionnaires d'une entreprise. On reconnaît plusieurs types de projets d'investissement, et il peut y avoir différents champions selon les projets. Le décideur variera selon le type de projet, l'importance de l'engagement financier et la taille de l'organisation. Le rôle de la comptabilité de management est de valider les données budgétaires, mais aussi de s'assurer de la bonne gestion des flux de trésorerie, d'estimer la rentabilité du projet ainsi que de gérer les risques inhérents au projet.

2 Reconnaître les flux de trésorerie liés aux investissements.

Les projets d'investissement ont des répercussions importantes sur les mouvements de trésorerie d'une entreprise. Ils constituent le cycle long des flux de trésorerie, ce cycle s'étalant sur plus d'un an. Parmi les flux découlant d'un projet, citons les flux occasionnés par l'acquisition d'éléments d'actif, par les variations du fonds de roulement (FDR), par les activités d'exploitation et par le financement du projet. Lorsqu'on évalue les flux, il faut tenir compte des répercussions fiscales de l'acquisition des éléments d'actif et des charges liées au projet. L'estimation de ces flux doit être la plus précise possible, car les erreurs peuvent mettre en danger la solvabilité de l'entreprise.

3 Évaluer la rentabilité d'un projet d'investissement.

On utilise habituellement quatre méthodes pour évaluer un projet d'investissement: le taux de rendement comptable, le délai de récupération, la valeur actualisée nette et le taux de rendement interne d'un projet. Le coût du capital, utilisé comme taux d'actualisation des flux monétaires dans le cadre de la méthode de la valeur actualisée nette, est défini. La méthode du taux de rendement comptable est peu utilisée: elle donne seulement une indication rapide et approximative de la rentabilité d'un projet. Le délai de récupération est le temps nécessaire pour récupérer l'investissement initial; il constitue une estimation du risque lié au projet. La méthode la plus fréquemment employée est la méthode de la valeur actualisée nette : elle montre si le projet envisagé satisfait au taux de rendement minimal exigé. Enfin, la méthode du taux interne de rendement est une estimation de la rentabilité d'un projet.

4 Établir l'impact d'un investissement sur la structure des coûts.

La mise en œuvre d'un projet d'investissement modifie souvent de façon substantielle et permanente la structure des coûts de l'entreprise (la proportion des coûts fixes et des coûts variables) ainsi que sa capacité à générer des revenus. Lorsqu'on doit prendre une décision d'investissement, les données découlant d'une analyse CVR sont donc tout à fait pertinentes, car elles indiquent à partir de quel seuil de production le projet sera avantageux pour l'entreprise. En effet, si le taux de rendement constitue une information utile, il repose sur des hypothèses de flux de revenus et de coûts qui ne se réaliseront que dans l'avenir. Comme ces hypothèses ne se confirmeront peut-être pas, cet indicateur est entaché d'incertitude et présente peu d'intérêt pour le décideur. L'analyse CVR présente l'avantage suivant : elle permet de traiter de manière distincte d'une part les coûts, dont on peut être à peu près certain, et d'autre part les revenus, souvent hypothétiques. Elle fournit donc au décideur des points de repère assez fiables, qui l'aideront souvent à évaluer plus concrètement le risque que présente un projet.

5 Comprendre les rapports entre trésorerie et investissement.

Les projets d'investissement modifient à long terme les flux de trésorerie. En effet, le financement d'un projet implique une obligation de débours périodiques (habituellement mensuels) d'un montant équivalent à un montant d'intérêts plus une partie du remboursement de capital emprunté. Donc, afin d'équilibrer les entrées et les sorties d'argent, un projet d'investissement s'accompagne de l'obligation de générer des entrées d'argent, à tout le moins pour couvrir les sorties d'argent et se donner une marge de manœuvre.

MOTS CLÉS

CHAPITRE 16

LES STANDARDS
ET LE CONTRÔLE BUDGÉTAIRE

OBJECTIFS

1 Comprendre le rôle du contrôle budgétaire.

2 Expliquer le rôle du budget flexible dans le cadre du contrôle budgétaire.

3 Analyser les répercussions que peuvent avoir sur les revenus les variations des prix, de la combinaison des produits, de la taille du marché et des parts de marché.

4 Analyser les répercussions que peuvent avoir sur les coûts les variations du prix des ressources, de la combinaison des ressources et de la quantité de ressources utilisées.

SOMMAIRE

Cascades

Le contrôle budgétaire

Le contrôle budgétaire et le budget flexible

L'analyse des écarts relatifs aux ventes

L'analyse des écarts relatifs à la production

Gérer signifie planifier, organiser, diriger, contrôler (PODC). Le chapitre 13 a montré au lecteur comment voir le processus budgétaire en tant que processus de planification. Ici, le contrôle budgétaire est présenté comme moyen de contrôle. En effet, par le contrôle budgétaire, la direction d'une organisation est informée de la réalisation du plan, soit de l'efficacité de la mise en œuvre de la stratégie, par la comparaison entre le budget et les résultats. La discussion des écarts budgétaires amène les gestionnaires et le comité de direction à établir les facteurs ayant pu contribuer à engendrer des résultats différents de ceux prévus.

L'exemple de Cascades explique le processus de contrôle budgétaire, entre autres le travail préparatoire du contrôleur et la rencontre mensuelle des directeurs, dont la mission est de tirer une interprétation juste des écarts budgétaires.

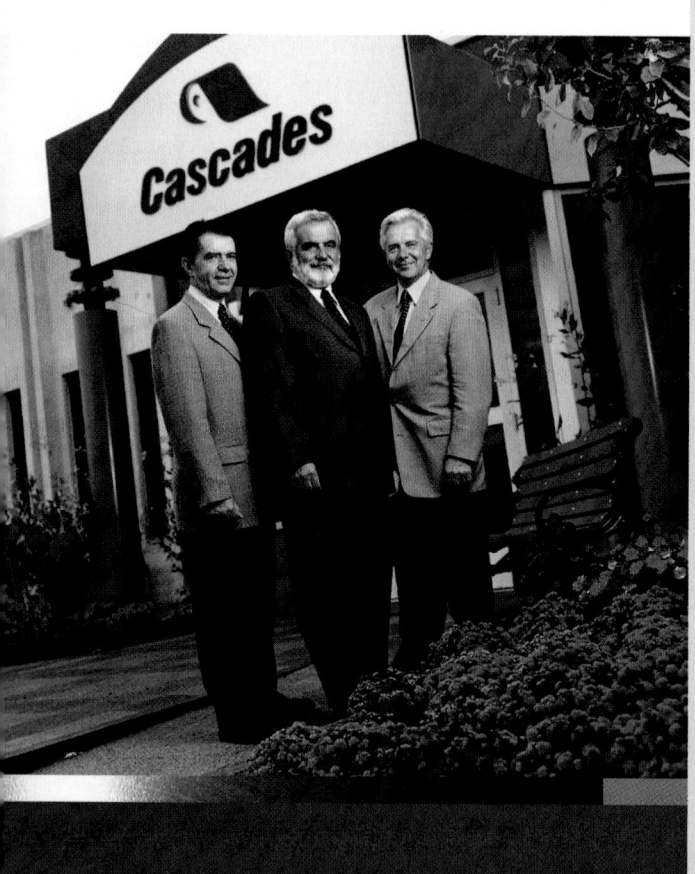

CASCADES

Fondée en 1964, Cascades se spécialise dans les domaines de la fabrication, de la transformation et de la commercialisation de produits d'emballage, de papiers sanitaires et de papiers fins composés principalement de fibres recyclées. Cascades est aujourd'hui formée de trois divisions : Norampac (Carton-caisses et Carton-plat), Groupe Tissu et Groupe Produits Spécialisés. Chacune comporte des activités de fabrication et des activités de conversion. Cascades regroupe plus de 12 000 femmes et hommes travaillant dans plus d'une centaine d'unités d'exploitation modernes et flexibles situées en Amérique du Nord et en Europe.

Cascades est une entreprise d'envergure internationale. En 2009, elle a utilisé 2,1 millions de tonnes de fibres recyclées. Une tonne courte de papier recyclé représente l'équivalent de 17 arbres. Ses 40 ans d'expérience dans le recyclage, ses technologies de pointe en matière de désencrage et ses efforts soutenus en recherche et développement sont autant d'atouts qui permettent à Cascades de créer des produits novateurs à forte valeur ajoutée.

LE CONTEXTE ET LA STRATÉGIE

Le secteur des pâtes et papiers est un marché cyclique où les prix sont dictés par la loi de l'offre et de la demande. Les entreprises de production et de transformation de papier, comme Cascades, doivent donc s'efforcer de surpasser leurs concurrents. Elles doivent constamment chercher à réduire leurs coûts, autant que faire se peut, pour espérer obtenir un résultat. « On aime se qualifier de bons producteurs, par conséquent on adapte nos structures de coûts aux cours des marchés », explique M. Patrick Chaperon, directeur, administration et finances. Cascades met donc en œuvre une stratégie dynamique : l'entreprise cherche dans un premier temps à fabriquer un produit de qualité et à bon prix, qu'elle pourra ensuite vendre facilement, s'il est meilleur que celui de ses concurrents, et ce, dans le respect de trois concepts de gestion qui lui sont chers, soit le développement durable, la décentralisation et la transparence. Son système comptable est arrimé à ces concepts, et la philosophie qui sous-tend l'analyse des écarts budgétaires les met bien en évidence.

LE DÉVELOPPEMENT DURABLE

M. Patrick Chaperon souligne que le développement durable est fondamental pour Cascades, qu'il n'est pas seulement un concept « au goût du jour », comme c'est le cas pour de nombreuses entreprises. Plus encore, il s'avère une constituante de sa mission depuis ses origines, en 1964. La signification de la récupération ici est double. D'une part, la matière première de Cascades est principalement composée de papier recyclé ; d'autre part, Cascades « récupère » des entreprises moins performantes pour les rendre profitables. Aussi arbore-t-elle le slogan « Vert de nature » pour bien montrer qu'il ne s'agit pas pour elle d'un simple effet de mode. Par contre, la pression des autres entreprises l'amène à mettre plus que jamais l'accent sur l'innovation.

Deux innovations occupent son attention à l'heure où nous écrivons ces lignes : la boîte sans cire[1] et l'essuie-main antibactérien[2]. L'analyse des écarts doit permettre à l'équipe de direction de visualiser la capacité des vendeurs (et des usines) à assurer la viabilité commerciale de ces innovations « durables ». Pour Patrick Chaperon, il est également important de trouver l'opérationnalisation de ces innovations. Par exemple, pour la fabrication de la boîte sans cire, il faut chercher à éviter le transport des matières au moment où il faut les enduire du revêtement biodégradable. Dans ce contexte, l'analyse des écarts liés au coût de revient comporte un double objectif : le contrôle des coûts d'exploitation et la récupération de l'investissement initial.

---

1. Sa division Norampac a été finaliste en 2010 pour l'obtention d'un Phénix de l'environnement du gouvernement du Québec pour ce produit (boîte recyclable NorShield). Voir www.phenixdelenvironnement.qc.ca/fr/laureats/2010/laureats-finalistes/cascades-norampac.php.

2. Pour plus d'information concernant ce produit « durable », consulter le lien suivant : www.cascades.com/bacterie/essuie-mains_antibacterien.php.

LA DÉCENTRALISATION

La décentralisation est également un principe de gestion très cher à Cascades depuis sa fondation. L'analyse des écarts se fait donc d'abord pour l'entreprise dans son ensemble, puis par groupes d'usines et finalement par usine. Les écarts de volume, de prix de vente et de production sont scrutés à la loupe. Les écarts de production comprennent ceux des matières premières, de l'énergie, de la main-d'œuvre et des frais généraux de fabrication. Ils sont analysés en détail par l'équipe de direction de chaque usine, qui pourra ainsi présenter son propre plan d'action en vue de corriger les écarts jugés significatifs.

Pour soutenir ce principe de décentralisation (en assurer l'efficacité et l'efficience), Cascades s'est dotée d'un processus budgétaire à base zéro. Ce processus exige, des unités d'affaires (les usines), qu'elles remettent chaque année en question leurs pratiques et objectifs de gestion au moyen d'une analyse de l'efficience de ses frais variables, de la structure de ses frais fixes et de ses dépenses en

capital. Ainsi, des rencontres mensuelles ont-elles lieu afin de fournir aux directeurs l'occasion de discuter des écarts budgétaires et d'échanger, de coordonner leurs actions, de fixer leurs priorités pour les prochaines semaines, ainsi que de planifier des changements et des correctifs, le cas échéant.

À l'issue des rencontres, un rapport d'analyse des écarts est produit. Le rapport doit rendre fidèlement compte des résultats, et il doit présenter et expliquer les écarts tout en déterminant leur pertinence. La rencontre mensuelle traduit la responsabilité collective de chacun à l'égard de la rentabilité de l'usine. Globalement, elle représente, pour les directeurs d'usine, une occasion unique de participer à la gestion de l'entreprise. De plus, un programme de participation des gestionnaires aux résultats de l'entreprise les incite à s'engager davantage dans la recherche de la performance organisationnelle. Au cours de ces rencontres régulières, chacun peut apprécier à la fois sa contribution personnelle à l'amélioration de la rentabilité et le rôle qu'il y joue.

Plusieurs décisions importantes peuvent découler de l'analyse des écarts, comme celle de «bâtir» des inventaires de matière recyclée pour bénéficier d'écarts favorables sur le prix d'achat. Un autre élément surveillé de très près à l'aide de l'analyse des écarts est la capacité des vendeurs à faire accepter aux acheteurs les coûts supplémentaires engendrés. Autrement dit, l'équipe de direction analyse, à partir de ces écarts, de quelle façon les décisions macro prises par l'équipe de direction (comme le développement d'innovations techniquement viables) sont mises en application au niveau micro (dans les décisions de gestion quotidiennes des gestionnaires d'usine).

Un autre exemple, tiré de la crise de 2008 qui a entraîné la chute de son volume d'activité de plus de 10 %, a fait prendre conscience à Cascades que les coûts de main-d'œuvre directe, traditionnellement considérés comme des coûts variables, ne variaient pas véritablement avec la chute du volume. Or, comme Cascades hésite à congédier pour devoir embaucher et reformer par la suite un personnel qui ne pourra à court terme être aussi performant que le précédent, les écarts défavorables de main-d'œuvre ont amené l'entreprise à revoir l'affectation des ressources humaines aux calendriers de production.

LA TRANSPARENCE

Cascades mise aussi beaucoup sur la transparence comme principe de gestion fondamental. Cela se voit par sa politique de portes ouvertes pour les bureaux et salles de réunions, mais aussi par les rapports transmis à ses parties prenantes, comme son rapport annuel et son rapport de développement, dont elle est très fière. Dans son rapport annuel, Cascades présente un tableau pour expliquer les principales variations du résultat d'exploitation, sur une base comparative avec l'année précédente[3].

Parmi ces éléments, on trouve les variations de coûts des matières premières, de l'énergie et d'autres éléments de coût (notamment les temps d'arrêt, les taux d'efficacité et l'évolution de la gamme de produits, l'entretien et les réparations, etc.), ainsi que le taux de change, les prix, l'éventail de produits et le volume des ventes. Les rapports mensuels d'analyse des écarts se font selon une structure similaire, cette fois en vue d'expliquer l'écart entre le résultat budgété et le résultat atteint.

---

3. Ce tableau apparaît à la page 31 du rapport annuel 2009 de Cascades.

Dans les chapitres précédents, nous avons présenté les principaux instruments du système d'information de gestion qui permettent d'effectuer la planification et le contrôle. Nous expliquerons dans ce chapitre en quoi consiste l'approche classique du contrôle budgétaire et pourquoi on utilise des standards. Le but du **contrôle budgétaire**, aussi appelé suivi budgétaire, est de comparer aux objectifs de l'entreprise les prévisions et les résultats obtenus.

Le **contrôle budgétaire classique** doit son nom au fait qu'il est employé et enseigné depuis qu'on utilise le budget comme outil de contrôle, sous l'influence du mouvement de la gestion scientifique du travail associé à Frederick W. Taylor. Les entreprises commencent à recourir au contrôle budgétaire vers 1920[4], et c'est sans doute l'instrument de contrôle le plus utilisé aujourd'hui, bien qu'il puisse être utilisé selon différentes perspectives. Le contrôle budgétaire consiste à calculer les écarts budgétaires, à repérer les écarts significatifs et à les analyser afin d'effectuer au besoin des actions correctives, puis de mettre en place un processus de planification tenant compte des résultats des écarts constatés. Selon la perspective classique, le contrôle budgétaire est un instrument de surveillance de la conformité des résultats au budget, voire un outil d'évaluation de la performance individuelle des responsables des écarts. Selon une perspective d'apprentissage, le contrôle budgétaire permet de connaître les éléments qui influent sur les coûts et les revenus et permet d'améliorer la performance financière.

LE CONTRÔLE BUDGÉTAIRE

Le contrôle budgétaire fait partie des mécanismes du contrôle de gestion. On l'a d'abord considéré comme un instrument de suivi des prévisions budgétaires sur la base desquelles sont formulés les plans budgétaires. De fait, la perspective classique du contrôle budgétaire s'accorde parfaitement avec l'approche du contrôle de gestion axée sur le commandement et la surveillance. La planification permet d'établir les points de repère auxquels on comparera les résultats à l'étape du contrôle budgétaire ; le contrôle permet d'évaluer dans quelle mesure les objectifs établis lors de la planification ont été atteints. C'est ainsi que le contrôle budgétaire et la planification sont deux activités interdépendantes qui ne peuvent être effectuées l'une sans l'autre.

Ce type de suivi budgétaire exhaustif est fréquent dans les entreprises à structure organisationnelle pyramidale. La stratégie globale y est dictée par la direction, le travail a un caractère routinier et programmable, et c'est l'organisation – plutôt que les individus – qui détient le savoir-faire. Le contrôle budgétaire classique se présente comme un système de **contrôle cybernétique** à trois niveaux (voir la figure 16.1).

Le processus de planification va du sommet vers la base. Il est représenté par une pyramide de contrôle organisationnel comportant les trois niveaux : stratégique, tactique et opérationnel. Au sommet (contrôle stratégique), la direction élabore la stratégie globale. Au niveau intermédiaire (contrôle de gestion tactique), les cadres formulent des stratégies fonctionnelles qui découlent de la stratégie globale décidée par la direction. Enfin, à la base (contrôle opérationnel et contrôle d'exécution), les cadres définissent des plans détaillés et en assurent l'exécution. Le système d'information permet d'acheminer l'information en sens inverse et ainsi de surveiller l'exécution des plans.

---

4. Voir le chapitre 13.

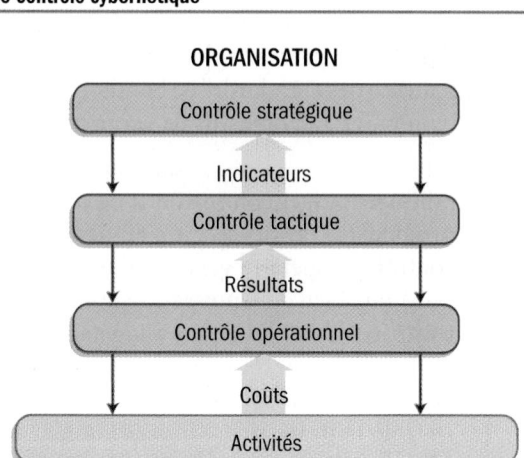

Figure 16.1 Le système de contrôle cybernétique

Ce système de contrôle fonctionne comme un thermostat. La première étape consiste à régler la température, c'est-à-dire à concevoir des plans ou à établir des budgets. La deuxième étape consiste à lire la température ambiante, c'est-à-dire à enregistrer les résultats. Quant à la troisième étape, elle revient à comparer la température ambiante à la température voulue, autrement dit à comparer le résultat à la prévision ou au plan. Cette troisième étape comprend le calcul des écarts. En cas d'écart significatif, le thermostat déclenche l'appareil de chauffage. Notons toutefois que l'action corrective du thermostat est programmée, alors qu'en matière budgétaire il faut généralement analyser les causes des écarts avant d'entreprendre une mesure corrective.

Le contrôle budgétaire classique est donc un mécanisme de surveillance reposant sur l'analyse des écarts budgétaires, et il est souvent assorti d'un système de récompenses et de punitions. Il est également possible d'intégrer l'analyse des écarts dans une approche axée sur l'orientation et l'apprentissage. Le mode d'utilisation des écarts relève de la culture d'entreprise et de la conception du contrôle émanant de la direction.

Le point de départ du contrôle budgétaire est l'élaboration du budget. En effet, le budget n'est pas uniquement un ensemble de données prévisionnelles : il permet de décider du suivi de ces données et de la méthode de mise en œuvre de ce suivi. Préparer le budget consiste donc également à prévoir les suites qu'on donnera à son examen, c'est-à-dire le jugement qu'on portera sur les résultats. Les données budgétaires sont donc aussi des points de repère, des normes utilisées pour évaluer la performance des activités et des personnes. On les qualifie d'ailleurs de normes, ou de standards, lorsqu'elles servent de base à des analyses techniques et économiques méthodiques.

On intègre habituellement le contrôle budgétaire classique à la gestion par exceptions, dans le cas des coûts conceptualisés, et à la gestion par objectifs, dans le cas des coûts discrétionnaires. Dans une approche axée sur la surveillance, le contrôle budgétaire consiste essentiellement à comparer les résultats aux données budgétaires et à intervenir lorsque l'écart est jugé significatif. La détermination des écarts et leur analyse, qui font partie des étapes finales du contrôle par exceptions, permettent d'expliquer ou de clarifier les différences existant entre les données budgétaires et les résultats.

LE CONTRÔLE BUDGÉTAIRE ET LE BUDGET FLEXIBLE

Lorsqu'on relève des écarts importants entre les résultats et les prévisions budgétaires, on doit effectuer l'**analyse des écarts**. Cette analyse peut porter sur les revenus, les coûts directement liés aux produits et aux services, ainsi que sur les coûts discrétionnaires ; elle permet de repérer les problèmes, de les évaluer et d'y réagir. L'analyse des écarts a un double objectif. Tout d'abord, elle assure le bon fonctionnement du système de contrôle par exceptions. Lorsque les résultats sont notablement différents de ce qu'ils devraient être, le ou les écarts constatés amènent la direction à intervenir. Ensuite, l'analyse des écarts permet aux responsables d'évaluer leur performance et de connaître le degré d'efficacité des activités.

Dans le cadre d'un exercice complet de suivi budgétaire, on peut utiliser l'analyse des écarts pour rapprocher le bénéfice réel du bénéfice prévu, comme l'illustre l'exemple ci-dessous. En pratique, le nombre d'unités vendues diffère souvent du nombre d'unités fabriquées. Afin de faciliter la compréhension des notions abordées dans le présent chapitre, nous supposerons que le volume de ventes est égal au volume de produits fabriqués, à la fois pour ce qui est du budget et des résultats.

EXEMPLE

ÉQUIPEMENT MÉNAGER GAGNON

L'entreprise Équipement ménager Gagnon fabrique des appareils électroménagers. Le président de l'entreprise s'inquiète des résultats obtenus en 2010 par la division des micro-ondes compacts ; celle-ci fonctionne comme un centre de profit. Les prévisions budgétaires et les résultats obtenus par la division en 2010 sont présentés dans le tableau suivant.

Les prévisions budgétaires d'Équipement ménager Gagnon et les résultats obtenus en 2010

	Budget initial	Résultats	Écarts (favorables, F, ou défavorables, D) (Résultats – budget initial)
Volume des ventes (en unités)	25 000	27 000	
Produits	5 000 000 $	5 332 500 $	332 500 $ (F)
Charges			
Matières premières (budget : 25 000 kg ; résultats : 28 000 kg)	2 125 000 $	2 240 000 $	115 000 $ (D)
MOD (budget : 12 $/h ; résultats : 14 $/h)	1 200 000 $	1 323 000 $	123 000 $ (D)
FGF variables (selon les heures de MOD)	600 000 $	614 250 $	14 250 $ (D)
FGF fixes	625 000 $	690 000 $	65 000 $ (D)
Résultat d'exploitation	450 000 $	465 250 $	15 250 $ (F)

L'écart total indique que le résultat d'exploitation réel dépasse de 15 250 $ le résultat prévu. L'augmentation du résultat s'explique ainsi : écart favorable du chiffre d'affaires de 332 500 $; écarts défavorables de tous les coûts de fabrication, soit 115 000 $ pour les coûts de matières premières, 123 000 $ pour les coûts de MOD, 14 250 $ pour les FGF variables et 65 000 $ pour les FGF fixes.

Deux grandes catégories de facteurs permettent d'expliquer l'écart entre le résultat d'exploitation réel et le résultat d'exploitation prévu au budget : les variations du volume des ventes et l'efficience dans la réalisation des objectifs. Les variations du volume des ventes entraînent des variations de tous les postes budgétaires liés au volume des ventes : le chiffre d'affaires et les coûts variables (matières premières, MOD, FGF variables). Si le volume des ventes réel est plus élevé que prévu, il est logique que le chiffre d'affaires et les coûts variables augmentent aussi.

Par ailleurs, le résultat réel peut s'écarter du résultat prévu même si le volume des ventes prévu est atteint. Les variations du résultat qui ne renvoient pas aux variations du volume des ventes sont attribuables à l'efficience des activités d'exploitation. Cette dernière influe sur le coût et sur la quantité des ressources utilisées pour réaliser les objectifs de l'entreprise.

Il est important de distinguer les écarts attribuables aux variations du volume des ventes et les écarts relatifs à l'efficience. Cela permet de comprendre plus précisément les raisons des écarts, et d'effectuer des actions correctives mieux ciblées et donc plus efficaces.

Toutefois, une telle analyse est possible uniquement dans le cadre d'une budgétisation flexible. Le **budget flexible** est un mécanisme d'ajustement conçu pour refléter les prévisions budgétaires à n'importe quel niveau d'activité ; il permet de ramener les prévisions budgétaires au niveau d'activité réel. Cette révision s'effectue automatiquement grâce au réajustement des frais variables. Dans certains cas, on révise également les frais fixes pour tenir compte des changements de palier ou de segment significatif. Sans budget flexible, il est impossible d'effectuer une évaluation efficace et significative des résultats dans le cadre du suivi budgétaire.

EXEMPLE

ÉQUIPEMENT MÉNAGER GAGNON (SUITE)

Reprenons l'exemple de la société Équipement ménager Gagnon et établissons son budget flexible pour l'année 2010.

Il est important de préciser que l'analyse des écarts repose sur un écart de base, l'écart sur le résultat, c'est-à-dire la différence entre le résultat réel et le résultat budgété initial. L'analyse d'écarts consiste à subdiviser cet écart de base en d'autres écarts, qui donnent de plus amples détails sur la situation à analyser. Reprenons les données du dernier tableau pour expliquer cette approche.

En utilisant le budget flexible, nous constatons que la hausse du volume de ventes, soit une augmentation de 2 000 unités, aurait dû entraîner une hausse de 86 000 $ du résultat d'exploitation. Toutefois, le résultat d'exploitation n'a augmenté que de 15 250 $. L'écart défavorable de 70 750 $ découle du fait que les coûts réels d'acquisition des ressources consommées ont été plus élevés que les coûts prévus. Ce tableau révèle que l'écart de 70 750 $ peut s'expliquer par plusieurs autres écarts : l'écart de matières premières, l'écart de MOD et les écarts de FGF. Comme nous le verrons tout au long de ce chapitre, il est possible de subdiviser encore plus avant chacun de ces écarts. Pour le moment, contentons-nous de dire que, chez Équipement ménager Gagnon, le manque d'efficience a empêché les gestionnaires de profiter pleinement de la hausse des volumes de ventes.

Les prévisions budgétaires d'Équipement ménager Gagnon et les résultats obtenus en 2010, selon la technique du budget flexible

	Budget initial	Budget au volume réel	Résultats	Écarts (F ou D) (Résultats – Budget au volume réel)
Volume des ventes (en unités)	**25 000**	**27 000**	**27 000**	**0**
Produits (budget : 200 $/unité ; résultats : 197,50 $/unité)	**5 000 000 $**	**5 400 000 $**	**5 332 500 $**	**67 500 $ (D)**
Charges				
Matières premières (budget : 1 kg/unité × 85 $/kg ; résultats : 28 000 kg × 80 $/kg)	2 125 000 $	2 295 000 $	2 240 000 $	55 000 $ (F)
MOD (budget : 4 h/unité × 12 $/h ; résultats : 3,5 h/unité × 14 $/h)	1 200 000 $	1 296 000 $	1 323 000 $	27 000 $ (D)
FGF variables (selon les heures de MOD)	600 000 $	648 000 $	614 250 $	33 750 $ (F)
FGF fixes	625 000 $	625 000 $	690 000 $	65 000 $ (D)
Résultat d'exploitation	**450 000 $**	**536 000 $**	**465 250 $**	**70 750 $ (D)**

└ 86 000 $ (F) ┘└ 70 750 $ (D) ┘
└ 15 250 $ (F) ┘

L'ANALYSE DES ÉCARTS RELATIFS AUX VENTES

L'analyse des **écarts relatifs aux ventes** permet d'établir un rapport entre le prix de vente et les variations du volume des ventes. Comme l'enseigne la théorie microéconomique, ces facteurs sont liés : la demande diminue quand le prix monte, et inversement. C'est le phénomène de l'élasticité de la demande en fonction du prix de vente.

L'ANALYSE DE L'ÉCART SUR PRIX DE VENTE

L'analyse de l'**écart sur prix de vente** permet de déterminer l'effet sur le résultat des variations du prix de vente, compte tenu du volume de ventes réel. Le volume de ventes se mesure au nombre de kilogrammes vendus, de litres vendus ou au nombre d'unités selon la mesure appropriée. On calcule l'écart sur prix de vente à l'aide de la formule suivante:

$$\text{Écart sur prix de vente} = (\textit{Prix de vente réel} - \textit{Prix de vente prévu}) \times \textit{Volume réel}$$

L'ANALYSE DE L'ÉCART SUR VOLUME DES VENTES

L'**écart sur volume des ventes** permet de déterminer l'effet d'un changement du volume des ventes sur le résultat. On calcule l'écart sur volume des ventes à l'aide de la formule suivante:

$$\begin{array}{c} \text{Écart sur volume} \\ \text{des ventes} \end{array} = \left(\begin{array}{c} \textit{Volume de} \\ \textit{ventes réel} \end{array} - \begin{array}{c} \textit{Volume de} \\ \textit{ventes prévu} \end{array} \right) \times \begin{array}{c} \textit{Marge sur coûts} \\ \textit{variables unitaire prévue} \end{array}$$

On obtient l'écart sur volume des ventes en multipliant la différence entre le volume réel et le volume prévu par la marge sur coûts variables unitaire prévue. L'écart peut être favorable ou défavorable. Lorsque le volume réel est plus élevé que prévu, on a un écart positif, qui est dit favorable car il annonce un résultat plus élevé que prévu initialement. À l'inverse, lorsque le volume réel est inférieur au volume prévu, on a un écart négatif, qui est dit défavorable car il annonce un résultat plus faible que prévu initialement.

L'ANALYSE DE L'ÉCART DÛ AU VOLUME DE PRODUITS VENDUS

Si l'entreprise ne vend qu'un seul produit, l'analyse de l'écart sur volume des ventes explique les variations du nombre d'unités vendues. En effet, on peut alors répartir l'écart en deux écarts: un écart dû à la part de marché et un écart dû à la taille du marché.

$$\begin{array}{c} \text{Écart dû} \\ \text{à la part} \\ \text{de marché} \end{array} = \left(\begin{array}{c} \textit{Part} \\ \textit{de marché} \\ \textit{réelle} \end{array} - \begin{array}{c} \textit{Part} \\ \textit{de marché} \\ \textit{prévue} \end{array} \right) \times \begin{array}{c} \textit{Volume du} \\ \textit{marché réel} \end{array} \times \begin{array}{c} \textit{Marge sur} \\ \textit{coûts variables} \\ \textit{unitaire prévue} \end{array}$$

$$\begin{array}{c} \text{Écart dû} \\ \text{à la taille} \\ \text{du marché} \end{array} = \left(\begin{array}{c} \textit{Volume} \\ \textit{du marché} \\ \textit{réel} \end{array} - \begin{array}{c} \textit{Volume} \\ \textit{du marché} \\ \textit{prévu} \end{array} \right) \times \begin{array}{c} \textit{Part} \\ \textit{de marché} \\ \textit{prévue} \end{array} \times \begin{array}{c} \textit{Marge sur} \\ \textit{coûts variables} \\ \textit{unitaire prévue} \end{array}$$

où les parts de marché, réelle et prévue, s'expriment en pourcentage et le volume du marché, réel et prévu, s'exprime en nombre d'unités.

Si l'entreprise ne vend qu'un seul produit, la marge sur coûts variables unitaire prévue est celle de ce produit. Mais si l'entreprise vend plusieurs produits, la marge sur coûts variables unitaire prévue correspond à la **moyenne pondérée** des marges sur coûts variables unitaires prévues de tous les produits vendus. On obtient cette variable en divisant la marge sur coûts variables totale pour tous les produits par le volume de ventes prévu de l'entreprise ou en multipliant les marges sur coûts variables unitaires prévues de chacun par le pourcentage du volume de chacun par rapport au volume de ventes prévu. En voici un exemple:

Conserverie de la nature fabrique notamment deux variétés de ketchup aux tomates.

Deux variétés de ketchup aux tomates

	Marge sur coûts variables unitaire	% volume de ventes prévu	Marge sur coûts variables unitaire moyenne
Tomates rouges	200 $/t	70 % (4 900 t)	140 $
Tomates vertes	150 $/t	30 % (2 100 t)	45 $
		7 000 t	**185 $**

L'analyse de l'écart sur volume des ventes est décrite à la figure 16.2.

Figure 16.2 **L'analyse de l'écart sur volume des ventes**

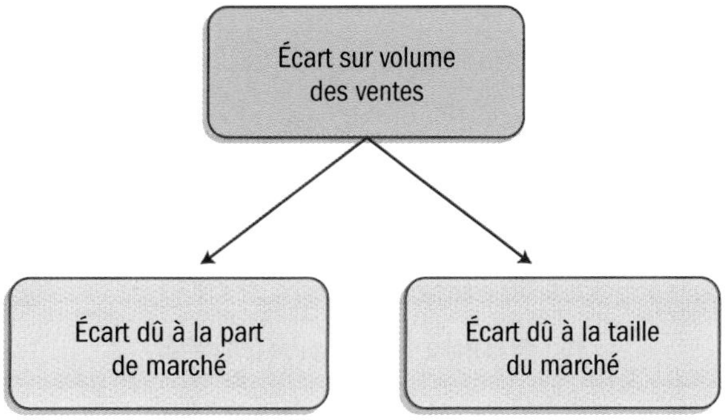

L'ÉCART DÛ À LA PART DE MARCHÉ

L'**écart dû à la part de marché** permet d'évaluer les effets sur le résultat des variations de la part de marché. Cet écart isole la variation du volume des ventes attribuable à la part de marché, c'est-à-dire un élément sur lequel l'entreprise peut influer. Les entreprises visent à augmenter leur part de marché, et cet écart mesure l'effet de leurs efforts sur le résultat.

L'ÉCART DÛ À LA TAILLE DU MARCHÉ

L'**écart dû à la taille du marché** permet d'évaluer les effets sur le résultat de la taille du marché. Cet écart isole la variation du volume des ventes attribuable aux variations du marché, c'est-à-dire un élément sur lequel l'entreprise ne peut habituellement pas influer. Cependant, les oligopoles – des entreprises qui détiennent un pourcentage substantiel d'un marché – cherchent parfois à accroître le marché par de la publicité appropriée. L'exemple suivant illustre l'écart dû à la part de marché et l'écart dû à la taille du marché.

EXEMPLE

PEINTURES DURABLES

L'entreprise Peintures durables fabrique et vend de la peinture industrielle de qualité supérieure. Le prix de vente unitaire est de 44,50 $ par contenant de quatre litres. La fiche de coût de l'entreprise est la suivante.

La fiche de coût de Peintures durables

	Quantité	Prix	Total
Matières premières	4 l	4 $/l	**16,00 $**
MOD	0,5 h	12 $/h	**6,00 $**
FGF variables	0,5 h	5 $/h	**2,50 $**
FGF fixes	0,5 h	4 $/h	**2,00 $**
			26,50 $

Les ventes de l'entreprise et la taille du marché sont présentées dans le tableau suivant.

Les ventes et le marché de Peintures durables

	Prévu	Réel
Taille du marché (en unités)	400 000	520 000
Part du marché de l'entreprise (en unités)	12 000	13 000
Part du marché de l'entreprise (en %)	3	2,5

L'entreprise a vendu 1 000 unités de plus que prévu. Pour évaluer l'effet sur le résultat de la vente de ces 1 000 unités, il faut calculer l'écart sur volume des ventes en utilisant la marge sur coûts variables prévue, qui est de 20 $ (44,50 $ – 16 $ – 6 $ – 2,50 $).

Écart sur volume des ventes = (13 000 – 12 000) × 20 $ = 20 000 $ (F)

L'augmentation du volume des ventes a eu un effet favorable de 20 000 $. Cette hausse du volume des ventes provient des variations de la part de marché ainsi que de la taille du marché.

Écart dû à la part de marché = (2,5 % – 3 %) × 520 000 × 20 $ = 52 000 $ (D)

Écart dû à la taille du marché = (520 000 – 400 000) × 3 % × 20 $ = 72 000 $ (F)

L'entreprise Peintures durables n'a pas atteint la part de marché prévue, ce qui l'a empêchée de bénéficier pleinement de l'accroissement de la taille du marché. L'écart dû à la part de marché, de 52 000 $, est défavorable. Si l'entreprise avait maintenu sa part de marché au niveau prévu, l'augmentation de la taille du marché aurait entraîné une augmentation du résultat de 72 000 $. L'analyse de l'écart sur volume des ventes est résumée à la figure 16.3.

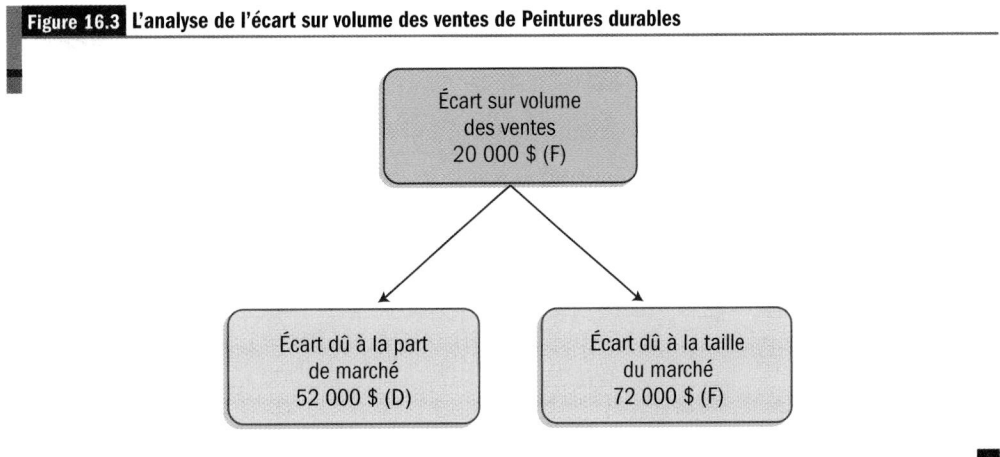

Figure 16.3 L'analyse de l'écart sur volume des ventes de Peintures durables

UNE NOUVELLE ANALYSE DU VOLUME DES VENTES

Dans l'analyse de l'écart sur volume des ventes effectuée précédemment, nous avons retenu le cas de figure où il y a un seul produit. Lorsqu'il y en a plusieurs, on peut d'abord calculer un écart sur volume des ventes pour chacun des produits vendus. Puis on peut décomposer l'écart sur volume des ventes en un **écart dû à la combinaison des produits vendus** et en un **écart dû au volume de produits vendus**, ce dernier étant ensuite décomposé en un écart dû à la part de marché et en un écart dû à la taille du marché.

On calcule l'écart dû à la combinaison des produits vendus grâce à la formule suivante:

$$
\begin{array}{l} \text{Écart dû à la} \\ \text{combinaison} \\ \text{des produits} \\ \text{vendus} \end{array} = \sum_i \left(\dfrac{\text{Volume réel}}{\text{Volume réel}} - \dfrac{\text{Volume prévu}}{\text{Volume prévu}} \atop \text{total} \right) \times \begin{array}{c} \text{Volume réel} \\ \text{total} \end{array} \times \begin{array}{c} \text{Marge sur} \\ \text{coûts variables} \\ \text{unitaire prévue} \\ \text{du produit i} \end{array}
$$

Donc, pour un produit *i* donné, chacun des éléments de la sommation, c'est-à-dire l'expression

$$
\left(\dfrac{\text{Volume réel}}{\text{Volume réel}} - \dfrac{\text{Volume prévu}}{\text{Volume prévu}} \atop \text{total} \right) \times \begin{array}{c} \text{Volume} \\ \text{prévu total} \end{array} \times \begin{array}{c} \text{Marge sur} \\ \text{coûts variables} \\ \text{unitaire prévue} \\ \text{du produit i} \end{array}
$$

donne l'effet des variations de volume du produit *i* relativement à l'ensemble des produits vendus.

$$
\begin{array}{l} \text{Écart dû} \\ \text{au volume} \\ \text{de produits} \\ \text{vendus} \end{array} = \sum_i \left(\begin{array}{c} \text{Volume} \\ \text{réel} \\ \text{total} \end{array} - \begin{array}{c} \text{Volume} \\ \text{prévu} \\ \text{total} \end{array} \right) \times \dfrac{\text{Volume prévu}}{\text{Volume prévu}} \times \begin{array}{c} \text{Marge sur} \\ \text{coûts variables} \\ \text{unitaire prévue} \\ \text{du produit i} \end{array}
$$

EXEMPLE

DVDNET

DVDnet assemble deux modèles de lecteurs de DVD : un modèle ordinaire qu'on prévoit vendre 200 $ et un modèle de luxe qu'on prévoit vendre 400 $. Le coût variable de fabrication est de 100 $ pour le modèle ordinaire et de 160 $ pour le modèle de luxe. Dans les faits, on a vendu le premier lecteur au prix de 210 $ et le second au prix de 405 $. Il n'y a pas eu d'écart sur coût. Voici les prévisions de ventes et de parts de marché pour les deux lecteurs de DVD.

	Modèle ordinaire	Modèle de luxe	Total
Ventes prévues	100 000	50 000	**150 000**
Ventes réelles	93 000	60 000	**153 000**
Taille du marché prévu	800 000	500 000	**1 300 000**
Taille du marché réel	900 000	480 000	**1 380 000**
Marge sur coûts variables unitaire prévue	100 $	240 $	

Voici les écarts observés :

- Écart sur prix de vente (modèle ordinaire) = (210 $ – 200 $) × 93 000, soit 930 000 $ (F)

  Écart sur prix de vente (modèle de luxe) = (405 $ – 400 $) × 60 000, soit 300 000 $ (F)

  Écart sur prix de vente = 930 000 $ + 300 000 $, soit 1 230 000 $ (F)

- Écart sur volume des ventes (modèle ordinaire) = (93 000 – 100 000) × 100 $, soit –700 000 $ (D)

  Écart sur volume des ventes (modèle de luxe) = (60 000 – 50 000) × 240 $, soit 2 400 000 $ (F)

  Écart sur volume des ventes = –700 000 $ + 2 400 000 $, soit 1 700 000 $ (F)

- Écart dû à la combinaison des produits vendus (modèle ordinaire) = (93 000/153 000 – 100 000/150 000) × 153 000 × 100 $, soit –900 000 $ (D)

  Écart dû à la combinaison des produits vendus (modèle de luxe) = (60 000/153 000 – 50 000/150 000) × 153 000 × 240 $, soit 2 160 000 $ (F)

  Écart dû à la combinaison des produits vendus = –900 000 $ + 2 160 000 $, soit 1 260 000 $ (F)

- Écart dû au volume de produits vendus (modèle ordinaire) = (153 000 – 150 000) × (100 000/150 000) × 100 $, soit 200 000 $ (F)

  Écart dû au volume de produits vendus (modèle de luxe) = (153 000 – 150 000) × (50 000/150 000) × 240 $, soit 240 000 $ (F)

  Écart dû au volume de produits vendus = 200 000 $ + 240 000 $, soit 440 000 $ (F)

- Écart dû à la taille du marché = (1 380 000 − 1 300 000) × (150 000/1 300 000) × 146,67 $, soit 1 353 846 $ (F)

  Il faut noter que 146,67 $ = (100 000 × 100 $ + 50 000 × 240 $)/150 000, ce qui correspond à la marge sur coûts variables unitaire moyenne prévue par unité.

- Écart dû à la part de marché = (153 000/1 380 000 − 150 000/1 300 000) × 1 380 000 × 146,67 $, soit −913 846 $ (D)

Une interprétation des écarts

Le volume des ventes du modèle ordinaire est moins élevé que prévu (93 000 unités au lieu de 100 000 unités), ce qui entraîne un écart négatif sur le volume des ventes de −700 000 $. Mais la taille du marché est nettement supérieure à celle qui a été prévue (900 000 unités au lieu de 800 000 unités), ce qui aurait dû déboucher sur de meilleurs résultats. Toutefois, le prix moyen de ce lecteur de DVD est plus élevé que prévu (210 $ au lieu de 200 $), ce qui entraîne un écart sur prix de vente de 930 000 $. On est en droit de se demander si le nombre d'unités vendues n'a pas diminué en raison de l'augmentation du prix de vente.

Le volume des ventes du modèle de luxe est notablement plus élevé que prévu (60 000 unités au lieu de 50 000 unités), ce qui entraîne un écart impressionnant de 2 400 000 $ sur le volume des ventes de ce produit. De plus, alors que le volume des ventes de ce produit est plus élevé que prévu, la taille du marché n'atteint pas le niveau prévu (480 000 unités au lieu des 500 000 unités prévues initialement). Ce modèle est donc prometteur pour l'avenir. En outre, son prix moyen est supérieur au prix prévu (405 $ au lieu de 400 $), ce qui entraîne un écart sur prix de vente favorable de 300 000 $.

L'écart global sur volume des ventes de 1 700 000 $ s'explique par un écart dû à la combinaison des produits vendus de 1 260 000 $ et un écart dû au volume de produits vendus de 440 000 $. L'écart dû à la combinaison des produits vendus indique que l'entreprise a vendu plus d'unités de son modèle de luxe que d'unités de son modèle ordinaire, et que cette différence entraîne une contribution supplémentaire plus que substantielle de 1 260 000 $. Un tel écart est significatif lorsque les produits vendus sont substituables. Il s'agit en l'occurrence d'une substitution du modèle de luxe au modèle ordinaire.

L'écart de 440 000 $ dû au volume de produits vendus est le fruit de ventes conjointes plus élevées que prévu. On ne peut l'interpréter qu'en tenant compte de la taille du marché. L'écart résulte en effet de la combinaison d'un écart positif dû à la taille du marché de 1 353 846 $ et d'un écart négatif dû à la part de marché de −913 846 $. S'il n'y avait pas eu d'augmentation globale du marché des lecteurs de DVD, les ventes de l'entreprise DVDnet auraient donc vraisemblablement diminué. Bien que sa part de marché ait augmenté pour le modèle de luxe, elle a en effet perdu du terrain sur le marché global des lecteurs de DVD. Pour la direction, ce devrait être un signal qu'elle doit repenser sa stratégie de mise en marché si elle veut rattraper ses concurrents.

L'analyse de l'écart sur volume des ventes lorsqu'il y a plusieurs produits vendus est résumée à la figure 16.4.

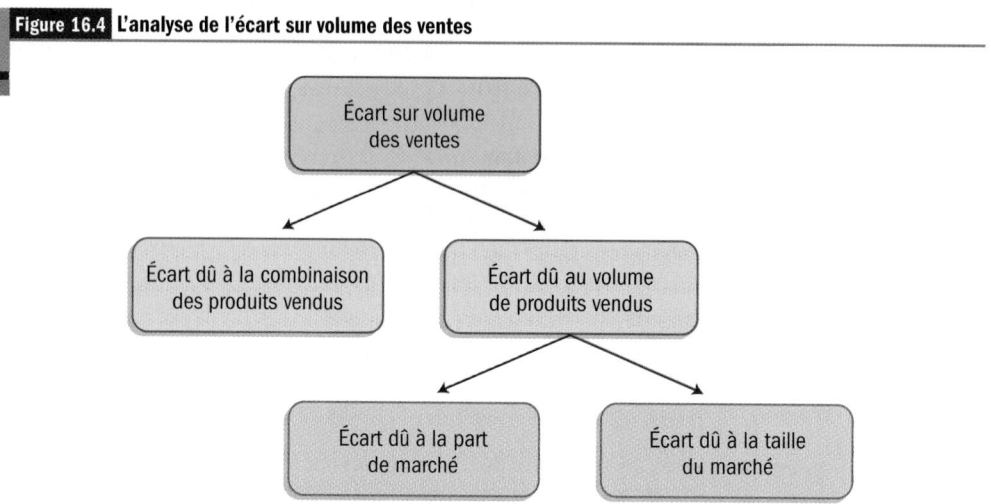

Figure 16.4 L'analyse de l'écart sur volume des ventes

L'ANALYSE DES ÉCARTS RELATIFS À LA PRODUCTION

On analyse les **écarts relatifs à la production** en comparant le budget flexible et les résultats. L'analyse de ces écarts permet de déterminer les causes des variations du résultat par rapport au volume de ventes obtenu. On distingue deux types d'écarts : l'écart sur prix des ressources et l'écart sur quantité des ressources.

L'analyse des écarts relatifs à l'efficience de la production permet de distinguer, d'une part, les inefficiences occasionnées par le prix payé pour les ressources et, d'autre part, les effets de l'utilisation efficiente des ressources. En général, on effectue cette analyse pour chacune des ressources utilisées (matières premières, MOD et FGF). Lorsqu'on analyse les écarts sur prix et les écarts sur quantité, on obtient de l'information sur les facteurs qui expliquent l'écart global entre le coût prévu apparaissant au budget flexible et le résultat obtenu.

$$\text{Écart sur prix des ressources} = (\textit{Prix réel} - \textit{Prix standard}) \times \textit{Quantité réelle}$$

$$\text{Écart sur quantité des ressources} = (\textit{Quantité réelle} - \textit{Quantité standard}) \times \textit{Prix standard}$$

Là encore, les écarts peuvent être favorables ou défavorables. Dans le cas des écarts sur coût, un écart positif a un effet négatif sur le résultat : il est donc défavorable. En effet, lorsqu'on utilise plus de ressources, ou lorsqu'on achète ces ressources à des prix plus élevés que les prix standards établis, cela entraîne une diminution du résultat net. À l'inverse, un écart négatif a un effet positif sur le résultat : il est donc favorable.

L'ÉCART SUR PRIX DES RESSOURCES

L'**écart sur prix des ressources** est la différence entre le prix réel et le prix prévu d'une ressource, multipliée par la quantité utilisée. Cet écart permet d'isoler l'effet des variations de prix sur le coût total de cette ressource. Un écart sur prix défavorable signifie que le coût réel de la ressource a été plus élevé que le coût standard. Les écarts sur prix portent différents noms selon le poste budgétaire auquel ils se rapportent : écart sur prix des matières premières, écart sur taux de la MOD et écart sur dépenses des FGF.

L'ÉCART SUR QUANTITÉ DES RESSOURCES

L'**écart sur quantité des ressources** est la variation observée, dans l'utilisation des ressources matérielles et humaines, entre les prévisions budgétaires et le niveau atteint. Cet écart permet de déterminer l'efficience de l'utilisation d'une ressource, ainsi que son effet sur le coût total de la ressource. L'écart sur quantité est la différence entre les quantités des ressources réellement utilisées et les quantités qui auraient dû être utilisées, pour le volume d'extrants produits, multipliée par le prix standard de la ressource. Un écart sur quantité défavorable signifie que, pour le volume de production atteint, on a utilisé une plus grande quantité de ressources que prévu, ce qui a entraîné une augmentation du coût total de cette ressource.

LE COÛT DE FABRICATION STANDARD

L'analyse des écarts sur coût est particulièrement appropriée lorsqu'une entreprise utilise des **coûts standards**. Les coûts standards sont des coûts prévisionnels fondés sur des normes préalablement établies qui renvoient à un certain niveau d'excellence à atteindre ou à un point de repère permettant d'évaluer les résultats obtenus. Les standards expriment sur le plan financier les objectifs poursuivis en matière de coûts. L'utilisation de standards est une technique efficace de suivi et d'évaluation de la performance.

LE CONTRÔLE

Le coût standard facilite le contrôle par exceptions dans la mesure où il représente une norme d'efficacité, un point de repère. Le coût standard permet de porter un jugement sur les résultats obtenus lorsqu'on le compare aux résultats. L'utilisation du coût standard permet de repérer rapidement les situations qui s'écartent de la production planifiée et de leur apporter les correctifs nécessaires.

De plus, les standards facilitent la préparation des budgets. Il est en effet plus facile d'établir le budget initial, ainsi que le budget flexible au niveau d'activité atteint, lorsqu'on a préalablement établi des standards de coûts unitaires. Si on dispose de standards de quantité et de prix pour les trois éléments du coût de fabrication (matières premières, MOD et FGF), on obtient rapidement le budget de production à partir du volume de ventes prévu. Précisons que le volume des ventes peut subir des modifications, de manière continue ou à la fin de chaque période, alors que le coût standard n'est modifié que si un élément du standard (prix ou quantité) subit des changements de manière permanente.

L'utilisation de standards permet de proposer des objectifs clairs et quantifiables aux employés, et donc de les motiver. Le coût standard assure ainsi une meilleure efficacité dans l'utilisation des ressources. À l'inverse, recourir à des standards irréalisables ou à des standards ne pouvant être atteints que si tout fonctionne parfaitement peut démotiver et frustrer les employés, entraînant ainsi une diminution du rendement. Il est donc préférable d'utiliser des standards qui peuvent être atteints.

L'ÉVALUATION

Du point de vue de la comptabilité financière, le coût standard constitue aussi un instrument d'évaluation des stocks. Comme il permet d'évaluer tous les stocks au même coût, il donne une unité de mesure universelle, ce qui évite de se livrer aux calculs fastidieux du coût de revient réel. De plus, contrairement aux données réelles, les coûts standards ne sont pas touchés par les écarts périodiques ou temporaires.

LA PRISE DE DÉCISION

Le coût standard est très utile dans la prise de décision administrative, notamment pour établir un prix de vente, accepter ou refuser une commande spéciale, lancer un nouveau produit, abandonner ou promouvoir un produit ou un groupe de produits, remplacer la machinerie ou l'outillage, etc.

LES INCONVÉNIENTS DU COÛT STANDARD

Le coût standard comporte certains inconvénients. Comme on l'a vu, un standard mal établi devient rapidement démotivant. De plus, le coût d'implantation des systèmes de coûts standards est très élevé. L'établissement de standards nécessite des analyses très poussées et le recours à des experts appartenant à différents domaines, de sorte qu'il faut parfois attendre plus d'un an avant de pouvoir mettre le système en place. Les petites et moyennes entreprises peuvent difficilement assumer de tels frais.

Lorsqu'ils sont mal accueillis par les ouvriers, qui les considèrent comme illégitimes et imposés de l'extérieur, les standards peuvent entraîner de nombreux conflits et problèmes de main-d'œuvre dans l'entreprise. On risque alors d'assister à un gaspillage de ressources et d'énergie qui nuit à l'atteinte des objectifs. L'implantation d'un système de coûts standards suppose donc une saine gestion du changement.

L'ÉTABLISSEMENT DU COÛT STANDARD

On peut formuler des standards de coût et de quantité tant pour les matières premières que pour la MOD ou les FGF. Afin d'établir un standard pour une ressource, il faut disposer de deux éléments : les quantités qui devraient être utilisées pour fabriquer une unité d'extrant et le coût qu'on prévoit débourser pour se procurer les quantités de ressources nécessaires. On obtient le coût standard unitaire en multipliant ces deux paramètres. Dans un système de coûts standards, on établit généralement une fiche de coût standard unitaire, ainsi que l'illustre le tableau suivant.

La fiche de coût standard

	Quantité	Prix	Total
Matières premières	10 kg	1,75 $/kg	**17,50 $**
MOD	2 h	13 $/h	**26,00 $**
FGF[a] (imputés selon les heures standards de MOD)	2 h	8 $/h	**16,00 $**
			59,50 $

a. Pour simplifier, on ne distingue pas les FGF variables des FGF fixes dans cet exemple.

Valider périodiquement les standards constitue un aspect important de l'analyse des écarts sur coût. Si un standard est contesté, on doit en tenir compte dans l'analyse des écarts. On doit toujours faire preuve de jugement dans l'analyse et l'interprétation des écarts.

L'ANALYSE DE L'ÉCART SUR COÛT DES MATIÈRES PREMIÈRES

L'analyse de l'**écart sur coût des matières premières** rend compte des différences entre les coûts réels des matières premières et ce que révèle le budget flexible. On obtient l'écart sur coût des matières premières en faisant la différence entre le coût réel de cette ressource et son coût standard au volume atteint. Cette différence est attribuable aux variations du prix des matières premières ou aux variations de la quantité de matières premières utilisées. On distingue donc l'écart sur prix de l'écart sur quantité :

$$\text{Écart sur prix} = (Prix\ réel - Prix\ standard) \times Quantité\ réelle$$

$$\text{Écart sur quantité} = (Quantité\ réelle - Quantité\ prévue) \times Prix\ standard$$

La quantité réelle de matières premières est la quantité effectivement utilisée ; la quantité standard est celle qui aurait dû être utilisée, selon la production réelle ; le prix réel est celui réellement payé pour obtenir les matières premières ; et le prix standard des matières premières est celui qui aurait dû être payé selon le budget.

L'analyse de l'écart sur coût des matières premières est décrite à la figure 16.5.

Figure 16.5 **L'analyse de l'écart sur coût des matières premières**

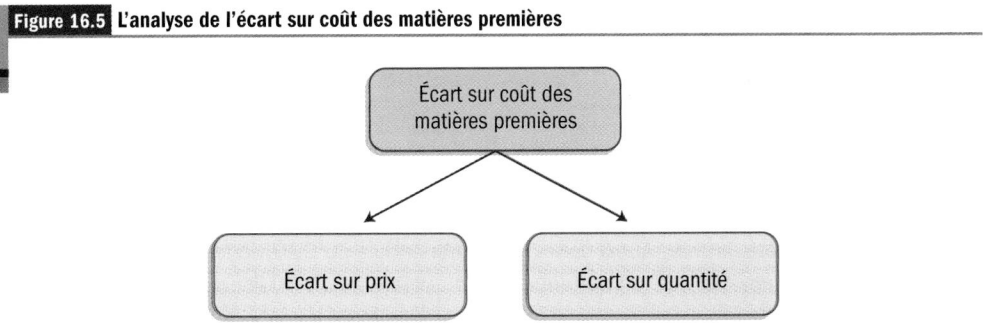

L'ÉCART SUR PRIX DES MATIÈRES PREMIÈRES

Le calcul de l'**écart sur prix des matières premières** permet d'isoler l'effet des variations du prix d'achat sur les coûts totaux des matières premières. On le calcule en multipliant la différence entre le prix réel et le prix standard par la quantité réelle de matières premières achetées.

L'ÉCART SUR QUANTITÉ DES MATIÈRES PREMIÈRES

L'**écart sur quantité des matières premières** mesure les répercussions que peut avoir, sur les coûts totaux des matières premières, le fait qu'on a utilisé plus ou moins de matières premières que prévu. On calcule l'écart sur quantité en multipliant la différence entre la quantité réelle utilisée et la quantité standard par le prix standard des matières premières. On obtient la quantité standard en multipliant la quantité standard unitaire par le volume réel de production (extrant). Voici comment on effectue l'analyse des écarts sur quantité et des écarts sur prix.

EXEMPLE

SANSOUCY & FILS

L'entreprise Sansoucy & Fils dispose d'un système de coût de revient standard. La fiche technique du produit révèle que la quantité standard de matières premières est de 1 kg par unité et que le prix standard est de 2 $ par kilogramme. En fin de période, on enregistre les résultats suivants :

Les résultats de Sansoucy & Fils

Production	900 unités
Quantité de matières premières utilisées	1 000 kg
Coût total des matières premières	2 050 $

Le tableau de contrôle des matières premières utilisées est le suivant.

Le tableau de contrôle des matières premières utilisées

	Quantité	Prix	Total
Réel	1 000	2,05 $	**2 050 $**
Standard	900	2,00 $	**1 800 $**
Écart			**250 $ (D)**

Selon le standard, la fabrication d'une unité exige 1 kg de matières premières. Par conséquent, la production de 900 unités aurait dû exiger 900 kg de matières premières (900 unités × 1 kg/unité). Le tableau de contrôle montre que l'écart sur coût des matières premières, d'un montant de 250 $, est défavorable. Autrement dit, la fabrication de 900 unités a entraîné des coûts de matières premières de 250 $ supérieurs à ce qui était prévu. Quelle proportion de cet écart est attribuable aux quantités de matières premières utilisées ? au prix des matières premières ? Le calcul de ces écarts est présenté dans le tableau suivant.

Le calcul de l'écart sur coût des matières premières

Écart sur prix = (2,05 $ − 2,00 $) × 1 000 = 50 $ (D)
Écart sur quantité = (1 000 − 900) × 2 $ = 200 $ (D)
Écart sur coût des matières premières = 250 $ (D)

L'entreprise a payé les matières premières 2,05 $ au lieu de 2,00 $, ce qui entraîne un écart sur prix défavorable de 50 $. L'entreprise avait prévu utiliser en moyenne 1 kg par unité de produit fini, soit 900 kg pour 900 unités. Toutefois, elle en a utilisé 1 000 kg, soit 100 kg de plus, ce qui entraîne un écart sur quantité défavorable de 200 $. L'écart total défavorable de 250 $ s'explique donc par l'écart défavorable sur prix de 50 $ et l'écart défavorable sur quantité de 200 $. L'analyse de l'écart sur coût des matières premières est décrite à la figure 16.6.

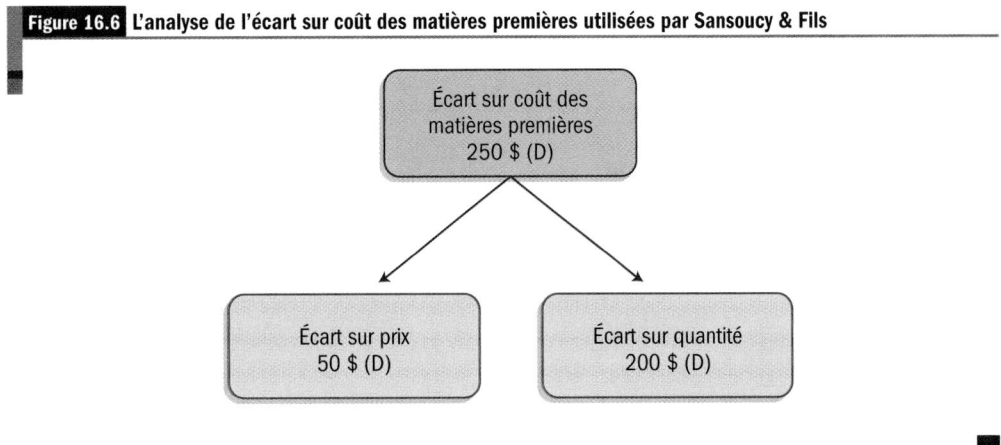

Figure 16.6 L'analyse de l'écart sur coût des matières premières utilisées par Sansoucy & Fils

Lorsqu'on utilise plusieurs types de matières premières (ayant chacune un prix différent) selon des proportions standards, on peut diviser l'écart sur quantité en deux : un écart dû à la combinaison des matières premières et un écart dû au rendement des matières premières. Mais on ne peut procéder ainsi que s'il est possible de substituer les matières premières les unes aux autres sans changer la nature du produit.

$$
\begin{array}{l}\text{Écart dû à la}\\\text{combinaison}\\\text{des matières}\\\text{premières}\end{array} = \sum_i \left(\begin{array}{l}\textit{Quantité}\\\textit{réelle pour}\\\textit{le produit i}\end{array} - \begin{array}{l}\textit{Quantité}\\\textit{standard selon}\\\textit{le produit i}\end{array} \right) \times \left(\begin{array}{l}\textit{Prix standard}\\\textit{des matières}\\\textit{premières}\\\textit{du produit i}\end{array} - \begin{array}{l}\textit{Prix moyen}\\\textit{standard}\\\textit{des matières}\\\textit{premières}\end{array} \right)
$$

$$
\begin{array}{l}\text{Écart dû}\\\text{au rendement}\\\text{des matières}\\\text{premières}\end{array} = \sum_i \left(\begin{array}{l}\textit{Quantité}\\\textit{réelle pour}\\\textit{le produit i}\end{array} - \begin{array}{l}\textit{Quantité}\\\textit{standard selon}\\\textit{le produit i}\end{array} \right) \times \begin{array}{l}\textit{Prix moyen}\\\textit{standard}\\\textit{des matières}\\\textit{premières}\end{array}
$$

La quantité standard selon le produit *i* est la quantité obtenue lorsqu'on recourt à la composition standard pour le fabriquer ; on l'obtient en multipliant la composition standard d'un certain type de matières premières par la quantité standard de matières premières selon le volume de production ; le prix moyen standard des matières premières est calculé en pondérant les prix standards de chacune des matières premières en fonction des proportions standards de chacune.

L'analyse de l'écart sur coût des matières premières lorsqu'on emploie plusieurs types de matières premières est décrite à la figure 16.7.

L'ÉCART DÛ À LA COMBINAISON DES MATIÈRES PREMIÈRES

L'**écart dû à la combinaison des matières premières**, aussi appelé **écart de composition**, correspond à l'effet que peuvent avoir les variations de la combinaison des matières premières sur les coûts des matières premières. On calcule l'écart de composition pour chaque type de

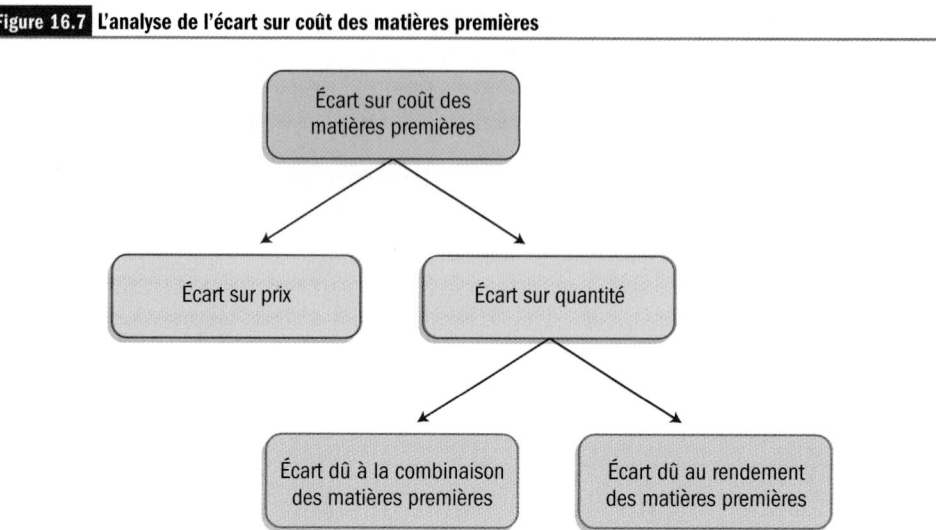

Figure 16.7 L'analyse de l'écart sur coût des matières premières

matières premières. Cet écart correspond aux économies ou aux coûts supplémentaires résultant des changements effectués dans les rapports entre les matières premières qui entrent dans la composition d'un produit ou d'un groupe de produits.

L'ÉCART DÛ AU RENDEMENT DES MATIÈRES PREMIÈRES

L'**écart dû au rendement des matières premières** isole l'effet dû aux variations de la quantité totale de matières premières utilisées. Là encore, on calcule cet écart pour chaque type de matières premières. Cet écart correspond aux économies ou aux coûts supplémentaires résultant d'une plus ou moins grande efficience dans la consommation des matières premières, selon la production obtenue.

L'exemple suivant illustre ces notions.

EXEMPLE

CONSERVERIE DE LA NATURE

Conserverie de la nature fabrique notamment du ketchup aux tomates, dont voici la combinaison des matières premières utilisées.

La combinaison du ketchup aux tomates

	Quantité de matières premières	Prix unitaire des matières premières	Coût d'une tonne de ketchup
Tomates rouges	0,9 t	100 $/t	90 $
Tomates vertes	0,3 t	30 $/t	9 $
	1,2 t		**99 $**

En un mois, l'entreprise a fabriqué 5 000 tonnes de ketchup aux tomates : elle a consommé 3 900 tonnes de tomates rouges, coûtant 409 500 $, et 2 000 tonnes de tomates vertes, coûtant 48 000 $. Le tableau de contrôle des données pertinentes pour la fabrication du ketchup aux tomates chez Conserverie de la nature est présenté ci-dessous.

Le tableau de contrôle des données indispensables à la fabrication du ketchup aux tomates chez Conserverie de la nature

	Tomates rouges		Tomates vertes		
	Quantité	Prix	Quantité	Prix	Total
Réel	3 900 t	105 $/t	2 000 t	24 $/t	**457 500 $**
Standard	4 500 t	100 $/t	1 500 t	30 $/t	**495 000 $**
Écart					**37 500 $ (F)**

Quantité standard de tomates rouges : 5 000 t × 0,9 t = 4 500 t

Quantité standard de tomates vertes : 5 000 t × 0,3 t = 1 500 t

Prix moyen standard des matières premières : (100 $ × 0,9 t/1,2 t) + (30 $ × 0,3 t/1,2 t) = 82,50 $

Le calcul de l'écart sur coût des matières premières utilisées dans la fabrication du ketchup aux tomates chez Conserverie de la nature est présenté dans le tableau suivant.

Le calcul de l'écart sur coût des matières premières utilisées dans la fabrication du ketchup aux tomates

Écarts	Tomates rouges	Tomates vertes	Total
Sur prix	(105 $ – 100 $) × 3 900 t, soit 19 500 $ (D)	(24 $ – 30 $) × 2 000 t, soit 12 000 $ (F)	**7 500 $ (D)**
Sur quantité	(3 900 t – 4 500 t) × 100 $/t, soit 60 000 $ (F)	(2 000 t – 1 500 t) × 30 $/t, soit 15 000 $ (D)	**45 000 $ (F)**
Dû à la combinaison des matières premières	(3 900 t – 4 500 t) × (100 $ – 82,5 $), soit 10 500 $ (F)	(2 000 t – 1 500 t) × (30 $ – 82,5 $), soit 26 250 $ (F)	**36 750 $ (F)**
Dû au rendement des matières premières	(3 900 t – 4 500 t) × 82,5 $, soit 49 500 $ (F)	(2 000 t – 1 500 t) × 82,5 $, soit 41 250 $ (D)	**8 250 $ (F)**

Pour les tomates rouges, l'écart sur prix est défavorable car le prix réel est plus élevé que le prix standard. Pour les tomates vertes, l'écart sur prix est favorable car le prix réel est plus faible que le prix standard. L'écart sur quantité est favorable pour les tomates rouges comme pour les tomates vertes. Dans les deux cas, on a en effet utilisé des quantités de matières premières plus importantes que prévu, ce qui entraîne un écart sur rendement favorable de 8 250 $. Toutefois, cet écart est partiellement compensé par l'écart dû à la combinaison des matières premières, favorable de 36 750 $: on a en effet utilisé une plus grande proportion des matières premières les moins chères, soit les tomates vertes. L'analyse de l'écart sur coût des matières premières relatif à la fabrication du ketchup aux tomates chez Conserverie de la nature est décrite à la figure 16.8.

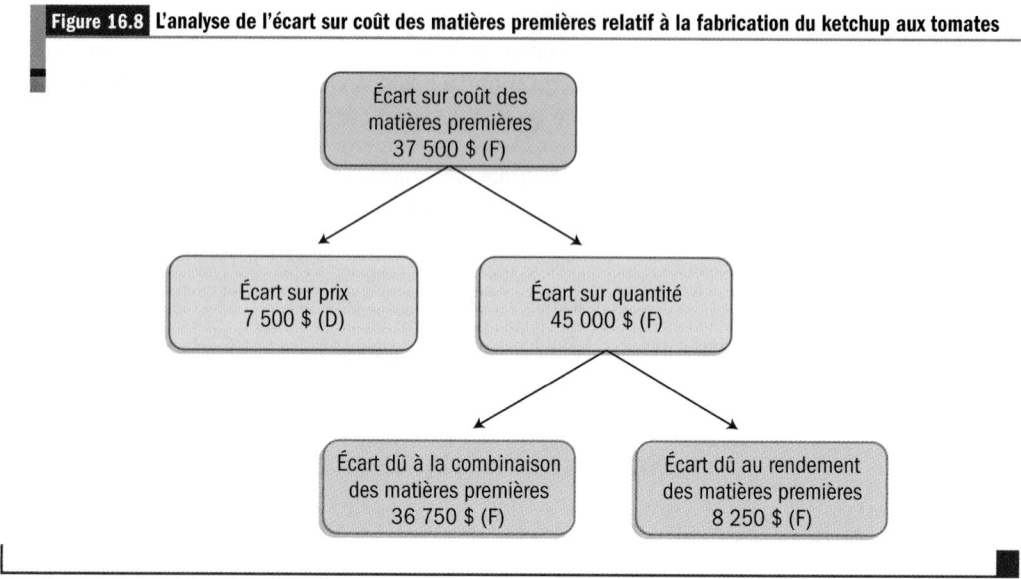

Figure 16.8 L'analyse de l'écart sur coût des matières premières relatif à la fabrication du ketchup aux tomates

L'ANALYSE DE L'ÉCART SUR COÛT DE LA MAIN-D'ŒUVRE DIRECTE

L'analyse de l'**écart sur coût de la main-d'œuvre directe** permet de déterminer, au volume atteint, pour quelles raisons le coût réel de la main-d'œuvre diffère du coût standard. L'écart total sur coût de la MOD peut être attribuable à des variations du taux horaire ou à des variations du nombre d'heures de MOD consommées. On distingue donc l'écart sur taux de l'écart sur temps :

$$\text{Écart sur taux} = (\textit{Taux réel} - \textit{Taux standard}) \times \textit{Heures réelles}$$

$$\text{Écart sur temps} = (\textit{Heures réelles} - \textit{Heures standards}) \times \textit{Taux standard}$$

Le nombre d'heures réelles de MOD est celui réellement utilisé ; les heures standards sont celles qui auraient dû être utilisées ; le taux réel est le taux horaire réellement payé pour la MOD ; et le taux standard est celui qui aurait dû être payé.

L'ÉCART SUR TAUX

L'**écart sur taux** permet d'isoler les répercussions des variations du taux horaire de la MOD sur le coût total de cette ressource. On le calcule en multipliant le nombre d'heures de MOD par la différence entre le taux réel et le taux standard.

L'ÉCART SUR TEMPS

L'**écart sur temps** permet d'isoler les répercussions des variations de productivité de la MOD. On le calcule en multipliant la différence entre le nombre d'heures de MOD utilisées et le nombre d'heures standards par le taux standard. On calcule le nombre d'heures standards en multipliant le nombre d'heures standards unitaire par le volume de production réel.

L'exemple suivant illustre l'analyse de l'écart sur taux et de l'écart sur temps.

EXEMPLE

TEMPIS

La fiche technique d'un produit de l'entreprise Tempis montre que la fabrication d'une unité exige deux heures de MOD et que le taux horaire standard est de 8 $ par heure. En fin de période, on enregistre les résultats suivants :

Les résultats de Tempis

Production	10 000 unités
MOD	20 526 heures
Total du coût de MOD	162 155,40 $

Voici le tableau de contrôle relatif aux heures de MOD consommées chez Tempis :

Le tableau de contrôle des heures de MOD consommées chez Tempis

	Heures	Taux	Total
Réel	20 526	7,90 $	**162 155,40 $**
Standard	20 000	8,00 $	**160 000,00 $**
Écart			**2 155,40 $ (D)**

Selon le standard de 2 heures de MOD par unité produite, la fabrication de 10 000 unités aurait dû exiger 20 000 heures de MOD. Voici comment on calcule l'écart sur coût de la MOD chez Tempis :

$$\text{Écart sur taux} = (7,90\ \$ - 8,00\ \$) \times 20\ 526\ h = 2\ 052,60\ (F)$$
$$\text{Écart sur temps} = (20\ 526\ h - 20\ 000\ h) \times 8,00\ \$ = 4\ 208,00\ \$\ (D)$$
$$\text{Écart sur coût de la MOD} = 2\ 155,40\ \$\ (D)$$

La diminution du taux horaire de 0,10 $ entraîne un écart sur taux favorable de 2052,60 $. Toutefois, l'entreprise a utilisé 526 heures de plus que prévu, d'où un écart sur temps défavorable de 4 208,00 $. L'analyse de l'écart sur coût de la MOD chez Tempis est résumée à la figure 16.9.

Figure 16.9 **L'analyse de l'écart sur coût de la MOD chez Tempis**

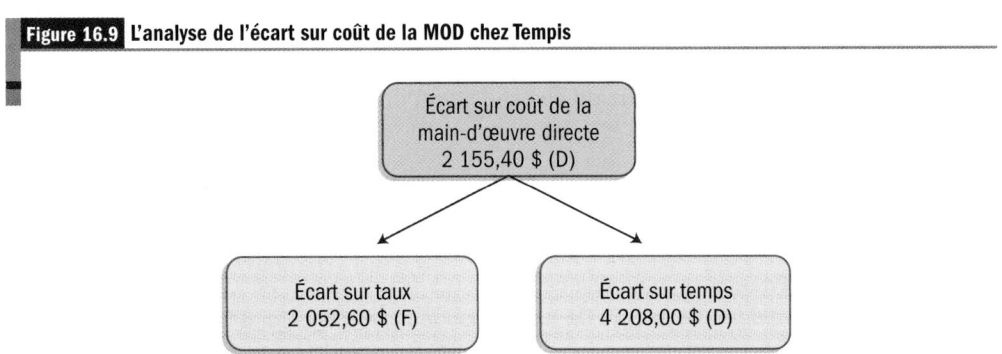

LA RELATION ENTRE LES MATIÈRES PREMIÈRES ET LA MAIN-D'ŒUVRE DIRECTE

Lorsqu'on utilise principalement la MOD pour transformer les matières premières, l'écart sur temps de la MOD varie s'il y a d'importants écarts sur quantité des matières premières. En effet, s'il y a plus de matières premières à transformer, le temps de MOD nécessaire pour transformer les matières premières risque d'augmenter. On peut donc diviser l'écart sur temps en deux écarts : un **écart sur productivité** et un écart dû au rendement des matières premières.

$$\text{Écart sur productivité} = (\textit{Heures réelles} - \textit{Heures théoriques}) \times \textit{Taux standard}$$

$$\begin{array}{c}\text{Écart dû au rendement} \\ \text{des matières premières}\end{array} = \left(\begin{array}{c}\textit{Heures} \\ \textit{théoriques}\end{array} - \begin{array}{c}\textit{Heures} \\ \textit{standards}\end{array}\right) \times \textit{Taux standard}$$

Les heures « théoriques » sont les heures standards qui auraient dû être nécessaires pour traiter la quantité réelle de matières premières utilisées, alors que les heures standards sont celles qui auraient dû être nécessaires en fonction des quantités de produits obtenus ; on calcule le standard des heures théoriques grâce à la formule suivante :

Heure standard par unité de matières premières × Quantité réelle de matières premières

L'analyse de l'écart sur coût de la MOD lorsque les matières premières influent sur le temps de la MOD est présentée à la figure 16.10.

Figure 16.10 L'analyse de l'écart sur coût de la MOD

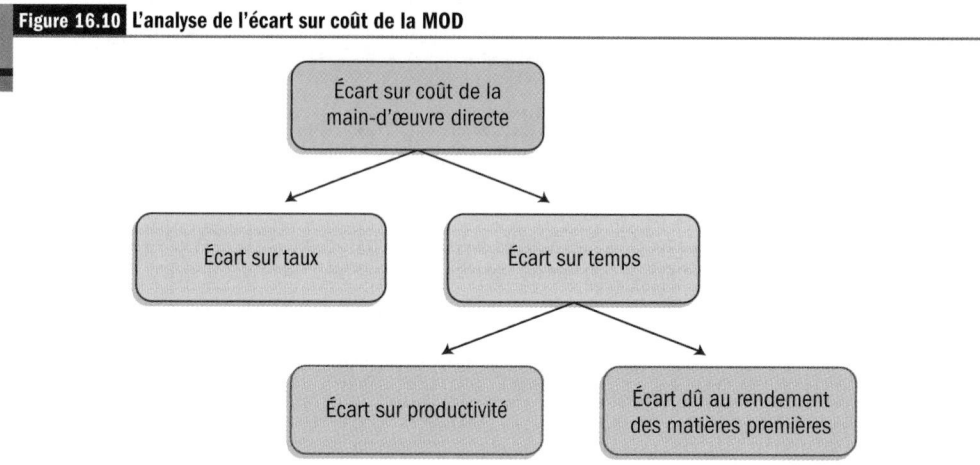

L'exemple suivant illustre comment on peut intégrer dans l'analyse des écarts l'écart sur productivité et l'écart dû au rendement des matières premières.

EXEMPLE

PROTEMPS

Chez ProTemps, un produit nécessite 0,5 heure de MOD à 12 $ par heure, pour un coût standard unitaire de MOD de 6 $. De plus, selon la fiche standard, il faut 2 kg de matières premières pour fabriquer une unité du produit. Au cours de la période, l'entreprise ProTemps engage 350 heures de MOD, à un taux horaire de 12,20 $, pour fabriquer 600 unités. Elle utilise 1 600 kg de matières premières pour fabriquer ces 600 unités. On cherche à cerner l'écart sur coût de la MOD et à en découvrir les raisons. Voici le tableau de contrôle des heures de MOD utilisées :

Le tableau de contrôle des heures de MOD consommées chez ProTemps

	Heures	Taux	Total
Réel	350	12,20 $	**4 270 $**
Standard	300	12,00 $	**3 600 $**
Écart			**670 $ (D)**

Pour fabriquer une unité, il faut 2 kg de matières premières et 0,5 heure de MOD, soit 0,25 heure de MOD pour 1 kg de matières premières. Ayant traité 1 600 kg, l'entreprise aurait dû utiliser 400 heures de MOD (0,25 h × 1 600 kg). Le calcul de l'écart sur coût de la MOD, compte tenu des matières premières utilisées dans la fabrication, est présenté dans le tableau suivant.

Le calcul de l'écart sur coût de la MOD chez ProTemps

Écart sur coût de la MOD = 670 $ (D)
Écart sur taux = (12,20 $ − 12,00 $) × 350 h = 70 $ (D)
Écart sur temps = (350 h − 300 h) × 12,00 $ = 600 $ (D)
Écart sur productivité = (350 h − 400 h) × 12,00 $ = 600 $ (F)
Écart dû au rendement des MP = (400 h − 300 h) × 12,00 $ = 1 200 $ (D)

L'écart sur taux est défavorable car le taux horaire a dépassé de 0,20 $ ce qui était prévu. En outre, l'entreprise a utilisé 50 heures de plus que ce qu'indiquaient les standards, d'où un écart défavorable de 600 $. Cet écart s'explique par le fait qu'on a traité une quantité plus élevée de matières premières, activité exigeant 100 heures de MOD supplémentaires et entraînant un écart défavorable de 1 200 $. Toutefois, le gain de productivité a permis de traiter cette quantité de matières premières plus rapidement, d'où un gain de 50 heures et un écart favorable de 600 $. L'analyse de l'écart sur coût de la MOD chez ProTemps est illustrée à la figure 16.11.

Figure 16.11 L'analyse de l'écart sur coût de la MOD chez ProTemps

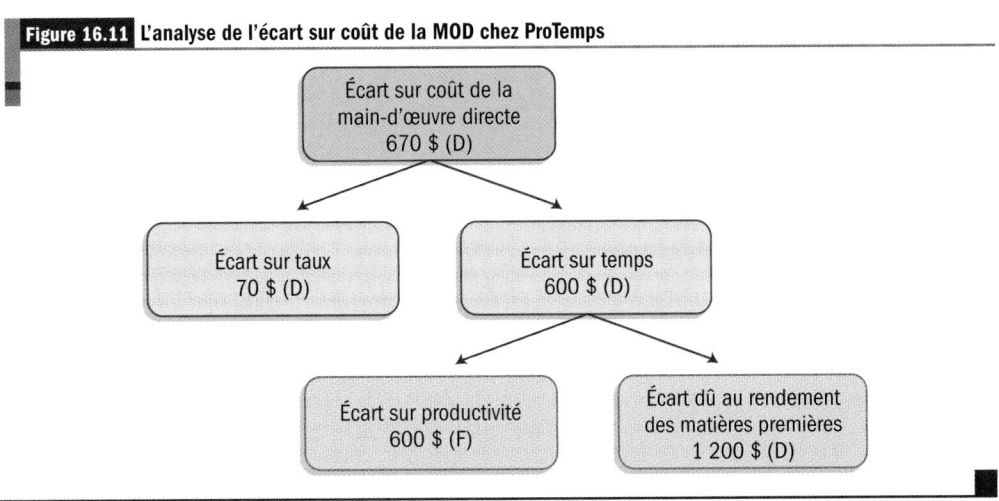

L'ANALYSE DE L'ÉCART SUR COÛT DES FRAIS GÉNÉRAUX DE FABRICATION

L'analyse de l'**écart sur coût des frais généraux de fabrication** permet d'expliquer d'où provient la différence entre les FGF réels et les FGF figurant dans le budget flexible.

Le nombre d'écarts dépend de la méthode d'analyse utilisée. En effet, on peut soit analyser l'écart sur coût des FGF de manière globale, soit distinguer deux catégories de FGF, selon qu'ils sont variables ou fixes. Comme ces deux catégories de frais se comportent différemment, les raisons expliquant des écarts diffèrent également. En analysant séparément les deux catégories de FGF, on obtient des données plus précises sur les causes de l'écart global observé entre ces deux types de frais.

LES FRAIS GÉNÉRAUX DE FABRICATION VARIABLES

Les FGF variables sont des coûts de conversion dont le comportement est similaire à celui de la MOD. Si on considère de façon isolée l'**écart sur coût des frais généraux de fabrication variables**, on le calcule de la même façon que l'écart sur coût de la MOD. Si les FGF variables varient en fonction d'une variable autre que le nombre d'unités produites, l'écart sur FGF se compose de deux écarts : l'écart sur dépenses et l'écart sur rendement. S'ils fluctuent en fonction du nombre d'unités, on en conclut qu'il y a seulement un écart sur dépenses.

Écart sur dépenses = (*Taux réel − Taux standard*) × *Heures réelles*
Écart sur rendement = (*Heures réelles − Heures standards*) × *Taux standard*

Ce calcul est valable lorsque les frais généraux de fabrication sont imputés selon les heures de main-d'œuvre directe[5].

L'analyse de l'écart sur FGF variables est décrite à la figure 16.12.

Figure 16.12 L'analyse de l'écart sur coût des FGF variables

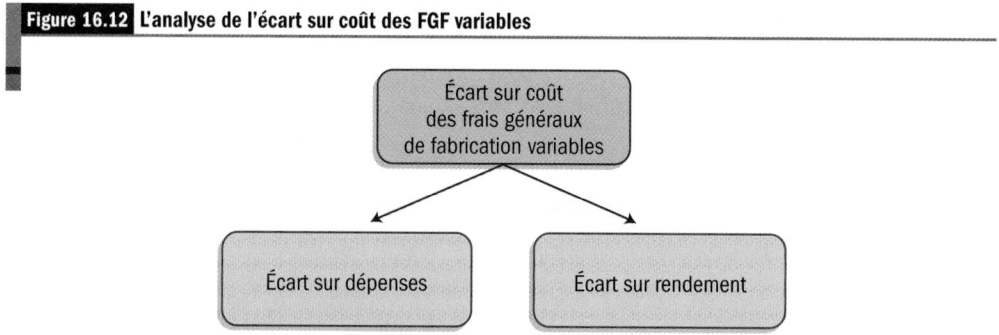

L'écart sur dépenses

L'**écart sur dépenses relatif aux frais généraux de fabrication variables** mesure l'effet de la différence entre le taux d'imputation de FGF variables standard et le taux réel. On obtient le taux réel en divisant le total des FGF variables réels par le niveau d'activité réel obtenu pour la base d'imputation.

---

5. On utilise aussi les heures-machines pour les entreprises automatisées.

L'écart sur rendement

L'**écart sur rendement** mesure l'effet sur les FGF variables de l'efficience de la base d'imputation. Comme la base d'imputation est proportionnelle au volume de production (voir le chapitre 4), on estime que les FGF variables varient selon le volume de la base d'imputation. Ainsi, les FGF variables fluctuent lorsque le niveau atteint pour la base d'imputation est différent de ce qu'on aurait dû obtenir en fonction du volume de production. Prenons l'exemple des FGF qui varient en fonction des heures de MOD. Si le nombre d'heures de MOD utilisées dépasse ce qui avait été prévu pour le volume de production atteint, les FGF variables seront plus élevés.

L'exemple suivant illustre l'analyse de l'écart sur coût des FGF variables.

EXEMPLE

OUTILLAGE MARCHILDON

L'entreprise Outillage Marchildon prévoit fabriquer 50 000 unités au cours du mois qui vient, ce qui entraîne une charge de 200 000 $ en FGF variables. Les FGF variables varient selon les heures de MOD, et pour chaque unité il faut consommer 0,5 heure de MOD (25 000 heures, donc 8 $/heure-MOD).

Au cours du mois, l'entreprise a fabriqué 30 000 unités et utilisé 14 000 heures de MOD. Les FGF variables se sont élevés à 133 000 $. Ci-dessous figurent le tableau de contrôle relatif aux FGF variables chez Outillage Marchildon ainsi que le calcul de l'écart sur coût des FGF variables.

Le tableau de contrôle relatif aux FGF variables chez Outillage Marchildon

	Heures	Taux	Total
Réel	14 000	9,50 $	**133 000 $**
Standard (30 000 unités × 0,50 h/unité)	15 000	8,00 $	**120 000 $**
Écart			**13 000 $ (D)**

Le calcul de l'écart sur coût des FGF variables

Écart sur coût des FGF variables = 13 000 $ (D)
Écart sur dépenses = (9,50 $ − 8,00 $) × 14 000 h = 21 000 $ (D)
Écart sur rendement = (14 000 h − 15 000 h) × 8,00 $ = 8 000 $ (F)

L'entreprise ayant fabriqué 30 000 unités, les FGF variables auraient dû s'élever à 120 000 $ si les standards de taux et d'heures de MOD par unité avaient été respectés. Toutefois, l'entreprise a dû débourser 1,50 $ de plus en FGF variables réels par heure de MOD, ce qui entraîne un écart sur dépenses défavorable de 21 000 $. En revanche, en ce qui concerne les heures de MOD, la fabrication des unités a exigé 1 000 heures de moins que prévu, ce qui entraîne un écart sur rendement favorable de 8 000 $.

LES FRAIS GÉNÉRAUX DE FABRICATION FIXES

L'**écart sur coût des frais généraux de fabrication fixes** est un écart sur dépenses. En effet, l'**écart sur dépenses relatif aux frais généraux de fabrication fixes** représente la différence entre les FGF fixes réels et les FGF prévus. Comme les FGF fixes ne varient pas en fonction du volume de production à l'intérieur d'un segment significatif, les FGF prévus pour le niveau atteint sont les mêmes que ceux qui apparaissaient dans le budget initial.

Il n'y a pas réellement d'écart sur rendement pour les FGF fixes, puisque ceux-ci ne varient pas en fonction du volume d'extrants et ne sont donc pas touchés par la base d'imputation.

$$\text{Écart sur dépenses} = \textit{FGF réels} - \textit{FGF prévus}$$

L'effet des variations de stocks sur l'analyse de l'écart sur coût des FGF fixes

Dans toutes les analyses d'écarts effectuées jusqu'ici, nous avons supposé qu'on utilisait la méthode des coûts variables pour analyser les coûts standards de fabrication. Cela facilite le traitement des coûts fixes, qu'on considère alors comme des coûts de période.

Toutefois, lorsqu'on utilise la méthode des coûts complets, prescrite par les PCGR, le principe de rapprochement des produits et des charges implique qu'on ne peut plus considérer les coûts fixes imputés aux produits comme des coûts de période. On doit alors enrichir l'analyse des FGF fixes en examinant un écart de plus, qu'on nommera écart sur volume (de production). L'écart total des FGF, soit la différence entre les frais réels et les frais imputés, comprendra donc un écart sur dépenses et un écart sur volume. L'analyse de l'écart sur coût des FGF fixes est décrite à la figure 16.13.

Figure 16.13 L'analyse de l'écart sur coût des FGF fixes

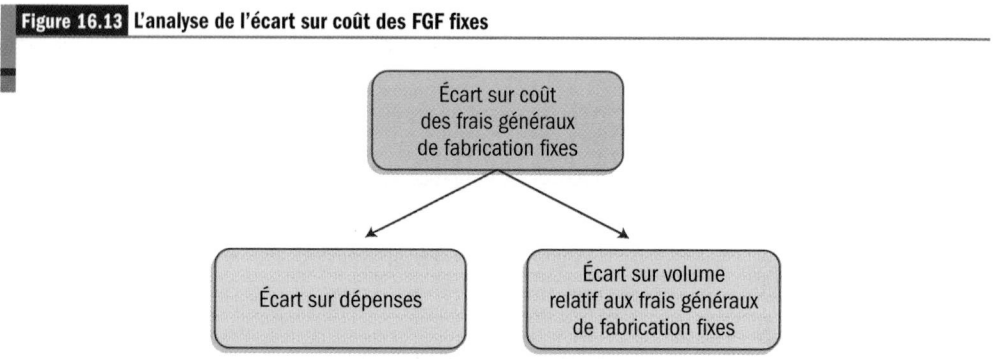

L'**écart sur volume relatif aux frais généraux de fabrication fixes** représente la différence entre les FGF fixes prévus et les FGF imputés. Cet écart permet de cerner l'effet que la différence observée entre le volume de production prévu et le volume de production réel peut avoir sur l'imputation des FGF. Par exemple, si on avait prévu un budget de FGF de 50 000 $ pour un niveau d'activité de 5 000 heures, le taux d'imputation serait de 10 $/heure. Si le niveau d'activité atteignait en définitive 4 000 heures, seul un montant de 40 000 $ serait imputé, alors qu'on aurait dû en imputer 50 000 $. On constaterait donc une sous-imputation de 10 000 $, qui se traduirait par un écart sur volume relatif aux FGF fixes qui serait défavorable de 10 000 $.

LA MÉTHODE DES TROIS ÉCARTS

Pour déterminer facilement l'ensemble des écarts sur FGF (variables et fixes), on peut recourir à la méthode des trois écarts, qui consiste à construire un tableau permettant de dégager les écarts (voir la figure 16.14).

Figure 16.14 La méthode des trois écarts[6]

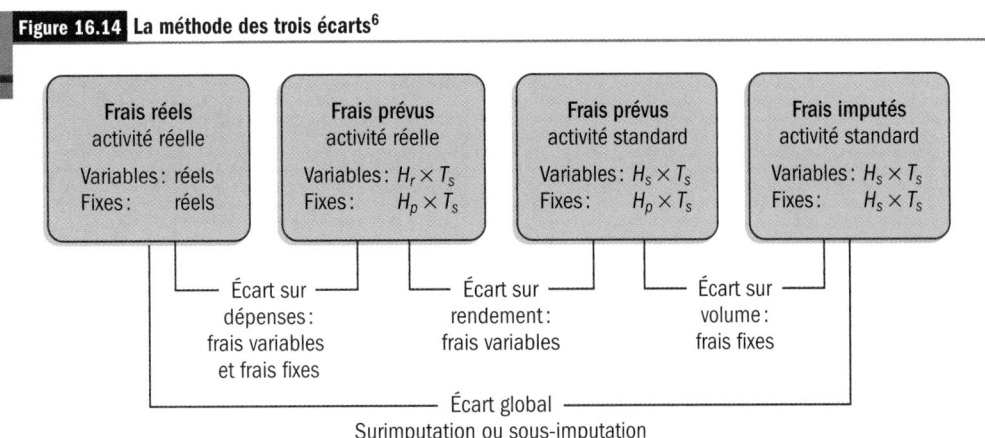

EXEMPLE

VESTON PLUS

L'entreprise Veston Plus fabrique des vestons depuis plusieurs années. Voici quelques données concernant la production et les FGF du mois d'août 2010.

Données standards	Données réelles
FGF variables: 10 $/H-MOD	FGF variables: 10 000 $
FGF fixes: 15 $/H-MOD	FGF fixes: 12 800 $
Production prévue: 400 vestons	Production réelle: 480 vestons
2 H-MOD/veston	H-MOD: 840 heures

➡

6. Les entreprises dotées d'un système de coûts standards peuvent imputer leurs FGF en fonction de la base d'activité réelle (voir le chapitre 5) ou bien en fonction de la base d'activité standard. Le choix de la base d'imputation a nécessairement un effet sur le calcul des écarts. Dans cet ouvrage, nous calculons les écarts en fonction d'une imputation sur une base d'activité standard.

En se fondant sur ces données, on peut faire l'analyse suivante des écarts de FGF selon la méthode des trois écarts :

L'analyse des écarts du mois d'août 2010

	FGF réels	FGF Budget Niveau Atteint (BNA)	FGF Budget Niveau Standard (BNS)	FGF imputés
Variables	10 000 $	840 H-MOD × 10 $/H-MOD	480 unités × 2 H-MOD/unité × 10 $/H-MOD	480 unités × 2 H-MOD/unité × 10 $/H-MOD
		8 400 $	9 600 $	9 600 $
Fixes	12 800 $	800 H-MOD × 15 $/H-MOD	800 H-MOD × 15 $/H-MOD	480 unités x 2 H-MOD/unité × 15 $/H-MOD
		12 000 $	12 000 $	14 400 $

Écart sur dépenses
Variables : 1 600 $ (D)
Fixes : 800 $ (D)

Écart sur rendement
Variables : 1 200 $ (F)

Écart sur volume
Fixes : 2 400 $ (F)

Total écart sur dépenses :
2 400 $ (D)

Surimputation = 1 200 $ (F)

L'écart sur dépenses montre tout simplement que l'entreprise Veston Plus a utilisé plus de ressources que prévu, soit 2 400 $ de plus que le budget initial de FGF. On constate toutefois un écart sur rendement favorable de 1 200 $, qui résulte du fait qu'on a utilisé moins d'heures de MOD que prévu (840 heures réelles au lieu de 960 heures standards). Lorsqu'on utilise la méthode des trois écarts selon la base d'activité standard, les heures standards sont établies en fonction de la quantité d'extrants produite. Pour obtenir le nombre d'heures standards, il faut multiplier le nombre d'unités produites par le nombre d'heures standards par unité (2 heures MOD standards × 480 vestons = 960 heures standards).

En définitive, le volume de production a été supérieur au volume prévu, ce qui a permis de mieux absorber les frais fixes. Par conséquent, on obtient un coût fixe par unité moindre et donc un écart sur volume favorable.

SOMMAIRE DES ÉCARTS — RÉCAPITULATIF DES FORMULES

La décomposition des écarts relatifs aux ventes

$$\text{Écart sur prix de vente} = (\textit{Prix de vente réel} - \textit{Prix de vente prévu}) \times \textit{Volume réel}$$

$$\text{Écart sur volume des ventes} = (\textit{Volume de ventes réel} - \textit{Volume de ventes prévu}) \times \textit{Marge sur coûts variables unitaire prévue}$$

On peut décomposer l'écart sur volume des ventes en un écart dû à la combinaison des produits vendus et en un écart dû au volume de produits vendus :

$$\begin{aligned}\text{Écart dû à la combinaison des produits vendus} = \sum_i & \left(\frac{\textit{Volume réel du produit i}}{\textit{Volume réel total}} - \frac{\textit{Volume prévu du produit i}}{\textit{Volume prévu total}} \right) \times \frac{\textit{Volume réel}}{\textit{total}} \times \frac{\textit{Marge sur coûts variables unitaire prévue du produit i}}{}\end{aligned}$$

$$\begin{aligned}\text{Écart dû au volume de produits vendus} = \sum_i & \left(\frac{\textit{Volume réel}}{\textit{total}} - \frac{\textit{Volume prévu}}{\textit{total}} \right) \times \frac{\textit{Volume prévu du produit i}}{\textit{Volume prévu total}} \times \frac{\textit{Marge sur coûts variables unitaire prévue du produit i}}{}\end{aligned}$$

L'écart dû au volume de produits vendus peut, à son tour, être scindé en deux. Pour chacun des produits pris individuellement, il comporte un aspect susceptible d'être maîtrisé (la part de marché) et un aspect qui ne l'est habituellement pas (la taille du marché) :

$$\begin{aligned}\text{Écart dû à la part de marché} = & \left(\frac{\textit{Part de}}{\textit{marché réelle}} - \frac{\textit{Part de marché}}{\textit{prévue}} \right) \times \frac{\textit{Volume du}}{\textit{marché réel}} \times \frac{\textit{Marge sur coûts}}{\textit{variables unitaire prévue}}\end{aligned}$$

$$\begin{aligned}\text{Écart dû à la taille du marché} = & \left(\frac{\textit{Volume du}}{\textit{marché réel}} - \frac{\textit{Volume du}}{\textit{marché prévu}} \right) \times \frac{\textit{Part de}}{\textit{marché prévue}} \times \frac{\textit{Marge sur coûts}}{\textit{variables unitaire prévue}}\end{aligned}$$

La décomposition des écarts relatifs à la production

Écart sur coût des matières premières = *Prix réel* × *Quantité réelle* − *Prix standard* × *Quantité prévue*

On peut décomposer l'écart sur coût des matières premières en un écart sur prix et en un écart sur quantité :

$$\text{Écart sur prix} = (\textit{Prix réel} - \textit{Prix standard}) \times \textit{Quantité réelle}$$
$$\text{Écart sur quantité} = (\textit{Quantité réelle} - \textit{Quantité prévue}) \times \textit{Prix standard}$$

$$\begin{aligned}\text{Écart dû à la combinaison des matières premières} = \sum_i & \left(\frac{\textit{Quantité réelle pour}}{\textit{le produit i}} - \frac{\textit{Quantité standard selon}}{\textit{le produit i}} \right) \times \left(\frac{\textit{Prix standard des matières premières}}{\textit{du produit i}} - \frac{\textit{Prix moyen standard des matières premières}}{} \right)\end{aligned}$$

$$\begin{aligned}\text{Écart dû au rendement des matières premières} = & \left(\frac{\textit{Quantité réelle}}{\textit{pour le produit i}} - \frac{\textit{Quantité standard}}{\textit{selon le produit i}} \right) \times \frac{\textit{Prix moyen standard}}{\textit{des matières premières}}\end{aligned}$$

Écart sur coût de la main-d'œuvre directe = *Taux réel* × *Heures réelles* − *Taux standard* × *Heures standards*

On peut décomposer l'écart sur coût de la main-d'œuvre directe en un écart sur taux et en un écart sur temps :

$$\text{Écart sur taux} = (\textit{Taux réel} - \textit{Taux standard}) \times \textit{Heures réelles}$$
$$\text{Écart sur temps} = (\textit{Heures réelles} - \textit{Heures standards}) \times \textit{Taux standard}$$
$$\text{Écart sur productivité} = (\textit{Heures réelles} - \textit{Heures théoriques}) \times \textit{Taux standard}$$
$$\text{Écart dû au rendement des matières premières} = (\textit{Heures théoriques} - \textit{Heures standards}) \times \textit{Taux standard}$$

Écart sur coût des FGF variables = *Taux réel* × *Heures réelles* − *Taux standard* × *Heures standards*

On peut décomposer l'écart sur coût des FGF variables en un écart sur dépenses et un écart sur rendement :

$$\text{Écart sur dépenses} = (\textit{Taux réel} - \textit{Taux standard}) \times \textit{Heures réelles}$$
$$\text{Écart sur rendement} = (\textit{Heures réelles} - \textit{Heures standards}) \times \textit{Taux standard}$$

L'écart sur coût des FGF fixes est un écart sur dépenses.

$$\text{Écart sur dépenses} = \textit{FGF réels} - \textit{FGF prévus}$$

EXEMPLE

ÉQUIPEMENT MÉNAGER GAGNON (SUITE)

Reprenons l'exemple de l'entreprise Équipement ménager Gagnon, pour lequel nous avions présenté un budget initial et un budget flexible selon la méthode des coûts variables. Le tableau suivant permet de calculer tous les écarts pertinents.

Le calcul des écarts relatifs aux résultats de l'exercice 2010

	Budget initial	Budget flexible	Résultats	Écarts au budget flexible
Volume des ventes (en unités)	25 000	27 000	27 000	
Produits (budget : 200 $/unité ; résultats : 197,50 $/unité)	5 000 000 $	5 400 000 $	5 332 500 $	67 500 $ (D)
Charges				
Matières premières (budget : 1 kg/unité × 85 $/kg ; résultats : 28 000 kg × 80 $/kg)	2 125 000 $	2 295 000 $	2 240 000 $	55 000 $ (F)
MOD (budget : 4 h/unité × 12 $/h ; résultats : 3,5 h/unité × 14 $/h)	1 200 000 $	1 296 000 $	1 323 000 $	27 000 $ (D)
FGF variables (selon les heures de MOD)	600 000 $	648 000 $	614 250 $	33 750 $ (F)
FGF fixes	625 000 $	625 000 $	690 000 $	65 000 $ (D)
Résultat d'exploitation	450 000 $	536 000 $	465 250 $	70 750 $ (D)

Nous disposons également des informations suivantes : le volume des ventes prévu pour le secteur était de 200 000 unités, alors qu'il a été en fait de 180 000 unités. Le calcul de la marge sur coûts variables prévue est présenté dans le tableau suivant.

Le calcul de la marge sur coûts variables prévue

Prix de vente prévu		**200 $**
Coûts variables		
Matières premières (1 kg × 85 $/kg)	85 $	
MOD (4 h × 12 $/h)	48 $	
FGF (4 h × 6 $/h)	24 $	157 $
Marge sur coûts variables		**43 $**

Voici le calcul des écarts relatifs aux ventes :

- Écart sur prix de vente : (197,50 $ − 200,00 $) × 27 000 = 67 500 $ (D)

- Écart sur volume des ventes : (27 000 − 25 000) × 43 $ = 86 000 $ (F)

- Écart dû à la part de marché : (15 % − 12,5 %) × 180 000 × 43 $ = 193 500 $ (F)

- Écart dû à la taille du marché : (180 000 − 200 000) × 12,5 % × 43 $ = 107 500 $ (D)

Voici le calcul des écarts relatifs à la production :

- Écart sur coût des matières premières : 2 240 000 $ − 2 295 000 $ = 55 000 $ (F)

- Écart sur prix : (80 $ − 85 $) × 28 000 kg = 140 000 $ (F)

- Écart sur quantité : (28 000 − 27 000) × 85 $ = 85 000 $ (D)

- Écart sur coût de la MOD : 1 323 000 $ − 1 296 000 $ = 27 000 $ (D)

- Écart sur taux : (14 $ − 12 $) × 94 500 = 189 000 $ (D)

- Écart sur temps : (94 500 − 108 000) × 12 $ = 162 000 $ (F)

- H_T = (4 h/kg) × 28 000 kg = 112 000 heures

- Écart sur productivité : (94 500 − 112 000) × 12 $ = 210 000 $ (F)

- Écart dû au rendement des matières premières : (112 000 − 108 000) × 12 $ = 48 000 $ (D)

- Écart sur coût des FGF variables : 614 250 $ − 648 000 $ = 33 750 $ (F)

- Écart sur dépenses : (6,50 $ − 6,00 $) × 94 500 = 47 250 $ (D)

- Écart sur rendement : (94 500 − 108 000) × 6 $ = 81 000 $ (F)

- Écart sur coût des FGF fixes : 690 000 $ − 625 000 $ = 65 000 $ (D)

L'écart sur coût des FGF fixes est un écart sur dépenses.

L'écart total entre le résultat figurant au budget initial et le résultat réel s'explique tant par un écart sur volume des ventes que par l'ensemble des écarts sur coût. L'augmentation des ventes de 2 000 unités entraîne un écart favorable de 86 000 $. Malgré une diminution du volume du secteur ayant entraîné un écart défavorable de 107 500 $, l'augmentation de la part de marché d'Équipement ménager Gagnon débouche sur un écart favorable de 193 500 $.

Toutefois, un écart défavorable de 70 750 $ relatif à l'efficience réduit l'écart favorable provenant du volume des ventes. Cet écart est surtout attribuable à la diminution du prix de vente ayant causé un écart défavorable de 67 500 $. Le reste de l'écart relatif à l'efficience s'explique par un écart défavorable de 27 000 $ pour les coûts de MOD et de 65 000 $ pour les FGF fixes, ainsi que par des écarts favorables de 55 000 $ et de 33 750 $ respectivement pour les coûts des matières premières et les FGF variables.

CAPSULES VIDÉO

Qu'en disent les experts?

CAPSULE VIDÉO 16.1   Analyse des écarts budgétaires

Monsieur Patrick Chaperon, directeur, administration et finances, chez Norampac, une division de Cascades Canada inc., parle du processus d'analyse des écarts budgétaires.

CAPSULE VIDÉO 16.2   Analyse des écarts: un outil de gestion efficace

Monsieur Chaperon évalue l'efficacité de l'analyse des écarts comme outil de gestion en usant d'exemples concrets.

CAPSULE VIDÉO 16.3   Analyse des résultats mensuels

Tous les mois, les gestionnaires se réunissent pour discuter des écarts budgétaires, de l'évolution des projets, etc. Monsieur Chaperon explique qui participe à l'exercice et quel est le rôle du directeur financier lors de ces rencontres.

CAPSULE VIDÉO 16.4   Faire carrière chez Cascades

Monsieur Chaperon donne quelques conseils aux étudiants qui souhaiteraient faire carrière chez Cascades.

OBJECTIFS DE CONNAISSANCES, REVUS

1 **Comprendre le rôle du contrôle budgétaire.**

Le contrôle budgétaire classique consiste essentiellement à comparer les résultats aux prévisions pour dégager des écarts qui, une fois analysés, permettent d'effectuer une action corrective. On assimile le fonctionnement de ce système à celui d'un thermostat, à cette différence près qu'il faut analyser les causes des écarts avant d'entreprendre une action corrective. Le contrôle budgétaire dans une perspective d'apprentissage consiste à calculer les mêmes écarts tout en cherchant à cerner les facteurs à l'origine de ces écarts en vue d'apprendre, voire de développer de nouveaux produits et services.

2 Expliquer le rôle du budget flexible dans le cadre du contrôle budgétaire.

Le budget flexible permet de ramener les prévisions budgétaires au niveau d'activité réel. Ce réajustement du volume initialement prévu permet de comparer de façon éclairante les prévisions et les résultats détaillés pour le même niveau d'activité. On peut ainsi analyser l'efficience de l'exploitation selon le niveau d'activité atteint.

3 Analyser les répercussions que peuvent avoir sur les revenus les variations des prix, de la combinaison des produits, de la taille du marché et des parts de marché.

On peut calculer l'effet des variations du prix de vente et du volume des ventes. Toutefois, il ne faut pas oublier que la demande peut être élastique. Les variations du volume des ventes peuvent s'expliquer par la combinaison des produits, mais également par les variations de la taille du marché et de la part de marché.

4 Analyser les répercussions que peuvent avoir sur les coûts les variations du prix des ressources, de la combinaison des ressources et de la quantité de ressources utilisées.

Globalement, l'efficience de la production peut s'expliquer par les variations du prix des ressources, de la combinaison des ressources et de la quantité de ressources utilisées. Dans certains cas, on peut aussi observer l'effet des écarts de consommation des matières premières sur la main-d'œuvre directe.

MOTS CLÉS

LA MESURE DE LA PERFORMANCE ORGANISATIONNELLE

OBJECTIFS

1 Connaître les éléments clés servant à mesurer le rendement financier de l'entreprise.

2 Expliquer le rôle des indicateurs de la performance organisationnelle.

3 Présenter les indicateurs financiers de la performance organisationnelle.

4 Comprendre le prix de cession interne.

5 Indiquer les principes à suivre pour mettre au point des indicateurs non financiers de la performance organisationnelle.

SOMMAIRE

Le Cirque du Soleil

Le rendement de l'entreprise

À quoi sert l'évaluation du rendement?

Les indicateurs financiers de la performance

Le prix de cession interne et les services partagés

Les indicateurs non financiers de la performance

CIRQUE DU SOLEIL.

La performance organisationnelle comporte plusieurs dimensions. Au Cirque du Soleil, la performance financière et la performance créative sont intimement intégrées. Le présent chapitre montre la pertinence de lier les indicateurs non financiers de la performance aux indicateurs financiers. On découvre qu'une organisation est aussi un milieu de vie ayant une influence sur les individus et, au final, sur la performance financière de l'entreprise. La performance organisationnelle nous amène à analyser la performance de chacune des unités administratives de l'organisation et le mécanisme du prix de cession interne qui transfère des coûts d'une unité à l'autre.

Le Cirque du Soleil est une organisation intégrée verticalement qui comporte plusieurs unités administratives. Par exemple, une unité conçoit et fabrique les costumes tandis qu'une autre recrute les athlètes et les transforme en artistes, mais les coûts des deux unités sont imputés aux spectacles. La problématique qui consiste à transférer les coûts de ces unités aux spectacles tout en stimulant leur performance illustre bien le thème du chapitre.

■ CIRQUE DU SOLEIL

Création, innovation, qualité : tels sont les maîtres mots du fondateur Guy Laliberté. Le Cirque du Soleil s'est donné pour mission d'« invoquer, de provoquer et d'évoquer l'imaginaire, les sens et l'émotion des gens autour du monde ». La stratégie du « cirque réinventé » est d'innover constamment, de faire ce que personne n'a osé faire auparavant dans les numéros, en matière de recrutement et de formation des artistes, d'appareils et d'équipements acrobatiques, de costumes, d'aménagement des salles de spectacle et de la scène, mais aussi dans la gestion et les modèles d'affaires. Le Cirque du Soleil a réussi à créer un nouveau marché dans lequel il n'existe pratiquement aucune concurrence.

Constitué d'une vingtaine de saltimbanques à ses débuts, en 1984, le Cirque emploie aujourd'hui plus de 4 800 personnes, dont plus de 1 500 artistes, venant d'une quarantaine de pays et parlant plus de 25 langues. Il a entraîné dans son rêve plus de 100 millions de spectateurs dans plus de 250 villes sur tous les continents. En 2009, l'entreprise a présenté simultanément 20 spectacles dans le monde. De nombreux prix prestigieux, dont les Emmys, le Drama Desk, le Bambi, l'ACE, les Gémeaux, le Félix ainsi que la Rose d'Or de Montreux, ont déjà reconnu et couronné son succès.

Au fil des ans, un ensemble imposant d'activités se sont greffées en amont des spectacles : audition, distribution (*casting*) et formation des artistes, confection de costumes, activités de création, etc. Si ces activités ne sont pas une source directe de revenus, elles créent néanmoins de la valeur : elles sont cruciales à la stratégie du « cirque réinventé ». Aujourd'hui, ces activités se révèlent des compétences distinctives du Cirque.

L'augmentation du nombre de représentations pour chaque spectacle, l'ajout de nouveaux spectacles et une structure de prix adaptée aux marchés grandissants, entre autres, ont permis au Cirque non seulement d'absorber les coûts croissants des activités menées en amont des spectacles, mais aussi de générer des résultats intéressants.

La gestion de la performance organisationnelle passe dorénavant par une intégration de la performance financière à la performance non financière.

PERFORMANCE FINANCIÈRE OU PERFORMANCE CRÉATIVE ?

Avec le temps, le Cirque du Soleil a créé une offre multiple pour la diffusion de ses spectacles, d'où sa double vocation : la création et la diffusion. Il crée et exploite tous les spectacles présentés, mais il ne présente pas tous les spectacles qu'il crée. Parfois, même s'il exploite un spectacle, il le vend à un prix fixe à un acheteur-partenaire qui le présente, le met en marché et récolte les revenus. Les contrats avec ces partenaires peuvent comporter diverses modalités. Même si la vente de ces billets ne procure pas de revenus au Cirque, il suit avec un grand intérêt les statistiques de vente des billets et de taux d'occupation des salles de spectacle. Ces statistiques sont les deux principaux indicateurs de sa performance « à faire vivre le rêve ».

La performance organisationnelle se décline donc sur deux modes : performance financière et performance créative. Depuis plusieurs années, on mesure la performance de chaque spectacle en évaluant sa contribution directe sur les fonds générés nets des investissements. La performance créative est mesurée en nombre de billets vendus et en taux d'occupation des salles ; elle n'est pas nécessairement liée aux revenus, dans le cas où le spectacle a été vendu à un prix fixe. Cependant, les indicateurs de la performance créative sont toujours suivis de près, car ils sont annonciateurs de la performance financière à plus long terme.

LE SYSTÈME DE PLANIFICATION D'ENTREPRISE

L'importance du système d'informations financières intégré « ERP » est bien résumée par Éric Marceau, vice-président, Contrôle : « Deux cents employés travaillent aux finances actuellement sous la responsabilité du chef de la direction financière, Robert Blain ; sans le système d'informations financières intégré, nous serions 600 ! »

Le Cirque du Soleil compte plus de 100 entités administratives – unités de diffusion, de soutien (*casting* et costumes), d'affaires (marketing, ressources humaines, etc.) – et gère des transactions dans 35 devises différentes.

Le système ERP est très efficace dans la réalisation du transactionnel (aussi appelé *back-up office* ou soutien administratif) à partir d'un centre de services partagés. Il peut traiter et fournir l'information requise dans toute l'organisation, et ce, partout dans le monde, pour la production des rapports financiers comme pour les analyses s'appuyant sur l'information financière.

LE PRIX DE CESSION INTERNE

Deux unités d'affaires – costumes et *casting* & performance – sont situées en amont des activités de production et de diffusion. Elles constituent les premiers maillons de la chaîne de valeur de l'entreprise. Le coût de leurs services est facturé aux

unités de production (création d'un nouveau spectacle) et de diffusion (spectacle en cours) selon une formule spécifique, tandis que leur performance est scrutée à la loupe et que leurs objectifs de performance font l'objet d'une réévaluation constante fondée sur des indicateurs précis.

Le calcul du coût des costumes est relativement simple. Les coûts facturés incluent les coûts des matières premières, de la main-d'œuvre et des frais généraux de l'unité qui les fabrique. Ces transferts ne comportent aucun coût corporatif. Toutefois, il peut y avoir un écart entre le coût estimé lors du budget et le coût finalement facturé, dans le cas où celui-ci diffère de la prévision initiale. Alors que ce système engendrait autrefois des tensions, on les a résolues en informant le plus tôt possible les unités de production de tout écart éventuel. Somme toute, la performance de ce centre de coûts est assez facile à contrôler.

MESURER LA PERFORMANCE

Il est un peu plus complexe de mesurer la performance de l'unité *casting*. Selon le vice-président chargé du contrôle, des améliorations importantes sont actuellement à l'étude. La qualité de la performance artistique repose essentiellement sur cette unité, seule responsable du recrutement, de la formation et du remplacement des artistes[1]. Les coûts de cette unité comportent les frais de recrutement, en particulier les frais de déplacement nécessaires pour assurer une veille mondiale permettant le recrutement de talents, auxquels s'ajoutent les frais de formation des talents recrutés. En effet, si le Cirque entend dénicher et recruter les perles rares – les meilleurs du monde en sports, en danse, en musique, en arts du cirque –, sa stratégie vise également à les former pour les mettre au service de ses spectacles.

La performance de l'unité *casting* en matière de recrutement est mesurée par le rapport entre les propositions et le nombre de contrats signés. Par exemple, un rapport de 20 pour 1 serait très mauvais : si le Cirque produisait 3 spectacles par an, cela signifierait le recrutement de 4 000 talents (propositions faites) pour un total de 200 contrats signés pour ces 3 spectacles, avec tous les coûts que cela impliquerait. Un rapport de 5 pour 1 serait plus souhaitable du point de vue des coûts à supporter, mais nettement plus difficile à atteindre[2].

La performance de cette unité repose également dans une large mesure sur sa capacité à réunir des données prévisionnelles sur les besoins des spectacles en artistes. Une banque d'artistes est d'ailleurs constituée pour combler ces besoins.

L'entreprise a des attentes élevées à l'égard de l'unité *casting* : celle-ci doit non seulement accompagner les créateurs en leur fournissant au bon moment les artistes dont ils ont besoin (environ 20 % des activités du volet « préparation de la performance »), mais aussi les stimuler en assurant une veille mondiale (environ 80 % des activités). Ce faisant, elle apporte une contribution importante à l'innovation en matière de création artistique.

LE RÔLE DE LA FONCTION FINANCES

On distingue deux groupes au sein de la fonction finances : d'une part, les comptables, qui sont responsables de la production des résultats financiers ; d'autre part, les analystes, qui jouent un rôle de partenaires auprès des unités d'affaires. Selon le vice-président, Contrôle, Éric Marceau, le travail d'analyste requiert des habiletés particulières qui

---

1. Pour ce faire, le Cirque entretient des liens étroits avec des fédérations athlétiques, par exemple en Chine, en contribuant au financement de leurs activités.

2. Recruter certains talents est parfois long et coûteux, comme dans le cas des chanteurs d'opéra, qui doivent également avoir les qualités nécessaires pour effectuer des voltiges. Le recrutement peut aussi être plus ardu lorsqu'un numéro exige que tous les artistes aient une taille similaire. Le rapport propositions/contrats signés peut donc varier sensiblement selon les disciplines.

vont bien au-delà de la maîtrise de fonctionnalités techniques. Rattaché à une ou plusieurs unités d'affaires, l'analyste participe à l'analyse budgétaire et constitue le seul interlocuteur (guichet unique) de la fonction finances du siège social. Il doit être capable de faire de la veille stratégique, de comprendre les facteurs qui influent sur la vente de billets et le taux d'occupation des salles de spectacle. Les candidats à ces postes ont souvent un profil marqué, soit comptable (expert dans l'inscription des faits comptables), soit analyste (expert en analyse et en synthèse), profil qui se dégage lors des études universitaires. Aux yeux du Cirque, ces deux profils sont intéressants mais rarement interchangeables ; c'est pourquoi il les recrute tôt afin de les former. La fonction d'analyste exige une formation sur mesure, mais aussi des habiletés ou des prédispositions personnelles. En conclusion, selon Éric Marceau, offrir une formation sur mesure aux analystes, c'est-à-dire les intégrer à une communauté de praticiens au Cirque du Soleil, constitue un défi important pour la fonction finances.

LE RENDEMENT DE L'ENTREPRISE

Depuis l'Antiquité, on cherche à mesurer le rendement financier des transactions et de l'avoir des propriétaires. Les Sumériens utilisaient des urnes en argile, marquées au sceau du propriétaire, où ils gardaient des jetons correspondant à des transactions particulières. Des images symboliques – épis de blé ou vaches – inscrites dans l'argile ont ensuite succédé aux jetons. Puis, au fur et à mesure que l'écriture évoluait, les images ont été remplacées par des inscriptions dans l'argile, qui sont devenues un alphabet syllabique complet.

Durant la Renaissance, on a consacré beaucoup d'efforts à améliorer les mesures comptables de la performance. Le premier livre comptable utilisant la méthode de la comptabilité en partie double a été publié en 1494. On trouve diverses mesures visant à améliorer la performance dans les archives remontant au XVIe siècle de certaines sociétés européennes. Ces mesures portent notamment sur les coûts, sur la modélisation de leur comportement, sur les coûts associés à des produits particuliers, à des processus et à des périodes. Depuis, les propriétaires, les gestionnaires, les gouvernements, les employés, les fournisseurs et les autres parties intéressées n'ont cessé d'améliorer la qualité des mesures financières de la performance.

Le savoir-faire ainsi mis au point a été recueilli dans de nombreux ouvrages. Les méthodes employées pour assurer la protection du patrimoine ont évolué au fil des ans et elles sont aujourd'hui à la base de la profession des comptables et contrôleurs de gestion.

LA PERFORMANCE

Qu'entend-on par performance ? Que mesure-t-on lorsqu'on parle de performance ? En quoi la performance des personnes diffère-t-elle de celle des entreprises ? La performance d'une personne correspond à la production de cette personne, et la performance d'une entreprise, à la production de cette entreprise. On peut mesurer la performance des entreprises de diverses façons : de manière globale, par division, par équipe de travail, par employé, par fournisseur, par produit et même par client. La performance financière correspond au rendement financier ou économique de l'entreprise. La performance présente plusieurs volets, d'où l'utilisation de différents termes.

L'EFFICACITÉ

L'**efficacité** renvoie à un objectif donné et à l'atteinte de cet objectif. Être efficace signifie réaliser ses objectifs. Pour déterminer si on fait preuve d'efficacité, on doit répondre à la question suivante : les objectifs préétablis ont-ils été atteints ? Prenons l'exemple d'une division qui décide de lancer un nouveau produit en se fixant comme date butoir le 15 décembre. Si le produit est lancé avant cette date, on dira que cette division est efficace. Notons que, contrairement à l'efficience, l'efficacité est une notion absolue : soit l'objectif a été atteint, soit il ne l'a pas été.

L'EFFICIENCE

On parle d'**efficience** lorsqu'on obtient un extrant donné à partir d'un minimum d'intrants. L'efficience s'exprime grâce au ratio extrants/intrants. Pour déterminer si on fait preuve d'efficience, on doit répondre à la question suivante : combien a-t-on utilisé de ressources (intrants) pour produire les extrants ? Par exemple, quel montant de frais a-t-on engagé pour lancer un produit ? Mais une mesure d'efficience ne veut rien dire en soi : pour l'interpréter correctement, on doit avoir un élément de comparaison, un étalon. On doit comparer la mesure d'efficience à un standard ou à une cible. Par exemple, une entreprise qui a utilisé en moyenne 10 kg de matières premières par unité produite est efficiente si ce rapport est inférieur ou égal au standard préétabli.

Le choix des points de repère constitue une décision fondamentale pour les gestionnaires qui évaluent l'efficience. Souvent, les cadres se demandent si les résultats se sont améliorés en comparant les derniers résultats avec ceux des années précédentes. Ces comparaisons ne sont pas dénuées de valeur, en particulier lorsque les conditions de la performance n'ont pas changé et que cette dernière a été marquée par l'effort. Mais, comme nous l'avons expliqué, en matière de cibles budgétaires, les gestionnaires ont tendance à minorer les résultats de l'année afin que les comparaisons futures soient plus favorables. Par conséquent, comparer les résultats actuels aux résultats précédents risque de ne pas refléter le niveau d'efficience réellement atteint.

Pour surmonter ce problème, on a mis en œuvre diverses méthodes, telles que le budget base zéro et, plus récemment, l'analyse comparative (*benchmarking*), visant à établir des points de repère valables qui ne seraient pas influencés par des résultats sous-évalués. Cependant, établir une véritable base de comparaison constitue encore une activité semée d'embûches.

LE RENDEMENT FINANCIER

Le **rendement financier** renvoie à l'efficience financière, autrement dit au ratio bénéfices/capital investi. S'interroger sur le rendement revient à se demander à combien s'élèvent les bénéfices réalisés grâce au capital moyen investi durant une période donnée.

LA PRODUCTIVITÉ

La **productivité** renvoie au degré d'efficience de la main-d'œuvre, c'est-à-dire au ratio extrants/main-d'œuvre. S'interroger sur le rendement revient à se demander combien de produits on a fabriqués en utilisant un nombre d'heures de travail donné.

L'ÉCONOMIE

L'**économie** correspond à l'acquisition de ressources selon les critères suivants : coût moindre, quantité et qualité conformes aux normes établies, moment et lieu opportuns. Pour déterminer si on est efficient, on se demande quelle quantité de ressources on a utilisée ; pour déterminer si on est économe, on se demande combien on a déboursé pour acquérir chaque unité de ressources.

En résumé, la performance est envisagée *a priori* comme un objectif à atteindre, et *a posteriori* comme un fait accompli. On distingue la performance des personnes de celle des entreprises et des équipements. Enfin, la performance présente plusieurs aspects : efficacité, efficience, économie, rendement, productivité, etc.

LES INDICATEURS ET INDUCTEURS DE LA PERFORMANCE

Pour mesurer la performance, on se sert d'**indicateurs**, financiers ou non financiers. Si les indicateurs financiers sont nécessairement quantitatifs, les indicateurs non financiers peuvent être quantitatifs ou qualitatifs. Les indicateurs quantitatifs désignent une variable tangible et renvoient à des éléments qu'on peut compter, par exemple le pourcentage de produits défectueux dans un lot. Les **indicateurs non financiers de la performance** désignent des variables intangibles, difficilement mesurables, par exemple le degré de satisfaction des clients. Le nombre de clients est un indicateur quantitatif, alors que le degré de satisfaction de ces clients, à un moment donné, est un indicateur qualitatif. Par prudence, la plupart des gestionnaires ont tendance à préférer les indicateurs financiers parce qu'ils sont plus faciles à obtenir et à délimiter, plus fiables et plus objectifs. Mais les indicateurs non financiers, plus flous et en général plus difficiles à obtenir, permettent de remonter aux causes et, de ce fait même, de prévoir les performances à venir. En effet, si le degré de satisfaction des clients est élevé, les ventes futures atteindront probablement elles aussi un niveau élevé. Ainsi, des indicateurs financiers à la baisse indiquent que des actions correctives doivent être prises, alors que les indicateurs non financiers permettent d'acquérir une meilleure compréhension des opérations de l'entreprise afin de déterminer les actions précises qui doivent être prises pour corriger les écarts financiers. Les indicateurs non financiers permettent au contrôleur de gestion (comptable) de doter l'entreprise d'une «intelligence organisationnelle comptable[3]».

Les indicateurs sont en quelque sorte des témoins de la performance, obtenus après coup; ils font état des résultats lorsqu'un phénomène s'est produit. Les indicateurs financiers correspondent à des résultats historiques; ce sont des **mesures témoins** de la performance de l'entreprise dans le passé. Ils sont importants parce qu'ils confirment ou infirment la compréhension qu'ont les gestionnaires de la performance de l'entreprise, obtenue à partir des indicateurs non financiers. Mais les indicateurs se distinguent des inducteurs.

Les **inducteurs** correspondent également à des résultats, mais ils mesurent des phénomènes qui influent sur les résultats d'autres phénomènes, à venir ceux-là, notamment ceux qui décrivent la performance. Ainsi, le degré de satisfaction des clients est un inducteur qui déterminera le volume des ventes à venir. Dans ce cas, le volume des ventes constitue un indicateur témoin de la performance, et la satisfaction du client, un inducteur des ventes à venir. La notion d'inducteur renvoie toujours à des événements ou à des phénomènes antérieurs à d'autres. Il s'agit d'une notion utile pour les gestionnaires, car les inducteurs les éclairent sur la performance future de l'entreprise.

Ces inducteurs, et les indicateurs correspondants, doivent être liés aux facteurs clés de succès de l'entreprise, qui sont eux-mêmes déterminés par sa stratégie. Une fois déterminé, l'ensemble des indicateurs (financiers et non financiers) constitue un mécanisme de contrôle diagnostique, un des quatre leviers de contrôle de Simons que nous présenterons au chapitre 19. Or, l'imposant travail d'analyse qui mène à leur conceptualisation peut donner lieu à un contrôle interactif, c'est-à-dire à un contrôle qui donne la parole aux gestionnaires concernés par ces indicateurs, leur permettant, du même coup, de partager leur représentation de la performance de l'entreprise et d'atteindre une plus grande cohérence.

---

3. Pour approfondir cette notion, consulter l'article d'Yves Dupuy, «Pérennité organisationnelle et contrôle de gestion», *Revue Française de Gestion*, 2009, 192 : 167-176.

UTILISATEURS ET CONCEPTEURS

Les indicateurs financiers sont tirés des systèmes comptables. À cet égard, les grandes entreprises décentralisées utilisent plusieurs systèmes comptables, en particulier lorsqu'elles ont connu des fusions et des acquisitions. Les systèmes comptables peuvent également fournir quelques indicateurs non financiers, comme le nombre d'unités produites ou le volume des ventes. Cependant, la plupart des indicateurs non financiers utilisés proviennent d'autres systèmes d'information : certains sont permanents, d'autres occasionnels ; certains permettent de recueillir des informations seulement à l'intérieur des entreprises, d'autres à l'extérieur, chez les clients ou d'autres parties prenantes ; certains sont qualifiés d'universels parce qu'ils recueillent toutes les informations liées à un phénomène, d'autres sont dits sélectifs parce qu'ils recueillent seulement des échantillons représentatifs.

En règle générale, les systèmes de mesure de la performance sont conçus pour recueillir de l'information destinée à deux groupes de personnes : les cadres supérieurs et les actionnaires. Lorsque les données sont destinées aux actionnaires, on parle souvent de comptabilité externe ; lorsqu'elles sont destinées aux cadres supérieurs, on parle de comptabilité de management. Par ailleurs, peu de systèmes sont conçus pour répondre aux attentes particulières des cadres intermédiaires. Les systèmes d'information permettent aussi de recueillir des données à l'intention des gouvernements, dont les demandes d'information varient selon les secteurs d'activité et les pays. Outre les cadres supérieurs, les gestionnaires de tous les niveaux hiérarchiques ont besoin d'information pour gérer : les systèmes de mesure de la performance sont donc de plus en plus souvent conçus pour leur procurer des données.

Comme nous l'avons noté plus haut, les cadres intermédiaires et les techniciens doivent disposer d'une information suffisante pour s'acquitter de leur tâche. Chaque échelon hiérarchique ayant ses exigences propres, ce type d'information ne présente pas un grand intérêt pour les autres niveaux hiérarchiques. Les entreprises doivent aussi procurer de l'information aux fournisseurs et aux partenaires commerciaux avec lesquels elles sont associées, que ce soit dans le cadre de partenariats de plus en plus complexes ou de projets communs. Enfin, le public attend de la direction qu'elle donne davantage d'information sur l'impact des activités de l'entreprise sur l'environnement, la société et l'économie. De plus en plus d'entreprises produisent ce type d'information, dans un rapport distinct de leur rapport annuel, en utilisant des indicateurs non financiers, par exemple, le nombre de tonnes d'émissions de CO_2 ou le nombre d'ententes de paiement conclues avec des clients à faible revenu dans le cas d'entreprises de service public, comme nous le verrons dans le chapitre 20.

À QUOI SERT L'ÉVALUATION DU RENDEMENT ?

Que font les entreprises des indicateurs de la performance qu'elles recueillent ? Les indicateurs de la performance sont utilisés à de nombreuses fins. On s'en sert pour :

- surveiller les divisions et les employés ;
- allouer des ressources aux unités les plus susceptibles d'accroître la performance ;
- rémunérer la performance individuelle ;
- en savoir davantage sur une technologie nouvellement implantée ;
- connaître la performance d'un produit nouvellement lancé ;

- prendre des décisions en vue d'améliorer la **performance organisationnelle**;
- faire connaître la stratégie et améliorer la coordination des unités administratives;
- orienter le comportement des gestionnaires;
- motiver les employés;
- réconcilier les intérêts des employés avec ceux de l'entreprise.

SURVEILLER LES DIVISIONS ET LES EMPLOYÉS

Les indicateurs permettent aux cadres appartenant à un niveau hiérarchique donné d'observer de manière systématique la performance de leurs subordonnés. Du reste, c'est de la nécessité de superviser les employés que sont issues les premières mesures de comptabilité de management moderne. Avec la gestion scientifique du travail, lancée par Frederick W. Taylor, des standards sont déterminés qui permettent de surveiller les performances et de repérer celles qui n'atteignent pas les cibles préétablies.

ALLOUER DES RESSOURCES AUX UNITÉS LES PLUS SUSCEPTIBLES D'ACCROÎTRE LA PERFORMANCE

L'information sur la performance est également utilisée pour attribuer des ressources et des responsabilités supplémentaires aux divisions susceptibles d'être les plus performantes dans l'avenir, c'est-à-dire à celles qui sont le plus susceptibles de connaître du succès (voir le chapitre 15).

RÉMUNÉRER LA PERFORMANCE INDIVIDUELLE

En liant les indicateurs aux avantages sociaux, aux gratifications et aux promotions, on peut récompenser ou sanctionner les gestionnaires, ce qui les incite à modifier leur comportement, et en particulier à s'efforcer d'obtenir de meilleurs résultats.

EN SAVOIR DAVANTAGE SUR UNE TECHNOLOGIE NOUVELLEMENT IMPLANTÉE

Les indicateurs fournissent des données sur la performance réalisée dans un nouveau cadre de gestion, sur l'utilisation d'une nouvelle technologie ou encore sur les effets d'une nouvelle stratégie.

PRENDRE DES DÉCISIONS

Les indicateurs servent à prendre des décisions, comme nous l'avons mentionné plus haut. Selon l'exemple classique, ils servent à comparer les résultats avec les données figurant dans le budget, donc à comparer la performance obtenue avec les cibles préétablies afin d'apporter les actions correctives nécessaires. Les indicateurs de la performance aident les gestionnaires à mieux comprendre les rapports existant entre divers facteurs influant sur la performance. Ainsi, même si les gestionnaires saisissent intuitivement qu'il y a un rapport entre la satisfaction des clients et la performance financière, le fait que ces deux facteurs soient mesurés de façon constante les aide à comprendre que l'augmentation de la satisfaction de la clientèle entraînera une hausse de la performance financière. On utilise donc les indicateurs pour améliorer la performance de l'entreprise.

FAIRE CONNAÎTRE LA STRATÉGIE ET AMÉLIORER LA COORDINATION DES UNITÉS ADMINISTRATIVES

Les indicateurs sont également employés à d'autres fins, par exemple pour assurer une meilleure coordination entre les diverses composantes de l'entreprise. À cet égard, on estime qu'ils constituent des signaux émis par la direction pour transmettre la stratégie adoptée par l'entreprise ; ce processus s'effectue à la fois verticalement, vers les échelons hiérarchiques inférieurs, et latéralement, vers les autres unités administratives.

ORIENTER LE COMPORTEMENT DES GESTIONNAIRES

Les indicateurs utilisés pour évaluer la performance orientent le comportement. En outre, c'est aux indicateurs liés à la rémunération de la performance que les gestionnaires accordent habituellement le plus d'attention. Les enjeux – rémunération et promotion – les touchant de façon personnelle et immédiate, il est logique qu'ils s'intéressent d'abord à l'amélioration des résultats qui font l'objet de mesures. Cependant, les choix qu'ils font pour améliorer leurs mesures personnelles peuvent n'avoir aucun effet sur la performance de l'entreprise, ou même avoir des effets négatifs.

Comme la façon dont les indicateurs sont utilisés influe sur la performance, les concepteurs de systèmes d'information doivent faire preuve de prudence, garder en tête l'objectif fondamental du système de mesures et éviter de modifier ces indicateurs s'ils ne connaissent pas de façon approfondie les rapports existant entre eux. Par exemple, en utilisant des indicateurs de la performance pour favoriser l'implantation d'une stratégie particulière, il arrive que des entreprises introduisent des biais qui ont pour effet de surestimer ou de sous-estimer les coûts[4]. Ces biais encouragent les gestionnaires à concentrer leur attention sur certains facteurs au détriment d'autres. Cependant, les indicateurs ainsi modifiés ne sont habituellement pas aussi utiles pour la prise de décision, en raison de leur manque de précision, et ils peuvent aboutir à des décisions non optimales. Il revient à la direction de trouver un équilibre entre la nécessité d'obtenir des indicateurs précis et celle d'encourager les gestionnaires.

Les indicateurs de la performance jouent donc un rôle à la fois symbolique et fonctionnel. Ils ne reflètent pas seulement les résultats obtenus ; ils les provoquent. Notons également que les gestionnaires n'attendent pas de prendre connaissance des résultats produits par les indicateurs pour entreprendre des actions ; ils agissent en fonction des résultats qu'ils entrevoient. Pour encourager les gestionnaires à agir conformément aux objectifs de l'entreprise, il faut non seulement les informer du fait qu'un phénomène sera mesuré, mais aussi leur expliquer comment il le sera et par quels moyens. Par exemple, il ne suffit pas de leur indiquer qu'on mesurera la satisfaction des clients ; il faut aussi préciser quelles données seront recueillies et comment elles le seront. La direction doit s'assurer que les gestionnaires concentreront leur attention sur les variables influant sur la satisfaction du client (les inducteurs), et non sur ce qui mesure la satisfaction du client (les indicateurs).

Nous verrons, dans un premier temps, les indicateurs financiers de la performance, puis, dans un deuxième temps, les indicateurs non financiers.

---

4. Kenneth Merchant et Michael Shields, « When and Why to Measure Costs Less Accurately to Improve Decision Making », *Accounting Horizons*, vol. 7, n° 2, juin 1993, p. 76-81.

LES INDICATEURS FINANCIERS DE LA PERFORMANCE

Les mesures financières (indicateurs financiers) de la performance permettent de savoir si les objectifs de revenus, de coûts, de bénéfices ou de rendement du capital investi ont été atteints. Toutefois, comme nous l'avons vu précédemment, la direction doit décider quels seront les revenus, les coûts et les éléments d'actif utilisés dans le calcul des indicateurs. Ce choix doit obéir au principe de la **contrôlabilité**, selon lequel on ne prend en compte que les éléments de revenus et de coûts qui relèvent directement du gestionnaire. Le principe de la contrôlabilité est primordial pour déterminer comment on mesurera la performance. Il faut toutefois noter que si le contrôle de gestion vise l'atteinte de plus de prévisibilité, les gestionnaires doivent gérer l'imprévisible. On les mesure sur ce qu'ils contrôlent, mais on s'attend à ce qu'ils contrôlent l'incontrôlable[5]. Gérer est un art à la mesure de sa portion non programmable.

En ce qui concerne les indicateurs de revenus, il faut notamment décider s'ils seront calculés avant ou après les retours, les rabais et les coûts liés au respect des garanties, et si on écartera certaines catégories de revenus parce qu'elles fluctuent en fonction de décisions prises ailleurs dans l'entreprise. De plus, si les indicateurs de revenus correspondent à une période particulière, il faut préciser à quel moment le revenu sera considéré comme un gain. Enfin, comme nous le verrons plus loin, on doit tenir compte de la façon dont est établi le prix de cession interne, qui a des effets sur les revenus. Pour mesurer les coûts, il est indispensable de prendre d'autres décisions. Il faut déterminer sur quoi on se fonde pour répartir les frais indirects entre les produits ou les projets, ou pour les leur imputer. On doit définir ce qui constitue un centre de coûts, savoir quels coûts seront rattachés à chacun des centres et selon quels critères ils seront ensuite répartis ou imputés. On doit également poser des hypothèses et proposer un modèle servant à répartir, entre les fonctions utilisatrices, le coût des services partagés.

Plusieurs de ces questions sont traitées dans les chapitres précédents. Nous nous intéresserons ici à la mesure du rendement financier de l'entreprise, point qui pose des défis particuliers. Le rendement financier d'une entreprise ou d'une division correspond au rendement des ressources investies dans l'entité en question. Le taux de rendement permet de savoir combien rapportent ces ressources, comparativement aux montants investis ailleurs. Pendant de nombreuses années, bien des entreprises ont utilisé le rendement du capital investi (RCI), qui représente un pourcentage, mais de plus en plus d'entreprises mettent aujourd'hui à l'essai une mesure représentant un montant, soit le concept EVA, qui constitue une variante du résultat net résiduel (RNR). Nous étudierons tour à tour chacune de ces trois mesures.

LE RENDEMENT DU CAPITAL INVESTI

Le **rendement du capital investi** (RCI) correspond au résultat divisé par le capital investi. On l'obtient grâce à l'équation suivante :

$$\text{RCI} = \text{résultat net/capital investi}$$

Le RCI renseigne sur le rendement d'une entreprise ou d'un projet du point de vue de l'investisseur. On peut comparer ce ratio à celui d'autres investissements. Le rapport entre

---

5. Pour plus de détails sur cette dichotomie fondamentale du contrôle de gestion et de l'évaluation de la performance, voir Henri Bouquin, *Le contrôle de gestion*, PUF, 2008.

le montant produit par un capital et le montant du capital lui-même indique quel est le rendement de ce capital. Si le capital correspond à l'actif total d'une entité, le RCI correspond alors au rendement de l'entité.

Le RCI se décompose en deux facteurs, qui offrent chacun un moyen d'améliorer le rendement de l'entreprise :

$$RCI = (\text{résultat net/ventes}) \times (\text{ventes/capital investi})$$

$$RCI = \text{taux de résultat net} \times \text{taux de rotation du capital}$$

Le **taux de résultat net** indique dans quelle mesure l'entreprise gère efficacement les coûts, à un certain volume d'activité et au cours d'une période donnée, et par conséquent sa capacité de produire un bénéfice net excédentaire. Le **taux de rotation du capital** mesure l'efficacité de l'entreprise quant au renouvellement du capital investi, c'est-à-dire sa capacité de produire un chiffre d'affaires à partir d'un investissement donné. On peut améliorer le RCI en modifiant l'un ou l'autre des ratios, ou les deux ratios.

EXEMPLE

MARCOUX & FRÈRES

Prenons l'exemple de l'entreprise Marcoux & Frères, dont l'actif total est de 8 000 000 $, les ventes de 10 000 000 $ et le résultat net de 1 600 000 $. Au cours de la dernière période, le RCI a été de 20 % :

$$RCI = 1\ 600\ 000/8\ 000\ 000, \text{ soit } 0,2 \text{ ou } 20\%$$

On pourrait augmenter le RCI au cours de la prochaine période en adoptant l'une ou l'autre des deux stratégies suivantes : soit réduire les coûts de 400 000 $, soit réduire les stocks de 1 600 000 $.

Si on opte pour une réduction des coûts de 400 000 $, on obtient un RCI de 25 % :

$$RCI = 2\ 000\ 000/8\ 000\ 000, \text{ soit } 0,25 \text{ ou } 25\%$$

Si on opte pour une réduction des stocks de 1 600 000 $, on obtient également un RCI de 25 % :

$$RCI = 1\ 600\ 000/6\ 400\ 000, \text{ soit } 0,25 \text{ ou } 25\%$$

Dans les deux cas, le montant des ventes n'influe en rien sur le calcul du RCI. Que les ventes s'élèvent à 12 000 000 $ ou à 15 000 000 $, le RCI sera le même. En effet, si vous remplacez, dans les deux formules suivantes, le montant des ventes de 10 000 000 $ par 12 000 000 $ ou par 15 000 000 $, vous ne changez pas la valeur du RCI.

$$RCI = \frac{2}{10} \times \frac{10}{8}$$

$$RCI = 0,25 \text{ ou } 25\%$$

$$RCI = \frac{1,6}{10} \times \frac{10}{6,4}$$

$$RCI = 0,25 \text{ ou } 25\%$$

L'exemple précédent met en évidence les trois facteurs associés au RCI :

- les ventes ou le chiffre d'affaires ;

- le résultat net, soit la différence entre les ventes et les coûts ;

- le capital investi.

Si on observe une augmentation du chiffre d'affaires sans qu'il y ait d'accroissement du résultat net, c'est-à-dire si la différence entre ce chiffre d'affaires et les coûts qui ont permis de le réaliser reste la même, le RCI ne subit aucune modification, comme l'illustre l'exemple suivant.

EXEMPLE

UN CAS DE VARIATION DU CHIFFRE D'AFFAIRES

Reprenons l'exemple de Marcoux & Frères, entreprise dont l'actif total est de 8 000 000 $, les ventes de 10 000 000 $, et le bénéfice net de 1 600 000 $. Au cours de la dernière période, le RCI a été de 20 % :

$$RCI = \frac{1,6}{10} \times \frac{10}{8}$$

Si les ventes sont portées à 20 000 000 $, tandis que le résultat net est toujours de 1 600 000 $ et l'actif total de 8 000 000 $, le RCI sera encore de 20 % :

$$RCI = \frac{1,6}{20} \times \frac{20}{8}$$

Pour que le RCI soit modifié, il faut qu'il y ait une variation du résultat net ou une variation du capital investi, sans que l'effet de la variation annule celui de l'autre facteur. On peut obtenir un accroissement du résultat net soit par une réduction des coûts, soit par une hausse du chiffre d'affaires supérieure à l'augmentation des coûts correspondants.

Le RCI est une mesure de la performance financière. Toutefois, il est risqué de se fonder sur le RCI pour prendre des décisions : il peut en effet inciter le gestionnaire à réduire les coûts sans avoir compris quels en étaient les véritables inducteurs, ni quels éléments de ces coûts étaient générateurs de revenus. Aussi, un gestionnaire évalué sur la base de cet indicateur pourrait décider de ne pas renouveler les actifs du centre d'investissement dont il est responsable, pour ne pas nuire à son évaluation, au détriment de la performance de l'entreprise.

Il est également important d'établir dans quelle mesure cet indicateur du rendement financier permet d'évaluer équitablement les entreprises comparées et si, de ce fait même, les comparaisons établies sont valables. Cela dit, en Amérique du Nord, la décomposition du RCI en de multiples facteurs a longtemps été à l'origine des tableaux de bord de gestion de l'entreprise. Le processus de la décomposition du RCI en ses divers facteurs est illustré à la figure 17.1.

On a recours au RCI pour comparer le rendement des placements, des entreprises ou encore de divisions appartenant à la même entreprise. Cependant, pour valider les comparaisons effectuées à l'aide du RCI, il faut analyser les sept éléments suivants :

- la définition du capital investi ;
- la mesure du capital investi ;
- l'âge des immobilisations ;
- l'excédent de capacité ;
- les immobilisations louées ;
- les ventes interdivisionnaires.

Figure 17.1 La décomposition du RCI

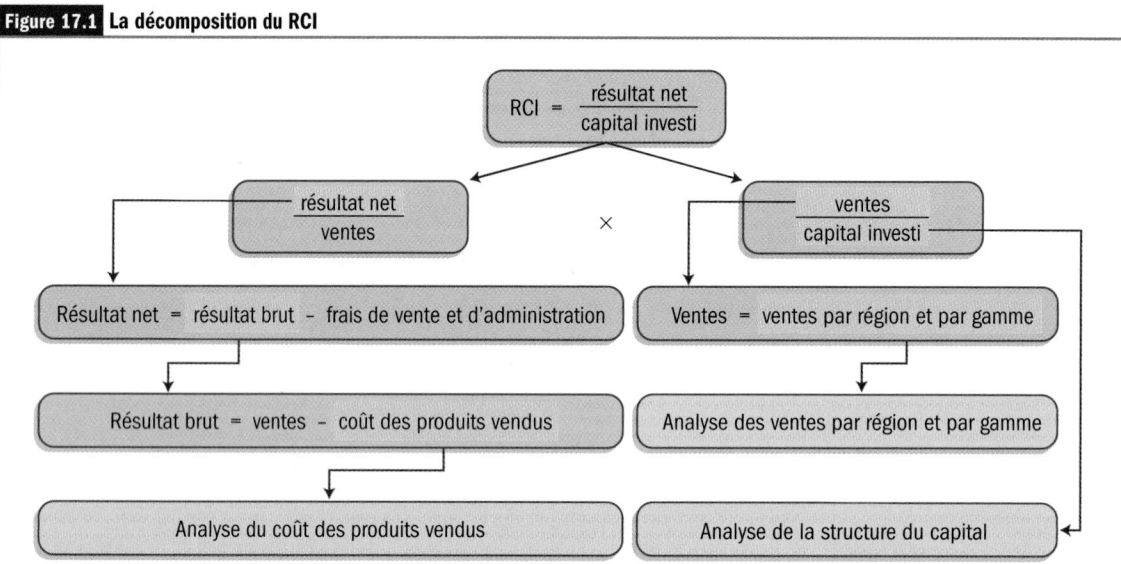

LA DÉFINITION DU CAPITAL INVESTI

Il est important d'utiliser la même définition du **capital investi** dans toutes les entités dont on veut comparer le rendement. Prenons l'exemple illustré à la figure 17.2.

Dans cet exemple, le capital investi représente :

- 13 millions, si on parle de l'actif total ;
- 12 millions, si on parle de l'actif utilisé ;
- 9 millions, si on parle des immobilisations ;
- 11 millions, si on englobe les immobilisations et le fonds de roulement ;
- 8 millions, si on parle des immobilisations utilisées ;
- 10 millions, si on englobe les immobilisations utilisées et le fonds de roulement ;
- 6 millions, si on parle de l'avoir des actionnaires.

Figure 17.2 Le bilan d'une entreprise

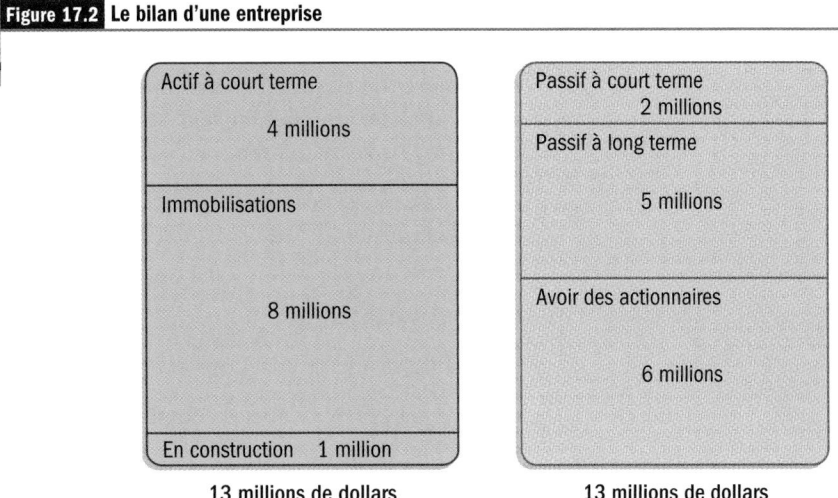

13 millions de dollars   13 millions de dollars

Par définition, le rendement d'une entreprise correspond au ratio résultat net/capital investi. On peut donc exclure de la définition du capital investi l'avoir des actionnaires, car il ne représente qu'une fraction des investissements. Le ratio résultat net/avoir des actionnaires présente un intérêt certain pour les actionnaires eux-mêmes, mais on ne peut pas l'utiliser pour mesurer le rendement de l'ensemble du capital investi dans l'entreprise.

On considère souvent que le capital investi correspond à l'actif total. On suppose alors que l'actif inutilisé est négligeable ou qu'on le trouve normalement au sein de toutes les unités évaluées.

L'actif utilisé est sans doute une donnée plus précise que les précédentes : dans l'exemple donné à la figure 17.2, il y a un million d'actif inutilisé : ce montant pourrait être engagé dans un projet en cours qui n'a pas commencé à produire de revenus, et on ne peut donc pas le considérer comme un élément de l'actif générant des revenus. Recourir à l'actif utilisé est également plus équitable lorsque l'on compare une entreprise dont une partie de l'actif est inutilisée avec d'autres entreprises dont tous les éléments de l'actif produisent des revenus.

On définit parfois le capital investi comme la valeur des immobilisations, en soutenant qu'il s'agit des seuls éléments de l'actif qui ont un caractère permanent. Nous ne partageons pas cette opinion : selon nous, le fonds de roulement – c'est-à-dire la différence entre l'actif à court terme et le passif à court terme – a également un caractère permanent. Sans fonds de roulement positif, une entreprise peut difficilement fonctionner. Toute entreprise, commerciale ou manufacturière, doit financer des stocks et accepter qu'il y ait un délai entre l'encaissement des comptes clients et le paiement des comptes fournisseurs, ce qui se traduit par le cycle des flux de trésorerie. Les fonds nécessaires à l'exploitation de l'entreprise comprennent donc des montants injectés de façon permanente. Du point de vue des investisseurs, les sommes engagées à long terme dans l'entreprise sont constituées du passif à long terme et de l'avoir des actionnaires, ce qui correspond aux immobilisations, auxquelles s'ajoute le fonds de roulement. On peut donc à juste titre considérer que le capital investi correspond aux immobilisations augmentées du fonds de roulement, c'est-à-dire des sommes investies à long terme dans l'entreprise.

LA MESURE DU CAPITAL INVESTI

En pratique, l'unité de mesure du capital investi qu'on choisit est le plus souvent la valeur comptable. Dans ce cas, on doit s'assurer que les principes comptables généralement reconnus ont été appliqués uniformément dans chacune des entreprises qu'on veut comparer. Cette exigence vaut pour le calcul du capital investi comme pour celui du résultat net.

Pour établir la valeur du capital investi, on peut également recourir à la valeur marchande ou à la valeur de remplacement des immobilisations. Le choix dépend de ce qu'on désire évaluer et comparer, à savoir :

- le rendement des sommes investies dans le passé ;

- le rendement des mêmes immobilisations acquises au prix actuel ;

- le rendement de l'entité en tant que placement financier, compte tenu du coût de renonciation.

La valeur comptable de l'actif correspond aux sommes investies dans le passé, déduction faite de l'amortissement cumulé au fil des ans. La valeur marchande d'un élément de l'actif, qui est égale à la valeur comptable au moment de l'acquisition, change toujours quelques mois après l'acquisition. Pour évaluer le rendement des sommes investies dans le passé, il faut donc se reporter à la valeur comptable. Cependant, il faut se demander à quoi servira l'information ainsi obtenue. En effet, les transactions effectuées dans le passé ne constituent généralement pas des données pertinentes pour une décision engageant l'avenir de l'entreprise. Seules les valeurs actuelles doivent être prises en compte dans ce type de décision, comme le montre l'exemple suivant.

EXEMPLE

LA VENTE D'UNE ENTREPRISE

Prenons le cas d'une entreprise dont l'actif total est de 100 millions de dollars et qui vient de réaliser un résultat net de 20 millions de dollars. Si on mesure le capital investi selon la valeur comptable, le RCI est de 20 % (soit 20 000 000 $/100 000 000 $).

En supposant qu'il pourrait placer le produit de la vente à un taux de 10 %, le propriétaire devrait-il ou non vendre son entreprise ? La réponse est non si on compare le rendement du placement (10 %) au RCI de l'entreprise (20 %). Cependant, cette donnée n'est pas pertinente, parce que le RCI a été calculé à partir de la valeur comptable de l'actif.

On doit plutôt considérer le montant net résultant de la transaction. Si le propriétaire recevait 400 millions de dollars, montant correspondant à la valeur marchande de l'actif total, le RCI de l'entreprise, calculé à partir de la valeur sur le marché de 400 millions de dollars, serait nettement inférieur au rendement de 10 % que rapporterait le placement. Dans ce cas, le RCI serait en effet égal à 5 % (soit 20 000 000 $/400 000 000 $).

Avant de prendre une décision concernant l'unité de mesure du capital investi, il faut donc toujours se demander à quoi servira l'information colligée, comme le montre également cet autre exemple.

EXEMPLE

SÉJOURS

La chaîne Séjours compte 200 établissements hôteliers répartis dans le monde. La direction souhaite évaluer les rendements financiers de ses établissements afin de les comparer. Pour ce faire, elle recourt au RCI. Pour mesurer le capital investi, devrait-elle retenir la valeur comptable de l'actif ou la valeur de remplacement?

Afin de nourrir la réflexion, nous présentons dans le tableau ci-dessous le RCI d'un échantillon de cinq établissements, calculé selon la valeur comptable de l'actif, puis selon la valeur de remplacement de l'actif.

	Établissement				
(en millions de dollars)	**A**	**B**	**C**	**D**	**E**
Résultat net	5	6,5	8	10	15
Capital investi net					
Valeur comptable	15	28	80	70	150
Valeur de remplacement	90	60	120	80	150
RCI (valeur comptable)	33,33%	23,21%	10,00%	14,29%	10,00%
RCI (valeur de remplacement)	5,56%	10,83%	6,67%	12,50%	10,00%

- Comment interpréter ces données?

- Quel établissement a obtenu le meilleur rendement?

- Lequel a offert la meilleure performance?

- Lequel est susceptible d'améliorer son rendement dans l'avenir?

Si on examine le RCI établi selon la valeur comptable de l'actif, c'est l'établissement A qui obtient le meilleur taux de l'échantillon, avec 33,33%, et les établissements C et E qui ont le moins bon, avec 10%. On peut donc dire que l'établissement A a un meilleur rendement comptable que les autres. Toutefois, comme le capital investi de l'établissement A, mesuré selon la valeur de remplacement, est de 90 millions, il est manifeste que le «bon» rendement de 33,33% est uniquement attribuable au fait que les immobilisations sont complètement amorties; le même investissement effectué aujourd'hui ne serait pas rentable. Par ailleurs, le rendement de l'établissement E a été calculé à partir des immobilisations acquises durant l'année.

Ce sont donc les établissements B, D et E qui présentent les meilleures possibilités de rendement dans l'avenir. Ajoutons qu'on obtiendrait peut-être un meilleur rendement financier de l'établissement A en le vendant, sa valeur marchande se rapprochant en effet plus de sa valeur de remplacement que de sa valeur comptable, mais il n'en est pas toujours ainsi.

L'ÂGE DES IMMOBILISATIONS

La valeur comptable des immobilisations est directement liée à leur âge, qui influe aussi sur le coût annuel de l'amortissement ainsi que sur les coûts d'entretien. Dans l'exemple de la chaîne Séjours, on a vu qu'il est préférable de choisir la valeur de remplacement plutôt que la valeur comptable pour comparer le rendement d'établissements qui n'ont pas le même âge. Par ailleurs, la valeur de remplacement n'étant pas toujours connue, il est souvent nécessaire de l'établir. Cependant, il est possible d'opter pour d'autres moyens d'évaluation, comme la valeur marchande ou la valeur comptable indexée.

En conclusion, si l'âge des immobilisations peut créer une distorsion lorsque l'on compare le rendement des entreprises, il est possible de la corriger. Par ailleurs, le choix du moyen d'évaluation du capital investi dépend de la décision que veut prendre la direction : réinvestissement, désinvestissement, rémunération des gestionnaires, etc.

L'EXCÉDENT DE CAPACITÉ

Les taxes, les assurances, l'amortissement et divers autres frais généraux sont liés à la capacité de produire un bien ou de fournir un service. Si une division n'utilise qu'une partie de sa capacité disponible, comment doit-on traiter les coûts qui découlent de cette infrastructure ? Par exemple, si une entreprise ne fonctionne qu'à 50 % de sa capacité, doit-on considérer les 50 % restants comme un actif inutilisé et ne pas en tenir compte dans l'évaluation de son rendement ?

Tout dépend de ce qu'on désire évaluer. Si c'est le rendement financier du placement, il faut prendre en considération 100 % de l'actif ; si c'est le rendement des activités de l'entreprise, il faut seulement tenir compte de l'actif utilisé. Mais on voudra sans doute avoir ces deux données.

LES IMMOBILISATIONS LOUÉES

Les coûts de location représentent un coût de l'exercice et n'influent pas sur le capital investi, alors que le coût d'acquisition constitue un élément de l'actif qui augmente le capital investi. Seule la dotation à l'amortissement de cet actif représente un coût de l'exercice. Il est fort probable que l'option de la location serait préférable à l'option de l'achat si on se fonde uniquement sur les résultats de la première année. Mais l'option de l'achat est en général préférable si on prend en considération les résultats pour toute la durée du projet.

LES VENTES INTERDIVISIONNAIRES

Les ventes interdivisionnaires constituent parfois un élément important de la stratégie d'entreprise. Le prix auquel ces ventes sont réalisées fausse le calcul du RCI des divisions concernées, comme le montre l'exemple suivant. Dans certains cas, un mauvais usage de cet indicateur dans l'évaluation de la performance peut engendrer des tensions autour du PCI, nuisibles pour la performance de l'entreprise dans son ensemble. Le prix de cession interne (PCI) sera abordé plus loin.

EXEMPLE

FUSION D

L'entreprise Fusion D possède deux filiales en propriété exclusive : la division A et la division B. Du point de vue administratif, le directeur de chaque division dispose d'une autonomie complète, même sur le plan de l'acquisition des immobilisations. Les résultats du dernier exercice, ainsi que le montant du capital investi établi selon la valeur comptable et selon la valeur de remplacement, sont présentés dans le tableau suivant.

Les résultats du dernier exercice

	Division A	Division B
Résultat net	600 000 $	900 000 $
Capital investi		
Valeur comptable	6 000 000 $	10 000 000 $
Valeur de remplacement	9 000 000 $	12 000 000 $

De plus, on tient compte des ventes interdivisionnaires dans le résultat net de chacune des deux divisions. La division B a vendu à la division A pour 1 000 000 $ de produits, dont la valeur marchande est de 1 500 000 $.

Voici les données relatives au calcul du RCI pour chacune des deux divisions, selon la valeur comptable et selon la valeur de remplacement.

RCI selon la valeur comptable :

	Division A	Division B
$\dfrac{\text{Résultat net}}{\text{Actif net}} =$	$\dfrac{600\,000\ \$}{6\,000\,000\ \$}$	$\dfrac{900\,000\ \$}{10\,000\,000\ \$}$
RCI =	0,1	0,09

RCI selon la valeur de remplacement :

	Division A	Division B
$\dfrac{\text{Résultat net}}{\text{Actif net}} =$	$\dfrac{600\,000\ \$}{9\,000\,000\ \$}$	$\dfrac{900\,000\ \$}{12\,000\,000\ \$}$
RCI =	0,067	0,075

Selon la valeur comptable, le rendement financier de la division A a été de 10 %, et celui de la division B de 9 %. Cependant, si on devait remplacer les immobilisations au prix actuel, le rendement de la division B serait de 7,5 %, et celui de la division A, de 6,7 %. Supposons maintenant que les ventes interdivisionnaires se font à la valeur marchande, c'est-à-dire que la division B vend pour 1 500 000 $ (au lieu de 1 000 000 $) de produits à la division A. Cela aura pour effet de réduire de 500 000 $ le résultat net de la division A et d'augmenter du même montant celui de la division B. On obtiendra alors les RCI suivants :

RCI selon la valeur comptable :

		Division A	Division B
$\dfrac{\text{Résultat net}}{\text{Actif net}}$	=	$\dfrac{100\,000\,\$}{6\,000\,000\,\$}$	$\dfrac{1\,400\,000\,\$}{10\,000\,000\,\$}$
RCI	=	0,0167	0,14

RCI selon la valeur de remplacement :

		Division A	Division B
$\dfrac{\text{Résultat net}}{\text{Actif net}}$	=	$\dfrac{100\,000\,\$}{9\,000\,000\,\$}$	$\dfrac{1\,400\,000\,\$}{12\,000\,000\,\$}$
RCI	=	0,011	0,1167

Le rendement de la division B sera alors nettement meilleur que celui de la division A. Si, selon les calculs précédents, le rendement de la division A paraissait supérieur, c'était attribuable au fait que les achats interdivisionnaires étaient effectués à des prix inférieurs à ceux de la valeur marchande. Si la rémunération des directeurs divisionnaires de cette entreprise était fonction du rendement financier de leur division, évalué grâce au RCI, le directeur de la division B préférerait vendre sa production à l'extérieur de l'entreprise plutôt qu'à la division A.

LE RÉSULTAT NET RÉSIDUEL

Bien qu'on mesure habituellement le rendement à l'aide d'un taux, c'est-à-dire d'un ratio mettant en relation l'extrant (résultat net) et les sommes investies (capital investi), bon nombre de dirigeants aiment également savoir quel est le résultat net résiduel pour évaluer le rendement d'une entreprise.

Le **résultat net résiduel** (RNR) est le résultat net, déduction faite d'un montant d'intérêts « fictifs » calculé sur le capital investi moyen. Il s'agit d'un montant absolu, et non d'un pourcentage. Le RNR donne donc une information différente de celle qu'apporte le RCI, comme le montre le calcul du RNR décrit dans l'exemple suivant.

EXEMPLE

Prenons le cas d'une entreprise dont le capital investi moyen au cours de la dernière période a été de 8 000 000 $ et le résultat net de 1 600 000 $, ce qui donne un RCI de 20 %.

Calculé à un taux d'intérêt de 12 %, le coût du capital investi est de 960 000 $ (12 % × 8 000 000 $). Le RNR est égal à :

$$\text{RNR} = 1\,600\,000\,\$ - 960\,000\,\$$$
$$\text{RNR} = 640\,000\,\$$$

Admettons que cette entreprise a réalisé un projet, appelé projet A, ayant pour effet d'augmenter le capital investi de 2 000 000 $ et le résultat net de 400 000 $. Le rendement du projet A sera alors de 20 % :

$$\text{RCI (projet A)} = \frac{400\,000\ \$}{2\,000\,000\ \$}$$

Le projet A ne changera en rien le RCI de cette entreprise, qui était et demeure égal à 20 % :

$$\text{RCI} = \frac{1\,600\,000\ \$ + 400\,000\ \$}{8\,000\,000\ \$ + 2\,000\,000\ \$}$$

Par ailleurs, le RNR de l'entreprise augmentera de 160 000 $ à la suite du projet A :

$$\text{RNR} = (1\,600\,000\ \$ + 400\,000\ \$) - \left[0{,}12 \times (8\,000\,000\ \$ + 2\,000\,000\ \$)\right]$$
$$\text{RNR} = 800\,000\ \$$$

Supposons maintenant qu'un deuxième projet, appelé projet B, a eu pour effet d'augmenter le capital investi de 2 000 000 $ et le résultat net de 300 000 $. Le rendement du projet B serait de 15 % :

$$\text{RCI (projet B)} = \frac{300\,000\ \$}{2\,000\,000\ \$}$$

Le projet B aura pour effet de faire passer le RCI de l'entreprise de 20 % à 19 % :

$$\text{RCI} = \frac{1\,600\,000\ \$ + 300\,000\ \$}{8\,000\,000\ \$ + 2\,000\,000\ \$}$$

Par ailleurs, le RNR de l'entreprise augmentera de 60 000 $ à la suite du projet B :

$$\text{RNR} = (1\,600\,000\ \$ + 300\,000\ \$) - \left[0{,}12 \times (8\,000\,000\ \$ + 2\,000\,000\ \$)\right]$$
$$\text{RNR} = 700\,000\ \$$$

L'exemple précédent suscite plusieurs réflexions. Premièrement, à lui seul le montant de 640 000 $ n'est pas significatif. Toutefois, dans une suite de résultats présentés en ordre chronologique, il peut être plus révélateur que le taux de rendement, car on peut observer l'évolution du RNR au fil des ans, tandis que le RCI ne varie pas. En effet, à la suite du projet A, le RCI demeure à 20 %, alors que le RNR augmente de 160 000 $.

Deuxièmement, la conclusion à tirer est différente selon qu'on fait référence à un montant plutôt qu'à un taux. Dans le cas du RNR, on conclut qu'il faut maximiser le montant enregistré, ce qui incite à accepter tout projet qui rapportera au moins le taux d'intérêt utilisé pour le calcul du coût du capital investi. Ce taux fait alors office de taux de rejet ou de taux critique. Dans le cas du RCI, on conclut qu'il faut maximiser le taux observé et calculé à l'heure actuelle, ce qui incite à refuser tout projet qui aurait pour effet de diminuer la moyenne obtenue, même si ce projet rapporte plus que le taux de rejet fixé. Ainsi, selon les données de l'exemple précédent, on refuserait tout projet, comme le projet B, dont le rendement calculé est compris entre 12 et 20 %.

En effet, à la suite de la mise en œuvre du projet B, le RCI diminue et passe à 19 %, alors que le RNR augmente de 60 000 $. Si l'évaluation du rendement d'une entreprise repose sur le RCI, le directeur refusera un projet comme le projet B, qui aurait pour effet de diminuer ce rendement. En revanche, si l'évaluation du rendement de la même entreprise repose sur le RNR, le directeur acceptera un projet comme le projet B, qui aurait pour effet d'augmenter ce rendement. La direction d'une entreprise qui souhaite stimuler la croissance a intérêt à évaluer le rendement en recourant au RNR, et non au RCI.

Dans le modèle du RNR, on utilise le coût moyen du capital pour l'ensemble de l'entreprise : le calcul n'est donc pas influencé par le type de financement utilisé pour un investissement particulier, ce qui constitue un autre avantage de cette mesure. Le directeur technique est seulement responsable du rendement de l'investissement, ce qui est logique puisque, le financement n'étant pas de son ressort, il ne peut être tenu responsable des coûts liés au financement d'un projet.

LE COÛT DU CAPITAL

Le **coût du capital** (voir aussi le chapitre 15) correspond au coût moyen pondéré de toutes les sources de capital utilisées. Il n'est pas facile de déterminer toutes les sources de capital utilisées ni d'expliquer comment on calcule leur coût. En effet, le capital utilisé par une entreprise provient de plusieurs sources regroupées en deux rubriques : l'avoir des actionnaires, constitué de leur mise de fonds initiale et des bénéfices non répartis ; et le passif, constitué de l'ensemble des prêts qui contribuent à financer les projets, ainsi que de l'argent des partenaires commerciaux qui acceptent de faire crédit à l'entreprise. Les coûts de ces diverses sources de capital diffèrent. Le capital provenant des fournisseurs et des clients est grosso modo gratuit, à moins que des intérêts ne soient versés. Quant aux taux d'intérêt sur la dette, ils varient selon les garanties fournies.

Le concept de coût du capital comporte bien des paradoxes. D'une part, l'entreprise dispose de l'avoir des actionnaires sans avoir à verser d'intérêts sur ce capital. D'autre part, les entreprises dont les actions ne dégagent qu'un faible rendement connaissent généralement d'autres problèmes, notamment une diminution du cours de l'action, une difficulté à rassembler des fonds pour investir et des offres d'achat hostiles. La direction a donc intérêt à obtenir un taux de rendement du capital investi égal ou supérieur à ce qu'un investisseur pourrait obtenir ailleurs en courant le même niveau de risque. Le coût présumé de ce capital est le coût de renonciation pour l'investisseur, c'est-à-dire le rendement auquel il renonce en n'investissant pas ailleurs.

Puisque le coût du capital (CC) est lié au risque et que le risque varie selon les entreprises, il en va de même du coût du capital. En Amérique du Nord, le coût du capital se situe habituellement entre 10 et 20 %.

On calcule le coût du capital grâce à l'équation suivante :

$$CC = \Sigma K_d \left[(D_i / (D + E)) \right] + \Sigma K_e \left[E_j / (D + E) \right]$$

où K_d représente le coût de la dette avant impôts, en pourcentage ; D le montant de la dette ($D = \Sigma D_i$, D_i étant un emprunt particulier) ; K_e le coût de l'avoir des actionnaires ; et E la valeur marchande de l'avoir des actionnaires ($E = \Sigma E_j$, E_j étant une catégorie d'actions), qu'on obtient généralement en multipliant le prix par action par le nombre d'actions émises de cette catégorie.

Les facteurs qui composent le coût du capital se modifient sans cesse. Les taux d'intérêt montent et descendent, et la valeur des actions fluctue continuellement. C'est pourquoi les entreprises utilisent un coût du capital normalisé pour évaluer les investissements. Chaque entreprise choisit le taux qui lui convient ; cependant, en Amérique du Nord, un taux variant autour de 12 % est considéré comme normal actuellement, dans le contexte économique de ce début de XXIᵉ siècle.

LE CONCEPT EVA

Le RNR a été peu utilisé, mais il a été popularisé au début des années 1990 sous le nom de **concept EVA**[6]. Le concept EVA est une adaptation du RNR qui consiste à retrancher du bénéfice les éléments liés à la « faiblesse » du système comptable financier, c'est-à-dire les éléments qui ne font pas l'unanimité parmi les experts de la théorie de la comptabilité. Par exemple, on peut se demander s'il convient de réévaluer, selon leur valeur marchande, les investissements à long terme effectués dans des éléments d'actif intangibles. Les principes comptables généralement reconnus (PCGR) n'autorisent pas à le faire. Les entreprises peuvent cependant adopter les modalités qui leur conviennent, car le concept EVA est utilisé à l'interne et l'information qu'il permet d'obtenir n'est pas divulguée aux investisseurs.

On utilise le concept EVA pour comparer les résultats de différentes divisions et pour évaluer leur succès relatif, de même que pour aider les gestionnaires à juger de la rentabilité de leurs choix. L'utilisation du concept EVA pour évaluer la rentabilité des décisions d'investissement permet non seulement de voir le bénéfice (ou la perte) issu d'un projet, mais également le flux de bénéfice dans le temps. Comme le montre le prochain exemple, cette information peut avoir une influence inattendue sur la décision. Lorsque le concept EVA porte sur plus d'une période, on escompte les montants qu'on pense dégager au cours des années à venir en utilisant le même taux que celui du coût du capital. Selon cette méthode, et c'est un autre avantage, on tient compte du moment où les investissements sont effectués au cours d'un projet.

Beaucoup d'entreprises songent à utiliser le concept EVA, car il pallie certaines faiblesses bien connues du RCI. Le recours au concept EVA entraîne toutefois un certain nombre de difficultés. Premièrement, même si les calculs sont relativement simples, les concepts sous-jacents au concept EVA manquent de clarté pour nombre de gestionnaires non spécialistes de la finance. Le concept EVA devrait aider les gestionnaires à prendre les meilleures décisions possible, tant pour leur division que pour l'entreprise dans son ensemble. Mais si le concept sur lequel repose la mesure leur échappe, les résultats obtenus risquent de les décevoir. C'est pourquoi le modèle du concept EVA doit être expliqué avec soin et parfaitement compris. Or, beaucoup d'entreprises ne disposent pas de moyens suffisants pour expliquer la méthode à tous leurs employés. Deuxièmement, les utilisateurs du concept EVA peuvent l'adapter à leurs exigences propres, mais les choix effectués présentent eux-mêmes des difficultés. Les inventeurs de la méthode, Stern Stewart & Co., suggèrent une série de plus de

---

6. En anglais : *EVA (Economic Value Added)*. Il s'agit d'une appellation déposée par la firme Stern Stewart & Co.

100 modifications, mais apporter un grand nombre de modifications complique l'utilisation de la mesure et crée de la confusion chez les gestionnaires qui auront à s'en servir. C'est pour cette raison que les modifications sont bien souvent peu nombreuses. De plus, au cours des premières années d'utilisation, le recours au concept EVA présente des avantages qui ne se font guère sentir. On pourrait même parfois les qualifier d'effets négatifs. Cela tient à plusieurs raisons. Tout d'abord, les marges de bénéfice augmentent au fil du temps, puisque les coûts sont de mieux en mieux gérés et que les processus s'améliorent sans cesse. Ensuite, la valeur comptable des actifs utilisés diminue avec l'amortissement. L'exemple présenté ci-dessous met en relief ce phénomène, tout en illustrant le calcul du concept EVA d'un nouveau produit. On calcule le concept EVA en retranchant du résultat net un montant qui représente l'utilisation du capital. Pour ce faire, il faut calculer :

- le résultat net, évalué d'après le résultat net après impôts (RNAI) ;

- l'actif utilisé, ou actif net utilisé (ANU) ;

- le coût du capital (CC).

EXEMPLE

LE CONCEPT EVA D'UN PROJET D'INVESTISSEMENT

Imaginons un projet d'investissement dont on veut connaître le concept EVA.

Le calcul du RNAI

Le projet génère des ventes de 20 millions de dollars au cours de la première année et comporte des frais d'exploitation de 17 millions, d'où un RNAI de 3 millions. Les frais d'intérêts ne sont pas inclus, puisqu'ils seront pris en compte plus tard, lors du calcul du coût du capital. Si le taux marginal d'imposition est de 33,3 %, le RNAI sera de 2 millions.

Le calcul du RNAI

	Première année
Volume	40 000 unités
Revenus	20 000 000 $
Coûts variables	15 000 000 $
Frais de fabrication indirects	1 000 000 $
Coût des marchandises vendues	**16 000 000 $**
Résultat brut	4 000 000 $
Coûts de la période	1 000 000 $
Résultat net avant impôts	**3 000 000 $**
Impôts	1 000 000 $
Résultat net	**2 000 000 $**

Le calcul de l'ANU

Le projet exige deux types d'investissements. En premier lieu, il faut verser 10 millions de dollars dans le fonds de roulement afin de s'approvisionner en stocks et d'acquérir les autres éléments d'actif à court terme ; par hypothèse, ce montant ne variera pas d'une année à l'autre. En deuxième lieu, le projet exige des immobilisations en machinerie de 10 millions de dollars ; par hypothèse, ces éléments d'actif seront amortis au rythme de 1 million par année.

Les revenus étant perçus tout au long de l'année, on choisit une mesure des actifs qui couvre la même période. On calcule ainsi l'actif moyen grâce aux montants d'actif inscrits au début et à la fin de l'année, ce qui donne un ANU de 19,5 millions.

Le calcul du capital investi moyen

ANU	Début du projet	Fin de l'année 1	Moyenne
Fonds de roulement	10 000 000 $	10 000 000 $	10 000 000 $
Machinerie	10 000 000 $	9 000 000 $	9 500 000 $
	20 000 000 $	**19 000 000 $**	**19 500 000 $**

Le calcul du coût du capital

La plupart des entreprises utilisent un coût du capital normalisé ; nous supposons ici qu'il est de 12 %.

$$CC = ANU \times \text{pourcentage du CC} = 19,5 \text{ M \$} \times 0,12 = 2,34 \text{ M \$}$$

Le calcul du concept EVA

Le calcul du concept EVA pour la première année s'effectue de la façon suivante :

$$\text{Concept EVA} = RNAI - CC = 2 \text{ M \$} - 2,34 \text{ M \$} = -340\ 000 \text{ \$}$$

Le concept EVA est donc négatif. Pour simplifier, on considérera qu'on a reçu le concept EVA de l'année 1 à la fin de l'année. Donc, si on calcule la valeur actuelle (VA) du concept EVA en multipliant son montant par le taux d'actualisation, qui est de 12 %, on obtient :

$$\text{VA du concept EVA pour l'année 1} = -340\ 000 \text{ \$} \times 0,892\ 871\ 4 = -303\ 571 \text{ \$}$$

La VA du concept EVA est donc négative pour la première année de ce projet. Si elle demeurait négative pendant toute la durée du projet, on devrait en conclure qu'il y a une diminution de la valeur, et non une augmentation. Cependant, la plupart des projets présentent un potentiel de croissance. Posons comme hypothèse que les ventes augmenteront de 15 % par année et que la marge sur coûts variables ainsi que les coûts fixes demeureront constants. Le calcul du concept EVA sur cinq ans est présenté dans le tableau suivant.

Le calcul du concept EVA sur cinq ans

	Début	Première année	Deuxième année	Troisième année	Quatrième année	Cinquième année
Volume (en unités)		40 000	46 000	52 900	60 835	69 960
Revenus		20 000 $	23 000 $	26 450 $	30 418 $	34 980 $
Coûts variables		15 000 $	17 250 $	19 838 $	22 813 $	26 235 $
Marge sur coûts variables		5 000 $	5 750 $	6 612 $	7 604 $	8 745 $
Coûts fixes		2 000 $	2 000 $	2 000 $	2 000 $	2 000 $
Résultat d'exploitation		3 000 $	3 750 $	4 612 $	5 604 $	6 745 $
RN avant impôts						
Impôts		1 000 $	1 250 $	1 537 $	1 868 $	2 248 $
RNAI		2 000 $	2 500 $	3 075 $	3 736 $	4 497 $
RNAI cumulés		2 000 $	4 500 $	7 575 $	11 311 $	15 808 $
Capital						
Fonds de roulement	10 000 $	10 000 $	10 000 $	10 000 $	10 000 $	10 000 $
Machinerie	10 000 $	9 000 $	8 000 $	7 000 $	6 000 $	5 000 $
	20 000 $	19 000 $	18 000 $	17 000 $	16 000 $	15 000 $
Coût du capital		2 340 $	2 220 $	2 100 $	1 980 $	1 860 $
Concept EVA		–340 $	280 $	975 $	1 756 $	2 637 $
Facteur d'actualisation		0,892 86	0,797 19	0,711 78	0,635 52	0,567 43
VA (concept EVA)		–304 $	224 $	694 $	1 116 $	1 496 $
VA (concept EVA) cumulative		–304 $	–80 $	614 $	1 730 $	3 226 $

La valeur actuelle du concept EVA évolue dans le temps (figure 17.3). La première année, elle est négative, mais elle devient positive dès la deuxième année ; quant à la valeur cumulative, elle est positive à partir de la troisième année. Les phénomènes de ce genre ne sont pas rares. Comme on table sur les résultats à long terme du projet, on devrait normalement considérer la première année comme une année d'investissement, et non comme une année marquée par une perte de valeur. Les gestionnaires doivent s'assurer, lorsqu'on mesure la performance d'une division, qu'on ne les sanctionne pas pour avoir pris des décisions qui ajouteront de la valeur au fil du temps, même si ce n'est pas le cas dans l'immédiat.

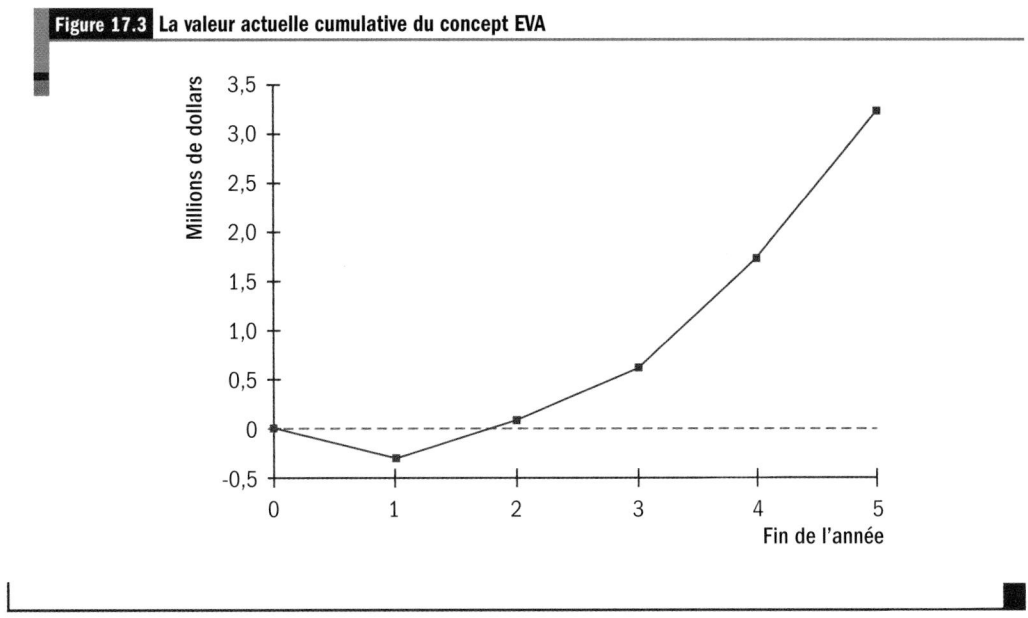

Figure 17.3 La valeur actuelle cumulative du concept EVA

Comme le PCI des ventes interdivisionnaires est une variable importante dans le calcul du RCI, du RNR et de l'EVA, comme indicateurs financiers de la performance, nous le verrons en détail dans la section suivante.

LE PRIX DE CESSION INTERNE ET LES SERVICES PARTAGÉS

Dans une entreprise d'une certaine taille, des produits et des services sont constamment échangés entre les divers centres de responsabilité ou entre les divisions. Dans le secteur manufacturier, les produits en cours sont transférés d'un centre de coûts à un autre, et des pièces sont souvent fabriquées dans une autre division. Si la division qui en bénéficie est un centre de coûts manufacturier, les cadres assument seulement la responsabilité des coûts qu'ils gèrent. Pour mesurer la performance, on devrait se concentrer sur les nouveaux coûts engagés dans le centre, coûts ajoutés par le système comptable au coût du produit en cours. Ce principe devrait s'appliquer à l'ensemble des activités de l'entreprise, car bien des coûts, notamment les coûts de gestion des ressources humaines, sont rarement attribués aux divisions qui en bénéficient.

Certaines entreprises définissent des paramètres qui leur permettront de comptabiliser les transactions effectuées entre les centres de responsabilité. Celles-ci sont fondées sur les notions de « prix de cession interne » et de « coûts des services partagés ».

LE PRIX DE CESSION INTERNE

Les produits et les services transférés d'une division à une autre sont facturés à un prix appelé prix de cession interne. Le **prix de cession interne** (PCI) est le prix demandé par une division à une autre division appartenant à la même entreprise en contrepartie d'un bien ou d'un service qu'elle lui fournit. Pour ce qui est du rendement financier de l'entreprise, le prix de cession interne n'influe en rien sur le résultat global, abstraction faite de certaines différences existant entre les provinces et les pays en matière d'imposition. En effet, ce que verse une division, l'autre l'encaisse. Il est indispensable de recourir aux prix de cession interne lorsque le transfert concerne un centre de profit ou un centre d'investissement.

L'UTILITÉ DU PRIX DE CESSION INTERNE

Le recours au prix de cession interne répond principalement à trois objectifs. En premier lieu, le prix de cession interne permet de mieux mesurer le rendement financier des unités concernées. Si un centre de profit recevait des pièces ou des services sans les payer, c'est-à-dire sans avoir à rapprocher ces coûts des revenus correspondants, cela reviendrait à sous-évaluer les coûts de ce centre, d'où une mesure incorrecte des résultats générés par ses activités. De la même façon, si un centre de profit fournissait un produit ou un service à un client sans recevoir les revenus correspondants, sa rentabilité serait sous-estimée.

En deuxième lieu, le prix de cession constitue pour les gestionnaires une information pertinente, en particulier lorsqu'ils doivent choisir entre deux possibilités. Les prix de cession interne indiquent quels sont les coûts des produits et des services. Cette information aide les gestionnaires à prendre toutes sortes de décisions : acheter une pièce ou la fabriquer, se procurer une nouvelle machine, lancer un nouveau produit, etc.

En troisième lieu, le prix de cession aide à prendre des décisions conformes aux intérêts de l'entreprise dans son ensemble. À cet égard, acheter un produit à l'interne n'est pas toujours la meilleure solution : la division qui achète le produit peut parfois se procurer hors de l'entreprise un produit similaire à un coût inférieur au prix de cession interne, tandis que la division qui lui fournit le produit pourrait utiliser sa capacité non utilisée pour fabriquer un produit plus rentable. Appliquer les règles du marché concurrentiel au sein de l'organisation contribue ainsi à améliorer la productivité des unités qui fournissent les biens ou les services et à assurer les échanges entre les unités.

COMMENT DÉTERMINE-T-ON LE PRIX DE CESSION INTERNE ?

Pour qu'un système de prix de cession interne soit efficace, on doit respecter deux conditions. Premièrement, les divisions qui achètent et qui vendent doivent être libres de négocier le prix entre elles. Deuxièmement, la division qui achète doit être libre d'effectuer son achat hors de l'entreprise.

En principe, le prix de cession interne doit correspondre au prix qui serait exigé si le produit était vendu à des clients externes ou acheté auprès de vendeurs externes.

Les trois méthodes d'établissement du prix de cession interne

On utilise principalement trois méthodes pour établir le prix de cession interne : le prix de cession négocié, la valeur marchande et le prix fondé sur les coûts.

Lorsque les deux parties peuvent négocier librement, on privilégie la méthode du **prix négocié**. La négociation est souvent fondée sur la valeur marchande et les coûts ; cependant, rien n'oblige à s'y référer.

Afin d'éviter de longues négociations, certaines entreprises utilisent parfois une formule pour effectuer les calculs. Dans ce cas, le prix de cession interne devrait être fondé sur la **valeur marchande**, c'est-à-dire sur le prix qu'on obtiendrait si on vendait le produit à des clients externes. Lorsqu'elle n'a pas de clients externes, la division fournissant le produit ou le service se réfère aux prix qu'exigent ses concurrents.

Par ailleurs, il arrive qu'il n'existe pas de points de référence, que plusieurs produits soient fabriqués uniquement pour les marchés internes ou qu'il soit impossible de vendre un produit à l'extérieur, faute de clients, ou pour des raisons stratégiques. Dans de tels cas, on établit le prix de cession interne en se fondant sur le coût de production. Toutefois, il y a plusieurs éléments à considérer. Le prix peut reposer sur le coût complet, frais d'administration et de recherche inclus, ou seulement sur les coûts variables. On peut prendre pour point de repère le coût standard ou budgété, ou le coût réel engagé. Le prix peut renvoyer à l'utilisation de la capacité de la division ou bien au volume actuel ou prévu. Lorsqu'il n'y a pas de marché pour le produit, il est recommandé d'utiliser le coût variable plus le coût de renonciation.

La marge de bénéfice de la division vendeuse sera également incluse dans le prix de cession interne. On utilisera diverses méthodes pour calculer le bénéfice à inclure dans le prix.

Dans d'autres cas, la direction établit deux prix différents pour la même transaction : un prix pour la division qui vend et un autre, plus faible, pour celle qui achète. Cette méthode du double prix s'applique sans affecter la comptabilité externe, puisque les prix de cession interne sont uniquement inscrits dans le système comptable destiné à l'entreprise et que l'entreprise ne verse pas d'argent à l'extérieur et n'en reçoit pas de l'extérieur. Par exemple, la division vendeuse peut facturer un prix fondé sur le coût complet, alors que la division acheteuse paie en fonction de la valeur marchande (qui serait plus faible). Le but de la méthode du double prix est de faciliter les transferts d'une division à une autre sans qu'aucune d'elles soit désavantagée. Elle présente cependant plusieurs difficultés. Le fait d'avoir plusieurs montants, d'ailleurs impossibles à concilier, risque d'entraîner une certaine confusion. De plus, la division vendeuse a plus de latitude quant à la gestion des coûts. C'est pourquoi on utilise rarement cette méthode.

LE CHOIX DES ENTREPRISES

Selon une enquête réalisée au Canada[7], les entreprises déterminent le prix de cession interne de la manière suivante :

- 37 % au coût complet ;

- 34 % à la valeur marchande ;

- 18 % recourent au prix négocié ;

- 6 % au coût variable ;

- 5 % à une autre méthode.

---

7. Roger Y. W. Tang, « Transfer Pricing in the 1990s », *Management Accounting*, février 1992.

QUELQUES OBSERVATIONS

Le prix de cession interne devrait refléter les objectifs stratégiques de l'entreprise. Par exemple, les ventes effectuées à l'interne représentent pour certaines entreprises un moyen de mieux utiliser la capacité d'une usine. Dans ce cas, les gestionnaires des centres de profit ne peuvent pas influer sur les décisions d'achat et ils doivent si possible acheter à l'interne. La performance de certaines unités administratives risque d'en souffrir, car, en l'absence de marché, l'unité vendeuse transférera probablement son inefficacité à l'unité qui achète, au lieu d'améliorer la productivité de cette dernière. Par ailleurs, l'utilisation de «coût variable + coût de renonciation» prévient le transfert d'inefficacité de l'unité vendeuse à l'unité acheteuse.

Les systèmes de prix de cession interne comportent d'autres risques. Si elle ne sait pas quel est pour l'entreprise le coût marginal du produit transféré, l'unité qui achète décide d'acheter en se fondant uniquement sur le prix de cession interne, ce qui peut constituer une décision sous-optimale pour l'entreprise dans son ensemble. Le problème est plus aigu lorsque le prix de cession interne comprend une marge de bénéfice pour la division qui vend et lorsque les produits et les pièces transitent par plusieurs centres de profit.

Enfin, la complexité s'accroît quand les transferts s'effectuent entre des divisions situées dans plusieurs pays : on doit prendre en considération, d'une part, les impôts à payer, et d'autre part, le comportement qu'on souhaite susciter chez les gestionnaires. En effet, on doit s'efforcer de diminuer les impôts versés globalement par l'entreprise en cumulant les bénéfices dans les divisions sises dans les pays où le taux d'imposition est moins élevé. Bien des entreprises ont adopté cette stratégie et transféré une partie de leurs bénéfices là où elles versent moins d'impôts. On fixe alors le prix de cession interne dans le but de réduire les impôts plutôt que de stimuler la performance et d'améliorer la prise de décision. Ces méthodes peuvent avoir des conséquences non souhaitées, car s'il est aisé d'évaluer les bénéfices à court terme des décisions relatives aux impôts, il est impossible d'évaluer avec précision les coûts, à court et à long terme, en matière de performance.

En ce qui concerne le comportement des gestionnaires, les entreprises devraient utiliser le prix de cession interne pour améliorer la prise de décision et la performance. Cependant, ces objectifs passent souvent au second plan, au profit de la diminution des montants d'impôts à payer. Il n'est donc pas surprenant qu'un nombre croissant de pays imposent des règles strictes en matière de prix de cession interne et contrôlent de plus en plus les transactions internes[8].

LES SERVICES PARTAGÉS

Les **services partagés** sont les services qu'une unité administrative (appelée centre de services partagés, définie au chapitre 1) rend à d'autres unités administratives. Les frais des services partagés se distinguent du prix de cession interne, car on les calcule en tenant compte d'un ensemble de services, sans pouvoir déterminer le coût de chacune des transactions. Par exemple, les services administratifs accomplissent de nombreuses tâches pour les services d'exploitation, notamment la tenue des livres, le règlement des factures et la vérification des valeurs immobilisées. Ces services peuvent aussi être constitués d'activités

---

8. Agence des douanes et du revenu du Canada, *Circulaire 87-2R,* «Prix de transfert international», 27 septembre 1999.

à valeur ajoutée. Le cas du Cirque du Soleil montre bien, par exemple, que ses unités « costumes » et « *casting* » constituent des services partagés essentiels à la performance de cette entreprise. Une bonne part de leurs coûts doit être prise en charge par les spectacles.

En effet, dans certains systèmes comptables, on attribue les coûts de ces services aux services utilisateurs afin de mieux refléter les coûts engagés par ces derniers. Cependant, même si toutes les entreprises bien organisées fonctionnent grâce à des services partagés, ceux-ci ne sont pas systématiquement attribués aux unités utilisatrices. Fixer le prix des services partagés comporte des difficultés et risque d'entraîner une certaine confusion. De plus, il faut consacrer des ressources importantes à la conception et au maintien des systèmes comptables indispensables.

Déterminer le prix des services partagés vise à améliorer la performance des unités qui reçoivent des services, tout en donnant un élément de comparaison avec les unités qui gèrent ces services à l'interne. Cependant, il faut s'assurer que le système de prix permet de réduire les comportements non productifs résultant du système de mesure lui-même et de parvenir à un équilibre entre précision et simplicité. Par exemple, on peut attribuer les coûts relevant des technologies de l'information en se fondant sur les services rendus (qui peuvent être de toute nature) aux utilisateurs ou, plus simplement, en fonction du nombre d'écrans utilisés dans chacun des services. Cette dernière façon de faire est plus simple à comprendre et à gérer, mais les gestionnaires pourraient en abuser en minorant le nombre d'écrans qu'ils utilisent. Si la relation entre les coûts totaux attribuables aux technologies de l'information et le nombre d'écrans est faible, réduire le nombre d'écrans entraînera des coûts supplémentaires pour les services utilisateurs, mais aura peu d'effets sur les coûts totaux du service des technologies de l'information.

La prudence est de mise lorsque l'on conçoit des systèmes visant à répartir les coûts des services partagés. Les comptables en management qui les mettent au point doivent être au fait des raisons stratégiques pour lesquelles on les instaure et s'assurer que le système de mesure n'entraîne pas d'effets contraires aux buts poursuivis.

La très grande majorité des entreprises ne réalise que 63 % des performances financières escomptées par leur stratégie. Cette faible performance est attribuée à l'absence d'un système de suivi adéquat, constitué des bons indicateurs financiers et non financiers, liés par de rigoureux liens de cause à effet[9]. Il s'agit, en quelque sorte, de doter l'entreprise d'une intelligence organisationnelle comptable.

LES INDICATEURS NON FINANCIERS DE LA PERFORMANCE

Depuis un intérêt renouvelé envers les tableaux de bord de gestion (voir le chapitre 18), les **indicateurs non financiers de la performance**, tels que la satisfaction du client ou l'amélioration des processus, suscitent un intérêt croissant chez les gestionnaires de tous les échelons. Les indicateurs non financiers ont plusieurs caractéristiques attrayantes aux yeux des gestionnaires chargés de l'exploitation. D'abord, et c'est le facteur le plus important, ils sont liés

---

9. Voir l'article de Michael C. Mankins et Richard Steele, « Turning Great Strategy into Great Performance », *Harvard Business Review,* juillet-août 2005, p. 65-72.

aux inducteurs de la performance financière à venir. Ils traduisent des phénomènes qui ont lieu aujourd'hui, mais qui déterminent la performance financière future. Les indicateurs permettent donc aux gestionnaires de focaliser leur attention et leurs efforts sur l'amélioration des inducteurs, sachant qu'ils se traduiront par une performance financière de l'entreprise supérieure à long terme. À l'inverse, on sait que recourir uniquement à des indicateurs financiers conduit souvent à ne s'intéresser qu'à la performance à court terme.

Ensuite, il est plus facile de mettre ces indicateurs en rapport avec la stratégie de l'entreprise et de ses sous-unités. La stratégie de l'entreprise recouvre les facteurs de succès qui lui permettent d'atteindre ses objectifs, facteurs qui peuvent être saisis par les indicateurs non financiers. De plus, les indicateurs non financiers portent sur les phénomènes que contrôlent les gestionnaires à l'œuvre sur le terrain, et ils sont généralement plus aisés à comprendre que les indicateurs financiers.

Compte tenu de leurs avantages, il est surprenant que ces indicateurs ne soient pas davantage utilisés pour évaluer la performance des entreprises. Les gestionnaires ont beau s'intéresser de plus en plus aux indicateurs non financiers pour la gestion, on recourt encore surtout aux mesures financières pour évaluer la performance de l'entreprise.

POURQUOI UTILISE-T-ON SI PEU LES INDICATEURS NON FINANCIERS ?

Plusieurs facteurs expliquent la faible utilisation des indicateurs non financiers pour évaluer la performance de l'entreprise : la préférence des investisseurs pour les indicateurs financiers ; les *a priori* des gestionnaires ; l'intégration des systèmes d'information au système de contrôle ; le soutien de la direction et des gestionnaires fonctionnels ; les ressources nécessaires ; le manque de précision de l'énoncé stratégique ; l'inadéquation des systèmes actuels d'indicateurs non financiers ; et l'absence de modèle expliquant les relations de cause à effet entre les indicateurs financiers et non financiers et la stratégie.

LA PRÉFÉRENCE DES INVESTISSEURS POUR LES INDICATEURS FINANCIERS

Les gestionnaires sont attentifs aux mesures que les investisseurs utilisent pour les évaluer. Bien que les gestionnaires s'appuient sur des indicateurs non financiers dans leur gestion quotidienne, on porte toujours une grande attention aux indicateurs financiers, car ils servent à mesurer la performance globale des entreprises à but lucratif.

LES *A PRIORI* DES GESTIONNAIRES

Les gestionnaires sont normalement peu sensibilisés aux indicateurs non financiers. Pendant longtemps, ils ont estimé que les mesures financières de la performance donnaient une image exhaustive des résultats de l'entreprise et de ses unités administratives. Ils ont cru à la gestion par les chiffres et pensé que ceux-ci dévoilaient toute la vérité[10]. Cette perception a commencé à changer, au début des années 1980, avec la publication d'articles et d'ouvrages remettant en question le caractère strict du contrôle financier[11]. Le mouvement de gestion

---

10. Harold GENEEN, « The Case for Managing by the Numbers », *Fortune,* 1er octobre 1994, p. 56-59.
11. Voir, par exemple, le livre de Tom PETERS et Robert WATERMAN intitulé *Le prix de l'excellence,* Free Press, 1992.

de la qualité totale, qui s'est ainsi développé vers la fin des années 1980, a diffusé le concept d'inducteurs de la performance auprès des gestionnaires, qui ont été invités à s'intéresser aux inducteurs de la qualité et à les mesurer. L'attention s'est ensuite portée sur la qualité des produits, puis sur la satisfaction des clients. Les actifs intangibles de l'entreprise ont aussi crû de manière très importante ces dernières années. En raison de cet intérêt croissant pour les mesures non financières, les gestionnaires y sont aujourd'hui plus sensibilisés qu'il y a quelques années, mais pas suffisamment encore pour s'engager dans la mise au point d'un système d'indicateurs non financiers.

L'INTÉGRATION DES SYSTÈMES D'INFORMATION AU SYSTÈME DE CONTRÔLE

Les gestionnaires s'efforcent d'acquérir les habiletés utiles pour améliorer les résultats dans le cadre des systèmes de mesure actuellement utilisés. Nombre d'entre eux sont donc susceptibles de résister au changement lorsqu'on adopte un nouveau système de mesure pour lequel leurs habiletés de gestion peuvent, à leurs yeux, être inadaptées. Changer de système de mesure de la performance implique de changer la mentalité de ceux qui travaillent dans l'entreprise. Pour que les gestionnaires adoptent un nouveau système, la direction doit le soutenir de manière ouverte et constante. L'absence de soutien de la direction est souvent un obstacle au changement en matière de mesure de la performance.

LE SOUTIEN DE LA DIRECTION ET DES GESTIONNAIRES FONCTIONNELS

Le soutien aux nouvelles mesures doit se manifester dans toute l'entreprise. Au fur et à mesure qu'elles adopteront des indicateurs non financiers, les entreprises découvriront que ces derniers font appel non pas aux résultats des centres de responsabilité pris individuellement (comme c'est le cas pour les mesures financières de la performance), mais aux processus transfonctionnels. La mise en œuvre des indicateurs non financiers exige donc une coopération transfonctionnelle, pour l'instant difficile à obtenir dans certaines entreprises.

LES RESSOURCES NÉCESSAIRES

Autre obstacle au changement, la mise au point d'indicateurs non financiers suppose des ressources supplémentaires et, en particulier, beaucoup de temps. Pour réfléchir aux divers facteurs qui influent sur les résultats finaux de leur entreprise, les gestionnaires ont besoin de temps : ils doivent donc être dégagés d'une partie de leurs responsabilités, car la gestion quotidienne de l'entreprise occupe une grande partie de leur temps. Or, on sait que le respect des délais d'implantation peut conditionner la réussite d'un projet. Des ressources sont également nécessaires pour mettre sur pied les nouveaux systèmes d'information et les garder à jour. Mais, répétons-le, le facteur le plus important n'est pas l'achat d'un logiciel destiné à traiter l'information, mais bien le soutien de la direction et la disponibilité des gestionnaires. De fait, de nombreux systèmes d'indicateurs non financiers, intégrés aux indicateurs financiers, reposent sur des systèmes d'information relativement peu sophistiqués.

LE MANQUE DE PRÉCISION DE L'ÉNONCÉ STRATÉGIQUE

L'incertitude stratégique constitue un autre obstacle de taille. Les indicateurs non financiers doivent refléter l'orientation stratégique de l'unité administrative qu'on veut évaluer. Or, la stratégie n'est pas toujours claire, et souvent elle n'est ni définie ni exprimée. Il est fréquent que les entreprises publient des plans stratégiques et des énoncés de mission, sans pour autant les intégrer au système de contrôle, autrement dit sans adapter le système de contrôle à la stratégie. Si elles décident de le faire, les gestionnaires se rendent compte qu'il leur faut revoir les détails de la stratégie énoncée au départ avant de choisir les mesures de performance. De plus, lorsqu'il s'agit de mesurer la performance d'une sous-unité administrative, par exemple un service voué aux activités d'exploitation, ou d'un processus, on s'aperçoit souvent que les objectifs propres à l'unité n'ont pas été délimités de manière stricte. Un exercice de planification stratégique est donc nécessaire avant de définir les mesures de performance.

L'INADÉQUATION DES SYSTÈMES ACTUELS D'INDICATEURS NON FINANCIERS

Les indicateurs non financiers permettent d'évaluer tout un éventail de phénomènes. Ces dernières années, plusieurs indicateurs non financiers, tels que la satisfaction des clients ou celle des employés, ont été proposés et implantés dans les entreprises. Des enquêtes montrent que, même s'ils s'intéressent à l'information non financière, les gestionnaires ne lui accordent qu'une confiance limitée. Selon une étude datant du milieu des années 1990[12], 76 % des gestionnaires inscrivent la satisfaction de la clientèle dans leur suivi de gestion, mais seulement 29 % considèrent que la qualité de l'information qu'ils reçoivent correspond à leurs exigences.

Comment expliquer cette insatisfaction? Beaucoup de travail a été effectué pour définir des méthodes permettant d'analyser les données non financières, mais la mise au point des indicateurs reste un défi important et complexe. Certains indicateurs, notamment ceux qui portent sur la satisfaction du client, sont plus développés que d'autres, par exemple ceux qui visent l'apprentissage organisationnel en entreprise ou le capital intellectuel. De plus, ce n'est pas parce qu'un indicateur convient bien à une entreprise ou à une de ses unités qu'il est nécessairement approprié dans un autre contexte. Par ailleurs, les gestionnaires qui développent les nouvelles mesures sont souvent insuffisamment formés sur les éléments techniques du processus de mesure.

Si les gestionnaires se fient davantage aux mesures financières, c'est, entre autres raisons, parce qu'on les développe de façon continue depuis longtemps. Il est important de rappeler que la comptabilité que nous utilisons aujourd'hui renvoie à un système de mesures très ancien – le premier système de comptabilité en partie double date de la fin du XVe siècle – et que ces mesures se sont beaucoup améliorées depuis grâce au travail des comptables. Aujourd'hui, de nombreux pays ont mis sur pied un organisme chargé d'établir des normes, projet dans lequel ils ont investi des ressources considérables. Pour ne citer qu'un exemple, le budget annuel du Financial Accounting Standards Board des États-Unis est de plusieurs dizaines de millions de dollars américains. De très nombreux projets sont également à l'étude, mais une standardisation plus formelle des indicateurs non financiers tarde à s'instaurer.

L'ABSENCE DE MODÈLE EXPLIQUANT LES RELATIONS DE CAUSE À EFFET

Pour gérer l'entreprise, les gestionnaires doivent comprendre son fonctionnement, et la plupart le connaissent bien. Toutefois, la compréhension des mécanismes régulant la performance de

---

12. John H. LINGLE et William A. SCHIEMANN, « From Balanced Scorecard to Strategic Gauges : Is Measurement Worth It? », *Management Review,* vol. 85, mars 1996, p. 56-61.

l'entreprise peut grandement différer selon les gestionnaires. Bien qu'elle repose parfois sur les politiques, les manières de faire ou les mesures adoptées par l'entreprise, cette compréhension reste la plupart du temps intuitive et fluide.

Pour mettre au point des modèles de la performance économique efficaces, les gestionnaires doivent avoir une bonne connaissance des inducteurs de la performance, qu'on appelle aussi parfois inducteurs de valeur et inducteurs de coûts. Ces inducteurs correspondent à des événements qui ont lieu aujourd'hui, mais qui influent sur la performance financière de demain. Ils sont liés aux facteurs clés de succès de l'entreprise, eux-mêmes liés à sa stratégie. Ces inducteurs de performance dépendent des situations, des industries, des entreprises et des fonctions au sein des entreprises. Par exemple, les inducteurs de performance du service de la comptabilité diffèrent nettement de ceux du service des ventes.

L'aptitude à déterminer les inducteurs de performance et l'attention qu'on leur prête varient également. Dans l'industrie manufacturière, on a compris depuis longtemps l'importance des temps de cycle et on a conçu diverses mesures visant à les évaluer. Les entreprises de services financiers ont plus de difficultés à comprendre en profondeur les facteurs de la performance, de même qu'à les mesurer. D'où vient la capacité d'une firme d'investissement à attirer de nouveaux clients? Quels éléments du comportement des vendeurs peuvent être mesurés et comment le seront-ils? On a beaucoup réfléchi à ces questions, mais cette réflexion en est encore à ses débuts et l'analyse des relations de cause à effet exige une attention continuelle. N'oublions pas que de nombreuses entreprises de services financiers, même si elles sont dans les affaires depuis longtemps, disposent seulement de mesures financières pour évaluer la performance du service des ventes.

LES QUALITÉS DES INDICATEURS NON FINANCIERS

Les comptables comprennent que l'information financière doit avoir des qualités fondamentales et être conçue dans le respect d'un ensemble de principes. Les principales qualités de l'information non financière sont l'intelligibilité, la pertinence, le caractère significatif, la fiabilité, la fidélité, la complétude, la comparabilité et la disponibilité. Nous les présentons ci-après, de même que les principes qui président à la conception de cette information.

L'INTELLIGIBILITÉ

Il est essentiel que l'information sur la performance soit comprise par ceux qui l'utilisent, à savoir les gestionnaires. Même si on suppose qu'ils sont aptes à comprendre le monde des affaires, leur niveau de formation et d'expérience varie grandement. Si certains d'entre eux, comme les ingénieurs, jonglent continuellement avec les chiffres, pour d'autres, l'information quantitative présente un défi. Cette observation vaut tout particulièrement pour l'information financière, puisque bien des gestionnaires n'ont que peu de formation ou aucune formation en comptabilité.

Les comptables en management devraient supposer que les utilisateurs ont une certaine connaissance de leur domaine et sont disposés à étudier l'information d'une façon suffisamment approfondie. On doit également s'efforcer de présenter l'information d'une manière qui en facilitera la compréhension, en faisant appel à des graphiques et à des symboles. De plus, on doit définir les mesures utilisées et donner de l'information sur la collecte et le traitement des données.

LA PERTINENCE

L'information produite doit absolument être pertinente : elle possède cette caractéristique lorsqu'elle influe sur les actions accomplies ou sur les décisions prises par les utilisateurs. Les concepteurs des systèmes de mesure doivent tenir compte de cet aspect dans leurs travaux. Par exemple, l'information sur les temps de cycle influe sur la gestion des responsables des ventes et de la production, ainsi que sur leur capacité de respecter les délais de livraison. Cette information servira à la fois à confirmer la fiabilité des processus de gestion et à prévoir les degrés de satisfaction futurs des clients. Si l'information révèle que les délais de livraison ne sont pas respectés, cela peut favoriser une meilleure coordination entre le personnel des ventes et celui de la production. Une telle information peut aussi déboucher sur une meilleure communication entre le personnel des ventes et les clients, ce qui, en fin de compte, aura pour effet de réduire les coûts de livraison.

La pertinence des prévisions détermine le choix des mesures utilisées, selon les décisions à prendre. Les prévisions sont pertinentes lorsqu'elles influent sur les décisions. Pour assurer la pertinence des prévisions, il faut que les rapports présumés entre les mesures utilisées et les autres phénomènes soient fiables, même s'il ne s'agit pas nécessairement de relations de cause à effet ou de calculs effectués à l'aide de formules.

LE CARACTÈRE SIGNIFICATIF DE L'INFORMATION

Le caractère significatif de l'information dépend des circonstances dans lesquelles elle est utilisée. Une information non financière est utile s'il est probable qu'elle modifie les décisions prises ou les actions accomplies par les utilisateurs. Ce critère permet d'éliminer certaines informations.

Il arrive qu'une information soit par nature significative. Par exemple, l'information selon laquelle un nouveau concurrent arrive sur le marché, même si elle a un coefficient de probabilité peu élevé, devrait sans aucun doute susciter réflexion et débats. Par ailleurs, l'information concernant le nombre d'ingénieurs qui pourraient travailler à un projet n'aura un caractère significatif que s'il existe un risque de pénurie.

LA FIABILITÉ

Pour être utile, l'information non financière doit être fiable. On dit qu'une information est fiable lorsqu'elle est exempte d'erreurs importantes ou de distorsions susceptibles de provoquer des réactions inappropriées. La fiabilité et la pertinence sont deux concepts différents. L'information peut être pertinente parce qu'elle influe sur les décisions des gestionnaires, mais ne pas être fiable parce qu'elle les induit en erreur. Par exemple, il arrive que l'information relative aux clients soit utile à la prise de décision, et soit de ce fait pertinente. Mais si elle provient d'un échantillon trop petit ou d'un échantillon biaisé, elle peut ne pas être fiable et entraîner des décisions inappropriées.

LA FIDÉLITÉ

Pour être fiable, l'information non financière doit donner une image fidèle des événements dont elle est censée rendre compte. Les lacunes en cette matière s'expliquent par les difficultés qu'il y a à cerner correctement les événements qu'on veut représenter. Ainsi, on mesurerait mal le degré de satisfaction des employés en se contentant d'additionner le nombre de plaintes formulées auprès des supérieurs.

LA COMPLÉTUDE

L'information doit donner une image complète du phénomène étudié. Autrement dit, on ne doit pas utiliser les informations non financières prises isolément, mais les mettre en rapport avec d'autres variables. La complétude est un objectif clé des tableaux de bord de gestion, qui seront présentés au chapitre 18.

LA COMPARABILITÉ

Afin de mieux discerner les tendances, les utilisateurs doivent pouvoir comparer les données en les inscrivant dans une série chronologique. De même, ils doivent pouvoir comparer les performances des différentes parties de l'entreprise, d'où la nécessité d'assurer la cohérence des mesures. C'est pourquoi les nouvelles mesures et les nouveaux systèmes de mesure présentent des défis particuliers, car ils font l'objet d'une expérimentation dont la procédure n'est pas encore tout à fait fixée.

Les comptables en management qui essaient de coordonner le développement des mesures de la performance dans l'entreprise éprouvent des difficultés importantes. Alors que l'information financière est habituellement sous la responsabilité d'une seule équipe, l'information non financière est souvent préparée par divers individus ou groupes qui n'ont que peu de contacts ou aucun contact entre eux. Lorsque l'on compile l'information, il n'est pas rare de découvrir que des mesures mises au point dans différentes parties de l'organisation ont en réalité le même objectif, ont les mêmes utilisateurs et reçoivent les mêmes appellations, mais qu'elles sont mises en pratique de manière différente. Négliger ces différences peut mener à des conclusions inappropriées.

Les entreprises qui souhaitent mettre au point des mesures de la performance applicables partout en leur sein ont intérêt à se pencher en priorité sur la comparabilité des mesures. Il faut élaborer des procédures et les transmettre aux utilisateurs de l'information. En fait, toute l'entreprise devrait recevoir le même type d'information, comprenant des tableaux, des graphiques, des figures et des pictogrammes destinés à mieux transmettre les chiffres aux gestionnaires. On recourt de plus en plus à ce genre de présentations parce que les ordinateurs facilitent la tâche et fournissent une information pictographique que les cadres chargés des activités d'exploitation peuvent interpréter plus rapidement.

Il ne faut pas confondre la normalisation des mesures et l'uniformisation des mesures, qui nuirait à la nécessaire évolution des mesures de la performance qui a lieu dans chacune des parties de l'entreprise. On doit améliorer les mesures de la performance dès que l'entreprise dispose d'un plus grand nombre de données pertinentes. On doit éviter de présenter le même rapport ou d'utiliser les mêmes mesures simplement parce qu'on a toujours agi ainsi : les mesures perdraient de leur pertinence et de leur fiabilité.

Toute modification des mesures implique de rechercher l'information comparative correspondante pour les périodes précédentes. Les responsables des mesures s'y préparent lorsqu'ils se rendent compte que les utilisateurs souhaitent effectuer des comparaisons avec les périodes précédentes et lorsque l'information peut être obtenue de manière fiable et économique.

LE FACTEUR TEMPS (LA DISPONIBILITÉ)

Pour être pertinente, l'information doit être disponible rapidement, souvent en temps réel. Par contre, on s'expose à de grands risques à vouloir obtenir de l'information rapidement au détriment de sa fiabilité et de sa rigueur. Les possibilités qu'offrent les technologies actuelles ne doivent pas amener les gestionnaires à utiliser une information non fiable : les conséquences pour l'organisation pourraient être désastreuses.

LES PRINCIPES DES INDICATEURS NON FINANCIERS

LA PRÉPONDÉRANCE DE LA SUBSTANCE SUR LA FORME

Dans la mesure de la performance financière, la notion de prépondérance de la substance sur la forme a gagné en importance au cours des dernières années. La comptabilité des actifs loués à long terme offre un bon exemple de cette tendance. En effet, les règles comptables financières ont été modifiées afin que les éléments d'actif loués à long terme soient dorénavant traités comme des actifs, même si l'utilisateur n'en est pas le propriétaire légal. Le même principe doit s'appliquer à l'information non financière concernant la gestion. Dans les cas où, une fois mises en pratique, les mesures ne décrivent pas correctement la situation, on devra les adapter afin de corriger ce défaut. Il faut, bien sûr, que ceux qui préparent les rapports d'information non financière soient capables de déterminer à l'avance comment elle sera perçue et utilisée par les gestionnaires.

LA PRUDENCE

Les termes *risque* et *incertitude* reviennent constamment dans les rapports rédigés par les comptables en management, en particulier à propos des indicateurs non financiers effectués sur la base d'estimations, et non d'informations complètes. S'il est approprié de dévoiler l'incertitude qui pèse sur les mesures, par prudence, il convient d'éviter de se ménager des réserves cachées ou des provisions excessives : les données obtenues manqueraient de fiabilité.

L'ÉQUILIBRE ENTRE LES BÉNÉFICES ET LES COÛTS

Selon un principe général, les coûts de production de l'information ne devraient jamais être plus élevés que les bénéfices qu'elle procure. Cependant, il est difficile d'appliquer ce principe, puisque l'évaluation des coûts et des bénéfices tirés de l'information est souvent très subjective. De plus, en information de gestion, on doit généralement répartir les coûts entre plusieurs utilisateurs. Par exemple, les coûts de préparation de l'information sont la plupart du temps attribués au budget du service des finances, et non directement aux utilisateurs. Ceux qui préparent l'information doivent garder en tête tous ces éléments et faire preuve de jugement quand ils mettent au point les systèmes de mesure de la performance et les utilisent.

LES LIMITES DES INDICATEURS NON FINANCIERS

En règle générale, ceux qui conçoivent et utilisent les systèmes d'indicateurs non financiers doivent arriver à des compromis. Il faut mettre en balance les avantages que procure une information pertinente supplémentaire et les coûts supplémentaires qu'entraîne la recherche de cette information. Dans tous les cas, la décision relève du jugement des comptables.

L'information devrait être présentée au moment où elle servira le mieux la prise de décision, donc les exigences des utilisateurs. La pertinence de l'information dépend du temps que les utilisateurs mettent à l'obtenir. Par ailleurs, une information présentée prématurément perd parfois de sa fiabilité. Là encore, il faut trouver un équilibre entre la possibilité d'obtenir rapidement une information et la nécessité de présenter une information fiable et pertinente ; il est parfois préférable d'attendre d'avoir en main toute l'information pour la transmettre.

Des facteurs organisationnels s'ajoutent aux difficultés techniques de compilation de cette information, dans les cas où la dynamique organisationnelle est telle que des gestionnaires retiennent les données nécessaires à la compilation de ces indicateurs. Une des raisons qui expliquent pourquoi des gestionnaires sont réticents à communiquer certaines informations, c'est qu'ils craignent que celles-ci servent à accroître le contrôle de la direction et, par conséquent, à réduire leur pouvoir et leur autonomie[13].

Pour pallier ces limites organisationnelles, les leviers de Simons[14] proposent des modalités d'usage des indicateurs non financiers comme outils de contrôle de gestion. Si un usage « diagnostique » de ces indicateurs tend à accroître les réticences des gestionnaires et à limiter leur utilité pour la performance de l'entreprise, un usage « interactif » peut accroître leur qualité ; on pense ici aux forums d'échange qui président à leur conception et qui impliquent les gestionnaires concernés. Bref, notre conclusion est que le processus de conception des indicateurs non financiers importe autant que les indicateurs eux-mêmes. Le travail d'analyse qu'il suppose permet aux acteurs organisationnels d'acquérir une meilleure compréhension de l'entreprise et constitue en cela un levier de performance essentiel.

CAPSULES VIDÉO

Qu'en disent les experts ?

🎞 **CAPSULE VIDÉO 17.1** **Transfert interne des coûts**
Monsieur Éric Marceau, vice-président, Contrôle, au Cirque du Soleil, explique le transfert interne de coûts liés aux spectacles, par exemple aux costumes, au recrutement, à la formation et à l'entraînement des artistes.

---

13. Consulter le texte de Christopher D. ITTNER et David F. LARCKER, « Moving from Strategic Measurement to Strategic Data Analysis », dans Christopher S. CHAPMAN (dir.), *Controlling Strategy : Management, Accounting, and Performance Measurement,* Oxford University Press, 2005, p. 86-105.
14. Voir le chapitre 19, p. 571.

CAPSULE VIDÉO 17.2 **Contrôler sans tuer la créativité**
Comment concilier performance financière et performance artistique? Monsieur Marceau offre une description des mesures de la performance et du rôle qu'elles occupent dans la gestion du Cirque.

CAPSULE VIDÉO 17.3 **Être analyste au cirque du soleil**
Monsieur Marceau aborde l'organisation de la fonction finance en précisant le rôle des analystes et les compétences recherchées au Cirque dans ce domaine.

CAPSULE VIDÉO 17.4 **La performance organisationnelle au gouvernement**
Monsieur Renaud Lachance, vérificateur général du Québec, définit la notion de performance organisationnelle applicable au gouvernement.

OBJECTIFS DE CONNAISSANCES, REVUS

1 Connaître les éléments clés servant à mesurer le rendement financier de l'entreprise.

Le rendement financier des entreprises se mesure globalement par les mesures financières. Toutefois, la performance renvoie à différentes notions: efficacité, efficience, rendement, productivité et économie. Les termes *mesure* et *indicateur,* souvent utilisés indifféremment, recouvrent en fait deux réalités différentes. La mesure désigne des éléments tangibles qui se comptent, et l'indicateur, des éléments intangibles et difficilement mesurables, par exemple la satisfaction des clients. On doit aussi distinguer les mesures témoins, qui rendent compte des résultats de la performance, et les inducteurs, qui influent sur la performance à venir. En théorie, les indicateurs, qui sont d'ailleurs souvent aussi des inducteurs, devraient être les variables clés des décisions en matière de performance. En pratique, ce sont souvent les mesures financières qui sont le plus utilisées, alors qu'elles font de plus en plus l'objet de critiques.

2 Expliquer le rôle des indicateurs de la performance organisationnelle.

Les mesures de performance organisationnelle sont utilisées à de nombreuses fins. On s'en sert pour surveiller les divisions et les employés, pour rémunérer la performance, pour en savoir davantage sur une technologie nouvellement implantée ou sur la fabrication d'un produit nouvellement lancé. On l'emploie également pour prendre des décisions, pour faire connaître la stratégie, pour resserrer la coordination et, enfin, pour améliorer la performance. Les mesures ont un rôle à la fois symbolique et fonctionnel. La façon dont la mesure est utilisée a des effets sur la performance, par exemple sur celle des gestionnaires qui en tiennent compte au moment de prendre des décisions. Il importe donc autant de comprendre comment les gestionnaires réagissent aux mesures que de comprendre les mesures elles-mêmes.

3 Présenter les indicateurs financiers de la performance organisationnelle.

Les mesures financières de la performance permettent de vérifier si les objectifs de revenus, de coûts, de bénéfices ou de rendement du capital investi ont été atteints. On choisit les éléments de revenus et de coûts dont il faut tenir compte dans les mesures en fonction du principe de la contrôlabilité. Les mesures financières les plus connues sont le rendement du capital investi (RCI), le résultat net résiduel (RNR) et le concept EVA. Le RCI est le produit de deux taux : le taux de bénéfice net et le taux de rotation du capital. Le RNR est la différence entre deux montants : le résultat net et un montant qu'on associe au coût du capital. Le concept EVA est une variante du RNR.

4 Comprendre le prix de cession interne.

Le prix de cession interne est le prix facturé par une division d'une entreprise à une autre division de la même entreprise pour les biens ou les services qu'elle lui fournit. L'utilisation du prix de cession interne répond à trois objectifs : faciliter la mesure de la performance des unités en question ; fournir aux gestionnaires une information pertinente ; et assurer la cohérence des décisions dans l'ensemble de l'entreprise. Lorsqu'on énonce une politique de prix de cession interne, il faut respecter le choix des responsables, et le prix idéal doit correspondre à celui qui serait exigé si le produit était vendu à des clients externes. On distingue les systèmes de prix de cession interne selon qu'ils sont fondés sur la négociation, la valeur marchande ou le coût de revient.

5 Indiquer les principes à suivre pour mettre au point des indicateurs non financiers de performance organisationnelle.

Si on recourt peu aux indicateurs non financiers de la performance, c'est en raison de la préférence des investisseurs pour les indicateurs financiers, du peu d'intérêt des gestionnaires, de l'intégration des systèmes d'information au système de contrôle, de l'absence de soutien de la direction, de ressources insuffisantes, du manque de précision de l'énoncé stratégique, de l'inadéquation des systèmes actuels d'indicateurs non financiers et de l'absence de modèles expliquant les relations de cause à effet. Les caractéristiques essentielles à tout système d'indicateurs non financiers sont l'intelligibilité, la pertinence, le caractère significatif de l'information, la fiabilité, la fidélité, la complétude, la comparabilité et la disponibilité. Enfin, on doit maintenir un équilibre entre les bénéfices apportés par le système envisagé et les coûts qu'il implique.

MOTS CLÉS

LES TABLEAUX DE BORD DE GESTION

OBJECTIFS

1 Expliquer en quoi consistent les tableaux de bord de gestion.

2 Exposer comment on implante un tableau de bord de gestion prospectif.

3 Décrire le tableau de bord de gestion d'une entreprise à but lucratif.

4 Décrire le tableau de bord de gestion d'une organisation à but non lucratif.

5 Décrire le tableau de bord de gestion chez Pratt & Whitney Canada.

6 Décrire le tableau de bord de gestion chez TELUS.

SOMMAIRE

Piloter une entreprise à but lucratif ou une organisation à but non lucratif (OBNL) en s'aidant d'un tableau de bord, comme on conduirait une automobile, peut faire rêver la direction. C'est l'exemple de l'automobile qui donne son nom à l'outil de pilotage clé de l'organisation : le tableau de bord de gestion. Cependant, l'environnement où évoluent les organisations n'est pas aussi stable, il est dynamique. De plus, une organisation se compose de plusieurs unités qui doivent être pilotées à l'aide de tableaux de bord. Il y a donc plusieurs types de tableaux de bord selon l'objectif poursuivi, le niveau hiérarchique, le style de gestion, le type d'industrie. De façon générale, on peut diviser les tableaux de bord de gestion en deux catégories. Le modèle classique du tableau de bord de gestion consiste essentiellement en mesures financières. Ces 20 dernières années, un deuxième type de tableau de bord est apparu qui combine les mesures financières et non financières : le tableau de bord prospectif.

L'exemple de Pratt & Whitney Canada illustre bien l'adaptation du tableau de bord prospectif dans le cadre d'une entreprise manufacturière, et celui de TELUS, dans une industrie de service. Exceptionnellement dans ce chapitre, nous présenterons brièvement ces deux entreprises, avant d'exposer la théorie, puis de revenir aux exemples de Pratt & Whitney Canada et de TELUS.

■ PRATT & WHITNEY CANADA

La société Pratt & Whitney Canada (PWC) est un leader dans le secteur de l'aéronautique : les moteurs d'avion qu'elle conçoit et fabrique, ainsi que les centres de services qu'elle offre à sa clientèle, se retrouvent partout sur la planète. PWC a livré jusqu'à maintenant plus de 70 000 moteurs dans 190 pays. La compagnie compte plus de 10 000 exploitants, incluant plus de 700 transporteurs aériens. On estime que, toutes les secondes, un appareil équipé de ses moteurs décolle ou atterrit quelque part dans le monde.

PWC propose une impressionnante gamme de produits, dont des turbosoufflantes, des turbopropulseurs et des turbomoteurs destinés à l'aviation régionale de même qu'à l'aviation d'affaires, des avions utilitaires et des avions servant à la formation des pilotes, ainsi que des hélicoptères. L'entreprise conçoit et fabrique également des groupes auxiliaires de puissance. Les moteurs PWC jouissent d'une réputation de fiabilité exceptionnelle.

Au Canada, l'entreprise se classe au premier rang des investisseurs en recherche et développement dans le secteur de l'aérospatiale et est parmi les cinq principaux investisseurs dans le secteur privé. En moyenne, la société investit près de

400 millions de dollars par année en R & D. Les dirigeants ont la volonté de constamment repousser les limites et de faire évoluer la technologie, ce qui est primordial afin que PWC conserve sa place de leader mondial en aéronautique.

La société est une filiale de United Technologies Corporation (UTC), et son siège social se situe à Longueuil, au Québec. Elle est présente au Canada, aux États-Unis, au Brésil, au Royaume-Uni, en Allemagne, en Pologne, en Russie, en Inde, en Chine, à Singapour, en Afrique et en Australie.

De manière générale, l'entreprise met en œuvre des programmes de recherche, de développement et de fabrication qui s'échelonnent sur plusieurs années. Ainsi, un programme de production comprend en général la conception, le développement et la fabrication d'un moteur destiné à un certain type d'avion.

TELUS

Figurant au nombre des plus importantes sociétés de télécommunications au Canada, TELUS offre une gamme complète de produits et de services de communication, notamment : transmission de données et de la voix, Internet, IP, vidéos et divertissement. Cette entreprise s'est donné pour mission d'exploiter la puissance d'Internet pour offrir aux Canadiens les meilleures solutions pour la maison, pour le travail et en voyage.

TELUS a toujours été reconnue pour son souci de l'excellence. Entre autres, sa culture s'appuie sur quatre grandes valeurs motrices :

- adhérer au changement et savoir saisir les occasions ;
- avoir la passion de la croissance ;
- croire au travail d'équipe inspiré ;
- avoir le courage d'innover.

LÀ OÙ LE FUTUR EST SIMPLE

L'entreprise doit son succès à la détermination et à la productivité des membres de son équipe appelés à représenter la marque TELUS et à en véhiculer les valeurs. Ces valeurs imprègnent leurs interactions entre collègues ainsi que leurs rapports avec les clients et la collectivité. Entre autres, l'entreprise s'est dotée d'une culture fidèle à la promesse de sa marque – « le futur est simple » – et d'une équipe très investie dans les programmes de dons et de bénévolat. TELUS s'est vu décerner le titre d'entreprise philanthropique la plus remarquable au niveau mondial en 2010 par l'Association of Fundraising Professionals ; c'est la première entreprise canadienne à recevoir cette prestigieuse reconnaissance internationale.

TELUS est la seule entreprise canadienne à s'être classée pendant 7 années consécutives parmi les 10 premières du palmarès Annual Report on Annual Reports, un classement international réalisé par e.com. Chaque année depuis bientôt 15 ans, cette organisation londonienne affiliée à l'entreprise américaine Corporate Essentials, Inc. recourt à un jury indépendant composé de membres venant du monde entier pour évaluer les rapports annuels, publier le classement des 300 meilleurs et donner une note à 500 entreprises.

LE TABLEAU DE BORD DE GESTION

Comme nous l'avons vu dans les chapitres précédents, l'information est pertinente pour la gestion dans la mesure où elle incite à l'action et la stimule. Ainsi, bien connaître les facteurs qui sont à l'origine des coûts, par exemple les mises en course, donne au gestionnaire des pistes pour réduire les coûts. Il en va de même pour les facteurs qui sont à l'origine des temps de cycle et des problèmes de qualité. Pour accroître la performance de l'entreprise, il faut repérer les inducteurs de coûts, de délais et de non-qualité, puis apprendre à les maîtriser ; il faut aussi dégager les facteurs auxquels on attribue le succès de la stratégie prônée par la direction. L'information destinée à la gestion se présente sous la forme d'indicateurs apparaissant dans un **tableau de bord de gestion** où on peut suivre leur évolution.

Le tableau de bord d'un gestionnaire est un document analytique regroupant tous les indicateurs qui contribuent à simplifier son travail de guide et de pilote. Si ce gestionnaire est le PDG de l'entreprise, le tableau de bord comprendra à coup sûr tous les indicateurs dont il a besoin pour mettre en œuvre la stratégie de l'entreprise. Si le gestionnaire dirige un programme d'enseignement universitaire, ce tableau réunira tous les indicateurs dont il devra tenir compte dans la gestion de son programme. Enfin, s'il s'agit d'un contremaître d'atelier, le tableau de bord comprendra tous les indicateurs qui lui permettront de rendre plus efficiente la consommation des matières premières, d'améliorer la productivité de la main-d'œuvre directe et la qualité de la production.

Le tableau de bord de gestion est appelé à devenir un outil privilégié du système de contrôle de l'entreprise. Avant même de se lancer dans l'élaboration du tableau, il faut donc savoir quel type de système de contrôle convient à l'entreprise, comment on doit construire le tableau et quelles ressources doivent y figurer.

L'UTILITÉ DU TABLEAU DE BORD DE GESTION

Depuis que les gestionnaires s'intéressent aux mesures financières et non financières de la performance, l'information utilisée provient de plusieurs sources. Grâce aux systèmes comptables, on recueille, on réorganise et on transmet bon nombre de données importantes. Les normes de mesure et de présentation utilisées influent sur la fiabilité des informations présentées. En revanche, certaines informations proviennent parfois de systèmes de mesure soumis à des règles différentes.

Comme nous l'avons vu au chapitre 17, jusque dans les années 1990, la gestion a reposé essentiellement sur les informations financières en Amérique du Nord. L'élargissement de l'information de gestion à des mesures non financières a conduit à se poser les questions suivantes : Quelle présentation adopter pour donner aux gestionnaires une vue d'ensemble des informations de gestion ? Comment passer de rapports strictement financiers à des rapports qui intègrent les multiples dimensions de la performance ?

La réponse à la première question est d'offrir aux gestionnaires un tableau de bord de gestion dit prospectif, et la réponse à la seconde, de proposer une démarche permettant d'élaborer un tableau de bord de gestion et de l'implanter.

LE TABLEAU DE BORD DE GESTION EN FRANCE

En France, la question de la disponibilité des informations de pilotage a été partiellement résolue il y a presque un siècle[1] grâce à un outil qu'on appelle tableau de bord de gestion. La métaphore du tableau de bord est empruntée à l'automobile. Le tableau de bord d'une automobile présente en effet des caractéristiques fondamentales qui correspondent aux exigences du bon pilotage d'une entreprise. Tout d'abord, il offre un nombre limité de mesures pertinentes : trop de détails gênerait la conduite au lieu de la faciliter. Ensuite, les indicateurs apparaissent à un endroit où le conducteur peut les consulter facilement. Ces indicateurs sont variés ; certains portent sur le fonctionnement du moteur, d'autres sur la vitesse et la distance parcourue. Le tableau de bord attire l'attention du conducteur sur des éléments contrôlables qui lui permettent de comprendre les actions passées afin de mettre en perspective les actions à venir. Enfin, le tableau de bord s'adresse à des utilisateurs particuliers, bien sûr au conducteur, mais aussi à d'autres utilisateurs, par exemple les acheteurs éventuels.

Concrètement, le **tableau de bord français** se présente sous la forme d'un rapport diffusé mensuellement et contenant des chiffres. Le suivi du rapport obéit également à des règles : il est diffusé à plusieurs niveaux de management, en commençant par la haute direction, et son contenu est modulé selon une architecture de type gigogne. Jusqu'à ces derniers temps, il n'existait aucun outil de gestion intégré de ce type en Amérique du Nord ; chaque service préparait son rapport mensuel sans qu'on recherche systématiquement une cohérence globale.

Cependant, si le tableau de bord présente en théorie un grand intérêt, dans la pratique les façons de faire ne sont pas tout à fait à la hauteur de la richesse du concept. En France, la plupart des tableaux de bord de gestion s'en tiennent aux données financières, et le volume d'information dépasse fréquemment ce qui serait pertinent. C'est peut-être pour ces raisons – ainsi qu'à cause de la langue – que le tableau de bord français n'a pas traversé l'Atlantique.

LE TABLEAU DE BORD DE GESTION PROSPECTIF

La notion d'origine américaine de *balanced scorecard*, expression que nous traduisons par **tableau de bord de gestion prospectif**, s'est en revanche répandue beaucoup plus largement. Ce concept renvoie à l'encadrement du rôle du contrôleur proposé en 1954 par Simon et ses collaborateurs[2], le contrôleur étant considéré comme le gestionnaire qui rend compte des résultats (*keeps score*). Le mot *balanced* traduit le fait que ce tableau de bord contient des mesures financières et non financières.

Le tableau de bord de gestion prospectif est apparu vers le début des années 1990, dans la foulée du succès du mouvement de gestion de la qualité totale et de son évolution vers la satisfaction des besoins de la clientèle. D'autres concepts ont surgi au même moment, notamment le « navigateur » de Skandia, un modèle fondé sur le postulat que l'entreprise

---

1. Marc Epstein et Jean-François Manzoni, « Implementing Corporate Strategy : From Tableaux de Bord to Balanced Scorecards », *European Management Journal*, vol. 16, n° 2, 1998, p. 190-203.
2. Herbert A. Simon, Harold Guetzkow, George Kozmetsky et Gordon Tyndall, *Centralization vs. Decentralization in Organizing the Controller's Department*, New York, Controllership Foundation, 1954.

crée de la valeur grâce à son « capital intellectuel ». Les articles et les ouvrages consacrés au tableau de bord de gestion prospectif ont rencontré un grand succès, et le concept est rapidement devenu un véritable mouvement. Le premier article portant sur le *balanced scorecard* a été publié en 1992[3] et, en 1998, une étude a montré que plus de 60 % des plus grandes sociétés américaines l'avaient alors expérimenté[4].

Le tableau de bord de gestion prospectif, tel que Kaplan et Norton le proposaient en 1992, repose sur l'intégration de quatre dimensions fondamentales : les finances, la clientèle, les processus internes et l'apprentissage organisationnel. Pour ce faire, l'entreprise doit développer un modèle permettant de cerner ses objectifs stratégiques et les facteurs de succès liés à chaque dimension. On détermine pour chacune d'elles un nombre limité de mesures – certains auteurs conseillent de s'en tenir à sept par dimension –, et il est essentiel de définir les rapports entre ces quatre dimensions et d'établir des liens entre elles.

Si le tableau de bord de gestion prospectif a d'abord été conçu pour l'entreprise privée, le concept s'adapte également à l'organisation à but non lucratif (OBNL), d'une manière à la fois plus complexe et plus riche en raison des objectifs multiples et parfois contradictoires de ce type d'organisation. Le tableau de bord de gestion prospectif a ainsi été implanté avec succès dans certaines OBNL. Le concept du tableau de bord de gestion prospectif repose également sur une nouvelle façon d'envisager le rôle des mesures de performance. Alors que le but de la plupart des systèmes de mesure utilisés dans le passé était de permettre à un échelon hiérarchique d'en surveiller un autre, le tableau de bord de gestion prospectif favorise la mise en œuvre d'un processus d'autogestion dans lequel les cadres appartenant à plusieurs échelons hiérarchiques définissent les mesures utilisées pour leur propre gestion.

LES INDICATEURS DANS UN TABLEAU DE BORD DE GESTION PROSPECTIF

Les indicateurs de la performance globale diffèrent selon les entreprises, et ils sont généralement déterminés par la modélisation de l'organisation. Aux quatre dimensions proposées par les créateurs du concept, certaines entreprises en ajoutent une cinquième, par exemple les employés, alors que d'autres suppriment certaines catégories. Dans tous les cas, il est primordial que les gestionnaires conçoivent un modèle de fonctionnement de l'organisation, c'est-à-dire qu'ils délimitent les catégories dont relèvent les facteurs clés du succès et qu'ils choisissent des mesures convenant à chaque catégorie.

Le tableau de bord de gestion prospectif doit comporter des indicateurs – financiers et non financiers – qui aident les gestionnaires à apporter de façon constante et continue de la valeur à l'entreprise, tout en les guidant dans leur quête de performance.

Nous présentons ci-après les mesures susceptibles de se trouver dans un tableau de bord de gestion prospectif.

3. Robert S. KAPLAN et David P. NORTON, « The Balanced Scorecard–Measures that Drive Performance », *Harvard Business Review*, janvier-février 1992, p. 71-79.

4. Scott SILK, « Automating the Balanced Scorecard », *Management Accounting*, vol. 79, n° 11, mai 1998, p. 38-42.

Les mesures financières

La plupart des **mesures financières** sont des mesures témoins de la performance, car elles rendent compte des résultats *a posteriori*. C'est particulièrement vrai des mesures de rentabilité telles que le rendement du capital investi (RCI). Cependant, bien que le tableau de bord de gestion doive réunir des mesures qui aident à accroître la performance, il est toujours réconfortant pour les gestionnaires d'avoir entre les mains un certain nombre de mesures qui leur confirment que les inducteurs sur lesquels ils fondent leurs décisions débouchent effectivement sur la performance recherchée et que le modèle de fonctionnement qu'ils utilisent pour choisir les inducteurs décrit bien les relations qui mènent à la performance.

Trouver des mesures financières qui débouchent sur la performance revient à répondre à la question suivante : comment peut-on s'assurer que la stratégie est couronnée de succès sur le plan financier ? Au niveau global ou au niveau de l'entreprise, la rentabilité à long terme et la hausse du cours des actions témoignent de la réussite financière de la stratégie. Cependant, les gestionnaires doivent tenir compte d'autres indicateurs financiers propres à la mise en œuvre de leur stratégie. Dans le cas d'une entreprise jeune et en plein essor, le taux de croissance du chiffre d'affaires par réseau de vente peut constituer un indicateur financier crucial. En revanche, les flux de trésorerie peuvent être un indicateur plus pertinent pour une entreprise œuvrant dans un secteur en pleine maturité. Et si l'entreprise se situe entre ces deux extrêmes, il est plus approprié de choisir un indicateur tenant compte du coût des capitaux propres. Enfin, dans des situations particulières, par exemple lorsqu'il faut approvisionner sur-le-champ le fonds de roulement de l'entreprise, la direction peut être obligée d'envisager des mesures financières qui aideront à rétablir la situation à court terme.

Le tableau de la page suivante (celui de gauche) présente une liste des mesures financières fréquemment utilisées par les entreprises dans leur tableau de bord de gestion.

On choisira les mesures financières qui figureront dans le tableau de bord de gestion en fonction des responsabilités des gestionnaires qui le consultent. Par exemple, on retiendra des mesures financières différentes selon que le tableau de bord de gestion s'adresse à un centre de coûts, à un centre de profit ou à un centre d'investissement, et ce, afin de rendre compte des éléments qui relèvent de l'autorité de chacun des gestionnaires. Le second tableau présente une liste des mesures financières susceptibles de figurer dans un tableau de bord de gestion, selon l'étendue des responsabilités assumées par les gestionnaires.

Les mesures financières le plus fréquemment utilisées par les entreprises dans leur tableau de bord de gestion

Mesures de rentabilité

Rendement du capital investi (RCI)

Rendement de l'avoir des actionnaires

Marge bénéficiaire brute

Marge bénéficiaire nette

Valeur économique ajoutée

Mesures de l'utilisation des actifs

Rendement du capital investi

Rendement de l'avoir des actionnaires

Rotation des stocks

Rotation des actifs

Mesures de liquidité et de structure financière

Ratio de liquidité

Ratio du fonds de roulement

Dette/avoir des actionnaires

Flux trésorier disponible

Mesures de contrôle des ressources

Écart sur coûts

Coût de la qualité

Coût par activités

Pourcentage d'activités créatrices de valeur par rapport à l'ensemble des activités

Mesures du potentiel de croissance

Augmentation des ventes

Augmentation de la part de marché

Les mesures financières apparaissant dans le tableau de bord de gestion selon les responsabilités des gestionnaires

Responsabilité d'une gamme de produits ou de services

Marge sur coûts variables

Marge sur coûts variables moyenne, s'il y a plusieurs produits

Marge sur coûts variables unitaire d'un facteur de production

Écart de part de marché

Valeur pour le client

Centre de coûts

Écarts budgétaires sur coûts standards

Écart sur frais de vente et d'administration

Écart sur coût des services

Écart sur coût des marchandises vendues

Centre de revenus

Écarts budgétaires (prix de vente, quantités vendues, composition, part de marché et taille du marché)

Augmentation des ventes

Accroissement des recettes

Centre de profit

Bénéfice

Pourcentage du résultat brut (résultat brut/ventes)

Pourcentage du résultat net (résultat net/ventes)

Centre d'investissement

Rendement du capital investi (bénéfice/capital investi)

Résultat net résiduel

Valeur économique ajoutée

Les mesures liées à la clientèle

Bien que les résultats des recherches ne concordent pas toujours, de nombreuses études ont démontré que la satisfaction de la clientèle influe sur la rentabilité de l'entreprise et sur le cours de ses actions en Bourse[5]. La plupart des entreprises recueillent donc des données sur leur clientèle afin d'orienter leur planification stratégique et d'évaluer le succès des moyens adoptés – les **mesures liées à la clientèle** – pour atteindre leurs objectifs ainsi que pour déterminer la rémunération des gestionnaires. Lorsqu'ils mettent au point des outils servant à mesurer la satisfaction de la clientèle, les gestionnaires cherchent des indicateurs susceptibles de les informer sur leur capacité à offrir à la clientèle la valeur à laquelle elle s'attend.

Comme ces techniques de mesure sont peu normalisées, l'évaluation de la dimension de la clientèle pose des défis particuliers lorsqu'on veut :

- s'assurer que les mesures choisies correspondent au type d'entreprise, à la nature des produits ou des services offerts et aux caractéristiques de la clientèle ;
- s'assurer de la rigueur et de l'objectivité du processus ;
- s'assurer de la cohérence et de la permanence des mesures ;
- intégrer les mesures clients dans le système général de mesure ;
- choisir un projet d'analyse comparative.

L'analyse comparative peut se révéler très utile pour repérer les indicateurs les plus pertinents.

Voici une série de mesures de satisfaction de la clientèle susceptibles de figurer dans un tableau de bord de gestion.

Les mesures liées à la clientèle

Satisfaction	Degré de satisfaction globale, taux de rétention des clients et pourcentage de clients qui recommandent l'entreprise
Délais	Pourcentage de livraisons effectuées à temps, degré d'exactitude des prévisions quant aux livraisons, respect des délais fixés, temps requis pour la mise en marché d'un produit
Qualité	Taux de rejet, certification (ISO 9000)
Rapport prix/coût	Coût sur le cycle de vie
Service	Évaluation auprès des clients, sondages auprès des clients
Part de marché	Variations du pourcentage de la part de marché

Les mesures liées aux processus internes

Les concepteurs du tableau de bord choisiront les indicateurs qui traduisent le mieux les quatre objectifs de la gestion de la performance des processus d'affaires :

1. Développer des produits et des services compétitifs.

---

5. Christopher D. ITTNER et David F. LARCKER, « Innovations in Performance Measurement: Trends and Research Implications », *Journal of Management Accounting Research*, vol. 10, 1998, p. 205-238.

2. Optimiser l'utilisation des ressources de l'organisation.

3. Livrer des produits et des services en temps opportun à la clientèle.

4. Entretenir de bonnes relations avec les fournisseurs afin de livrer des produits et des services de qualité.

Ces indicateurs constituent les **mesures liées aux processus internes**. Pour mesurer la performance des processus internes, il faut au préalable définir les processus et les cartographier, puis effectuer une analyse interfonctionnelle, comme nous l'avons vu pour les systèmes de comptabilité par activités au chapitre 7.

Voici une liste des mesures susceptibles de figurer dans un tableau de bord de gestion relativement à la performance des processus internes.

Les mesures liées aux processus internes

Cycle	Durée du cycle de fabrication, importance des frais généraux
Qualité	Taux de rejet, coûts liés à la qualité, indice de qualité
Capacité technologique	Spécifications de l'équipement, caractéristiques des procédés de production ou d'exploitation
Coûts	Coût par activités, écarts sur coûts
Productivité	Consommation de l'élément le plus coûteux par unité, quantité d'unités produites par quart de travail, ratios nombre d'employés/taux d'utilisation de l'équipement, rendement du matériel, ventes ou production par employé
Utilisation des ressources	Taux d'utilisation des ressources, taux d'utilisation des espaces, taux d'utilisation des ressources humaines
Coût de maintenance	Moyenne des coûts de maintenance pour une période donnée, coût de maintenance en pourcentage du budget d'exploitation, ou importance relative des coûts de maintenance dans le budget d'exploitation, coût de la maintenance préventive par rapport au coût total de maintenance
Coût d'acquisition des infrastructures	Dépenses en capital, dépenses d'investissement

Les mesures liées aux employés

La satisfaction des employés ainsi que la rétention et la promotion des meilleurs d'entre eux constituent pour les gestionnaires un défi quotidien. Certaines études démontrent que la satisfaction des employés influe directement sur leur productivité ainsi que sur la satisfaction de la clientèle[6].

Voici une liste des **mesures liées aux employés** susceptibles de figurer dans un tableau de bord de gestion relativement à la main-d'œuvre.

---

6. Anthony J. Rucci, Steven P. Kirn et Richard T. Quinn, «The Employee-Customer-Profit Chain at Sears», *Harvard Business Review*, janvier-février 1998, p. 82-97.

Les mesures liées aux employés

Développement des compétences	Pourcentage de la masse salariale consacrée à la formation, nombre d'employés ayant reçu une formation, pourcentage d'emplois pourvus à l'interne
Comportement	Taux d'absentéisme, nombre d'accidents, nombre de plaintes et de griefs
Satisfaction	Taux de rétention, taux de rotation, engagement

Les données du tableau précédent sont habituellement recueillies par le service de gestion des ressources humaines, mais on peut se les procurer auprès d'autres sources : enquêtes sur la satisfaction des employés menées par des cabinets indépendants, groupes de discussion et entrevues d'évaluation des employés réalisées en cours et en fin de période.

Les mesures liées à l'innovation et à l'apprentissage

La mesure globale de la performance permet d'évaluer la capacité de l'entreprise à maintenir son avantage concurrentiel grâce à sa capacité d'innover.

Voici un certain nombre de mesures susceptibles de figurer dans un tableau de bord de gestion relativement à l'innovation et à l'apprentissage.

Les mesures liées à l'innovation et à l'apprentissage

Nouveaux produits	Pourcentage des ventes attribuables aux nouveaux produits, délai entre le moment prévu du lancement et le moment où il est effectif, délai requis pour lancer un produit sur le marché
Capacité technologique	Délai requis pour créer une nouvelle gamme de produits
Apprentissage de l'organisation	Délai requis pour amener le nouveau produit à maturité
Recherche et développement	Investissement en recherche et développement exprimé en pourcentage du budget d'exploitation
Créativité	Nombre d'idées ou de commentaires qui ont débouché sur des actions au cours d'une période donnée, pourcentage de nouveaux produits et services lancés au cours d'une période donnée qui sont considérés comme uniques, pourcentage de caractéristiques et d'attributs de produits et de services qui sont considérés comme uniques

L'IMPLANTATION D'UN TABLEAU DE BORD DE GESTION PROSPECTIF

Pour implanter un tableau de bord de gestion prospectif, il faut non seulement réunir un ensemble d'indicateurs, mais aussi apprendre comment s'en servir pour mener à bien le contrôle de gestion. Ce deuxième impératif pose souvent davantage de défis. Même si les gestionnaires préfèrent utiliser les mesures non financières du tableau de bord de gestion parce qu'elles reflètent plus concrètement la réalité, ils trouvent souvent qu'il est trop risqué de changer la perspective du système de contrôle. De plus, l'utilisation du tableau de bord de gestion va naturellement de pair avec une plus grande responsabilisation des cadres appartenant à tous les échelons de la hiérarchie, ce qui complique la vie des gestionnaires et peut entraîner des résistances.

Le tableau de bord est essentiellement un outil de communication et un moyen de mettre en œuvre la stratégie de l'entreprise. Pour mener à bien leur tâche, les concepteurs du projet doivent avoir une idée claire de la stratégie de leur entreprise et de celle de l'unité où le tableau de bord sera implanté (s'il n'est pas implanté à l'échelle de l'entreprise). Il est fréquent que les unités fonctionnelles ne disposent pas d'un plan stratégique : il leur faut alors définir les objectifs stratégiques avant d'élaborer le tableau de bord de gestion. Dans tous les cas, la mise en place d'un tableau de bord rend la planification obligatoire. Le processus de développement du tableau de bord de gestion met en lumière les faiblesses de la stratégie existante et aide à cerner les attentes et les exigences de chacun.

L'élaboration d'un tableau de bord de gestion est un projet de grande envergure. Nous proposons une **démarche d'implantation d'un tableau de bord de gestion** comportant quatre grandes étapes, elles-mêmes divisées en sous-étapes.

Ces quatre étapes consistent à :

1. affecter au projet les personnes et les ressources nécessaires ;

2. élaborer un tableau de bord de gestion ;

3. préciser l'utilisation qui sera faite du tableau de bord de gestion ;

4. exploiter les possibilités du tableau de bord de gestion.

AFFECTER AU PROJET LES PERSONNES ET LES RESSOURCES NÉCESSAIRES

La première étape de la démarche consiste à décider de l'ampleur du projet, à déterminer quels en seront les acteurs clés et à s'assurer de la disponibilité des ressources humaines, matérielles et techniques nécessaires. Cette étape comprend quatre sous-étapes qui visent à :

1.1. déterminer les pôles d'implantation du projet ;

1.2. nommer un responsable ;

1.3. consulter les gestionnaires ;

1.4. formuler clairement la stratégie de développement et de mise en œuvre.

DÉTERMINER LES PÔLES D'IMPLANTATION DU PROJET

La première sous-étape consiste à déterminer dans quelles unités organisationnelles le tableau de bord sera implanté. Bien que nombre d'entreprises choisissent de construire un tableau de bord de gestion utilisable par la haute direction, d'autres décident d'élaborer dans un premier temps un tableau de bord de gestion destiné uniquement à une unité fonctionnelle, par exemple l'administration ou les ressources humaines. Utiliser le tableau de bord seulement dans une unité organisationnelle permet d'expérimenter le concept avant de l'implanter dans toute l'entreprise. Le choix de l'unité dépend en général du contexte de l'entreprise, des objectifs poursuivis et des ressources disponibles.

NOMMER UN RESPONSABLE

Concevoir un tableau de bord de gestion et le mettre en œuvre constitue un projet important qui exige une attention constante. Il est donc primordial de trouver une ou plusieurs personnes qui le défendront durant tout le processus d'implantation. Ce responsable joue plusieurs rôles : maître d'œuvre du projet, agent de changement et communicateur, notamment. Il doit également bénéficier du soutien sans faille de la haute direction, s'assurer que les gestionnaires n'assimileront pas le tableau de bord à une nouvelle idée à la mode et lutter contre l'indifférence des utilisateurs. Ces responsables peuvent avoir des profils très divers. Comme le concept de tableau de bord vient de la comptabilité de management, dans de nombreuses entreprises, c'est à un comptable en management qu'on demande de gérer le projet. Néanmoins, dans bien des entreprises, la responsabilité du tableau de bord de gestion est confiée à d'autres personnes, par exemple des personnes chargées de la stratégie.

CONSULTER LES GESTIONNAIRES

Le but de la démarche est de mettre au point un outil qui sera utilisé par les gestionnaires. Or, l'outil ne sera utilisé de manière efficace que si les gestionnaires se l'approprient, c'est-à-dire s'ils considèrent le tableau de bord de gestion comme leur propre outil.

Étant entendu qu'elle bénéficie du soutien de la direction et dispose des ressources nécessaires, l'équipe chargée du projet devra amener dès le début les utilisateurs de l'outil à cerner leurs attentes et à exprimer leurs exigences. Les gestionnaires s'approprieront alors l'outil avec une plus grande aisance une fois qu'il sera élaboré. On recourt à deux techniques pour persuader les gestionnaires de participer à la conception du tableau de bord de gestion et s'assurer de leur adhésion au projet : d'une part, on conduit des entretiens avec les personnes qui fourniront les données du tableau de bord et utiliseront l'information qu'il procure ; d'autre part, on lance des groupes de travail en organisant des ateliers thématiques.

FORMULER CLAIREMENT LA STRATÉGIE DE DÉVELOPPEMENT ET DE MISE EN ŒUVRE

Le tableau de bord ayant une grande influence sur les décisions futures, il importe que les membres de l'équipe s'entendent sur l'utilisation visée. La perspective des systèmes de gestion de la performance organisationnelle diffère selon les entreprises. Par exemple, certaines utilisent les tableaux de bord afin de suivre la conformité de l'exécution au plan ainsi que l'atteinte des objectifs budgétaires. Ainsi, dans un système où on définit implicitement la performance comme la conformité au plan, les gestionnaires supérieurs, qui ont décidé de la performance à évaluer et en ont fixé les cibles, y recourent pour évaluer le degré d'atteinte des cibles. Un tableau de bord peut aussi servir à mieux comprendre une situation ou un environnement donné dans une perspective d'apprentissage. Dans un tel contexte, une équipe de gestionnaires en devient à la fois l'instigatrice et la principale utilisatrice. Les indicateurs retenus par l'équipe sont dictés par l'interprétation que les membres font des facteurs directs et indirects de réussite ainsi que de l'objectif stratégique ultime visé par l'unité administrative ou le projet en question. Ce type de tableau de bord sera généralement jugé utile non pas pour surveiller la conformité à la stratégie énoncée préalablement, mais bien pour orienter l'exécution d'une stratégie évolutive en vue de l'adapter à un environnement en constante évolution.

ÉLABORER UN TABLEAU DE BORD DE GESTION

L'**élaboration d'un tableau de bord de gestion** suppose de mener à bien quatre activités :

2.1. modéliser les inducteurs de performance ;

2.2. associer des mesures spécifiques aux inducteurs de performance ;

2.3. choisir les systèmes de collecte des données ;

2.4. établir les données de départ et mettre en place des systèmes de signalisation et de communication.

MODÉLISER LES INDUCTEURS DE PERFORMANCE

Le tableau de bord repose sur des rapports de **cause à effet (causalité)** qui décrivent le fonctionnement de l'entreprise. Pour transformer la stratégie en mesures, on doit disposer d'un modèle exposant le fonctionnement de l'entreprise. Si chaque gestionnaire a en tête un certain modèle de fonctionnement, il est souvent flou et implicite. Pour en préciser les éléments et le rendre plus explicite, la collaboration des gestionnaires est indispensable.

Ce type de modèle est communément désigné sous le nom de **carte stratégique**. Les cartes stratégiques sont des représentations visuelles qui permettent aux organisations de décrire leurs stratégies aux utilisateurs du tableau de bord et de les leur communiquer. Lorsqu'elles sont bien conçues, les cartes stratégiques lient les mesures du tableau de bord directement aux objectifs stratégiques et aux résultats.

La carte stratégique décrit les principaux processus stratégiques de l'entreprise ainsi que les facteurs qui induisent la performance (les inducteurs). Construire un tel modèle signifie décrire les relations existant entre les facteurs qui déterminent le succès de l'entreprise et influent sur les actes et les décisions des gestionnaires. Une fois qu'ils ont cerné ces facteurs, les concepteurs du tableau de bord de gestion déterminent la façon de les mesurer. Les inducteurs de performance ne sont pas toujours faciles à repérer. Certaines entreprises le font en suivant une procédure rigoureuse et systématique, parfois en se faisant aider par un consultant externe, mais la plupart effectuent cette recherche de manière relativement intuitive. Dans tous les cas, il faut tester la première version du modèle, puis l'adapter aux exigences des gestionnaires.

EXEMPLE

PIZZERIA GOGO

La carte stratégique de Pizzeria Gogo est illustrée à la figure 18.1.

Cette carte illustre bien les relations de cause à effet sous-jacentes au succès de l'entreprise ; on peut leur donner la forme d'hypothèses renvoyant aux éléments du tableau de bord (finances, clientèle, processus interne et apprentissage organisationnel). Le modèle de Pizzeria Gogo débouche sur les hypothèses suivantes :

1. La pizzeria forme ses employés, d'où un développement des compétences organisationnelles.

2. La mise en œuvre de ces compétences réduit la durée de cycle des deux processus clés, la cuisson et la livraison.

3. L'amélioration de ces processus permet d'effectuer les livraisons à temps.

4. Les livraisons effectuées à temps garantissent la fidélité de la clientèle.

5. La fidélité de la clientèle assure la croissance de l'avoir des actionnaires.

Cet exemple montre comment s'articulent les rapports entre le **modèle de fonctionnement de l'entreprise** et la stratégie qui lui est propre. La qualité du produit différant peu dans l'ensemble des pizzerias, on ne peut cependant y voir un facteur clé du succès, car ce n'est pas ce qui distingue les concurrents les uns des autres. Pour autant, on ne doit pas ignorer la gestion de la qualité, mais la placer en arrière-plan. Si la qualité devenait un facteur compétitif clé, il serait nécessaire d'élaborer un autre modèle de fonctionnement de l'entreprise.

Figure 18.1 La carte stratégique de Pizzeria Gogo

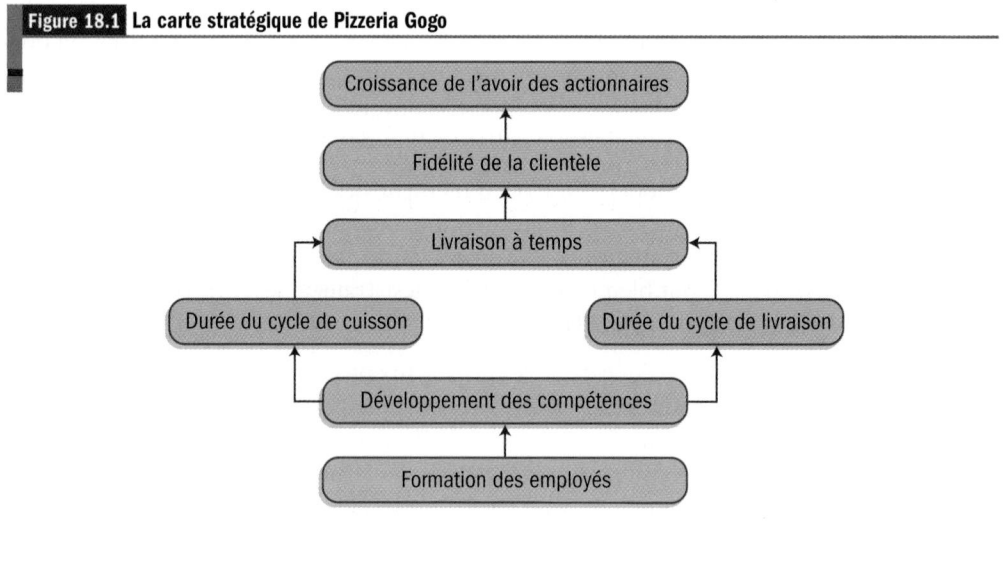

ASSOCIER DES MESURES SPÉCIFIQUES AUX INDUCTEURS DE PERFORMANCE

Il faut trouver au moins une **mesure de performance** pour chaque inducteur dans le modèle de fonctionnement. Les mesures et leur perfectionnement évolueront avec le temps, au gré de l'évolution de la stratégie.

On suggère de choisir les mesures en fonction des critères suivants :

■ fidélité au phénomène observé ;

■ rapport clair avec l'objet mesuré ;

■ nombre de mesures compris entre trois et cinq pour chaque aspect ;

■ difficulté à manipuler les mesures ;

■ valeur prédictive à court terme favorisant la réactivité.

CHOISIR LES SYSTÈMES DE COLLECTE DES DONNÉES

Cette étape consiste à choisir les sources d'information qui alimenteront le tableau de bord de gestion. Nous avons vu que le tableau de bord de gestion constitue un outil de pilotage de l'entreprise et qu'il doit donc contenir des indicateurs de performance financiers et non financiers. Par conséquent, l'information du tableau de bord proviendra de plusieurs sources. Par exemple, dans une entreprise de télécommunications, elle peut provenir de la production technique, de la direction des finances et de l'administration, de la direction des ventes et du marketing, de la direction des relations publiques et de la presse, etc. En règle générale, pour obtenir l'information voulue, il convient donc d'analyser les systèmes d'information de l'entreprise et, parfois, d'apporter des modifications aux systèmes existants. Dans d'autres cas, extrêmes il est vrai, il est nécessaire de mettre au point de nouveaux systèmes d'information.

ÉTABLIR LES DONNÉES DE DÉPART ET METTRE EN PLACE DES SYSTÈMES DE SIGNALISATION ET DE COMMUNICATION

Les données de départ sont celles dont disposent les gestionnaires avant l'introduction du tableau de bord de gestion. Il est important de bien les connaître pour sélectionner les cibles et définir les améliorations possibles. Certaines mesures de départ peuvent manquer ; dans ce cas, on se contentera d'une estimation.

L'utilisateur du tableau de bord doit être en mesure d'interpréter correctement l'information présentée. Il est donc important de trouver la meilleure manière de transmettre les résultats fournis par le tableau de bord de gestion. Les alignements de chiffres peuvent rebuter les gestionnaires qui n'ont pas l'habitude d'utiliser les rapports financiers classiques, d'où le risque que des informations clés leur échappent. Certaines entreprises choisissent donc de présenter également les données sous la forme de tableaux, de graphiques ou d'illustrations.

Les organisations utilisent fréquemment un système simplifié de présentation des données recourant à des symboles ou à des couleurs pour indiquer la performance : vert (acceptable), jaune (moyenne) et rouge (non acceptable). De tels systèmes permettent aux gestionnaires d'agir plus rapidement puisque l'interprétation des données est déjà faite. Cependant, on peut s'interroger sur la pertinence de cette information, car l'interprétation est souvent subjective et il existe normalement plus de trois situations potentielles.

PRÉCISER L'UTILISATION QUI SERA FAITE DU TABLEAU DE BORD DE GESTION

La décision touchant le type de tableau de bord adopté (étape 1.4) influera sur son développement. Si le tableau de bord est conçu pour permettre à un échelon hiérarchique d'en surveiller un autre, on devra établir des cibles pour la plupart des indicateurs composant le tableau, tout en mettant en place en parallèle un processus vertical d'imputabilité. De plus, il est parfois nécessaire de modifier les systèmes de récompenses (la rémunération incitative) de manière à s'appuyer sur les mesures apparaissant au tableau. En revanche, si le tableau de bord est utilisé dans une perspective d'apprentissage, par exemple pour tester des relations de cause à effet ou faire évoluer la stratégie, les cibles demeurent tout aussi utiles pour évaluer les progrès réalisés, mais elles sont moins susceptibles d'être liées à des récompenses.

Ainsi, cette étape comprend trois sous-étapes :

3.1. établir les cibles de rendement ;

3.2. intégrer le tableau de bord de gestion dans le processus décisionnel ;

3.3. associer le système de rémunération au tableau de bord de gestion.

ÉTABLIR LES CIBLES DE RENDEMENT

Pour assurer un bon contrôle, mais également pour motiver les troupes, il est essentiel d'établir des cibles. L'entreprise peut se donner des cibles à court, à moyen ou à long terme. Pour ce faire, elle s'appuie en général sur les données historiques dont elle dispose, mais il est parfois utile de prendre en compte les données provenant d'autres sources, comme celles fournies par les exercices d'analyse comparative (*benchmarking*).

INTÉGRER LE TABLEAU DE BORD DE GESTION DANS LE PROCESSUS DÉCISIONNEL

Pour inciter les gestionnaires à utiliser le tableau de bord de gestion, il faut l'intégrer dans le processus décisionnel. Il est plus efficace de présenter le rapport dans le cadre de l'ordre du jour d'une réunion que de l'envoyer par courrier. Dans certaines entreprises, on discute du tableau de bord de gestion lors de la réunion mensuelle de gestion en le traitant seulement comme un des points à l'ordre du jour. Cependant, dans ce cas, il se peut qu'on doive accorder la priorité à des questions urgentes et reléguer au second rang les informations fournies par le tableau de bord de gestion. Lui consacrer une réunion particulière aura en revanche des répercussions déterminantes. L'utilisation qu'elle en fait et la place qu'elle lui réserve dans les réunions traduit l'importance que la direction attache au tableau de bord de gestion.

ASSOCIER LE SYSTÈME DE RÉMUNÉRATION AU TABLEAU DE BORD DE GESTION

La direction doit décider si le système de rémunération et le tableau de bord de gestion seront liés, et selon quelles modalités. Bien entendu, il est tentant de rattacher la rémunération variable aux mesures non financières nouvellement intégrées dans le tableau de bord de gestion afin de souligner l'importance de ces dernières. Cependant, le lien entre les mesures financières et les mesures non financières est la plupart du temps indirect et soumis à un décalage de plusieurs périodes. De plus, on ne comprend pas encore totalement le mécanisme des inducteurs de coûts.

Qu'on tranche dans un sens ou dans l'autre, les deux possibilités présentent un risque. Si on lie la rémunération aux mesures non financières, on risque d'offrir une gratification aux gestionnaires lors d'exercices où la rentabilité est faible. En revanche, si on s'en tient à un système de rémunération variable fondé uniquement sur des mesures financières, cela peut signifier que la direction accorde peu d'importance au tableau de bord de gestion.

Selon certains, les effets ne sont pas parfaitement clairs lorsqu'on associe le système de rémunération et le tableau de bord de gestion. Toutefois, d'après une étude datant de 1996, 70 % des entreprises interrogées fondaient en partie leur système de rémunération sur les données tirées du tableau de bord de gestion ou d'un outil similaire comportant des mesures de la performance financières et non financières[7].

---

7. Christopher D. Ittner et David F. Larcker, *op. cit.*, p. 205-208.

EXPLOITER LES POSSIBILITÉS DU TABLEAU DE BORD DE GESTION

Une fois qu'on a élaboré une première version du tableau de bord de gestion, il faut créer un système de vigie permettant de s'assurer de la pertinence de l'information fournie. Autrement dit, l'information doit être utile à la prise de décision et aider les gestionnaires à atteindre leurs objectifs. Enfin, il faut étendre l'**utilisation du tableau de bord de gestion** à toute l'entreprise. Cette étape comprend cinq sous-étapes :

4.1. affecter des ressources à la maintenance du tableau de bord de gestion ;

4.2. faire connaître les objectifs et les résultats apparaissant au tableau de bord de gestion ;

4.3. valider les liens de causalité présumés des indicateurs ;

4.4. énoncer les lignes de conduite et les façons de faire relatives à l'utilisation du tableau de bord de gestion ;

4.5. étendre l'utilisation du tableau de bord de gestion à toute l'entreprise.

AFFECTER DES RESSOURCES À LA MAINTENANCE DU TABLEAU DE BORD DE GESTION

L'implantation d'un tableau de bord de gestion exige beaucoup de temps ainsi que des ressources importantes. En effet, elle impose des contraintes managériales et technologiques, soulève de multiples enjeux liés à l'adaptation des systèmes d'information, à la collecte des données et, surtout, à la gestion du changement, celle-ci étant associée à l'intégration du tableau de bord de gestion dans le système de contrôle de gestion de l'entreprise. Affecter des ressources au fonctionnement du tableau de bord de gestion indique qu'on fait les efforts nécessaires pour en assurer le bon fonctionnement. Les personnes chargées de la maintenance du tableau de bord de gestion doivent régulièrement s'assurer des points suivants.

- Les systèmes d'information qui alimentent le tableau de bord de gestion fonctionnent-ils correctement ?

- Les ressources nécessaires à l'utilisation du tableau de bord de gestion (données, formation des employés) sont-elles disponibles ?

- Les indicateurs de performance apparaissant au tableau de bord de gestion sont-ils toujours alignés avec la stratégie de l'entreprise ?

- Les tableaux, les graphiques et les autres outils de communication figurant au tableau de bord de gestion facilitent-ils la diffusion des résultats ?

- Les gestionnaires qui utilisent le tableau de bord de gestion en reconnaissent-ils l'utilité ?

Pour bon nombre d'entreprises, ce sont les professionnels formés en comptabilité de management qui sont les mieux à même de prendre en charge cette responsabilité : en effet, leur formation les a normalement préparés à analyser les relations de causalité sous-jacentes au succès financier et à la performance organisationnelle. Dans certaines organisations, toutefois, les comptables en management ne sont mis à contribution qu'en périphérie du processus de développement du tableau de bord. Cela pourrait tenir au fait qu'une partie d'entre eux préfère s'acquitter de rôles plus traditionnels de la comptabilité ou que l'entreprise privilégie d'autres compétences pour combler ce poste, par exemple des spécialistes des systèmes d'information.

FAIRE CONNAÎTRE LES OBJECTIFS ET LES RÉSULTATS APPARAISSANT AU TABLEAU DE BORD DE GESTION

Pendant l'élaboration du tableau de bord de gestion, il faut communiquer régulièrement avec les gestionnaires afin de préparer le changement. Puis, lors de sa mise en place en tant qu'outil de contrôle, il faut les informer des modalités de son utilisation et régler, dans les plus brefs délais, les problèmes qui peuvent se poser. Au cours des premières semaines, il faut diffuser l'information, tout en intervenant parfois plus directement pour vaincre la résistance au changement manifestée par les employés toujours attachés à l'ancien système de contrôle ou par les gestionnaires qui n'auraient pas participé à l'élaboration du projet. Les uns et les autres peuvent percevoir l'initiative comme une tentative de la direction de les surveiller ou de réduire les effectifs. Le message qui leur est transmis doit porter sur la véritable fonction du tableau de bord de gestion, c'est-à-dire d'être un outil servant à piloter l'entreprise, tout comme le tableau de bord d'une automobile aide à la conduire.

VALIDER LES LIENS DE CAUSALITÉ PRÉSUMÉS DES INDICATEURS

Initialement, les mesures sont intégrées au tableau de bord à la suite de discussions approfondies entre gestionnaires. Comme nous l'avons vu, les gestionnaires commencent par développer une carte stratégique qui permet de déterminer les activités stratégiques clés, tout en prenant soin de rattacher une ou plusieurs mesures (indicateurs) à chacune d'elles. Le but premier de la carte stratégique et du tableau de bord prospectif est de décrire les processus de causalité qui génèrent le succès de la mise en œuvre de la stratégie ; les liens présumés entre chaque paire ou groupe d'indicateurs du tableau de bord sont donc importants, car ils décrivent la logique du plan stratégique.

Le processus qui consiste à déterminer et à définir les indicateurs n'est cependant pas sans faille. En effet, il peut arriver que les indicateurs choisis ne répondent pas à l'objectif visé par son utilisation, par exemple s'ils ne se révèlent pas des facteurs clés pour le succès de la mise en œuvre de la stratégie. Lorsque des indicateurs et des mesures ne répondent pas parfaitement à l'objectif visé – représenter une relation causale –, le tableau de bord prospectif perd en efficacité. Un manque de rigueur dans le choix des mesures utilisées dans un tableau de bord risque ainsi de fausser l'évaluation de la mise en œuvre réelle de la stratégie. Des indicateurs erronés peuvent également inciter les gestionnaires à prendre des décisions qui semblent bonnes, alors qu'elles ne contribuent pas à la réalisation de la stratégie et peuvent même lui nuire. Pour contourner ce risque, certaines entreprises entreprennent de valider de façon systématique les liens de causalité présumés entre les différents indicateurs du tableau de bord prospectif et, le cas échéant, de leur apporter les améliorations souhaitables. Mener à bien un tel exercice exige un volume considérable de données historiques et le recours à des tests statistiques.

Les organisations omettent souvent de procéder à ces tests. Parfois, l'étape de validation des liens de causalité n'est pas nécessaire ; c'est le cas lorsque, à l'origine, les mesures ont été bien testées et les relations de causalité bien comprises. Par contre, certains gestionnaires tendent à faire abstraction de ces tests, faute de connaître suffisamment la manière de procéder. Même si l'entreprise compte en son sein des personnes qui ont les compétences techniques pour faire ce type d'analyse, elles ne sont pas toujours disponibles pour soutenir l'équipe responsable de la gestion de la performance organisationnelle et de la maintenance du tableau de bord de gestion.

En règle générale, il est recommandé d'intégrer de manière permanente la validation des mesures aux activités postimplantation du tableau de bord prospectif[8].

ÉNONCER LES LIGNES DE CONDUITE ET LES FAÇONS DE FAIRE RELATIVES À L'UTILISATION DU TABLEAU DE BORD DE GESTION

Les mesures financières sont encadrées par un ensemble de règles de conduite et de façons de faire (notamment les politiques de délégation financière, de divulgation de l'information et de reddition des comptes). Le même principe doit s'appliquer aux mesures non financières : pour bien fonctionner, le tableau de bord doit obéir à des règles et à des principes. L'adoption de nouveaux indicateurs constitue une menace pour de nombreuses personnes au sein de l'entreprise. De nouvelles informations sur la performance des diverses unités bouleversent les rapports de pouvoir. Certains gestionnaires voient leur pouvoir diminuer et parfois le croient même menacé, parce qu'on met en avant de nouveaux indicateurs sur lesquels ils ont moins d'influence.

Faute d'encadrer le tableau de bord dans des règles, les gestionnaires des tableaux de bord de gestion feront face à de nombreuses difficultés. Certains gestionnaires demanderont qu'on ajoute de nouvelles mesures portant sur leur propre champ de responsabilité, ceux qui sont chargés des activités d'exploitation essaieront d'intervenir dans le processus de mesure, d'autres pourraient s'opposer au remplacement de certaines mesures, etc.

L'instauration de règles ne fait pas disparaître tous les facteurs comportementaux qui accompagnent la mise en œuvre d'un projet de tableau de bord de gestion, mais elle peut en éliminer une part importante.

ÉTENDRE L'UTILISATION DU TABLEAU DE BORD DE GESTION À TOUTE L'ENTREPRISE

Lorsque l'entreprise a décidé de mener un projet pilote et que ce projet est un succès, il est non seulement intéressant mais prioritaire d'étendre l'utilisation du tableau de bord de gestion à l'entreprise dans son ensemble. Ainsi, on peut songer à élaborer des tableaux de bord de gestion pour la direction d'une unité d'exploitation, d'une fonction, d'une équipe de projet, ainsi que des tableaux de bord de gestion personnalisés selon les responsabilités de chaque gestionnaire et la contribution de chacun à la stratégie d'affaires.

Cependant, comme dans tout projet de changement, l'entreprise qui implante un tableau de bord de gestion prospectif risque de se heurter à une forte résistance. Pour réussir l'implantation, les dirigeants doivent entrevoir les difficultés et prévoir des solutions. On doit définir des stratégies de gestion du changement comprenant la participation et la mobilisation des gestionnaires clés afin de les convaincre d'accepter les nouvelles méthodes de mesure de la performance et de se les approprier.

---

8. Christopher D. ITTNER et David F. LARCKER, « Coming Up Short on Nonfinancial Performance Measurement », *Harvard Business Review,* novembre 2003, p. 88-95.

La première fonction du tableau de bord de gestion est d'aider les responsables d'une unité organisationnelle à mettre en œuvre leur stratégie. Il représente donc plus qu'un système informatique ou qu'un ensemble d'indicateurs de performance ; il constitue véritablement un outil de pilotage de l'entreprise qui fonctionne grâce à des indicateurs de performance à la fois financiers et non financiers. Bien choisis, ces derniers entretiennent des rapports directs avec les objectifs stratégiques, et ils sont diffusés largement de manière à favoriser l'apprentissage et l'action.

Les différentes étapes d'implantation d'un tableau de bord de gestion sont résumées dans le tableau suivant.

L'implantation d'un tableau de bord de gestion

1. Affecter au projet les personnes et les ressources nécessaires

    1.1. Déterminer les pôles d'implantation du projet

    1.2. Nommer un responsable

    1.3. Consulter les gestionnaires

    1.4. Formuler clairement la stratégie de développement et de mise en œuvre

2. Élaborer un tableau de bord de gestion

    2.1. Modéliser les inducteurs de performance

    2.2. Associer des mesures spécifiques aux inducteurs de performance

    2.3. Choisir les systèmes de collecte des données

    2.4. Établir les données de départ et mettre en place des systèmes de signalisation et de communication

3. Préciser l'utilisation qui sera faite du tableau de bord de gestion

    3.1. Établir les cibles de rendement

    3.2. Intégrer le tableau de bord de gestion dans le processus décisionnel

    3.3. Associer le système de rémunération au tableau de bord de gestion

4. Exploiter les possibilités du tableau de bord de gestion

    4.1. Affecter des ressources à la maintenance du tableau de bord de gestion

    4.2. Faire connaître les objectifs et les résultats apparaissant au tableau de bord de gestion

    4.3. Valider les liens de causalité présumés des indicateurs

    4.4. Énoncer les lignes de conduite et les façons de faire relatives à l'utilisation du tableau de bord de gestion

    4.5. Étendre l'utilisation du tableau de bord de gestion à toute l'entreprise

LE TABLEAU DE BORD DE GESTION D'UNE ENTREPRISE À BUT LUCRATIF

Les activités généralement associées à la quête de la performance dans les entreprises à but lucratif appartenant au secteur des nouvelles technologies sont présentées à la figure 18.2.

En théorie, aucune activité n'est prioritaire dans la quête de la performance, et les activités les plus cruciales dépendent du contexte propre à l'entreprise. Toutefois, certaines activités apparaissent aujourd'hui essentielles à la performance des entreprises.

Figure 18.2 **Les principales activités associées à la performance dans une entreprise à but lucratif appartenant au secteur des nouvelles technologies**

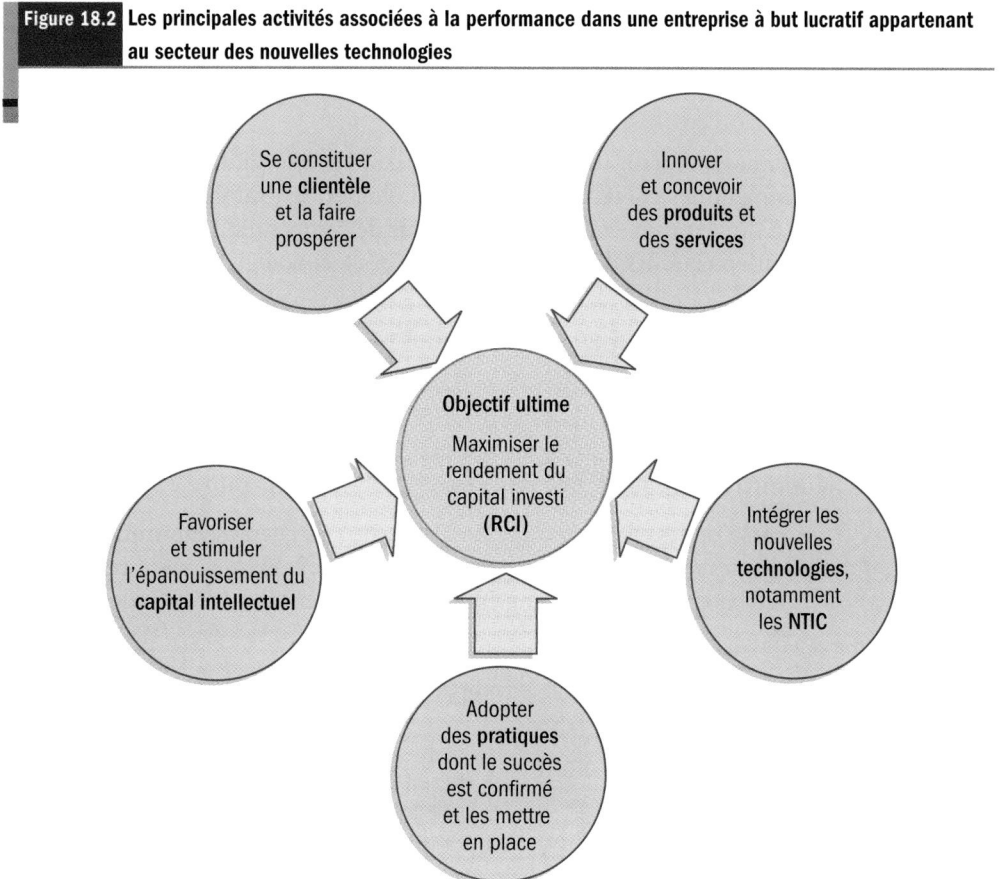

FAVORISER ET STIMULER L'ÉPANOUISSEMENT DU CAPITAL INTELLECTUEL

Le bien le plus précieux des entreprises œuvrant à l'échelle mondiale n'est ni le montant ni la nature de l'actif disponible, mais leur capital intellectuel. Les immobilisations s'achètent, mais la capacité d'innover a une valeur inestimable. À cet égard, un des plus grands défis posés aujourd'hui aux entreprises d'envergure mondiale est d'attirer les meilleurs cerveaux et se les attacher, tout en élaborant des programmes qui favorisent l'épanouissement de ces travailleurs exceptionnels.

SE CONSTITUER UNE CLIENTÈLE ET LA FAIRE PROSPÉRER

Certaines acquisitions d'entreprise ont uniquement pour but de s'approprier une clientèle. Définir une clientèle, créer un réseau de communication entre la clientèle et l'entreprise, établir des relations avec la clientèle sont autant de facteurs essentiels au succès de l'entreprise. Tout ce qui touche la mise en marché et le service après-vente joue donc un rôle clé dans la performance de l'entreprise.

INNOVER ET CONCEVOIR DES PRODUITS ET DES SERVICES

C'est la raison d'être, l'objet même de l'entreprise.

INTÉGRER LES NOUVELLES TECHNOLOGIES

Plusieurs entreprises doivent leur succès à l'emploi judicieux de nouvelles technologies, notamment des NTIC (nouvelles technologies de l'information et des communications), donc à l'intégration et à la mise en valeur de ces techniques. Elles le doivent également aux applications qu'elles développent grâce à ces technologies.

ADOPTER DES PRATIQUES DONT LE SUCCÈS EST CONFIRMÉ ET LES METTRE EN PLACE

Dans la quête continue de savoir-faire, une activité cruciale en matière d'évaluation de la performance des entreprises consiste à définir et à mettre en place les pratiques de gestion financière, de gestion de la production et de gestion des activités de soutien technique et administratif les plus efficientes selon l'analyse comparative.

À partir de ces cinq activités essentielles, on cherchera à déterminer les objectifs à atteindre ainsi que les moyens permettant d'y parvenir. Le tableau suivant résume les conclusions de cette réflexion dans le cas d'une entreprise appartenant au secteur des nouvelles technologies.

Les activités, les objectifs et les moyens d'une entreprise du secteur des nouvelles technologies

	Activités	Objectifs	Moyens
Objectif ultime	Favoriser et stimuler l'épanouissement du capital intellectuel	▪ Augmenter la valeur du capital intellectuel ▪ Améliorer le taux de rétention des meilleurs cerveaux	▪ Mettre en place un programme de participation des employés aux bénéfices
	Se constituer une clientèle et la faire prospérer	▪ Augmenter le nombre de clients par région ▪ Accroître le volume des ventes ▪ Fidéliser la clientèle	▪ Communiquer avec les clients actuels au moyen d'un bulletin trimestriel
	Innover et concevoir des produits et des services	▪ Accroître le nombre de nouveaux produits ▪ Accroître les ventes des nouveaux produits	▪ Accorder une prime annuelle aux ingénieurs concepteurs en fonction des ventes des nouveaux produits
	Intégrer les nouvelles technologies, notamment les NTIC	▪ Accroître le nombre d'applications des nouvelles technologies	▪ Former un groupe responsable de l'intégration des nouvelles technologies
	Adopter des pratiques dont le succès est confirmé et les mettre en place	▪ Améliorer son classement au regard des pratiques les plus efficientes	▪ Participer à un groupe d'analyse comparative

Le tableau de bord de gestion de l'entreprise doit comprendre tous les indicateurs qui permettront à un gestionnaire en particulier de mener à bien son travail de guide et de pilote. La définition de ces indicateurs découle des objectifs et des moyens retenus pour réaliser chacune des activités apparaissant dans le tableau de la page précédente.

Ainsi, pour le directeur de l'entreprise, qui doit s'assurer que chacune des cinq activités clés est accomplie à la perfection, les indicateurs guides portent sur la mesure des objectifs et l'indicateur témoin est le RCI. Pour le gestionnaire responsable des relations avec la clientèle, le taux de réponse au bulletin mensuel envoyé aux clients est un indicateur guide important, et le nombre de clients par région, un indicateur témoin. Souvent, ce qui est un indicateur témoin à un échelon de la hiérarchie est un indicateur guide pour l'échelon supérieur. C'est notamment le cas du nombre de clients par région : c'est un témoin des efforts du service de mise en marché, mais un guide des succès financiers à venir au niveau global.

Le tableau de bord d'une entreprise du secteur des nouvelles technologies, représenté selon les quatre dimensions du modèle original, est illustré à la figure 18.3. Pour chacune de ces dimensions, on trouve les facteurs clés du succès et des exemples de mesures correspondantes.

Figure 18.3 Le tableau de bord de gestion d'une entreprise du secteur des nouvelles technologies

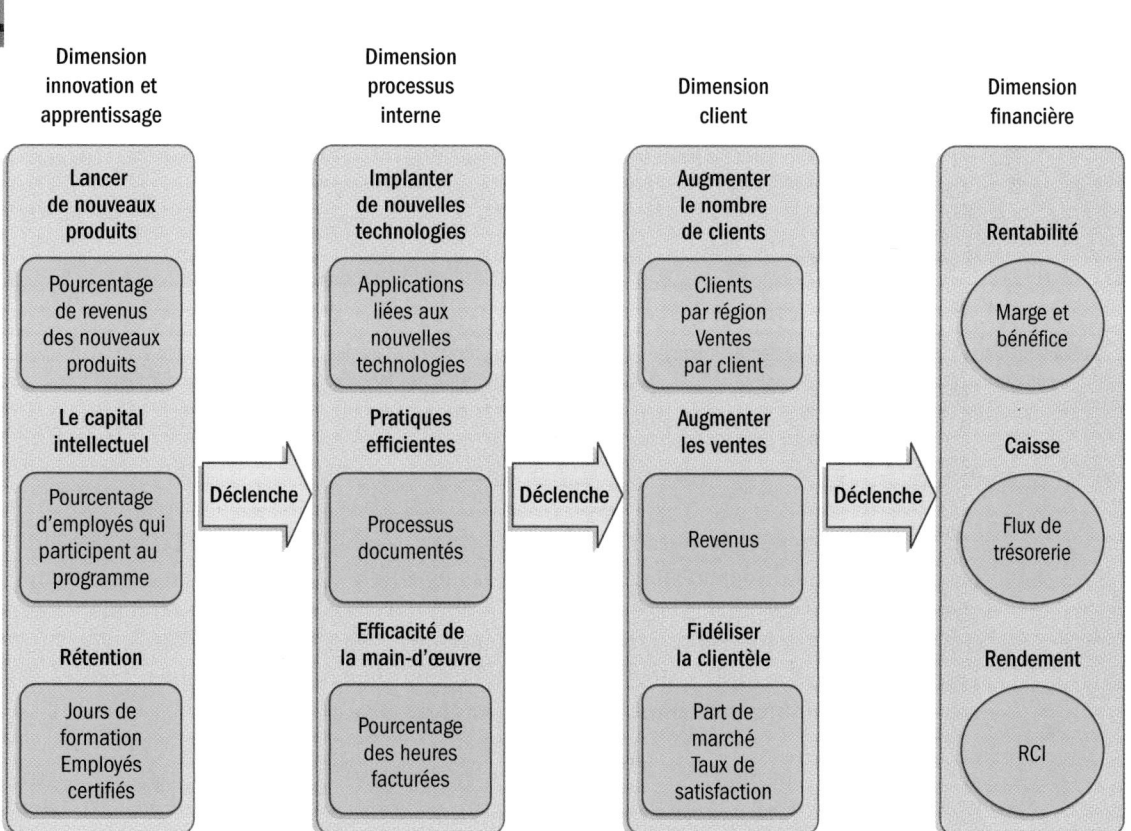

LE TABLEAU DE BORD DE GESTION D'UNE ORGANISATION À BUT NON LUCRATIF

La démarche d'implantation d'un tableau de bord de gestion dans une organisation à but non lucratif est similaire à celle suivie pour les entreprises. Nous prendrons l'exemple d'une université pour illustrer ce cas de figure. Les responsabilités liées à la gestion d'un programme universitaire sont résumées au tableau suivant. Chacune de ces responsabilités est déterminante pour la performance du programme.

La gestion d'un programme universitaire[9]

	Responsabilités	Objectifs	Moyens	Facteurs de performance
Objectif ultime	Assurer le recrutement des candidats	■ Accroître le nombre de demandes d'admission ■ Accroître la qualité des candidats ■ Augmenter le taux d'acceptation des candidats admis	■ Établir un plan de mise en marché du programme auprès des candidats potentiels	■ Taux de concordance entre les informations transmises et les attentes des candidats
	Assurer la mise en œuvre du programme	■ Accroître la pertinence du programme ■ Augmenter la satisfaction des étudiants ■ Assurer la qualité du programme ■ Améliorer la gestion du programme	■ Procéder à l'évaluation systématique et périodique des contenus de cours	■ Nombre de projets de nouveaux cours étudiés ■ Nombre de projets de renouvellement de cours
	Favoriser l'obtention d'un diplôme par les étudiants	■ Augmenter le taux d'obtention d'un diplôme ■ Diminuer le délai d'obtention du diplôme	■ Mettre en place un programme de reconnaissance des candidats performants	■ Nombre de candidats s'inscrivant à ce programme
	Contribuer au placement des étudiants	■ Augmenter le nombre d'offres d'emploi ■ Augmenter le salaire moyen des emplois offerts	■ Instaurer un programme de diffusion des innovations auprès des employeurs	■ Nombre d'employeurs ayant répondu à l'appel

Pour le directeur du programme, qui assume l'ensemble des responsabilités, les indicateurs guides sont directement liés à chacun des objectifs. Du point de vue du gestionnaire responsable du placement des étudiants, le nombre d'employeurs ayant répondu à l'appel constitue un indicateur guide, tandis que le nombre d'emplois offerts et le salaire moyen correspondant aux emplois offerts sont des indicateurs témoins. Les relations entre les différentes responsabilités sont illustrées à la figure 18.4.

---

9. Cet exemple est tiré d'un article de Jacques FORTIN, « Le contrôle de gestion : quantitatif, mais pas seulement monétaire. Le récit d'une expérience », *Gestion,* vol. 21, n° 3, septembre 1996, p. 36-41.

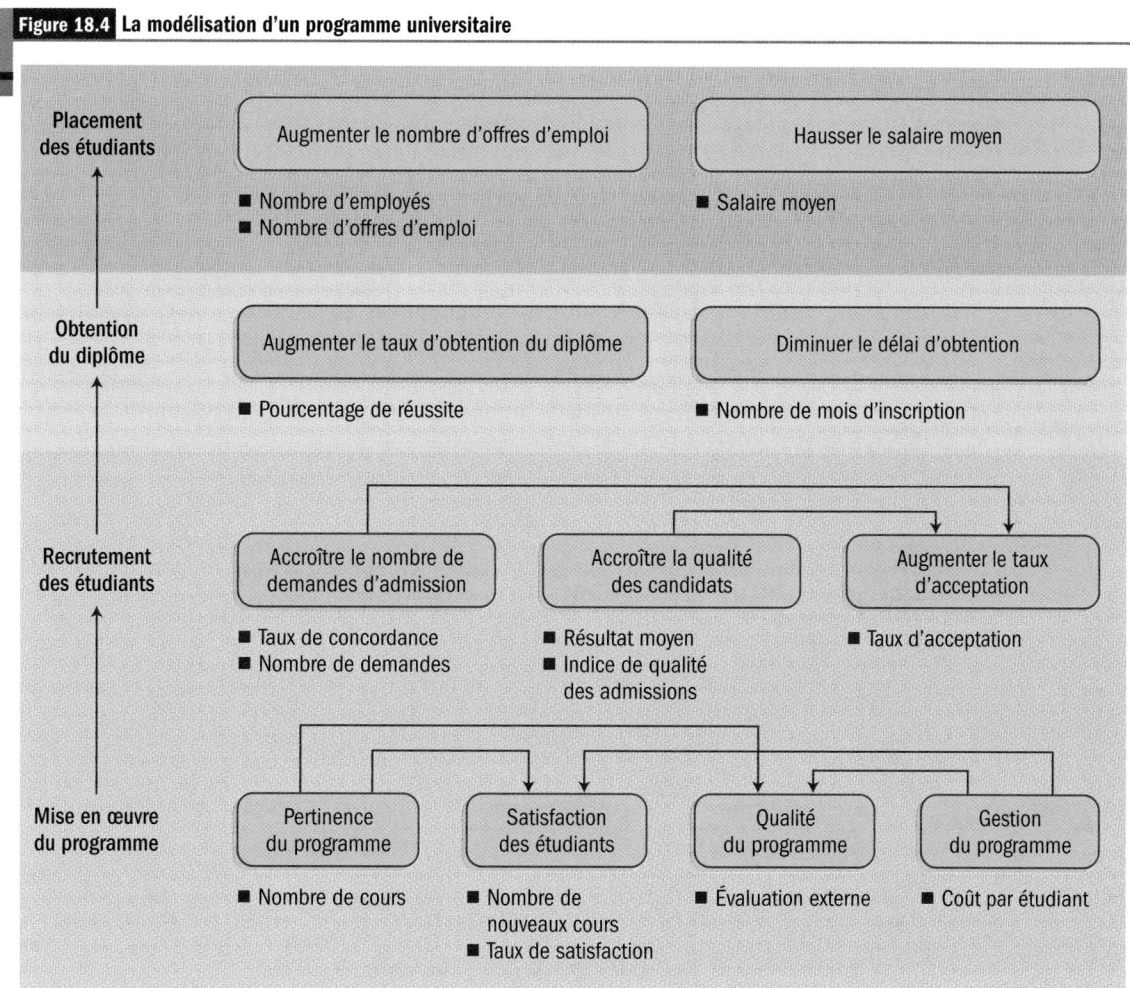

Figure 18.4 La modélisation d'un programme universitaire

L'APPLICATION DU TABLEAU DE BORD DE GESTION CHEZ PRATT & WHITNEY CANADA

PWC utilise une grande variété de rapports et de mesures pour gérer sa performance, mais son outil clé est le programme ACE (*Achieving Competitive Excellence*). L'ACE est appliqué à tout le groupe UTC et a été conçu pour permettre aux cadres de contrôler activement les variables clés qui conduisent au succès.

Les mesures clés de l'ACE sont à la fois financières et non financières. Les mesures financières incluent le chiffre d'affaires, le bénéfice avant intérêts et impôts et le flux de trésorerie. En plus de ses résultats financiers, PWC se préoccupe aussi de l'opinion de ses clients. Dans le cas d'une société comme PWC, il y a deux niveaux de clients : le premier se compose des constructeurs d'avions et d'hélicoptères qui recourent aux moteurs PWC, et le second des acheteurs de ces avions et hélicoptères (niveau client final).

PWC mesure plusieurs facteurs qui influent sur la satisfaction client. Les clients sont intéressés par la qualité des produits et des services. Par conséquent, PWC suit le nombre de réclamations client significatives, tout en mesurant également le coût de la mauvaise qualité, coût exprimé en pourcentage des ventes (voir le chapitre 19 pour une description complète des mesures de coûts de la qualité). Les clients ayant aussi des exigences pour ce qui est des délais, PWC mesure ses performances en ce qui a trait à la livraison à la date prévue des moteurs et pièces vendus, de même qu'aux temps de réalisation de ses services d'inspection et de réparation.

Enfin, PWC a mis en place des mesures touchant ses employés. L'entreprise cherche à évaluer le degré d'adhésion des employés aux valeurs et objectifs de l'entreprise en mesurant l'absentéisme et la rotation des effectifs. PWC mesure l'engagement de ses salariés directement, en menant une enquête périodique auprès de son personnel. Cette approche est plus compliquée que la simple collecte de données sur les employés, mais elle est aussi plus riche d'enseignements et permet à PWC d'ajuster de façon continue ses politiques et procédures pour améliorer sa relation avec son personnel.

L'entreprise mesure aussi les répercussions des accidents du travail en calculant à la fois le nombre d'événements de ce type et le temps perdu lors de ces accidents. En outre, elle recense séparément les accidents dont l'origine peut être attribuée à un manque de respect des procédures de l'entreprise.

Toutes ces mesures sont présentées mensuellement dans un rapport intitulé *Tour de contrôle ACE*. Les principales forces du système ACE sont les suivantes :

- Il comporte un nombre relativement restreint d'indicateurs, ce qui permet aux cadres de se focaliser en permanence sur le même ensemble de mesures.

- Les mesures sont présentées dans un rapport unique standardisé.

- Les résultats sont présentés selon un code de couleurs, ce qui permet de souligner les questions requérant une attention immédiate.

- Plusieurs niveaux de cibles sont établis. La cible de base consiste à maintenir le résultat atteint l'année précédente. En complément, une cible d'amélioration à court terme est fixée pour chaque année. Des cibles d'excellence complètent l'édifice et visent à communiquer aux cadres les objectifs de performance à long terme de l'organisation.

- Les mesures sont identiques dans tout le groupe UTC afin de permettre la comparaison entre unités d'affaires.

- Les équipes opérationnelles peuvent postuler pour une certification ACE comportant trois niveaux : bronze, argent et or. La certification marque la reconnaissance de la performance et signifie qu'un niveau plus faible de supervision est désormais possible.

Dans certains cas, les résultats des mesures peuvent être diffusés par courriel. Mais, le plus souvent, l'information sur la performance est diffusée au moyen de l'intranet de l'entreprise, connu sous l'appellation *Virtual Room* ou *V-Room*. Les mesures sont affichées sur le *V-Room* avant les réunions où elles seront abordées. Il existe des réunions hebdomadaires, mensuelles et trimestrielles.

Chaque jeudi, l'équipe de direction de PWC tient son *Thursday Leadership Meeting* (TLM), réunion à laquelle participent tous les vice-présidents ainsi que le PDG. L'équipe du TLM reçoit les rapports des principales fonctions – finances, exploitation, marketing, ventes et achats. Des mesures ACE appropriées sont écrites dans ces rapport mais des mesures additionnelles peuvent y figurer au besoin.

Cette réunion hebdomadaire porte essentiellement sur les sujets à court terme, alors que les réunions mensuelles et trimestrielles s'intéressent au long terme. La plupart des données ACE sont recueillies sur une base mensuelle ; ces mesures sont donc pour l'essentiel abordées lors de ces réunions. Les utilisateurs du *V-Room* ont la possibilité de décomposer les mesures par activités et sous-unités afin de comprendre plus clairement les problèmes et leurs sources.

Il est possible d'accéder aux *V-Rooms* du monde entier en tout temps, ce qui permet aux membres de la direction d'UTC d'avoir accès à l'information sur toutes les activités. L'accès est toutefois sécurisé. Le *V-Room* est actuellement conçu comme une maison comportant différentes pièces. Les directeurs fonctionnels peuvent voir les rapports de leur propre « pièce », mais pour accéder aux rapports des autres fonctions ou unités d'affaires, ils doivent obtenir un code d'accès. En outre, chaque « pièce » comporte différents niveaux d'accès : un directeur peut donc être autorisé à consulter seulement une partie de l'information offerte pour une « pièce » donnée.

Ainsi, le concept du *V-Room* permet de s'assurer que les cadres savent exactement où aller chercher l'information clé et qu'ils peuvent accéder rapidement à cette information en tout temps, et ce, partout dans le monde. Si ce type d'accès à l'information donne un avantage compétitif à la compagnie, il pose également quelques défis. Produire l'information en temps réel est une source de pression importante pour les cadres de la fonction finances : ils doivent gérer non seulement la fiabilité, mais aussi la célérité de l'information, d'où la nécessité pour eux de constamment revoir leurs façons de faire et leurs processus. L'utilisation intensive de l'information se traduit par une demande continue de rapports spéciaux personnalisés, ce qui génère un défi pour la fonction finance, qui doit constamment s'adapter et s'assurer de disposer de processus flexibles et orientés vers les besoins des clients internes.

L'APPLICATION DU TABLEAU DE BORD DE GESTION CHEZ TELUS

Le tableau de bord de gestion prospectif est au cœur de la gestion de la performance chez TELUS. Cet outil clé comporte un ensemble de paramètres très importants permettant de mesurer le rendement par rapport aux objectifs stratégiques annuels.

Chez TELUS, le tableau de bord de gestion prospectif cible les objectifs suivants :

- formuler et communiquer la stratégie de l'entreprise ;

- regrouper les projets individuels, organisationnels et interservices aux fins d'objectifs communs ;

- fournir une méthode permettant de mesurer et de reconnaître les niveaux de réalisation de la stratégie.

Le tableau de bord de l'entreprise mesure non seulement sa capacité de réaliser les objectifs financiers et opérationnels communiqués au public, mais également sa capacité d'atteindre ses objectifs prioritaires à l'interne. Par ailleurs, les données obtenues à l'aide des paramètres de cet outil stratégique font partie des éléments retenus pour le calcul des primes de performance annuelles des membres de l'équipe TELUS, y compris la haute direction.

UN OUTIL EN LIEN AVEC LA STRATÉGIE

Le tableau de bord de gestion prospectif visant à formuler et à communiquer l'orientation stratégique de l'organisation, il en découle six impératifs stratégiques :

1. offrir des solutions intégrées ;

2. se doter d'assises nationales en données, IP, voix et mobilité ;

3. établir des partenariats et effectuer des retraits ou des acquisitions, au besoin ;

4. se concentrer sans relâche sur les marchés en croissance ;

5. attaquer le marché en équipe unie ;

6. investir dans les ressources internes.

Le tableau de bord témoigne également des priorités annuelles de l'entreprise, réajustées chaque année en fonction des tendances et de l'évolution de la concurrence, des technologies, des projets cruciaux, des dépenses en immobilisations, des segments du marché, etc.

PARTICULARITÉS DU TABLEAU DE BORD DE TELUS

Dans le but d'offrir une vision du rendement de l'entreprise plus large qu'un simple tour d'horizon se cantonnant à son succès financier, le tableau de bord de gestion prospectif de TELUS comporte quatre sections. Chacune est distincte et cible les éléments qui contribuent à créer de la valeur au profit des actionnaires.

- Croissance rentable et efficacité
  - Dans quelle mesure créons-nous de la valeur pour nos actionnaires ?

- Excellence du service à la clientèle
  - Dans quelle mesure excellons-nous auprès de notre clientèle ?

- Efficacité opérationnelle
  - Dans quelle mesure nos projets et processus sont-ils efficaces (voire excellents) ?

- Équipe TELUS
  - Dans quelle mesure arrivons-nous à mobiliser les membres de notre équipe ?

MESURES ET PARAMÈTRES CLÉS

Dans chacune des sections du tableau de bord de TELUS, une série de paramètres (indicateurs) permettent d'évaluer la progression de l'entreprise vers ses objectifs stratégiques. De plus, les membres de l'équipe doivent sentir qu'ils peuvent apporter leur propre contribution.

Pour s'assurer de l'utilité et de la pertinence des paramètres choisis dans la communication et la concrétisation de la stratégie organisationnelle, la sélection de chaque paramètre repose sur des critères bien précis :

- Haute intégrité (mesurable, facilement chiffrable et vérifiable)
- Conformité à la stratégie (mesures essentielles et pertinentes)
- Transparence et intelligibilité
- Équilibre d'éléments à court et à long terme (et cohérence d'une année à l'autre, selon l'orientation stratégique annuelle de l'entreprise)

Les paramètres utilisés sont à la fois d'ordre financier et non financier. Si chaque année le tableau de bord de gestion rend compte des quatre volets de la performance précités, des pondérations différentes peuvent néanmoins leur être attribuées, selon les priorités annuelles de l'entreprise.

TABLEAU DE BORD ET PRIMES DE PERFORMANCE

Pour s'assurer que le tableau de bord remplit bien son rôle en matière de gestion de la performance, l'exercice consistant à définir des cibles associées à chacun des paramètres est particulièrement important. Mme Isabelle Plante, vice-présidente des finances chez TELUS Québec, explique le fonctionnement des primes de performance de l'entreprise :

> « Chez TELUS, nous trouvons important que tous les membres de l'équipe puissent bénéficier de la réussite de l'entreprise et recevoir une part de la valeur qu'ils aident à créer. Conformément à notre philosophie axée sur une rémunération fondée sur la performance, les indicateurs du tableau de bord sont utilisés (en plus des résultats personnels obtenus) pour calculer la prime de performance annuelle des membres de l'équipe.
>
> Nous fixons généralement des objectifs d'évaluation de la performance de plus en plus difficiles tous les ans afin de favoriser le dépassement constant et l'amélioration du rendement d'une année à l'autre. Notre tableau de bord comporte plusieurs niveaux de réalisation pour déterminer la mesure dans laquelle nous atteignons nos objectifs pour chaque paramètre :
>
> - Le **seuil** est le résultat minimal pour lequel nous serions encore enclins à verser une prime de performance (généralement 50 % du niveau de réalisation).
> - L'**objectif** est le résultat que nous devons obtenir pour respecter notre budget et les autres objectifs (généralement 100 % du niveau de réalisation).
> - L'**objectif extrapolé** représente différents niveaux de réalisation supérieurs à ceux des objectifs établis (généralement de 150 % à 200 % du niveau de réalisation). »

En début d'année, on informe tous les membres de l'équipe TELUS des priorités annuelles de l'entreprise et de leur tableau de bord, de façon à les inciter à harmoniser leurs objectifs personnels avec les objectifs de leur unité d'affaires au cours de l'année. Chaque trimestre, ils reçoivent des nouvelles des progrès réalisés au regard du plan, ce qui est essentiel à la mobilisation des efforts collectifs nécessaires à la réussite.

APPROBATIONS ET PROCESSUS DE GOUVERNANCE

Au début de chaque année, le comité responsable des ressources humaines et de la rémunération au sein du conseil d'administration de TELUS approuve le tableau de bord de l'entreprise.

Ce comité reçoit les mises à jour trimestrielles des résultats qui sont également communiquées au président du comité de vérification. En fin d'exercice, le comité responsable des ressources humaines et de la rémunération doit approuver le multiplicateur final obtenu.

Le tableau de bord est également passé en revue en début d'année par un comité directeur interne et interfonctionnel de gouvernance, composé de membres dirigeants des ressources humaines et des finances, qui répète l'exercice tous les trimestres et en fin d'exercice afin d'en assurer la cohérence et la continuité.

CAPSULES VIDÉO

Qu'en disent les experts?

▥ CAPSULE VIDÉO 18.1   Tableau de bord de gestion – description
Madame Isabelle Plante, vice-présidente et contrôleur chez TELUS, décrit le tableau de bord de gestion utilisé au sein de la société.

▥ CAPSULE VIDÉO 18.2   Tableau de bord de gestion – rôle
Madame Plante traite du rôle du tableau de bord de gestion chez TELUS.

▥ CAPSULE VIDÉO 18.3   Tableau de bord de gestion – évolution
Chez TELUS, le tableau de bord de gestion ne cesse d'évoluer au fil des ans. Madame Plante explore la question plus en profondeur.

▥ CAPSULE VIDÉO 18.4   Tableau de bord de gestion – qualités recherchées
Madame Plante fait état des qualités qu'on attend d'un tableau de bord de gestion chez TELUS.

▥ CAPSULE VIDÉO 18.5   Tableau de bord de gestion – défis et facteurs de succès
Le tableau de bord de gestion présente un certain nombre de défis. Et son succès repose sur quelques facteurs décisifs, fait remarquer Madame Plante.

▥ CAPSULE VIDÉO 18.6   Tableau de bord de gestion – description
Monsieur Guillaume Lavoie, directeur de la planification financière chez Pratt & Whitney, décrit le tableau de bord de gestion utilisé au sein de la société.

▥ CAPSULE VIDÉO 18.7   Tableau de bord de gestion – rôle
Monsieur Lavoie traite du rôle du tableau de bord de gestion chez Pratt & Whitney.

🎬 **CAPSULE VIDÉO 18.8   Tableau de bord de gestion – évolution**
Chez Pratt & Whitney, le tableau de bord de gestion ne cesse d'évoluer au fil des ans. Monsieur Lavoie explore la question plus en profondeur.

🎬 **CAPSULE VIDÉO 18.9   Tableau de bord de gestion – qualités recherchées, défis et facteurs de succès**
Monsieur Lavoie fait état des qualités recherchées dans un tableau de bord de gestion au sein de Pratt & Whitney.

OBJECTIFS DE CONNAISSANCES, REVUS

1 Expliquer en quoi consistent les tableaux de bord de gestion.

Le tableau de bord de gestion est un document analytique regroupant tous les indicateurs qui contribuent à simplifier le travail de guide et de pilote effectué par le gestionnaire. Il a été popularisé aux États-Unis sous le nom de tableau de bord de gestion prospectif, ce qui traduit bien la philosophie de contrôle sous-jacente : le gestionnaire doit maintenir un sain équilibre entre sa préoccupation pour les finances, l'efficience des processus internes, l'innovation, la clientèle et, parfois, d'autres aspects comme la gestion de la main-d'œuvre.

2 Exposer comment on implante un tableau de bord de gestion prospectif.

L'implantation d'un tableau de bord de gestion prospectif suppose non seulement de réunir un ensemble d'indicateurs dans un tableau de bord, mais aussi d'intégrer l'utilisation du tableau de bord dans l'exercice du contrôle. C'est parfois ce second volet qui comporte le plus d'embûches, car il faut changer la culture de l'entreprise ainsi qu'une philosophie du contrôle souvent ancrée de longue date dans la culture d'entreprise. La démarche proposée comporte 16 étapes.

3 Décrire le tableau de bord de gestion d'une entreprise à but lucratif.

Le tableau de bord colle à la stratégie de l'entreprise. Les indicateurs de performance qui en font partie découlent des activités principales de l'entreprise, ainsi que des objectifs et des moyens liés à chacune d'entre elles.

4 Décrire le tableau de bord de gestion d'une organisation à but non lucratif.

Le tableau de bord d'un gestionnaire colle aux responsabilités qui lui ont été attribuées. Les indicateurs de performance qui en font partie découlent des principales activités liées aux responsabilités, ainsi que des objectifs et des moyens liés à chacune d'entre elles.

5 Décrire la gestion de la performance organisationnelle chez Pratt & Whitney Canada.

Le tableau de bord de gestion de Pratt & Whitney – une adaptation particulière du tableau de bord prospectif dans le cadre d'une entreprise manufacturière – est intégré à un système de gestion appelé ACE (*Achieving Competitive Excellence*). Voici les principales forces du système ACE : un nombre relativement restreint d'indicateurs présentés dans un rapport unique standardisé au moyen d'un code de couleurs qui permet d'attirer l'attention ; plusieurs niveaux de cibles ; des mesures identiques pour tout le groupe UTC ; possibilité pour les équipes opérationnelles de postuler pour une certification ACE comportant trois niveaux (bronze, argent et or).

6 **Décrire la gestion de la performance organisationnelle chez TELUS.**

Le tableau de bord de gestion de TELUS – une adaptation particulière du tableau de bord prospectif dans le cadre d'une entreprise de service – est un outil en lien avec la stratégie et comportant quatre volets ou sections : croissance et rentabilité, excellence du service à la clientèle, efficacité opérationnelle et équipe TELUS. Comme le suggère la théorie présentée dans ce chapitre, il est utilisé pour établir les primes de performance, c'est-à-dire la rémunération incitative. Comme il se doit, c'est au comité responsable des ressources humaines et de la rémunération au sein du conseil d'administration qu'il incombe, au début de chaque année, d'approuver le tableau de bord de gestion révisé.

MOTS CLÉS

LA GESTION STRATÉGIQUE DES COÛTS

OBJECTIFS

1 Présenter la gestion stratégique des coûts.

2 Décrire le contrôle de gestion.

3 Définir la stratégie.

4 Présenter les techniques utiles à l'analyse stratégique.

5 Présenter les méthodes d'analyse utiles à la gestion stratégique des coûts.

BANQUE NATIONALE
GROUPE FINANCIER

La gestion stratégique des coûts, c'est aussi de la gouvernance opérationnelle – un volet important du contrôle de gestion. Après avoir décrit les concepts clés de gestion stratégique, de contrôle de gestion et d'analyse stratégique, nous présentons les techniques utiles à l'analyse stratégique proprement dite, puis plusieurs méthodes et modèles d'analyse utiles à la gestion stratégique des coûts, donc à la gouvernance opérationnelle.

Dans ce chapitre, le cas de la Banque Nationale Groupe financier est utile pour illustrer comment la gouvernance opérationnelle peut s'appuyer sur les technologies de l'information (TI) et la connaissance des processus d'affaires. Les méthodes et modèles d'analyse présentés dans ce chapitre ne sauraient être utiles sans l'appui des TI ni une profonde connaissance des processus d'affaires.

■ BANQUE NATIONALE GROUPE FINANCIER

Forte de plus de 150 ans d'expérience, Banque Nationale Groupe financier est, depuis le premier jour, le partenaire de choix des gens d'affaires et des particuliers au Québec et bien au-delà. Sixième grande banque en importance au Canada, Banque Nationale Groupe financier est la principale institution bancaire au Québec et la banque par excellence des PME. Elle compte des succursales dans la plupart des provinces canadiennes et, par l'intermédiaire de ses filiales et de ses alliances, elle est aussi présente aux États-Unis, en Europe et ailleurs dans le monde.

Banque Nationale Groupe financier est un groupe intégré qui propose des services financiers complets à une clientèle de particuliers, de PME et de grandes entreprises dans son marché national, ainsi que des services spécialisés à l'échelle internationale. Banque Nationale Groupe financier offre la gamme complète des services bancaires, y compris tous les services d'une banque d'investissement à l'intention des grandes sociétés.

Les activités de ses 18 438 employés répartis dans 442 succursales au pays s'articulent autour de 3 grands pôles d'activité : les particuliers et les entreprises, qui représentent 53 % de son revenu total, les marchés financiers (30 %) et la gestion du patrimoine (17 %), qui englobe la gestion de fonds communs de placement et de régimes de retraite.

Pour affirmer sa position et poursuivre son régime de croisière au sein du marché, Banque Nationale Groupe financier vient d'instaurer un groupe de solutions d'affaires et gouvernance TI. Cette entité distincte de la fonction finance possède sa propre dynamique et mise sur des propositions de valeur, notamment pour étoffer le contrôle de gestion (gouvernance opérationnelle) de la Banque.

LES ENJEUX DU GROUPE DE SOLUTIONS D'AFFAIRES ET GOUVERNANCE TI

Dans le contexte socioéconomique actuel et à l'instar de bon nombre de ses concurrents, Banque

Nationale Groupe financier doit faire face au départ à la retraite d'une partie de ses effectifs et à une concurrence féroce. Ces employés comptent souvent de nombreuses années de service et détiennent un bagage de connaissances et de compétences que l'organisation doit protéger. De prime abord, il est peu envisageable de combler tous ces départs par un même effectif, sans compter l'investissement de temps et de ressources à prévoir pour la formation des nouveaux employés.

Dans ce contexte, il est devenu primordial pour la Banque de conserver son savoir-faire tacite, de standardiser ses processus d'affaires et, lorsque souhaitable, d'automatiser certaines tâches – un mandat assigné au groupe de solutions d'affaires et gouvernance TI.

Les enjeux du groupe sont cependant plus vastes. Il doit en effet assurer le bon fonctionnement des processus d'affaires actuels, mais également les optimiser en y ajoutant de la valeur. La valeur peut être créée par une réingénierie et une amélioration des processus, mais aussi grâce à une utilisation efficiente des systèmes d'information.

Ainsi, deux mandats relèvent du groupe de solutions d'affaires et gouvernance TI :

- stratégie et gouvernance TI ;
- solutions d'affaires et performance organisationnelle.

STRATÉGIE ET GOUVERNANCE TI

Dans un système bancaire aussi étendu et multi-tâche que celui de Banque Nationale Groupe financier, les applications des TI se comptent par centaines. Avec une multitude d'informations différentes destinées à une foule de services différents, il est devenu nécessaire de simplifier les systèmes d'information pour une meilleure organisation et un traitement des données plus efficient. Ces mesures visent à réduire les coûts, mais aussi à améliorer la performance organisationnelle de l'entreprise. Afin d'orchestrer le parallèle entre les TI et la stratégie, aucune modification des systèmes ou des processus TI les supportant n'est

apportée sans qu'une évaluation exhaustive de leur alignement stratégique ne soit faite au préalable.

La gouvernance TI consiste en un ensemble de processus qui visent à assurer l'utilisation efficiente des TI pour permettre à l'organisation d'atteindre ses objectifs d'affaires. Ainsi, la mise en œuvre ou la modification d'un nouveau système d'information implique un processus décisionnel qui comporte les étapes suivantes :

- établir la stratégie et les objectifs d'affaires ;
- comprendre les enjeux et cerner les besoins ;
- assurer l'alignement stratégique TI ;
- établir les processus cibles, analyser les impacts des changements et soutenir la mise en œuvre.

En somme, la fonction stratégie et gouvernance TI assure une correspondance stratégique entre les systèmes de TI et les processus d'affaires, mais crée aussi de la valeur en optimisant le fonctionnement des processus.

SOLUTIONS D'AFFAIRES ET PERFORMANCE ORGANISATIONNELLE

Un des objectifs du groupe solutions d'affaires et performance organisationnelle est de simplifier les processus d'affaires (les processus transactionnels en priorité) en les rendant moins coûteux, plus agiles, plus conviviaux pour les clients et plus utiles à la performance des employés. De nombreux analystes d'affaires travaillent en collaboration dans le but d'assurer une amélioration continue du modèle opérationnel. Quatre domaines d'expertise différents sont ainsi mis en commun :

- analyse d'affaires ;
- gestion (modélisation, mesure, évaluation) des processus ;
- mesure de performance ;
- gestion du changement.

Tout comme pour les systèmes de TI, un processus de gouvernance est défini pour soutenir la pratique (choix d'une solution d'affaires, approba-

tion, mise en œuvre et suivi) et plusieurs outils sont utilisés, tels que l'outil de modélisation *Casewise,* qui permet de gérer le modèle d'architecture de processus de l'organisation.

On remarquera que les deux mandats sont interdépendants : l'analyse d'affaires et l'amélioration des processus ne peuvent se faire sans l'apport des TI, tout comme la stratégie des TI ne peut être mise en œuvre sans être en lien avec les processus. De cette façon, on évite les doublons, on maintient la cohérence et l'alignement sur la stratégie. C'est ainsi que l'entreprise peut créer de la valeur pour ses clients et l'ensemble des parties prenantes.

LA STRUCTURE DU GROUPE DE SOLUTIONS D'AFFAIRES ET GOUVERNANCE TI

Il existe une séparation fonctionnelle distincte entre la fonction finance et le groupe de solutions d'affaires et gouvernance TI de Banque Nationale Groupe financier. Le vice-président du groupe relève directement du chef de l'information et œuvre en partenariat avec le chef de la direction financière. Étant donné la nature des activités du groupe, il existe un lien matriciel entre la fonction de gouvernance TI et la fonction finance, notamment en ce qui concerne le suivi des investissements, le contrôle budgétaire et les politiques et outils soutenant la reddition de comptes du catalogue de services TI.

Ici, le rôle du directeur principal du secteur est davantage orienté vers la mise en œuvre de la stratégie de l'organisation TI et l'analyse de la performance, tandis que celui du chef de la direction financière est orienté vers la production de rapports financiers et d'explication des résultats. Une autre particularité chez Banque Nationale Groupe financier : le groupe de solutions d'affaires et gouvernance TI relève entièrement de la TI en raison du poids relatif de ce groupe dans les dépenses de la Banque, mais aussi du secteur d'activité des services financiers qui ne saurait exister sans investissements en TI. Ainsi, l'intégration complète du groupe dans la gestion des TI est une option stratégique permettant de créer de la valeur tout en exerçant un contrôle indépendant sur les coûts importants qui s'y rattachent.

DÉFINITION DE LA GESTION DE LA PERFORMANCE

Après avoir présenté son service et ses enjeux, M. Ludvick Desjardins, directeur principal, nous fait remarquer que la majorité des entreprises ont toujours été confrontées à un clivage important (zone grise) entre la définition de la structure organisationnelle (organigramme fonctionnel) et la cohésion d'activités nécessaire pour livrer les processus transversaux. Un des objectifs de la gouvernance opérationnelle est de compléter la structure à l'aide d'éléments décisionnels (comités et processus de gouvernance) afin de combler cet écart.

M. Desjardins définit la gestion de la performance organisationnelle comme une « gouvernance opérationnelle » par laquelle la mise en œuvre de la stratégie, son exécution, est au cœur du processus de gouvernance. L'exécution implique la prise de décisions, la gestion des enjeux opérationnels, des enjeux inhérents à la définition des processus d'affaires ainsi que le contrôle et le suivi des activités qui y sont liées.

La gouvernance opérationnelle ainsi exercée met l'accent sur la création de valeur par la gestion de processus de bout en bout. C'est ainsi qu'on distingue la gouvernance opérationnelle de la gouvernance corporative qui, elle, est exercée par un conseil d'administration.

LA GESTION STRATÉGIQUE DES COÛTS

La **gestion stratégique des coûts** et la **comptabilité de management stratégique** sont deux pratiques semblables apparues ces dernières années dans la littérature. Shank et Govindarajan[1] utilisent l'expression « gestion stratégique des coûts » pour décrire l'utilisation de l'information sur les coûts dans le but d'aider à formuler et à communiquer les stratégies, à réaliser les plans visant à mettre en œuvre la stratégie et puis à concevoir et à adapter le système de contrôle de gestion afin d'atteindre les cibles visées par la stratégie. Roslender et Hart[2] définissent la « comptabilité de management stratégique » comme une approche qui vise à intégrer les informations propres à la comptabilité de management et au marketing dans une analyse stratégique. La gestion stratégique des coûts comme la comptabilité de management stratégique ont pour point commun de refocaliser l'information financière interne afin d'estimer l'impact des décisions de la direction en matière de stratégie.

La gestion stratégique des coûts comporte plusieurs outils d'analyse, comme l'analyse des inducteurs de coûts, l'analyse de la chaîne de valeur et l'analyse du positionnement stratégique. Guilding et coll.[3] ont établi une douzaine de pratiques de la comptabilité de management stratégique, dont le coût des attributs, l'évaluation des marques, l'analyse des coûts des concurrents, l'analyse des coûts sur le cycle de vie des produits, les coûts d'obtention de la qualité, l'analyse du coût cible et l'analyse de la chaîne de valeur.

Dans les sections qui suivent, on présentera la problématique du contrôle dans les organisations ainsi que les relations entre les mécanismes de contrôle et la stratégie. Puis, on présentera les techniques utiles à l'analyse stratégique ainsi que les méthodes d'analyse utiles à la gestion stratégique des coûts.

LE CONTRÔLE DE GESTION

L'objectif prioritaire du **contrôle de gestion** dans une organisation est d'aligner l'intérêt et les activités de ses membres sur un ensemble de cibles et sur une stratégie pour atteindre ces buts. Le contrôle de gestion comporte un volet technique important, mais aussi un volet humain, dont il faut être conscient. Sur le plan technique, le contrôle de gestion se fonde sur des principes cybernétiques élémentaires, qui sous-tendent trois fonctions principales : une fonction **mesure**, qui consiste à recueillir des données sur le processus à contrôler ; une fonction **analyse**, qui consiste à comparer les données recueillies à des standards ; et une fonction **intervention**, qui consiste à mettre en œuvre une action corrective, si besoin est. Le **contrôle cybernétique** est un modèle cyclique, car les trois fonctions s'enchaînent continuellement, tout comme dans le fonctionnement d'un mécanisme de contrôle simple tel que le thermostat. De plus, puisque les standards sont établis à l'avance, le modèle de contrôle cybernétique suppose qu'il y a eu une planification. L'action corrective vise à rapprocher les résultats des prévisions (standards), et non à les remettre en question.

---

1. John K. SHANK et Vijay GOVINDARAJAN, *Strategic Cost Management: The New Tool for Competitive Advantage*, New York, Free Press, 1993.
2. Robin ROSLENDER et Susan HART, « In Search of Strategic Management Accounting: Theoretical and Field Study Perspectives », *Management Accounting Research*, volume n° 14, 2003, p. 255-279.
3. Chris GUILDING, Karen S. CRAVENS et Mike TAYLES, « An International Comparison of Strategic Management Accounting Practices », *Management Accounting Research*, volume n° 11 (1), 2000, p. 113-135.

La définition donnée en 1970 par Joan Woodward capture bien cette dimension du contrôle :

> « Le contrôle est l'assurance que les activités engendrent les résultats prévus ; il se contente de mesurer les résultats, d'analyser l'information et, si nécessaire, d'entreprendre des actions correctives[4]. »

L'application de ce modèle à l'entreprise comporte un certain nombre de limites. Examinons la question de la planification. Tout d'abord, si elles sont des regroupements de personnes, les entreprises sont elles-mêmes inanimées et souvent dépourvues d'objectifs clairement définis. De plus, l'environnement des entreprises évolue continuellement et il en va de même des acteurs, de leurs objectifs personnels à court et à long terme, ainsi que de leur perception des objectifs de l'entreprise. L'utilisation d'un système de contrôle de type cybernétique se trouve fortement entravée par le flou qui caractérise généralement les objectifs de l'entreprise.

Ensuite, les systèmes de contrôle de l'entreprise doivent pouvoir fournir une forme de rétroaction, c'est-à-dire de l'information sur les écarts, et en particulier des explications sur les raisons de ces écarts. Mais pour obtenir cette information, il faut organiser la collecte des données de façon particulière, analyser les données et transmettre régulièrement l'information, ce qui ne va pas sans mal. D'une part, les machines qui utilisent une boucle de contrôle interne peuvent produire l'information en obéissant à un cycle si rapide qu'on pourrait croire qu'il s'agit d'un résultat instantané. D'autre part, la majorité des systèmes comptables fonctionnent selon un cycle mensuel qui transmet les résultats dans les cinq jours suivant la fin du mois. Il en résulte que, si l'entreprise veut obtenir de l'information à une fréquence et selon un échéancier qui diffèrent de ce qu'offre le système comptable traditionnel, le modèle de contrôle cybernétique ne peut la lui fournir. Par ailleurs, la gestion s'effectue dans un environnement ouvert, et certains événements échappent à l'emprise des gestionnaires. En outre, le comportement des êtres humains varie selon les circonstances. Ces facteurs entrent en contradiction avec le caractère répétitif propre au modèle cybernétique, d'où la fréquente inefficacité des modèles prévisionnels utilisés pour décider d'une action corrective. Pourtant, pour la **gestion des coûts**, on utilise toujours au sein des entreprises des techniques comptables de contrôle, en particulier des budgets, inspirées des principes cybernétiques.

Le contrôle de gestion a également une dimension comportementale. Pour Robert Anthony, le contrôle de gestion est :

> « Le processus par lequel les gestionnaires utilisent l'influence qu'ils exercent dans l'entreprise pour mettre en œuvre la stratégie de l'entreprise[5]. »

Cette définition du contrôle est beaucoup plus liée au comportement et donc entachée de plus d'incertitude. Dans cette perspective, les acteurs de l'organisation deviennent les pivots du processus de contrôle, ce qui soulève bien d'autres questions. Comment un gestionnaire peut-il influencer d'autres gestionnaires ? Y a-t-il un ou plusieurs processus de contrôle ? Dans un environnement sans véritable frontière, qui fait partie de l'entreprise et qui n'en fait pas partie ? En 1987, Johnson et Kaplan ont mis en évidence la nécessité d'opérer une réforme radicale de la gestion des coûts : « Les rapports que préparent les comptables en

---

4. Joan WOODWARD, *Industrial Organization: Behaviour and Control,* Oxford University Press, 1970, p. 38 ; notre traduction.
5. Robert N. ANTHONY, *The Management Control Function,* Harvard Business School Press, 1988, p. 10 ; notre traduction.

management ne sont pas d'une grande utilité pour les cadres subalternes qui tentent de réduire les coûts et d'améliorer la productivité[6]. » Selon ces deux auteurs, les comptables en management doivent s'efforcer de trouver les facteurs qui rendent compte des coûts plutôt que de décortiquer les coûts eux-mêmes ; ils doivent de plus se concentrer sur les causes liées aux charges indirectes plutôt que sur les causes liées aux charges directes. Dans un deuxième temps, Johnson et Kaplan affirment que les entreprises doivent mesurer la performance et accomplir leur tâche de gestion en se servant d'indicateurs non financiers liés à la stratégie.

LES LEVIERS DU CONTRÔLE DE GESTION

Le contrôle sur les organisations humaines implique l'utilisation simultanée de plusieurs mécanismes de contrôle. Bien que plusieurs auteurs aient suggéré des typologies qui présentent les mécanismes de contrôle, la typologie suggérée par Robert Simons est probablement la plus connue. Selon Simons[7], il existerait quatre **leviers de contrôle** :

- les systèmes de croyances ;
- les systèmes limites ;
- les systèmes servant à poser un diagnostic ;
- les systèmes interactifs.

Le cadre conceptuel proposé par Robert Simons est décrit à la figure 19.1.

Figure 19.1 Le cadre conceptuel d'un système intégré de contrôle de gestion

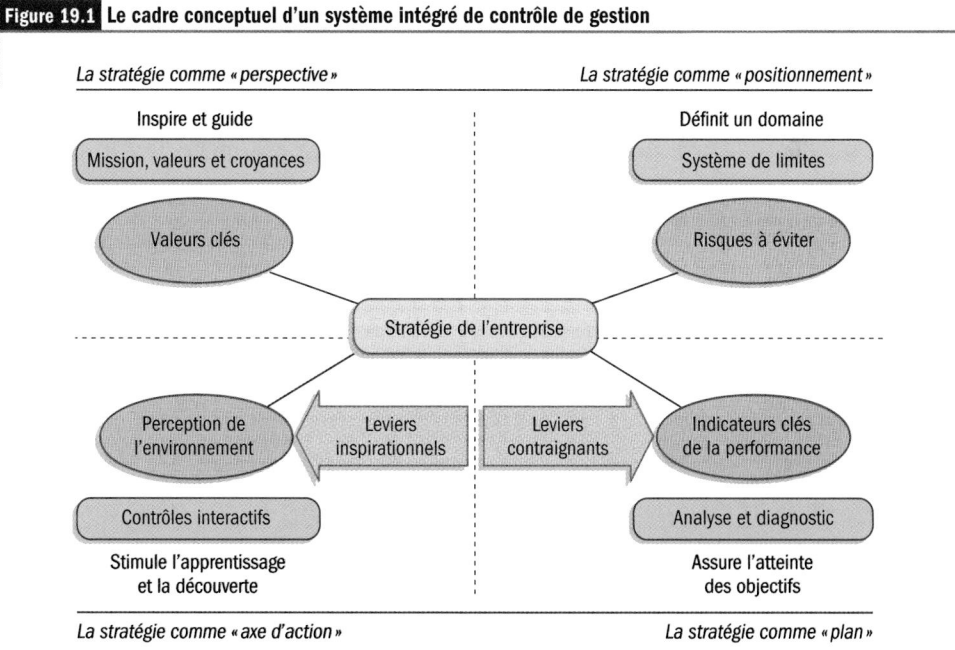

---

6. H. Thomas JOHNSON et Robert S. KAPLAN, *Relevance Lost : The Rise and Fall of Management Accounting,* Harvard Business School Press, 1987, p. 1 ; notre traduction.

7. Robert L. SIMONS, *Performance Measurement and Control Systems for Implementing Strategy,* Prentice Hall, 2000, p. 301-316.

Le modèle de Simons reprend le modèle des stratégies émergentes mis au point par Mintzberg et propose quatre notions de stratégie[8]. (Simons ne reprend pas la cinquième notion de stratégie, associée à un plan militaire, retenue par Mintzberg.) À chacun des quatre types stratégiques – perspective, positionnement, axe d'action et plan – correspond une orientation particulière de contrôle.

- Les **systèmes de croyances** comprennent des éléments tels que la mission de l'entreprise, les conceptions de la haute direction et le code d'éthique en vigueur de façon plus ou moins affirmée dans l'entreprise. Ces systèmes permettent de susciter à l'intérieur de l'entreprise le désir de contribuer à la réalisation des objectifs organisationnels. Dans ces systèmes, on considère la stratégie comme une *perspective*.

- Les **systèmes limites** garantissent que les stratégies seront réalisées dans le cadre de ce qui est autorisé, c'est-à-dire que l'entreprise mènera ses activités sur des marchés bien délimités et selon un niveau de risque acceptable. Les systèmes limites comprennent toutes les règles établies à l'intérieur de l'organisation, les politiques et les procédures ainsi que les contrôles physiques. Dans ces systèmes, on considère la stratégie comme un *positionnement*.

- Les **systèmes interactifs** donnent aux gestionnaires des outils pour influer sur les essais et sur la recherche d'occasions, qui sont deux caractéristiques des stratégies émergentes. Ces systèmes permettent d'imposer de la cohérence à la stratégie ; ils orientent la recherche d'occasions et les réactions aux incertitudes stratégiques. Dans ces systèmes, on considère la stratégie comme un *axe d'action*.

- Les **systèmes servant à poser un diagnostic** comprennent les éléments indispensables pour transformer les stratégies prévues en stratégies réalisées. Ces systèmes se concentrent sur la réalisation des buts organisationnels. Il s'agit habituellement de commandes cybernétiques ou bureaucratiques. Dans ces systèmes, on considère la stratégie comme un *plan*.

Les caractéristiques des leviers de contrôle

Leviers de contrôle	Objectifs	On transmet...	On voit dans la stratégie...
Croyances	Encourager la recherche d'occasions	Des idées-forces	Une perspective
Limites	Encadrer les stratégies	Un champ d'action	Un positionnement par rapport aux concurrents
Diagnostic	Coordonner et surveiller l'implantation des stratégies prévues	Des plans et des objectifs concrets	Une planification
Interactifs	Stimuler et orienter les stratégies émergentes	Des incertitudes stratégiques	Un axe d'action

Source : Adapté de Robert L. SIMONS, *Performance Measurement and Control Systems for Implementing Strategy,* Prentice Hall, 2000, p. 301-316.

LA DYNAMIQUE DES INTERACTIONS

On doit effectuer le contrôle de la stratégie d'entreprise en mobilisant plusieurs leviers de contrôle. Là encore, c'est en les utilisant de façon intégrée qu'on pourra effectuer un contrôle stratégique efficace.

---

8. Henry MINTZBERG, « Patterns in Strategy Formation », *Management Science,* n° 24, 1978, p. 934-948.

Il existe une dynamique entre les leviers de contrôle, car les forces qu'ils orientent sont parfois antagonistes et peuvent créer des tensions. Ainsi, les systèmes de croyances et les systèmes limites servent à motiver les intervenants au sein de l'organisation en délimitant l'espace d'intervention de l'entreprise et en aidant à repérer les possibilités d'affaires appartenant à cet espace. À l'opposé, l'objet des systèmes de diagnostic et des systèmes interactifs est surtout d'inciter à rechercher les occasions, tout en assurant également l'attribution des ressources limitées de l'organisation. En ce sens, ces deux derniers systèmes sont moins motivants et plus restrictifs, car ils encadrent la recherche d'occasions en s'appuyant sur des buts explicites et en imposant clairement des limites.

Il en résulte des tensions : les deux premiers systèmes encouragent la création, tandis que les deux autres tentent de lui imposer des limites acceptables. C'est donc l'interaction entre tous les types de systèmes de leviers de contrôle qui permet d'atteindre l'équilibre entre innovation et efficacité.

LES LEVIERS DE CONTRÔLE ET LE COMPORTEMENT HUMAIN

En règle générale, les personnes qui travaillent dans une organisation souhaitent lui apporter leur contribution, bien faire leur travail, répondre aux attentes de leurs patrons, créer et innover. Toutefois, il arrive que des obstacles organisationnels les empêchent de le faire. Les leviers de contrôle permettent de surmonter ces obstacles.

Les comportements, les obstacles et les leviers de contrôle

Comportement	Obstacle	Solution	Levier de contrôle
L'employé souhaite apporter sa contribution.	Il comprend mal les buts proposés.	La direction fait connaître la mission et les valeurs clés de l'entreprise.	La direction diffuse la culture d'entreprise et ses croyances particulières.
L'employé souhaite bien faire son travail.	Il est soumis à des pressions et à des distractions.	La direction donne des directives et s'assure du respect des règles du jeu.	La direction met au point des règles et des manières de faire.
L'employé souhaite répondre aux attentes de ses patrons.	Il ne concentre pas ses efforts et manque de ressources.	La direction propose des cibles bien délimitées et fournit des ressources suffisantes.	La direction élabore des systèmes de diagnostic.
L'employé souhaite créer et innover.	Il n'a pas l'occasion de le faire et il craint de prendre des risques.	La direction instaure un dialogue afin de stimuler l'apprentissage.	La direction met en œuvre des contrôles interactifs.

Source : Adapté de Robert L. Simons, *Performance Measurement and Control Systems for Implementing Strategy*, Prentice Hall, 2000, p. 305.

Les leviers de contrôle, tels qu'ils ont été conçus par Simons, montrent bien comment le contrôle de gestion stratégique peut bénéficier à l'entreprise. Bien au fait de la stratégie de l'entreprise, le comptable en management aura recours aux outils de contrôle décrits précédemment pour appuyer la prise de décision au sein de l'entreprise. De plus, il utilisera les divers leviers de contrôle pour suggérer des façons constructives de résoudre les problèmes complexes de gestion stratégique.

LA STRATÉGIE

Selon Porter, les entreprises peuvent recourir à trois **stratégies** : la différenciation, la suprématie obtenue grâce à la réduction des coûts et à la concentration, cette dernière se subdivisant elle-même en suprématie obtenue grâce à la réduction des coûts et en différenciation. Ces stratégies sont illustrées au tableau suivant.

Les trois stratégies génériques de Porter

Ampleur de l'avantage concurrentiel	Stratégies	
	Coûts les plus bas	**Différenciation**
Large	1. Suprématie obtenue grâce à la réduction des coûts	2. Différenciation
Restreinte	3a. Concentration-coûts	3b. Concentration-différenciation

Source : Michael PORTER, *L'avantage concurrentiel,* Paris, InterÉditions, 1986, p. 14.

LA DIFFÉRENCIATION

La stratégie fondée sur la **différenciation** consiste à se distinguer de ses concurrents en commercialisant un produit ou un service offrant des niveaux de performance sans équivalent dans son secteur d'activité. Une entreprise qui tente de se différencier doit investir pour doter son produit de caractéristiques distinctives et pour se créer une image de marque, mais elle récupère cet investissement en demandant une prime à ses clients. Pour constituer des avantages concurrentiels, les caractéristiques permettant de créer une image de marque pour un produit ou un service doivent toutefois être uniques. Dans un secteur d'activité donné, il arrive que plusieurs entreprises adoptent une stratégie de différenciation, mais ce n'est pas le cas pour la stratégie de suprématie obtenue grâce à la réduction des coûts. Cependant, lorsque plusieurs entreprises tentent de se différencier au sein d'un même secteur d'activité, chacune se concentre sur des caractéristiques particulières du produit ou du service.

Ces caractéristiques diffèrent grandement selon les secteurs. Elles peuvent toucher le produit lui-même (performance, durabilité, esthétique, etc.) ou les services associés au produit (service de livraison, location, image de marque, etc.).

Pour survivre, le différenciateur doit creuser l'écart entre son produit et le produit de base, c'est-à-dire le produit générique, souvent proposé par l'entreprise qui exerce une suprématie obtenue grâce à la réduction des coûts. Toutefois, il doit également surveiller ses coûts, car un écart trop prononcé entre les prix pourrait neutraliser l'avantage acquis en privilégiant certaines caractéristiques. Le coût de la différenciation doit donc toujours être inférieur à la prime sur le prix de vente.

Une des tactiques susceptibles d'être adoptées par les différenciateurs consiste à réduire les coûts portant sur tous les aspects qui sont sans rapport avec la différenciation, pour lesquels on visera la parité ou la proximité avec les coûts des concurrents.

Il existe divers moyens de se différencier de ses concurrents. Comme le décrit Vézina[9], la société Hermès est parvenue à différencier ses biens de luxe en utilisant des matières premières de qualité supérieure, en confectionnant ses produits de manière artisanale et en sélectionnant ses distributeurs avec le plus grand soin. D'autres entreprises utilisent une approche marketing ingénieuse pour créer une image qui s'imprégnera dans l'esprit des consommateurs, ce qui les distinguera des concurrents. Ainsi, les brasseurs de bière tentent tous, avec plus ou moins de succès, de conquérir certains segments de clientèle en créant une image de marque pour leurs produits. Heineken[10], par exemple, a réussi à créer une image d'exclusivité et d'exotisme sur plusieurs marchés mondiaux, ce qui lui a permis de bénéficier d'une croissance soutenue au cours des dernières années.

LA SUPRÉMATIE OBTENUE GRÂCE À LA RÉDUCTION DES COÛTS

La **suprématie obtenue grâce à la réduction des coûts** est parfois considérée comme un cas particulier de la différenciation, qui se ferait alors par rapport aux coûts. L'entreprise qui tente d'obtenir la suprématie grâce à la réduction des coûts doit utiliser tous les moyens dont elle dispose pour avoir les coûts les plus bas dans son secteur d'activité. Par définition, dans un secteur donné, une seule entreprise peut obtenir la suprématie grâce à la réduction des coûts.

Habituellement, une entreprise de grande taille occupe plusieurs segments de marché et peut exercer ses activités dans d'autres secteurs similaires afin d'obtenir des économies d'échelle. En ce sens, la croissance est souvent associée, et peut même servir de base, à l'implantation d'une stratégie de suprématie obtenue grâce à la réduction des coûts. Toutefois, les sources d'avantages sur les coûts peuvent varier selon les secteurs d'activité : économie d'échelle, technologie unique, accès préférentiel aux matières premières, etc.

En règle générale, toute entreprise qui tente de s'imposer dans son secteur doit faire de la réduction des coûts une philosophie de gestion s'appliquant en tout temps. Toutefois, pour obtenir la suprématie grâce à la réduction des coûts, elle doit tenir compte des bases de différenciation des autres entreprises appartenant au même secteur d'activité. En effet, lorsque le produit fabriqué par l'entreprise prédominante est peu comparable à ceux des entreprises qui tentent de se différencier par d'autres caractéristiques, l'entreprise qui opte pour la réduction des coûts peut être obligée de réduire son prix de vente de façon draconienne, réduisant de ce fait une bonne partie de sa marge bénéficiaire. Ainsi, pour survivre, l'entreprise qui choisit la suprématie grâce à la réduction des coûts doit à la fois diminuer ses coûts au maximum et s'assurer que ses produits sont comparables à ceux des concurrents et qu'ils ont une certaine valeur pour le consommateur.

Par exemple, une entreprise pourrait décider d'obtenir la suprématie sur le marché des automobiles en fabriquant un véhicule ayant un niveau technologique équivalent à la Ford Pinto des années 1970. Elle pourrait certainement le produire à un coût beaucoup plus faible que ses concurrents, mais elle n'en vendrait probablement pas beaucoup, car il y aurait un écart de performance trop élevé entre ses voitures et celles de ses concurrents.

---

9. Martine Vézina, «L'approche des ressources : un nouveau paradigme pour la réflexion stratégique», dans Taïeb Hafsi, Francine Séguin et Jean-Marie Toulouse (dir.), *La stratégie des organisations : une synthèse*, Transcontinental, 2000, p. 281-316.

10. Cet exemple est emprunté à *La stratégie des organisations : une synthèse*, chap. 12, p. 557.

Vézina[11] décrit l'exemple de l'entreprise Multi-Marques, qui appartient à l'industrie de la boulangerie au Québec. Multi-Marques est parvenue à devenir le premier boulanger du Québec en adoptant une stratégie de suprématie grâce à la réduction des coûts au sein d'une industrie ne comptant qu'un petit nombre de fournisseurs et où trois grandes chaînes de supermarchés représentent l'essentiel des ventes. Pour réduire ses coûts, l'entreprise a d'abord procédé à plusieurs acquisitions, ce qui a entraîné d'importantes économies d'échelle. En centralisant ses activités et en rationalisant l'ensemble des gammes de produits offerts, la société Multi-Marques est parvenue à réduire substantiellement ses coûts de production.

Que les gestionnaires de l'entreprise adoptent une stratégie de différenciation ou de réduction des coûts, leur choix influera sur la nature et sur l'utilisation de l'information produite par le système de contrôle de gestion. Le premier des deux tableaux qui suivent montre qu'il existe des différences importantes en matière d'utilisation de l'information comptable selon la stratégie poursuivie par l'entreprise ; quant au second, il montre comment la stratégie influe sur le système de contrôle.

L'information produite à des fins de contrôle et d'orientation stratégiques

	Orientation stratégique	
Nature de l'information	**Différenciation**	**Suprématie obtenue grâce à la réduction des coûts**
Effets des coûts de fabrication sur la performance	Faible	Forte
Analyse des écarts budgétaires	De moyenne à faible	De forte à très forte
Analyse des coûts de soutien (marketing, système d'information, etc.)	Très forte	Très faible
Relation entre les coûts de fabrication et les prix de vente	Faible	Forte
Analyse des coûts des concurrents	Faible	Forte

Source : Ce tableau emprunte des éléments au tableau 2.1 de John K. Shank et Vijay Govindarajan, *La gestion stratégique des coûts,* Éditions d'Organisation, 1995, et au tableau 10, p. 22, de Robert W. Ingram, Thomas L. Albright et John W. Hill, *Managerial Accounting: Information for Decisions,* South-Western College, 1997.

L'importance des techniques de contrôle selon la stratégie choisie

	Stratégie de différenciation	**Stratégie de réduction des coûts**
Coût de revient des produits	Faible	Très élevée
Budget de recherche et développement	Très élevée	Moyenne
Budget de mise en marché	Très élevée	Moyenne
Amélioration continue (kaizen)	Moyenne	Très élevée
Prix fondé sur les coûts	Faible	Élevée
Analyse des concurrents	Faible	Élevée

---

11. *La stratégie des organisations : une synthèse,* chap. 6, p. 293.

Une analyse sommaire permet de constater que l'entreprise qui adopte une stratégie de suprématie grâce à la réduction des coûts doit recourir de façon beaucoup plus intense aux données comptables traditionnelles. Cette information est indispensable pour effectuer un suivi serré de l'évolution des coûts de fabrication. Pour sa part, l'entreprise qui opte pour une stratégie de différenciation doit sacrifier une partie du contrôle traditionnel afin que la créativité des employés se transforme plus aisément en avantage concurrentiel.

LA CONCENTRATION

La troisième stratégie de Porter est la **concentration**, ou **stratégie de niche**, qui vise à occuper une mince tranche du marché dans un secteur d'activité donné. En adoptant cette approche stratégique, l'entreprise choisit un segment de marché et crée une situation où elle ne sert que sa clientèle cible. La concentration présente deux variantes : la concentration-coûts et la concentration-différenciation. Toutefois, ces variantes s'appuient toutes deux sur les écarts entre le segment de marché visé et le reste du marché.

L'entreprise qui opte pour la concentration-coûts jouera sur la sensibilité aux prix de la clientèle. L'entreprise qui opte pour la concentration-différenciation tentera de mieux servir une clientèle ayant des besoins différents du reste de l'industrie en matière de caractéristiques du produit ou de services qui l'accompagnent. Dans tous les cas, l'avantage concurrentiel en matière de concentration repose sur l'exploitation des éléments propres à certains segments de marché, mal servis par les entreprises ciblant l'industrie en général.

LES TECHNIQUES UTILES À L'ANALYSE STRATÉGIQUE

L'ANALYSE DE L'ENVIRONNEMENT DE L'ENTREPRISE, DES POSSIBILITÉS ET MENACES

La conceptualisation classique de la stratégie de l'entreprise présume que la stratégie est créée par un processus analytique. Il existe des outils de contrôle stratégique qui permettent aux décideurs de mener à bien leurs analyses de base de manière à prendre en considération les éléments nécessaires à l'implantation de la stratégie de l'entreprise. Dans cette section, nous décrirons quelques-uns de ces outils, en distinguant ceux qui ont trait aux dimensions externes de l'entreprise (concurrence, environnement juridique, etc.) de ceux qui visent les aspects internes.

L'analyse de l'environnement externe s'inspire généralement du modèle de Porter présenté à la section précédente. Ce modèle cerne les éléments qui influent le plus sur la position concurrentielle de l'entreprise, c'est-à-dire les fournisseurs, les clients, les concurrents actuels, les entrants potentiels et les produits substituts existant aujourd'hui ou qui seront offerts à brève échéance. Une liste non exhaustive des éléments qui devraient être pris en compte lorsqu'on analyse les occasions qu'offre l'environnement externe et les menaces qu'il comporte est présentée dans le tableau de la page suivante.

L'analyse de l'environnement externe est aussi une analyse des possibilités et menaces (PM). La direction cherchera à profiter des possibilités et à se protéger des menaces par la gestion du risque.

La nomenclature des dimensions externes influant sur la stratégie

Intensité de la concurrence	Plus la concurrence est intense dans un secteur donné, moins les marges bénéficiaires seront intéressantes. Le nombre de concurrents, leur stratégie et la rentabilité de leurs activités constituent donc des indicateurs pertinents. La position prédominante qu'on occupe grâce à la réduction des coûts est-elle forte ? Existe-t-il des technologies qui permettraient aux concurrents de ravir cette position ? Quelles sont les niches vacantes ou mal desservies par un concurrent ? Quel est le niveau de dynamisme des concurrents actuels ?
Entrants potentiels	Plus les barrières à l'entrée sont élevées, plus il sera difficile pour une nouvelle entreprise de pénétrer dans un secteur donné et de s'y établir. Voici les obstacles principaux : ▪ les économies d'échelle, qui peuvent être un critère de survie dans un marché, ce qui impose de démarrer sur une grande échelle ; ▪ la différenciation des produits, car la fidélité à la marque peut empêcher une nouvelle entreprise de vendre son produit à sa juste valeur et la forcer à investir pour fidéliser à son tour des clients ; ▪ les besoins en capitaux, car si l'entrée dans un marché exige des capitaux importants, difficiles à recouvrer en cas d'échec, le risque financier peut se révéler insoutenable ; ▪ les coûts de transfert, car s'il est coûteux pour un client de changer de fournisseur, l'entreprise qui désire pénétrer un secteur donné doit offrir des incitatifs importants pour attirer la clientèle ; ▪ l'accès aux circuits de distribution, car si des ententes d'exclusivité lient les principaux acteurs aux circuits de distribution, ces derniers peuvent être inutilisables pour l'entreprise qui tente de pénétrer une industrie, ce qui l'oblige à investir dans son propre réseau de distribution ; ▪ les désavantages relatifs aux coûts, dans le cas où les entreprises établies jouissent d'avantages que ne possèdent pas les entrants potentiels (accès aux matières premières, aux technologies, etc.).
Fournisseurs	S'ils sont en position de force lors des négociations, les fournisseurs peuvent accaparer une part importante des profits de leurs clients en exigeant des prix supérieurs à ceux qui seraient offerts dans une situation plus concurrentielle. Ils peuvent bénéficier d'une position de force lorsqu'ils sont peu nombreux sur un marché donné et que le fait de changer de fournisseur implique des coûts élevés pour les clients. De plus, ils sont susceptibles d'être intégrés verticalement par un concurrent, ce qui éliminerait une source de matières premières.
Clients	S'ils sont en position de force lors des négociations, les clients peuvent accaparer une part des profits de leurs fournisseurs en exigeant des prix inférieurs à ceux qui leur seraient offerts dans une situation plus concurrentielle. Ils peuvent également exiger une meilleure qualité des produits. À l'inverse, lorsque certains clients sont mal desservis par les concurrents, cela peut offrir à l'entreprise une occasion de pénétrer ce segment de marché.
Produits substituts	L'existence de produits substituts peut également devenir une menace pour l'entreprise. Si ces produits remplacent facilement les autres, les clients n'hésiteront pas à changer afin d'obtenir un avantage (meilleure qualité, prix plus faible, etc.).

L'ANALYSE DES FORCES ET DES FAIBLESSES

L'analyse interne vise à repérer les forces et les faiblesses de l'entreprise afin de comprendre comment celle-ci peut optimiser l'utilisation de ses ressources et compenser ses faiblesses. L'analyse globale des facteurs internes et externes permettra de mieux comprendre quelles possibilités s'offrent à l'entreprise compte tenu de ses forces et à quelles menaces l'exposent ses faiblesses. L'analyse forces-faiblesses-possibilités-menaces (**analyse FFPM**) est une des techniques utilisées.

L'analyse FFPM est une analyse mixte, en ce sens qu'elle consiste à examiner autant les dimensions internes que les dimensions externes traitées à la section précédente. L'analyse FFPM est un processus de planification et de contrôle intégrateur qui consiste à faire le point sur la situation concurrentielle de l'entreprise en analysant les facteurs clés internes et externes à son environnement. Lors d'une analyse FFPM, le gestionnaire veillera à dresser la liste la plus exhaustive possible des dimensions environnementales importantes et à bien peser l'importance relative de chacune de ces dimensions pour en faire ressortir les points saillants. On peut l'illustrer grâce au tableau suivant.

La synthèse de l'analyse FFPM

Facteurs	Externes	Internes
Positifs	Possibilités	Forces
Négatifs	Menaces	Faiblesses

Les facteurs externes relèvent de l'environnement externe de l'entreprise. Comme le montre le tableau de la page précédente, les facteurs liés à l'environnement externe de l'entreprise comprennent des éléments tels que la taille et les caractéristiques des concurrents, l'évolution du marché et les goûts des consommateurs. De plus, ces facteurs externes sont également influencés par les politiques gouvernementales et la situation économique, ce dont on doit tenir compte lors de l'élaboration d'une stratégie.

Voici plusieurs exemples de possibilités qu'on devrait prendre en considération lors d'une analyse FFPM : la possibilité d'obtenir un contrat d'exclusivité pour fabriquer ou distribuer un produit donné ; les difficultés financières d'un concurrent ; le fait de conclure avec un concurrent un partenariat stratégique pour le partage d'un territoire ou d'un segment de clientèle. Quant aux menaces, il peut s'agir d'un concurrent qui annonce une innovation technologique rendant désuet le produit de l'entreprise – menace grave qui nécessite une riposte – ou de l'envahissement du marché par un concurrent étranger ayant un pouvoir d'achat plus élevé.

Lorsqu'on s'intéresse aux facteurs internes dans le cadre d'une analyse FFPM, on tente d'analyser les éléments internes qui constituent les forces et les faiblesses inhérentes à l'entreprise. Ainsi, l'analyse de la qualité de l'équipe de gestionnaires, de la situation financière et du dynamisme de l'entreprise conduit à définir ses avantages concurrentiels ainsi que les éléments pouvant faire l'objet d'améliorations. Une analyse de ce type permet aux gestionnaires de mettre en perspective certaines propositions d'affaires, certains projets d'investissement, ou tout simplement de revoir les modes d'exploitation de l'entreprise pour accroître son efficacité et son efficience.

Voici un exemple de ce que pourrait être une analyse FFPM d'une entreprise ferroviaire.

L'analyse FFPM d'une entreprise ferroviaire

Possibilités	Forces
■ Difficultés importantes des transporteurs aériens, menacés par l'instabilité politique et par une situation financière précaire	■ Grande intégration du réseau de distribution, qui permet à l'entreprise de couvrir l'Amérique du Nord d'est en ouest et du nord au sud
■ Préoccupation croissante des entreprises pour l'environnement, ce qui avantage le transport ferroviaire par rapport au transport routier	■ Situation financière saine
Menaces	**Faiblesses**
■ Instabilité politique qui pourrait entraîner une hausse importante du coût du carburant	■ Désuétude de certaines installations
■ Annonce d'une sécheresse dans les provinces des Prairies, ce qui risque de diminuer la quantité de blé transporté par les compagnies ferroviaires	■ Taux élevé d'accidents de travail

L'analyse FFPM est un outil puissant pour faire un diagnostic complet de la situation concurrentielle de l'entreprise. On optimise toutefois l'utilisation de cet outil en le combinant à d'autres outils de contrôle, comme les tableaux de bord de gestion (chapitre 18), l'analyse comparative (voir la section suivante) et l'analyse des états financiers (sujet non couvert dans cet ouvrage).

Même si la plupart des organismes adoptent une certaine forme de planification stratégique, les plans mis au point ne sont pas toujours appliqués. En effet, des stratégies planifiées sont parfois abandonnées avant d'être réalisées. Dans d'autres cas, des stratégies sont appliquées sans avoir été planifiées à l'avance. Mintzberg qualifie ces stratégies d'«émergentes». Par contre, il observe que ce type de réalisation stratégique est très commun.

Le fait que les stratégies puissent émerger sans être planifiées est problématique pour le contrôle de gestion puisque les cadres ne se rendent alors pas compte que la stratégie est réalisée, car elle n'a pas été décrite au préalable.

L'ANALYSE DU POSITIONNEMENT STRATÉGIQUE

Le **positionnement stratégique** doit être envisagé aussi en fonction du **cycle de vie du produit**. Le cycle de vie du produit correspond aux étapes de la vie d'un produit, soit le développement, la maturité et le déclin. À l'étape de développement ou d'introduction, le produit est lancé et la courbe des ventes suit une pente concave ascendante; le marché est en croissance. À l'étape de maturité, la courbe des ventes suit une pente convexe ascendante, puis elle présente un plateau. Enfin, à l'étape de déclin, la courbe est descendante. À la fin des années 1960, le Boston Consulting Group (BCG) a proposé d'évaluer la stratégie d'un domaine d'activité stratégique (DAS) en fonction, d'une part, du cycle de vie du produit, qui correspond à la croissance du marché pour le produit, et, d'autre part, de la part de marché détenue par l'entreprise. La matrice BCG, du nom de son concepteur, est illustrée à la figure 19.2.

Figure 19.2 La matrice BCG

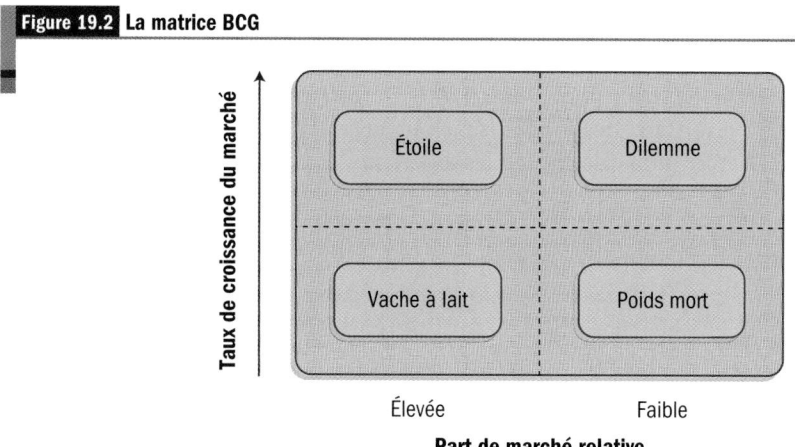

Le croisement des situations et des positions débouche sur un tableau à quatre cases. Chacune d'elles possède des caractéristiques commerciales et financières qui justifient la stratégie à suivre et le système de contrôle à mettre en place.

Pour les activités qualifiées d'étoiles ou de poids morts, le choix d'allocation des ressources est clair : on doit investir à fond dans les premières et délaisser les secondes.

Les cas des vaches à lait et des dilemmes sont plus complexes. Très souvent, une entreprise utilisera des flux monétaires générés par ses vaches à lait pour financer ses dilemmes. Ces derniers constituent un investissement moins sûr mais qui peut rapporter beaucoup à terme, à condition qu'on arrive à les transformer en étoiles. Pour ce faire, on doit leur faire gagner des parts de marché avant que le marché ne stagne, sans quoi les dilemmes deviennent des poids morts.

Comme le montre le tableau suivant, le positionnement de l'entreprise selon le cycle de vie du produit et la croissance du marché influe sur le système de contrôle.

L'importance des techniques de contrôle selon l'étape du cycle de vie du produit

Cycle de vie du produit	**Développement**	**Maturité**	**Déclin**
Marché	**Croissance**	**Maintien**	**Décroissance**
Indicateur du RCI[12]	Faible	Moyenne	Élevée
Indicateur de part de marché	Élevée	Moyenne	Faible
Budget de recherche et développement	Élevée	Moyenne	Aucune
Budget de mise en marché	Élevée	Moyenne	Faible
Analyse des compétiteurs	Élevée	Moyenne	Faible
Analyse des écarts budgétaires	Faible	Moyenne	Élevée

---

12. RCI : rendement du capital investi (voir le chapitre 17).

LES MÉTHODES D'ANALYSE UTILES À LA GESTION STRATÉGIQUE DES COÛTS

L'ANALYSE DE LA VALEUR

L'objectif prioritaire des entreprises à but lucratif, comme des organisations à but non lucratif, est de créer de la valeur pour les différentes parties intéressées, pour les actionnaires dans le premier cas et pour les bénéficiaires dans le second. Toutes les entreprises existent pour créer de la valeur dans leur communauté d'une façon ou d'une autre, qu'il s'agisse de bénéfices pour les actionnaires, d'emplois pour les travailleurs, de biens et de services pour les clients ou de retombées économiques pour la communauté en général. La notion de **valeur** s'applique aux bénéfices générés par l'entreprise, mais aussi à la façon de les obtenir, donc à la relation entre les bénéfices et les coûts engagés. On dit qu'il y a création de valeur lorsque les bénéfices sont plus élevés que les coûts des ressources utilisées pour les obtenir.

La raison d'être des organisations est précisément de produire une certaine forme de valeur, laquelle varie beaucoup selon les organisations, et parfois même au sein d'une même organisation. C'est par exemple le cas lorsque les actionnaires d'une entreprise voient fondre la valeur de leur investissement, tandis que certains cadres supérieurs empochent une forte rémunération, accompagnée d'une prime substantielle. Les recherches consacrées aujourd'hui à la gouvernance d'entreprise visent à comprendre pourquoi certaines organisations ne créent pas de valeur et comment on pourrait y remédier. Toutefois, ces recherches ont jusqu'à maintenant surtout porté sur le partage de la valeur entre les différentes parties intéressées, ainsi que sur les considérations éthiques qui l'entoure. S'ils ne négligent pas la question du partage de la valeur, les comptables en management mobilisent davantage leurs efforts sur les éléments de contrôle organisationnel susceptibles de freiner la création de valeur.

La comptabilité de management a pour objet l'étude de la création de valeur, par l'analyse des systèmes et des méthodes qui s'y rapportent. Les comptables en management s'intéressent en premier lieu à la nature et à la qualité de l'information dont ils disposent pour effectuer la prise de décision et le contrôle. Leurs responsabilités dépassent la simple production de rapports financiers internes. En effet, les comptables en management doivent cerner les phénomènes qui sont corrélés avec les résultats financiers afin de les mesurer ; forts de cette information, ils cherchent à savoir comment il est possible d'influer sur les résultats. Les comptables en management scrutent également les données autres que celles qui sont recueillies dans les états financiers et que les gestionnaires devraient connaître, s'efforçant de répondre aux questions suivantes : Comment utiliser ces données pour influer sur les résultats à venir de l'entreprise ? Quelle information doit-on produire, pour qui et comment ? Enfin, les comptables en management s'intéressent au changement qui touche l'entreprise et se demandent comment l'aborder afin de créer davantage de valeur.

Les facteurs déterminants de la valeur sont les revenus, les coûts, les actifs, le risque et le coût du capital. Si la gestion de ces facteurs incombe à plusieurs personnes dans l'entreprise, c'est la gestion des coûts qui semble présenter le plus grand défi. C'est pour cette raison que, dans nombre de cas, la **gestion de la valeur** est assimilée à la gestion des coûts.

L'**analyse de la valeur** vise à examiner un produit – ou un service – de façon détaillée afin de déterminer le coût et la valeur de chacun des éléments qui le composent. Le comptable cherche donc le moyen d'éliminer les coûts qui n'ajoutent que peu ou pas de valeur aux produits, selon l'évaluation qu'en fait le client, et de trouver des compromis entre les coûts et la valeur qui seraient avantageux tant pour le producteur que pour le client. L'analyse s'effectue soit par composants, soit par fonctions. La décomposition par pièces ou par composants est toujours préférable quand il s'agit d'un produit pour lequel on utilise essentiellement la même technologie que pour les produits en cours de fabrication. La décomposition par fonctions est plus appropriée lorsque les produits sont fabriqués selon les paramètres d'une conception nouvelle.

EXEMPLE

AJAX

La société Ajax fabrique des cartes destinées au secteur des télécommunications. Elle compte en tout 13 000 employés, dont 5 travaillent au service de l'analyse de la valeur. On demande à ce service de trouver une façon de réduire les coûts d'un produit fabriqué en série : une carte permettant à un système téléphonique de gérer 16 abonnés simultanément. Chaque année, l'entreprise produit trois millions de ces cartes.

Le directeur du service de l'analyse de la valeur constitue une équipe de travail comprenant cinq personnes : le directeur lui-même, le spécialiste des composants, une personne provenant du bureau d'études, une autre du service de fabrication et une dernière du centre de réparations. Ce groupe se réunit une demi-journée par semaine pendant trois mois.

Le groupe fixe d'abord l'objectif de réduction des coûts prévus pour ce projet. Il établit sa cible en s'inspirant de projets similaires réalisés par l'entreprise ainsi que de données relatives à la valeur marchande fournies par le service des ventes. On se propose de réduire de 15 % les coûts de fabrication du produit.

Ensuite, le groupe estime la valeur totale que procure le produit livré aux clients – les fournisseurs de services téléphoniques – en cernant et en évaluant les éléments qui le constituent, notamment la vitesse de communication qu'il permet, sa taille, son poids et sa fiabilité.

Le groupe repère cinq composants essentiels dans la carte. Pour chacun d'entre eux, il cartographie le processus de fabrication et prépare une analyse des coûts de fabrication, en tenant uniquement compte des coûts variables et des coûts fixes propres aux activités pertinentes. En analysant simultanément les volets coût et valeur, le groupe cerne plusieurs opérations de manutention qui ne comportent probablement pas de valeur pour le client. Le groupe de travail décide de concentrer son attention sur ces opérations.

Selon les membres du groupe, l'activité la plus susceptible d'être modifiée consiste à percer deux trous au début du processus de fabrication. Ces trous risquent d'être bouchés et on doit les protéger au cours de deux activités distinctes : la soudure et la vérification. En effet, pour faire la soudure, il faut d'abord monter un composant, ensuite boucher les trous, souder le composant, déboucher les trous et les nettoyer avec une pompe d'aspiration. La vérification donne lieu à une séquence d'activités similaire. On estime le coût de ces deux activités à 0,25 $ par carte.

Ayant cerné le problème, le groupe entreprend d'apporter des changements au processus de fabrication de la carte. Plusieurs plans sont examinés et le choix s'effectue rapidement. On trouve le moyen de rattacher les deux composants sans percer de trous, ce qui permet d'éliminer toutes les activités de débouchage et de nettoyage des trous, et de générer une économie de 0,25 $ par carte. L'équipe effectue le même travail pour d'autres pièces ou d'autres composants, jusqu'à ce qu'elle atteigne la cible de 15 % de réduction des coûts de fabrication.

Le directeur du service de l'analyse de la valeur explique quels sont les principes qui guident sa démarche : « Les solutions que nous proposons sont toujours très simples et elles reposent pour la plupart sur l'élimination des coûts qui n'offrent pas de valeur ajoutée. En général, mes collègues sont d'avis qu'un produit doit bénéficier des derniers perfectionnements techniques : un beau microprocesseur, le plus rapide, une mémoire d'une grande capacité, etc. Le service de fabrication souhaite lui aussi disposer des techniques nouvelles. Au lieu de s'en tenir au strict minimum, chacun exige le maximum. Le client, lui, n'apparaît pas sur les écrans radar ! Je commence toujours par demander : de quoi le client a-t-il besoin ? Mais quand on ne connaît pas les attentes, on en arrive souvent à des solutions très compliquées, alors que dans les groupes de travail nous offrons des solutions très dépouillées. Nous nous en tenons à des choses très, très simples, et les gens répondent que nos solutions, ils les connaissent. La plus grande difficulté, c'est de communiquer, tant avec ceux qui sont à l'intérieur de l'entreprise qu'avec ceux de l'extérieur. »

L'analyse de la valeur comporte deux défis de taille. Le premier est d'évaluer les coûts. D'habitude, les coûts sont enregistrés par centre de responsabilité. Or, quand on étudie la vitesse ou la durée de vie d'un produit, il faut faire appel à des méthodes d'analyse des coûts qui modélisent le comportement des coûts par fonction. Les concepteurs doivent comprendre que le fait d'augmenter ou de diminuer la performance des fonctions étudiées a des répercussions sur les coûts. Par exemple, en analysant la valeur du nouveau moteur d'une automobile, on devra déterminer l'effet qu'aura sur les coûts une augmentation de quelques secondes de la vitesse d'accélération.

Le second défi est d'assigner une valeur à chaque fonction, ce qui oblige l'analyste à recueillir des données qualitatives auprès des clients potentiels. Dans le cas d'un moteur d'automobile, les ingénieurs doivent déterminer le montant que les clients sont prêts à payer pour obtenir de meilleures performances. Pour établir cette valeur, on forme des groupes de discussion et on effectue des enquêtes.

Ce travail d'analyse de la valeur exige du temps et de l'argent, car les données nécessaires ne figurent pas dans les systèmes comptables traditionnels. Il constitue cependant un outil essentiel pour améliorer le rapport coût/valeur des produits et des services.

L'ANALYSE DE LA CHAÎNE DE VALEUR

Le positionnement de l'entreprise sur la **chaîne de valeur de l'industrie** peut aussi influer sur le système de contrôle. C'est à Michael Porter, un des auteurs les plus influents en matière de gestion stratégique, que nous devons le concept de chaîne de valeur. Selon lui[13], la chaîne de valeur de l'industrie comporte toutes les activités créatrices de valeur, reliées entre elles, de l'extraction des matières premières destinées au secteur primaire jusqu'à la livraison du produit fabriqué à l'utilisateur du produit, soit le consommateur. Une entreprise qui étudie

---

13. Michael PORTER, *L'avantage concurrentiel*, Paris, InterÉditions, 1986, p. 52.

le processus de contrôle à travers la chaîne de valeur ne doit pas prendre en compte uniquement les activités relevant du processus de fabrication, activités que nous appellerons activités internes, mais toutes les activités créatrices de valeur qui contribuent à la fabrication d'un produit réalisé par d'autres entreprises, qu'il y en ait une ou plusieurs.

Le concept de chaîne de valeur comporte deux avantages importants en matière de gestion stratégique. Tout d'abord, il oblige le gestionnaire de l'entreprise à se concentrer sur les activités créatrices de valeur, comme le traduisent bien des concepts tels que la comptabilité par activités (voir le chapitre 7) et l'analyse de la valeur économique ajoutée (voir le chapitre 17). Mais de manière peut-être plus décisive, le concept de chaîne de valeur invite le gestionnaire à prendre en compte les effets que pourraient avoir ses décisions sur d'autres entreprises qui interviennent à d'autres niveaux de la chaîne de valeur.

Examinons d'abord les répercussions des décisions prises en amont de la chaîne de valeur. Adopter la politique du juste-à-temps pour la gestion des inventaires peut procurer de nombreux bénéfices aux entreprises. Il peut en effet se révéler très coûteux de conserver des stocks et de les gérer, ce qui génère en outre bien peu de valeur ajoutée pour le consommateur. La réduction des stocks qui découle de l'application de la méthode juste-à-temps peut donc être bénéfique pour l'entreprise. Toutefois, une telle décision aura des répercussions certaines sur les fournisseurs, qui devront nécessairement s'adapter à la nouvelle politique de l'entreprise. Si elle utilisait jusqu'alors des méthodes de contrôle de gestion plus ou moins modernes, l'entreprise aura tendance à justifier l'adoption de la nouvelle politique en se référant uniquement à ses activités internes. Dans l'approche fondée sur la chaîne de valeur, on tiendra compte des effets de cette décision sur les fournisseurs, et ceux-ci devront nécessairement être des partenaires de l'implantation de la politique du juste-à-temps si on veut qu'elle donne de bons résultats. Utiliser la chaîne de valeur dans ce contexte assure de meilleures chances de succès à l'entreprise qui change de conception de gestion.

Les décisions ont aussi des effets en aval de la chaîne de valeur, sur les clients de l'entreprise. Par exemple, une décision touchant les activités internes de l'entreprise, comme la modification de certaines caractéristiques d'un des produits qu'elle fabrique, peut faciliter les opérations d'une autre entreprise qui utilise ce produit. S'ils prennent en considération les effets de l'amélioration d'un produit sur l'efficacité des activités de ceux qui le consomment, les gestionnaires de l'entreprise seront amenés à s'interroger sur les économies que pourront réaliser les clients. La stratégie de prix qu'adoptera l'entreprise novatrice en sera modifiée et, grâce à une stratégie de prix bien orchestrée, cette dernière pourra récupérer une partie des économies qu'elle fait réaliser à ses clients.

LA CHAÎNE DE VALEUR ET SES AVANTAGES STRATÉGIQUES

Traditionnellement, la décision d'achat d'un produit est fondée sur le prix au moment de la transaction. Cependant, le prix d'achat d'un produit reflète seulement une partie des coûts qui y sont associés. Du point de vue de l'acheteur, les coûts liés à l'utilisation du produit ne sont pas formellement pris en compte dans la décision d'achat et, du point de vue du fournisseur, des coûts générés par les clients ou des produits spécifiques ne sont pas toujours associés à ces produits ou clients. Prenons l'exemple d'une entreprise qui achète un lot de pièces d'un fournisseur X plutôt que du fournisseur Y en basant sa décision sur un prix d'achat plus bas. Cependant, elle découvre plus tard que la pièce achetée du fournisseur X occasionne des coûts additionnels dus à la non-fiabilité de la pièce achetée. Par ailleurs, un client peut générer d'autres clients chez le fournisseur parce que le produit acheté n'a pas été utilisé comme il devait l'être, ce qui se traduit par des retours de marchandise.

Dans d'autres cas, certains coûts encourus dans la chaîne de valeur peuvent être inutiles en raison d'activités qui n'ajoutent pas de valeur aux yeux du client final et d'inefficacités significatives dans la chaîne de valeur dues à la méconnaissance de la structure des coûts ainsi que des plans de production des fournisseurs et des clients. Un exemple : une entreprise fabrique une pièce qui sert à assembler un produit chez un fournisseur et, pour la lui livrer, l'emballe avec grand soin. Or, ces précautions d'emballage sont inutiles pour le fournisseur, qui, aussitôt la pièce reçue, la déballe et s'en sert pour assembler le produit destiné à ses propres clients. Une entente entre les deux partenaires de la transaction basée sur la compréhension des besoins et des coûts d'emballage et de livraison peut permettre aux deux parties de partager des économies intéressantes. Fondamentalement, les prix ne peuvent être maintenus quand les fournisseurs offrent des produits et des services à un prix qui ne leur laisse pas suffisamment de marge.

EXEMPLE

LES PRODUITS QUÉVILLON

Monsieur Albert Quévillon dirige l'entreprise Les Produits Quévillon, qui fabrique du polystyrène vendu à des fournisseurs de contenants de plastique pour les chaînes de restauration rapide. Désirant adopter une perspective plus large en matière de gestion stratégique de son entreprise, il décide de s'intéresser au concept de la chaîne de valeur[14]. Pour ce faire, il décide d'abord d'analyser la chaîne de valeur de son produit.

Toutes les activités créatrices de valeur de cette industrie sont exposées à la figure 19.3. En analysant les coûts, le chiffre d'affaires et les actifs propres à chacune des activités, il est possible de déterminer la valeur créée à chacun des maillons de la chaîne de valeur, ce qui peut influer sur la stratégie de chacun des intervenants.

L'analyse de la chaîne de valeur pour l'industrie à laquelle appartient son entreprise est fort enrichissante pour M. Quévillon. Il remarque d'abord que, même s'il existe sept autres sociétés en activité dans son industrie, seules trois d'entre elles (les sociétés C, D et G) constituent des concurrents directs. M. Quévillon note de plus qu'aucune entreprise n'occupe tous les maillons de la chaîne de valeur de son industrie, mais que l'entreprise A est la plus intégrée de toutes. Grâce à cette position, l'entreprise A a dégagé un excellent rendement sur ses investissements au cours des dernières années, notamment en gérant mieux ses inventaires d'éthane.

À la suite de ce constat, M. Quévillon se dit qu'un partenariat avec le concurrent B pourrait permettre à son entreprise de devenir presque aussi intégrée que l'entreprise A, et donc d'être dans une meilleure situation pour concurrencer ce géant de l'industrie. Un tel partenariat représente certes un virage stratégique important pour M. Quévillon, mais il pourrait lui permettre de dégager un meilleur rendement pour ses actionnaires, tout en contribuant à la croissance de son entreprise.

---

14. Société des comptables en management du Canada, « L'analyse de la chaîne de valeur appliquée à l'évaluation de l'avantage concurrentiel », collection Gestion stratégique, 1999, p. 10.

◼▶

Figure 19.3 La chaîne de valeur de l'entreprise Les Produits Quévillon

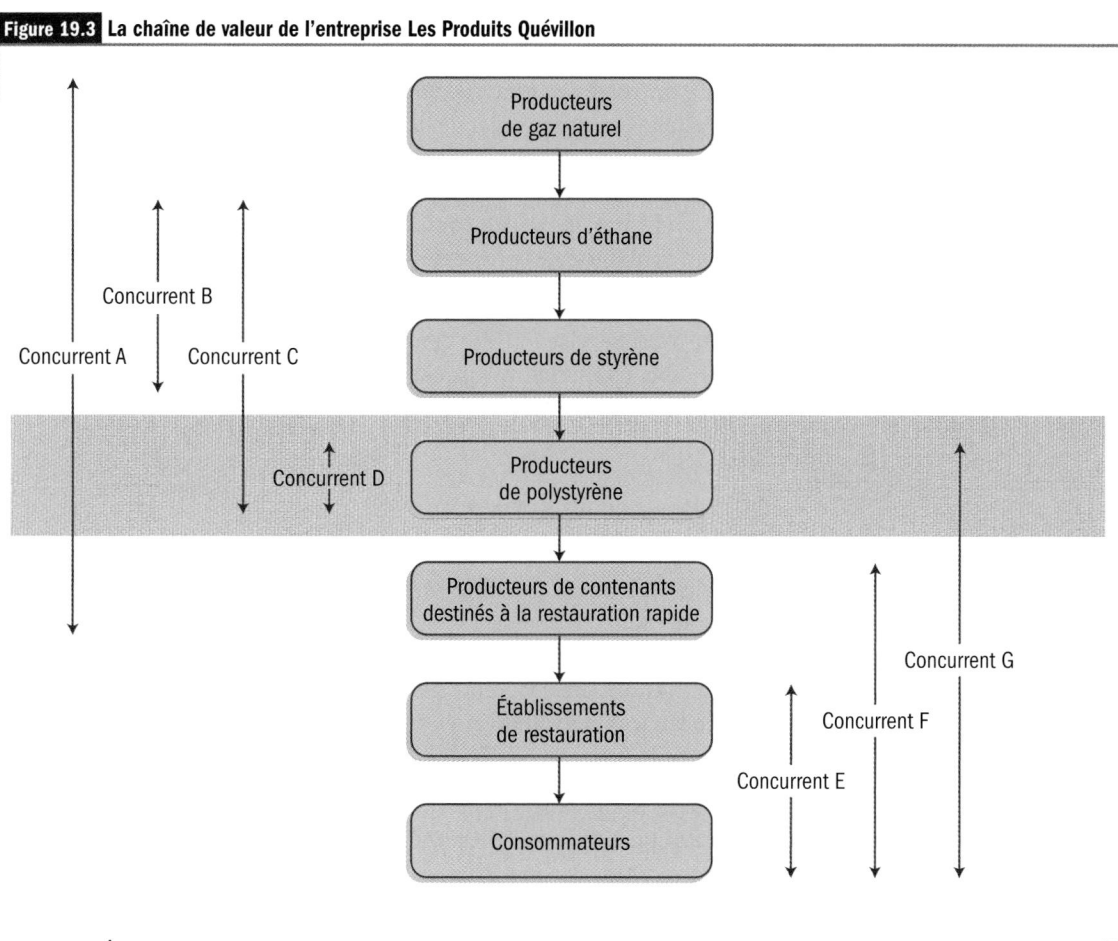

Comme le montre l'exemple des Produits Quévillon, l'analyse effectuée par M. Quévillon lui a donné une bien meilleure idée de ce qui se passe en amont de la chaîne de valeur dans son industrie, ce qui lui permettra de traiter en toute connaissance de cause avec ses fournisseurs. En connaissant mieux les activités et la structure de coûts de leurs fournisseurs, plusieurs entreprises ont ainsi pu réaliser des économies substantielles en matière de coûts d'acquisition. Par exemple, la compagnie Levi Strauss[15] est parvenue à réduire ses coûts d'achats en négociant des contrats à long terme avec ses fournisseurs de textile. Ces contrats permettent aux fournisseurs de textile de gérer plus efficacement leur trésorerie, d'où des économies substantielles pour eux. Dans cette situation particulière, on peut supposer que c'est parce qu'elle avait une meilleure connaissance de la situation financière de ses fournisseurs que Levi Strauss a pu négocier avec eux une entente gagnant-gagnant.

---

15. Société des comptables en management du Canada, « L'analyse de la chaîne de valeur appliquée à l'évaluation de l'avantage concurrentiel », collection Gestion stratégique, 1999, p. 7.

Améliorer les relations avec les clients, qui peuvent occuper différents maillons de la chaîne de valeur, peut également procurer de multiples avantages aux entreprises. L'analyse de la chaîne de valeur jette un éclairage nouveau sur la façon dont les produits d'une entreprise sont utilisés par les clients, ce qui permet de bâtir des partenariats intéressants. Shank et Govindarajan (1995[16]) décrivent l'exemple des fabricants de conteneurs de liquide qui ont modifié leur organisation logistique pour répondre aux exigences des brasseurs. Ils ont réduit substantiellement les coûts de transport des conteneurs vides en installant des unités de production de conteneurs à proximité des brasseries et en livrant directement les conteneurs aux brasseurs par convoyeur aérien.

L'exemple de la United Parcel Service[17] (UPS) constitue également une application intéressante de l'analyse en aval de la chaîne de valeur. Après avoir analysé la structure des coûts assumés par les entreprises de service à la clientèle, les dirigeants d'UPS ont compris qu'il serait probablement avantageux pour eux de sous-traiter ce service. En adoptant la sous-traitance, UPS a réussi à consolider 65 centres de service à la clientèle pour n'en conserver qu'entre 8 et 10, qui sont confiés à des sous-traitants. L'entreprise a ainsi réalisé de substantielles économies de main-d'œuvre.

L'analyse de la chaîne de valeur est tout aussi intéressante dans le cas d'une entreprise décentralisée qui distingue bien ses opérations selon qu'elles sont intradivisionnelles ou interdivisionnelles. Cette démarche lui permet de cerner les activités créatrices de valeur. Une fois que ces activités clés ont été repérées, les gestionnaires peuvent concentrer leurs efforts sur les activités créatrices de valeur et éliminer celles qui ne contribuent pas à la création de valeur pour les clients.

Lorsqu'ils ont été sensibilisés aux objectifs de l'analyse de la chaîne de valeur, les gestionnaires peuvent utiliser cette approche pour tirer un meilleur parti des avantages concurrentiels de leur entreprise. Ces avantages concurrentiels relèvent de deux ordres : d'une part les avantages concernant les coûts de production, d'autre part les caractéristiques propres au produit fabriqué. Ces derniers avantages sont généralement considérés comme des avantages liés à la différenciation du produit.

De nombreuses entreprises ont bénéficié d'une analyse de leurs processus internes à l'aide de la chaîne de valeur. L'exemple des fabricants japonais de magnétoscopes est le plus frappant[18]. Grâce à une analyse minutieuse des répercussions du maillon *conception des produits* sur le maillon *fabrication,* ils ont pu réduire considérablement le nombre de pièces nécessaires pour fabriquer un magnétoscope, faisant ainsi passer le prix de vente de 1 300 $ au début des années 1970 à environ 300 $ au milieu des années 1980.

---

16. John K. SHANK et Vijay GOVINDARAJAN, *Strategic Cost Management: The New Tool for Competitive Advantage,* New York, Free Press, 1993, p. 55.
17. Société des comptables en management du Canada, « L'analyse de la chaîne de valeur appliquée à l'évaluation de l'avantage concurrentiel », collection Gestion stratégique, 1999, p. 7.
18. John K. SHANK et Vijay GOVINDARAJAN, *Strategic Cost Management: The New Tool for Competitive Advantage,* New York, Free Press, 1993, p. 56.

L'ANALYSE DES INDUCTEURS DE COÛTS

On appelle **inducteur de coûts** tout facteur qui influe de manière directe sur le coût total d'un produit, d'un service ou d'une fonction. L'inducteur de coûts est présent avant qu'il y ait consommation des ressources et avant que les systèmes comptables inscrivent les coûts engagés. Les inducteurs de coûts ne constituent pas des coûts, mais ils sont à l'origine des coûts.

Dans le cas d'un processus répétitif, par exemple une production de masse, l'enregistrement des transactions est programmé et la saisie des données se fait en temps réel, de sorte qu'il est possible que les rapports comptables soient préparés suffisamment tôt pour qu'on puisse corriger les erreurs. Cependant, l'information comptable n'est souvent disponible qu'après coup, une fois que la production d'un lot est terminée. Il est alors trop tard pour entreprendre une action corrective qui influerait véritablement sur les coûts. De plus, l'information comptable est souvent trop globale parce qu'elle regroupe les coûts par centres de responsabilité, alors que les facteurs de coût d'un centre de responsabilité donné peuvent être externes au centre. Par exemple, des coûts d'un centre donné peuvent corriger des actions posées par un autre centre. Remonter aux facteurs à l'origine des coûts permet d'améliorer les façons de faire, et donc d'influer sur les coûts, avant qu'il soit trop tard pour apporter des changements.

Pour Shank et Govindarajan, les inducteurs de coûts se répartissent en deux catégories. D'une part, il y a des inducteurs dits d'exécution[19], qui témoignent de la capacité de l'entreprise à implanter la stratégie ; ils comprennent des éléments tels que la participation des employés, les relations avec les clients et les fournisseurs, l'implantation de la gestion par processus, de la conception du produit et des procédés. Les inducteurs d'exécution relatifs aux coûts renvoient à la fabrication du produit et à l'efficience des méthodes de travail. D'autre part, les inducteurs structurels relatifs aux coûts correspondent à l'infrastructure utilisée pour créer de la valeur, qui doit atteindre le niveau fixé par la direction ; il s'agit par exemple des économies d'échelle, du niveau et du type de technologie, de la diversité des gammes de produits.

LES MÉTHODES

Le recours aux méthodes de comptabilité par activités et de gestion par activités permet de gérer les coûts en élaborant des modèles financiers de comportement des coûts. Ces derniers rattachent les ressources aux activités, à travers des inducteurs de coûts, puis les activités aux objets de coût, tout en distinguant les activités selon qu'elles ajoutent ou non de la valeur aux produits. Les systèmes de comptabilité par activités permettent de déterminer où les efforts de réduction de coûts seront les plus profitables et d'enregistrer les progrès réalisés.

Le concept d'un inducteur de coûts examine le comportement des coûts. L'objectif est de déterminer les raisons pour lesquelles les coûts existent. Les inducteurs diffèrent considérablement selon les industries, les divisions et les processus. Dans l'industrie aérienne, le retard de décollage d'un avion constitue un inducteur de coûts important, car il entraîne du travail supplémentaire : on doit organiser le changement de portes pour l'embarquement, réacheminer les bagages vers la nouvelle porte, transmettre l'information aux passagers, etc.

---

19. En anglais : *executional drivers*.

Dans l'industrie de la construction, le respect du calendrier de production représente aussi un facteur de coût important, puisque les retards intervenant à une étape se répercutent sur les étapes suivantes, ce qui peut également entraîner du travail supplémentaire. Les efforts pour rattraper le temps perdu peuvent être coûteux et occasionner des erreurs plus coûteuses encore. Dans le secteur de la fabrication, la conception d'un produit détermine pour une bonne part les coûts de production. Dans le secteur du commerce de détail, le nombre de produits offerts à la vente influe sur les coûts d'entreposage et de gestion de l'inventaire, ainsi que sur le nombre d'employés et de comptes clients.

L'ANALYSE DES COÛTS SELON LE CYCLE DE DÉVELOPPEMENT DES PRODUITS

Le **cycle de développement** des produits correspond aux étapes de développement d'un produit, de sa conception à son utilisation[20]. L'utilité de cette analyse vient du fait que l'impact le plus important sur les coûts se situe aux étapes de conception et de développement du produit. La figure 19.4 illustre le concept de **coûts engagés pendant la durée de vie du produit**.

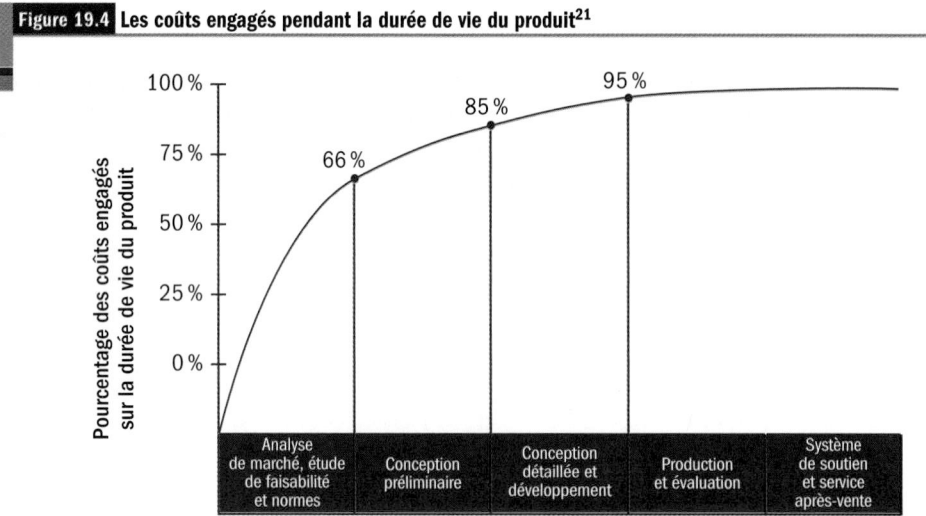

Figure 19.4 Les coûts engagés pendant la durée de vie du produit[21]

La figure 19.4 suggère que la plupart des coûts engagés durant la vie d'un produit ou d'un projet donné sont imputables à des décisions prises lors de la conception et du développement. En fait, la plupart des coûts sont déjà décidés avant même que la fabrication du produit ne commence. Une fois la conception du produit et le flux d'opérations pour le produire définis, les interventions sur les coûts se limitent à surveiller les gaspillages et l'improductivité.

Autrefois, seuls les coûts engagés lors de la transformation étaient contrôlés. Aujourd'hui, comme la rentabilité et la compétitivité se décident sur la table à dessin, il est indispensable de contrôler les coûts dès l'étape de la conception du produit et de la détermination du procédé de fabrication.

---

20. On utilise aussi l'appellation « analyse des coûts sur le cycle de vie des produits » pour cette analyse.
21. Cette figure est adaptée de Benjamin S. BLANCHARD, *Design and Manage to Life Cycle Cost,* M/A Press, 1978, p. 15.

Pour les clients, une autre notion est importante : celle du coût total de la vie d'un produit. De plus en plus, le coût d'acquisition représente une part mineure de tous les coûts qu'un client dépensera pour utiliser un produit. On pense à des exemples de produits de grande consommation, comme le coût d'une imprimante comparé au coût d'achat des cartouches d'encre, ou encore le coût d'un rasoir comparé au coût des lames. C'est la même chose pour les biens d'équipement. L'acheteur d'un avion doit tenir compte des coûts de carburant et d'entretien durant toute la vie de l'avion.

Chez les consommateurs, il est rare qu'on fasse une analyse des coûts du cycle de vie liés à un achat ; en général, c'est le coût d'acquisition ou même les dépenses en espèces à court terme qui influencent la décision d'achat. Du côté des entreprises, c'est la fonction d'achat qui réalise ce genre d'analyse. La recherche montre cependant que l'analyse du coût du cycle de vie reste marginale. Plusieurs raisons expliquent le faible usage de cet outil, dont le temps nécessaire pour recueillir et analyser les données et le mode d'évaluation de la performance de la fonction d'achat.

L'ANALYSE DU COÛT CIBLE

L'analyse de la valeur sert de base au **coût cible** ; la technique comporte des éléments similaires à celle de l'analyse de la valeur. D'abord popularisé par les manufacturiers japonais, le coût cible a été l'un des éléments clés de la comptabilité de management japonaise[22] que nombre d'entreprises canadiennes ont adoptés au cours des années 1980. Les premiers utilisateurs de cette méthode furent les manufacturiers de l'automobile au Japon, qui cherchaient un moyen de pénétrer les marchés étrangers. Cependant, aujourd'hui, on peut observer des projets de coût cible dans les industries de service et les industries de processus. Si la méthode est largement répandue au Japon, elle est moins appliquée ailleurs. Néanmoins, diverses études montrent un intérêt certain pour cette technique en dehors du Japon.

Des auteurs proposent plusieurs caractéristiques pour distinguer la méthode du coût cible de pratiques semblables, comme l'établissement d'un prix de vente cible ou d'une marge bénéficiaire cible. L'établissement du coût cible se fait avant que la conception du produit ne commence et l'analyse des coûts peut se faire par fonction, par fournisseur, par partie du produit ou par étape de production ; bref, on peut se donner plusieurs cibles de coût de parties de produits, d'étapes ou d'activités. Robin Cooper[23], qui a beaucoup travaillé sur cette méthode, a défini le coût cible ainsi :

> « Une approche structurée pour déterminer le coût auquel un produit donné, avec la fonctionnalité et la qualité indiquées, doit être produit afin de générer le niveau désiré de rentabilité par rapport au prix de la vente prévu du produit. »

Les méthodes de coût traditionnelles permettent de déterminer le profil de coût d'un produit, en fonction des façons de faire manufacturières traditionnelles et des coûts qui leur sont associés, puis de fixer un prix en fonction du coût total prévu. Dans la technique du coût cible, on procède à rebours. L'entreprise détermine d'abord le prix auquel elle souhaite vendre un produit donné, c'est-à-dire un produit comportant des spécifications précises,

---

22. En anglais : *Japanese management accounting*.
23. Robin COOPER, *When Lean Enterprises Collide,* Harvard Business School Press, 1995.

puis, en fonction de la marge de bénéfice souhaitée, elle établit le coût auquel elle doit arriver pour atteindre ses objectifs de prix et de marge. Ce coût détermine la cible de coût des ingénieurs concepteurs.

Une fois la cible de coût établie, on analyse les processus, les composants et les coûts actuels afin de calculer l'écart existant entre les façons de faire en cours et celles qu'on souhaite adopter. Cette analyse peut porter sur un produit existant ou sur un produit semblable à celui qu'on veut obtenir, mais fabriqué par un concurrent. Dès que la cible a été fixée, le travail lié au coût cible débute. L'entreprise et ses fournisseurs repèrent des milliers de petites innovations susceptibles d'entraîner une amélioration des coûts. À la suite de cette analyse, des changements seront apportés et un nouveau produit sera proposé.

La méthode du coût cible est un processus itératif : les coûts changent constamment, en fonction des modifications, jusqu'à ce qu'on aboutisse à une version du produit qui convienne, l'objectif étant de réduire l'écart entre le coût cible et les coûts du prototype à l'étude. Tant qu'on n'a pas atteint la cible fixée, ces coûts portent le nom de coûts dérivants[24]. Le processus d'établissement du coût cible est illustré à la figure 19.5. Un projet de coût cible exige un effort multidisciplinaire. Les études nous informent qu'un projet de coût cible demande un effort participatif, impliquant des représentants des fonctions de production, d'informatique, de conception, de marketing, de comptabilité et de ventes. De quelle manière les comptables en management participent-ils aux projets de coût cible ? La plupart des études indiquent que les comptables sont en général présents dans les équipes, mais qu'ils jouent rarement un rôle central. Ceci peut être dû au fait que les comptables reçoivent relativement peu de formation sur le sujet ou parce qu'ils sont vus par les autres gestionnaires comme plus habiles à collecter l'information sur les coûts qu'à réduire ces coûts. Néanmoins, il est curieux qu'un outil, vu au départ comme une technique de la comptabilité de management, implique si peu les comptables en management.

Figure 19.5 Le coût de revient cible

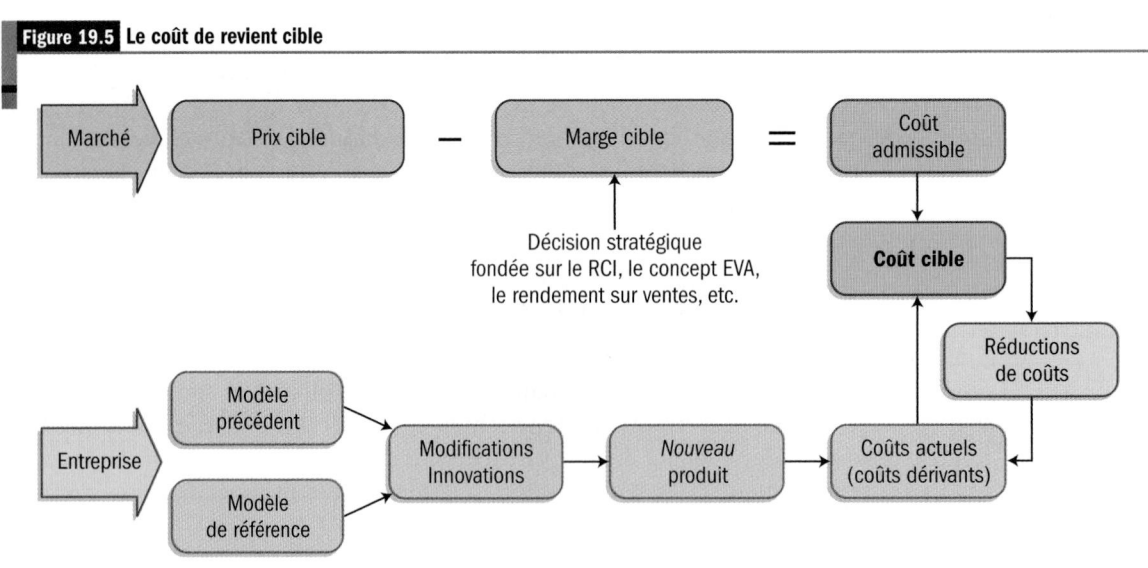

---

24. En anglais : *drifting costs*.

L'ANALYSE DE LA CAPACITÉ

La **capacité** est le potentiel de production ou de création de valeur d'un processus. Comme elle a des ressources limitées, l'entreprise doit trouver des mesures visant à réduire l'inefficacité et le gaspillage. Elle pourra ainsi utiliser ses ressources de façon optimale et maximiser le nombre de ses activités à valeur ajoutée.

Le **coût de la capacité** est la somme des coûts de toutes les ressources nécessaires pour assurer la capacité. La gestion du coût de la capacité représente donc une activité importante. Il s'agit de déterminer la capacité indispensable pour atteindre les objectifs, d'établir le coût de la capacité inutilisée et de trouver des façons d'optimiser cette dernière, de réduire les exigences en matière d'investissements, d'éliminer le gaspillage, à court, à moyen et à long terme, etc.

L'évaluation du coût de la capacité se fonde sur l'analyse des facteurs susceptibles d'expliquer les écarts observés entre deux entreprises identiques quant aux coûts indirects unitaires. À cet égard, elle sert de complément à la comptabilité par activités.

La capacité se mesure par rapport au volume maximal d'extrants qu'il est possible de produire dans un cadre donné. Elle indique donc quelles sont à la fois les ressources et l'organisation nécessaires pour assurer le maintien du volume de production maximal. Il existe plusieurs définitions de la capacité de production, qui décrivent différents volumes d'utilisation des ressources. On distingue généralement la capacité théorique, la capacité pratique, la capacité normale et la capacité prévue, ou capacité budgétée.

La **capacité théorique** correspond au volume maximal d'extrants qu'une entité peut produire en fonction de l'hypothèse théorique, irréalisable, selon laquelle il n'y a aucun arrêt de production, aucun gaspillage, aucun entretien, etc. Dans le cas d'une usine, la capacité théorique correspondrait à un fonctionnement ininterrompu (24 heures sur 24, 7 jours sur 7).

La **capacité pratique** correspond au volume maximal d'extrants qu'une entité peut produire dans des conditions d'exploitation normales. Cette définition tient compte des périodes improductives occasionnées par les mises en course ou par la maintenance.

La **capacité normale** correspond à la capacité moyenne de production prévue à long terme. Elle sert à déterminer l'investissement en immobilisations et en ressources diverses.

La **capacité prévue**, ou **capacité budgétée**, correspond à la capacité qu'on prévoit utiliser à court terme, c'est-à-dire au cours de la période budgétaire à laquelle elle fait référence. La capacité prévue peut très bien correspondre à la capacité normale ; c'est le cas lorsque l'entité en question a atteint sa vitesse de croisière.

On distingue également la capacité productive de la capacité improductive, chaque type de capacité pouvant être utilisé ou inutilisé, planifié ou non planifié (voir la figure 19.6). La **capacité productive** désigne les ressources directement engagées dans la fabrication d'un produit ou la prestation d'un service, tandis que la **capacité improductive** est associée aux services de soutien. Cette classification fait l'objet d'un débat, car certains refusent de qualifier d'improductifs les services de soutien ou estiment que toute activité essentielle au bon fonctionnement des entreprises ajoute nécessairement de la valeur aux produits et aux services. Cette classification, pourtant très utile quand on veut comparer les entreprises, est remise en cause dans beaucoup de projets de réingénierie.

En somme, la capacité représente un coût pour l'entreprise ; elle a des répercussions sur le bénéfice ainsi que sur l'évaluation de la rentabilité des produits et des services.

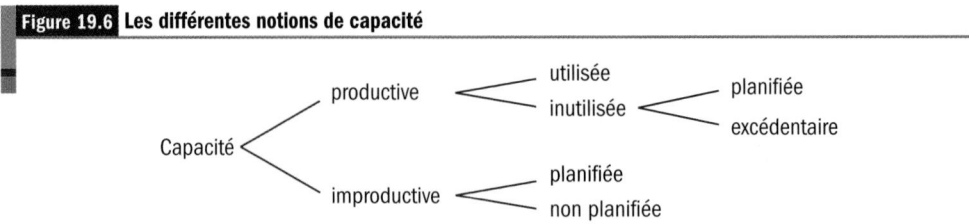

Figure 19.6 Les différentes notions de capacité

L'entreprise cherchera à maximiser sa capacité productive au fil des ans: elle s'efforcera d'éliminer le gaspillage et les temps morts, et de mettre au point des méthodes de gestion de la production plus efficaces. Récemment, plusieurs modèles[25] ont été créés à cette fin, notamment le modèle conçu par le groupe CAM-I[26] (voir la figure 19.7).

Figure 19.7 Le modèle de capacité CAM-I

Capacité	Version sommaire du modèle	Modèle propre au secteur	Modèle propre à la stratégie	Modèle traditionnel
Capacité calculée	Inutilisée	Ne pouvant pas être mise en marché	Excédent non utilisable	Théorique
		Hors limites	Politique de gestion Dispositions contractuelles Contentieux	
		Pouvant être mise en marché	Inutilisée mais utilisable	Pratique
	Improductive	Capacité de secours	Équilibre du processus Variabilité	Programmée
		Gaspillage	Rebus Remise en fabrication Perte sur rendement matières	
		Maintenance	Programmée Non programmée	
		Mises en course	Temps Volume Changement de série	
	Productive	Développement des processus Développement des produits Produits respectant les normes de qualité		

Source: Société des comptables en management du Canada, coll. «Politique de comptabilité de management», *L'évaluation du coût de la capacité,* 1999, p. 12.

---

25. En 1999, la Société des comptables en management du Canada publiait, en collaboration avec l'Institute of Management Accountants, un ouvrage intitulé *L'évaluation du coût de la capacité,* qui présente une récapitulation des instruments et des techniques d'évaluation du coût de la capacité.

26. CAM-I (Consortium of Advanced Management, International) est une organisation coopérative à but non lucratif, créée pour appuyer la recherche et le développement dans des domaines d'importance stratégique pour les secteurs manufacturiers.

PLASTIQUES CONTEMPORAINS

L'entreprise Plastiques contemporains, qui fabrique des boîtiers de plastique, possède une machinerie capable de fournir 10 000 heures-machines par année. Actuellement, l'usine fonctionne à 70 % de sa capacité maximale, et les dirigeants songent à accepter l'une des trois commandes suivantes pour utiliser au maximum le potentiel de production de l'entreprise. Les informations pertinentes pour décider d'accepter ces commandes sont résumées dans le tableau suivant.

Les données pertinentes aux trois commandes

Commandes	A	B	C
Nombre d'unités	5 000	5 600	8 000
Heures-machines/unité	0,5	0,5	0,4
Heures-machines nécessaires	2 500	2 800	3 200
Marge sur coûts variables unitaire	3 $	2 $	2 $
Marge sur coûts variables totale	15 000 $	11 200 $	16 000 $

La capacité disponible après la production des commandes habituelles est de 3 000 heures-machines (10 000 heures-machines × 30 %) : on peut tout de suite refuser la commande C, puisqu'on ne dispose pas des 3 200 heures-machines nécessaires à sa réalisation. Les commandes A et B pourraient toutes deux être acceptées, mais on choisira plutôt la commande A, qui présente une marge sur coûts variables totale plus élevée. Notons que les commandes A et B sont mutuellement exclusives, puisque le nombre d'heures-machines dont on dispose ne suffirait pas pour exécuter les deux commandes.

Cet autre exemple montre comment la capacité utilisée influe sur la rentabilité d'une entreprise.

MONTMAGNY 1, MONTMAGNY 2 ET MONTMAGNY 3

Voici la fiche de coût de revient de trois usines qui fabriquent le même produit, en utilisant la même technologie, et qui doivent assumer toutes trois des coûts indirects de 15 000 000 $, liés aux services, au personnel et à l'équipement.

Étant donné que le nombre d'unités produites varie d'une usine à l'autre, le montant des coûts indirects répartis (ou imputés) varie dans la même proportion. Et comme c'est souvent le cas dans le milieu manufacturier contemporain, le montant des coûts indirects alloués par unité explique à lui seul la différence de coût de revient, donc de productivité globale, entre les trois usines, qui fournissent par ailleurs un rendement égal en ce qui a trait à la consommation des matières premières et à la productivité de la main-d'œuvre directe.

Les données relatives aux trois usines

	Montmagny 1	Montmagny 2	Montmagny 3
Matières premières	10 $	10 $	10 $
Main-d'œuvre directe	5	5	5
Coûts indirects	25 $	50 $	30 $
Coûts totaux	**40 $**	**65 $**	**45 $**
Unités produites	600 000	300 000	500 000

En effet, on obtient le montant des coûts indirects unitaires de chaque usine en divisant 15 000 000 $ par le nombre d'unités produites :

- usine Montmagny 1 : 25 $ = 15 000 000 $/600 000 ;

- usine Montmagny 2 : 50 $ = 15 000 000 $/300 000 ;

- usine Montmagny 3 : 30 $ = 15 000 000 $/500 000.

L'ANALYSE DES COÛTS D'OBTENTION DE LA QUALITÉ (COQ)[27]

Les **coûts d'obtention de la qualité** (COQ) sont en fait ceux de la non-conformité des produits par rapport aux normes. On en distingue quatre catégories : les **coûts des défauts découverts à l'interne**, les **coûts des défauts découverts à l'externe**, les **coûts d'évaluation** et les **coûts de prévention**[28].

Le tableau de la page suivante décrit chacune de ces catégories.

Le contrôle des coûts de la non-conformité par rapport aux normes ne concerne donc que des coûts tangibles, qui correspondent à des frais faisant l'objet de pièces justificatives ; en sont donc exclus tous les coûts intangibles liés au manque à gagner, à la perte de clients, à la dégradation de la réputation de l'entreprise, etc. Or, ces coûts sont souvent plus importants que les coûts tangibles comptabilisés : l'entreprise qui perd ses clients n'a d'autre choix que de fermer ses portes.

Ces coûts étant imputables uniquement à la non-conformité du produit, on ne peut pas parler de coût de qualité totale : pour ce faire, il faudrait en effet évaluer toutes les possibilités de non-qualité. Ainsi, il faudrait pouvoir mesurer le coût d'un produit parfaitement

---

27. Une partie de cette section de même que l'exemple Attaches Rapides sont tirés et adaptés de Hugues Boisvert, *Le contrôle de gestion : vers une pratique renouvelée,* ERPI, 1991, p. 264-269.

28. Le contrôle des coûts de la qualité n'est pas nouveau. Armand V. Feigenbaum en parlait déjà dans un texte publié en 1956 dans la *Harvard Business Review* intitulé « Total Quality Control ».

conforme aux normes – et donc qui n'engendrerait aucun COQ au sens défini précédemment – mais qui ne répondrait pas aux attentes du client, à cause, par exemple, des retards dans la livraison, du service après-vente, des erreurs administratives ou de la relation client-vendeur – et donc qui serait nuisible pour l'entreprise. Ces coûts ne sont pas comptabilisés parce qu'ils n'entraînent aucun débours et qu'il est impossible de les quantifier avec exactitude; pourtant, c'est la survie même de l'entreprise qu'ils menacent.

Une typologie des coûts d'obtention de la qualité (COQ)

Coûts des défauts découverts à l'interne

Cette catégorie comprend tous les coûts relatifs aux unités jugées défectueuses avant d'être livrées au client comme:
- coût des unités retravaillées;
- coût des unités mises au rebut;
- coût des rejets;
- coût des arrêts de production.

Coûts des défauts découverts à l'externe

Cette catégorie comprend tous les coûts qui incombent à l'entreprise du fait des défauts constatés par le client comme:
- coûts des unités remplacées;
- coûts découlant de la garantie.

Coûts d'évaluation

Cette catégorie comprend tous les coûts liés à l'inspection des produits à différentes étapes de la transformation.
- coûts liés à l'utilisation d'équipement;
- coûts des tests et des inspections;
- coûts liés à la planification des tests et au système d'information indispensable.

Coûts de prévention

Cette catégorie regroupe tous les coûts engagés pour améliorer la qualité des:
- coûts relatifs à la formation;
- coûts relatifs à l'entretien préventif;
- coûts relatifs à l'investissement en équipements supérieurs;
- coûts relatifs à la tenue de séminaires avec les clients et les fournisseurs, etc.

EXEMPLE

ATTACHES RAPIDES INC.

Attaches Rapides inc. est une entreprise privée qui fabrique des boutons-pression, utilisés dans le secteur du vêtement en tissu polaire pour remplacer les boutons ordinaires, à boutonnière. Attaches Rapides inc. fabrique environ 700 modèles de boutons-pression regroupés en 5 familles, dont les boutons de type «clou», produits en un plus grand nombre de matières et de formes que les autres. Chaque famille est conçue en fonction d'une utilisation particulière.

Le processus de production varie selon le matériau utilisé – plastique, acier, etc. Chaque modèle est offert en différents finis.

La précision, la finition, la résistance aux égratignures et la tenue des couleurs sont des aspects importants de la qualité du produit.

Le président d'Attaches Rapides inc. est avant tout un homme de marketing. Depuis quelques années, l'amélioration de la qualité des produits de ses concurrents l'inquiète, et il a décidé d'investir davantage dans la qualité.

Il a donc formé un comité chargé de mettre sur pied un programme d'amélioration de la qualité. Le contrôleur responsable de ce comité a modifié le système de comptabilité interne pour produire les données suivantes :

1. coûts des défauts découverts à l'interne ;

2. coûts des défauts découverts à l'externe ;

3. coûts d'évaluation ;

4. coûts de prévention.

Le système fonctionne depuis janvier. Le tableau suivant résume les données recueillies au cours d'une année.

Attaches Rapides inc.
Statistiques des coûts d'obtention de la qualité pour l'année
(en milliers de dollars)

	Janvier Février Mars	Avril Mai Juin	Juillet Août Septembre	Octobre Novembre Décembre	TOTAL
Défauts découverts à l'interne					
Unités rejetées	3 810 $	3 846 $	3 138 $	2 452 $	**13 246 $**
Rebuts	1 206 $	1 330 $	1 000 $	762 $	**4 298 $**
	5 016 $	**5 176 $**	**4 138 $**	**3 214 $**	**17 544 $**
Défauts découverts à l'externe					
Unités remplacées	1 446 $	1 450 $	1 120 $	610 $	**4 626 $**
Autres frais liés au remplacement	364 $	394 $	372 $	166 $	**1 296 $**
	1 810 $	**1 844 $**	**1 492 $**	**776 $**	**5 922 $**
Évaluation					
Inspection - matières premières	418 $	300 $	148 $	132 $	**998 $**
Inspection et tests - produits finis	1 154 $	1 516 $	2 708 $	2 830 $	**8 208 $**
	1 572 $	**1 816 $**	**2 856 $**	**2 962 $**	**9 206 $**
Prévention					
Formation	754 $	762 $	800 $	816 $	**3 132 $**
Séminaires fournisseurs	184 $	64 $	22 $	26 $	**296 $**
Entretien préventif	1 472 $	1 304 $	1 456 $	1 524 $	**5 756 $**
	2 410 $	**2 130 $**	**2 278 $**	**2 366 $**	**9 184 $**
Total	**10 808 $**	**10 966 $**	**10 764 $**	**9 318 $**	**41 856 $**
Chiffre d'affaires	**56 026 $**	**57 864 $**	**52 060 $**	**63 940 $**	**229 890 $**

Commentaire

Ce problème est caractéristique de l'approche traditionnelle du contrôle des coûts de la non-conformité par rapport aux normes du produit. Cette approche permet de suivre l'évolution de chaque catégorie de coûts. Les montants du tableau précédent sont souvent exprimés en pourcentages pour permettre de dégager plus facilement les tendances.

Attaches Rapides inc.
Statistiques des coûts d'obtention de la qualité pour l'année

	Janvier Février Mars	Avril Mai Juin	Juillet Août Septembre	Octobre Novembre Décembre	TOTAL
Défauts découverts à l'interne	46,4 %	47,2 %	38,4 %	34,5 %	41,9 %
Défauts découverts à l'externe	16,7 %	16,8 %	13,9 %	8,3 %	14,1 %
Évaluation	14,5 %	16,6 %	26,5 %	31,8 %	22,0 %
Prévention	22,3 %	19,4 %	21,2 %	25,4 %	21,9 %
Total	100 %	100 %	100 %	100 %	100 %
Total/ventes	19,3 %	19,0 %	20,7 %	14,6 %	18,2 %

Dans cet exemple, les coûts exprimés en pourcentages des ventes diminuent au dernier trimestre, mais on ne peut pas dire qu'il s'agit d'une baisse permanente ou ponctuelle : il faudrait pour cela disposer de statistiques sur plusieurs périodes. La part relative des différentes catégories de coûts a changé : les coûts liés aux défauts découverts à l'externe ont beaucoup baissé, et les coûts liés aux défauts découverts à l'interne ont légèrement diminué, mais l'augmentation des coûts d'évaluation a atténué l'effet de ces baisses.

Cette évolution est d'une importance capitale : en effet, le tableau n'indique pas les coûts intangibles liés à l'insatisfaction des clients et au manque à gagner subséquent ; or, ces coûts découlent principalement des défauts découverts à l'externe. Une diminution du nombre de défauts découverts à l'externe entraîne donc forcément une baisse des coûts intangibles.

La prévention peut contribuer à améliorer la conformité par rapport aux normes des produits ; l'évaluation, quant à elle, permet de détecter ce problème et d'y sensibiliser les dirigeants. En effet, l'évaluation des coûts d'évaluation et des coûts de la non-conformité en général constitue une forme de prévention, car elle aide les gestionnaires et les employés à prendre conscience de l'ampleur du problème et les incite à porter une plus grande attention à la qualité.

L'approche adoptée ici est caractéristique du contrôle des coûts, outil de détection et de surveillance par les résultats. La notion d'orientation de l'intervention qui caractérise le contrôle de gestion renouvelé en est complètement absente.

L'approche traditionnelle du contrôle des coûts n'a pas suivi l'évolution de la notion de qualité – qualité qui fait cependant l'objet du contrôle. La figure 19.8 semble prouver que la qualité n'est pas gratuite, que le « zéro défaut » est contraire aux intérêts économiques de l'entreprise et que la qualité totale ne saurait constituer un objectif valable sur le plan économique.

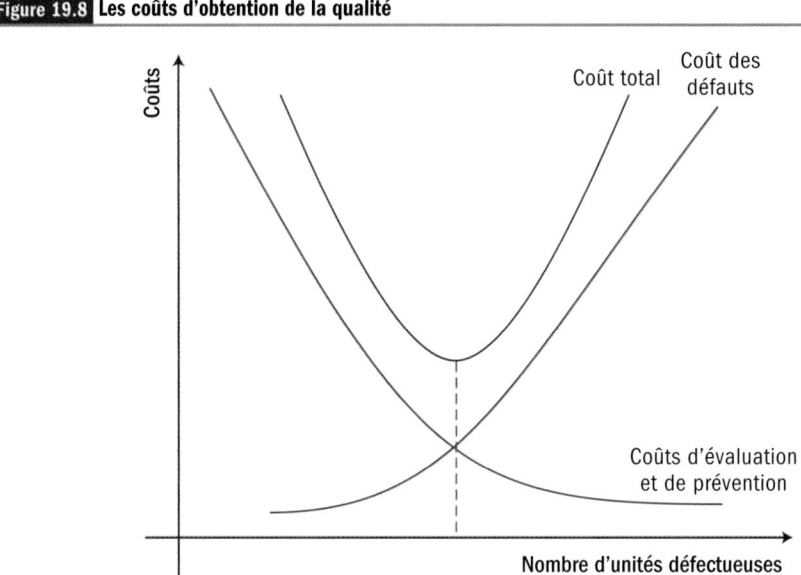

Figure 19.8 Les coûts d'obtention de la qualité

La figure 19.8 indique l'existence d'un point optimal au-delà duquel le coût marginal de l'évaluation et de la prévention devient plus élevé que les coûts évités des deux autres catégories de coûts relatives aux défauts.

Les programmes de gestion de la qualité varient beaucoup d'une entreprise à une autre. Certaines n'ont aucune approche formelle à la gestion de la qualité. D'autres utilisent une approche réactive qui consiste à régler les problèmes au fur et à mesure qu'ils se présentent sans toutefois en analyser les causes. D'autres, enfin, enregistrent systématiquement et rapportent les COQ. La présence d'une fonction responsable de la qualité n'est pas étrangère à la maturité de la gestion de la qualité dans les organisations. En effet, les organisations ayant des programmes formels de gestion COQ présentent en général des coûts liés à la prévention plus élevés, mais en contrepartie de coûts d'évaluation et de coûts liés aux défauts plus bas.

La responsabilité du comptable analyste en entreprise est de recueillir les COQ. Or, ce n'est pas toujours facile de les cerner. Les coûts sont souvent regroupés par département et par fonction plutôt que par activité, ce qui empêche de déterminer et de mettre au jour les COQ. De plus, les coûts d'occasions manquées à cause de problèmes de qualité sont très difficiles à estimer.

Finalement, un certain nombre d'organisations ont abandonné la comptabilisation des COQ. On invoque plusieurs raisons pour expliquer cet état de fait, notamment les coûts élevés de prévention de la non-qualité sans toutefois pouvoir les associer à des économies futures de coûts liés à d'autres catégories de coûts. Il faut ajouter la difficulté de transformer l'analyse des coûts en des actions concrètes de réduction des coûts. Puis, l'établissement des coûts proprement dit est une activité qui n'ajoute pas de valeur. Enfin, la faillite d'un certain nombre d'entreprises dont la gestion de la qualité a été soulignée par des prix prestigieux, comme le prix américain Deming, a amené une remise en question de l'approche à la gestion de la qualité elle-même.

Cependant, la décision d'allouer davantage de ressources en prévention afin de diminuer les coûts d'évaluation et les coûts liés à des défauts aussi bien à l'interne qu'à l'externe demeure. Le comptable en management peut jouer un rôle important d'évaluation du compromis le plus avantageux pour l'organisation en matière de COQ.

L'ANALYSE DES COÛTS DES CONCURRENTS (CDC)

L'analyse des **coûts des concurrents** (CDC) vise à anticiper les tendances des ventes, des parts de marché, des coûts unitaires et des marges. Les données utilisées pour cette analyse peuvent provenir d'une variété de sources, dont les états financiers des compétiteurs, des données publiques, des études de marché et d'autres données relatives aux économies d'échelle potentielles. On interrogera aussi les vendeurs, les distributeurs, les fournisseurs et parfois d'anciens employés des concurrents sur la technologie, les équipements et la logistique utilisés par les concurrents pour obtenir des données pertinentes à l'analyse. En outre, les entreprises se procurent et mettent en pièces les produits des concurrents afin d'estimer le coût propre à chacun des composants.

L'analyse CDC semble de plus en plus utilisée, car il s'agit d'une information stratégique. Plus le coût des investissements stratégiques s'accroît, plus s'accroît également le besoin de détecter le risque de devenir non compétitif. L'analyse CDC attire l'attention sur les coûts totaux des concurrents et, de ce fait, s'avère une information supérieure aux comparaisons traditionnelles des coûts spécifiques liés à la main-d'œuvre et au capital, par exemple les salaires payés dans une entreprise et le niveau de capitalisation. De plus, cette analyse permet d'anticiper la progression significative des concurrents en matière de coûts, information cruciale pour la direction.

Le risque de devenir non compétitif est une information importante recherchée par l'analyse comparative. Le comptable en management a un rôle clé à jouer dans cette analyse, car celle-ci requiert une expertise et une connaissance particulière en comptabilité financière et analytique. Ce type d'analyse est fait parfois à l'intérieur de la fonction finance, mais il est aussi parfois réalisé par une équipe multidisciplinaire dans laquelle on trouve un comptable. Dans une même organisation, on peut avoir plusieurs équipes analysant indépendamment les unes des autres différents produits.

L'utilisation de l'analyse des coûts des concurrents peut varier d'une entreprise à une autre, d'une industrie à une autre. Il semble bien que les entreprises qui ont une stratégie fondée sur la croissance ont une plus grande tendance à utiliser cette technique. On a établi un certain nombre de facteurs qui freinent l'utilisation de cette technique. Ces facteurs incluent les difficultés d'identification des rivaux potentiels, le développement d'une méthodologie appropriée, des ressources inadéquates, des problèmes de gestion des données et l'inaptitude à utiliser l'information pour réduire ses propres coûts.

À l'heure de la mondialisation des marchés, l'analyse CDC prend de l'importance en Amérique du Nord, où plusieurs entreprises ont dû faire face à la réalité des coûts plus bas venant de l'étranger. Cependant, il est souvent très difficile d'obtenir des données sur les coûts d'entreprises opérant dans les pays étrangers. La langue peut être une barrière, mais surtout l'information financière publiée peut être plus difficile à obtenir et moins fiable, les fournisseurs peuvent être inconnus et l'accès à des personnes informées qui connaissent l'entreprise peut être aussi plus difficile.

L'ANALYSE COMPARATIVE

À l'origine, le mot *benchmark* est un terme d'arpentage désignant un lieu physique utilisé comme point de référence. Les arpenteurs choisissent un élément stable, par exemple un rocher au flanc d'une colline, puis calculent la longitude, la latitude et l'élévation par rapport au niveau de la mer. À partir de ce point, ils calculent les coordonnées et l'élévation d'éléments situés à proximité. En gestion, le terme **point de référence** (*benchmark*) correspond à une norme servant à évaluer l'efficience de la consommation d'une ressource ou d'un processus.

L'**analyse comparative** (*benchmarking*) consiste à mesurer de façon systématique les produits, les services et les façons de faire des entreprises reconnues comme des chefs de file dans leur secteur. On compare ensuite ces mesures avec les résultats d'autres entreprises. Cette technique n'est pas nouvelle. De tout temps, les entreprises ont cherché à comparer leurs produits, et leur performance en général, à ceux de leurs concurrents. Cependant, l'analyse comparative, en tant que processus systématique de création de valeur, représente une innovation considérable.

Vue sous un autre angle, l'analyse comparative est un processus qui permet d'établir des objectifs d'amélioration et de performance supérieurs. Ce processus stimule également les gestionnaires, car le fait d'analyser les facteurs de performance d'autrui les incite à viser une performance au moins équivalente.

Voici les principaux avantages de l'analyse comparative :

- Les gestionnaires prennent conscience de ce qui se fait à l'extérieur de l'entreprise et de leur secteur d'activité.
- L'entreprise adopte de meilleures façons de faire.
- La créativité et l'innovation sont favorisées.
- La résistance au changement diminue.
- Les transferts de technologie sont facilités.

LES QUATRE TYPES D'ANALYSE COMPARATIVE

Il existe quatre types d'analyse comparative : l'analyse interne, l'analyse compétitive, l'analyse fonctionnelle et l'analyse générique.

L'**analyse comparative interne** porte sur les activités effectuées au sein d'une même entreprise. Les gestionnaires comparent divers aspects de l'efficience d'un processus – par exemple le coût par heure de main-d'œuvre directe – entre différentes usines ou divisions.

L'**analyse comparative entre concurrents** vise à comparer les activités réalisées par des entreprises appartenant au même secteur. Cet exercice présente de plus grandes difficultés, les entreprises étant souvent réticentes à dévoiler des données qui pourraient aider leurs concurrents. Pour ce type d'analyse comparative, on utilisera la plupart du temps des données provenant de clients ou de fournisseurs, en particulier les fournisseurs d'équipement. L'exercice consistant à acheter le produit d'un concurrent et à le démonter afin d'estimer le coût de chacune des pièces constitue une forme d'analyse comparative entre concurrents. Ce faisant, l'entreprise cherche en effet à améliorer son propre produit. Le principal avantage de cette analyse est de procurer à l'entreprise des données relatives à un problème auquel elle fait face. Par exemple, on s'interroge sur le coût d'une activité, on compare plusieurs divisions et on essaie de comprendre les raisons des écarts relevés.

L'**analyse comparative fonctionnelle** consiste à comparer des fonctions similaires dans des entreprises n'appartenant pas au même secteur d'activité. Il peut s'agir du processus de gestion de la paie ou d'autres processus relevant du service des finances, comme la gestion des comptes clients ou des comptes fournisseurs. La collecte des données ne présente pas de difficultés, puisque les entreprises acceptent de participer aux études.

La forme d'analyse la plus utile est l'**analyse comparative générique**. Cet exercice consiste à comparer des processus visant le même objectif, mais dans des secteurs d'activité différents. Par exemple, il peut s'agir de déterminer comment, dans des secteurs différents, on répond aux appels de service quand un équipement – ascenseur ou appareil téléphonique – tombe en panne. Les deux activités se déroulent dans deux secteurs différents, sont accomplies différemment, mais ont un objectif commun : répondre aux besoins du client dans les plus brefs délais et au meilleur coût en recourant à un processus clé pour le succès de l'entreprise. Pour reprendre l'exemple précédent, une entreprise active dans le secteur de la téléphonie qui voudrait améliorer son service de réparation des pannes ne pourrait trouver de meilleur point de comparaison qu'une entreprise spécialisée dans les ascenseurs, car cette dernière doit elle aussi répondre aux appels de service dans les délais les plus brefs.

L'analyse comparative générique renvoie à deux principes sous-jacents. Le premier s'énonce ainsi : l'efficience d'un processus provient d'un travail ardu et de la recherche de l'innovation, et c'est en adoptant des manières de faire différentes qu'on peut véritablement améliorer la performance. D'après le second principe, l'innovation vient de la capacité d'une entreprise à penser différemment, hors des sentiers battus[29]. L'analyse comparative générique vise précisément à penser différemment. Certes, les méthodes observées ailleurs ne s'appliquent pas directement au secteur auquel appartient l'entreprise. On ne cherche pas à copier un procédé, mais à adapter des principes de fonctionnement. Les innovations les plus intéressantes s'inspirent d'un processus qui a incité les concepteurs à changer de paradigme.

Quand on entreprend une analyse comparative, on doit dans un premier temps sélectionner des entreprises qui font preuve d'une excellence reconnue dans la mise en œuvre d'un processus donné. On peut trouver des partenaires grâce à un article paru dans une revue spécialisée, parce qu'ils ont remporté un prix, été mentionnés dans une étude indépendante ou recommandés par un client ou un fournisseur. Il existe aussi des centres d'analyse comparative qui mettent en rapport les entreprises souhaitant se lancer dans un projet d'analyse comparative. Enfin, certaines entreprises ont créé des services d'analyse comparative.

---

29. En anglais : *think outside the box.*

LES QUATRE ÉTAPES DE LA DÉMARCHE

L'analyse comparative a fait l'objet de nombreux textes, et de nombreux sites Internet traitent de cette question. L'un de ces sites propose une démarche en quatre grandes étapes, qui se déclinent chacune en cinq sous-étapes. Pour Robert Camp et pour d'autres auteurs, l'analyse comparative proprement dite s'accompagne d'une démarche de gestion du changement.

Le processus d'analyse comparative conforme à la méthodologie mise au point par la Chaire internationale CMA est décrit à la figure 19.9.

Figure 19.9 La méthodologie d'analyse comparative mise au point par la Chaire internationale CMA

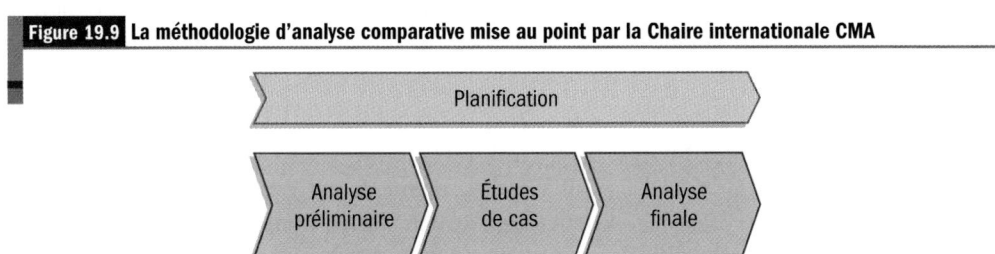

Voici les sous-étapes de chacune des quatre étapes illustrées à la figure 19.9.

La planification

La planification intervient surtout au tout début d'un projet, mais ses effets se font sentir durant toute sa durée. Elle comprend les cinq sous-étapes suivantes :

- définir l'objet d'étude ;

- faire la revue de la documentation ;

- adapter un modèle d'analyse qui servira de cadre conceptuel pour analyser les données tirées des études de cas ;

- planifier le travail et établir un calendrier des tâches ;

- recruter et former du personnel pour chacune des activités du projet.

L'analyse préliminaire

Au cours de l'analyse préliminaire, on recueille les données et on les examine en vue de préparer les études de cas qui suivront. En effet, il est à peu près impossible de documenter en détail les façons de faire relatives à un processus d'affaires sans avoir préalablement défini toutes les activités du processus, ou sans avoir compris la technologie sous-jacente au processus étudié. L'analyse préliminaire est nécessaire au succès de l'étape suivante. Elle comprend cinq sous-étapes :

- choisir les sites à analyser ;

- mettre au point un outil de collecte des données (questionnaire ou grille d'entrevue) ;

- préparer les entrevues;
- réaliser les entrevues;
- faire le compte rendu et l'analyse des entrevues.

Les études de cas

Les études de cas visent à recueillir l'information qui permettra de réaliser des analyses comparatives des façons de faire des processus d'affaires ciblés. Cette étape comprend les mêmes sous-étapes que l'analyse préliminaire :

- choisir les cas à étudier;
- mettre au point un outil de collecte des données (questionnaire ou grille d'entrevue);
- préparer les entrevues;
- réaliser les entrevues;
- faire le compte rendu et l'analyse des entrevues.

L'analyse finale

En recourant à un modèle d'analyse choisi et adapté à l'étape de la planification ainsi qu'à des outils statistiques, on dissèque les données provenant de tous les cas étudiés. L'analyse finale débouche généralement sur les cinq résultats suivants :

- une typologie ou un classement des processus selon les configurations;
- des indicateurs de performance qui serviront de points de repère ou de standards pour évaluer la performance des entreprises participantes au regard des processus étudiés;
- une description des façons de faire les plus intéressantes, performantes, originales, innovantes, selon le contexte de l'étude;
- des analyses comparatives propres à un volet particulier de l'étude, par exemple des comparaisons entre pays, provinces, secteurs industriels, ou encore des comparaisons parmi un groupe particulier de clients ou de fournisseurs;
- des leçons à tirer de l'ensemble des cas étudiés.

Comme toutes les techniques relevant de la comptabilité de management, l'analyse comparative s'appuie sur de nouvelles mesures de performance. Les mesures de la performance utilisées dans une analyse comparative[30] portant sur le processus « Produire une émission à la radio ou à la télévision » sont résumées au tableau suivant.

---

30. Il s'agit d'un projet réalisé en 2001 par la Chaire internationale CMA.

Les mesures de performance dans une analyse comparative du processus « Produire une émission à la radio ou à la télévision »

Mesures d'efficience

- Minutes de diffusion originale par millier de dollars utilisé ou coût par minute de diffusion originale
- Minutes de diffusion originale par EÉTP* de l'équipe de production ou nombre de EÉTP de l'équipe de production par 100 minutes de diffusion originale

Atteinte des objectifs

- Perception de l'équipe de production concernant l'atteinte des objectifs liés au mandat

Reconnaissance du milieu

- Nombre de prix attribués aux émissions

Succès commercial

- Revenus tirés des annonces publicitaires
- Minutes de diffusion originale par dollar net ou coût net par minute de diffusion originale

Succès auprès de l'auditoire

- Auditoire moyen
- Coût net par auditeur
- Auditoire en milliers d'auditeurs-minutes
- Coût net par 1 000 auditeurs-minutes
- Pourcentage de l'auditoire potentiel atteint
- Coût net par point de pourcentage du marché potentiel
- Coût net par point de pourcentage du marché potentiel durant 100 minutes

* Effectif équivalent temps plein.

L'analyse comparative est aujourd'hui une technique de premier plan en matière de création de valeur, puisqu'elle vise notamment à déterminer les cibles, un enjeu clé de la planification. L'analyse comparative permet à des entreprises de prendre connaissance d'innovations dont elles n'auraient jamais eu vent auparavant et de les comprendre. De plus, elle leur permet de voir comment ces innovations pourraient être adaptées à leur contexte propre. L'analyse comparative constitue ainsi un accélérateur et un catalyseur du changement dans les entreprises.

LA GESTION DU RISQUE

Être dans les affaires au XXIᵉ siècle présente des **risques**, et souvent plusieurs types de risques. Ceux-ci s'expliquent par de nombreux facteurs : la pression que subissent les cadres pour accélérer la croissance de l'entreprise et en améliorer la performance, une culture de gestion axée sur la prise de risques, la compétition entre les gestionnaires au sein de l'entreprise, la réticence des gestionnaires à tenir compte des mauvaises nouvelles et des écarts de performance[31]. Cependant, le niveau de risque auquel est exposée une entreprise dépend non seulement de l'environnement dans lequel elle se trouve, mais également de l'approche de

---

31. Robert L. SIMONS, « How Risky Is Your Company ? », *Harvard Business Review,* mai-juin 1999, p. 85-94.

gestion qu'elle adopte. La technique de gestion du risque contribue pour beaucoup à la création de la valeur. Toutefois, on ne doit pas s'en tenir à la gestion des risques financiers, mais prendre en considération tous les types de risques – risque d'affaires ou risque commercial – qui pourraient avoir des répercussions sur les bénéfices. La gestion de ces types de risques devrait faire partie des processus clés de l'entreprise. Elle devrait également être dotée d'un personnel attitré, mais cette discipline en est à ses balbutiements et il y a peu de gestionnaires compétents dans ce domaine. Certaines entreprises ont créé un service qui se consacre à la gestion du risque – par exemple Lockheed Martin, BP, BAE Systems et Westinghouse Rail Systems –, mais la très grande majorité des entreprises en sont dépourvues.

Qu'est-ce que le risque ? C'est la possibilité que se produise un événement ou une situation influant de manière positive ou négative sur la capacité de l'entreprise à atteindre ses objectifs. L'entreprise est exposée à de nombreux risques[32] : risques liés aux activités d'exploitation, risques de dévaluation des éléments d'actif, risques liés à la concurrence et risques portant sur sa réputation.

Les risques liés aux activités d'exploitation correspondent, par exemple, aux erreurs ou aux défauts touchant la qualité de la production, aux retards dans la production, aux bris de machines ou d'équipement. Les coûts peuvent également augmenter, que ce soit à cause de l'obligation de respecter les garanties, de la nécessité de remplacer des produits ou des ventes perdues. En outre, les employés peuvent faire des erreurs et il existe des risques inhérents à la mise en œuvre de certains plans opérationnels. Même si la plupart des difficultés et des incidents auxquels les gestionnaires font face tous les jours dans les entreprises ne comportent pas beaucoup de risques, il peut en résulter dans certains cas des pertes substantielles.

Les actifs sont des investissements dont on espère qu'ils produiront à l'avenir des bénéfices pour l'entreprise. Lorsqu'ils subissent une dévaluation, ils perdent en tout ou en partie leur capacité de générer des bénéfices. Les actifs qui peuvent subir une dévaluation comprennent les immobilisations, notamment les usines, l'équipement et les stocks, de même que les éléments d'actif intangibles tels que les brevets. La dévaluation des éléments d'actif peut également résulter de la diminution de la valeur marchande de certains éléments financiers, comme les comptes clients et les sommes en devises étrangères. Les actifs touchés par un incendie subissent eux aussi une dévaluation.

Les changements survenant dans l'environnement concurrentiel peuvent influer sur la capacité de l'entreprise à créer de la valeur. Dans ce cas, on parle de risques liés à la concurrence, notamment quand on envisage la possibilité que des concurrents introduisent de nouveaux produits, réduisent les prix, ou que de nouvelles règles limitent la capacité de l'entreprise à générer des revenus. Parmi les autres exemples de risques liés à la concurrence, citons la possibilité que les fournisseurs clés trouvent de nouveaux clients ou ferment leurs portes.

Les risques liés à la réputation de l'entreprise influent directement sur la valeur de celle-ci. Par exemple, une couverture médiatique défavorable due à des clients insatisfaits pourra causer des dommages plus importants que la perte pure et simple de ces clients. Les risques liés à la réputation menacent la viabilité même de l'entreprise.

---

32. Pour un exposé plus détaillé sur cette question, on pourra consulter Robert L. Simons, « A Note on Strategic Risk », Harvard Business School Press, 9-199-031, 1999.

LES CINQ ÉTAPES DE LA GESTION DU RISQUE

La **gestion du risque** auquel sont exposées les entreprises comprend les cinq grandes étapes suivantes :

- définir le risque ;

- évaluer le risque ;

- planifier une stratégie de réponse au risque ;

- mettre en place la stratégie de réponse au risque ;

- effectuer le suivi et le contrôle.

Figure 19.10 Le processus de gestion du risque

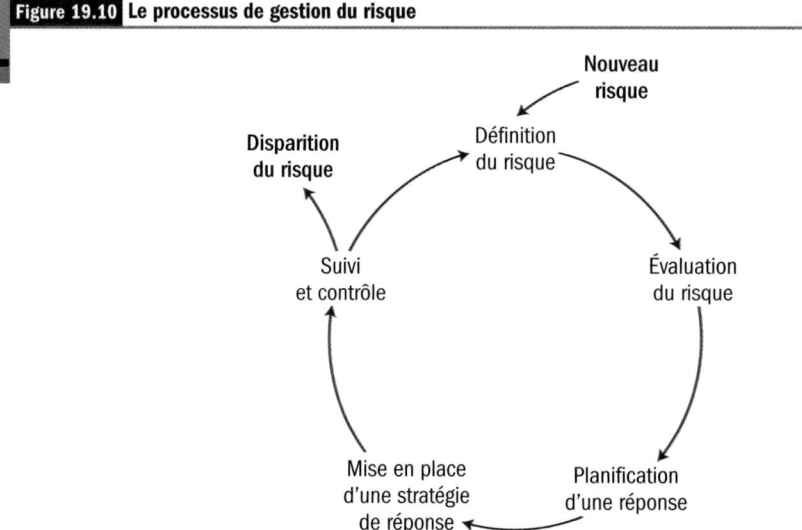

La définition du risque

La **définition du risque** est le processus qualitatif qui consiste, pour les gestionnaires, à délimiter les risques potentiels en s'appuyant sur les expériences passées, sur des grilles d'évaluation et des séances de remue-méninges. Au cours de cette première étape, il est essentiel que les gestionnaires s'accordent sur les causes et les conséquences de chacun des risques. L'entreprise gérera seulement les risques ayant fait l'objet d'un consensus. Il s'agit là d'un élément clé, car il est fréquent que des personnes relevant de niveaux et de services différents soient en désaccord sur la nature et la gravité du risque.

L'évaluation du risque

L'**évaluation du risque** est un processus à la fois qualitatif et quantitatif qui vise à évaluer le moment où un événement se produira, la probabilité qu'il se produise et les conséquences qui pourraient s'ensuivre. Le coût de l'exposition au risque correspond à l'espérance mathématique des conséquences de l'événement, c'est-à-dire le coût estimé de ses conséquences, multiplié par la probabilité que l'événement se produise. On établit souvent le coût le plus probable après avoir estimé le coût minimum et le coût maximum. Par exemple, supposons qu'un incendie coûterait 1 000 000 $ à une entreprise s'il se produisait. Au moment de l'évaluation, la probabilité de l'événement est seulement de 5 %. L'exposition au risque de cette entreprise serait de 50 000 $. On obtient ce résultat en faisant le calcul suivant.

Coût estimé de l'exposition au risque = probabilité × coût le plus probable

Coût estimé de l'exposition au risque = 0,05 × 1 000 000 $

Coût estimé de l'exposition au risque = 50 000 $

La planification d'une stratégie de réponse au risque

Cependant, l'objectif premier de la gestion du risque n'est pas de mesurer le risque, mais de le réduire, voire de l'éliminer. La planification de la réponse au risque consiste à mesurer et à réduire les effets des événements jugés risqués. Cette stratégie peut prendre les quatre formes suivantes :

- éliminer le risque ;

- transférer le risque ;

- réduire le risque ;

- accepter le risque.

L'**élimination du risque** signifie qu'on le fait disparaître complètement. Ainsi, un gestionnaire recommandera qu'un processus soit modifié de manière qu'un risque donné soit totalement éliminé. Par exemple, dans la fabrication de bains en céramique, il peut arriver que des pièces se brisent parce qu'elles sont placées au mauvais endroit dans le moule. Si la direction décide de refaire le moule de telle façon qu'il soit impossible de placer une pièce au mauvais endroit, le risque sera totalement éliminé.

Le **transfert du risque** ne vise pas à éliminer un risque donné, ce qui est souvent impossible, mais à le transférer à d'autres personnes afin de réduire la magnitude du risque pour la chaîne de valeur dans son ensemble. Parfois, des événements ne présentent pas le même risque pour toutes les parties intéressées, certaines étant davantage en mesure de les gérer. Par exemple, certains manufacturiers assument les garanties et acceptent les retours de marchandises au cours de la première année suivant l'achat, même s'ils savent que l'objet a peut-être été abîmé à la suite d'une mauvaise utilisation par le client. S'ils le font, c'est parce que le risque est plus important pour l'acheteur, qui ne connaît pas les détails de la conception du produit ou du processus de fabrication. De plus, la réparation ou le remplacement d'un produit coûtera moins cher au manufacturier qu'à l'acheteur.

Lorsqu'il est impossible d'éviter un risque donné ou de le transférer, l'entreprise doit chercher à le réduire. La **réduction du risque** vise à diminuer la probabilité que l'événement se produise ou à en atténuer les répercussions s'il se produit. Dans l'exemple donné plus haut, la probabilité d'un incendie dans une entreprise était de 5 %, et le coût de 1 000 000 $ si l'événement se produisait. La direction peut réduire ce risque en souscrivant une assurance contre l'incendie, à la condition que cette assurance coûte moins de 50 000 $.

L'acceptation du risque est la dernière possibilité à envisager, une fois que toutes les autres options ont été explorées. Si les risques ne peuvent être ni éliminés, ni transférés, ni réduits, la direction doit les accepter. Dans ce cas, il est prudent de garder dans les budgets financiers une provision de revenus et de coûts pour couvrir le coût potentiel du risque. Par exemple, si elle ne peut pas s'assurer contre les pertes de revenus les jours où les conditions atmosphériques retiennent les clients à la maison, une station de ski doit tenir compte de ces facteurs lorsqu'elle établit ses budgets.

Lorsqu'on planifie une stratégie de réponse au risque, on désigne un personnel chargé de couvrir différents aspects de la gestion du risque et d'établir un calendrier.

La mise en place d'une stratégie de réponse au risque

La mise en place d'une stratégie de réponse au risque entraîne des coûts plutôt lourds, car il faut embaucher du personnel permanent et dégager du temps pour le personnel chargé de l'exploitation. On assignera parfois des personnes, appelées responsables du risque[33], à chaque risque considéré comme important. Ces responsables doivent décider d'une série d'interventions selon un échéancier assez serré. Les dates butoirs constituent des étapes dans le cycle de vie d'un produit ; une action précise doit avoir été accomplie pour que l'action soit efficace.

Le suivi et le contrôle

Le personnel chargé de la gestion du risque détecte les risques, en détermine la probabilité, les coûts, les causes, les facteurs temporels, et rend compte du résultat de ses recherches à la direction. Pour ce faire, il est nécessaire de construire plusieurs bases de données consultables en permanence.

Dans tous les cas, la stratégie de réponse au risque doit être efficace du point de vue des coûts : les coûts de gestion du risque ne doivent pas être plus élevés que les conséquences probables des risques qu'on cherche à prévenir.

L'objectif de la gestion des risques est de réduire les pertes relatives aux risques avant même que les événements ne se produisent. À ce titre, c'est un élément essentiel de la gestion des coûts. Cependant, bien des entreprises songent à gérer les risques uniquement lorsque les problèmes surgissent, autrement dit trop tard pour pouvoir éviter les conséquences non souhaitées. Pourquoi la gestion des risques occupe-t-elle si peu de place dans les entreprises ? D'abord, il faut investir d'entrée de jeu des sommes assez élevées pour mettre en œuvre les techniques exposées. Ensuite, les entreprises ne savent pas comment s'y prendre pour implanter ces techniques. Enfin, la culture qui imprègne les entreprises incite à négliger les risques.

---

33. En anglais : *risk owner*.

CAPSULES VIDÉO

Qu'en disent les experts?

CAPSULE VIDÉO 19.1   Performance et gouvernance opérationnelles
Monsieur Ludvick Desjardins, directeur principal des solutions d'affaires et
de la gouvernance TI de Banque Nationale Groupe financier, fait la distinction
entre la performance organisationnelle et la gouvernance opérationnelle
dans le contexte de la Banque.

CAPSULE VIDÉO 19.2   Enjeux de la performance organisationnelle
Monsieur Desjardins fait état des principaux enjeux de la performance organisationnelle
au sein de Banque Nationale Groupe financier.

CAPSULE VIDÉO 19.3   Solutions d'affaires
Qu'entend-on par «solutions d'affaires» à la Banque Nationale? Monsieur Desjardins
apporte certaines précisions.

CAPSULE VIDÉO 19.4   Stratégie et gouvernance TI
Monsieur Desjardins décrit le mandat de la fonction stratégie et gouvernance TI
au sein de Banque Nationale Groupe financier.

CAPSULE VIDÉO 19.5   Outils analytiques utilisés au bureau du Vérificateur général
Monsieur Renaud Lachance, vérificateur général du Québec, décrit les principaux
outils analytiques utilisés au Vérificateur général et explique comment les analystes
qui y travaillent peuvent se les approprier.

OBJECTIFS DE CONNAISSANCES, REVUS

1 Présenter la gestion stratégique des coûts.

La gestion stratégique des coûts concerne l'analyse de l'information sur les coûts dans le
but d'aider à formuler et à communiquer les stratégies, à réaliser les plans visant à mettre
en œuvre la stratégie et puis à concevoir et à adapter le système de contrôle de gestion
afin d'atteindre les cibles visées par la stratégie. Elle comporte plusieurs outils d'analyse
présentés dans le chapitre.

2 Décrire le contrôle de gestion.

Le contrôle de gestion est un système qui vise à influencer les gestionnaires en vue de réaliser la stratégie de l'entreprise. Ce système comporte des mécanismes d'influence, des systèmes de croyances, des mécanismes de contrôle, des systèmes limites ainsi qu'un système d'information comprenant les systèmes qui amènent à poser un diagnostic et les systèmes interactifs.

3 Définir la stratégie.

Selon Porter, les entreprises peuvent recourir à trois stratégies : la différenciation, la suprématie obtenue grâce à la réduction des coûts et la concentration. L'analyse stratégique regroupe l'analyse de l'environnement de l'entreprise, des possibilités, des menaces, des forces et faiblesses ainsi que l'analyse du positionnement stratégique.

4 Présenter les techniques utiles à l'analyse stratégique.

L'analyse de l'environnement externe permet de déterminer les possibilités et les menaces. L'analyse interne permet d'établir les forces et faiblesses. Dans la planification stratégique, une organisation misera sur ses forces et tentera de profiter des occasions d'affaires. D'une part, l'analyse du positionnement stratégique se fait en fonction de la croissance du marché et, d'autre part, de la part de marché détenue par l'entreprise.

5 Présenter les méthodes d'analyse utiles à la gestion stratégique des coûts.

L'analyse de la valeur d'un produit vise à déterminer le coût et la valeur de chacun des éléments qui le composent. L'analyse de la chaîne de valeur concerne l'analyse du positionnement d'une entreprise dans la chaîne de valeur d'une industrie. L'analyse des inducteurs de coûts consiste à analyser les raisons qui sont à l'origine des coûts. L'analyse des coûts selon le cycle de développement d'un produit est importante dans la mesure où la plupart des coûts engagés dans un produit sont décidés aux étapes de conception et de développement. L'analyse du coût cible contribue à concevoir et à développer des produits compétitifs. L'analyse de la capacité vise à optimiser l'utilisation de la capacité productive d'une entreprise. L'analyse d'obtention des coûts de la qualité consiste à établir, à mesurer et à analyser les coûts de prévention, d'évaluation et des défauts de la non-conformité des produits. L'analyse des coûts des concurrents consiste à évaluer les tendances en matière de ventes, de part de marché, de coûts de marges des produits des concurrents afin d'évaluer le risque de devenir non compétitif. L'analyse comparative est le processus systématique consistant à mesurer les produits, les services et les façons de faire des entreprises reconnues comme des chefs de file de leur secteur. La gestion du risque est une approche systématique visant à maîtriser les risques auxquels sont exposées les entreprises.

MOTS CLÉS

Acceptation du risque, p. 610

Analyse, p. 569

Analyse comparative, p. 602

Analyse comparative entre concurrents, p. 602

Analyse comparative fonctionnelle, p. 603

Analyse comparative générique, p. 603

Analyse comparative interne, p. 602

Analyse de la valeur, p. 582

Analyse FFPM, p. 579

Capacité, p. 593

Capacité budgétée, p. 593

Capacité improductive, p. 593

Capacité normale, p. 593

Capacité pratique, p. 593

Capacité prévue, p. 593

Capacité productive, p. 593

Capacité théorique, p. 593

Chaîne de valeur de l'industrie, p. 584

Comptabilité de management stratégique, p. 569

Concentration, p. 577

Contrôle cybernétique, p. 569

Contrôle de gestion, p. 569

Coût cible, p. 591

Coût de la capacité, p. 593

Coûts de prévention, p. 596

Coûts des concurrents, p. 601

Coûts des défauts découverts à l'externe, p. 596

Coûts des défauts découverts à l'interne, p. 596

Coûts d'évaluation, p. 596

Coûts d'obtention de la qualité, p. 596

Coûts engagés pendant la durée de vie du produit, p. 590

Cycle de développement, p. 590

Cycle de vie du produit, p. 580

Définition du risque, p. 608

Différenciation, p. 574

Élimination du risque, p. 609

Évaluation du risque, p. 608

Gestion de la valeur, p. 582

Gestion des coûts, p. 570

Gestion du risque, p. 608

Gestion stratégique des coûts, p. 569

Inducteur de coûts, p. 589

Intervention, p. 569

Leviers de contrôle, p. 571

Mesure, p. 569

Point de référence, p. 602

Positionnement stratégique, p. 580

Réduction du risque, p. 609

Risques, p. 606

Stratégie de niche, p. 577

Stratégies, p. 574

Suprématie obtenue grâce à la réduction des coûts, p. 575

Systèmes de croyances, p. 572

Systèmes interactifs, p. 572

Systèmes limites, p. 572

Systèmes servant à poser un diagnostic, p. 572

Transfert du risque, p. 609

Valeur, p. 582

LE DÉVELOPPEMENT DURABLE

OBJECTIFS

1 Comprendre les notions de développement durable et de responsabilité sociale de l'entreprise (RSE).

2 Présenter la normalisation internationale en matière de développement durable.

3 Expliquer les grandes catégories de coûts liées au développement durable.

4 Analyser les stratégies de développement durable et les mécanismes de contrôle de gestion.

5 Être sensibilisé au rôle de la fonction finances.

SOMMAIRE

À l'ère où le développement durable est passé à l'avant-plan des préoccupations des organisations, nous avons jugé à propos de consacrer le dernier chapitre de ce manuel à ce thème.

D'abord, nous définissons le développement durable, la responsabilité sociale de l'entreprise et la normalisation internationale ; ensuite, nous abordons les coûts liés au développement durable, les stratégies de développement et le rôle de la fonction finance à cet égard.

Nous avons choisi de présenter ce que nous livre le rapport annuel sur le développement durable d'Hydro-Québec, retenue pour son envergure, ainsi qu'un bref survol d'initiatives vertes réalisées par plusieurs des entreprises qui nous ont accordé le privilège de collaborer à cet ouvrage. Enfin, nous ajoutons à la fin du chapitre le bilan de notre entrevue avec Jacques Fortin, responsable de la politique de développement durable à HEC Montréal.

■ HYDRO-QUÉBEC

Hydro-Québec produit, transporte et distribue de l'électricité. L'entreprise exploite essentiellement des énergies renouvelables, plus particulièrement l'hydraulique. Elle fait aussi de la recherche-développement dans le domaine de l'énergie, y compris l'efficacité énergétique. En outre, elle développe les technologies issues de ses recherches. Avec un actif de 65,9 milliards de dollars, un chiffre d'affaires annuel de 12,3 milliards de dollars et un effectif de 23 000 employés, Hydro-Québec compte parmi les chefs de file de son secteur en Amérique.

Hydro-Québec évolue dans un contexte déterminé par plusieurs facteurs : le cadre réglementaire défini par la *Loi sur Hydro-Québec*, la *Loi sur la Régie de l'énergie* ; ses engagements envers ses clients ; l'environnement concurrentiel des marchés de l'énergie ; et les politiques de son actionnaire, le gouvernement du Québec. En vertu de la *Loi sur Hydro-Québec,* le producteur fournit au distributeur un bloc d'électricité patrimoniale de 165 TWh au-delà duquel le distributeur s'approvisionne sur des marchés dans un contexte de libre concurrence. Quant aux activités de transport et de distribution, elles sont réglementées sur la base des coûts. L'entreprise comprend quatre divisions.

Hydro-Québec Production possède un parc de production d'une puissance installée de 36,5 GW et produit de l'électricité pour le marché québécois. Lorsque les circonstances le permettent, elle commercialise ses surplus sur les marchés de gros. **Hydro-Québec TransÉnergie** exploite un réseau de transport de plus de 33 000 km de lignes, le plus étendu d'Amérique du Nord, dont bénéficient les clients au Québec et hors Québec. **Hydro-Québec Distribution** assure aux Québécois un approvisionnement fiable en électricité. Quand la demande liée aux 4,0 millions d'abonnements dépasse le volume d'électricité patrimoniale qu'Hydro-Québec Production doit lui fournir à prix fixe, Hydro-Québec Distribution s'approvisionne par des achats aux conditions du marché. La division multiplie les initiatives en faveur d'une utilisation efficace de l'électricité. **Hydro-Québec Équipement**

et **Services partagés** et la **Société d'énergie de la Baie James**, filiale d'Hydro-Québec, conçoivent et mettent en œuvre des projets de réfection et d'aménagement d'équipements de production et de transport d'électricité.

En matière de gouvernance, le Conseil d'administration administre les affaires de la Société, en conformité avec la *Loi sur Hydro-Québec*, la *Loi sur les compagnies* et les règlements applicables. De plus, même s'il n'est pas tenu de s'y soumettre d'un point de vue juridique, il s'inspire des mesures prescrites par les autorités canadiennes en valeurs mobilières. Ses principales fonctions comprennent, entre autres, l'examen et l'approbation du Plan stratégique et du Plan d'affaires annuel et l'examen périodique de la gestion intégrée des risques d'entreprise. De plus, le Conseil d'administration approuve les politiques relatives à la rémunération et aux conditions de travail des employés et des dirigeants.

LA GESTION DE LA PERFORMANCE CHEZ HYDRO-QUÉBEC

Chez Hydro-Québec, la gestion de la performance et sa mesure découlent de son organisation en divisions qui correspondent à autant de secteurs d'exploitation – production, transport, distribution et construction – auxquels s'ajoutent les activités corporatives et autres. Il est important de tenir compte des particularités de chacun de ces secteurs et de refléter la diversification de leurs activités :

- divisions opérationnelles (production, transport, distribution, construction), unités corporatives et autres ;

- activités réglementées (transport et distribution) et non réglementées ;

- activités poursuivies et activités abandonnées.

Le Conseil d'administration fixe les objectifs annuels des divisions et des unités corporatives et détermine les responsabilités propres à leurs domaines d'activité respectifs. La performance est évaluée tant au niveau de l'entreprise consolidée qu'au sein de chacune des divisions et des unités.

La performance financière est en grande partie évaluée sur la base du bénéfice, un des indicateurs utilisés pour attribuer des primes aux gestionnaires. Le bénéfice net constitue ainsi l'objectif financier consolidé. L'évaluation des divisions repose sur le BAII[1] de leurs activités, et celle des unités corporatives sur le coût du produit ou du service rendu.

Outre le bénéfice, d'autres indicateurs sont retenus visant à mesurer l'atteinte des objectifs confiés. Il s'agit, par exemple, de mesures harmonisées avec les orientations du plan stratégique, telle l'intégration de l'éolien, ou encore des objectifs plus généraux visant l'amélioration continue, comme la satisfaction de la clientèle ou la sécurité des employés.

LE DÉVELOPPEMENT DURABLE À HYDRO-QUEBEC

Cela fait plus de 40 ans qu'Hydro-Québec intègre les préoccupations environnementales dans ses pratiques d'affaires, soit depuis 1970 lors de la formation de son premier comité en environnement, et plus de 20 ans qu'elle intègre les principes associés aux trois piliers du développement durable à toutes les étapes de la planification et de la réalisation de ses projets hydroélectriques. De plus, Hydro-Québec compte parmi les premières entreprises québécoises à avoir publié un rapport sur le développement durable inspiré des lignes directrices de la *Global Reporting Initiative*.

Plusieurs systèmes de contrôle de gestion ont été mis en place pour appuyer les gestionnaires dans le processus de planification, de coordination et de contrôle du développement durable. Un élément clé de ces systèmes est leur intégration dans les systèmes de gestion de l'entreprise. Le plan stratégique 2009-2013 confirme l'engagement d'Hydro-Québec envers le développement durable, il se décline sur trois axes : l'efficacité énergétique, les énergies renouvelables et l'innovation

---

1. Bénéfice avant intérêts et frais corporatifs, qui équivaut au BAII des entreprises privées.

technologique. De plus, un plan d'action de développement durable, aligné sur le plan stratégique de l'entreprise et qui témoigne de l'engagement d'Hydro-Québec à l'égard de la *Stratégie gouvernementale de développement durable 2008-2013*, est déjà mis en œuvre et est revu deux fois par an. Il comprend 10 actions, chacune d'elles reliée à un objectif corporatif, avec des cibles spécifiques et des indicateurs pour en évaluer la performance. Par exemple, la première action est de réaliser des projets hydroélectriques et de contribuer au développement de l'énergie éolienne. Cette action est liée à l'objectif corporatif de continuer à développer le potentiel hydroélectrique du Québec. Deux cibles spécifiques ont été déterminées : augmenter la production à près de 10 TWh et la capacité de 1 056 MW en complétant les projets en cours, et en démarrant le projet du Complexe de la Romaine. Dès lors, afin d'évaluer le degré d'atteinte de cette première action, l'entreprise mesure la puissance et l'énergie disponible (MW et GWh).

D'autres exemples d'intégration du développement durable dans les systèmes de gestion d'Hydro-Québec nous sont apportés par les systèmes de mesure de la performance et les politiques de l'entreprise. Au lieu d'avoir une politique isolée de développement durable, Hydro-Québec a fait le choix d'intégrer les enjeux de développement durable dans chacune de ses 11 politiques d'entreprise. Ainsi la performance de développement durable est intégrée au système de mesure de la performance de la compagnie et de ce fait fondée sur les mêmes principes. Dès lors, au lieu de développer un tableau de bord spécifique au développement durable, la compagnie analyse les secteurs qui sont sensibles aux enjeux de développement durable et les inclut dans des indicateurs sociaux, environnementaux et économiques. Dans le même esprit, la gestion du développement durable est décentralisée dans les divisions et groupes, mais une unité corporative est responsable d'élaborer les encadrements, la formation, la vigie ainsi que de la reddition de comptes interne et externe en matière de développement durable.

Sur le plan des publications officielles, Hydro-Québec compte plusieurs années d'expérience. En effet, la compagnie a publié son premier rapport de performance environnementale en 1995. En 2002, la compagnie a fait évoluer ce rapport pour y inclure les trois piliers du développement durable : l'économie, la société et l'environnement.

Un des défis auxquels Hydro-Québec a été confrontée en matière de gestion du développement durable a été celui d'en unifier la signification pour tous les membres de l'organisation. C'est pourquoi l'entreprise s'est engagée à sensibiliser et à former ses employés sur le concept de développement durable et à la démarche de l'entreprise afin de les rendre aptes à prendre en compte les principes du développement durable dans leurs activités courantes.

LE DÉVELOPPEMENT DURABLE ET LA RESPONSABILITÉ SOCIALE DE L'ENTREPRISE (RSE)

Ces 10 dernières années, diverses normes, lignes directrices, réglementations nationales et internationales, publiques et privées, ont convergé pour amener les entreprises à reconnaître leur responsabilité sociétale. La **responsabilité sociale de l'entreprise (RSE)** découle en grande partie de la notion de **développement durable**, notion qui prend de l'ampleur et entraîne une mutation de l'environnement d'affaires des entreprises.

La Conférence des Nations Unies sur l'environnement et le développement (CNUED) est à l'origine de la définition la plus largement admise du développement durable. En 1987, la Commission mondiale sur l'environnement et le développement l'a formulée dans le Rapport Brundtland (*Notre avenir à tous*[2]), qui incite les acteurs sociaux et économiques, dont les entreprises, à produire d'une manière qui ne compromette pas la capacité des générations futures à satisfaire leurs besoins.

Le développement durable comprend trois dimensions : économique, environnementale et sociale (voir la figure 20.1).

Figure 20.1 La représentation du développement durable

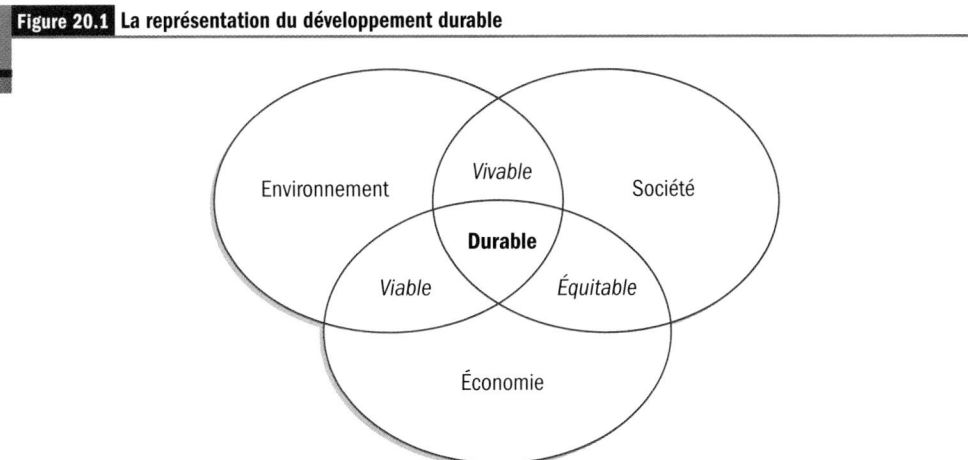

Si on l'emploie souvent comme synonyme de développement durable, le concept de RSE correspond en fait à la réponse attendue des entreprises face aux exigences planétaires liées aux enjeux du développement durable. Dans ce chapitre, nous utiliserons surtout l'expression « développement durable ».

---

2. Commission mondiale sur l'environnement et le développement, *Our Common Future*, 1987, www.un-documents.net/wced-ocf.htm.

Il existe des outils et des techniques de comptabilité environnementale depuis les années 1970, mais peu d'entreprises les ont réellement mis en œuvre pour l'instant. Avec l'essor du développement durable, néanmoins, de plus en plus d'entreprises s'y intéressent. La comptabilité environnementale a bénéficié des initiatives internationales et nationales en matière de normalisation. Si elle comporte un volet public important, à l'instar des principes comptables généralement reconnus (PCGR) et des normes internationales d'information financière, les *International Financial Reporting Standards* (IFRS), le privé peut également l'utiliser pour la prise de décisions stratégiques et courantes, souvent confidentielles. L'adhésion des entreprises aux principes du développement durable se fait encore largement sur une base volontaire. Autrement dit, si elles ne sont pas légalement tenues de s'y conformer, leur contexte d'affaires en est modifié, et les pressions accrues qui en résultent les obligent, pour ainsi dire, à se positionner d'elles-mêmes sur cette question et à développer progressivement les mécanismes de contrôle de gestion nécessaires. Cela peut signifier à la fois rendre des comptes, se conformer à une normalisation non obligatoire et assurer à l'interne une gestion appropriée.

À partir des démarches amorcées à ce jour par les entreprises, on peut dégager trois types de comportement : 1) anticiper une nouvelle réglementation ou y adhérer ; 2) développer des occasions d'affaires liées au développement durable ; 3) réduire les effets néfastes de ses activités par conviction (souvent sous l'impulsion d'un leader dans l'organisation[3]). Ces positions ne sont pas exclusives les unes des autres, mais chacune fait appel à des décisions de gestion et renvoie à des mécanismes de contrôle de gestion particuliers. Avant de les aborder, voyons quels sont les principaux efforts de normalisation menés en matière de gestion et de communication dans le domaine du développement durable.

LA NORMALISATION INTERNATIONALE EN MATIÈRE DE DÉVELOPPEMENT DURABLE

Divers organismes spécialisés ont énoncé des normes en matière de développement durable, devançant en cela la normalisation comptable (tant les PCGR que les IFRS). Il s'agit notamment de l'Organisation internationale de normalisation (norme ISO 26000), de la Global Reporting Initiative (GRI), des Nations Unies (*Carbon Disclosure Project* pour le bilan carbone, entre autres), de l'Accounting Bodies Network (à l'initiative du prince de Galles, avec le projet *Accounting for Sustainability – A4S* sur la triple reddition de comptes) et du Centre interuniversitaire de recherche sur le cycle de vie des produits, procédés et services (CIRAIG).

ISO 26000

La norme **ISO 26000**, qui date de novembre 2010, « donne des lignes directrices relatives à la responsabilité sociétale (RS) aux entreprises du secteur privé et aux organisations du secteur public » [tiré de www.iso.org/iso/fr/pressrelease.htm?refid=Ref1366]. Contrairement aux normes précédentes (ISO 9000, ISO 14000, ISO 19011, ISO 22000, ISO 27001, etc.), elle

---

3. Pour plus de détails, voir Marie-Andrée CARON et Charles H. CHO, « Positions des organisations face à la gestion et à la communication environnementales », *Revue internationale de gestion,* numéro spécial sur le développement durable, 2009, vol. 34, n° 1, p. 59-67.

ne vise pas l'implantation d'un système de gestion et, pour le moment, ne donne pas lieu à une certification. En revanche, grâce à sa souplesse, elle se prête à l'élaboration d'un cadre normatif très ambitieux en matière de responsabilité sociétale des organisations. À ce jour, il s'agit de l'effort de rapprochement le plus important entre l'entreprise et la société[4]. L'utilité d'une telle norme est qu'elle permet non seulement à l'entreprise de réfléchir à « ce qu'il est bien de faire, mais de faire ce qui est suffisamment bien[5] ».

Sa création, étalée sur une période de six ans, a impliqué des représentants de plus de 83 pays, ainsi que des organismes tels que l'Organisation internationale du travail (OIT), l'Organisation de coopération et de développement économiques (OCDE) et les Nations Unies. Elle énonce sept principes, sept questions centrales (subdivisées en domaines d'action) et sept lignes directrices, qui sont le fruit des compromis réalisés par les diverses parties prenantes.

Le principe du pollueur-payeur est au cœur de la dimension environnementale de la norme ISO 26000. Selon ce principe, il « convient qu'une organisation supporte le coût de la pollution occasionnée par ses activités en fonction soit de l'impact environnemental pour la société et de l'action corrective requise, soit du niveau de pollution. Il convient qu'une organisation s'efforce de supporter le coût de la pollution et de quantifier les avantages économiques et environnementaux de la prévention de la pollution plutôt que de l'atténuation de ses impacts selon le principe du pollueur-payeur. Une organisation peut choisir de coopérer avec d'autres pour développer des instruments économiques tels que les fonds de garantie afin de pouvoir faire face aux coûts engendrés par des incidents environnementaux majeurs[6] ». La souplesse laissée à l'entreprise est tout de même grande, à partir du moment où celle-ci reconnaît sa responsabilité en matière d'environnement. Dès lors, les expérimentations qu'elle mènera en ce qui a trait à la modélisation de ses coûts lui permettront d'apprendre davantage et d'accroître son engagement. La norme ISO 26000 constituant une pression supplémentaire pour l'élaboration d'une réglementation plus stricte en matière de développement durable, l'entreprise a tout avantage à s'y préparer sans tarder.

GLOBAL REPORTING INITIATIVE (GRI)

La **Global Reporting Initiative (GRI)**[7] est une initiative multipartite constituée en 1997 pour le développement de lignes directrices de divulgation d'information en matière de développement durable. Créée à l'initiative de la CERES et des Nations Unies, la GRI a également impliqué une association comptable (l'ACCA[8]). Elle prend en compte les trois dimensions du développement durable : l'environnement, l'économie et la société.

---

4. Pour en savoir plus, voir Marie-Andrée CARON, « Sociologie de la norme ISO 26 000 : convaincre ou convenir d'une conception partagée de la responsabilité sociétale ? », dans Michel CAPRON, Françoise QUAIREL-LANOIZELÉE et Marie-France TURCOTTE (dir.), *ISO 26000 : une norme « hors norme » ? Vers une conception mondiale de la responsabilité sociétale,* Economica, 2011, p. 183-191.

5. Voir Adrian HENRIQUES, *The Power of ISO 26000,* communication présentée à la Sustainability Management Conference, 2008, Séoul.

6. Tiré du texte de la norme, p. 51. www.afnor.org.

7. Pour plus de détails sur cet organisme et les lignes directrices, visiter www.globalreporting.org.

8. Association of Chartered Certified Accountants. Cette association, qui siège dans plus d'une trentaine d'endroits dans le monde, notamment à Toronto, est très présente dans les recherches en comptabilité environnementale.

Le comptable y trouve un inventaire de plus d'une cinquantaine d'indicateurs, concernant l'économie (EC), l'environnement (EN), les relations de travail (LA), les droits humains (HR), la société (SO) et la responsabilité quant aux produits (PR) – ces quatre derniers renvoyant à la dimension sociale du développement durable. Ces indicateurs peuvent servir à élaborer une stratégie de communication, ce que font déjà plus d'une trentaine d'entreprises québécoises qui produisent un rapport de développement durable indépendamment de leur rapport annuel, ou à établir une stratégie de gestion encadrée par un tableau de bord « responsable », comme nous le verrons plus loin.

Plusieurs « niveaux d'application » du cadre GRI sont prévus. Autrement dit, le degré de conformité avec les lignes directrices de la GRI peut varier.

Il arrive que les rapports ainsi produits soient qualifiés d'exercice de marketing ou d'éco-blanchiment (*greenwashing*). Pour que l'information présentée soit crédible, la stratégie de communication de l'entreprise doit découler d'une véritable stratégie de développement durable et s'appuyer sur des indicateurs de suivi. Cette exigence vaut pour les grandes entreprises qui produisent un rapport de développement durable destiné à leurs parties prenantes, ainsi que pour les PME, qui communiquent souvent avec les leurs de manière plus directe.

Dans tous les cas, l'entreprise doit s'investir dans la conception de mécanismes de contrôle de gestion cohérents avec la position qu'elle adopte en matière de développement durable, comme nous le verrons plus loin.

LE BILAN CARBONE

Comment assainir les pratiques de gestion des entreprises ? Deux écoles de pensée s'opposent sur cette question. Selon la première, l'environnement n'a pas de prix et seule la réglementation peut limiter l'usage abusif des ressources naturelles. La seconde favorise l'établissement d'un marché d'échange de droits de pollution. La bourse du carbone, évidemment issue de cette seconde école, consiste en un marché de négociation et d'échange de droits d'émissions de gaz à effet de serre (CO_2, méthane, protoxyde d'azote, etc.). Un tel mécanisme est prévu par le protocole de Kyoto[9]. L'initiative internationale la plus connue en la matière est le *Carbon Disclosure Project* (CDP).

Ce marché pose certains problèmes d'évaluation comptable, en raison de la très grande volatilité des prix de ce produit dérivé, les prix fluctuant en fonction des réglementations internationales, lesquelles sont souvent imprévisibles. L'élément le plus délicat dans le cadre d'une comptabilité carbone est le calcul des émissions induites ou indirectes. En effet, pour que la démarche soit fiable, en amont, chaque acteur de la chaîne économique doit avoir établi son **bilan carbone**. À cet égard, de nombreux logiciels facilitent le traitement comptable[10], et une normalisation comptable est en cours avec les IFRS[11], mais le milieu comptable

---

9. Le protocole de Kyoto est un traité international qui vise la réduction des émissions de gaz à effet de serre. Les participants se rencontrent une fois par année depuis 1995.

10. Pour un répertoire des logiciels offerts, visiter en.wikipedia.org/wiki/Carbon_accounting.

11. Voir Anthony G. Hopwood, « Accounting and the Environment », *Accounting, Organizations and Society*, 2009, vol. 34, p. 433-439.

reste très divisé sur la question. Il existe donc plusieurs façons de comptabiliser les droits d'émission, ce qui sème la confusion. Par conséquent, il est essentiel que l'entreprise prenne soin d'expliquer clairement la procédure qu'elle a suivie.

L'empreinte hydrique, une application de ce modèle à la consommation d'eau, gagne également en popularité.

LA TRIPLE REDDITION DE COMPTES

Le concept de **triple reddition de comptes** – *triple bottom line* –, aussi appelé triple bilan, est né dans les années 1990 avec le développement durable. Il vise à encourager les entreprises à divulguer à leurs parties prenantes de l'information concernant les trois facettes du développement durable (économie, environnement et société). Pour réunir les nombreuses initiatives comptables qui en ont découlé, le prince de Galles a élaboré, en 2004, un projet rassembleur appelé *Accounting for Sustainability – A4S*. CMA Canada fait partie du réseau d'associations comptables (l'Accounting Bodies Network) issu de ce projet.

L'objectif principal de ce projet est d'élaborer un cadre conceptuel intégré (*The Connected Reporting Framework*[12]) en s'appuyant sur le comité international sur l'information intégrée (International Integrated Reporting Committee). L'idée est d'expliquer le lien existant entre la stratégie de l'entreprise et le développement durable. Pour ce faire, cinq indicateurs clés sont définis : émissions de gaz à effet de serre, utilisation de l'énergie, utilisation de l'eau, déchets et utilisation d'autres ressources épuisables. L'entreprise qui se livre à l'exercice doit faire état de ses progrès au regard d'attentes et d'objectifs spécifiques, progrès qui sont comparés aux résultats d'entreprises similaires.

Contrairement à ce qui se passe en France, par exemple, avec la loi NRE (Nouvelles Régulations Économiques)[13], les entreprises canadiennes ne sont pas tenues par la loi de produire de l'information sur l'impact de leurs activités sur le développement durable. Cependant, plusieurs entreprises québécoises le font dans leur rapport annuel ou dans un rapport distinct appelé « rapport de développement durable », « rapport de citoyenneté », « rapport de responsabilité sociale », etc. Seules des entreprises disposant de moyens importants en matière de communication peuvent se permettre de produire de tels rapports, comme Hydro-Québec, le Mouvement des caisses Desjardins, Bell Canada, la Société des alcools du Québec, Cascades ou Rio Tinto Alcan. Cette divulgation « volontaire » a donné lieu à un grand nombre de recherches au cours des 10 dernières années[14].

---

12. Pour plus de détails et des exemples d'applications, visiter www.accountingforsustainability.org/reporting et www.sustainabilityatwork.org.uk.

13. La *Loi relative aux nouvelles régulations économiques* (NRE) a été adoptée en France en mai 2001. Elle prévoit l'obligation pour toute société cotée de prendre en compte les conséquences sociales et environnementales de son activité dans son rapport annuel de gestion.

14. Pour voir comment la divulgation volontaire peut dévoiler l'ancrage de la gestion du développement durable dans les pratiques de gestion, voir le rapport de recherche suivant : Marie-Andrée CARON, Hugues BOISVERT et Paulina ARROYO, *Perspective critique sur la divulgation en matière de développement durable et l'évaluation de la performance*, CICMA, 2009.

L'ANALYSE DU CYCLE DE VIE (ACV)

L'**analyse du cycle de vie** est une approche intégrée permettant à l'entreprise d'évaluer et de minimiser les répercussions négatives de ses activités sur l'environnement, l'économie et la société, et ce, tout au long du cycle de vie d'un produit, d'un procédé ou d'un service, « du berceau au tombeau ». Cette méthodologie rappelle celle de l'analyse de la valeur (voir le chapitre 19).

Un centre de recherche montréalais, le CIRAIG (Centre interuniversitaire de recherche sur le cycle de vie des produits, procédés et services de l'École Polytechnique de Montréal), travaille à l'élaboration de plusieurs approches et méthodes, notamment 1) l'analyse environnementale du cycle de vie, 2) l'analyse des coûts du cycle de vie, 3) l'analyse sociale du cycle de vie, 4) l'écoétiquetage, et 5) la conception écologique ou écoconception. Une illustration du cycle de vie est présentée à la figure 20.2.

Figure 20.2 Le cycle de vie d'un produit

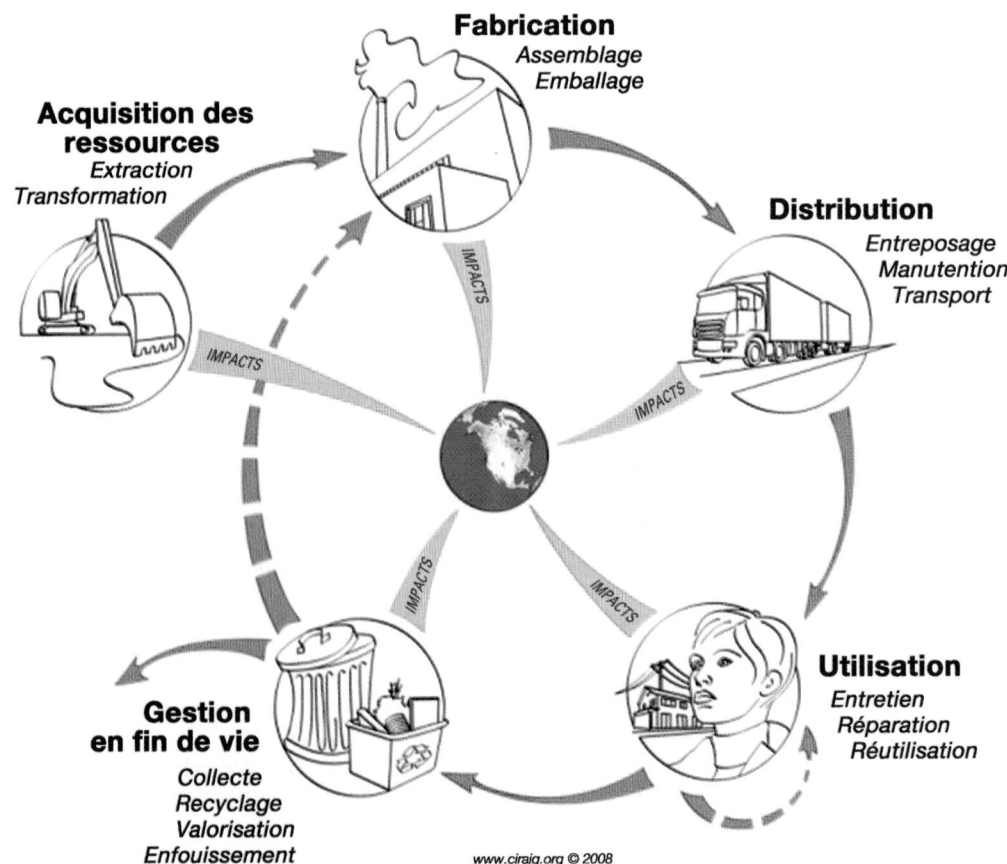

Source : www.ciraig.org/fr/pensee.html

LES COÛTS LIÉS AU DÉVELOPPEMENT DURABLE

Les coûts liés au développement durable comprennent surtout des coûts environnementaux. Ils se divisent en deux grandes catégories : coûts internes et coûts externes (voir la figure 20.3). Les coûts internes regroupent plusieurs catégories de coûts environnementaux, tandis que les coûts externes (ou externalités) se caractérisent par une multiplicité de méthodes d'évaluation. Nous regroupons ici les principales.

Figure 20.3 Les effets externes considérés comme des « coûts externes » et les coûts environnementaux internes[15]

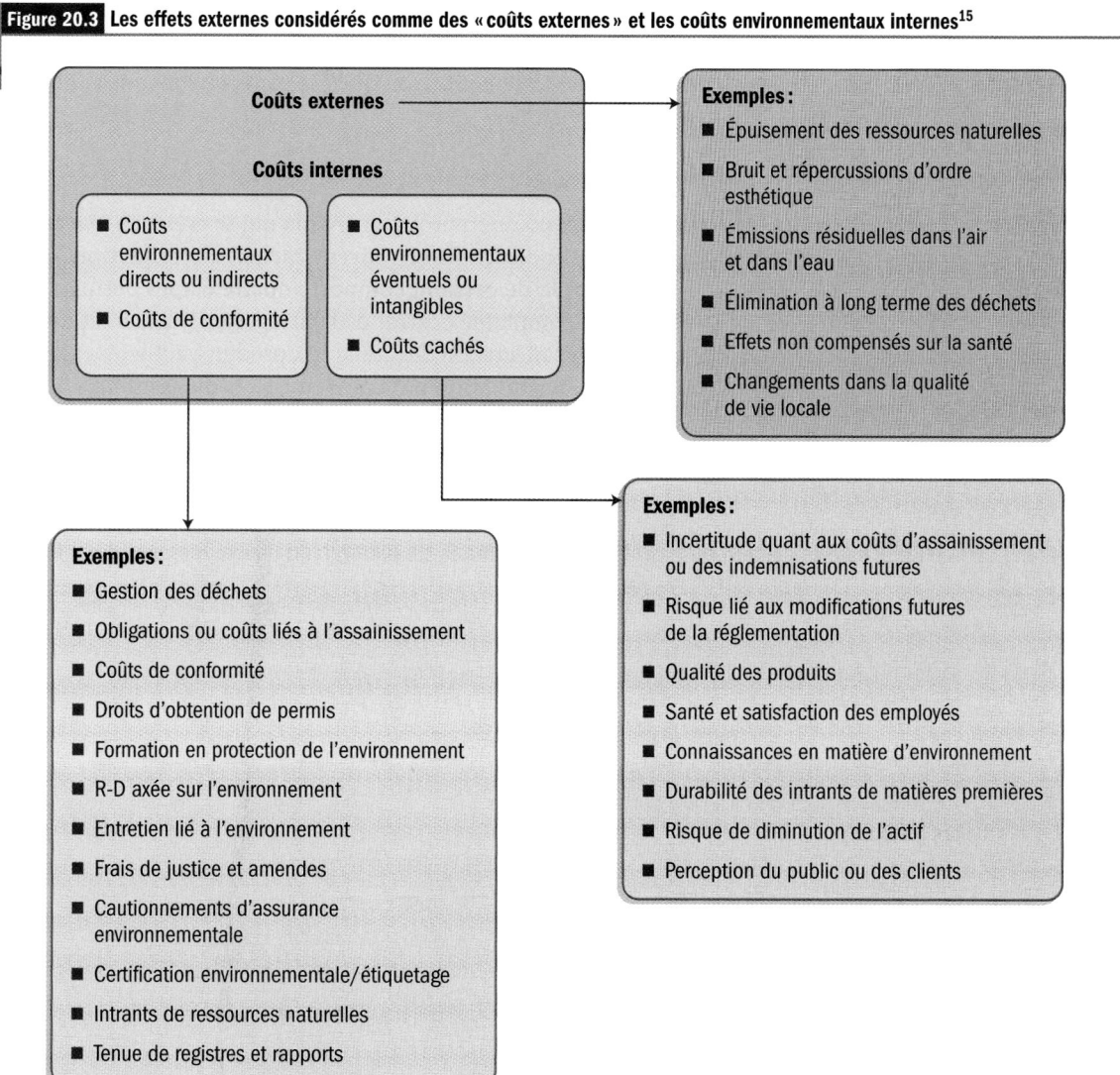

15. D'après SCMC (1999), *La comptabilité de développement durable : point de vue de l'entreprise,* CMA Canada, tiré de Marie-Andrée CARON et Charles H. CHO, « Positions des organisations face à la gestion et à la communication environnementales », *Revue internationale de gestion,* 2009, vol. 34, n° 1, p. 59-67.

LES COÛTS INTERNES

LES COÛTS DE CONFORMITÉ

Les **coûts de conformité** sont les coûts que l'entreprise doit assumer pour respecter la législation, la réglementation et les normes environnementales.

LES COÛTS CACHÉS

Les **coûts cachés** correspondent à l'ensemble des coûts environnementaux qui sont comptabilisés dans les coûts indirects et des coûts futurs ou éventuels qui sont négligés. Les coûts cachés comprennent aussi les coûts qui sont connus et comptabilisés sans être pris en compte dans l'établissement du budget d'investissement. Tant que ces coûts ne sont pas connus, les efforts visant à s'y attaquer sont impossibles.

LES COÛTS DIRECTS OU INDIRECTS

Les **coûts directs** ou **indirects** sont des coûts environnementaux qui se prêtent à une **gestion du gaspillage**. Notons que les coûts indirects sont souvent cachés. Cette gestion, qui est intimement liée au système de contrôle de gestion, comporte quatre étapes permettant de l'intégrer au système d'information comptable central de l'entreprise : 1) calcul et divulgation des coûts cachés (transparence), 2) affectation des coûts aux produits, activités et gestionnaires concernés (imputabilité), 3) détermination des coûts indirects du gaspillage (mesure de l'effet sur l'efficience de la main-d'œuvre, la productivité, les frais généraux, les dépenses en investissement, etc.) et 4) intégration de la gestion du gaspillage à toutes les étapes du cycle de vie du produit.

Étapes de la gestion du gaspillage comme mode de pilotage du développement durable[16]

Étapes	Outils et méthodes comptables de figures libres « intéressées »
Étape 1 - Détermination et divulgation (transparence) des coûts liés au gaspillage COÛTS	▪ Détermination des coûts liés au gaspillage ▪ Cartographie/audit des coûts du gaspillage
Étape 2 - Conception d'une structure d'imputation (*accountability*) et d'évaluation de la performance des gestionnaires PERSONNES	▪ Allocation des coûts du gaspillage aux centres de coûts
Étape 3 - Amélioration de l'efficience liée au gaspillage PROCESSUS	▪ Matrice des coûts liés au gaspillage ▪ Analyse de ratio du gaspillage ▪ Comptabilité par activités
Étape 4 - Intégration de la réduction du gaspillage à toutes les étapes du cycle de vie du produit PRODUITS	▪ Analyse des coûts du cycle de vie

16. D'après Gracy GIRARDI (1995), *Accounting for Waste as a Business Management Tool: A Best Practice Guideline,* Monash Centre for Environmental Management, Monash University, tiré de Marie-Andrée CARON et Charles H. CHO, « Positions des organisations face à la gestion et à la communication environnementales », *Revue internationale de gestion,* 2009, vol. 34, n° 1, p. 59-67.

LES COÛTS MOINS TANGIBLES

Les **coûts moins tangibles** découlent d'éléments plus difficilement quantifiables, comme la responsabilité civile, la réglementation future, la productivité, la réputation de l'entreprise ou les relations avec les parties prenantes. Comme nous le verrons dans la section suivante, les coûts externes ou «externés» font aussi partie des coûts moins tangibles, en raison des difficultés liées à leur évaluation.

LES COÛTS EXTERNES (EXTERNALITÉS)

Les **coûts externes** (ou **externalités**) correspondent aux effets des activités de l'entreprise qui ne font pas l'objet d'une transaction sur le marché. On parle aussi de coûts «externés» parce qu'ils ne sont pas assumés par celui qui en est l'auteur, mais par celui qui les subit. Accroître la réglementation en matière de développement durable vise à s'assurer que l'entreprise internalise ces coûts ou en assume une part grandissante.

Le concept d'externalité provient pour l'essentiel du champ économique, et non du champ comptable. Quatre grandes catégories de méthodes d'évaluation se dégagent : 1) méthodes des préférences révélées (données monétaires obtenues à partir de marchés de substitution), 2) méthodes indirectes ou dose-effet, 3) méthodes tutélaires et 4) méthodes directes ou des préférences exprimées[17].

Les expérimentations (réelles ou fictives) de ces méthodes se multiplient – elles sont le fait d'entreprises telles que Hydro One, Carillon, BP, DuPont, etc. (dans les secteurs de l'énergie et des transports[18]) –, de concert avec la montée en puissance de la normalisation et des pressions sociales. Cela crée un contexte favorable à une comptabilisation croissante des externalités, c'est-à-dire une internalisation des coûts externés. En revanche, les forces du marché s'y opposent encore dans une large mesure.

LES STRATÉGIES DE DÉVELOPPEMENT DURABLE ET LE CONTRÔLE DE GESTION

Établir une stratégie en matière de développement durable consiste, à un niveau macro, à accorder une véritable priorité aux enjeux et objectifs environnementaux, en y allouant des ressources adéquates, et à suivre un plan stratégique prévoyant un engagement progressif. Pour élaborer cette stratégie, l'entreprise dispose de trois options principales : 1) se conformer aux lois et règlements, 2) développer un avantage concurrentiel ou 3) réduire l'incidence de ses activités sur le développement durable[19]. Ces options ne sont pas mutuellement exclusives.

---

17. Pour une présentation détaillée de ces méthodes, voir Pierre BARET et Benjamin DREVETON, «Évaluation monétaire des risques environnementaux : complémentarité des approches comptables et économiques», *Revue française de comptabilité,* 2010, vol. 431, p. 51-55.

18. La Commission européenne a formé un comité de recherche dont le mandat est de faire avancer la recherche dans les secteurs de la production d'électricité et du transport. Visiter www.externe.info.

19. Pour plus de détails, voir Marie-Andrée CARON et Charles H. CHO, «Positions des organisations face à la gestion et à la communication environnementales», *Revue internationale de gestion,* 2009, vol. 34, n° 1, p. 59-67.

LE RESPECT DES LOIS

Lorsque l'entreprise s'en tient au respect des lois (aspects environnementaux, sociaux et économiques du développement durable), elle n'est habituellement pas tenue de modifier en profondeur ses systèmes de gestion. Ces règles portent notamment sur les droits sociaux, la sécurité des produits, les dommages causés à l'environnement par les pluies acides résultant de l'utilisation de combustibles fossiles, les problèmes de santé imputables à la pollution par le bruit à proximité des aéroports et des autoroutes et l'appauvrissement de l'ozone causé par les aérosols contenant des chlorofluorocarbones (CFC)[20]. Les réglementations les plus largement suivies par les entreprises sont celles qui concernent la santé et la sécurité au travail.

Faire preuve d'exemplarité dans ce domaine permet à l'entreprise d'éviter les crises médiatiques et d'avoir une image responsable, même s'il ne s'agit pas d'une source de différenciation stratégique[21]. En outre, elle peut réduire notablement ses coûts en gérant la pollution résultant de ses activités.

LES DÉCISIONS DE GESTION

L'entreprise souhaite connaître les implications que les lois en matière de développement durable ont sur ses activités. Ainsi, elle est mieux à même de fixer ses prix de vente, de prendre des décisions en matière d'achat d'équipements et de décider d'abandonner une gamme de produits.

LES MÉCANISMES/OUTILS DE CONTRÔLE DE GESTION

Respecter la réglementation permet à l'entreprise de déterminer des coûts qui étaient jusque-là cachés. L'**affectation des coûts environnementaux** aux produits l'aide à prendre de meilleures décisions en matière de production. Cette démarche comprend deux étapes : 1) déterminer les coûts cachés liés aux coûts environnementaux internes, 2) affecter ces coûts (souvent considérés comme des frais généraux) aux produits et activités concernés et aux gestionnaires responsables. Ce faisant, l'entreprise est en mesure de réviser la rentabilité des produits « polluants », mais aussi de responsabiliser ses employés et de les amener à revoir les activités de l'organisation de manière à prévenir ces coûts[22]. Lorsque l'affectation des coûts environnementaux est liée au système de rémunération (ou aux incitatifs financiers), un système d'écocontrôle prend forme, qui permet d'aller beaucoup plus loin que la réglementation et d'envisager de réduire l'incidence sur l'environnement de l'ensemble des activités de l'entreprise. La comptabilité par activités et l'analyse hiérarchique des coûts sont des

---

20. Pour plus de détails, voir Helenne DOODY, *La durabilité environnementale : outils et techniques,* publication conjointe de SCMC, AICPA et CIMA, 2010.

21. Cette idée est développée par A. ACQUIER, *Développement durable et management stratégique : piloter un processus de transformation de la valeur,* communication présentée au 3e congrès du Réseau international de recherche sur les organisations et le développement durable, 5 et 6 juin 2008.

22. Ces mécanismes sont tirés de IFAC, *Why Sustainability Counts for Professional Accountants in Business,* Professional Accountants in Business Committee, 2006.

applications plus précises de l'affectation des coûts environnementaux. La **comptabilité par activités** permet de déterminer les inducteurs de coûts, tandis que l'**analyse hiérarchique des coûts** modélise les coûts en fonction du contexte politique et réglementaire de l'entreprise (niveau 0 : coûts habituels ; niveau 1 : coûts cachés ; niveau 2 : passif environnemental ; niveau 3 : coûts moins tangibles).

LE DÉVELOPPEMENT D'UN AVANTAGE CONCURRENTIEL

Le développement durable offre un espace pour les innovations environnementales, sociales, mais aussi managériales et politiques[23], et l'entreprise peut décider d'en tirer parti pour obtenir un avantage concurrentiel[24]. Dans cette optique, l'entreprise estime qu'elle peut tirer profit de la satisfaction des besoins de la société et de la terre, de manière intragénérationnelle et intergénérationnelle. Il s'agit d'une logique gagnant-gagnant, par opposition à une logique gagnant-perdant qui donne lieu à des tensions, des conflits et des contradictions entre les objectifs économiques et financiers de l'entreprise et les besoins environnementaux et sociaux. Nous y reviendrons dans la section suivante, consacrée à la réduction de l'incidence des activités de l'entreprise sur le développement durable.

LES DÉCISIONS DE GESTION

L'entreprise qui veut utiliser le développement durable pour améliorer sa compétitivité est intéressée à évaluer la rentabilité de ses investissements verts et les bénéfices environnementaux liés aux coûts pris en charge. Les décisions de gestion consistent alors à : 1) acquérir ou céder des installations écologiques ; 2) se doter de systèmes de gestion et de contrôle donnant accès à des marchés (en tant que fournisseurs des organisations qui l'exigent) ; 3) obtenir des concessions de services publics ou des autorisations d'implantation auprès d'autorités nationales ou régionales (télécommunications, industries extractives, etc.[25]) ; 4) concevoir de nouveaux produits pour conquérir un nouveau marché (aliments bio, papier recyclé, équipements antipollution, marché des énergies renouvelables, etc.) ; ou 5) procéder à la réingénierie des systèmes de production de l'organisation dans une perspective de gestion du gaspillage (efficacité énergétique, gestion du matériel, gestion de l'inventaire, etc.), pour éliminer le gaspillage de ressources, le gaspillage de temps, la duplication des efforts, une mauvaise planification des systèmes de production et de l'inventaire, un mauvais fonctionnement de l'équipement, etc.[26].

---

23. Aurélien ACQUIER, *Développement durable et management stratégique : piloter un processus de transformation de la valeur,* communication présentée au 3e congrès du Réseau international de recherche sur les organisations et le développement durable, 5 et 6 juin 2008.

24. La notion d'avantage concurrentiel appliquée au développement durable a été développée par Michael E. PORTER et Forest L. REINHARDT, « Grist : A Strategic Approach to Climate », *Harvard Business Review,* octobre 2007, p. 23-26. Voir aussi Michael E. PORTER et Claas VAN DER LINDE, « Toward a New Conception of the Environment-Competitiveness Relationship », *Journal of Economic Perspectives,* 1995, vol. 9, n° 4, p. 97-118.

25. Pour un exposé complet sur cette idée, voir Françoise QUAIREL, *La RSE est-elle soluble dans la concurrence? Proposition d'un nouveau cadre pour analyser la RSE en situation concurrentielle,* communication présentée au 3e congrès du Réseau international de recherche sur les organisations et le développement durable, 5 et 6 juin 2008.

26. Pour voir comment la gestion du gaspillage peut aider l'entreprise à se doter d'un avantage concurrentiel, voir Gracy GIRARDI, *Accounting for Waste as a Business Management Tool: A Best Practice Guideline,* Monash Centre for Environmental Management, Monash University, 1995.

LES MÉCANISMES/OUTILS DE CONTRÔLE DE GESTION

La mesure des avantages financiers liés à ces décisions implique l'analyse de données « environnementales » (physiques et opérationnelles) qui sont souvent difficiles à traduire en termes financiers. Les modèles d'évaluation pertinents proviennent pour la plupart d'organismes professionnels comptables qui les ont développés en collaboration avec des instances politiques et le milieu universitaire.

L'**analyse de la rentabilité de projets d'investissement** permettant de réduire les effets néfastes des activités de l'entreprise sur l'environnement doit être faite en tenant compte d'un horizon de rentabilité plus vaste, tout en prenant en compte la réduction des coûts environnementaux réalisée. Certaines entreprises adoptent de meilleures pratiques en matière de développement durable dans l'espoir de bénéficier d'une meilleure réputation qui les aidera à recruter de meilleurs employés, à élargir leur clientèle, etc. Il est donc essentiel pour elles de parvenir à évaluer l'**actif intangible** généré. Enfin, une meilleure gestion des répercussions des activités de l'entreprise sur le développement durable vise une meilleure performance à l'égard du **contrôle des trois « e »** : efficacité, efficience et économie. La réduction des pertes d'exploitation liée à une meilleure gestion de la pollution en est un exemple.

Lorsqu'elles souhaitent améliorer leur compétitivité, les entreprises en viennent souvent à interpréter le volet économique du développement durable en termes financiers (performance financière). La norme ISO 26000 est pourtant très claire sur ce point : « le développement durable ne doit pas être interprété comme la durabilité d'organisations individuelles ». Aussi les initiatives visant à améliorer la compétitivité sont-elles souvent ponctuelles, limitées et ciblées ; elles ne visent donc pas à améliorer l'ensemble des pratiques de l'organisation. Une entreprise pourrait même les prendre pour couvrir des pratiques irresponsables en matière de développement durable, auquel cas l'effet de cette stratégie serait contre-productif[27].

L'élaboration volontaire d'indicateurs de performance en matière de développement durable peut compenser ces faiblesses et aider une entreprise à mieux évaluer l'incidence de ses activités sur l'environnement en vue de les réduire, comme nous le verrons dans la section suivante.

L'INCIDENCE SUR L'ENVIRONNEMENT ET LES INITIATIVES DE L'ENTREPRISE POUR LA RÉDUIRE

Pour réduire l'incidence de ses activités sur l'environnement, l'entreprise cherche à investir dans des concepts de production faisant appel à des énergies renouvelables, à revoir la conception de ses produits ou à améliorer ses processus de fabrication.

LES DÉCISIONS DE GESTION

Les principales décisions sont liées à la conception d'agencements susceptibles de réduire les effets négatifs des activités de l'entreprise sur l'environnement. L'amélioration de la compétitivité de l'organisation n'est pas la priorité puisque l'horizon de rentabilité de ces agencements est souvent très long, impossible à évaluer ou non concluant[28].

---

27. Cette thèse est défendue par Markus J. Milne et Robert H. Gray, « Future Prospects for Corporate Sustainability Reporting », dans Jeffrey Unerman, Jan Bebbington et Brendan O'Dwyer (dir.), *Sustainability Accounting and Accountability,* Routledge, 2007, p. 184-207.

28. Mis en évidence par Vanessa Magness, « Strategic Posture, Financial Performance and Environmental Disclosure : An Empirical Test of Legitimacy Theory », *Accounting, Auditing and Accountability Journal,* 2006, vol. 19, n° 4, p. 540-563.

LES MÉCANISMES/OUTILS DE CONTRÔLE DE GESTION

La technique de l'analyse du cycle de vie consiste à recenser les ressources énergétiques et les matières consommées (intrants), mais aussi les rejets dans l'environnement (extrants), à les quantifier, à évaluer leur incidence environnementale sur les plans de l'hygiène du milieu, de la santé humaine et de l'épuisement des ressources, «du berceau au tombeau» ou «du berceau au berceau» dans le cas de ressources récupérées ou réutilisées. Ainsi, l'entreprise ne se contente pas de se conformer à la réglementation gouvernementale, elle cherche à atténuer l'incidence négative de ses activités sur l'environnement, par une évaluation complète de tous les effets de ses activités et de ses produits «en amont» et «en aval[29]», dans le but de déterminer des possibilités d'amélioration.

Le recours au **coût environnemental complet** (ou évaluation quantitative et financière des coûts sociaux[30]) consiste à répartir entre les produits les coûts internes et externes, qu'ils soient monétaires ou non monétaires. Ce mécanisme suppose de remplir un certain nombre de conditions préalables, notamment 1) la compréhension des aspects sociétaux (liés à la gestion du changement) au-delà des aspects techniques, 2) l'implication des parties prenantes dans la détermination des effets négatifs qui seront traités en priorité et 3) l'évaluation des coûts environnementaux pour l'ensemble du cycle de vie des produits de l'entreprise[31].

La **comptabilité des flux de matières**[32] est une technique de comptabilité de management relativement nouvelle. Elle consiste à calculer, en unités physiques et monétaires, les déchets et les émissions nuisibles qui résultent d'un processus de fabrication de l'entreprise, en lien avec l'analyse du cycle de vie (des matières premières jusqu'au produit fini). Elle couvre également la consommation d'énergie.

L'utilisation d'**indicateurs de performance environnementale** permet de produire une évaluation intégrée de la performance de l'entreprise en matière de développement durable. Plusieurs référentiels d'indicateurs ont été élaborés, notamment par l'Organisation internationale de normalisation (ISO 14000), l'*Eco-Management and Audit Scheme* (EMAS), la GRI (Global Reporting Initiative) et l'Organisation de coopération et de développement économiques. Les indicateurs de la GRI portent sur les trois dimensions du développement durable (économie, environnement et société), ceux d'ISO sur des composantes de gestion de l'entreprise (management, opération, contexte), alors que d'autres sont plutôt centrés sur les flux de matière engendrés par les activités de l'entreprise (utilisation de matériaux, consommation d'énergie, extrants de non-produits, rejets de polluants). On peut généralement regrouper ces indicateurs en deux catégories: les «indicateurs résultats» et les «indicateurs processus[33]». Les «indicateurs résultats» s'adressent davantage à l'externe, c'est-à-dire aux parties prenantes concernées par les activités de l'entreprise, alors que les «indicateurs processus» visent plutôt à évaluer les efforts fournis par la direction pour améliorer les performances environnementales

---

29. Helenne DOODY, *La durabilité environnementale: outils et techniques,* publication conjointe de SCMC, AICPA et CIMA, 2010.

30. En anglais: *full cost accounting* ou *full cost reporting system.*

31. Pour des détails sur ce mécanisme, voir Kathleen HERBOHN, «A Full Cost Environmental Accounting Experiment», *Accounting, Organizations and Society,* 2005, vol. 30, p. 519-536.

32. Pour des exemples d'applications de cette méthode, voir Helenne DOODY, *op. cit.*

33. Pour une compréhension plus approfondie du lien entre les indicateurs de communication et le contrôle, voir Luc JANICOT, «Les systèmes d'indicateurs de performance environnementale, entre communication et contrôle», *Comptabilité, contrôle et audit,* 2007, vol. 1, n° 13, p. 47-67.

au niveau de l'entreprise. Les «indicateurs résultats» liés à l'environnement concernent par exemple 1) la consommation de matériaux, de ressources, d'énergie et de services (entrants de l'entreprise), 2) les produits, les services, les déchets et les émissions (extrants de l'entreprise) et 3) les installations physiques et la logistique (opérations de l'organisation). Le tableau suivant présente des exemples d'indicateurs pour chacun des trois axes du développement durable.

Exemples d'indicateurs de performance liés au développement durable[34]

Environnement	
Approvisionnement	▪ Consommation de fibres recyclées ▪ Consommation de pâte vierge
Matériaux utilisés et recyclage	▪ Résidus enfouis ▪ Matières résiduelles produites ▪ Nombre total de pièces récupérées
Émissions atmosphériques	▪ Intensité des émissions en équivalent CO_2 ▪ Émissions totales de gaz à effet de serre ▪ Matières particulaires
Consommation d'énergie	▪ Gaz naturel ▪ Électricité ▪ Énergie économisée grâce à l'efficacité énergétique
Eau	▪ Consommation d'eau ▪ Matières en suspension rejetées dans l'effluent ▪ Qualité de l'eau des usines
Biodiversité	▪ Habitats protégés ou restaurés ▪ Superficie des terrains détenus en zones riches en biodiversité ▪ Nombre d'espèces menacées
Société	
Santé-sécurité	▪ Taux de blessures enregistrables ▪ Taux d'accidents du travail, de maladies professionnelles, d'absentéisme
Communauté	▪ Total des dons et commandites ▪ Heures de bénévolat des employés
Emploi	▪ Rotation du personnel en nombre de salariés et en pourcentage par tranche d'âge, sexe et zone géographique ▪ Mobilisation et développement des compétences
Économie	
Performance économique	▪ Valeur économique directe créée et distribuée ▪ Subventions et aides publiques significatives reçues
Présence sur le marché	▪ Dépenses réalisées avec les fournisseurs locaux ▪ Proportion de cadres dirigeants embauchés localement
Impacts économiques indirects	▪ Investissements en matière d'infrastructures et de services publics

34. Ces exemples d'indicateurs sont tirés des rapports de développement durable 2009 de Cascades, de la Banque Nationale et d'Alcoa Canada ainsi que des lignes directrices de la GRI.

L'intégration du développement durable (DD) dans un **tableau de bord prospectif** peut se faire de trois façons : 1) en intégrant les indicateurs du développement durable dans les axes traditionnels (financier, client, processus et apprentissage) ; 2) en ajoutant un axe supplémentaire ; 3) en concevant un tableau de bord propre au développement durable. Le tableau de bord prospectif est un mécanisme de contrôle qui peut aussi être utilisé pour évaluer et suivre l'obtention d'un avantage concurrentiel lié au développement durable[35]. La figure 20.4 illustre comment les indicateurs du développement durable peuvent être intégrés au tableau de bord prospectif de l'entreprise.

Figure 20.4 L'intégration des indicateurs de performance dans les axes traditionnels du tableau de bord prospectif

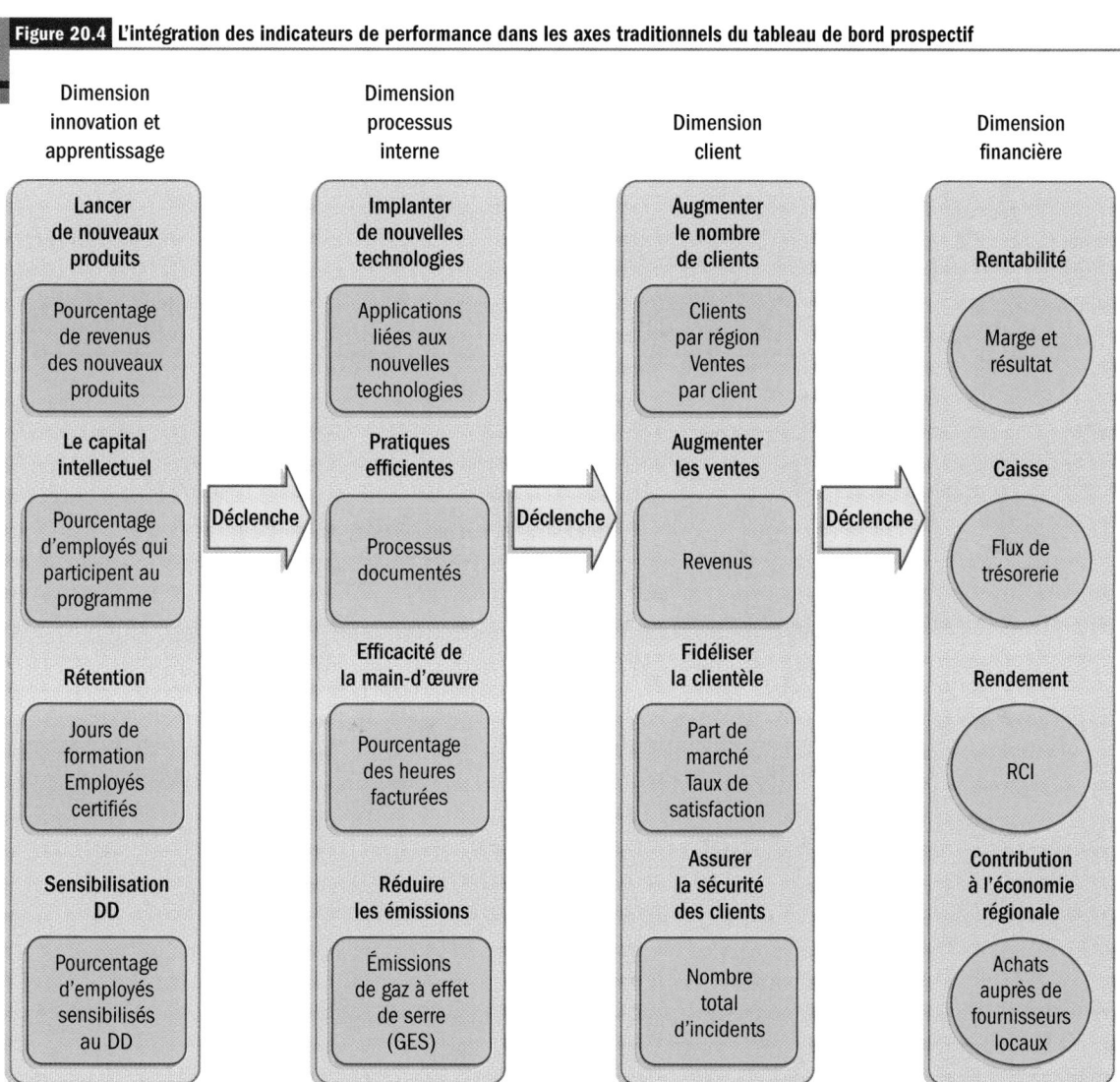

---

35. Il est présenté de cette façon dans David CRAWFORD et Todd SCALETTA, « Le tableau de bord équilibré et la responsabilité sociale des entreprises : concilier valeurs et rentabilité », *CMA Management,* octobre 2005, p. 18-24.

L'**écocontrôle** est le modèle de pilotage de ces indicateurs le plus complet. Il vise à influencer le comportement des employés en liant les indicateurs de performance en matière de développement durable et les incitatifs financiers (en lien avec le régime de rémunération) avec la stratégie en matière de développement durable. Ce mécanisme de contrôle de gestion pousse les employés à innover pour découvrir de nouvelles façons de faire qui réduisent au minimum les effets néfastes des activités de l'entreprise sur l'environnement et optimisent leurs effets positifs. Même s'il s'agit du mécanisme de contrôle de gestion le plus global et le plus intégrateur, il est souvent en marge du système comptable de l'organisation[36]. La figure 20.5 montre comment les quatre leviers de Simons (voir le chapitre 19) peuvent se transformer en mécanisme d'écocontrôle. Les trois dimensions du développement durable étant parfois contradictoires, il n'est pas toujours facile pour l'entreprise de les réconcilier : il est fréquent que l'une d'elles soit privilégiée au détriment des deux autres.

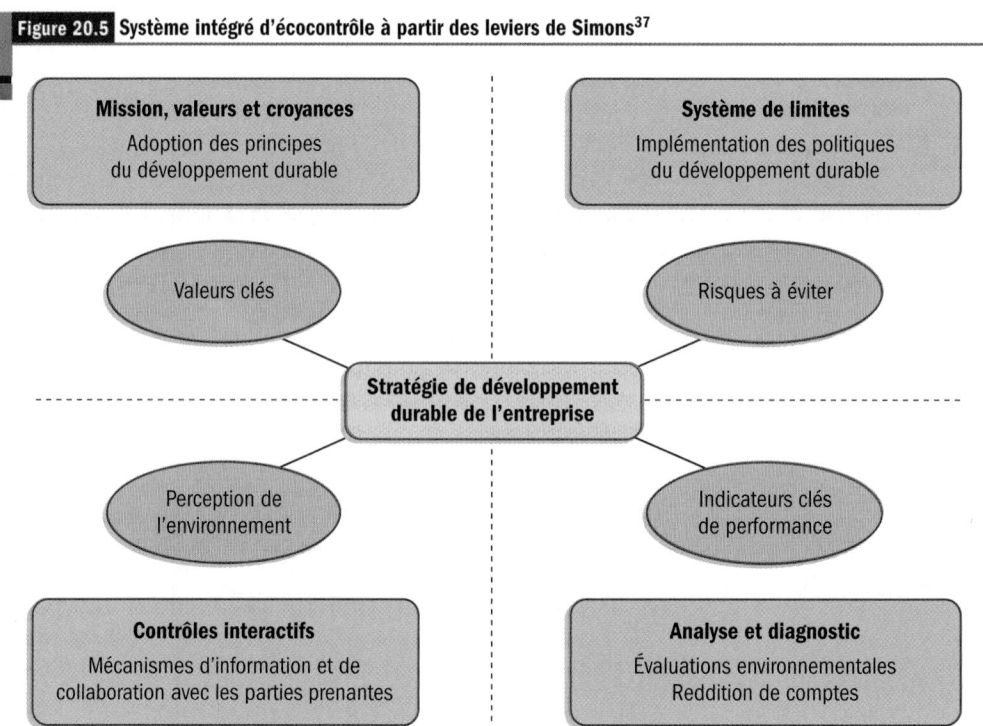

Figure 20.5 Système intégré d'écocontrôle à partir des leviers de Simons[37]

---

36. Voir Roger L. Burritt, Tobias Hahn et Stefan Schaltegger, « Towards a Comprehensive Framework for Environmental Management Accounting : Links Between Business Actors and Environmental Management Accounting Tools », *Australian Accounting Review,* 2002, vol. 12, n° 2, p. 39-50.

37. D'après Robert L. Simons, *Performance Measurement & Control Systems for Implementing Strategy,* Prentice Hall, 2000, p. 301-316.

LE RÔLE DE LA FONCTION FINANCES

Bien qu'elle s'effectue sur une base volontaire, la normalisation internationale en matière de développement durable exerce une pression accrue sur l'entreprise pour que celle-ci revoie ses activités de manière à réduire leur incidence néfaste et accroisse sa contribution au mieux-être de la société. Pour y parvenir, elle doit cependant relever des défis importants. L'entreprise doit maîtriser de nouvelles connaissances : en effet, des unités physiques et monétaires, des produits et des processus posent des problèmes d'évaluation importants. Les externalités présentent également des problèmes d'évaluation et ne font pas l'objet d'un consensus. La définition même de ce qu'est un coût environnemental ne va pas de soi : il existe plusieurs définitions, selon les intérêts des parties concernées, et il est parfois difficile de le distinguer des coûts d'exploitation courants[38]. Il peut être nécessaire d'assurer une gestion du changement, parfois par le truchement de porteurs d'enjeux influents à l'interne mais attachés à des répondants à l'externe. En raison du caractère pluridisciplinaire de la démarche, l'entreprise doit collaborer avec des experts en sciences de la nature, en sociologie, en droit, en ingénierie, en économie de l'environnement, etc. Il est parfois difficile, voire illusoire, d'associer la divulgation environnementale à la véritable performance environnementale lorsqu'on la mesure à partir de normes qui ne répondent pas aux attentes des parties prenantes. Enfin, un changement de paradigme, parfois difficile à opérer, est requis pour évaluer les projets d'investissement conformément aux indicateurs de performance environnementale, notamment pour tenir compte de la période de recouvrement généralement plus longue de ces projets[39].

Pour relever ces défis, un nombre croissant d'entreprises nomment un gestionnaire responsable du développement durable. Ce gestionnaire a besoin de la collaboration de l'ensemble de l'entreprise et, surtout, de celle de la fonction finances, faute de quoi la profondeur et la viabilité des efforts déployés pour appliquer les mécanismes de contrôle de gestion nécessaires risquent d'être compromises. Nul doute que les gestionnaires seront amenés à prendre des décisions pouvant entrer en contradiction avec les objectifs purement économiques de l'entreprise. Dans ce contexte, ils sont appelés à faire preuve d'un esprit de sacrifice et à déployer une vision à long terme. Ainsi, le fait d'impliquer tous les acteurs clés de l'entreprise, tels que le vice-président aux finances et le contrôleur de gestion, évitera d'apporter à ces questions délicates des réponses trop radicales ou trop conservatrices. Plusieurs activités cruciales peuvent être sous la responsabilité du contrôleur de gestion, comme le montre le tableau de la page suivante.

---

38. Par exemple, « Le prix d'achat d'une machinerie acquise pour ses avantages en termes de gain de productivité, mais qui présente du même coup un impact positif sur l'environnement, fait-il partie des coûts environnementaux d'une entreprise ? », IFAC, *Environmental Management in Organization : The Role of Management Accounting,* Financial and Management Accounting Committee (FMAC), Study 6, mars 1998, paragr. 31, [notre traduction].

39. Ces défis sont tirés de Marie-Andrée Caron et Charles H. Cho, « Positions des organisations face à la gestion et à la communication environnementales », *Revue internationale de gestion,* 2009, vol. 34, n° 1, p. 59-67.

Dans une large mesure, le développement durable et la RSE restent des concepts flous et ambigus pour l'entreprise. Mais cette ambiguïté lui offre l'occasion de mener des expérimentations qui lui permettent d'ancrer des pratiques de saine gestion dans ses processus d'affaires avant qu'une réglementation plus stricte n'entre en vigueur, ce qui, en retour, favorisera l'émergence d'une réglementation plus réaliste.

Exemples d'activités du contrôleur de gestion en matière de développement durable[40]

1. Aider à établir des objectifs de réduction du gaspillage;
2. Lier ces objectifs à la stratégie;
3. Lier ces objectifs et les systèmes de mesure de la performance (évaluer la profitabilité des unités d'affaires);
4. Lier ces objectifs avec les décisions d'investissement;
5. Lier ces objectifs avec le budget;
6. Estimer les coûts des programmes de prévention de la pollution et de la réglementation présente et future;
7. Estimer les coûts des programmes de vente et d'échange de crédits de pollution;
8. Concevoir un système de reddition de comptes (*accountability*) comportant à la fois des indicateurs financiers et non financiers.

QUELQUES INITIATIVES DE DÉVELOPPEMENT DURABLE

Les initiatives en matière de développement durable et de conscience sociale se multiplient à un rythme accéléré au Canada et partout dans le monde. Voici quelques exemples d'entreprises à l'avant-garde dans ce domaine, dont les portraits figurent en introduction de certains des chapitres du présent manuel.

MAXIMISATION DES RESSOURCES

Impossible d'aborder ce thème sans mentionner **Tembec**, pionnière du développement durable au Québec. Cette entreprise (lire son portrait en introduction du chapitre 7) est née du désir d'une poignée d'individus de racheter successivement une série d'usines au rendement précaire dans le but de sauvegarder les emplois de centaines de travailleurs de la région du Témiscamingue. Misant sur la recherche et développement à saveur écologique, sur la formation et le perfectionnement de sa main-d'œuvre, sur la transparence de ses communications et sur des activités marquées par un profond respect des collectivités autochtones et de leurs territoires ancestraux, cette entreprise est citée en exemple bien au-delà des frontières de son Québec d'origine et gagne à être connue. Première de sa catégorie en Amérique du Nord à obtenir la certification FSC (norme du Forest Stewardship Council reconnue mondialement par la communauté environnementale) et gestionnaire de plus de 11,5 millions d'hectares de sol forestier, Tembec est sans contredit une entreprise forestière qui prend son

---

40. D'après Gracy GIRARDI (1995), *Accounting for Waste as a Business Management Tool: A Best Practice Guideline,* Monash Centre for Environmental Management, Monash University, tiré de Marie-Andrée CARON et Charles H. CHO, «Positions des organisations face à la gestion et à la communication environnementales», *Revue internationale de gestion,* 2009, vol. 34, n° 1, p. 59-67.

rôle de gestionnaire de forêts particulièrement à cœur. Depuis toujours désireuse de faire les choses autrement, Tembec tire aujourd'hui sa force de ses liens de collaboration étroits avec les collectivités autochtones et d'un souci permanent de s'investir le plus largement possible en recherche et développement pour maximiser son usage de la matière première. En outre, son complexe de Témiscaming est habilité à transformer tout l'arbre, soit jusqu'à 99 % de la matière première usinée. Ainsi, l'entreprise contribue tangiblement à limiter l'impact de ses activités sur l'environnement. Et ses efforts portent fruit. Tembec arrive constamment à innover et à diversifier son offre en dépit des difficultés importantes que connaît l'industrie forestière. La demande pour ses sous-produits novateurs à haut rendement et de spécialité dérivés de ses procédés de production de pâte kraft ne cesse de croître : on pense ici aux matériaux composites à la fois ultrarésistants et légers à vocation industrielle (destinés aux chemins de fer, au secteur de l'aviation, etc.), aux additifs alimentaires, à la rayonne (secteur des textiles), aux produits d'éthanol/alcool (l'entreprise fournit à 95 % de l'industrie du vinaigre de l'est du Canada).

Uniboard (lire son portrait au chapitre 6) juge que la gestion d'une entreprise rentable et une approche responsable de l'utilisation des ressources ne sont aucunement inconciliables ; elle croit au contraire qu'elles se renforcent mutuellement. Tous ses procédés de fabrication respectent l'environnement. L'entreprise produit du bois d'ingénierie et, pour ce faire, le bois fait obligatoirement partie des matières premières. Afin d'être à la hauteur de ses responsabilités envers cette ressource naturelle renouvelable, Uniboard est fidèle aux principes de la foresterie durable. Ses usines, qui bénéficient de la certification de chaîne de traçabilité et bois contrôlé du FSC (Forest Stewardship Council), ont été certifiées par SmartWood, un programme de la Rainforest Alliance accrédité par le FSC. Et bien que le bois soit une biomasse facilement accessible, l'entreprise est ouverte à d'autres technologies de production ; elle a d'ailleurs été la première à utiliser des fibres d'origine agricole. Elle étudie actuellement le potentiel de la tige de maïs, du houblon et d'autres fibres renouvelables comme matières de fabrication, tout en expérimentant la culture de différentes essences de bois à croissance rapide à l'aide de techniques avancées en environnement contrôlé pour s'assurer un approvisionnement continu en fibres. Bien avant qu'on accorde aux préoccupations environnementales l'importance qu'on leur reconnaît de nos jours, Uniboard recyclait ses déchets de bois postindustriels autrement destinés à l'incinération ou à l'enfouissement ; aujourd'hui, elle favorise leur réutilisation sous forme de produits écologiques à valeur ajoutée.

LE DÉVELOPPEMENT DURABLE ET LA PRODUCTIVITÉ NE SONT PAS INCOMPATIBLES

Dans les premières pages du bilan environnemental de **Banque Nationale Groupe financier** (voir son portrait au début du chapitre 19) publié en 2010, le président réaffirme que le développement durable et la productivité ne sont pas incompatibles. Dans tous ses secteurs, l'entreprise travaille à intégrer aux considérations économiques les dimensions sociales, éthiques et environnementales de ses activités. Par l'entreprise de son groupe Cleantech, les entrepreneurs à vocation écologique bénéficient d'une vaste gamme de services financiers, allant de conseils en matière de vente et de négociation de titres jusqu'aux services de crédit, de recherche et de financement par émissions d'actions. Par le truchement de son Plan récompenses À la carte, MasterCard Banque Nationale introduit la tendance verte dans son offre de primes – produits Energy Star et autres produits verts. Au cours des dernières années, le Groupe financier a ajouté des critères environnementaux à ses politiques de crédit et mis en place des mesures de contrôle visant à assurer le respect des normes environnementales pour les immeubles pris en garantie. À l'interne, le Groupe financier s'est fixé d'ambitieux objectifs pour réduire la consommation moyenne de son réseau de succursales et s'attarde aux impacts de ses activités sur les milieux naturels, notamment en ce qui concerne les émissions de gaz à effet de serre. Le Groupe financier figure au rang des leaders canadiens au classement du Carbon Disclosure Leadership Index (CDLI Canada) pour la qualité de l'information transmise et des actions entreprises à l'égard des changements climatiques. Il s'est vu aussi récemment décerner par Hydro-Québec une mention de reconnaissance à titre de chef de file en efficacité énergétique, en plus d'être retenu comme finaliste, en 2010, dans la catégorie Consommation responsable des prix Phénix de l'environnement pour son projet d'intégration énergétique de ses succursales.

L'ACCENT SUR LES GESTES INDIVIDUELS

Par ses actions, le **Cirque du Soleil** (son portrait se trouve au chapitre 17) tient à promouvoir la protection de l'environnement et à maintenir ou à implanter des mesures qui contribueront à améliorer la qualité de l'air et à réduire les émissions de gaz à effet de serre. L'entreprise souhaite aussi assurer des milieux de vie résidentiels de qualité, pratiquer une gestion responsable des ressources, adopter de bonnes pratiques de développement durable et améliorer la protection de la biodiversité, des milieux naturels et des espaces verts. Partout, le Cirque cherche à réduire l'impact de ses activités en utilisant l'énergie de façon responsable, en améliorant son efficacité énergétique, en faisant des énergies renouvelables une priorité lorsque c'est possible et en réévaluant ses façons de faire en ce qui a trait au transport (marchandises et personnes) et à la production d'électricité sur ses sites de tournée. L'entreprise prône une gestion plus efficace de l'eau en optant pour des technologies, des équipements ou des systèmes qui permettent d'atteindre ces objectifs dans tout nouveau projet de développement, en réduisant sa consommation dans ses activités existantes et en prévenant la contamination des rejets d'eau. En 2010, 3 098 000 litres d'eau de pluie récupérée ont pu être réutilisés pour l'alimentation de ses équipements sanitaires, pour l'entretien paysager et l'arrosage des jardins. De nouveaux équipements sanitaires ont été branchés sur le réseau d'eau récupérée afin d'être alimentés en eau de pluie et ainsi ne plus dépendre du réseau municipal.

L'entreprise s'investit dans la sensibilisation de ses employés aux divers enjeux environnementaux liés à ses activités et dans la mise en place de programmes de formation pour renforcer les compétences techniques internes dans ce domaine. En janvier et février 2010, l'équipe de *TOTEM*, alors en période de création à Montréal, avait mis au défi les employés du studio de réduire le nombre d'impressions et, par le fait même, la consommation de papier. C'est avec enthousiasme que les employés du cirque ont relevé le défi, réduisant de 140 600 le nombre d'impressions à Montréal comparativement aux mois d'octobre et de novembre de l'année précédente. De plus, le Cirque met une flotte de vélos à la disposition de ses employés de Montréal pour faire la navette entre ses deux bureaux : une initiative qui permet de réduire de 260 kg environ par année les émissions de CO_2 rejetées dans l'atmosphère.

AU-DELÀ DES FRONTIÈRES

Pour certaines entreprises, le souci environnemental va bien au-delà de leurs propres frontières. Signataire des principes de la Déclaration des institutions financières sur l'environnement et le développement durable des Nations Unies (PNUE IF), le **Mouvement Desjardins** (lire son portrait au chapitre 9) en est un fier exemple. Les actions et les prises de décision de cette entreprise aux multiples chapeaux – manufacturier et distributeur de produits financiers, gestionnaire de placements, investisseur en capital de risque, entreprise consommatrice de biens et de services, intervenant en développement international et entreprise socialement responsable (incluant les dons et commandites) – sont guidées par une politique de développement durable aux facettes tout aussi diversifiées. Première institution privée à adhérer à la campagne *Changer le monde, un geste à la fois* de l'organisme Équiterre, Desjardins publie annuellement une reddition de comptes sur l'état d'avancement de chacun de ses gestes. Cette façon de faire nécessite une réflexion sur toutes les activités liées à l'événement, de sa conception à sa réalisation, afin de limiter la production de matières résiduelles et de gaz à effet de serre. Les émissions qui n'auront pu être évitées en raison des déplacements motorisés des participants sont ensuite compensées par la plantation d'arbres ou l'achat de crédits de carbone. Desjardins préconise l'approvisionnement responsable, la gestion des matières résiduelles, l'efficacité énergétique (immeubles et transports), la consommation de café équitable, la collecte de téléphones cellulaires, le covoiturage, une multitude de gestes verts au quotidien… D'ailleurs, la majorité des grands événements et rassemblements organisés par l'entreprise sont écoresponsables depuis des années. Les excédents alimentaires sont redistribués à des organismes d'entraide grâce à un partenariat avec la Tablée des chefs. Desjardins adhère au programme *Ici on recycle!* de Recyc-Québec et en fait la promotion auprès de ses composantes, visant une implantation graduelle mais complète à l'échelle de l'entreprise. Sur le plan énergétique, mentionnons que l'entreprise œuvre en partenariat avec l'Association québécoise pour la maîtrise de l'énergie (AQME) et quatre autres grandes sociétés en vue d'améliorer son efficacité énergétique et qu'elle s'est associée au Projet climatique à titre de partenaire financier. Fondé par Al Gore aux États-Unis, cet organisme voué à l'éducation et à la sensibilisation aux changements climatiques est soutenu par la Fondation David Suzuki (FDS) au Canada.

UNE FABRICATION DE PLUS EN PLUS VERTE

Du côté des manufacturiers, on observe une conscience et un engagement accrus face à la protection de l'environnement. Chez **Héroux-Devtek** (lire le portrait d'entreprise au chapitre 2), par exemple, un système de gestion de l'environnement (SGE) a été progressivement instauré afin que l'ensemble des dirigeants et des employés garde un œil sur les enjeux environnementaux dans le cadre de leurs activités, en cherchant à surpasser les normes plutôt qu'à simplement s'y conformer. Dans la foulée de ses initiatives en matière de développement durable, son centre d'excellence et usine de produits de trains d'atterrissage de Laval est l'une des trois seules entreprises du domaine à détenir l'attestation de reconnaissance *Ici on recycle!* décernée par la société d'État Recyc-Québec, dont le mandat est de promouvoir, de développer et de favoriser la réduction, le réemploi, la récupération et le recyclage ainsi que la valorisation des produits et matières recyclables.

Le succès n'est pas une simple affaire de chiffres chez bon nombre de fabricants, comme en témoigne **BRP** (voir son portrait au chapitre 4), qui nourrit l'intime conviction que les expériences récréatives doivent aussi être des expériences responsables; la notion de responsabilité sous-entend de plus en plus la nécessité de surpasser les exigences réglementaires applicables, de réduire l'empreinte de carbone de ses produits et de ses activités, d'en garantir la conformité et la faible incidence sur l'environnement tout en permettant à l'industrie de progresser. Cet engagement est plus qu'un idéal : il est officialisé dans la politique en sept volets représentant l'engagement de l'entreprise en matière de santé, de sécurité et d'environnement. Cette politique reflète aussi son engagement à poursuivre ses efforts visant à continuellement améliorer la performance environnementale de ses activités, à prendre les mesures nécessaires pour prévenir la pollution, à conserver et à utiliser intelligemment les ressources naturelles et à mettre en œuvre des plans et procédures d'urgence pertinents. Sur tous les plans – avancées technologiques, environnement et engagement social –, BRP s'efforce de donner l'exemple et d'appuyer la sensibilisation visant à encourager l'utilisation responsable de ses produits.

PLACE AUX NOUVELLES IDÉES DE VALORISATION

Chez **L'Oréal** (lire le portrait d'entreprise au chapitre 12), assurer une croissance durable est un réel engagement à respecter l'environnement. En outre, l'entreprise s'est engagée à réduire de moitié ses émissions de CO_2, sa consommation d'eau et sa production de déchets d'ici à 2015. Ses laboratoires s'investissent dans une démarche d'écoconception et appliquent les principes de la chimie verte en vue de développer des produits résultant des processus les plus écologiques qui soient. L'entreprise vient d'inaugurer son premier site de production 100 % énergie verte, sans émissions de carbone. Toute l'électricité de l'usine est produite sur le site grâce à un processus de biométhanisation qui transforme les déchets de l'agriculture. L'Oréal pratique également une approche responsable en ce qui a trait à la sélection et à l'utilisation des matières premières, qui respecte la biodiversité et tient compte des défis du commerce équitable : 40 % des matières utilisées dans le portefeuille du groupe sont issues de plantes. En cultivant une étroite collaboration, l'entreprise cherche à minimiser son impact environnemental sur le plan de la chaîne logistique. Le groupe a récemment créé un laboratoire spécialisé en produits naturels et bio.

De nouvelles idées émergent, de nouveaux partenariats se tissent en faveur d'une plus grande efficacité au profit de la bonne cause… Par exemple, celui entre **Cascades** (voir son portrait au chapitre 16) et Bombardier. Soulignons qu'en 2009 Cascades a reçu le Grand Prix Bilan social pour l'ensemble de sa démarche en développement durable aux Prix québécois de l'entreprise citoyenne, organisés par Korn/Ferry International, la firme de relations publiques National et le magazine *L'actualité*. La même année, elle faisait également partie des 50 entreprises les plus responsables au Canada selon la Jantzi Research et le magazine *Maclean's*. S'appuyant sur le fait qu'il est possible de faire beaucoup de choses de manière plus durable et respectueuse de l'environnement, Bombardier s'est engagée à acheter des produits écoresponsables auprès de Cascades au même coût que les équivalents habituels offerts par d'autres entreprises. En contrepartie, Cascades s'est engagée à lui donner des conseils et à partager l'expertise acquise à l'interne dans des sphères d'exploitation inusitées, telles que l'optimisation énergétique (projet pilote de centrale thermique à l'usine de Saint-Laurent). Sans prétendre tout connaître, l'entreprise prône les gestes simples et le partage mutuel de connaissances entre les organisations soucieuses de l'environnement. Cascades, où l'on se veut Vert de nature^MC… et de structure, a toujours été perçue comme une entreprise d'avant-garde : elle démontre une volonté constante de s'améliorer et d'oser faire les choses différemment pour mieux se démarquer de la concurrence, notamment sur le marché mondial actuel et futur. Affairée à développer un plan officiel où elle exprimera publiquement ses valeurs, ses pratiques et ses objectifs en matière de développement durable, Cascades exige déjà que ses fournisseurs soient des entreprises plus responsables; une tendance de plus en plus répandue.

UN SECTEUR DE L'ALIMENTATION À L'ÉCOUTE ET PROACTIF

Même son de cloche dans le secteur de l'alimentation où, sur le Web, Bill McEwan, président et chef de la direction de **Sobeys** (dont le portrait figure au chapitre 10), affirme que la mise en œuvre d'une stratégie en matière de durabilité est une initiative tout à fait judicieuse sur le plan des affaires. Proactive, l'entreprise reconnaît la nécessité de faire preuve de leadership en ce qui a trait à des enjeux clés, même avant que la demande soit largement formulée par la clientèle. Sobeys cherche sans cesse des moyens de réduire son incidence sur l'environnement – sacs d'épicerie réutilisables, programmes de conservation de l'énergie en magasin et adoption de normes LEED dans la construction de ses magasins et centres de distribution, etc.

Sans tambour ni trompette, **Biscuits Leclerc** (voir ce portrait d'entreprise au chapitre 3) fait sa part pour l'environnement depuis des années. Des efforts concertés en matière d'environnement sont observables dans toutes les activités du Groupe Biscuits Leclerc: utilisation responsable de l'énergie, traitement efficace des eaux usées, réduction des besoins en transport par une logistique maximisée et des achats à proximité des centres de production, récupération du papier, priorité aux matières recyclées et recyclables pour l'emballage de ses produits, transformation du chocolat équitable pour Oxfam-Québec, etc. Déjà, en 2004, l'entreprise s'était lancée dans la recherche de produits compostables appelés à remplacer les barquettes de plastique de ses boîtes de biscuits. Si les coûts de recherche et développement de cette première démarche d'écoconception ont dépassé ceux du produit traditionnel sans pour autant avoir d'impact commercial significatif immédiat, l'étape a néanmoins été marquante pour l'entreprise: ses produits sont maintenant exportés dans plus de 20 pays, sa clientèle l'apprécie davantage et ses employés ont tiré de cette initiative un sentiment de fierté. Cette première expérience d'écoconception a tôt fait d'inciter l'entreprise à systématiser la prise en considération de l'environnement dans le processus de développement de produits.

▌ LE DÉVELOPPEMENT DURABLE AU SEIN DE L'ÉTAT: UNE PERSPECTIVE COMPTABLE

« J'ai maintenant 60 ans. Je pratique et j'enseigne l'expertise comptable depuis plus de 37 ans. Malgré moi, j'ai une tendance toute naturelle à apprécier les événements de la vie en termes de profits et de pertes. En toute rationalité comptable, je suis convaincu que la résistance face à certains projets de société tient davantage à un projet mal chiffré qu'à un projet mal vendu ou mal compris... »

Jacques Fortin, FCA
Professeur en sciences comptables et
directeur du développement durable
HEC Montréal

Monsieur Fortin est d'avis que la documentation exhaustive et chiffrée produite en comptabilité permet souvent d'obtenir une image plus rigoureuse et concrète des problématiques ou situations que celle des économistes parfois tentés de privilégier les analyses faites à partir de modèles prévisionnels et d'aborder les problématiques strictement de l'angle de l'État. Pour lui, là réside la force des comptables. « Pour moi, c'est un peu ça, dit-il, on est assez forts en hypothèses pour faire de la prévision financière, nous avons une façon de faire qui est différente de la leur et qui pourrait être considérée comme complémentaire. »

Toujours selon Monsieur Fortin, le rôle traditionnel du comptable en matière d'analyse de projets, du moins celui qu'on lui a enseigné jusqu'ici, l'incite à mesurer quels sont les flux de trésorerie à l'entrée et à les comparer aux flux de trésorerie à la sortie. Si cette façon d'évaluer un projet peut s'avérer efficace pour l'entrepreneur ou le promoteur, sa profondeur financière pourrait être jugée plus nébuleuse dans le cas de projets de société ayant un impact sur l'ensemble de la population. Dans ces dossiers, l'impact des externalités n'est pas négligeable. L'évolution de la science, depuis 20 ans, a permis de mesurer en toute clarté ces éléments dits « qualitatifs » autrefois laissés pour compte, voire dans le quasi-oubli sous prétexte qu'ils n'étaient pas mesurables. Monsieur Fortin croit fondamental que l'État, armé de ces nouvelles connaissances, mette systématiquement l'impact sur la population et les individus au-delà de la rentabilité des projets de société envisagés. « L'enrichissement collectif, il est possible de le mesurer en argent et de traduire en argent les impacts qu'on nomme habituellement les *externalités*. On fait le calcul des plus et des moins avant de prendre une décision pour la collectivité. »

À l'heure actuelle, le professeur observe un décalage entre les enseignements que reçoivent les candidats comptables et l'évolution générale de la société et des économies misant de plus en plus sur le volet durable. Monsieur Fortin précise qu'à ses yeux la reddition de comptes, si caractéristique de la formation des comptables, doit désormais en tenir compte puisqu'il est de plus en plus évident que les parties prenantes ont besoin d'information sur la qualité des entreprises avec lesquelles elles souhaitent s'associer ou dans lesquelles elles auraient l'intention d'investir. « Les modèles sont connus, développés… ne reste qu'à les appliquer et à les généraliser », conclut-il.

CAPSULES VIDÉO

Qu'en disent les experts?

CAPSULE VIDÉO 20.1   Rôle du comptable dans les projets d'investissement aux impacts environnementaux

Monsieur Jacques Fortin, professeur en sciences comptables et directeur du développement durable à HEC Montréal, explique le rôle du comptable dans les projets d'investissement ayant des impacts environnementaux, tels que celui des gaz de schiste.

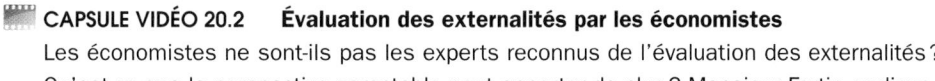

OBJECTIFS DE CONNAISSANCES, REVUS

1 Comprendre les notions de développement durable et de responsabilité sociale de l'entreprise (RSE).

Les notions de développement durable et de RSE traduisent la préoccupation d'un développement soucieux des générations futures. Si les mesures élaborées dans ce sens sont pour l'instant surtout volontaires, elles contribuent à créer un environnement d'affaires plus contraignant pour les entreprises, tout en étant porteuses d'occasions d'affaires. Certaines entreprises font ainsi œuvre pionnière, d'autres voudront les imiter, voire les dépasser.

2 Présenter la normalisation internationale en matière de développement durable.

Le développement durable (tout comme la RSE) fait l'objet d'une normalisation croissante, qu'il s'agisse de normes à proprement parler ou de lignes directrices, par exemple la norme ISO 26000, la Global Reporting Initiative, le bilan carbone, la triple reddition de comptes et l'analyse du cycle de vie. Le comptable, soucieux d'aider son entreprise à se préparer à une réglementation plus stricte en la matière, peut y trouver des indicateurs de gestion et de reddition de comptes. Surtout, il en tirera une meilleure compréhension du concept de développement durable et évaluera mieux en quoi il concerne son entreprise.

3 Expliquer les grandes catégories de coûts liées au développement durable.

Les coûts liés au développement durable comprennent surtout des coûts environnementaux. Ils se divisent en deux grandes catégories : coûts internes et coûts externes. Les coûts internes regroupent plusieurs catégories de coûts environnementaux, tandis que les coûts externes (ou externalités) se caractérisent par une multiplicité de méthodes d'évaluation.

4 Analyser les stratégies de développement durable et les mécanismes de contrôle de gestion.

Pour établir sa stratégie en matière de développement durable, l'entreprise dispose de trois options non exclusives : 1) respecter les lois et règlements, 2) développer un avantage concurrentiel, 3) réduire l'incidence de ses activités sur l'environnement. À chacune de ces options correspondent des mécanismes de contrôle de gestion pertinents.

5 Être sensibilisé au rôle de la fonction finances.

En matière de développement durable, la fonction finances occupe rarement un rôle de premier plan, contrairement aux relations publiques, aux communications ou à l'ingénierie. Mais la documentation produite par les grands cabinets comptables montre bien qu'un nouveau champ d'expertise prend forme au sein de la profession. Les notions présentées dans ce chapitre permettent de voir en quoi le comptable peut être un acteur clé de sa mise en œuvre concrète en entreprise.

MOTS CLÉS

Actif intangible, p. 630

Affectation des coûts environnementaux, p. 628

Analyse de la rentabilité de projets d'investissement, p. 630

Analyse du cycle de vie, p. 624

Analyse hiérarchique des coûts, p. 629

Bilan carbone, p. 622

Comptabilité des flux de matières, p. 631

Comptabilité par activités, p. 629

Contrôle des trois « e », p. 630

Coût environnemental complet, p. 631

Coûts cachés, p. 626

Coûts de conformité, p. 626

Coûts directs, p. 626

Coûts externes, p. 627

Coûts indirects, p. 626

Coûts moins tangibles, p. 627

Développement durable, p. 619

Écocontrôle, p. 634

Externalités, p. 627

Gestion du gaspillage, p. 626

Global Reporting Initiative (GRI), p. 621

Indicateurs de performance environnementale, p. 631

ISO 26000, p. 620

Responsabilité sociale de l'entreprise (RSE), p. 619

Tableau de bord prospectif, p. 633

Triple reddition de comptes, p. 623

Source des photographies

Chapitre 1 : © 2011 Transcontinental
© 2011 Pierre Charbonneau, photographe *(photo de la page 4)*

Chapitre 2 : © 2011 Héroux-Devtek inc.

Chapitre 3 : © 2011 Groupe Biscuits Leclerc inc.

Chapitre 4 : © 2011 BRP

Chapitre 5 : © 2011 Industries Lassonde inc.

Chapitre 6 : © 2011 Uniboard Canada inc.

Chapitre 7 : © 2011 Tembec inc.

Chapitre 8 : © 2011 Olymel S.E.C.

Chapitre 9 : © 2011 Desjardins Capital de risque

Chapitre 10 : © 2011 Jazz Photo, Sobeys Québec inc.

Chapitre 11 : © 2011 Venmar Ventilation inc.

Chapitre 12 : © 2011 Pierre Charbonneau *(photo de la page 305)*
© 2011 L'Oréal Canada inc. *(photo de la page 306)*
© 2011 Chinook Photog *(photo de la page 307)*
© 2011 Darren Curtis d'Actaeon photo *(photo de la page 308)*

Chapitre 13 : © 2011 AXA Canada inc.

Chapitre 14 : © 2011 Station touristique Val Saint-Côme

Chapitre 15 : © 2011 Société en commandite Gaz Métro

Chapitre 16 : © 2011 Cascades inc.

Chapitre 17 : © 2011 Al Seib *(photo de la page 485)*
© 2011 Véronique Vial *(photos des pages 486 et 487)*

Chapitre 18 : © 2011 Pratt & Whitney Canada *(photos de Pratt & Whitney)*
© 2011 TELUS Communications inc. *(photos de Telus)*

Chapitre 19 : © 2011 Banque Nationale Groupe financier

Chapitre 20 : © 2011 Hydro-Québec

Index

U

V

Z